56,-

6/85

ANNEMARIE DÜHRSSEN

Analytische Psychotherapie
in Theorie, Praxis und Ergebnissen

ANNEMARIE DÜHRSSEN

Analytische Psychotherapie
in Theorie,
Praxis und Ergebnissen

Verlag für Medizinische Psychologie im Verlag
Vandenhoeck & Ruprecht in Göttingen

ISBN 3-525-45616-6

© Verlag für Medizinische Psychologie, Göttingen 1972. — Printed in Germany.—Ohne ausdrückliche Genehmigung des Verlages ist es nicht gestattet, das Buch oder Teile daraus auf foto- oder akustomechanischem Wege zu vervielfältigen. Gesamtherstellung: Hubert & Co., Göttingen

INHALT

A. EINLEITUNG

Mit dem vorliegenden Buch möchte ich dazu beitragen, daß sich eine Lücke in unserem gegenwärtig verfügbaren wissenschaftlichen Schrifttum schließt: Die Psychoanalyse hat in den vergangenen Jahrzehnten im Bereich der Medizin eine stetige und produktive Entwicklung genommen. Sie wurde 1967 als Behandlungsmethode in die gesetzliche Krankenversicherung der Bundesrepublik Deutschland eingeführt. 1971 schlossen sich die Ersatzkassen dieser Regelung an. In Zukunft wird man auch in den ärztlichen Prüfungen, die nach der neuen Approbationsordnung ablaufen sollen, vom jungen Arzt psychoanalytisches Wissen verlangen. Freilich können wir jetzt kaum mehr daran vorübergehen, daß es für den jungen Studenten, für Ärzte oder Psychologen fast täglich schwieriger wird, sich in dem weiten Feld psychoanalytischer Literatur einigermaßen zurechtzufinden. Es gibt zwar eine ganze Anzahl von kurzgefaßten Einführungen in die Psychoanalyse. Es gibt auch fachkundige Publikationen zur psychoanalytischen Behandlungstechnik. Aber wir sehen uns vergeblich um nach einem zusammenfassenden Werk, in dem die Beschreibung der verschiedenartigen psychoanalytischen Behandlungsmöglichkeiten übersichtlich auf die Arbeitshypothesen zum Krankheitsgeschehen und zum Heilungsvorgang bezogen worden sind. Das vorliegende wissenschaftliche Material ist zwar überreich, aber leider auch sehr verstreut und außerdem nicht immer frei von Widersprüchen.

Mit Hinblick auf die so gegebene literarisch-wissenschaftliche Situation erschien mir ein Versuch der Mühe wert, mit diesem Buch eine Art von Orientierungshilfe anzubieten, die all denjenigen zur Verfügung stehen soll, die es in Zukunft unternehmen möchten, sich einen Überblick über die Vielfalt psychoanalytischer Konzepte zu verschaffen und die bei dieser Unternehmung vor allem die Verbindung zur praktisch-therapeutischen Tätigkeit nicht verlieren wollen.

Natürlich habe ich mich bei diesen Plänen vor großen Schwierigkeiten befunden: Schwierig war zunächst, daß in unserem wissenschaftlichen Bereich die einfache Beschreibung von beobachtbaren Vorgängen mehr als einmal mit der Ableitung einer Theorie (genauer: mit einer Arbeitshypothese über Ursache und Wirkung) verwechselt worden ist. Das brachte viel Verwirrung mit sich. Schwierig war dann weiter, daß die Psychoanalyse allmählich sehr variable Persönlichkeitstheorien ausgebildet hat, die ihrerseits nicht immer deutlich genug von den Arbeitshypothesen zum neurotischen Krankheitsgeschehen abgesondert blieben. Diese Unklarheiten trugen schließlich dazu bei, daß auch an den übrigen Theorien (zum Heilungsvorgang und zur therapeutischen Methode) mancherlei Mängel haften blieben.

Und so ist es mir nicht leicht gefallen, eine Gliederung für dieses Buch zu finden, mit deren Hilfe ich die vielfältig miteinander verflochtenen Beobachtungen und Arbeitshypothesen im Bereich der Psychoanalyse genügend übersichtlich ordnen und beschreiben kann. Immerhin kam ja noch weiteres hinzu:

Die gedankenreichsten Forscher unserer Zeit haben in nicht abreißender Kette dem Arbeitsgebiet der Psychoanalyse neue Erkenntnisse hinzugefügt. Manchem Autor freilich bot sich die Versuchung an, eher einen neuen, dafür erregenden Irrtum zu riskieren, als unauffällig alte Fehler zu berichtigen. Andere hingegen bekundeten ihre Selbständigkeit hauptsächlich in Verneinungen. Meinungsverschiedenheiten tauchten auf und wuchsen sich zu *Gruppenkämpfen* aus. Ein irrationales Element mischte sich dem wissenschaftlichen Leben bei und die klare geistige Orientierung trübte sich beträchtlich, als man begann, „Abfallbewegungen", „Revisionisten" und „Dissidenten" zu „entlarven". Gruppenkämpfe helfen allerdings nicht viel, wenn Sachfragen zur Debatte stehen. Vor allem aber verstellen sie den Weg, wenn es darum geht, jene terminologischen Hindernisse zu überwinden, die einer ergebnisreichen fachlichen Verständigung fast immer vorgeschaltet sind: In der Psychoanalyse entwickeln Begriffe und Begriffssysteme schließlich genauso gern ihr Eigenleben wie in jeder anderen Wissenschaft auch. Und so hatten wir in unserem Arbeitsfeld die nicht sehr glückliche Entwicklung hinzunehmen, daß bestimmte fachliche Terminologien gewissermaßen zum Erkennungszeichen einer Gruppe oder „Schule" wurden. Bei dieser Lage aber wuchs das Risiko, daß die beteiligten Gelehrten den *umfangreichen Grundbestand* an *gemeinsamen Erfahrungen* vergaßen oder gar verleugneten. Es wuchs auch die Gefahr, daß die Unterschiede in der Terminologie allein den Glauben nährten, daß auch die Empirie verschieden sei.

Tatsächlich haben Gruppenkämpfe die wechselseitige Sprachverwirrung unter den Psychoanalytikern stark gefördert. Sie verschleierten die Tatsache, daß sich in den verschiedensten Arbeitsrichtungen oder „Schulen" die neuen wissenschaftlichen Erkenntnisse in großem Ausmaß *ähnelten*, sofern sie wirklich an Beobachtung und Erfahrung orientiert blieben und sich nicht in philosophische Spekulationen hinein verirrten. Man wird den Fortbestand von „Schulen" also schon allein aus diesen Gründen nicht allzugern bestärken wollen. Haben wir doch noch ganz andere Hindernisse zu überwinden, als nur die Schwierigkeiten einer Terminologie: Das latente anthropologische Konzept in der Psychoanalyse ist eigentlich fast immer — bemerkt oder unbemerkt — mit den Normen, den Idealen und den Wertvorstellungen verknüpft, die die einzelnen Wissenschaftler mit ihrem Menschenbild verbinden. Freud sagte einmal: „Weil wir Illusionen zerstören, wirft man uns vor, daß wir Ideale in Gefahr bringen". So ist es kein Wunder, daß sich in der Geschichte der Psychoanalyse gerade in diesem Bereich leidenschaftliche und erhitzte Debatten entwickelt haben; Streitigkeiten, die ihre Kraft und ihre Dynamik nicht immer aus dem Ringen um das sachlich Richtige bezogen haben, sondern deren Ziel die Verteidigung von Scheinidealen oder von herkömmlichen Normen gewesen ist.

Die Beurteilung medizinischer Probleme wird durch diese Situation gewißlich nicht erleichtert: Da die Theorie der Krankheit immer wieder undeutliche Verknüpfungen mit allgemeinen anthropologischen (auch ethischen) Fragen eingegangen ist, mußten die Psychoanalytiker mehr als einmal die Tatsache hinnehmen, daß es zu Auseinandersetzungen kam und kommt, ob die Psychoanalyse Gesundheit oder Weisheit, Weisheit oder Tugend, Tugend oder Tüchtigkeit, Tüchtigkeit oder Anpassung, Anpassung oder Gesundheit vermittelt. Ob möglicherweise ein Stück von alledem erworben werden kann oder vielleicht gar nichts, das in irgendeiner Hinsicht des Aufhebens wert wäre.

Mein Anliegen war es nun, wie ich schon sagte, dieses unübersichtliche Arbeitsfeld von Theorie und Praxis, von widerstreitenden Terminologien und Gruppenmeinungen so gut es geht zu gliedern und zu ordnen, damit sowohl der lernende wie der praktizierende Psychoanalytiker jene Orientierungshilfe finden kann, die er für seinen Umgang mit neurotischen Patienten so dringlich braucht.

Dabei ergab es sich natürlich ganz von selbst, daß ich dieses Buch mit einem ersten Kapitel zur „Theorie der Krankheit" eingeleitet habe. Ich war darum bemüht, die Arbeitshypothesen über Ursache und Wirkung beim Krankheitsgeschehen klar abzugrenzen von den wichtigen Beobachtungen und Funden über jene seelischen Abläufe, die die Psychoanalyse vor allem im Bereich der Trieb- und Triebabwehrmechanismen neu beschreiben konnte. Da sich aber die hierhergehörigen Beschreibungen von neurotischen Charaktermerkmalen auf das engste mit den allgemeineren Persönlichkeitstheorien der Psychoanalyse verflochten haben, fand ich es zweckmäßig, dieses Kapitel über die psychoanalytische Krankheitslehre durch einen Abschnitt zur psychoanalytischen Persönlichkeitstheorie zu ergänzen.

Auch die beiden darauffolgenden Kapitel „Zur Theorie des Heilungsvorganges" und „Zur Theorie der Technik" sind ihrer Grundkonzeption nach kaum voneinander abzutrennen. Sie beziehen sich zugleich auf jenen Abschnitt, in dem ich die Eigentümlichkeiten des neurotischen Krankheitsgeschehens beschrieben habe. Ich blieb, genau wie früher, darum bemüht, die einfache Beschreibung von Vorgängen einigermaßen klar von jenen Arbeitshypothesen abzugrenzen, die man sich aus dem gewonnenen empirischen Material über mögliche Kausalvorgänge bilden kann.

Der zweite — umfangreichste — Abschnitt dieses Buches ist dann der Beschreibung praktischer Verfahren gewidmet. Hierzu möchte ich folgendes erläutern: Es besteht zwar eine sehr enge Verbindung zwischen diesem Teil des Buches und den vorangegangenen Kapiteln, in denen die Eigenarten des Heilungsvorganges und die Merkmale der therapeutischen Technik beschrieben worden sind. Ich wollte mich aber bei der Beschreibung der therapeutischen Praxis vor allem am *konkreten Arbeitsalltag* des Psychoanalytikers orientieren, und das bedeutete, daß ich das psychoanalytische Standardverfahren, auf das sich die wichtigsten Teile der früheren Kapitel beziehen, nicht gleich als erstes beschreiben konnte. Ich habe aus guten Gründen an das Kapitel über die Prognose, die Indikation und die therapeutische Planung zunächst die Darstellung jenes therapeutischen Verfahrens angegliedert, für das ich in diesem Buch einen neuen Namen eingeführt habe: Die *„Dynamische Psychotherapie"*. Wie man bei der Lektüre des Buches bald verstehen wird, kann sich diese Form der Behandlungstechnik — die Dynamische Psychotherapie nämlich — gegebenenfalls zwanglos an das erste diagnostische Gespräch anschließen, während für die Einleitung einer psychoanalytischen Behandlung nach dem von FREUD angegebenen Standardverfahren besondere Absprachen getroffen werden müssen.

Die Wahl eines neuen Namens für die von mir beschriebene Behandlungsmethode muß ich wohl begründen: Ich wollte mit diesem neuen Begriff eine Schwierigkeit beenden, die sich in unserem Schrifttum schon seit längerem bemerkbar macht. Es hat sich allmählich die Gewohnheit ausgebildet, daß man bei der Beschreibung aller technischen Abwandlungen, die das psychoanalytische Standardverfahren ermöglicht oder fordert, einzelne Attribute zur Kennzeichnung und wechselseitigen Verständigung heranzieht. Man spricht dann etwa von „Kurztherapie", von „stützender", „beratender" oder „fokaler" Therapie und ist bei all diesen Bezeichnungen schließlich doch über ihre geringe Aussagekraft sehr unzufrieden, weil man mit ihnen das Wesentliche der beschriebenen Therapieform kaum erfaßt und zudem ja weiß, daß sich gegebenenfalls die einzelnen therapeutischen Elemente (stützend, beratend, kurz usw.) bei ein und demselben Verfahren und bei ein und demselben Patienten *gleichzeitig* finden lassen.

Für den Begriff „Dynamische Psychotherapie" habe ich mich vor allem deshalb entschieden, weil ich darauf hinweisen wollte, daß die von mir beschriebene Behandlungsmethode in jedem Fall auf die Bearbeitung von *unbewußten* Trieb-Triebabwehr-Prozessen abzielt — also *„dynamisch"* ist im Sinne FREUDs! Mit Hinblick auf diese Grundkonzeption ist es dann sehr viel einfacher, eine passende Beschreibung der wichtigen Elemente jenes interaktionellen therapeutischen Prozesses zu versuchen, den wir bei einer Abwandlung des psychoanalytischen Standardverfahrens in Gang setzen. Diese Art der Beschreibung hat im Endergebnis auch den großen Vorteil, daß wir die mehr oberflächlich angehefteten Attribute, die sich bislang in unserer Fachsprache eingebürgert haben, zunächst einmal beiseite lassen können, gleichzeitig aber jede Möglichkeit behalten, sie doch noch — falls dies ratsam sein sollte — als zusätzliche Bezeichnung zu dem zusammenfassenden Begriff „Dynamische Psychotherapie" hinzuzufügen. Ob dieser Vorschlag sich bewähren wird, muß vorerst offen bleiben. Ich hoffe jedenfalls, daß ich mit meinen hier vorgelegten Ausführungen eine Diskussion unter den beteiligten Wissenschaftlern anregen kann, die mir vielleicht wichtige Ergänzungen, Abänderungen oder Erweiterungen empfehlen werden.

Zum Ende meiner einführenden Erläuterungen möchte ich jetzt aber nicht versäumen, noch einmal ganz besonders dringlich darauf hinzuweisen, daß der Ausbildungsgang und der Lernprozeß für den jungen Analytiker nicht dem Aufbau dieses Buches entspricht, sondern eigentlich in umgekehrter Richtung verläuft: Das notwendige Wahrnehmungstraining und die entsprechenden psychoanalytischen Erfahrungen werden immer am günstigsten mit Hilfe der eigenen Lehranalyse erworben werden, an die sich die unter Kontrolle durchgeführten ersten psychoanalytischen Behandlungen nach der von FREUD angegebenen Standardtechnik anschließen. Die Beobachtungen und Erfahrungen, die auf diesem Weg gesammelt werden, bilden in jedem Fall die günstigste Grundlage, um wirklich ergebnisreich auf andere Behandlungsformen und -techniken überzugehen.

B. ZUR THEORIE

I. Zur Theorie der Krankheit

a) Erste Modellvorstellungen der Psychoanalyse

Die ersten Untersuchungen von BREUER und FREUD — veröffentlicht in den Studien zur Hysterie — brachten die Erkenntnis mit sich, daß die neurotischen Symptome eines Patienten kein biologisches Zufallsprodukt sind, sondern daß sie — bei richtiger Beobachtung — einen psychologischen Sinn enthüllen. Die Autoren wiesen nach, daß der Arzt diesen dunklen und unverständlichen Sinn aufhellen kann, wenn er die Herkunft und die Aktivität *unbewußter Regungen* richtig einschätzt, und wenn er zugleich versteht, daß seelisches Geschehen immer stetig und *immer determiniert* ist.

FREUD leitete dann aus seinen weiteren Beobachtungen die Behauptung ab, daß vor allem die *sexuellen Triebkräfte* des Menschen das Krankheitsgeschehen bestimmten. In seinen „Vorlesungen zur Einführung in die Psychoanalyse" formulierte er die beiden wichtigsten Grundsätze seiner Theorie folgendermaßen: *„Die erste dieser unliebsamen Behauptungen der Psychoanalyse besagt, daß die seelischen Vorgänge an und für sich unbewußt sind und die bewußten bloß einzelne Akte und Anteile des ganzen Seelenlebens . . .".* Und — in der gleichen Arbeit — etwas später: *„. . . Dieser andere Satz, den die Psychoanalyse als eines ihrer Ergebnisse verkündet, enthält nämlich die Behauptung, daß Triebregungen, welche man nur als sexuelle im engeren wie im weiteren Sinne bezeichnen kann, eine ungemein große und bisher nie genug gewürdigte Rolle in der Verursachung der Nerven- und Geisteskrankheiten spielen. Ja, noch mehr, daß dieselben sexuellen Regungen auch mit nicht zu unterschätzenden Beiträgen an den höchsten kulturellen, künstlerischen und sozialen Schöpfungen des Menschengeistes beteiligt sind."*

FREUD verdeutlichte dann später im Rahmen seiner Ausführungen das theoretische Konzept, das er über die Entstehung der Neurosen entwickelt hatte. Nach seiner Ansicht war die Disposition eines Menschen zu psychischer Erkrankung durch zwei Komponenten bestimmt: Einmal durch seine *sexuelle Konstitution*, zum anderen durch die abgelaufene Kindheitsgeschichte mit der zugehörigen *infantilen Sexualentwicklung* und den in dieser Zeit erworbenen „Libidofixierungen". Dem akzidentellen *traumatischen Geschehen* im Leben des erwachsenen Menschen kam nach FREUD die Funktion jener auslösenden Ursache zu, die schließlich den Ausbruch der neurotischen Erkrankung herbeiführt.

Der Begriff der „Libidofixierung" ist dabei nur im Zusammenhang mit der allgemeinen Libidotheorie FREUDS zu verstehen: FREUD nahm an, daß der Säugling im Zustand des sogenannten „primären Narzißmus" geboren wird, und daß sich seine Beziehungen zu den ersten Liebesobjekten aus dem Urzustand dieser primären Selbstliebe heraus entwickeln. FREUD nahm weiter an, daß die menschliche Sexualität aus einzelnen „Partialtrieben" zusammengesetzt sei, und daß jeder dieser Partialtriebe in der frühen Kindheitsentwicklung seine eigene Periode der Dominanz hätte. Erst allmählich sollte es nach FREUD zur Unterordnung der verschiedenen Partialtriebe (oraler, analer und sadistischer Art) unter den Primat der Genitalien kommen, bis damit „der Wendepunkt in der Libidoentwicklung" erreicht sei. FREUD bezeichnete die von ihm angenommenen Phasen der Libidoentwicklung folgerichtig als „prägenitale" Entwicklungsstufen und meinte, daß ein Individuum unter bestimmten Bedingungen an frühinfantilen Formen der libidinösen Befriedigungen haften bleiben könne. Mit solchen „Libidofixierungen" sollte dann der spätere Erwachsene zu psychischer Erkrankung disponiert sein, insbesondere zu *regressiven Tendenzen* anstelle reifer Wahl des Liebesobjektes.

Für die *Wahl des Liebesobjektes* hatte sich nach FREUD als Kernproblem der sogenannte „Oedipuskomplex" oder die oedipale Situation auf der genitalen Entwicklungsstufe aufweisen lassen: FREUD hatte erkannt, daß die Charakterentwicklung eines kleinen Kindes durch die Früherlebnisse mit seinen Eltern — den ersten Liebesobjekten, die sich ihm anbieten — vorgezeichnet wird. Auf der ersten, „oralen" Stufe sollte die Beziehung des Kindes zum Liebesobjekt im wesentlichen in der Tendenz zur Einverleibung, zur Introjektion (oder Identifikation) bestehen. Auf der anal-sadistischen Stufe sollten Tendenzen zur Bemächtigung und zur Destruktion überwiegen, und erst mit dem Durchlaufen der genitalen Entwicklungsstufe wird nach FREUD das „Objekt" schließlich zum Ziel genital-sexueller Wünsche und Impulse: Die oedipale Situation löst die präoedipalen Phasen ab.

Ich füge ein, daß der vielzitierte Oedipuskomplex in der psychoanalytischen Sekundärliteratur oft recht vereinfacht aufgefaßt wird: Man denkt dann nur an die feindseligen Regungen des Knaben gegen seinen Vater, die sich mit der sexuellen Einstellung zur Mutter koppeln und die als unerlaubte Triebwünsche schließlich in der „Kastrationsangst" enden. FREUD hat die Vorgänge um den Oedipuskomplex jedoch deutlich differenzierter beschrieben. Insbesondere hat er darauf hingewiesen, daß ein Kind sich entweder mit einem Elternteil *identifizieren* könne, so daß es die Gefühlsweisen und Reaktionsformen dieses Elternteils übernimmt. Ebensogut könne sich das Kind seinen Eltern aber auch nach dem *„Anlehnungstyp"* nähern und sich damit entweder dem Vater oder der Mutter als passiv-erwartungsvolles Liebesobjekt anbieten. Erst die besondere Mischung von Identifikationstendenz und Anlehnungsbereitschaft im Gefühlsleben eines Kindes formt nach FREUD die individuellen Varianten des Oedipuskomplexes aus und bringt jene charakteristischen Ich-Veränderungen hervor, die für die spätere Psychopathologie des Individuums und für seine Disposition zu neurotischer Erkrankung bestimmend werden.

In bezug auf das psychoneurotische Krankheitsgeschehen nahm FREUD an, daß die *ursächlich wirksamen Vorgänge,* die zu pathologischen Ich-Veränderungen führen, im wesentlichen in der Bedrohung und der *Unterdrückung* der *kindlichen Triebwelt* zu suchen seien: Nach FREUD werden die von der Umwelt verbotenen und verpönten kindlichen Sexualtriebe (genitale und prägenitale) unter dem Druck der äußeren Bedrohung und der inneren Kastrationsfurcht aus dem bewußtseinsfähigen Raum mit Hilfe von „Verdrängungsmechanismen" ausgeschaltet. Allerdings büßen die abgewehrten und verdrängten Triebregungen ihre psychische Dynamik nicht ein. Im Gegenteil! Erst die *fortdauernde Aktivität* unbewußter Seelenregungen erklärt das spätere Auftauchen neurotischer Krankheitszeichen, die ganz generell als die Folgen der einmal verdrängten Wünsche und Impulse zu verstehen sind.

Die „Symptomwahl" — die Ausprägung verschiedenartiger Krankheitsbilder also — folgt dabei sehr variablen Gesetzen: Nach den frühesten Auffassungen FREUDS war das Symptom ein Ausdruck verhinderter Sexualbefriedigung. Später — nach der Entwicklung der Ich-Psychologie — nahm er an, das Symptom sei das Ergebnis einer Kompromißlösung zwischen dem Ich und dem Es, bei dem der symbolische Ausdrucksgehalt der Störung noch Bruchstücke des unbewußten, pathogen wirksamen Komplexes erkennen lasse.

FREUD unterschied hinsichtlich der Symptome außerdem noch zwischen den sogenannten Übertragungsneurosen (das Individuum überträgt seine Libido auf Objekte) und den davon abgetrennten narzißtischen Neurosen, bei denen das Ich seine Objektbesetzungen aufgibt und die Libido auf sich selbst zurückzieht. Bei den Übertragungsneurosen sollte es zur Regression der Libido auf frühere Fixierungsstellen kommen, so daß die alten prägenitalen Partialtriebe wieder zur Herrschaft gelangen und die zugehörigen erogenen Zonen des Körpers eine Art Genitalfunktion übernehmen. Als Folge dieses Rückzuges der Libido auf prägenitale, erogene Zonen treten dann die Funktionsstörungen an den betroffenen Organen auf. Die „Konversionsneurose" wurde damit als ein Abwehrvorgang beschrieben, mit dessen Hilfe infantile Sexualregungen auf körperliche Organe verschoben werden. Auch bei den narzißtischen Neurosen käme es nach FREUD im Gefolge des Rückzuges der Libido auf das eigene Ich zu „Organbesetzungen", die dann die zugehörigen körperlichen Funktionsstörungen produzierten.

Von diesen ersten theoretischen Konzepten FREUDS zur Symptomwahl und zur allgemeinen Neurosenlehre ist nun im Verlauf der wissenschaftlichen

Entwicklung vieles erhalten geblieben und manches abgeändert worden. Einiges bedarf besonderer Erläuterung.

So lesen wir zum Beispiel bei ALEXANDER in seinem Buch „Psychoanalytic Therapy" (1946) über den Krankheitsbegriff der Neurose: „Psychoneurose ist die Unfähigkeit eines Individuums, erfolgreich mit einer gegebenen Situation fertig zu werden, die Unfähigkeit, sozial annehmbare Befriedigungen für persönliche Bedürfnisse unter gegebenen Umständen zu finden. Dieses Versagen hängt von dem Wechselspiel zwischen der Anpassungsfähigkeit des Ich und den Belastungen der äußeren Situation ab. Wenn die Situation größere Kräfte der Integration verlangt als das Ich besitzt, entwickelt sich eine Neurose." (Eigene Übersetzung)

Ein Jahrzehnt später formulierten die Autoren WALLERSTEIN und ROBBINS die wichtigsten Arbeitshypothesen zum neurotischen Krankheitsgeschehen, die als Grundlage eines Forschungsprogrammes der Menninger-Klinik von der beteiligten Forschergruppe ausgearbeitet worden waren. Die Thesen dieser Autoren lauteten:

1. Psychische Krankheit entsteht durch intrapsychische Konflikte, die nicht auf andere Weise lösbar sind.

2. Diese Konflikte sind in weiten Bereichen unbewußt.

3. Intrapsychische Konflikte sind mit frühkindlichen Erfahrungen verknüpft und repräsentieren inadäquat gelöste kindliche Konflikte.

4. Bevor eine Krankheit im klinischen Sinn ausbricht, werden diese intrapsychischen Konflikte durch die Formierung von Triebabwehrmechanismen gelöst, durch Züge der Charakterstruktur und vielleicht durch mehr oder weniger ich-syntone Symptome; also durch Vorgänge, die in ihrem Gesamt die Persönlichkeitsstruktur des Individuums ausmachen.

5. Durch die verschiedenartigsten Kombinationen von inneren und äußeren Belastungen (manchmal früh als „beschleunigende Ereignisse" zu erkennen) versagen die bis dahin benutzten Methoden, die das innere Gleichgewicht erhalten sollten. Es erscheinen Krankheitssymptome oder ichfremde Charakterzüge oder beides.

6. Die Struktur und Eigenart der Symptome und der zugehörigen ich-dystonen Charakterzüge enthüllen wichtige Elemente der inneren Konflikte und der Versuche des Ichs, mit diesen Konflikten fertig zu werden; sie enthüllen zugleich wesentliche Aspekte der basalen Charakterstruktur des Individuums. (Eigene Übersetzung)

Soweit WALLERSTEIN und ROBBINS. Ohne große Schwierigkeiten ließen sich noch weitere, ähnliche Formulierungen von führenden Vertretern der psychoanalytischen Wissenschaft anführen. Es genügt aber wohl, wenn ich aus diesen beiden Zitaten jene theoretischen Konzepte herausgreife, die *gemeinsam* sind, und die im Verlauf der wissenschaftlichen Entwicklung durch reichhaltiges empirisches Material belegt wurden: Als *richtig* haben sich jene Beobachtungen FREUDS erwiesen, aus denen er darauf schloß, daß *frühkindliche Erfahrungen* und Erlebnisse — insbesondere die Erfahrungen mit den ersten Beziehungspersonen — zur Ausformung *pathologischer Charakterstrukturen* führen können. Die Bedeutung der frühen Kindheit für die Charakterentwicklung des Menschen wird heute nicht mehr angezweifelt. Nachbarwissenschaften der Medizin haben sich dieser wichtigen Erkenntnis angenommen und in vielfältigen zielgerichteten Forschungen unser Wissen differenziert und bereichert. Unbestritten ist heute auch, daß Patienten zu psychogenen Krankheitsreaktionen immer dann besonders disponiert sind, wenn sie einer *strukturspezifischen* Versuchungs- oder Versagungssituation ausgesetzt werden. Die „strukturspezifische" *traumatische Situation* unterscheidet man dabei in der Neurosenlehre nachdrücklich von *allgemeinen* Schicksalsbelastungen, insbesondere von dem inzwischen in die Wissenschaft eingeführten Begriff des „Stress", der in psychologischer Hinsicht inhaltsleer geblieben ist.

Einige (historische) Erläuterungen brauchen wir allerdings, um zu verstehen, warum FREUD seine Theorie über die Dynamik unbewußter menschlicher Seelenregungen unter die „unliebsamen Behauptungen" der Psychoanalyse einreihte: An sich war nämlich der Begriff des Unbewußten in der zeitgenössischen Psychologie FREUDS keineswegs neu, sondern eher — wie WUNDT sich ausdrückte — populär. Namhafte Forscher waren seinerzeit der Ansicht, daß *unbewußte* psychische Vorgänge die *Grundbestandteile* des menschlichen Seelenlebens ausmachten, und man begründete diese Annahme, ähnlich wie auch später FREUD, mit dem Hinweis auf die *Wirkungen*, die die unbewußten seelischen Inhalte auf das Bewußtsein ausüben. Zu tiefgreifenden Kontroversen um diese Theorie kam es im wesentlichen wohl deshalb, weil sich gerade im Zusammenhang mit dem Begriff des Unbewußten eine Fülle von metaphysischen Spekulationen in die empirische Wissenschaft eingeschmuggelt hatten. WUNDT — der große Vertreter empirischer Seelenforschung — nahm vor allem an *diesen* Vorgängen Anstoß und versuchte, eine methodisch klare Situation zu schaffen. Er formulierte unter anderem: *„Begreiflicherweise hat nun der Umstand, daß wir unbewußte Zustände der Vorstellungen anzunehmen genötigt und doch über die Natur dieser Zustände nichts auszusagen imstande sind, zu metaphysischen Hypothesen reichliche Veranlassung geboten. LEIBNIZ nahm vermöge des von ihm überall verwerteten Prinzips der Stetigkeit an, alles scheinbare Verschwinden der Vorstellungen beruhe auf einem Herabsinken auf einen sehr kleinen oder selbst unendlich kleinen Grad von Bewußtsein, und ebenso sollen die inneren Zustände der Wesen nur gradweise sich unterscheiden. Von dieser Anschauung entfernte sich schon Chr. WOLFF, indem er, dem Eindruck der psychologischen Erfahrung nachgebend, nicht bloß verschiedene Grade von Bewußtsein, sondern auch Zustände o h n e Bewußtsein unterschied, wobei* er übrigens bemerkte, daß man auf die letzteren nur aus demjenigen schließen dürfe, was wir in unserem Bewußtsein finden. Diesen Rat hat die moderne Philosophie n i c h t i m m e r b e f o l g t, daher das Unbewußte nicht selten in einen m e t a p h y s i s c h e n G e g e n s a t z zum Bewußtsein geriet und infolgedessen einen m y s t i s c h e n C h a r a k t e r annahm ... So vornehmlich in Schopenhauers Willensmetaphysik, in Ed. v. Hartmanns Philosophie des Unbewußten und in einer eigenartigen Form, vom Begriff der Bewußtseinsschwelle ausgehend, in dem metaphysischen Teil der Psychophysik Fechners." (Sperrungen vor mir.)

In seiner sorgfältigen Auseinandersetzung mit den verschiedenen Theorien über das „Unbewußte" und den zugehörigen metaphysischen Spekulationen kam Wundt dann zu folgender Ansicht: „Die verbreitete Neigung, den Vorstellungen eine unvergängliche Existenz in der unbewußten Seele zuzuschreiben, ist nun jedenfalls daraus entstanden, daß wir uns eine aus dem Bewußtsein entschwundene nie anders als mit den Eigenschaften denken können, die sie im Bewußtsein besitzt. Dies überträgt man dann auf die Vorstellungen selbst. Die richtige Folgerung ist aber offenbar, daß wir über die psychische Natur verschwundener Vorstellungen überhaupt nichts wissen können. Immerhin bleiben wir auf die Frage, wie sie zu denken seien, nicht ganz ohne Antwort, sobald wir annehmen, es werde der psychologische Zustand der Vorstellungen im Unbewußten zu ihrem bewußten Dasein in einer analogen Beziehung stehen, wie sich die begleitenden physiologischen Vorgänge oder Zustände zueinander verhalten ... Sind aber die Vorstellungen n i c h t W e s e n, sondern wechselnde V o r g ä n g e, so können auch jene zurückbleibenden Spuren nur als f u n k t i o n e l l e D i s p o s i t i o n e n gedacht werden ..., so sind demnach die b e w u ß t e n Vorstellungen als wirkliche anzuerkennen, die aus dem Bewußtsein verschwundenen aber sind p s y c h i s c h e D i s p o s i t i o n e n unbekannter Art zur Wiedererneuerung jener."

Insgesamt war Wundt mit Hinweis auf Leibniz der Meinung, daß es nicht notwendig sei, zwischen „Bewußtsein" und „Unbewußtem" als getrennten psychischen Systemen zu unterscheiden. Es genüge, wenn man mit Leibniz zwischen „klarerem" und „hellerem" Bewußtsein einerseits und „dunkleren" und „verworreneren" Ideen andererseits unterscheide. Dieser Meinung kann man an sich nur vorbehaltlos zustimmen. Es ergab sich aber, daß bei Wundt mit der Annahme „psychischer Dispositionen" unbemerkt und ungewollt ein Stück psychologischen Wissens um unbewußte Seelenregungen verlorenging, das bei Leibniz bereits vorhanden gewesen ist. Leibniz formulierte zum Beispiel in seinen „Neuen Abhandlungen über den menschlichen Verstand" folgendermaßen: „Verschiedene Perzeptionen und Neigungen wirken zusammen, um einen vollkommenen Willensakt, der das Ergebnis ihres Widerstreites ist, hervorzubringen. Es gibt darunter solche, die für sich allein nicht wahrzunehmen sind, deren Anhäufung aber eine

Unruhe erzeugt, die uns vorwärts treibt, ohne daß wir den Grund davon sehen."

Als WUNDT es aufgab, von „nicht wahrnehmbaren Neigungen" zu sprechen, die eine „uns treibende Unruhe" erzeugen, und stattdessen den Begriff der „psychischen Disposition" einführte, trat in seiner Psychologie der *dynamische* Aspekt stark in den *Hintergrund*. Die Tendenz zur *deskriptiven Darstellung* breitete sich aus, und damit mußte für die Befreiung von mystisch-metaphysischen Spekulationen ein recht beträchtlicher Preis gezahlt werden. „Unliebsam" erschienen also die FREUDschen Thesen zunächst einmal all jenen Forschern, die gerade gehofft hatten, sich aus dem Irrgarten metaphysischer Spekulationen zu befreien. Unliebsam war dann aber wohl auch, daß FREUD behauptete, nach seinen Beobachtungen seien die nicht bewußtseinsfähigen Inhalte des menschlichen Seelenlebens mit den *animalischen Triebkräften* des Menschen verknüpft und unterschieden sich insofern „auf das Grellste" von anderen, ebenfalls nicht bewußten psychischen Inhalten.

In der *zusammenfassenden Rückschau* über die abgelaufene wissenschaftliche Entwicklung möchte ich heute vor allem folgendes klarstellen: Zunächst einmal ist sicher, daß es prinzipiell möglich wäre, in unserer fachlichen Terminologie *ohne* den Begriff des Unbewußten auszukommen. Man könnte — im Sinne von LEIBNIZ — lediglich zwischen „hellerem" und „dunklerem" Bewußtsein unterscheiden und mit Hinblick auf die Stetigkeit menschlichen Seelenlebens von *unendlich kleinen Graden* des Bewußtseins sprechen. Mit Hilfe dieser — quasi infinitesimalen — Beschreibungsform wäre es keine besondere Schwierigkeit, alle psychodynamisch wichtigen Vorgänge lediglich vom Bewußtsein her zu beschreiben. So hat zum Beispiel SCHULTZ-HENCKE in seiner Neurosenlehre einen Versuch in dieser Richtung unternommen.

Andererseits ist zu bedenken, daß es sich überall in der belebten und nicht belebten Natur als konstruktiv erwiesen hat, wenn die Forscher ihre Beobachtungen von einem bestimmten Ausmaß quantitativer Veränderungen ab in *neuen Qualitäten* beschrieben haben. Seit langem spricht man in der Wissenschaft in diesem Zusammenhang von dem „Umschlag der Quantität in die Qualität". Konkret gesprochen ist es im Bereich der Psychologie also doch letztlich klüger, wenn man von einem gewissen Maß kleiner — unendlich kleiner — Bewußtseinsgrößen ab von „unbewußten" Vorgängen spricht. Man kann dann zunächst einmal der Tatsache Rechnung tragen, daß das menschliche Seelenleben nicht *statisch* und *deskriptiv*, sondern unbedingt *dynamisch* — als Ausdruck von Funktionen — verstanden und beschrieben werden muß. Man hat aber außerdem wesentlich bessere Möglichkeiten, all jene Vorgänge zu erfassen, die FREUD dazu veranlaßten, zwischen bewußten, „vorbewußten" und „unbewußten" bzw. nicht bewußtseinsfähigen seelischen Aktivitäten zu unterscheiden. Und nur so gelingt es auch, die *patho-*

gene Bedeutung bestimmter, nicht bewußtseinsfähiger seelischer Vorgänge richtig zu würdigen.

Nach meiner Ansicht ist es daher in jedem Fall ratsam, den Begriff des Unbewußten als *unentbehrlichen Hilfsbegriff* in der wissenschaftlichen Terminologie zu *behalten* und sich bei aufkommenden Schwierigkeiten der terminologischen Verständigung sofort auf die soeben dargelegten Probleme der Begriffsbildung zu besinnen. Es sei auch festgehalten, daß erst seit FREUD die systematische, mittelbare (nicht unmittelbare) Beobachtung unbewußter seelischer Vorgänge betrieben wird, und daß sich erst seit dieser Zeit eine ständig wachsende Zahl von Forschern an solchen Studien beteiligt.

Eine *Abänderung* der FREUDschen Arbeitshypothesen zum psychoneurotischen Krankheitsgeschehen ergab sich allerdings im Verlauf der Jahre im Bereich der sogenannten „Libidotheorie". Es ist gewiß kein Zufall, daß wir weder bei ALEXANDER noch bei WALLERSTEIN und ROBBINS einen ausdrücklichen Hinweis darauf finden, daß das psychoneurotische Krankheitsgeschehen überwiegend oder gar ausschließlich durch sexuelle Triebkonflikte bedingt sei. Die Formulierungen dieser Autoren sind bei weitem allgemeiner. ALEXANDER spricht von der Unfähigkeit eines Individuums, „sozial annehmbare Befriedigungen für persönliche Bedürfnisse" zu finden. WALLERSTEIN und ROBBINS sprechen ebenfalls sehr allgemein von „intrapsychischen Konflikten". Diese Abwandlung der libidotheoretischen Arbeitshypothesen zum neurotischen Krankheitsgeschehen entwickelte sich im Hinblick auf die überwältigende Fülle empirischen Materials, das nur noch gewaltsam mit Hilfe des alten Konzeptes geordnet werden konnte. DAVID RAPAPORT hat in seinem Buch „Die Struktur der psychoanalytischen Theorie" (1959) sicher mit Recht gemeint, daß gerade die Libidotheorie unter den existierenden Begriffen der Psychoanalyse „kein besonders hohes Überlebenspotential" haben werde.

Im folgenden Kapitel will ich darlegen, welche neuen Beobachtungen zum Triebgeschehen von den Psychoanalytikern gesammelt, geprüft und mit den ersten FREUDschen Hypothesen verglichen worden sind.

b) Weitere Beobachtungen zur Psychopathologie der Triebentwicklung

FREUD war — was oft vergessen wird — den wissenschaftlichen Theorien seiner Zeit eng verhaftet. Manche Begriffe, die wir heute hauptsächlich als Bestandteile der psychoanalytischen Terminologie kennen (etwa Partialtriebe bzw. Partialgefühle), wurden ursprünglich von WUNDT in die Wissenschaft eingeführt. Auch die Gruppierung der menschlichen Triebwelt in „Selbsterhaltungstriebe" und „Sexualtriebe" ist bereits bei WUNDT zu finden. Ganz zu schweigen von der Lust-Unlust-Theorie, die ursprünglich dem Lehrgebäude KANTS entstammt und dann von WUNDT in seine Gefühlspsychologie übernommen wurde.

Als FREUD die alte und sehr gebräuchliche Einteilung in Selbsterhaltungstriebe und Sexualtriebe aufgriff, befriedigte er sein Bedürfnis, seelische Vorgänge mit Hilfe dualistischer Denkmodelle zu ordnen. So beschrieb er den Konflikt, der der neurotischen Erkrankung vorausläuft, als einen Kampf zwischen den Sexualtrieben einerseits und den Ich- oder Selbsterhaltungstrieben andererseits. FREUD meinte in diesem Zusammenhang allerdings, daß es ihm zwar gelungen sei, die Eigenart und die Entwicklung der Sexualtriebe aufzuklären, das Wesen der „Ich-Triebe"" sei aber zunächst „im Dunkel geblieben". Folgerichtig ergab es sich, daß der späteren Ich-psychologischen Richtung in der Psychoanalyse die Aufgabe zufiel, dieses wissenschaftliche Dunkel aufzuhellen. Die Forscher dieser Gruppe widmeten sich dann freilich bald den Problemen einer allgemeinen Charakterologie und setzten damit zwar in mancher Hinsicht jene Untersuchungen fort, die ABRAHAM mit seinen „Studien zur psychoanalytischen Charakterlehre" (1925) begonnen hatte. Sie verließen aber doch im Interesse ihrer eigenen Fragestellungen das klinisch orientierte Arbeitsfeld.

Im engeren Bereich der Neurosenpsychologie erweiterte man im wesentlichen nach folgenden Richtungen: Man untersuchte die frühkindlichen Reifungsphasen des Menschen und beobachtete Triebe, Triebentwicklungen und *pathologische Triebabwehrmechanismen*. Hier berührten sich die Untersuchungen der Kliniker noch eng mit denen der Charakterologen. Man studierte weiterhin die gesunden und krankhaften Vorgänge bei der *Wahl des Liebesobjektes*, und man verfolgte schließlich die innere Dynamik und Gesetzmäßigkeit *neurotischer Schicksalsentwicklungen*, die durch das Zusammenspiel von neurotischer Persönlichkeitsstruktur und vorgegebenem *kulturellem Raum* ihr Gepräge erhielten.

Die verschiedenen Arbeitsrichtungen machten sich im Verlauf der Geschichte unter bestimmten Gruppenbezeichnungen kenntlich: Man sprach von der schon erwähnten *Ich-psychologischen Richtung*, von Ein-, Zwei- und *Mehrpersonenpsychologie* und schließlich von den sogenannten *Kulturschulen*, die sich das Studium der zwischenmenschlichen Beziehungen im engeren (familiären) und weiteren (sozialpsychologischen) Sinn zur Aufgabe gemacht hatten.

Natürlich gab es unter den Psychoanalytikern schon früh Versuche, das Triebgeschehen im Menschen möglichst gut zu gliedern und zu benennen. So schrieb JONES 1923 einen Artikel über die Klassifikation der Triebe (classification of instincts). JONES glaubte, daß er mit den beiden Begriffen „Anziehung" und „Abstoßung" eine glückliche Unterteilung gefunden hätte und wollte den Hunger und die Sexualität unter die „Triebe der Anziehung" einordnen, während die „Triebe der Abstoßung" durch Abwehr, Flucht und Aggressivität charakterisiert wären. JONES hatte sich bei seinen Überlegungen allerdings — ähnlich wie seine Kollegen von der Ich-psychologischen Schule — mit Fragen der allgemeinen Anthropologie befaßt und offengelassen, ob die Beziehungen zwischen menschlicher Triebwelt und neurotischem Krankheitsgeschehen noch über das libidotheoretische Konzept hinausgingen.

Diese besondere Problematik wurde dann von SCHULTZ-HENCKE in seinem Buch „Einführung in die Psychoanalyse" (1927) genauer untersucht: SCHULTZ-HENCKE sprach in seinen Darlegungen von den „Lustquellen der Kinderzeit" und beschrieb, wie sich die zugehörigen „Kinderwünsche" entweder spontan fortentwickeln oder untergehen; wie diese Kinderwünsche gegebenenfalls behindert werden und damit — Erlebnislücken im Gefolge — der Verdrängung anheimfallen. Obwohl SCHULTZ-HENCKE mit dieser frühen Darstellungsform noch weitgehend im Rahmen der zeitgenössischen Lust-Unlust-Theorie verblieb und sich auch noch eng an das libidotheoretische Konzept anlehnte, gab er doch schon in dieser Zeit die Ansicht auf, daß alle lustbringenden Erlebnisse des Säuglings und Kleinkindes mit dem Etikett „praegenitaler Partialtrieb" belegt werden sollten. Wir können auch verzeichnen, daß SCHULTZ-HENCKE das Wort „Trieb" als zusammenfassenden Ausdruck für bestimmte seelische Vorgänge seltener benutzte, und daß stattdessen das Wort „Kinderwunsch" oder (zugehörig) das Wort „Lustquelle" häufiger auftaucht.

In seiner späteren Entwicklung hat SCHULTZ-HENCKE dann das Wort Trieb ganz überwiegend durch den Begriff des „Antriebs" ersetzt, der nach seiner Meinung die fraglichen seelischen Vorgänge treffender bezeichnete. SCHULTZ-HENCKES Darstellungsform sollte vor allem der Erkenntnis Rechnung tragen, daß triebbestimmte menschliche Erlebnisweisen *auch dann* Opfer von Verdrängungsreaktionen und neurotischen Fehlentwicklungen werden können, wenn sie *nicht unmittelbar* zu den genitalen Impulsen gehören, oder ihr „praegenitaler" Charakter zweifelhaft ist. In jedem Fall hat SCHULTZ-HENCKE schon damals — obgleich er noch viel aus ABRAHAMS libidotheoretischer Charakterlehre schöpfte — die Entwicklung einer Charakterologie begonnen, die ihre engen Beziehungen zur Libidotheorie lockerte. So nahm SCHULTZ-HENCKE schon damals an, daß auch die Verdrängungen der „Oralität" (Besitz- und Eigentumserleben im weitesten Sinn) zu neurotischen Erkrankungen führen können, ohne daß man berechtigt sei, die libidinösen Eigenschaften dieser oralen Erlebnisse einseitig als die eigentlich wirksamen Kausalfaktoren im Krankheitsgeschehen herauszustellen. Auch *zärtliches Fühlen* war nach SCHULTZ-HENCKES Meinung ein innerseelisches Geschehen, das selbständig und ohne Verkoppelung mit sexuellen Erregungen gestört werden konnte und das man nicht allein als zielgehemmte Sexualität oder als praegenitalen „Partialtrieb" beschreiben dürfte.

In bezug auf die verschiedenen Trieb- und Antriebsformen hatte sich ja FREUD selbst bereits davon überzeugt, daß auch verdrängte Aggressionen, Kampf- und Machttrieb neurotische Krankheitszeichen produzieren können. SCHULTZ-HENCKE faßte den Begriff des Aggressiven noch weiter und beschrieb, daß auch allgemeine *Handlungsbereitschaft* und *Aktionslust* — unabhängig von den Koppelungen und Verschmelzungen, die sie mit sexuellen Impulsen eingehen — behindert und gedrosselt werden können. Damit rechnete SCHULTZ-HENCKE dann natürlich auch diese (weitgefaßten) psychischen Aktivitäten mit ihren pathologischen Entwicklungsbildern zu jenen Kausalfaktoren, die psychoneurotische Krankheitszeichen hervorrufen.

SCHULTZ-HENCKE hielt sich bei seinen damaligen Ausführungen insgesamt noch sehr weitgehend an die von FREUD vorgeschlagene Bindung der Impuls- und Wunschwelt an Körpergefühle. Wir lesen von oraler, analer, epidermaler, urethraler und manualer Erlebniswelt. Als *neuen Ausdruck* für die psychoanalytische Fachsprache führte er lediglich den aus der allgemeinen Psychologie stammenden Begriff des „Intentionalen" ein. Dieser Begriff war ursprünglich von BRENTANO geprägt worden, um die zeitgenössische Wahrnehmungspsychologie aus der allzu engen „Reizempfangstheorie" herauszulösen: Wahrnehmung — so hatte BRENTANO dargelegt — ist in jedem Fall mehr, als nur die passive Aufnahme von Reizeindrücken. Jede Wahrnehmung bildet sich mit Hilfe einer „gerichteten" psychischen Aktivität, einer Intention also, so daß Wahrnehmungsvorgänge nur dann richtig zu verstehen sind, wenn man die „Intentionalität" des wahrnehmenden Individuums ausreichend berücksichtigt.

SCHULTZ-HENCKE wies darauf hin, daß diese früh auftauchende „Gerichtetheit" der wahrnehmenden (und fühlenden) Erlebniswelt des kleinen Kindes in gleicher Form blockiert und behindert werden kann, wie orale Wünsche, Zärtlichkeitsbedürfnisse oder Handlungsimpulse. SCHULTZ-HENCKE beschrieb die Erlebnislücken im „Aufbau der Welt", die als Folge behinderter Intentionalität übrigbleiben und die charakteristische Schäden in der Persönlichkeitsstruktur eines Patienten — sowohl für Gefühle wie für kognitive Prozesse, Wahrnehmungs- und Denkvorgänge — hinterlassen. Seit SCHULTZ-HENCKE das Augenmerk der Psychoanalytiker auf diese besondere Form der Schädigung gelenkt hat, spricht man in der Fachterminologie von „intentionalen Lücken" und bezeichnet damit ein wichtiges, klinisch gut faßbares Zustandsbild.

Ich sollte in diesem Zusammenhang vielleicht erwähnen, daß der Begriff des Intentionalen auch schon bei FREUD zu finden ist, und daß er von HEINZ HARTMANN in seiner Studie „Ich-Psychologie und Anpassungsprobleme" (1939) aufgegriffen wurde. HEINZ HARTMANN ist mit allen anderen Forschern darin einig, daß die ersten intentionalen Erlebnisweisen in den frühen Lebensmonaten auftauchen und meint, daß man nicht vor dem dritten Lebensmonat mit aufkeimender Intentionalität zu rechnen hätte.

Zahlreiche Untersuchungen zur Säuglings- und Kleinkindpsychologie, insbesondere jene, die dem Thema des frühen Hospitalismus galten, haben dann später unser Wissen um diese Probleme erweitert und bereichert: So hat zum Beispiel RENÉ SPITZ in seiner lesenswerten Studie „Zur Entstehung der ersten Objektbeziehungen" (1954) den sehr alten Begriff der koenästhetischen Gefühle (Gemeingefühle) wieder eingeführt, um die frühe Dominanz der Lage- und Hautempfindungen (einschließlich der Zärtlichkeitsgefühle) beim Säugling ausreichend zu würdigen.

Doch schon lange vor RENÉ SPITZ befaßte sich MICHAEL BALINT mit dem Thema der *frühen Objektbeziehungen*. BALINT griff in seiner Arbeit „Zur Kritik der Lehre von den frühen Libidoorganisationen" (1935) das Konzept der „passiven Objektliebe" auf, das FERENCZI drei Jahre zuvor auf dem Wiesbadener Kongreß den Psychoanalytikern zur Diskussion angeboten hatte. FERENCZI hatte unter dem Titel „Die Sprachverwirrung zwischen dem Kind und den Erwachsenen" seinen Fachkollegen darlegen wollen, daß beim Kind die stillere Sprache der Zärtlichkeit, beim Erwachsenen die Sprache der Leidenschaft gesprochen würde, und daß es zu schwerer traumatischer Verwirrung des Kindes führt, wenn der Erwachsene seine ausgereiften genitalsexuellen Bedürfnisse und Erwartungen an das Kind heranträgt. Der Wunsch des Kindes sei, geliebt zu *werden*, in diesem Sinne also passiv, und könne am besten mit dem Namen „passive Objektliebe" gekennzeichnet werden. BALINT hat diesen Begriff, wie gesagt, aufgegriffen und hat dann später in der erwähnten Arbeit seiner grundlegenden Überzeugung Ausdruck gegeben, daß „. . . auch in den tiefsten, durch die Analyse eben noch erreichbaren Schichten der Seele Objektbeziehungen vorherrschen."

Diese so nachdrücklich vorgetragene Ansicht muß in dem besonderen Rahmen gewürdigt werden, in den sie gehörte: BALINT wollte mit ihr vor allem anregen, daß die ursprüngliche Theorie FREUDS vom „primären Narzißmus" neu überdacht und zurechtgerückt wurde. BALINT hat den Begriff des primären Narzißmus in wiederholten Arbeiten sehr differenziert diskutiert und überzeugend dargelegt, daß es keinen *primären* Narzißmus geben könne, wenn man unter Narzißmus wirklich das „Sich-selbst-Lieben" verstünde und nicht nur die Vorkommnisse autoerotischer Spielereien. BALINT schrieb in diesem Zusammenhang mit Hinweis auf die in den frühesten Entwicklungsperioden vorherrschende „passive Objektliebe" unter anderem: „Der eine Umweg zur Erreichung des Urzieles, des Geliebtwerdens, des Befriedigtwerdens, wäre also der Narzißmus: wenn die Welt mich nicht genügend liebt, so werde ich mich selbst lieben, selbst befriedigen. Folglich wäre der libidinöse Narzißmus immer von *sekundärer Art*." (Hervorhebung von mir.)

Mit FERENCZI nimmt dann auch BALINT an, daß die wesentlichsten Elemente im Gefühlsleben der Kinder zu ihren „Liebesobjekten" *zärtlicher* Natur sind. BALINT formulierte folgendermaßen: „Das Ziel all dieser Wünsche aber entspricht nicht dem, was man allgemein mit den Worten sinnlich, erotisch bezeichnet, sondern viel eher dem, was FREUD zärtlich, zielgehemmt genannt hat. Die Nichtbefriedigung ruft leidenschaftliche Reaktionen hervor, die Befriedigung dagegen nur ein stilles Wohlgefühl. Diesen Umstand hat FERENCZI in seiner letzten Wiesbadener Kongreßarbeit bereits beschrieben. Weitere Eigenschaften dieser passiven Objektliebe hat HERMANN schon ziemlich lange erkannt, vor allem die Tendenz zur Anklammerung. Dieser Tendenz entstammt auch die von A. BALINT jüngst untersuchte Angst vor dem Fallengelassenwerden."

MICHAEL BALINT hat diese im Jahr 1935 vorgetragenen Ansichten späterhin in zahlreichen Studien vertieft und schließlich 1959 die Monographie „Angstlust und Regression" veröffentlicht, in der er den Begriff der „passiven Objektliebe" durch das Konzept der „primären Liebe" ersetzte. Ich will später auf die Beobachtungen und Schlußfolgerungen, die BALINT zu dieser begrifflichen Veränderung veranlaßten, noch genauer eingehen. Zunächst soll zusammenfassend folgendes herausgestellt werden:

Die Psychoanalytiker wurden allmählich mit der Tatsache vertraut, daß ein sehr kompliziertes psychodynamisches Kräftespiel mit den verschiedensten Formen der Antriebs- und Impulsverdrängung (unabhängig von den Verschmelzungen mit der Sexualität) als zentraler Störfaktor im neurotischen Krankheitsgeschehen wirksam wird. Mit verschiedenen Formulierungen bewegten sich die Wissenschaftler in der gleichen Richtung: Im klinischen Bereich waren die zuvor zitierten Autoren ALEXANDER, WALLERSTEIN und ROBBINS offensichtlich bestrebt, den Krankheitsbegriff der Neurose so zu bestimmen, daß sie die Fortschritte und Erweiterungen unseres Wissens ausreichend kenntlich machten. Dabei behielt aber die ursprüngliche psychoanalytische Phasenlehre in ihrer allgemeineren (nicht mehr eng libidotheoretischen) Fassung ihren bleibenden Wert. Diese Fassung besagt, daß die neurotischen Charakterveränderungen, die ein Individuum erleidet, von der Entwicklungsstufe abhängig sind, auf der die lebensschädigenden Einflüsse wirksam wurden: Tatsächlich orientiert sich der Lernende im schwierigen Feld der Psychoanalyse am leichtesten, wenn er sich zunächst einmal all jene Vorgänge einprägt, die die frühkindliche Reifung des Menschen ausmachen, und wenn er sich erst dann jenen Umweltfaktoren zuwendet, die die pathologischen Ich-Veränderungen des Individuums hervorrufen.

In meinem Buch über „Psychogene Erkrankungen bei Kindern und Jugendlichen" habe ich diesen didaktischen Weg gewählt und dargestellt, welche biologischen und psychischen Entwicklungsphasen ein kleines Kind durchläuft, und wie die verschiedenartigen ungünstigen Umwelteinflüsse auf jeder Entwicklungsstufe andere pathologische Charakterverformungen hervorrufen.

Abgesehen von den weiterführenden Beobachtungen, die eine Neufassung des alten libidotheoretischen Konzeptes verlangten, finden wir dann unter den wichtigsten Ergänzungen des ursprünglichen psychoanalytischen Wissens die Beschreibung jener Vorgänge, die wir heutzutage unter dem Begriff „Triebabwehrmechanismen" zusammenfassen: FREUD selbst hatte schon früh beobachtet, daß die von ihm beschriebene Impulsverdrängung nicht der einzige Vorgang ist, der einen verpönten Trieb dem bewußten Erleben entziehen kann. Im Verlauf seiner wissenschaftlichen Entwicklung sah er sich veranlaßt, auf den allgemeineren, schon früher gebrauchten, Begriff der „Abwehr" zurückzukommen und meinte in seiner Arbeit „Hemmung, Symptom und Angst" (1926), daß es ratsam sei, diesen Begriff wieder in die Wissenschaft einzuführen, „. . . wenn man dabei festsetzt, daß er die allgemeine Bezeichnung für all die Techniken sein soll, deren sich das Ich in seinen eventuell zur Neurose führenden Konflikten bedient, während Verdrängung der Name einer bestimmten solchen Abwehrmethode bleibt, die uns infolge der Richtung unserer Untersuchungen zuerst bekannt geworden ist."

Noch vor seiner Arbeit über „Hemmung, Symptom und Angst" hatte FREUD in dem Artikel „Triebe und Triebschicksale" einige besondere Formen der Triebabwehr erörtert. Er hatte im Umgang mit seinen Patienten die „Verkehrung eines Impulses in sein Gegenteil" kennengelernt und war mit Vorgängen vertraut geworden, die er die „Wendung gegen die eigene Person" nannte. Außerdem reihte FREUD die sogenannte „Sublimierung" unter die Triebabwehrmechanismen ein. Unter Sublimierung verstand er jenen seelischen Prozeß, bei dem der Trieb sein ursprüngliches Objekt wechselt, so daß die Triebenergien schließlich anderen (sublimieren) Zielen dienen.

Ein Jahrzehnt, nachdem FREUDs Arbeit „Hemmung, Symptom und Angst" erschienen war, hat ANNA FREUD zum 80. Geburtstag ihres Vaters die Studie „Das Ich und die Abwehrmechanismen" veröffentlicht und in dieser Arbeit all jene seelischen Vorgänge zusammengestellt, die nach ihrer Meinung in den Dienst der Triebabwehr treten können: ANNA FREUD nannte neben den schon zitierten Begriffen (Verdrängung, Regression, Sublimierung, „Wendung gegen die eigene Person" und „Verkehrung eines Impulses in sein Gegenteil") weiterhin noch „Isolierung", „Projektion" und „Introjektion". Außerdem führte sie die „Verleugnung", die „Reaktionsbildung" und das „Ungeschehenmachen" auf. In der gleichen Studie hat ANNA FREUD auch das von FERENCZI stammende Konzept über die „Identifizierung mit dem Angreifer" aufgenommen und ihm einen Platz in der Wissenschaft gesichert.

Es wäre nun nicht sinnvoll, hier nochmals alle von ANNA FREUD zusammengestellten Bezeichnungen für Triebabwehrmechanismen im einzelnen zu erläutern. Ein Wort nur über die Begriffe der Projektion und der Introjektion: Jener seelische Vorgang, den wir mit dem Wort „Projektion" erfassen wollen, ist in unserem vorwissenschaftlichen Kenntnisschatz ein altgewohnter Besitz. Im Volksmund sagt man ganz allgemein: „Wir schließen von uns auf andere". An der psychoanalytischen Begriffsbildung ist *neu*, daß wir diesen Vorgang nicht mehr auf bewußt reflektierbare seelische Regungen begrenzen. Bei der *neurotischen Projektion* geht es darum, daß ein *unbewußter* Impuls oder eine unbewußte Vorstellung mit Hilfe eines komplizierten und ebenfalls unbewußt ablaufenden inneren Vorgangs in die umgebende

Welt hinein verlagert wird. Es handelt sich hier also um nicht reflektierte und *nicht reflektierbare* seelische Vorgänge, deren Dynamik das erkrankte Individuum zu einer Verkennung und Verfälschung der umgebenden Welt führt. Die „Realitätsprüfung" (ein alter Begriff FREUDS) wird durch kaum einen anderen neurotischen Vorgang so stark behindert und verzerrt, wie durch den Vorgang der neurotischen Projektion. Je unvollkommener ein Mensch darin geübt ist, die Außenwelt so zu sehen, wie sie wirklich ist, je mehr er dazu neigt, nur seine eigenen Regungen in ihr wiederzufinden, um so unvollkommener wird sein Urteil über diese Wirklichkeit ausfallen. Diese Erkenntnisse sind inzwischen in weite Bereiche der sogenannten Normalpsychologie eingegangen. Es ist weitläufig bekannt, daß wir auch beim gesunden Individuum eine motiv- und erwartungsbedingte „Wahrnehmungsauslese" finden.

In enger Anlehnung an den Begriff der neurotischen Projektion wurde dann von FERENCZI der verwandt klingende Begriff der „Introjektion" in die psychoanalytische Terminologie eingeführt (Introjektion und Übertragung; 1909). Ich will erwähnen, daß die beiden Begriffe „Identifikation" und "Introjektion" von FERENCZI in gewisser Weise synonym gebraucht wurden. FERENCZI unterstellte, daß sich ein Mensch die Liebesobjekte, mit denen er zu tun hatte oder hat, dadurch „introjiziert", daß er sich mit ihnen „identifiziert". Der Unterschied zur vollständigen Identifikation besteht nach FERENCZIS Beschreibung darin, daß auch sogenannte „Partialobjekte" introjiziert werden können. Das heißt, daß ein Mensch gegebenenfalls nur bestimmte Teile oder Eigenschaften des Liebesobjekts der *eigenen Person* zuschreibt. Umgekehrt also zum Vorgang der Projektion, bei dem die *eigenen* Regungen dem *anderen* zugeschrieben werden. Übrigens können nach FERENCZI auch die Eigenschaften unbelebter Gegenstände dem Ich zugeschrieben und einverleibt werden.

Soweit ich sehe, ist der Begriff der Introjektion im späteren Verlauf der psychoanalytischen Entwicklung vielfältig abgewandelt oder erweitert worden. Eine klare Definition seiner Bedeutung, zu der sich *alle* Psychoanalytiker bekennen, scheint mir nicht vorzuliegen. Da wir aber gewohnt sind, die Begriffe Projektion und Introjektion in engem Zusammenhang miteinander zu verwenden, will ich hier klarstellen, daß Projektionen zur *Verkennung der Realität führen*. Bei Introjektion müssen wir mit *Ich-Veränderungen* rechnen.

Gleichzeitig rate ich dringend, daß wir uns bei der Auseinandersetzung mit dem komplexen Bereich der Triebabwehrmechanismen nicht unachtsam in einem methodischen Irrgarten verlieren! Alle seelischen Vorgänge, die ich soeben aufgeführt habe, unterscheiden sich voneinander auf sehr elementare Weise: Mit den Begriffen der Projektion und der Introjektion beschreiben wir Vorgänge, die in jedem Fall anderen Gesetzen folgen, als etwa die Prozesse der „Sublimierung". Ebenso ist die psychische Dynamik, die die

„Verkehrung eines Triebes in sein Gegenteil" mit sich bringt, in ganz anderen seelischen Schichten zu finden und setzt sich auch aus ganz anderen Elementen zusammen, als jenes psychische Geschehen, das wir mit der Bezeichnung „Regression" im Auge haben.

Die gemeinsame Zuordnung so unterschiedlicher seelischer Abläufe wird nur dann sinnvoll, wenn man einen sehr spezifischen Aspekt (nämlich den der Triebabwehr) *künstlich heraushebt* und in ihm das verbindende Element für im übrigen sehr verschiedenartige Vorgänge findet. Auch sollte man nicht in ein anthropomorphisierendes Instanzendenken verfallen und sich vorstellen, daß ein quasi personifiziertes „Ich" je nach Wahl, Entschluß und Belieben über die eine oder die andere Form eines Abwehrmechanismus disponiert. Es sind sicherlich sehr verwickelte und noch weitgehend unbekannte Vorgänge, die jeweils den einen oder den anderen Triebabwehrprozeß in Gang bringen.

Wichtig ist in diesem Zusammenhang aber vor allem anderen, daß die Psychoanalytiker allmählich dazu kamen, dem Begriff der „Triebabwehr" den sehr nah verwandten Begriff der „Angstabwehr" an die Seite zu stellen. Es wurde offenbar, daß die Angsttoleranz der Menschen sehr verschieden ist. Ebenso variabel zeigten sich die menschlichen Möglichkeiten, Angsterlebnisse zu neutralisieren: Das „Bagatellisieren" wäre hier eine Variante. Die (meist schizoide) *Entkleidung einer Vorstellung von ihrem Affekt* eine weitere. Das Verarbeiten ängstigender Vorstellungen mit Hilfe von *abwertenden Beurteilungen* eine dritte.

„Rationalisierungen" (ein Begriff von Jones) treten gleichermaßen in den Dienst der Angstabwehr wie in den Dienst der Triebverleugnung: Der Neurotiker legt sich ein System von Begründungen zurecht, mit dessen Hilfe er sein Fühlen und Reagieren in den Bereich des „Richtigen" oder des „Notwendigen", vielleicht sogar des „Vernünftigen" und „Wertvollen" rückt. Ganz bevorzugt werden weltanschauliche Systeme (Ideologien aller Art) zur Rationalisierung herangezogen. Neurotische „Demut" und Unterwürfigkeit kann mit Hilfe von christlichen Glaubenssätzen rationalisiert und ihres ängstigenden Charakters entkleidet werden. Eine sehr private neurotische Ressentimenthaltung wird mit Hilfe von gesellschaftskritischen Anklagen — scheinbar rational — für ein allgemeines gesellschaftliches Problem gehalten.

Allerdings beurteilen die Psychoanalytiker die Bedeutung, die der Triebabwehr im Gegensatz zur Angstabwehr zugemessen werden soll, recht verschieden. Karen Horney hat mit ihrer eigenen Neurosenlehre unser Wissen um neurotische Angst und Angstabwehr umfangreich erweitert: Sie kam nach jahrelanger Arbeit mit ihren Patienten zu dem Ergebnis, daß die ursprünglich *triebbezogene* Orientierung der Psychoanalyse grundsätzlich umgeformt werden müßte und daß es notwendig sei, die Faktoren der Umgebung, die das Kind geängstigt und belastet haben, genauer zu erforschen. Nicht der „Oedipuskomplex" sei der Ursprung aller neurotischen Entwicklungen, sondern „. . . *all jene widrigen Einflüsse, die einem kleinen Kind das Gefühl der Hilflosigkeit und Wehrlosigkeit geben.*"

KAREN HORNEY prägte den Begriff der „neurotischen Grundangst", die nach ihrer Meinung die Quelle aller neurotischen Entwicklungen ist, und die sich immer dann entwickelt, wenn die Umgebung in einem Kind das Gefühl erzeugt, daß es hilflos und ausgeliefert ist. Nach KAREN HORNEYS Beobachtungen hat diese „neurotische Grundangst" sehr allgemeine Wurzeln und ist *nicht* die Folge von Triebversagung oder Triebverdrängung. Demzufolge bestünde auch kein Anlaß, die sexuellen Probleme des Kindes oder des Erwachsenen in den dynamischen Mittelpunkt des neurotischen Geschehens zu rücken. Der zentrale Faktor aller neurotischen Probleme und Schwierigkeiten ist nach KAREN HORNEY in einer Störung der *zwischenmenschlichen Beziehungen* zu finden, die sich ihrerseits aus der früh erworbenen „neurotischen Grundangst" heraus entwickeln.

KAREN HORNEY bestreitet auch, daß neurotische Bestrebungen nach Macht, Geltung oder Besitz *primär* auf die entsprechenden Impuls- und Wunschverdrängungen zurückzuführen seien. Sie sieht in jenen neurotischen Einstellungen, die das Besitz-, Macht- und Geltungsstreben betreffen, ausdrücklich *reaktive* Sicherungs- und Schutzmaßnahmen, die die „neurotische Grundangst" bewältigen und neutralisieren sollen. KAREN HORNEY glaubt insbesondere *nicht*, daß spontane Besitz-, Macht- und Geltungswünsche durch spezifische Umwelteinflüsse gebrochen und neurotisch verzerrt werden können. Nach ihrer Ansicht entsteht aus der erworbenen „neurotischen Grundangst" der sogenannte „neurotische Grundkonflikt", von dem sie sagt: „Ich sehe den Grundkonflikt eines Neurotikers in den sich fundamental widerstrebenden Haltungen, die er anderen Menschen gegenüber angenommen hat."

Nach KAREN HORNEY gibt es für das Kind oder für den erwachsenen Neurotiker drei Möglichkeiten, diesen neurotischen Grundkonflikt zu lösen: Entweder macht der Neurotiker einen verstärkten Versuch der *Hinwendung* zum Menschen, oder aber er wendet sich *ab* und zieht sich in die *Isolierung* zurück. Schließlich kann er eine *feindselige Einstellung* aufbauen und in Protest oder Gegnerschaft verharren.

Darüber hinaus gibt es nach KAREN HORNEY noch viele weitere Hilfsmittel, mit denen der Neurotiker die Grundangst abwehren, den Grundkonflikt lösen und einen neurotischen Schutzbau aufrichten kann: Unter anderem gehört das sogenannte „idealisierte Ebenbild" zu diesen Hilfsmitteln. Der Patient erlebt sich selbst in diesem idealisierten Ebenbild als siegreich, einheitlich und kontaktfähig und versucht damit, den Ängsten seiner immer konfliktbesetzten zwischenmenschlichen Beziehungen den Stachel zu nehmen. Nach KAREN HORNEY lehrt aber die Erfahrung, daß diese schützenden Hilfskonstruktionen eines neurotischen Patienten immer zerbrechlich bleiben und daß alle Lösungsversuche schließlich doch nur neue Ängste und Befürchtungen mit sich bringen.

Es war nur konsequent, als KAREN HORNEY aus ihren klinischen Erfahrungen die gleiche Schlußfolgerung zog, wie andere Autoren auch, nämlich, daß die Libidotheorie in ihrer Einseitigkeit aufgegeben werden müsse und daß sich mit dem detaillierten Studium der zwischenmenschlichen Beziehung auch eine *soziologische Orientierung* der Psychoanalyse entwickeln würde, die es erlaubt, die vielschichtigen, widrigen Faktoren zu erfassen, die das Kind einmal belastet und in die neurotische Grundangst getrieben haben.

Es soll noch hervorgehoben werden, daß wir KAREN HORNEY nicht nur wichtige Beiträge zur Soziologie verdanken. Wir finden in ihren Publikationen außerdem eine große Fülle scharfsinniger Beobachtungen und Beschreibungen, die uns mit den unterschiedlichsten Formen neurotischer Angstabwehr vertraut machen. Wir verdanken ihr zugleich die Feststellung, daß die Behandlung eines neurotischen Patienten oft mehr um die Auflösung der *sekundären* neurotischen Charakterverformungen kämpfen muß, als um die Erhellung der genetischen Primärvorgänge. In dieser Ansicht trifft KAREN HORNEY sich mit SCHULTZ-HENCKE, der schon früh beobachtete, wie die sekundären Folgen einer gestörten Triebverarbeitung allmählich ihren *psychischen Eigenautomatismus* entwickeln und schließlich *stärker pathogen* wirken, als die ursprünglichen Triebabwehrprozesse. SCHULTZ-HENCKE wies in diesem Zusammenhang vor allem auf das lückenhafte Fühlen und Wahrnehmen der Patienten hin, auf gestörte Denk- und Lernprozesse, auf neurotisch determinierte Ideologien und auf neurotische Passivität und Bequemlichkeitshaltungen. SCHULTZ-HENCKE zeigte außerdem auf, daß der sekundäre Mangel an Kenntnissen und Fertigkeiten, der den Neurotiker in Anbetracht seiner Ich-Verarmung so oft auszeichnet, dringlich danach verlangt, daß neben der analytischen Arbeit zugleich umfangreiche Lernleistungen nachgeholt werden, damit sich die neurotischen Ängste nicht noch laufend durch Realängste verstärken.

Im übrigen ist es zur Zeit wohl doch noch eine strittige Frage, ob die sonst ja sicher richtigen Beobachtungen von KAREN HORNEY über „neurotische Grundängste" tatsächlich zu der Annahme berechtigen, daß primäre Triebversagungen nur eine *untergeordnete Rolle* in der Dynamik einer neurotischen Entwicklung spielen. Nach meiner persönlichen Ansicht können wir doch wohl *beide* Vorgänge (Triebversagung *und* allgemeine Ängstigung) in Kinderentwicklungen beobachten, die später zu einer neurotischen Charakterverformung führen.

In jedem Fall ist es jetzt an der Zeit, darauf hinzuweisen, daß die Psychoanalyse mit ihrer vertieften Kenntnis über intrapsychische, neurotische Dynamismen bald auch neue Kenntnisse über *neurotische Konfliktkonstellationen* erwarb: FREUD hatte im Verlauf seiner Studien die mächtigen Wirkungen des *Wiederholungszwanges* kennengelernt. Er hatte gesehen, wie seine Patienten — von unbewußten Kräften gelenkt — im „unbewußten Arrangement" immer wieder die gleichen Lebenskrisen und Lebenskonstellationen heraufbeschwören, die — nur scheinbar zufällig — das neurotische Schicksal bestimmen. „Neurotisches Arrangement" und „Wiederholungszwang" sind Begriffe für sehr eigentümliche menschliche Reaktionen, deren fast dämonische Macht und Gewalt das: „Du entfliehst dir nicht" im menschlichen Schicksal besiegeln. Ohne ihre Kenntnis werden wir völlig außerstande sein, einen neurotischen Schicksalsablauf richtig zu verstehen, und in allen späteren Krankengeschichten werden uns bei unseren Patienten neurotische („arrangierte") Wiederholungssituationen beschäftigen.

Hinter dem Gewicht dieser Vorgänge könnte das Thema neurotischer Ambivalenzkonflikte fast in den Hintergrund treten. Wir müssen es aber doch sehr genau beachten, ebenso wie das wichtige Problem der intrapsychischen und der zwischenmenschlichen *Antinomien*.

Der Begriff der neurotischen Ambivalenz wurde von BLEULER geprägt und besagt, daß die Einstellung eines Neurotikers mit seiner gestörten Triebentwicklung zu vielen, möglicherweise zu allen Lebensvorgängen in *unnötigem Ausmaß* zwiespältig und konflikthaft bleibt. Daß der Patient dort, wo er zu lieben glaubt, gleichzeitig haßt, daß er von Gier überfallen wird, wenn er schenken möchte, daß er sich von der Umwelt abgeschreckt fühlt, wenn er sich ihr eigentlich sehnsüchtig zuwenden will. Auch KAREN HORNEY meinte diese Form neurotischer Ambivalenz, als sie von den „sich fundamental widerstrebenden Haltungen" sprach, die der Patient anderen Menschen gegenüber einnimmt, und die den „neurotischen Grundkonflikt" ausmachen. Für die neurotische Ambivalenz gilt ganz allgemein, daß sie mit therapeutischen Mitteln *prinzipiell zu lösen* oder doch sehr stark zu mildern ist. Es zeigte sich aber bald, daß die Konzeption dieses prinzipiell lösbaren neurotischen Ambivalenzkonfliktes unvollständig blieb, und daß man sich dem Verständnis neurotischer Triebkonflikte auch nur unvollkommen näherte, wenn man nicht gleichzeitig jenes Geschehen berücksichtigte, das die Menschheit seit je unter dem altehrwürdigen Begriff der Antinomie beschreibt.

Unter einer Antinomie verstehen wir die *unaufhebbare Gegensätzlichkeit* widerstreitender Impulse, die nicht nur mit gleicher affektstarker Dynamik ausgerüstet sind, sondern die sich zugleich mit Konflikten verknüpfen, bei denen der Mensch zwischen zwei gleich bedrohlichen Gefahren wählen oder zwischen zwei gleichberechtigten Wertprinzipien entscheiden muß. Im echt antinomischen Konflikt prallen Gegensätzlichkeiten aufeinander, die *nicht lösbar* sind. Das Individuum muß Entscheidungen treffen, die — wie immer sie ausfallen mögen — in jedem Fall Opfer und Leid heraufbeschwören. Vielleicht läßt ein solcher Konflikt sogar nur noch die Wahl offen, ob ein Mensch sich selbst oder einen anderen ins Unglück stürzen wird. Antinomische Konflikte mit der Umwelt wurden uns in unvergänglicher Weise in den alten klassischen Tragödien der Griechen vor Augen geführt. Im Bereich der Psychoanalyse nahm SCHULTZ-HENCKE das Wissen um die Existenz antinomischer Konflikte ausdrücklich in den Bereich seiner fachlichen Konzeption auf.

Es ist sicherlich wichtig, auf die Existenz echt tragischer, allgemeiner oder intrapsychischer antinomischer Konflikte hinzuweisen, damit wir einer Simplifikation der FREUDschen Theorien vorbeugen, die in allzu einfachen Vorstellungen über das ursächliche Geschehen bei neurotischen Fehlentwicklungen gipfelt: Die naive Idee, daß Triebbehinderungen nur unter dem Druck gesellschaftlicher Einflüsse zur Neurose führen (Trieb gegen Gesellschaft), hat ebenso naive Vorstellungen von der „Krankheit" und Therapiebedürftigkeit der Gesellschaft mit sich gebracht. Ohne ein tiefes Wissen über die schicksalhaft ablaufende Antinomik menschlichen Lebens wird man immer wieder der Gefahr solcher Simplifikationen erliegen.

Auch vor einer stark verallgemeinernden Beschreibung der „zwischenmenschlichen Beziehungen" im neurotischen Grundkonflikt will ich hier warnen. Sie ist ebenso gefährlich wie ein einseitiges Studium der Triebe und Triebentwicklungen. Wir sollten nie vergessen, daß FREUD die Auseinandersetzungen des kleinen Kindes mit den „Elternimagines" in Identifikation, Anlehnung oder Abwehr zum Mittelpunkt seiner Beschreibungen gemacht hat! Das Studium von Trieben, Triebzielen und Triebabwehrmechanismen bleibt steril und inhaltsleer, wenn wir nicht gleichzeitig ebenso sorgfältig das differenzierte Studium der „Objektbeziehungen" betreiben. Und wir dürfen das individuelle Liebesobjekt, den mitfühlenden Partner, den nahen Freund, nicht über den — manchmal nur verschwommen beschriebenen — allgemeinen zwischenmenschlichen Beziehungen vergessen.

Die Warnung, die ich hier ausspreche, ist nicht neu: Schon 1934 hat BALINT darauf hingewiesen, daß die Psychoanalytiker mehr Aufmerksamkeit auf die Entwicklung der Objektbeziehungen verwenden sollten, und daß man sich insbesondere um die Einflüsse der Umgebung kümmern müsse. BALINT sagte außerdem etwas später, man solle die vorherrschende „Ein-Personen-Psychologie" umwandeln und an ihrer Stelle eine Zwei-, Drei- und Mehr-Personen-Psychologie schaffen. Nur so könne man ein richtiges Bild vom menschlichen Seelenleben entwerfen.

Man kann diesen früh geäußerten Ansichten von BALINT nur vorbehaltlos zustimmen. Und man wird ihm sicherlich auch recht geben, wenn er außerdem noch schreibt, es sei ein „bleibendes Verdienst FERENCZIS, daß er in den Jahren der sogenannten ich-psychologischen Richtung der Erforschung der seelischen Struktur nie müde wurde, die Wichtigkeit der äußeren Faktoren immer wieder hervorzuheben." Zur Zeit darf man außerdem wohl sagen, daß es zum bleibenden Verdienst von BALINT wurde, daß er den Weg zur „Zwei-Personen-Psychologie" geöffnet hat und uns zugleich wichtige Funde über typische „Objektbeziehungen" vermittelte.

Ich löse jetzt mein Versprechen ein und berichte über die Gründe, die BALINT dazu veranlaßten, FERENCZIS Konzept von der „passiven Objektliebe" aufzugeben und durch den Begriff der „primären Liebe" zu ersetzen. Freilich: Das Fluidum unmittelbarer Lebensnähe, das alle Arbeiten von BALINT so unwiderstehlich reizvoll macht, werde ich nicht einfangen und nicht wiedergeben können. Ich muß mich mit einem abstrahierenden Bericht begnügen: Ich sagte schon, daß BALINT die FREUDsche Theorie vom „primären Narzißmus" für irrig hielt und die Ansicht vertrat, daß alle Triebwünsche des Säuglings *objektgebunden* seien. Er meinte, es sei unerlaubt, bei der Beobachtung und Beschreibung kindlicher Triebentwicklung diese immer vorhandene Bindung an das Liebesobjekt außer acht zu lassen. Nach BALINT müssen alle Beschreibungen der frühen Säuglingsperiode berücksichtigen, wie eng die Bedürfnisse des jungen Kindes mit den *korrespondierenden* mütterlichen Gefühlen verbunden sind: Der junge Säugling, der unter günstigen Umständen geboren wird, erlebt nach BALINT den Zustand der „primären Liebe", das heißt den Einklang zwischen seinen eigenen Wünschen und den Gefühlen und Möglichkeiten der Mutter. „Primäre Liebe" ist die *wechselseitige* Beglückung und Befriedigung für Mutter und Kind *zugleich*. Sie ist demnach mehr, als die „passive Objektliebe" FERENCZIS, die nur besagen wollte: Der junge Säugling liebt zwar nicht selbst, aber *er wird geliebt*.

Die *wechselseitige Verschränkung* der Gefühle und Bedürfnisse von Kind und Mutter — die primäre Liebe — ist allerdings nur ein einmaliger beglükkender Zustand am Beginn des menschlichen Lebens. Nach BALINT ist der Verlust der primären Liebe das Trauma, das dem heranreifenden Kind unausweichlich begegnen wird, und das zum Anlaß für verschiedenartige Bewältigungsversuche und Persönlichkeitsentwicklungen wird: Die ersten enttäuschenden und bedrängenden Erlebnisse für das Kind stellen sich ein, wenn deutlich wird, daß die Mutter — bei aller Liebe für ihr Kind — doch ein Mensch mit eigenständigen Wünschen und Bedürfnissen ist. Das Kind muß sich mit Verzichten und Entbehrungen abfinden. Es kann und tut das auch und wählt — einigermaßen gut betreut — den Weg der *aktiven Objektliebe*, auf dem es lernt, seinerseits die Wünsche und Bedürfnisse seiner Umwelt zu erfassen, zu beachten und schließlich zu erfüllen. Ist dieser Weg verstellt, dann formen sich narzißtische Grundhaltungen aus, die nach BALINT immer ein *reaktives Kunstprodukt* sind, und die wir nicht mit FREUD für ein biologisch normales Entwicklungsstadium halten dürfen.

Damit aber nicht genug: BALINT hat in seiner späteren Arbeit „Angstlust und Regression" zwei neue Begriffe eingeführt, die helfen sollen, wichtige Bereiche menschlichen Fühlens und Verhaltens besser zu verstehen. Wir begegnen bei BALINT als neuen menschlichen „Typen" dem *Philobaten* und dem *Oknophilen*. Beide Typen unterscheiden sich — sofern sich ein seltenes Exemplar reiner Prägung ausfindig machen läßt — vor allem durch ihre innere Beziehung zu den „Objekten" einerseits und den Gefühlen für die „trennenden Räume" zwischen den Objekten andererseits.

Jeder dieser beiden Typen hat nach BALINT den traumatischen Verlust der primären Liebe auf seine Weise beantwortet: Der Oknophile kann diesen Verlust der primären Liebe überhaupt nicht verwinden, nicht einmal zugeben. Reaktiv klammert er sich an sein Liebesobjekt, teils angstvoll, teils fordernd und findet Ruhe und Befriedigung nur in der Vorstellung des Gehaltenseins. Das „Objekt" — so will es der Oknophile — soll immer verfügbar sein, bedingungslos und ohne Einschränkungen. Die Illusion wird aufgebaut, daß alle Objekte schützend und hilfreich seien, daß sie nicht treulos fühlen werden und eines Tages eigene Wege gehen. Die Klammerhaltung des Oknophilen ist hilflos und fordernd zugleich. Nach BALINT erlebt er die Räume zwischen den Objekten als grauenvolle Leere, als furchterregende Einsamkeit. Allein die Abhängigkeit vom Liebesobjekt besänftigt alle Ängste, die den Oknophilen beim Durchmessen dieser Räume überfallen.

Es ist leicht zu sehen, daß ein vorwiegend oknophiles Individuum in vielen Bereichen seiner Persönlichkeit unfertig und unselbständig bleibt. Geht die Abhängigkeit vom Liebesobjekt weit — zu weit —, dann mischen sich nach BALINT in alle Gefühle von Liebe und Verbundenheit Selbsthaß und Selbstverachtung mit hinein. Selbsthaß und Selbstverachtung über die beängstigende Abhängigkeit türmen sich im Oknophilen dann so lange auf, bis er schließlich seine Selbstverachtung auf das „Objekt" verschiebt und jene eigentümliche Haßeinstellung zum Liebespartner entwickelt, die uns in ihren pathologischen Ausformungen so wohlbekannt ist und die nicht mit sado-masochistischen Liebesbindungen verwechselt werden darf.

Anders der Philobat: Er bildet Fertigkeiten und Geschicklichkeiten aus, die es ihm ermöglichen, das alte Trauma zu vergessen und seine treulosen Objekte selber zu verlassen. Zwar kennt und entwickelt auch der Philobat seine „Sicherheitszone": Das Heim oder das Haus mit seiner Ausrüstung. Aber das Verlassen dieser Sicherheitszone ist für den Philobaten ein Genuß, ist Spannung und Vergnügen. Die Räume zwischen den Objekten sind für ihn „freundliche Weiten" (nicht angsterregende Leere), die er durchforscht, genießt und sucht. Die auftauchenden Objekte in diesen Weiten sind freilich eher feindlich und stören die harmonische Verschmelzung mit der tragenden Materie. Objekte müssen gemieden, vielleicht erobert oder unterworfen, aber auf jeden Fall bald wieder verlassen werden. Der Philobat ist auf den *Wechsel* seiner Liebesbeziehungen aus. Er sucht das weite Lebensfeld und nicht den einzelnen Partner, an den er sich klammern könnte.

Seeleute und Flieger, Bergsteiger und Skifahrer genießen philobatische Spannungen. In der Kunst führen philobatische Neigungen zur „zerfallenden Objektdarstellung" oder zur gegenstandslosen Malerei: Der philobatische Künstler zerstört die Befriedigung oder Beruhigung, mit der uns **die**

Betrachtung heiler, ganzer und harmonischer Objekte erfüllt. Ein Spannungsreiz tritt an die Stelle der Beruhigung.

Ich muß es mir hier versagen, all die lebensvollen Bilder nachzuzeichnen, mit denen BALINT sein Wissen um anklammernde Objektbeziehungen und philobatische Neigungen illustriert. Nur darf ich die wichtige Feststellung nicht vergessen, daß keiner der beiden Typen — weder der Oknophile noch der Philobat — denkbar ist ohne die ihn umgebende Welt, oder den zugehörigen Liebespartner mit seinen *korrespondierenden* Neigungen und Bereitschaften. Die Gefühle und Lebensformen der Philobaten und der Oknophilen können nur als die *wechselseitige Verschränkung* von Bedürfnissen und Gefühlen zwischen dem einzelnen Individuum und seinen „Objekten" (oder seiner Verschmelzung und Verschränkung mit der tragenden Materie) verstanden werden.

Es sei schließlich noch hinzugefügt, daß der Philobat — obgleich in mancher Hinsicht selbständiger, geschickter, kühner und unternehmender als der Oknophile — doch auch (gleich ihm) die Wiederherstellung der „primären Liebe", die harmonische Verschmelzung mit der umgebenden Welt oder Materie sucht. Alle Befähigungen und Geschicklichkeiten, die der Philobat erwirbt, sollen ihm nach BALINT doch nur das Erleben schenken, daß er von den freundlichen Weiten getragen wird, sollen das „ozeanische Gefühl" heraufbeschwören, das den Philobaten dem Zustand der primären Liebe wieder nahebringt: Die philobatische Progression hat zum Ziel, die Regression in ein archaisches Urgefühl zu ermöglichen. Insofern ist es einleuchtend, daß BALINT sich weigert, die eine der beiden Haltungen neurotischer zu nennen als die andere. Abgesehen davon, daß er im Grunde keine reinen Typen kennt, hängen nach BALINTs Meinung Gesundheit und subjektives Wohlbefinden davon ab, daß beide Haltungen *gemischt* sind, und zwar in *günstigen Anteilen*.

Im übrigen sagt BALINT nichts darüber aus, ob bestimmte Haltungen im „primären Liebesobjekt" — bei der Mutter also — entweder die oknophile oder die philobatische Neigung begünstigen. Allerdings hat er in enger Verbindung mit der Beschreibung dieser beiden menschlichen Lebensformen schließlich noch sein Konzept von den „Drei seelischen Bereichen" entwickelt und hier insbesondere die Theorie von der „Grundstörung" mit ihren *genetischen Aspekten* in seinem letzten Buch „Therapeutische Aspekte der Regression" niedergelegt.

BALINT hat diese Theorie von der „Grundstörung" aus seinen klinischen Beobachtungen an regredierten Patienten abgeleitet. Für diese Patientengruppe sind seine Beschreibungen auch von ganz besonderer Wichtigkeit. BALINT beschreibt mit dem Wort „Grundstörung" eine bestimmte seelische Veränderung, die manche Patienten in der Frühphase ihres Lebens erworben haben. Es soll sich bei dieser Störung sehr viel mehr um eine Art allgemeinen Defekt in der psychischen Struktur eines Kranken handeln, als um die

Folgen von unterdrückten Triebbedürfnissen oder verdrängten Triebkonflikten. Die „Grundstörung" ist nach BALINTs Worten eine psychische Veränderung, die sich „... *möglicherweise über die gesamte psycho-biologische Struktur des betreffenden Menschen erstreckt und in wechselndem Ausmaß Körper und Seele erfaßt.*" BALINT sagt dann weiter: „Meines Erachtens kann man den Ursprung der Grundstörung bis in die frühen Entwicklungsphasen des Individuums zurückverfolgen und stößt dort auf eine Diskrepanz zwischen seinen bio-physischen Bedürfnissen und der materiellen oder psychischen Versorgung, Wartung und Zuneigung, die ihm in diesem entscheidenden Zeitraum zuteil wurde. Dies führt zu einem Mangelzustand, dessen Folgen und Nachwirkungen nur noch zum Teil reversibel zu sein scheinen. Diese Diskrepanz kann auf kongenitalen Ursachen beruhen, das heißt, die bio-physischen Bedürfnisse des Säuglings waren einfach unerfüllbar (es gibt ja lebensunfähige Kinder, etwa Säuglinge, mit angeborenen progredienten Schäden, wie der Friedreichschen Ataxie oder cystischen Nieren); sie kann auch milieubedingt sein, wenn etwa die Versorgung des Säuglings mangelhaft, nachlässig, unregelmäßig, überfürsorglich, übermäßig beschützend, grob, starr, sehr inkonsequent, übermäßig stimulierend oder verständnislos und gleichgültig war."

BALINT verläßt damit die triebbezogene Beschreibungsform der Psychoanalyse und betont im Verlauf seiner Ausführungen mehrfach, daß er das Hauptgewicht auf die *Eigenart* der *Objektbeziehung* und auf den Mangel an „Zueinander-Passen" zwischen dem Kind und seiner Umwelt legt. In diesem Sinn würde es sich also bei der „Grundstörung" der Patienten im wesentlichen um jene Folgen handeln, die auftreten, wenn der ursprüngliche Zustand der „Primären Liebe" nie vorhanden war. Und man hätte bei solchen Schädigungen vor allem zu beachten, daß die aus dieser Grundstörung stammende Energie — obwohl hochgradig dynamisch — *weder Trieb- noch Konfliktform* hat.

BALINT hat dann bei seinen Darlegungen über „Die drei seelischen Bereiche" diesen „Bereich der Grundstörung" von dem sogenannten „oedipalen Bereich" und vom „schöpferischen Bereich" abgehoben. Klinisch erlangen vor allem der „oedipale Bereich" und der „Bereich der Grundstörung" eine besondere Bedeutung. Nach BALINT unterscheiden sich beide Bereiche nicht nur durch die Eigentümlichkeit der Objektbeziehungen, die das Individuum erlebt, sondern vor allem auch noch durch die Bedeutung der *Sprache*, die in beiden Erlebnisbereichen gänzlich verschieden ist: Im Bereich der „Grundstörung" haben alle seelischen Vorgänge die Merkmale einer primitiven Zweier-Beziehung, die als eine „primäre Objektbeziehung" im Sinne des soeben erläuterten Konzeptes von der „Primären Liebe" aufgefaßt werden kann. Oder es handelt sich — wenn die Grundstörung erworben wurde — um ein archaisches Sich-Nicht-Einfügen des Objektes, um ein Nicht-Zueinander-Passen zwischen dem Subjekt und seiner Umwelt. Im „oedipalen Bereich" hingegen vollzieht sich alles seelische Geschehen in einer *Dreier-Beziehung*: Für das Subjekt sind außer ihm selbst immer mindestens noch zwei Objekte vorhanden und beteiligt. Diese Dreier-Konstellation bringt es mit sich, daß dem Individuum aus seinen komplexen und immer ambivalenten Beziehungen zu den beiden existierenden Objekten die entsprechenden Konflikte erwachsen. Wie die Erfahrung lehrt, können die Konflikte im oedipalen Bereich in der Regel gelöst oder doch erheblich gemildert werden. Die Probleme im Bereich der Grundstörung (die ja aus dem elementaren Nicht-Zu-einander-Passen von Subjekt und Objekt stammen) lassen sich hingegen nicht in ähnlicher Form ausgleichen und beschwichtigen. Im Grunde können die Schäden der Grundstörung tatsächlich nur dann ausheilen, wenn die wechselseitige Einstellung und Beziehung zwischen dem Subjekt und seinem Objekt eine „passendere", besser aufeinander abgestimmte Form erhält.

Hinsichtlich der *Sprache* beschreibt Balint die klinisch beobachtbaren Unterschiede zwischen dem Bereich der Grundstörung und dem oedipalen Bereich folgendermaßen: Auf der oedipalen Ebene gibt die gebräuchliche Sprache noch ein einigermaßen zuverlässiges Verständigungsmittel ab. Worte behalten ihre herkömmliche Bedeutung und können als Brücke für den Austausch von Gedanken und Gefühlen verwendet werden. Im Bereich der Grundstörung hören die Worte auf, ein Instrument der Kommunikation zu sein. Worte werden für den in diesen Bereich regredierten Patienten eher verwirrend als hilfreich. Sie sagen nicht mehr das, was sie meinen, erscheinen dem Patienten entweder leblos und stereotyp oder unangemessen beziehungsvoll und bedeutungsschwanger.

Balint weist darauf hin, daß den Analytikern dieser Vorgang seit langem bekannt ist und daß man sich angewöhnt habe, von einem „prä-verbalen" oder auch „prä-oedipalen" Bereich zu sprechen, wenn feststeht, daß der therapeutische Prozeß den Bereich der prä-verbalen oder averbalen Ebene erreicht hat und der oedipale Konflikt nicht mehr den Mittelpunkt für die analytische Arbeit abgibt. Balint sagt hierzu, daß es richtiger wäre, die von ihm beschriebenen beiden seelischen Ebenen mit zwei voneinander unabhängigen Bezeichnungen zu belegen. Es sei in der Wissenschaft oft geschehen, daß eine unglückliche Wahl der Begriffsbezeichnung zu Mißverständnissen geführt habe und damit die unvoreingenommene Erforschung des betreffenden Problems behindert wurde. Und da die oedipale Stufe ihren Namen von einem ihrer Hauptkennzeichen her bezieht, sollte auch die andere Stufe ihren eigenen kennzeichnenden Namen erhalten (nämlich: Bereich der Grundstörung) und nicht „. . . prä-dies und -jenes, vor allem aber nicht prä-oedipal genannt werden". Dies vor allem deshalb nicht, weil nach Balint die *Dynamik beider Bereiche nebeneinanderher* wirksam werden kann.

Die klinische Bedeutung all dieser Beobachtungen reicht nach meiner Meinung außerordentlich weit: Balint selbst zog den Schluß, daß sich die therapeutische Aufgabe bei jenen Kranken, die im Verlauf der Regression den

Bereich der Grundstörung erreichen, grundlegend wandelt und daß alle
Techniken der therapeutischen Methodik, die für Patienten im sogenannten
oedipalen Bereich entwickelt wurden, unbrauchbar sind. Bevor ich aber auf die
besonderen therapeutischen Konsequenzen aus diesen Erkenntnissen eingehen kann, muß ich im vorliegenden Kapitel — das ja der Theorie der
Krankheit gewidmet ist — noch eine Erörterung jenes Kräftespiels einfügen,
das nach unserem bisherigen klinischen Wissen Krankheitsbilder produziert
und erhält.

c) Symptomwahl, psychosomatische Medizin und Lerntheorien

In dem einleitenden Kapitel über die ersten Modellvorstellungen der Psychoanalyse hatte ich ausgeführt, daß neurotische Organerkrankungen nach
den frühen Ansichten FREUDS Funktionsstörungen waren, die man am besten
als die Verschiebung frühinfantiler Sexualregungen auf praegenitale erogene Zonen beschrieb. Im psychoanalytischen Umgang mit Patienten erkannte
man dann aber bald, daß diese Vorstellungen doch zu einseitig waren und
Teilvorgänge ungebührlich überwerteten. Im Besitz neuer Erkenntnisse über
das komplizierte psychodynamische Kräftespiel schritt man auch zu einer
differenzierteren Beschreibung der Zusammenhänge zwischen Organfunk-
tionsstörung und Fehlformen der Triebverarbeitung. ALEXANDER hat versucht, für bestimmte neurotische Krankheitsbilder eine „psychodynamische
Formel" zu finden und FLANDERS DUNBAR widmete diesem Thema ihre
Lebensarbeit.

Im Verlauf der Zeit kristallisierte sich ein neuer Forschungszweig heraus,
in dem sich inzwischen die Forscher der verschiedensten Arbeitsrichtungen
treffen: Die sogenannte „Psychosomatische Medizin". Hier vereinen sich
Psychoanalytiker, Psychiater (Philosophen), klinische Psychologen, Endo-
krinologen, Pharmakologen und Kliniker der verschiedensten Fachdiszipli-
nen in ihren Bemühungen, gesicherte Forschungsergebnisse zu erarbeiten.
Der Begriff „Psychosomatische Medizin" ist dabei ein wenig umstritten. Von
STOKVIS wurde er sehr begrüßt, weil sich mit ihm das Ende des angeblich
überholten Begriffs der Psychogenese anzukündigen schien. Andere Forscher waren skeptischer und meinten sogar, daß es überflüssig gewesen sei,
einen Sonderzweig der Medizin zu schaffen.

Es konnte nicht ausbleiben, daß die Psychosomatiker viel über „grundsätzliche" philosophische Probleme diskutierten. Der „psychophysische
Parallelismus", die „Wechselwirkungstheorie", der „Korrelatbegriff" und
die „bionome Einheitlichkeit" des leib-seelischen Geschehens standen zur
Debatte. STOKVIS meinte mit I. H. SCHULTZ, daß alle Kliniker, die den Begriff
der „Psychogenese" noch in ihrer Terminologie behielten, nicht verstanden
hätten, daß man es letzten Endes doch immer nur mit der *Doppelaspektigkeit*
des *einheitlichen leib-seelischen Geschehens* zu tun hätte. Mit dieser Erkenntnis müssen wir uns ja sicherlich vertraut machen. Wir sollten aber doch auch

bedenken, daß der Begriff der „Psychogenese" in Wahrheit nur ein wissen-
schaftlicher *Hilfsbegriff* ist, den wir jetzt nicht ohne weiteres für unnütz
erklären sollten. Als Verständigungsmittel bleibt er nach meiner Meinung
gut, solange man sich darüber einig ist, daß er für jene Vorgänge gelten soll,
bei denen unser *Beobachtungsmaterial primär dem psychischen Bereich an-
gehört,* und wir außerstande sind, die gleichzeitig vorhandenen körperlichen
Aspekte des registrierten Geschehens zu erfassen.

Wenn wir den Menschen überhaupt als ein Lebewesen verstehen, das
durch Wahrnehmungen, Gefühle, Triebe und Triebbefriedigungen mit seiner Umwelt verbunden ist, ein Lebewesen, das Erfahrungen sammelt, Gefühlseinstellungen und Werthaltungen erwirbt — wenn wir überhaupt von
dieser Annahme ausgehen —, dann sind wir auch genötigt, diesen Aspekt
der menschlichen Natur bis zu einem gewissen Grade *eigenständig* zu verfolgen. Wir verleugnen dann die bionome Einheitlichkeit des leib-seelischen
Geschehens zwar nicht. Wir orientieren uns an dieser Konzeption aber auch
nur solange, wie sie unser Verständnis vom Krankheitsgeschehen wirklich
fördert. Ich selbst werde jedenfalls immer dann von „Psychogenese" sprechen, wenn die Empirie uns lehrt, daß der (durch erworbene seelische Erfahrungen) gestörte *affektive Untergrund* mit den zugehörigen Begleiterschei-
nungen, Folgen und reaktiven Wechselwirkungen im Organgeschehen jener
wichtige Faktor ist, den wir *therapeutisch beeinflussen* müssen.

Im übrigen kommen wir leider an der Feststellung nicht vorbei, daß im
gesamten Bereich der psychosomatischen Medizin vieles — vielleicht das
meiste — noch unklar und dunkel ist. Zwar gehört es zum ältesten ärztlichen
Erfahrungsgut, daß seelische Regungen in unsere Körperfunktionen eingreifen können. Dennoch stehen wir unverändert vor einer Fülle ungelöster
Rätsel, wenn wir die besondere Symptombildung einer neurotischen Erkrankung verstehen wollen. Die Funktionsketten, die im *körperlichen Eigenautomatismus* ablaufen, sind uns sehr häufig unbekannt, müssen aber immer
berücksichtigt werden, wenn wir gar zu eifrig die „Symbolbedeutung" eines
besonderen neurotischen Symptoms suchen. Es ist ratsam, daß wir bei unseren Überlegungen zunächst einmal mit recht vereinfachten Modellvorstellungen beginnen:

Wir nehmen als einigermaßen feststehende Tatsache an, daß Gefühle
der Angst, Furcht oder Erregung von anderen körperlichen (biochemischen?)
Reaktionen begleitet oder gefolgt sind, als jene inneren Zustände, bei denen
wir von Vertrauen, Freude, Hoffnung oder Befriedigung sprechen. Zu dieser
Annahme führt uns schon die einfachste Selbstbeobachtung, und frühe Versuche der experimentellen Psychologie haben auch das entsprechende Beweismaterial geliefert.

Weiterhin glauben wir zu wissen, daß ein bestimmtes Maß an Erregung,
Beunruhigung oder gar Angst als ein *Stimulus* für das lebendige Geschehen
wirkt, vorausgesetzt, daß sich Phasen der *Ruhe* an die Erregung und Ängsti-

gung anschließen. Es schien aber, daß ängstigender oder erregender *Dauerreiz* eher ungünstig wirkte und *bionegative Folgen* hatte, ebenso wie sehr plötzliche und heftige Schreckerlebnisse. Bei diesen Beobachtungen ließ uns freilich das zielgerichtet angelegte, wissenschaftliche Experiment am Menschen im Stich. Man wird es kaum in größerem Umfang unternehmen wollen, durch künstliche Angst- und Schreckerlebnisse Krankheitsbilder zu produzieren, die man später nicht mehr mit völliger Sicherheit unter Kontrolle behalten kann. Immerhin haben uns in diesem Bereich *Tierversuche* ergebnisreich weitergeholfen: Etwa die frühen Experimente an geschreckten Ratten, die man einer Typhusinfektion aussetzte, mit dem Erfolg, daß von nicht geschreckten Kontrolltieren weit weniger starben als von den geschreckten. Oder die Experimente von SCHUNK mit Katzen, die er unter sogenannten „psychischen Dauerstress" setzte, indem er die Tiere (getrennt und geschützt durch einen Käfig) von Hunden angreifen ließ, ohne einen Fluchtweg offen zu lassen. Die Katzen zeigten später umfangreiche Veränderungen an den verschiedensten Organsystemen (Herz, Niere usw.). Bei Mäusen ließ sich nachweisen, daß der Nidationsvorgang bei Frühgraviditäten beträchtlich gestört wurde, wenn man die Tiere bestimmten emotionalen Reizen aussetzte: Geruchsreize von Rattenmännchen, vieles Manipulieren, Zusammendrängen auf engem Raum oder andere Angstreize.

Schließlich wurden noch folgende Vorgänge im Tierexperiment studiert: Seit PAWLOW wissen wir, daß man Tiere auf bestimmte Reaktionen und Erwartungen „konditionieren" kann. Sinnreiche Versuchsordnungen ergaben die weitere Beobachtung, daß die Versuchstiere mit heftigen pathologischen Reaktionen antworteten, wenn der Versuchsleiter das konditionierte System *unvermutet ändert*. Eindrucksvolle Beispiele für Vorgänge dieser Art hat MASSERMANN zusammengestellt. Das gleiche gilt auch für die Experimente an der Wiener Psychiatrischen Klinik, bei denen unter der Leitung von HOFF gezeigt wurde, daß Katzen eine Art von Alkoholsüchtigkeit entwickeln, wenn man an die Stelle eines sorgfältig eingespielten, konditionierten Systems, das mit „Belohnungen" gearbeitet hatte, unvermutet Schreck- und Störreize setzt.

Natürlich bleiben alle Analogieschlüsse vom Tierexperiment auf den Menschen problematisch. Nur im Zusammenhang mit klinischen Beobachtungen gelangen sie zu wirklicher Bedeutung. Fassen wir jedoch unser klinisches Wissen und unsere Beobachtungen im Tierexperiment zusammen, dann haben jene Arbeitshypothesen einen hohen *Wahrscheinlichkeitsgehalt*, die mit PAWLOW annehmen, daß sich auch beim Menschen konditionierte Systeme entwickeln, deren Störung zur Ausbildung von psychoneurotischen Krankheitszeichen führen. Daß man solche konditionierten Systeme überhaupt ausbilden kann, gilt innerhalb der Lerntheorien als gesichert.

Einen gleich hohen Wahrscheinlichkeitsgehalt dürfen wir jener Arbeitshypothese zuschreiben, die annimmt, daß „emotionaler Dauerstress" beim

Menschen unter bestimmten Bedingungen ähnlich wie beim Tier Krankheitserscheinungen produziert.

Freilich läßt uns das Tierexperiment im Stich, wenn wir für den Menschen
diese spezielle Arbeitshypothese in besonderer Weise *abwandeln* müssen:
Grundsätzlich gilt es als erwiesen, daß kaum ein menschliches Organsystem
unabhängig vom Einfluß seelischer Regungen arbeitet. Eine nicht abreißende
Kette psychoanalytischer Beobachtungen spricht aber dafür, daß auch schwerste, lang dauernde Schicksalsbelastungen, die *bewußt* erlebt und verarbeitet
werden, *weniger zermürbend* und pathogen wirken, als jener unterschwellige *emotionale Dauerreiz*, der von unbewußten *verdrängten Regungen* ausgeht. Alle Beobachtungen führen uns zu der Feststellung, daß wir es auch bei
der Entstehung psychogener Organfunktionsstörungen bevorzugt mit den
Folgen unbewußter Dynamismen zu tun haben, die insbesondere deshalb
so stark pathogen wirken, weil ihre Existenz dem Organismus keine Phasen
der Ruhe und der Erholung erlaubt: Das erkrankte Individuum hat weder
die Möglichkeit einer bewußten Auseinandersetzung mit seinen Problemen,
die ihm Lösung und Entspannung bringen könnte, noch kann es diesen (unbewußten und damit unbekannten) Konflikten entfliehen und sich durch die
Flucht Ruhe verschaffen. Am allerwenigsten kann ein neurotischer Patient,
der an unbewußten Problemen krankt, trauern und unter dem Einfluß der
Zeit allmählich zur Erholung kommen. Ähnlich wie bei den geschreckten
Katzen, die emotionalem Dauerstress ausgesetzt waren, weil sie nicht fliehen
durften, wird der neurotisch erkrankte Patient von seinen eigenen unbewußten Regungen ausgehöhlt: Die krankhafte innere Dynamik übt ihre bionegative Wirkung aus, ohne daß dem Organismus die Möglichkeit zur Re-
generation gegeben wird.

Nun sagte ich schon früher, daß der sehr allgemeine Begriff des „Stress"
für die Erklärung psychogener Krankheitsbilder beim Menschen und damit
für die psychosomatische Medizin doch mehr oder weniger *inhaltsleer* geblieben ist: Wenn wir wirklich damit rechnen müssen, daß die eigentlich pathogene Wirkung von *unbewußten Dynamismen* ausgeht, dann wird das Studium spezifischer psychodynamischer Konstellationen, insbesondere das Studium der *auslösenden Konfliktsituation*, für alle therapeutischen Bemühungen *vorrangig*. Hier liegt nun seit langem ein umfassender Wissensschatz
bereit, der von den Tiefenpsychologen erarbeitet wurde, und der von den
Psychosomatikern eingebaut und verwendet werden kann. War es doch nur
konsequent, wenn sich die Psychoanalytiker bald die Frage stellten, ob charakteristische psychodynamische Konfliktsituationen wohl auch zu einer
spezifischen Symptomwahl (gegebenenfalls Organwahl) führten, so daß
diese Symptomwahl bereits Hinweise für die spätere therapeutische Strategie lieferte.

Daß ALEXANDER versucht hat, für bestimmte Organerkrankungen eine
entsprechende „psychodynamische Formel" zu finden, hatte ich schon er-

wähnt. Auch SCHULTZ-HENCKE war bemüht, die verschiedenen psychoneurotischen Krankheitsbilder (unter Verwendung der Korrelattheorie) als „Sprengstücke" eines verdrängten Antriebserlebens zu verstehen. Ich selbst habe in einer frühen Arbeit 1951 und später ausführlich in meinem Buch „Psychogene Erkrankungen bei Kindern und Jugendlichen" die verschiedenen Arbeitshypothesen diskutiert, die wir nach unserem bisherigen klinischen Wissen zu dem vorliegenden Problem aufstellen können. 1959 erörterte SCHWIDDER in einer grundsätzlichen Arbeit zu psychosomatischen Krankheitsbildern die bis dahin vorliegenden Arbeitshypothesen und teilte zugleich seine eigenen klinischen Beobachtungen mit: Nach seinen Erfahrungen entwickeln Patienten, die eine — wie er es formulierte — „Haltungsstruktur" erworben haben, eher psychosomatische Krankheitszeichen, als Patienten mit einer sogenannten „Hemmungsstruktur".

Die fachlichen Meinungen über die weiterführenden Aussichten solcher theoretischer Arbeitshypothesen variieren heute sehr. Nach meiner Meinung wird man sich eines Tages darauf einigen müssen, daß wir alle nur denkbaren Varianten psychogener Verursachung beobachten können:

1. Die *völlig unspezifischen*, im *körperlichen Eigenautomatismus* begründeten Krankheitserscheinungen, für die der psychische Reiz nur eine Art „Anlasserfunktion" gehabt hat.

2. Vage, *allgemeine Affinitäten* zwischen bestimmten Organsystemen und bestimmten Affekten.

3. Entwicklungsbedingte *„Konditionierungen"* auf pathologische Reaktionen;

4. und schließlich die *einmaligen*, nur lebensgeschichtlich zu verstehenden *Symbolbedeutungen* einer sehr individuellen Symptomatik.

Bei dieser Diskussion psychophysischer Funktionsketten, die psychosomatische Krankheitsbilder hervorrufen können, habe ich natürlich jene Arbeitshypothesen außer acht gelassen, die sich mit der Zuordnung von typischen seelischen Strukturen (depressiver, schizoider, zwanghafter und hysterischer) zu früh erworbenen Entwicklungsschäden befassen. Ich verweise hier auf meine Ausführungen über die psychoanalytische Phasenlehre und füge nur ein, daß man nach den bisher vorliegenden klinischen Beobachtungen alle Schädigungen, die zu einer depressiven oder schizoiden Reaktionsform führen, in die *Frühphase* der Säuglingsentwicklung verlegt, daß man die Ausbildung zwangsneurotischer Strukturen in jener Phase vermutet, in der *motorische Handlungsbereitschaft* und *magisches Denken* eine erste Blüteperiode haben, während zugleich die Ich-Entwicklung soweit fortgeschritten ist, daß zahlreiche Handlungs- und Denkvollzüge mit dem Gefühl *subjektiver Freiheit* ablaufen. Hysterische Strukturbilder (klinisch bevorzugt durch auftauchende Angstsymptomatik charakterisiert) bilden sich in der oedipalen Phase, in der die Auseinandersetzung mit der Sexualität und der *eigenen*

Geschlechtsrolle dominiert und zugleich das magische Weltbild von einer fortschreitenden Realitätsprüfung abgelöst wird. Genauere Einzelheiten über die Zusammenhänge zwischen normaler frühkindlicher Entwicklung und den Ausformungen pathologischer Charakterstrukturen habe ich in meinem Buch über „Psychogene Erkrankungen bei Kindern und Jugendlichen" dargelegt.

Bei allen Unklarheiten und Undeutlichkeiten, die uns beim heutigen Stand der Wissenschaft noch in bezug auf das Problem der „Symptomwahl" beschäftigen, wissen wir aber doch eines mit völliger Sicherheit: Es geht nicht an, eine Symptomatik oder auch ein komplexes Syndrom als *Krankheitseinheit* anzusprechen. Wenn wir uns einer solchen Verwechslung hingeben, würden wir das Opfer sehr gefährlicher Irrtümer, die unsere therapeutischen Chancen nur mindern, aber nicht heben können: Die *auslösende Versuchungs-* oder *Versagungssituation*, die wegen der gestörten Triebentwicklung des Patienten nicht gemeistert werden kann, ist zwar *immer strukturgebunden*, aber nur g a n z s e l t e n s y m p t o m s p e z i f i s c h.

Ich werde auf diese auslösenden Versuchungs- und Versagungssituationen später noch zu sprechen kommen, wenn ich die verschiedenen therapeutischen Verfahren beschreibe und diskutiere. Im Rahmen dieses Kapitels will ich noch darauf hinweisen, daß die Hilfe, die die analytisch orientierte Psychotherapie bereits heute von der *Psychopharmakologie* erhält, große *ausbaufähige Chancen* besitzt. Freilich sind die Wirkungsmechanismen eines Psychopharmakons sehr komplex, und die psychosomatische Forschung könnte heute noch nicht mit Sicherheit angeben, wie die neuralen oder humoralen Funktionszusammenhänge aussehen, die bei der Anwendung eines Psychopharmakons in Gang gesetzt werden.

Ein weiterer Zweig der psychosomatischen Medizin befaßt sich mit den Einflüssen therapeutischer *Suggestivmaßnahmen* und den zugehörigen körperlichen und seelischen Aspekten. Dieses Thema will ich allerdings erst in dem Abschnitt über die Theorie des Heilungsvorganges behandeln. Für den Augenblick will ich noch auf die Beziehung zwischen Psychoanalyse und *Lerntheorien* etwas genauer eingehen: In jüngster Zeit haben sich in diesem Bereich einige Unklarheiten ergeben. Manche Lerntheoretiker vertreten die Ansicht, daß zwischen den psychoanalytischen Theorien und den Lerntheorien große Gegensätzlichkeiten bestünden. Es sei gegebenenfalls sogar möglich, psychoanalytische Konzepte und Therapieformen durch lerntheoretisch begründete Verfahren zu *ersetzen*.

Eine solche Gegensätzlichkeit zwischen Psychoanalyse und Lerntheorien kann allerdings nach meiner Meinung nur einigermaßen gewaltsam konstruiert werden. Die methodische Situation ist folgende: Prinzipiell können natürlich *alle Vorgänge*, die die Psychoanalyse beschäftigen, als Lernvorgänge verstanden und beschrieben werden. Für die Psychoanalyse ist der Erwerb von Erfahrungen (Angstassoziationen), Einstellungen, Reaktionsformen oder Fertigkeiten (im zwischenmenschlichen wie im sachlichdinglichen Bereich) immer das Kernproblem. Um die Beziehung zwischen Psychoanalyse und Lerntheorien zu klären, müssen wir jedenfalls die Antwort auf zwei sehr verschiedene Fragen suchen:

Zunächst einmal müssen wir prüfen, inwieweit wissenschaftliche Beobachtungen über *Lernleistungen* bei Mensch und Tier auch Beiträge zum Verständnis der *menschlichen Psychopathologie* liefern können: Diese Frage kann mit dem Hinweis auf die früher erörterten erworbenen „konditionierten Systeme" bei Mensch und Tier ohne weiteres *bejaht* werden. Das andere Problem, das uns beschäftigen muß, ist schwieriger: Wir überlegen uns, inwieweit die gebräuchliche lerntheoretische Begriffswelt über *Beschreibungsmodelle* verfügt, die für unseren Bedarf *ausreichend praktisch* sind. Hier ist die Antwort keineswegs einfach.

Lerntheorien haben im Verlauf der Entwicklung mindestens ebenso stark geschwankt wie psychoanalytische Arbeitshypothesen. In dem 1970 erschienenen Buch von HASELOFF und JORSWIECK über die „Psychologie des Lernens" kann man nachlesen, wie verschiedenartig die theoretischen Konzepte über Lernvorgänge aufgebaut sind. Jedenfalls ist die Wissenschaft von den Lernvorgängen noch weit davon entfernt, ein einheitliches Lehrgebäude darzustellen. Zur Zeit krankt sie vor allem an den Nachwirkungen ihrer historischen Entwicklung, die nicht von allen beteiligten Forschern ausreichend klar verstanden werden:

Alle Lerntheorien wurzeln mit ihren frühen Anfängen im wesentlichen in den ersten Experimenten zur Gedächtnispsychologie (EBBINGHAUS). Für lange Zeit arbeiteten die lernpsychologisch interessierten Wissenschaftler ganz bewußt und ohne Einschränkung *mit Hilfe* von *Erlebnisbegriffen.* Angesichts der großen Schwierigkeiten, die introspektiv beobachteten seelischen Vorgänge objektiv zu sichern und zu quantifizieren — und unter dem überwältigenden Eindruck der PAWLOWschen Experimente — beschränkten sich die Forscher dann für eine Weile auf *reine Verhaltensbeobachtungen:* Sie schufen mit der „Verhaltensforschung" eine Arbeitsrichtung, die alle Erlebnisbegriffe als unwissenschaftlich ablehnte und streng verbot. Inzwischen ist die Entwicklung aber schon wieder ein Stück weiter fortgeschritten: Viele Lerntheoretiker sahen sich veranlaßt, erneut auf die alten Erlebnisbegriffe zurückzukommen, weil sie für die Erklärung vieler Vorgänge unentbehrlich schienen. Bezeichnungen wie „Hoffnung" und „Furcht" als Erlebnisvorgänge im lernenden Individuum tauchen in der Literatur auf. Sogar von „Motiven" und „Vorstellungen" kann man lesen.

Die Folgen der ursprünglichen wissenschaftlichen Erziehung (mit ihrem Verbot der Erlebnisbegriffe) melden sich heute bei einigen Lerntheoretikern aber doch noch an: Sie verwenden die benötigten Erlebnisbegriffe nur mit etwas schwankendem Selbstvertrauen und sichern sich durch mehr oder weniger formalistische, abstrahierende Bezeichnungen ab. Bei diesem formalistischen Gebrauch werden die Erlebnisbegriffe dann zwar weitgehend un-

kenntlich gemacht, bleiben aber natürlich trotz allem das, was sie sind: nämlich *Erlebnisbegriffe*. Leider gewinnen sie mit diesen Veränderungen nichts
an Objektivität, büßen hingegen so gut wie alles an Brauchbarkeit für die
Beschreibung der *menschlichen Psychopathologie* ein. Die Situation ist damit
eher schwieriger als zuvor: Erlebnisbegriffe werden von den Lerntheoretikern jetzt zwar erneut gebraucht, aber doch nur relativ inhaltsarm und undif-
ferenziert, so daß lerntheoretische Beiträge zur menschlichen Psychopathologie kärglich bleiben und die Verständigung mit den Psychoanalytikern nur
langsam vorwärtsschreiten kann. Nur bei den besten Vertretern lerntheore-
tischer Forschungsweise finden wir dieses Problem offen angesprochen, während sich viele andere zur Zeit noch in dem Übergangsfeld zwischen reiner
Verhaltensbeschreibung und verschleierter Verwendung von menschlichen
Erlebnisbegriffen bewegen.

Es bleibt nun die Frage, ob wir für den Bereich der Psychoanlayse die Erlebnisbegriffe vielleicht doch entbehren könnten. Im ersten Kapitel sage ich
ja in bezug auf den Begriff des *Unbewußten*, daß wir dieses Wort in unserer
Terminologie zwar als wichtigen Hilfsbegriff behalten sollten, daß es aber
doch *prinzipiell entbehrlich* wäre. Für *Erlebnisbegriffe* liegt die Situation
nun sicherlich ganz *grundsätzlich anders:* Es ist für den Psychoanalytiker in
jedem Fall unmöglich, ohne Erlebnisbegriffe auszukommen. Sein Beobachtungsmaterial besteht in den — introspektiv gewonnenen — Informationen
seiner Patienten über ihre innerseelischen Vorgänge, und es muß in jedem
Fall betont und klargestellt werden, daß das *empirische Material*, mit dem
der Psychoanalytiker umgeht, wesentlich von dem empirischen Material der
reinen Verhaltensforscher unterschieden ist: Beim Psychoanalytiker handelt
es sich um Informationen seiner Patienten, die aus deren introspektiven
Bemühungen stammen. Der Verhaltensforscher beobachtet das zähl- und
meßbare Verhalten seiner Versuchspersonen, die ihrerseits nicht durch
Krankheitszeichen motiviert sind, über die eigenen seelischen Vorgänge zum
Beobachter zu sprechen.

Angesichts dieser Situation will ich also festhalten, daß alle jene Lerntheorien, die mit Erlebnisbegriffen nur unsicher, abstrakt oder formalistisch ope-
rieren, für unser Beobachtungsfeld jedenfalls *unpraktisch* bleiben müssen
und nur wenig zur wechselseitigen Verständigung beitragen werden. Wenn
auch — ich wiederhole das — die Ausprägung einer neurotischen Charakterstruktur immer als Ergebnis von Lernprozessen im weitesten Sinn aufzufassen ist, wird man krankhafte menschliche Seelentätigkeit in ihren wesentlichen Elementen doch nur dann richtig verstehen und beeinflussen können,
wenn man das äußere Verhalten einigermaßen schlüssig auf *differenziert
beschriebenes inneres Erleben* bezieht.

Sicherlich zahlen wir bei der Verwendung von Erlebnisbegriffen einen
gewissen Preis: Introspektiv gewonnene Vorgänge sind schwer zu objektivieren und noch schwerer zu quantifizieren. Wir schätzen die Vorzüge dieses

Verfahrens aber doch höher ein als seine Nachteile. Denn im Grunde ist eines klar: Wer Erlebnisbegriffe in der Psychoanalyse vermeiden will, gibt das Verfahren selber auf. Noch klarer ist aber, daß ein Forscher, der die Erlebnisbegriffe zwar umgeht, aber nicht wirklich ausschaltet, den *höchsten Preis bezahlt*. Er baut sich eine wissenschaftliche Scheinwelt auf, in der nur Selbsttäuschungen regieren und keine neuen Erkenntnisse gewonnen werden. In jedem Fall wird es ihm aber unmöglich sein, wirklich fruchtbare Beiträge zu einer psychoanalytischen Persönlichkeitstheorie zu erbringen, denn das Verständnis erworbener Einstellungen und Haltungen, neurotischer Ängste und pathologischer Triebabwehrmechanismen, wird nur mit Hilfe von Erlebnisbegriffen vertieft und gefördert.

Im folgenden Kapitel will ich nun jene Anteile am psychoanalytischen Lehrgebäude erörtern, die bevorzugt die allgemeineren Probleme einer Persönlichkeitstheorie enthalten.

II. Zur Theorie der Persönlichkeit

a) Vorbemerkung

Dem unbefangenen Leser mag es jetzt so scheinen, als gliedere sich dieses neue Kapitel mit seiner Überschrift „Zur Theorie der Persönlichkeit" zwanglos und organisch in die Gruppe der drei anderen Abschnitte ein. Das ist an sich auch richtig. Dennoch muß ich einschränkend erläutern: Der Begriff der „Theorie" wird von mir in allen Kapiteln im landläufig üblichen Sinn verwandt. Es handelt sich um die Diskussion von *Arbeitshypothesen*, die — mit Hinblick auf vorliegende Beobachtungen — über die möglichen Zusammenhänge von Ursache und Wirkung aufgestellt werden können. Befaßt man sich jedoch mit den verschiedenen anthropologischen Konzepten, die den Versuch einer „Persönlichkeitstheorie" enthalten, dann bemerkt man rasch, daß viele Anthropologen (oder auch Philosophen) noch etwas ganz anderes beabsichtigen: In der Regel enthält eine anthropologisch orientierte Persönlichkeitstheorie zugleich auch den Versuch des Autors, eine überzeugende *Rangordnung* jener wichtigen Merkmale aufzustellen, die den Menschen und seine Lebensform in besonderer Weise charakterisieren. Hier wirken die historischen Einflüsse, die in unserem Kulturraum von der Philosophie her auf Psychologie und Anthropologie ausstrahlten, noch unverkennbar nach. Seit je fühlte sich die Menschheit im wissenschaftlichen Verständnis ihrer selbst immer dann tiefer befriedigt, wenn es einem Forscher gelungen war, das „Wesen" des Menschen „sinnvoll" darzulegen.

Im Rahmen einer so gearteten Persönlichkeitstheorie kann man den Menschen zum Beispiel als „physiologische Frühgeburt" (PORTMANN) oder als „reizüberflutetes Mängelwesen" (GEHLEN) charakterisieren. Man kann den Verlust der Instinkte zum Mittelpunkt der Beschreibung machen oder den Gebrauch der Hand und den aufrechten Gang. Man kann sagen, daß der Mensch das einzige Lebewesen ist, das in Sprachsymbolen denkt und spricht. Oder man hebt hervor, daß nur der Mensch über sich selber reflektieren kann und zugleich vom Tode weiß. Es gibt zahlreiche kluge und überzeugende anthropologische Entwürfe dieser Art. Sie alle versuchen offenkundig mehr, als nur Vorgänge zu beobachten, Tatbestände festzuhalten und Arbeitshypothesen über mögliche kausale Zusammenhänge aufzustellen. Sie versuchen immer, die Unterscheidungen von Wichtigem und Unwichtigem mit Hinblick auf das eigentümliche Lebewesen „Mensch" aufzustellen. Allerdings finden wir bei diesen Versuchen leider nicht selten an der Seite des klaren, nüchternen und klugen Naturwissenschaftlers zugleich auch den Metaphysiker und den geistigen Spekulanten, der unser Arbeitsfeld empfindlich stört, und der uns anstelle gut beschriebener Beobachtungen nur geistige Gummibäume liefert.

In diesem Kapitel soll aber weder von empirisch fundierten anthropologischen Entwürfen dieser Art, noch von metaphysischen Spekulationen gesprochen werden. Wir erkennen bei der Durchsicht psychoanalytischer Persönlichkeitstheorien sowieso zwei gewichtige Schwierigkeiten, die uns zu schaffen machen: Das erste belastende Problem ist unschwer aus den früheren Kapiteln abzuleiten und wurde von mir bereits in der Einleitung benannt. Das umfangreiche Wissen, das sich die Psychoanalytiker über neurotische Charakterstrukturen erworben hatten, verführte einzelne Kollegen gelegentlich dazu, ihr Wissen um neurotische Charakterveränderungen mit einer allgemeinen Persönlichkeitstheorie zu verwechseln. Ein solcher Irrtum ist schädlich und führt mit Sicherheit in eine Sackgasse. Die zweite Schwierigkeit, die uns bei der Auseinandersetzung mit psychoanalytischen Persönlichkeitstheorien begegnet, wurzelt in den Nachwirkungen unserer wissenschaftlichen Vorgeschichte. RAPAPORT hat bei seinen Bemühungen um ein einheitliches Strukturmodell der psychoanalytischen Theorie darauf hingewiesen, daß die Persönlichkeitstheorie der Psychoanalyse nicht wie ein einmaliger und einheitlicher architektonischer Entwurf erscheint, sondern mehr wie eine Art Flickwerk, das in seinen einzelnen Elementen nicht immer gut zusammenpaßt. Ganz sicherlich merkt man bei der Auseinandersetzung mit den psychoanalytischen Persönlichkeitstheorien, daß sie sich im Verlauf eines wandlungsreichen, wissenschaftlichen Entwicklungsganges gebildet haben, und man wundert sich daher nicht, daß die Versuche der Psychoanalytiker so selten geblieben sind, die allgemeine Persönlichkeitstheorie der Psychoanalyse (sofern sie überhaupt an eine solche glaubten) in einer präzisen Form darzulegen und zu erörtern. Weit häufiger sind Untersuchungen zu finden, die sich mit sehr speziellen *Einzelthesen* FREUDs und anderer Psychoanalytiker befassen.

Daß bei der Diskussion solcher Einzelthesen die Libidotheorie strittig wurde, hatte ich schon dargelegt. Daß es der Theorie vom primären Narzißmus ähnlich ging, ebenfalls. Ein Gleiches geschah mit manchen Aussagen, die FREUD über die Psychologie der Frau aufgestellt hatte; Aussagen, die mit Recht in wesentlichen Elementen für subjektiv und zeitbedingt gehalten wurden. Viele weitere Einzeldiskussionen sollen und müssen hier übergangen werden. Im Mittelpunkt der folgenden Ausführungen werden hingegen die beiden wichtigsten Denk- oder Beschreibungsmodelle stehen, die von der Psychoanalyse ausgebildet worden sind: Die *metapsychologische Beschreibungsform* FREUDs zur ersten Einführung und danach die später entwickelte sogenannte *„Instanzenpsychologie"* mit ihren Begriffen vom *Ich,* vom *Es* und vom *Überich.*

b) Die metapsychologische Begriffswelt und die Instanzenpsychologie

FREUDs Schriften zur Metapsychologie sind in den Jahren 1913 bis 1917 einzeln und selbständig in der Internationalen Zeitschrift für Psychoanalyse erschienen. Später wurden sie unter dem Sammeltitel „Metapsychologie" vereinigt und gemeinsam mit den Publikationen zur Technik der Psychoanalyse im Jahre 1924 in Buchform herausgegeben. Im wesentlichen sind es drei Begriffe, die das Gerüst der metapsychologischen Beschreibungsform abgeben, und die ich hier erläutern will. FREUD sagt in seiner Arbeit „Das Unbewußte": *„Ich schlage vor, das es eine m e t a p s y c h o l o g i s c h e D a r s t e l l u n g genannt werden soll, wenn es uns gelingt, einen psychischen Vorgang nach seinen d y n a m i s c h e n , t o p i s c h e n und ö k o n o m i s c h e n Beziehungen zu beschreiben. Es ist vorherzusagen, daß es uns bei dem gegenwärtigen Stand unserer Einsichten nur an vereinzelten Stellen gelingen wird."*

Mit der Einführung des topischen, des dynamischen und des ökonomischen Gesichtspunktes hat FREUD also bestimmte seelische Phänomene übersichtlich erfassen und beschreiben wollen. Was meinte er mit diesen Begriffen? Den *topischen* Gesichtspunkt benötigte FREUD vor allem, um begrifflich festzuhalten, daß ihn seine Beobachtungen zu der Annahme *aktiver, unbewußter* seelischer Prozesse nötigten, und daß er entdeckte, wie diese unbewußten Prozesse untereinander wiederum eine „sehr verschiedene Dignität" besitzen können.

Ich habe schon erläutert, daß der Begriff des Unbewußten in der zeitgenössischen Psychologie an sich nicht neu gewesen ist, sondern eher populär, daß er aber mit Hinblick auf die zugehörigen metaphysischen Spekulationen insbesondere von WUNDT und seiner Schule abgelehnt wurde. Da man — wie WUNDT meinte — über die Natur unbewußter Vorgänge nichts aussagen, sondern nur aus den auftauchenden Wirkungen einige Schlüsse ziehen kann, hielt er es für berechtigt, lediglich von „psychischen Dispositionen" zu sprechen, anstelle von „unbewußten" Vorstellungen oder Gedanken. Ich sagte ebenfalls schon, daß mit dieser — an sich verständlichen — Entscheidung für den Begriff der „psychischen Disposition", der d y n a m i s c h e A s p e k t in bezug auf unbewußte Vorgänge zu einem guten Teil v e r l o r e n g i n g. FREUD hatte also allen Anlaß, darauf hinzuweisen, daß sich die Psychoanalyse von Anfang an hauptsächlich durch die *dynamische Auffassung* der seelischen Vorgänge von der zeitgenössischen Psychologie unterschieden habe. Um es noch genauer zu sagen: FREUD hatte von Anfang an die (bewußte und unbewußte) Triebdynamik in ihrer Bedeutung für seelisches Geschehen im allgemeinen und für Krankheitsprozesse im besonderen gewürdigt.

Insofern ist es auch kein Zufall, daß der dynamische Gesichtspunkt im metapsychologischen Beschreibungsmodell historisch gesehen der ältere ist, und daß er erst später durch den topischen und den ökonomischen Gesichtspunkt ergänzt wurde. Die „sehr verschiedenartige Dignität" der seelischen Abläufe, die FREUD im Sinn hatte, als er den topischen Gesichtspunkt in seine Beschreibungsweise einführte, galt der Frage, in welchem Ausmaß ein unbewußter seelischer Vorgang *bewußtseinsfähig* ist. FREUD hatte mit Hilfe seiner besonderen Beobachtungstechnik festgestellt, daß es psychische Akte gibt, die „bloß latent und zeitweilig unbewußt sind", die vom Individuum aber sonst ohne größere Mühe ins Bewußtsein gerufen werden können. Andererseits fand FREUD solche psychischen Akte, die eigentlich überhaupt nicht bewußtseinsfähig waren, und die er nur mit Hilfe seiner analytischen Technik gegebenenfalls doch wieder bewußtseinsfähig machen konnte. Diese (nicht bewußtseinsfähigen) seelischen Akte heben sich nach FREUD von den übrigen (nur zeitweilig latenten) seelischen Vorgängen vor allem in bezug auf die Inhalte ab und sind in ihren wesentlichsten Elementen *trieb-bezogen*.

FREUD hielt es für empfehlenswert, daß man — zur Veranschaulichung dieser eigentümlichen Situation — das psychische System des „Unbewußten" (Ubw) von dem psychischen System des „Bewußten" (Bw) abtrennte. Gleichzeitig aber noch die Gruppe der an sich unbewußten, aber „bewußtseinsfähigen" psychischen Akte zu dem System des „Vorbewußten" (Vbw) zusammenordnete. Die sogenannte *topische* Beschreibungsform sollte also zunächst der psychischen Wirklichkeit Rechnung tragen und spezifisch unterschiedene seelische Vorgänge gruppieren und voneinander abtrennen. Die funktionelle Beziehung dieser Vorgänge zueinander wurde in einem räumlichen Beschreibungsmodell veranschaulicht.

Ob es ein glücklicher Griff von FREUD gewesen ist, diese *funktionellen* Zusammenhänge in einem *räumlichen Modell* zu verankern, soll dahingestellt bleiben. Der dritte Begriff der Metapsychologie, der *ökonomische Gesichtspunkt*, bildete jedenfalls ein Gegengewicht zu der Gefahr, daß die „topische" Beschreibungsform ein Element der Starre in das gesamte System hineinbrachte: FREUD war zu der Auffassung gekommen, daß der „Kern" des Unbewußten aus Triebrepräsentanzen bestünde, und daß diese Triebrepräsentanzen ihre „Besetzung" abführen wollen. Mit „Besetzungen" waren dabei die *Erregungsintensitäten* gemeint, die die einzelnen Triebe und Wunschvorstellungen auszeichneten. FREUD beobachtete weiter, daß diese Erregungsintensitäten gegebenenfalls auch „verschoben" werden können, so daß sich damit ein Wandel der ursprünglichen „Besetzungen" vollzieht. Etwa in dem Sinn, daß einer Triebregung ihre Besetzung dadurch abhanden kommt, daß sie auf eine andere Vorstellung verschoben wird, oder daß sogenannte „Gegenbesetzungen" auftauchen.

FREUD sagte, nachdem er diesen Wandel in der *Energieverteilung* bei Trieben und Triebvorstellungen diskutiert hatte: *„Wir merken, wie wir allmählich dazu gekommen sind, in der Darstellung psychischer Phänomene einen dritten Gesichtspunkt zur Geltung zu bringen, außer dem dynamischen und dem topischen den ö k o n o m i s c h e n, der die Schicksale der Erregungsgrößen zu verfolgen und eine wenigstens relative Schätzung derselben zu gewinnen strebt. Wir werden es nicht unbillig finden, die Betrachtungs-*

weise, welche die Vollendung der psychoanalytischen Forschung ist, durch einen besonderen Namen auszuzeichnen." Und er fährt dann mit dem schon erwähnten Zitat fort:

„Ich schlage vor, daß es eine m e t a p s y c h o l o g i s c h e Darstellung genannt werden soll, wenn es uns gelingt, einen psychischen Vorgang nach seinen d y n a m i s c h e n , t o p i s c h e n und ö k o n o m i s c h e n Beziehungen zu beschreiben."

Diese metapsychologische Beschreibungsform ist später der Ausgangspunkt für RAPAPORTs Studie „Die Struktur der psychoanalytischen Theorie" geworden, einer Studie, die uns im Rahmen dieses Kapitels noch beschäftigen wird. FREUD selbst rückte allerdings allmählich von der Vorstellung ab, daß die metapsychologische Betrachtungsweise die „Vollendung der psychoanalytischen Forschung" sei. Im Gegenteil! In seiner späteren Arbeit „Das Ich und das Es" formuliert er das Ergebnis seiner fortschreitenden Studien und Überlegungen folgendermaßen: *„... Die Folge dieser Erfahrung für die analytische Praxis ist, daß wir in unendlich viele Undeutlichkeiten und Schwierigkeiten geraten, wenn wir an unserer gewohnten Ausdrucksweise festhalten und zum Beispiel die Neurose auf einen Konflikt zwischen dem Bewußten und Unbewußten zurückführen wollen. Wir müssen für diesen Gegensatz aus unserer Einsicht in die strukturellen Verhältnisse des Seelenlebens einen anderen einsetzen: Den zwischen dem zusammenhängenden Ich und dem von ihm abgespalteten Verdrängten."*
FREUD erklärte in der gleichen Arbeit die Gruppierung seelischer Vorgänge in bewußte, vorbewußte und unbewußte für „unzulänglich, praktisch insuffizient". Er führte aus, daß man sich die Vorstellung von einer zusammenhängenden Organisation der seelischen Vorgänge in einer Person bilden müsse, und daß dieses *zusammenhängende System* das *Ich* genannt werden sollte. Nach FREUD hängt an diesem „Ich" das Bewußtsein, jedoch seien Bewußtsein und Ich *nicht* miteinander *identisch*. Viele Ichvorgänge könnten *unbewußt* ablaufen. In jedem Fall beherrschte das Ich die Zugänge zur *Motilität* und damit die Abfuhr der Erregungen in die Außenwelt. Das Ich sollte diejenige Instanz sein, die „... eine Kontrolle über all ihre Partialvorgänge ausübt, welche zur Nachtzeit schlafen geht und dann immer noch die Traumzensur handhabt. Von diesem Ich gehen auch die Verdrängungen aus, durch welche gewisse seelische Strebungen nicht nur vom Bewußtsein, sondern auch von den anderen Arten der Geltung und Betätigung ausgeschlossen werden sollen."
Der wirkliche Unterschied zwischen einer unbewußten und einer vorbewußten Vorstellung sollte nach diesen neueren Auffassungen FREUDs darin bestehen, daß sich die unbewußten an irgendwelchem Material, das unerkannt bleibt, vollziehen, während bei den vorbewußten Abläufen die

Verbindung mit Wortvorstellungen hinzukommt. Diese Wortvorstellungen sind nach FREUDS Ansicht Erinnerungsreste, die einmal Wahrnehmungen waren und die als Erinnerungsreste wieder bewußt werden können. FREUD schrieb diesen „Wortvorstellungen" eine ganz besondere Bedeutung zu. Nach seiner Ansicht werden durch ihre Vermittlung die inneren Denkvorgänge zu Wahrnehmungen gemacht: „Es ist, als sollte der Satz erwiesen werden: Alles Wissen stammt aus der äußeren Wahrnehmung. Bei einer Übersetzung des Denkens werden die Gedanken wirklich — wie von außen — wahrgenommen und darum für wahr gehalten."

FREUD baute dann seine Vorstellungen vom Ich weiter aus, nachdem er die Beziehungen zwischen äußerer und innerer Wahrnehmung und dem Oberflächensystem W — bw geklärt zu haben glaubte. Er griff gleichzeitig die Gedankengänge von GRODDECK auf, der NIETZSCHES berühmten Begriff vom Es übernommen und in seiner Monographie „Das Buch vom Es" ausgestaltet hatte.

GRODDECK hatte dargelegt, daß das, was die Menschen ihr „Ich" heißen, dem Leben gegenüber letzten Endes ein im wesentlichen *passives* Verhalten zeigte: Der Mensch lebt nicht selbst — er wird gelebt. FREUD schlug nun vor, daß „... wir das vom System W ausgehende Wesen, das zunächst vbw ist, das Ich heißen, das andere Psychische aber, in welches es sich fortsetzt und das sich wie ubw verhält, nach GRODDECKS Gebrauch das Es." FREUD war bei dieser Darlegung sehr bildhaft. Er erklärte das menschliche Individuum für ein unerkanntes und unbewußtes psychisches Es, dem das Ich oberflächlich aufsäße und aus dem heraus sich das W-System entwickelte. Nach dieser Darstellung umhüllt das Ich das Es nicht vollständig, sondern sitzt ihm etwa so auf, wie die „Keimscheibe dem Ei". Das Ich soll nach FREUD auch nicht so gedacht werden, daß es vom Es scharf getrennt ist, sondern daß es „nach unten hin mit ihm zusammenfließt". Eine solche Darstellungsweise ist wie gesagt sehr bildhaft. Sie ist aber wohl auch sehr verführerisch, um nicht zu sagen gefährlich. Letzten Endes sollten ja *Funktionszusammenhänge* beschrieben werden, und für die Beschreibung von Funktionen haben gerade die bildhaften Skizzen ihre Grenzen.

Mehr psychologischen Inhalt hat dagegen wohl FREUDS Feststellung, daß das Ich all jene Erlebnisweisen repräsentiert, die man Vernunft und Besonnenheit nennen könnte, während das Es im Gegensatz dazu die Leidenschaften enthalten soll. In jedem Fall muß man hervorheben, daß das Ich, wie FREUD es verstanden wissen wollte, „... nichts anderes ist als ein *besonders differenzierter Anteil* des Es". Zusätzlich meinte FREUD, daß dieses psychische System, das nach seiner Ansicht innerhalb des Es einen gesonderten Stellenwert einnimmt, noch mit weiteren wichtigen Merkmalen ausgestattet ist. FREUD fand Grund dazu, als neuen Begriff der „Instanzenpsychologie" die Konzeption vom *Überich* oder vom *Ichideal* einzuführen.

Mit der Vorstellung vom „Überich" hat es folgendes auf sich:

Wie ich früher dargelegt habe, beobachtete FREUD, daß das sehr junge Kind im Kontakt mit Vater und Mutter dazu gelangt, sich mit seinen Eltern zu identifizieren, und daß diese Identifikationsvorgänge im Kind immer bestimmte Ich-Veränderungen produzieren. Diese Ich-Veränderungen — so glaubte FREUD zu beobachten — nehmen im psychischen Erleben des Menschen eine *deutliche Sonderstellung* ein. Sie treten — wie FREUD sagte — „. . . den anderen Inhalten des Ichs als Ichideal oder Überich entgegen". Sie werden die „Erben des Oedipuskomplexes" und somit zum „Ausdruck der mächtigsten Regungen und wichtigsten Libidoschicksale des Es". Das „Überich" erhält nach FREUD seine spätere Bedeutung im Leben eines Menschen vor allem durch die jedem besonderen Individuum eigentümliche Form von *Gewissen*, das einmal in der frühen Kindheit von den Elternfiguren geprägt und festgelegt worden ist. In diesem Sinn fand FREUD auch in dem als „Überich" bezeichneten psychischen System jene „höheren Werte" der Persönlichkeit, um die — wie er ein wenig spöttisch formulierte — „seine Kritiker bangten". FREUD formulierte für die „um ihre Werte bangenden" Kritiker folgendermaßen: *„Gewiß, und dies ist das höhere Wesen, das Ichideal oder Über-Ich, die Repräsentanz unserer Elternbeziehung. Als kleine Kinder haben wir diese höheren Wesen gekannt, bewundert, gefürchtet, später sie in uns selbst wieder aufgenommen."* An späterer Stelle führt FREUD dann noch aus, daß das Ichideal eine Art Ersatzbildung für die Vaterschnsucht des Menschen enthielte und als solche den Keim beherbergte, aus dem sich nach seiner Ansicht alle Religionen gebildet haben.

Es hat sich dann gezeigt, daß gerade diese Theorien FREUDS über das menschliche Gewissen, über Ichideal und Überich ganz besonderen Anlaß zu Diskussionen und Protesten gegeben haben. Wir werden später noch die Ansicht von ERICH FROMM zu diesem Thema hören.

Aber auch abgesehen von den Spezialdiskussionen zum Thema der Gewissensbildung und der religiösen Bedürfnisse haben sich bald kritische Stimmen gemeldet, die die rein methodische Brauchbarkeit der gesamten „Instanzenpsychologie" in Frage stellten. Zweifellos hat der anthropomorphisierende Charakter dieses Systems große Nachteile. RAPAPORT hielt diese Nachteile sogar für so gewichtig, daß er das gesamte System schlichtweg für unbrauchbar erklärte. Man könne mit seiner Hilfe in keinem Fall ein sachgerechtes, wissenschaftliches Begriffssystem zur Beschreibung psychischer Vorgänge aufbauen. RAPAPORT meinte, daß die große Popularität dieser Begriffe überhaupt nur dadurch zu erklären sei, daß, wie er sagt, „. . . in der Klinik offenbar eine Prämie auf einleuchtende Begriffe stünde".

Es ist unbestritten, daß man diesem stark personifizierenden Begriffssystem große methodische Vorbehalte entgegenbringen muß. Aber man sollte über dieser begriffskritischen Auseinandersetzung doch auch nicht vergessen, daß das *empirische Wissen*, aus dem heraus dieses Beschreibungsmodell entwickelt wurde, nach wie vor *seine Gültigkeit* hat. Zudem werden die Vorgänge, die sich auf der inneren Bühne eines Menschen abspielen, plastisch und anschaulich dargestellt. Als *Verständigungsmittel* hat das „Instanzenmodell" für die psychoanalytischen Forscher langjährig gute Dienste geleistet, selbst wenn es in vielen Hinsichten ungenügend ist. Auf jeden Fall hat die Beschäftigung mit jenen psychischen Fakten, die mit der Ich-Es-Überich-Psychologie beschrieben werden sollten, zur Ausgestaltung und Fortentwicklung jener neuen wissenschaftlichen Richtung geführt, die wir heute unter dem Namen Ich-Psychologie kennen.

c) Studien zur Ich-Psychologie

Eine der wichtigsten Arbeiten zu diesem Thema wurde 1939 von HEINZ HARTMANN unter dem Titel „Ich-Psychologie und Anpassungsprobleme" veröffentlicht. HARTMANN geht in dieser Arbeit von einem ganz bestimmten Grundgedanken aus: Er unterstellt mit Recht, daß alle Untersuchungen, die die Aktivität unbewußter Dynamismen prinzipiell und immer in ihr Beobachtungsfeld *mit einbeziehen*, auf jeden Fall *eher* in der Lage sein werden, eine umfassende und wirklichkeitsgerechte Psychologie zu liefern, als jene Forschungen, die *ohne* Kenntnis und Berücksichtigung unbewußter Dynamik arbeiten.

Mit dieser Grundkonzeption im Hintergrund machte sich HEINZ HARTMANN an den Versuch, die Ich-Entwicklung eines Individuums in der Auseinandersetzung mit seiner Umwelt neu zu diskutieren. Um seine Gedankengänge richtig verfolgen zu können, muß man allerdings im Sinn behalten, daß HARTMANN (in Übereinstimmung mit FREUD und anderen Forschern) den landläufig üblichen, vorwissenschaftlichen Gebrauch des Wortes „Anpassung" verlassen hat: Das Wort Anpassung erweckt ja im allgemeinen die Vorstellung, daß sich ein (potentiell veränderliches) Individuum mit der (relativ starren) Umwelt so auseinandersetzt, daß es seine eigenen veränderlichen Seiten für die Umwelt passend gestaltet. HARTMANN übernimmt nun nicht nur die Vorstellung von der sogenannten *autoplastischen* und der *alloplastischen* Anpassung (das Individuum kann sowohl sich selbst anpassen, wie auch die Umwelt passend gestalten). HARTMANN erweitert den Anpassungsbegriff noch dahingehend, daß auch die *Suche* einer *neuen* (passenderen) Umwelt als Anpassungsleistung verstanden werden soll. Ein Individuum, das weder sich selbst, noch seine Umwelt umgestalten kann, hat immer noch die Möglichkeit, die vorhandene ungünstige Umwelt *zu verlassen*, um sich in einem neuen Lebensraum zurechtzufinden. Jener Vorgang, der nach HARTMANN als Anpassungsleistung zu einem „Zustand der Angepaßtheit" des Individuums an seine Umgebung führt, wäre also in jedem Fall sehr komplex zu verstehen.

HARTMANN wies die Psychoanalytiker in seiner Studie darauf hin, daß es offenkundig Anpassungsentwicklungen gäbe — Lern- und Reifungsvorgänge —, die sich *unabhängig von Triebkonflikten* ausbildeten. Er prägte für diese Bereiche menschlichen Seelenlebens den Begriff der „k o n f l i k t - f r e i e n I c h - S p h ä r e", zu der nach seinen Darlegungen unter anderem die Wahrnehmung gehören sollte, ferner Intention, Lernen, Denken, Sprache, Produktion, die Entwicklung des motorischen Apparates usw.

Von den zahlreichen Gedankengängen, die HARTMANN bei seinen Ausführungen beschäftigt haben, seien nur einige erwähnt: HARTMANN diskutierte zum Beispiel die Ausrüstung des Menschen mit angeborenen Befähigungen oder „Apparaten". Er untersuchte, in welchem Ausmaß solche angeborenen Befähigungen von vornherein die spätere Form der Lebensbewältigung festlegen. Er führte schließlich den Begriff der „primären" und der „sekundären Autonomie" in die Diskussion ein und untersuchte das Problem der sogenannten „autonomen Ich-Entwicklung".

Die Faszination, die von dieser frühen Studie HARTMANNS ausging, war groß. Unbestritten haben alle Wissenschaftler, die ihre theoretischen Konzepte in Zusammenarbeit mit HEINZ HARTMANN entwickelten, Wesentliches zum Verständnis der menschlichen Persönlichkeit beigetragen. Ich erwähne nur die Untersuchungen von RAPAPORT zu gestörten Denkprozessen und das sehr faszinierende Konzept von der „schöpferischen Regression", das KRIS und LÖWENSTEIN entworfen haben. DAVID RAPAPORT hat auch in bewußter Auseinandersetzung mit HEINZ HARTMANN und gleichzeitigem Rückgriff auf das metapsychologische Denkmodell einen Versuch vorgelegt, die psychoanalytische Theorie so zu formulieren, daß sich das gesamte wissenschaftliche System in seinen Einzelheiten diskutieren läßt. In seiner Studie „Die Struktur der psychoanalytischen Theorie" (1959) ging es RAPAPORT vor allem darum, sein Beschreibungssystem so aufzubauen, daß die beteiligten Forscher in der Lage sind, im üblichen wissenschaftlichen Sinn die *unabhängigen*, die *intervenierenden* und die *abhängigen* Variablen im psychischen Geschehen zu untersuchen und zu beschreiben.

Zum Aufbau dieses Beschreibungsmodells verwandte RAPAPORT zehn verschiedene Gesichtspunkte, die er in Form von Thesen mit kurzer inhaltlicher Erläuterung zusammenstellte. Folgende zehn Gesichtspunkte sollten nach RAPAPORT im Rahmen der psychoanalytischen Theorie von Bedeutung sein:

1. Der empirische Gesichtspunkt
   (Das Objekt der Psychoanalyse ist Verhalten)

2. Der „Gestalt"-Gesichtspunkt
   (Jedes Verhalten ist integral und unteilbar)

3. Der organismische Gesichtspunkt
   (Kein Verhalten steht isoliert; alles Verhalten ist das der integralen und unteilbaren Persönlichkeit)

4. Der genetische Gesichtspunkt
   (Alles Verhalten ist Teil einer genetischen Reihe)

5. Der topische Gesichtspunkt
   (Die entscheidenden Determinanten des Verhaltens sind unbewußt)
6. Der dynamische Gesichtspunkt
   (Alles Verhalten ist letzten Endes triebbestimmt)
7. Der ökonomische Gesichtspunkt
   (Alles Verhalten führt seelische Energie ab und wird durch seelische Energie
   reguliert)
8. Der strukturelle Gesichtspunkt
   (Alles Verhalten hat strukturelle Determinanten)
9. Der adaptive Gesichtspunkt
   (Alles Verhalten wird durch die Realität bestimmt)
10. Der psychosoziale Gesichtspunkt
    (Alles Verhalten ist sozial determiniert)

Unter diesen zehn Gesichtspunkten finden wir rasch die drei bekannten metapsychologischen Begriffe dynamisch, topisch und ökonomisch unter Punkt 5, 6 und 7 wieder. Von dem ersten „empirischen" Gesichtspunkt ist noch zu sagen, daß die These „das Objekt der Psychoanalyse ist Verhalten" richtig verstanden werden muß: „Verhalten" wird in diesem Zusammenhang von RAPAPORT so definiert, daß auch das *Denken und Fühlen* unter den Oberbegriff „Verhalten" gehört. Diese definitorische Erweiterung des Verhaltensbegriffes ist vielleicht nicht allen Klinikern und Ärzten geläufig, und ich muß erwähnen, daß man das theoretische System von RAPAPORT falsch versteht, wenn man sich an eine zu enge Form der Definition hält. Punkt 2 und 3 der zehn Thesen bieten keine besonderen Schwierigkeiten: Daß das menschliche Verhalten unteilbar ist und nicht isoliert stehen kann, leuchtet ein. In diesen Thesen spiegelt sich FREUDS Grundsatz wider, daß psychisches Geschehen immer *stetig* und immer *determiniert* ist.

In bezug auf die übrigen Thesen meint RAPAPORT, daß man sie eigentlich auf fünf zusammenziehen sollte. Der genetische, der adaptive, der ökonomische, der dynamische und der strukturelle Gesichtspunkt wären ausreichend: Der „Strukturbegriff" könne den topischen Gesichtspunkt mit aufnehmen, da er als der übergeordnete Begriff die „topischen" Beziehungen zwischen Bewußtem, Unbewußtem und Vorbewußtem notwendigerweise mit zu beschreiben hätte. Ein gleiches sei für den „adaptiven Gesichtspunkt" gültig. Da der adaptive Gesichtspunkt besagt, daß alles Verhalten durch die Realität bestimmt ist und die gesellschaftliche Umgebung in jedem Fall zum allgemeinen Realitätsbereich gehört, ist nach RAPAPORT klar, daß die These von den sozialen Determinanten des menschlichen Verhaltens im Grunde keiner gesonderten Erwähnung bedarf.

Nach der allgemeinen Diskussion seines „Systems" erörtert RAPAPORT eine Vielzahl weiterer zugehöriger Probleme: So etwa die Frage nach dem vorliegenden wissenschaftlichen Beweismaterial, über das die Psychoanalyse verfügt, oder nach den Möglichkeiten einer Quantifizierung der Befunde

(u. a. der „Besetzungen", der Energieverteilung also) und die Überlegungen nach dem wünschbaren Ausmaß einer Formalisierung des gesamten Systems.

Aufschlußreich sind insbesondere die Überlegungen, die nach dem „Überlebenspotential" der psychoanalytischen Begriffe fragen:

Daß RAPAPORT der klassischen Libidotheorie keine großen Überlebenschancen gab, sagte ich schon. Es überrascht uns auch nicht, daß nach seiner Meinung für die Instanzenpsychologie ein gleiches gilt. Nach RAPAPORT kann kein Verhalten des Menschen als Ich-, Es- oder Überich-Verhalten *allein* beschrieben werden, so daß sich die Instanzen-Psychologie im Grunde kaum hilfreich zeigt, wenn es um die treffende Beschreibung menschlichen Verhaltens geht. Auch die Theorie über die spezielle Rolle der Psychosexualität hat nach RAPAPORT nicht jenen Grad von Allgemeingültigkeit, der sie zu den gesicherten Bausteinen der psychoanalytischen Theorie machen würde.

Hingegen schreibt RAPAPORT dem *genetischen Gesichtspunkt* ein *hohes Überlebenspotential* zu, und die psychoanalytischen Vorstellungen über *unbewußte psychische Aktivitäten* hält er ebenfalls für *beständig*. Ich mache darauf aufmerksam, daß wir in dieser formalisierten und abstrahierenden Beschreibungsform von RAPAPORT den gleichen empirisch bestimmten wissenschaftlichen Entwicklungsgang wiedererkennen, den wir schon früher bei den klinisch orientierten Psychoanalytikern gefunden haben.

Auf RAPAPORTS Spezialdiskussion über die Konvergenz seines theoretischen Systems mit anderen Theorien will ich hier nicht ausführlich eingehen. Nach meiner Meinung kann man grundsätzlich zweifeln, ob die klinischen Beobachtungen der Psychoanalytiker ausreichen (und je ausreichen können), um ein so anspruchsvolles Unterfangen, wie eine „allgemeine Persönlichkeitstheorie" zu vollenden. Alle Beobachtungen, über die wir bislang verfügen, entstammen doch offenkundig seelischen *Teilbereichen*. Insofern können sie weder zu einer eigenen Persönlichkeitstheorie führen, noch sind sie ohne weiteres in einem allgemeinen theoretischen System unterzubringen.

RAPAPORT hat in seiner Studie übrigens auch noch zu dem in den USA sehr viel diskutierten Problem der „Dissidentenschulen" einerseits und der „orthodoxen Gruppe" andererseits Stellung genommen. Er meinte, daß sich die Psychoanalytiker und die Kulturanthropologen verschiedene Vorstellungen über die „relative Autonomie" des Individuums von der Gesellschaft gebildet hätten, und daß hier das Kernproblem der Auseinandersetzungen zwischen den verschiedenen Gruppen verborgen läge. Es ist also sicherlich angebracht, wenn ich jetzt zum Abschluß dieses Kapitels einen weiteren Vertreter unter den Kulturanthropologen zu Wort kommen lasse.

d) Erich Fromm als Vertreter der Kulturschulen

ERICH FROMM hat sich in zahlreichen Publikationen ganz speziell mit jenem anthropologischen Konzept der Psychoanalyse auseinandergesetzt, das über die Grenzen der reinen Neurosentheorie und Krankheitslehre hinausgewach-

sen war und teilte damit die Interessen anderer Forscher wie etwa H. S. SUL-
LIVAN und KAREN HORNEY. FROMM meint in bezug auf dieses anthropologische Konzept der Psychoanalyse, daß es an entscheidender Stelle *unvollständig* geblieben sei. FROMM formulierte unter anderem:

*„Sie (die Psychoanalyse) übersah, daß die menschliche Individualität so
lange unerkannt bleibt, als sie nicht in ihrer Ganzheit betrachtet wird. Zu
dieser aber gehört das Bedürfnis des Menschen, eine Antwort auf die Frage
nach dem Sinn des Lebens zu erhalten und Normen zu finden, nach denen er
sein Leben einrichten kann."* — Zu dem gleichen Problem sagt FROMM an anderer Stelle, daß *„... das Bedürfnis nach einem System der Orientierung
und Hingabe einen wesentlichen Teil des menschlichen Daseins ausmacht."*
Und weiter: *„Tatsächlich gibt es keine stärkere Energiequelle im Menschen".*

Diese beiden kurzen Zitate beleuchten bereits, welche bedeutenden Unterschiede in der Auffassung vom „Wesen" des Menschen zwischen den beiden
Forschern FROMM und FREUD heranwuchsen:

FREUD sah in der Sexualität und in den libidinösen Strebungen des Menschen die wesentlichsten Triebkräfte, die bislang in ihrer Bedeutung unvollkommen gewürdigt worden waren. FROMM glaubte, die stärkste menschliche
Energiequelle in dem Bedürfnis nach Hingabe und nach einem System der
Orientierung zu finden.

Mehrfach stehen dann bei FROMM Persönlichkeitstheorie und allgemeine
Charakterologie zur Debatte. Wesentliche Ausführungen finden wir in seinem Buch „Psychoanalyse und Ethik" in dem Kapitel: „Die Natur des Menschen und sein Charakter". FROMM definiert die Persönlichkeit des Menschen
in diesem Abschnitt als die „Totalität ererbter und erworbener Eigenschaften, die den einzelnen charakterisieren und das Besondere und Einmalige
dieses einzelnen ausmachen". Nach eigener Aussage folgt FROMM dabei der
FREUDschen Charakterologie in einigen wesentlichen Punkten: Dies hauptsächlich insofern, als FROMM den Charakter für ein „System von Strebungen" hält, die ein Verhalten bestimmen, das im Kern mit diesen Strebungen
nicht unbedingt identisch ist.

Die Übereinstimmung zwischen FROMM und FREUD gilt also der Existenz
unbewußter Motivationen und *Dynamismen*. FROMM präzisiert seine Definition vom menschlichen Charakter noch insofern, als er sagt, daß der „Charakter" im Gegensatz zur „Persönlichkeit" die relativ permanente Form
sei, „in welche die Energie des Menschen während des Prozesses der *Assimilierung* und der *Vergesellschaftung* geleitet wird".

Hier haben wir nun zwei neue Begriffe! Sie werden von FROMM gebraucht,
um die verschiedenen Möglichkeiten zu beschreiben, über die der Mensch
nach seiner Meinung verfügt, wenn er sich mit der Welt in *Beziehung setzt*.
FROMM glaubt, daß der Mensch im wesentlichen zwei Wege geht, wenn er

sich zur Welt in Beziehung setzt: Einmal strebt er nach Assimilierung und Aneignung der *Dinge* (der Assimilierungsprozeß), zum anderen setzt sich der Mensch zu *sich selbst* und zum *anderen Menschen* in Beziehung (der Vergesellschaftungsprozeß). Im Verlauf von „Vergesellschaftung" und „Assimilierung" entwickelt der Mensch dann nach FROMM „Orientierungen", bei denen sich produktive und nicht-produktive Orientierungen unterscheiden lassen. Möglichkeiten nicht-produktiver Orientierungen sind nach FROMM zum Beispiel die „rezeptive" oder die „ausbeuterische" Orientierung, die „Hamsterorientierung" oder die „Marktorientierung". Unter diesen Kennworten zeigt FROMM außerdem noch auf, wie das Erleben von Eigentum und Besitz zugleich auch alle zwischenmenschlichen Beziehungen formt und gestaltet. Die Unterscheidung in produktive und nichtproduktive Orientierungen des Menschen ist dabei mit einer der wichtigsten ethischen oder philosophischen Thesen FROMMS verknüpft: FROMM vertritt die Ansicht, daß es (im Sinne der humanistischen Ethik) die „Bestimmung" des Menschen sei, „er selbst zu werden". Tugend ist demzufolge gleichbedeutend mit einer produktiven Verwirklichung der eigenen Möglichkeiten.

Hier muß allerdings gesagt werden, daß FROMM gerade bei diesen besonderen Vorstellungen über das Wesen des Menschen mit FREUD einig ist. FREUD sagte in seiner Arbeit „Wege der psychoanalytischen Therapie": „. . . Der Kranke soll nicht zur Ähnlichkeit mit uns, sondern zur *Vollendung seines eigenen Wesens* erzogen werden". In dem gleichen Zusammenhang sagt FREUD an etwas früherer Stelle, daß er es entschieden ablehne, „den Patienten zu seinem Leibgut zu machen, sein Schicksal für ihn zu formen und ihm die eigenen Ideale aufzudrängen".

Es ist kein Zweifel, daß für FREUD die produktive Selbstverwirklichung des Patienten ein wesentliches therapeutisches Ziel gewesen ist. Trotz dieser Übereinstimmung ist FROMM aber doch zu einer sehr kritischen Auseinandersetzung mit FREUD gekommen, als er das Problem ethischer Wertnormen abhandelte. Wir verstehen das, wenn wir uns noch einmal FREUDS Vorstellungen von der Gewissensbildung ins Gedächtnis rufen: FREUD hatte die These vertreten, daß die Gewissensbildung des Menschen allein aus der frühen Auseinandersetzung mit den Elternfiguren abzuleiten sei. FROMM hingegen behauptete, daß FREUD bei diesen Beobachtungen nur einen Teil der menschlichen Gewissensbildung beachtet habe, weil er mit der Beschreibung des Ich-Ideals oder Überich (das nach FREUD mit dem menschlichen Gewissen identisch sein sollte) nur das „ a u t o r i t ä r e   G e w i s s e n " erfassen konnte. Das „ a u t o n o m e   G e w i s s e n " des Menschen, das FROMM für ebenso wichtig hält, sei außer Betracht geblieben.

Ich möchte mich im Rahmen dieses Buches allerdings nicht in weitere Diskussionen über das Für und Wider zum autoritären oder autonomen Gewissen einlassen. Wer Genaueres zu diesem Thema erfahren möchte, wird selber in der einschlägigen Literatur nachlesen wollen. Im Augenblick gebe ich mich der Hoffnung hin, daß meine Leser nach diesen Ausführungen besser als zuvor verstehen, warum ich in der Einleitung davon gesprochen habe, daß man sich über den Wert der Psychoanalyse nur so schwer einigen kann. Daß man diskutiert, ob eine analytische Behandlung Weisheit oder Tugend, Gesundheit oder Tüchtigkeit, Anpassung oder Autonomie vermittelt. Die bisher dargelegten Positionen hervorragender Vertreter der Psychoanalyse lassen uns die Gründe erkennen:

Die psychoanalytische Auseinandersetzung eines Menschen mit sich selbst vermittelt ihm auf jeden Fall ein Wissen über die unbewußten Kräfte seines Seelenlebens, das ihm vorher unzugänglich war. Er erwirbt damit ein Stück an Einsicht, Erkenntnis und — falls diese Erkenntnisse dazu beitragen, ihn toleranter zu machen — auch Weisheit. Wenn man ERICH FROMM folgt, dann vermittelt eine psychoanalytische Behandlung sogar Tugend. Soll sie doch den Menschen instandsetzen, sich zu einer produktiveren Selbstverwirklichung durchzuarbeiten. Im Rahmen einer verbesserten „Anpassung" (im Sinne HARTMANNs) wird dann vielleicht auch größere „Tüchtigkeit", Arbeits- und Leistungsfähigkeit als das Ergebnis einer gelungenen Analyse zu verzeichnen sein.

Wie aber steht es nun mit dem Erwerb einer verbesserten Gesundheit, dem ursprünglichen Ziel aller psychoanalytischen Behandlungen? In den nächsten Kapiteln werde ich mich dieser Frage widmen.

III. Zur Theorie des Heilungsvorganges

a) Vorbemerkung

In der Medizin ist es mehr als einmal vorgekommen, daß zwei falsche Arbeitshypothesen — zufällig günstig miteinander verknüpft — dennoch den Weg zu brauchbaren therapeutischen Verfahren geöffnet haben. Unsere Wissenschaft ist weniger als irgendeine andere vor solchen Klippen geschützt. Wir können weder im sogenannten doppelten Blindversuch arbeiten, noch verfügen wir über beweisende Experimente. Sicher ist auch, daß die in der Psychoanalyse gebräuchlichen Beschreibungsmodelle sehr beträchtlich hinter unserem klinischen Wissen einherhinken. Jeder Psychoanalytiker verwendet für seine endgültige Urteilsbildung sehr viel mehr Merkmale, als unser Beschreibungssystem benennen kann. Finden wir doch nicht einmal immer eine passende Bezeichnung im Wortschatz unserer Muttersprache, wenn wir die Eigenschaften krankhafter und gesunder Seelentätigkeit treffend und genau bezeichnen wollen.

Diese Schwierigkeiten sind natürlich groß, aber wir sollten uns nicht entmutigen lassen. Aus dem Wissen um die Bedingungen eines krankhaften Prozesses leiten sich erfolgreiche Behandlungsmethoden ab. Wir haben in den vergangenen Kapiteln die Bedeutung einer behinderten und gestörten Triebentwicklung kennengelernt. Wir wollen nun hören, welche Wege wir beschreiten müssen, um einem Patienten zur Gesundung zu verhelfen. Freilich wirft die hierhergehörige Darstellung einige Probleme auf. Ich habe mich dafür entschieden, bei meinen Ausführungen anfangs noch im Bereich der sogenannten „Ein-Personen-Psychologie" zu verbleiben und zunächst einmal auf jene Vorgänge einzugehen, die sich im Patienten selber abspielen. Diese Darstellungsform hat gewisse Nachteile: Der „Zwei-Personen-Prozeß", der das Wesen der psychoanalytischen Therapie ausmacht, bleibt vorerst unberücksichtigt. Da aber alle Einzelheiten über die Reaktionsweisen und das therapeutische Verhalten des Analytikers (Kommentare, Deutungen, klärende Fragen usw.) auf das engste mit den Problemen der Behandlungstechnik verknüpft sind, will ich die eigentümliche „Zwei-Personen-Situation" der Analyse erst später besprechen. Ich kann mir damit überflüssige Wiederholungen ersparen und zugleich einen didaktischen Gewinn erzielen: Unter didaktischen Gesichtspunkten ist es nämlich ganz sicherlich klüger, wenn ich zunächst einmal nur die erstrebten Änderungen in der Struktur des Patienten erörtere und erst dann einige wichtige Aspekte der therapeutisch orientierten zwischenmenschlichen Kommunikation heraushebe.

Zum Abschluß dieses Kapitels will ich schließlich noch die Meinung einiger hervorragender Psychoanalytiker referieren, die sich zum *Endziel* einer psychoanalytischen Behandlung geäußert haben. Ein solcher Bericht kann fruchtbare Anregungen vermitteln: Wir können aus ihm entnehmen, wie die theoretischen Vorstellungen des Analytikers sein therapeutisches Verhalten lenken und formen. Und wir können außerdem manches darüber lernen, wie sich die verborgeneren Haltungen und Einstellungen des Therapeuten in subtilen Wirkungen durchsetzen. Wie sich diese Haltungen in Wortwahl und Ausdrucksweise kundtun und zugleich sehr wesentlich mitbestimmen, was in der Therapie zur Sprache kommt, oder was (fast noch wichtiger) ungesagt bleibt.

b) Die erstrebten Änderungen in der Struktur des Patienten

Ich greife jetzt auf etwas vereinfachte Modellvorstellungen aus früheren Kapiteln zurück, um die ersten Hinweise für unsere psychoanalytische Zielsetzung zu geben:

Wir hatten die bionegativen Wirkungen von chronischen, unbewußten Ängsten kennengelernt, und ich hatte dargelegt, daß diese bionegativen Wirkungen von unbewußter Angst, von Ärger, Haß, Neid oder Schuldgefühl, von gestautem Trieb oder ungestillten Bedürfnissen immer davon abhängen, ob der aufwallenden Erregung rechtzeitig eine Phase der Beruhigung folgt. Ob der aufgestaute Trieb schließlich in Befriedigung ausklingen kann. Als wir sagten, daß der emotionale Dauerreiz, der von verdrängten Regungen ausgeht, zum wichtigsten Störfaktor in der menschlichen Psychopathologie wird, hatten wir gleichzeitig auch verstanden, daß die sekundären, schützenden Hilfskonstruktionen, die der Patient zur Abwehr von Ängsten und zur reaktiven Triebverarbeitung aufbaut, eine eigene pathogene Bedeutung erlangen. Eine Bedeutung, die oft mehr therapeutische Aufmerksamkeit erfordert, als die primären erworbenen Erlebnislücken, Triebverdrängungen und Angstassoziationen.

Bedenken wir dieses theoretische Konzept vom neurotischen Krankheitsgeschehen, dann ist klar, daß der Analytiker danach streben muß, bei seinen Patienten Ängste, Schuldgefühle und Ambivalenzkonflikte zu mildern. Daß er beim Auffüllen von Erlebnislücken ebenso Assistenz leistet, wie beim Abbau von Abwehrstrukturen und Fehlerwartungen. Und daß er damit schließlich dem Patienten zu einem realeren Weltbild und zu tieferen Befriedigungen verhilft, die ihrerseits wesentlichen Anteil an seiner Gesundung haben. Dürfen wir doch annehmen, daß der biologische (biochemische) Zustand eines Menschen, der sich zufrieden oder glücklich fühlt, andere Merkmale aufweist, als wir sie bei einem Individuum in chronisch dysphorischer Verstimmung und Unzufriedenheit finden würden.

Diese Formulierungen über die therapeutisch angestrebten Ich-Veränderungen im Patienten sind natürlich verhältnismäßig allgemein gehalten. Wir können sie noch genauer differenzieren, wenn wir uns die Frage überlegen, woher die im Augenblick aktiven Ängste, die Schuldgefühle, Neidhaltungen oder Haßeinstellungen stammen, und wenn wir uns weiter fragen, wie es mit dem Problem der Triebbefriedigung im einzelnen steht. Allerdings können wir diese therapeutisch so wichtigen Fragen nur mit Hilfe von einigen Beispielen illustrieren, aber nicht generell und erschöpfend beantworten. Dafür ist die Variationsbreite seelischen Geschehens zu groß. Immerhin läßt sich gut an frühere Darlegungen anknüpfen.

Ein kleines Kind kann sich, wie wir wissen, aus sehr verschiedenen Gründen ängstigen: Entweder weil es zu viel allein gelassen wird, oder weil man es abwehrt, angreift, zurücksetzt oder gar verlangt, daß es Stellung nehmen soll zwischen streitenden Eltern. Vielleicht überträgt sich auch nur die Angsthaltung von Vater und Mutter auf sein eigenes Lebensgefühl. Oder seine Wünsche und Impulse geraten mit der verbietenden Umgebung in Konflikt. Solche Angstassoziationen können halbbewußt oder unbewußt erhalten bleiben. Sie färben dann das Lebensgefühl des späteren Erwachsenen, und wir finden bei diesen Lebensentwicklungen die Früherfahrungen in Kindheit und Jugend als Quelle der ständigen, unbegründeten Angsthaltung. Der analytische Heilungsvorgang muß dann zunächst eine Erweiterung des verfügbaren Erinnerungsschatzes anstreben. Der Therapeut versucht, seinen Patienten allmählich zu der Erkenntnis zu führen, daß die erworbenen Ängste aus früher Kindheit stammen und irrationalen Charakter haben. Eine solche Erkenntnis — unter der Assistenz des Analytikers gewonnen — kann tatsächlich den beibehaltenen Angstassoziationen allmählich ihre Kraft nehmen und sie langsam zum Verlöschen bringen.

Die aktuellen Lebensängste eines Patienten können aber auch aus ganz anderen Quellen stammen:

Nehmen wir an, der Patient hat im Verlauf seiner Vorgeschichte eine Arbeitshaltung und Arbeitsmethodik ausgebildet, die so ausgedehnt von neurotischen Elementen durchsetzt ist, daß sie nicht mehr ausreicht, um die Minimalanforderungen des Existenzkampfes zu bewältigen. Sei es, daß der Kranke in unbewußtem Autoritätsprotest (oder in Identifikation mit einem parasitär lebenden Elternteil) zu einer Schonhaltung übergegangen ist, die seine Produktivität lähmt. Sei es, daß erworbene intentionale Lücken schwere Schädigungen aller Lern- und Denkprozesse zur Folge hatten. Sei es, daß „oknophile" Klammertendenzen an ein Liebesobjekt dazu führen, daß nur noch in der Beziehung zu diesem Liebesobjekt gelebt wird und keine Fähigkeiten, keine Kenntnisse oder Fertigkeiten ausgebildet werden, die für eine selbständige Lebensführung notwendig sind. Diese Mängel an Wissen, Fertigkeiten und Lernbereitschaft sind für den Patienten eine dauernde Quelle der Beunruhigung und Ängstigung. Sie bleiben dies in jedem Fall auch dann, wenn der Kranke versucht, das Problem zu verdrängen oder zu verleugnen, oder wenn er sich an seinem „idealisierten Ebenbild" orientiert und sich eine

Lebenstüchtigkeit vorspiegelt, die er nicht besitzt. Neurotische Selbsttäuschungen können sicherlich sehr weit gehen. Sie ändern aber nichts daran,
daß der betroffene Mensch mit seiner gestörten Lernfähigkeit, mit seinem
Mangel an beruflichen Kenntnissen und technischen Fertigkeiten im sozialen Existenzkampf und Wettbewerb hilfloser oder gefährdeter ist als jeder
andere. Es leuchtet ein, daß diese Ängstigungen, die aus einer realen (wenn
auch neurotisch bedingten) beruflichen Behinderung stammen, eine andere
therapeutische Strategie verlangen als die irrationalen Ängste eines Kranken, der mit den Nachwirkungen einer frühen Feindeinstellung seiner Eltern
lebt.

Wenn der analytische Prozeß den Autoritätsprotest als Kern der Lei-
stungshemmung aufdeckt, wird sich die innere Entwicklung des Patienten
anders gestalten, als wenn wir in der oknophilen Klammerhaltung die Ursache der allgemeinen Ich-Einschränkung finden. Haben wir es mit einer
schizoiden Denkstörung im Gefolge von ausgedehnten intentionalen Lük-
ken zu tun, müssen wir uns wiederum anders einstellen. Die Identifikation
mit einem passiv-parasitär lebenden Elternteil schafft noch andere, besondere therapeutische Schwierigkeiten.

Wenn wir aber verstanden haben, daß *scheinbar gleichartige* neurotische
Ängste sehr *verschiedene Wurzeln und Ursachen* haben können, dann verstehen wir auch, daß die seelischen Umänderungen, zu denen wir dem Patienten verhelfen wollen, ebenfalls sehr verschieden sind. Auf den einen
Patienten kann unter Umständen ein recht mühseliger Prozeß des nachträg-
lichen Lernens warten, bis die Ängste, die der realen Lebensuntüchtigkeit
entstammen, schließlich schwinden. Bei jenen Patienten, die sich vor der
Kälte, der Feindseligkeit oder der frühen Lieblosigkeit von Eltern und Geschwistern fürchten mußten, lösen sich die beibehaltenen Angstreaktionen
auf andere Weise auf: Die Möglichkeit, die Herkunft dieser Ängste im Verlauf der analytischen Therapie bewußt zu erleben und zu verstehen, öffnet
das Tor für reale Trauer, für die Einwirkungen der Zeit und die Wege zu
einer inneren Neuorientierung.

Nehmen wir ein analoges Beispiel zum Problem *neurotischer Schuldgefühle:* Ein irrationales, neurotisches Schuldgefühl kann in frühesten Kindheitserlebnissen wurzeln. In einer sehr drohenden, immer anschuldigenden
Atmosphäre mußten aggressive oder destruktive Wünsche unterdrückt werden. Lustvolle sexuelle Befriedigungen waren verboten und wurden abgewehrt. Die unbewußte Dynamik dieser Wünsche und Impulse verknüpfte
sich mit verhüllten Schuldgefühlen. Der verdrängte Trieb blieb — wenn auch
unbewußt — erhalten und aktiv, jetzt aber verkoppelt und verknüpft mit
begleitenden Schuldgefühlen. Die Schuldgefühle, die im erwachsenen Patienten weiterleben, stammen aus *Kinderwünschen*, die verpönt wurden, kindlichen Trieben und Impulsen, die im Erleben des ausgereiften Erwachsenen
keinen schuldhaften Stellenwert mehr zu haben brauchten. Gelingt dem

analytischen Prozeß jene Bewußtseinserweiterung, die auch zu einer bewußten Auseinandersetzung mit diesen einmal bedrohten Kinderwünschen führt, dann kann der Patient die *Harmlosigkeit* seiner frühen „Verbrechen" erfühlen und verstehen. Die erworbene Einsicht bringt Erleichterung und Befreiung.

Wie aber, wenn das neurotische Schuldgefühl folgenden Hintergrund hat:

Ein Patient hat im Verlauf seiner Lebensentwicklung eine Reaktionsform erworben, die in dem neurotischen Bedürfnis gipfelt, die Erwartungen seiner Umwelt zu enttäuschen. Dieses Bedürfnis ist dem Patienten selbst nicht bewußt. Fehlleistungen und Arrangements, denen keine bewußte Planung zugrunde liegt, enttäuschen in nicht abreißender Kette die Erwartungen von Freunden, Berufskollegen, von Frau und Kind. In der Analyse wird deutlich, daß die erkrankte Persönlichkeit eine „Haltung" erworben hat, die in der Umwelt zunächst Erwartungen stimuliert. Der unbewußte Gegenimpuls führt jedoch zu den neurotischen Fehlleistungen. Ausgedehnte Erlebnislücken sorgen dann dafür, daß der Patient nicht einmal mehr richtig auffaßt, wie tief er Freunde und Liebespartner kränkt. Meist hat er auch ein großes Geschick erworben, das Geschehene wegzurationalisieren und den „Fehler" in der Empfindlichkeit der Umwelt zu suchen. Trotz dieser sehr verwickelten psychodynamischen Konstellation im Patienten bleibt es eine *reale Wirklichkeit*, daß der Patient Menschen, denen er sich freundschaftlich verbunden fühlt, gekränkt hat. Diese Kränkungen haben in der aktuellen Wirklichkeit stattgefunden. Das neurotische Schuldgefühl, mit dem diese Patienten leben müssen, ist also *wohlbegründet:* Es gilt einem Verhalten, das *zwar unbewußt determiniert,* aber gewiß nicht immer harmlos ist.

Es ist klar, daß der analytische Heilungsvorgang auch in diesem Fall sehr individuelle Wege suchen muß. Die Therapie hätte als erstes die Beweggründe für die unbewußte Gegeneinstellung des Patienten zu seiner Umwelt aufzudecken. Dann müßten die Erlebnislücken aufgefüllt werden, die die Freundeshaltung zu anderen Menschen einengen. Schließlich muß der therapeutische Prozeß verbreitete Befriedigungsmöglichkeiten mit sich bringen, damit der Patient seine unbeabsichtigten, aber realen Kränkungen, die er der Umwelt zufügt, aufgeben kann. Erst wenn der Patient seine realen Feindseligkeiten versteht und schließlich unterläßt, wird er auch das Schuldgefühl verlieren, mit dem er gelebt hat.

Nicht weniger kompliziert steht es um die Aufarbeitung all jener neurotischen Reaktionsformen, die die Beziehung zum Liebesobjekt beherrschen. Wir wissen, daß Patienten in alten Vater- oder Mutterbindungen hängen bleiben können. Daß sie sich im neurotischen Arrangement selber ihre Verfolgungssituationen aufbauen. Daß sie auf Feind- und Freundattrappen reagieren, die nur noch wenig mit der realen Umwelt zu tun haben. Daß Abhängigkeitssituationen erhalten bleiben, in denen der Haß brütet, oder Isolierungen, aus denen es keinen Ausweg gibt. Ich will hier nicht auf allzu viele Einzelheiten der therapeutischen Strategie eingehen, die sich mit mißlungenen „Objektbeziehungen" befassen muß. Auch hierüber werden wir in späteren Kapiteln hören. Im Augenblick müssen wir noch eine andere, mehr grundsätzliche Frage ins Auge fassen.

Es leuchtet ein, daß wir die innere Konstellation eines Patienten anders beurteilen werden, wenn wir feststellen, daß nicht die erworbenen Angstassoziationen das Feld beherrschen, sondern daß gestauter und verdrängter Trieb mit hohen Affektbeträgen das psychodynamische Geschehen in Unordnung gebracht hat. In diesem Fall müssen wir uns ja fragen, ob die Wiederherstellung der Gesundheit unseres Patienten in jedem Fall davon abhängig ist, daß die verdrängten sexuellen, destruktiven oder ausbeuterischen Impulse ausgelebt und abreagiert werden können. Das Problem der *Triebbefriedigung* steht damit zur Debatte.

FREUD hat sich zu diesem Problem oft genug geäußert. Er hat gesagt, daß man den Patienten zur Aussöhnung mit seinen Trieben führen müsse, und er hatte dabei im wesentlichen die bessere Integration der sexuellen Triebdynamik in die Gesamtpersönlichkeit im Sinn. Damit ist die Problematik aber natürlich nicht erschöpft. ALEXANDER fand die oben schon zitierte Formulierung, daß ein Patient immer dann erkrankt, wenn er nicht in der Lage ist, „Befriedigung für sozial annehmbare Bedürfnisse" zu finden. Mit dieser Formulierung hatte ALEXANDER das Problem der „Triebbefriedigung" aus guten Gründen auf ein neues Gleis geschoben:

Wenn wir nämlich unterstellen, daß ein Patient erkrankt, weil er aus neurotischen Gründen nicht mehr in der Lage ist, Befriedigung für sozial annehmbare Bedürfnisse zu finden, dann müssen wir für unsere therapeutische Planung als erstes einmal fragen, unter welchen Bedingungen ein Mensch sich eigentlich zufrieden fühlt. Wie lange können wir hungern, dursten, sexuell abstinent leben, Schlaf entbehren, ohne zu erkranken? Wieviel Einsamkeit kann der Mensch ertragen, und wieviel Zuneigung, Liebe, Zärtlichkeit und Freundschaft müssen gelebt werden, damit das seelische Gleichgewicht gewahrt bleibt? Welche Rolle spielen Machtbedürfnisse für die menschliche Zufriedenheit, und wie weit gehören Funktionslust und schöpferische Produktivität zum gesunden seelischen Haushalt? Auch die kürzeste Überlegung zeigt uns, daß keine dieser Fragen für „den" Menschen allgemein beantwortet werden kann. Schon die biologischen Konstanten variieren bei den einzelnen Individuen:

Es gibt Menschen, die mit vier bis fünf Stunden Schlaf auskommen, während andere wenigstens acht bis zehn Stunden brauchen, um gesund zu bleiben. Der Kalorienbedarf der Menschen ist verschieden, ihre sexuelle Bedürftigkeit ebenfalls. Jedes Individuum kann seine spontanen körperlichen Bedürfnisse eine Weile drosseln, ohne sofort physisch und psychisch zu erkranken. Schlafeinschränkung wird für eine gewisse Zeit ertragen, ebenso das

Fasten, ebenso die sexuelle Abstinenz. Ebenso sicher ist aber auch, daß jedem einzelnen Organismus seine ganz individuelle biologische Grenze gesetzt wurde, über die hinaus die vitalen Bedürfnisse nicht mehr unterdrückt werden können, ohne daß es körperliche Störungen gibt. Hier greifen dann neurotische Mechanismen schädigend ein: Manche Menschen leben in neurotischer Betriebsamkeit und versäumen es deshalb, für ausreichenden Schlaf zu sorgen. Andere haben ihre sexuellen Wünsche verdrängt und leben abstinent, obgleich ihre spontanen Funktionen nach Befriedigung drängen.

Ein gleiches gilt für das menschliche Kontaktbedürfnis. Ähnlich wie unter den Primaten die Schimpansen im Vergleich zum Orang Utan andere Formen des sozialen Lebens entwickelt haben, so zeigen auch wir Menschen korrespondierende Varianten: Es gibt gruppenfreundliche Persönlichkeiten und andere, die sich nur im individuellen Einzelkontakt wohl fühlen. Es gibt gesellige Naturen, die die Einsamkeit nur schwer ertragen. Andere Menschen erklären, daß eingestreute Perioden des Alleinseins für sie ein vitales Bedürfnis sind.

Wir wissen nicht, wie sich gerade in diesem Bereich menschlichen Seelenlebens erworbene und mitgeborene Eigenschaften mischen. Wir müssen aber in jedem Fall damit rechnen, daß auch unsere therapeutische Planung bei jedem einzelnen Patienten mit *sehr individuellen Konstanten* in allen Bereichen der Triebe, Wünsche und Bedürfnisse zu rechnen hat. In jedem individuellen Leben werden daher Befriedigung und Verzicht anders gemischt sein müssen, gleichgültig, ob wir es mit einem Patienten oder mit einem Gesunden zu tun haben. Für den Patienten gilt aber in jedem Fall, daß der analytische Prozeß nicht nur das Verlöschen alter Ängste und Schuldgefühle erstreben muß, sondern daß sich allmählich auch die individuellen Varianten von Bedürfnis, Trieb und Triebbefriedigung herauskristallisieren sollen.

Ich nehme jetzt in diesem Zusammenhang schon einmal vorweg, daß Michael BALINT zum Thema der Triebbefriedigung seit vielen Jahren die Ansicht vertrat, daß der psychoanalytische Heilungsvorgang nicht mit der Befriedigung *einzelner Partialtriebe* anfangen oder enden dürfe. Der psychoanalytische „Neubeginn" habe — solle er heilsam sein — die *Objektliebe selber* in einer sehr umfassenden Form zum Inhalt. Und mit dem Problem der Objektliebe und Objektbeziehung wären wir wieder bei dem kommunikatorischen „Zwei-Personen-Prozeß" angelangt, der sich zwischen dem Patienten und dem Analytiker abspielt.

c) Therapeutische Aspekte zwischenmenschlicher Kommunikation: Suggestion und Übertragung

Historisch gesehen ist der psychoanalytische Heilungsvorgang ein Prozeß zwischen dem Arzt und dem Patienten, der sich aus der anfänglichen hypnotischen Situation heraus entwickelt hatte. *Neu* war, daß sich im Rahmen der arrangierten analytischen Situation die verbale und die nichtverbale Kommunikation zwischen dem Analytiker und dem Kranken als eine Verständigung zwischen zwei *gleichwachen* Menschen abspielte. Der Patient war aufgefordert, im „freien Einfall" alle Vorgänge seiner Innenwelt mitzuteilen. Der Analytiker gab die entsprechenden Kommentare, Deutungen und lenkte mit klärenden Fragen.

Mit Recht wurde bald gefragt, wie die Gefühlskonstellation zwischen dem Patienten und dem Arzt beschaffen sei, nachdem die alte Abhängigkeit des Hypnotisierten vom Hypnotiseur aufgehoben wurde.

Es ist bekannt, daß FREUD in der Frühperiode seiner Wissenschaft dem „kathartischen Effekt", der dem Patienten das Abreagieren und Ausklingen seiner „eingeklemmten Affekte" ermöglichte, eine hohe therapeutische Wirksamkeit zuschrieb. Lange Zeit glaubte er auch — gemeinsam mit seinen Schülern —, daß im Bewußtwerden der verdrängten Erlebnisse eine starke Heilkraft läge. Bald mußte man aber verzeichnen, daß die Erleichterungen, die ein Patient im Anfangsstadium der psychoanalytischen Behandlung erlebte, nicht ausreichend dauerhaft waren. Man verstand, daß ein — meist langwieriger und mühseliger — Weg gegangen werden mußte, bis in dem Patienten das Verlöschen alter Ängste und die notwendige Verbreiterung der Gefühlsmöglichkeiten erzielt war. FREUD sprach dann vom „Erinnern, Wiederholen, Durcharbeiten", und die Psychoanalytiker beschrieben die positiven Entwicklungsschritte ihrer Patienten gern als günstige „Ich-Veränderungen", über die sie in jahrzehntelanger Arbeit ein umfangreiches klinisches Wissen zusammentrugen. Es war aber nur konsequent, daß man sich immer wieder fragte, ob die von FREUD ausgebildete Deutungskunst des Analytikers und die zugehörigen Kommentare und Interventionen wirklich *allein* den therapeutischen Prozeß in Gang hielten. Als eine der Hauptfragen wurde diskutiert, ob und in welchem Ausmaß *Suggestiv-Einflüsse* im psychoanalytischen Prozeß wirksam waren und welchen Anteil sie an der Gesundung des Kranken hätten.

Der Begriff der Suggestion ist in der Medizin oft genug mißhandelt und noch öfter mißbraucht worden. Von alters her hat dieses Wort bei Ärzten und Psychoanalytikern einen negativen Beigeschmack. Zwar weiß man seit je, daß das gleiche Medikament, die gleiche physikalische Behandlungsmethode — von verschiedenen Arztpersönlichkeiten angewandt — unterschiedliche Heilerfolge bringen. Man weiß auch, daß von einer starken, vertrauenerweckenden Arztpersönlichkeit große therapeutische Wirkungen ausgehen können, und man ist sich — seit es eine wissenschaftliche Medizin gibt — darüber im klaren, daß viele Heilerfolge der Ärzte nicht vom Krankheitszustand oder der verabfolgten Behandlungsmethode abhängen, sondern daß sie dem zwischenmenschlichen Prozeß entstammen, der sich zwischen dem Patienten und seinem Arzt abspielt.

Diese Tatsache kennt und beobachtet man seit langem, aber aus mancherlei Gründen liebt man dieses Wissen nicht! Man spricht bei Heilerfolgen dieser Art von suggestiven Wirkungen, die vom Arzt ausgehen und man unterscheidet bei den Kranken solche Patienten, die man für suggestibel hält, und andere, die von Suggestiveinflüssen unbeeindruckt bleiben. Die Abneigung der Ärzteschaft gegen suggestiv bedingte Heilerfolge ist dabei groß. Man hält ein therapeutisches Ergebnis, das durch Suggestiv-Maßnahmen zustande gekommen ist, in mancher Hinsicht nicht für gut. Viele Ärzte entwickeln außerdem eine gewisse Herablassung jenen Kranken gegenüber, denen mit suggestiven Mitteln geholfen worden ist. Psychoanalytiker sahen sich daher seit je veranlaßt, bei der Diskussion über den Anteil suggestiver Wirkungen in ihrem Arbeitsbereich zunächst einmal diesen negativen Wertakzent zu erörtern, der dem Wort Suggestion anhaftet. Wir können das besonders gut verstehen, wenn wir einmal nachlesen, wie FERENCZI schon 1919 dieses Thema behandelt hat. FERENCZI schrieb in seinem Artikel „Suggestion und Psychoanalyse":

„Den Sinn des Wortes ‚Suggestion' zu bestimmen, ist vielleicht schwer, aber jeder weiß, was das Wort bedeutet: Die gewollte Einschmuggelung von Empfindungen, Gefühlen, Gedanken und Willensentschließungen in die Seelenwelt eines anderen, und zwar so, daß der Beeinflußte die suggerierten Gedanken, Gefühle und Regungen aus eigener Kraft nicht verändern, korrigieren kann. Kurz gesagt, die Suggestion ist das Aufdrängen, beziehungsweise die kritiklose Annahme eines fremden seelischen Einflusses. Die Ausschaltung der Kritik ist also die Vorbedingung der erfolgreichen Suggestion; was aber sind die Mittel dazu? Einerseits das Imponieren, das Ängstigen, andererseits das Bestechen durch gütiges, liebevolles Zureden. An anderer Stelle versuchte ich nachzuweisen, daß die Suggestion den Menschen geradezu auf das Niveau eines unbeholfenen, zu Widerspruch, zu selbständigem Denken unfähigen Kindes herabdrückt, wobei der Suggerierende sich mit geradezu väterlicher Autorität dem Willen des Mediums aufdrängt und sich mit mütterlicher Zärtlichkeit in seine Seele einschmeichelt."

Auch JONES faßte den Begriff der Suggestion ähnlich negativ auf. In seiner Arbeit „Die Therapie der Neurosen" (1923) schrieb er, daß jede Form der Psychotherapie auf schwer ausrottbare Vorurteile in der Ärzteschaft stieße, weil ihre Vorgeschichte so stark mit der Laienheilung und der Kurpfuscherei verknüpft sei. JONES meinte in diesem Artikel, daß die ärztliche Kunst zwar eines Tages aufgehört habe, eine Angelegenheit der Geistlichkeit zu sein, daß aber danach die Betreuung der psychisch Kranken überwiegend in die Hände von „Quacksalbern" übergegangen sei. Nach JONES wurzelte die negative Einstellung der Ärzteschaft gegen alle Formen der Psychotherapie vor allem in der Abneigung gegen hypnotisch oder suggestiv erzielte Heilerfolge, da Suggestion und Hypnose Verfahren zu sein schienen, die die Kranken gar zu sehr dem Einfluß und der Macht eines anderen auslieferten. Diese von JONES beschriebene Abneigung der Ärzteschaft gegen suggestive Heilerfolge ist ganz gewiß bis weit in unsere Tage hinein erhalten geblieben. Allmählich zeigte sich dann aber doch, daß man bei der generellen Ablehnung suggestiver Maßnahmen in mancherlei Hinsicht das Kind mit dem Bade ausgeschüttet hatte. Eine kritische Erörterung der gegebenen Situation wurde notwendig: 1961 erschien unter dem Titel „Suggestion" eine Studie von PFLANZ und STOKVIS, in der sich die Autoren mit dem vorliegenden Problem ausführlich auseinandersetzten. Vor allem bemühten sie sich darum, der *therapeutischen Suggestion* wieder einen *konstruktiven Platz* im Bereich der ärztlichen Verfahren einzuräumen. Zu diesem Zweck sahen sie sich veranlaßt, den Begriff der Suggestion neu zu definieren. Sie schrieben:

„Suggestion ist die Beeinflussung des Denkens, Fühlens, Wollens oder Handelns eines anderen Menschen unter Umgehung seiner rationalen Persönlichkeitsanteile auf der Grundlage eines zwischenmenschlichen Grundvollzuges, der zur affektiven Resonanz führt."

Wir sehen, daß sich mit Hilfe dieser neuen Definition für unsere Beurteilung des therapeutischen Geschehens mancherlei ändert: Der Begriff des „Einschmuggelns" seelischer Regungen, den wir noch bei FERENCZI gefunden haben, fällt bei dieser Definition weg. Auch das Kriterium der „Abhängigkeit" des Kranken vom Arzt wird aufgegeben. Suggestivvorgänge werden als ein zwischenmenschlicher Grundvollzug beschrieben, der zur affektiven Resonanz führt. Das ist ein wertfreier Begriff. Beiden Definitionen oder Beschreibungen bleibt allerdings gemeinsam, daß es sich bei der Suggestion um einen Prozeß handelt, bei dem sich die Beeinflussung eines Menschen unter *Ausschaltung* der vorhandenen *Kritikfähigkeit* und unter *Umgehung* der *rationalen Persönlichkeitselemente* vollzieht.

Eine kurze Überlegung zeigt uns, wie hilfreich die Definition von PFLANZ und STOKVIS für unsere folgenden Überlegungen ist: Wenn wir bei jener Beschreibung verbleiben, die FERENCZI im Sinn hatte, als er davon sprach, daß etwas in das Seelenleben des Kranken „hineingeschmuggelt" wird, dann würden wir die Heilwirkung, die von einer starken, vertrauenerweckenden Arztpersönlichkeit ausgeht, nicht gerne in den Bereich suggestiver Wirkungen rücken. Verstehen wir jedoch die Suggestivvorgänge umfassender und schließen wir uns der Definition von PFLANZ und STOKVIS an, dann können wir das irrationale Moment, das dem Heilerfolg *jeden* Arztes beigemischt ist, gut — und zugleich wertfrei — erfassen. Als weiterer Gewinn dieser Definition können wir schließlich jene Formen suggestiver Einflüsse, die FERENCZI und JONES bei ihren Abandlungen im Sinn hatten, als eine *besondere Variante* der (sonst allgemeiner zu verstehenden) Suggestivmaßnahmen erkennen.

Einen ganz wesentlichen Vorteil finden wir bei dieser neuen Definition aber außerdem für unsere speziellen Fragestellungen: Wir können nun mit

viel besseren Mitteln als zuvor beschreiben, in welchem Ausmaß suggestive
Einflüsse in den psychoanalytischen Behandlungen wirksam werden. Sicherlich muß man PFLANZ und STOKVIS zustimmen, wenn sie in ihrem Buch die
Ansicht vertreten, daß die *Unterschiede* zwischen der Psychoanalyse einerseits und der suggestiv orientierten Psychotherapie andererseits *größer seien*
als ihre Gemeinsamkeiten. Auch JONES hat in der schon erwähnten Studie
„Therapie der Neurosen" diese Feststellung gemacht und die vorliegende
Situation zu klären versucht. Sein Bestreben, die verschiedenen psychotherapeutischen Methoden brauchbar voneinander abzutrennen, veranlaßte ihn
seinerzeit, das sinnvolle Kriterium der „Selbständigkeit" zur Unterscheidung der verschiedenen psychotherapeutischen Maßnahmen einzuführen.
JONES meinte mit dem Kriterium der Selbständigkeit „. . . das Ausmaß, in
dem der Patient zur Mitwirkung herangezogen wird, um selbst eine Veränderung seiner psychischen Verfassung herbeizuführen."

Unter dem Gesichtspunkt der selbsttätigen Mitwirkung des Patienten
stellte JONES bei seiner Abhandlung eine Reihe von verschiedenen therapeutischen Maßnahmen nebeneinander: „Suggestion" mit Hypnose, suggestive
Maßnahmen im Wach- oder Schlafzustand und Überredung. Die „Neuerzie-
hung" (mit der sogenannten Substitutionsmethode, der Kausalanalyse, der
Hypnoidisation, der Psychosynthese, der anagogischen Psychotherapie
usw.). Als letztes führte er schließlich die Psychoanalyse auf und kam in seinen Schlußfolgerungen zu der Ansicht, daß der große Nachteil jeder Art von
Behandlung, die *mit* suggestiven Mitteln arbeitete, in der *blinden Anwendung* des Verfahrens läge. In Anbetracht dieser blinden — und nicht zielgerichteten — Anwendung der Suggestivverfahren käme es bei einem sogenannten Heilerfolg schließlich zu nichts anderem, als zum Austausch von
Symptomen: Das Krankheitszeichen werde durch die abnorme Abhängigkeit
vom Arzt ersetzt.

Seit JONES diese Ansichten geäußert hat (1921), sind die Psychoanalytiker
nicht müde geworden, immer wieder nachdrücklich zu erklären, daß ihnen
die Benutzung suggestiver Methoden nicht lieb sei. So sagte auch RANK: „Es
gibt in der internen Medizin, die mit der u n b e w u ß t e n Ü b e r t r a g u n g
arbeiten muß, weit mehr Suggestiverfolge als in der Psychoanalyse, die sich
zwar diese Übertragung auch zunutze macht, am Ende aber die A u f -
l ö s u n g dieses Verhältnisses benutzt." (Sperrungen von mir.)

In diesem Zitat von RANK begegnen wir nun dem Begriff der „Übertragung", einem Wort, das in der psychoanalytischen Wissenschaftsgeschichte
eine große Rolle gespielt hat und das Vorgänge bezeichnet, deren Kenntnis
unser allgemeines Wissen über die Eigentümlichkeiten zwischenmenschlicher
Beziehungen umfangreich erweitert hat. FREUD hatte ja im Umgang mit seinen Patienten immer wieder beobachtet, daß ein Individuum durch seine
Früherfahrungen mit Eltern und Geschwistern charakteristische (mehr oder
weniger fixierte) Einstellungen der Umwelt gegenüber ausbildet. Er hatte

weiter beobachtet, daß diese früh erworbenen Einstellungen, Haltungen, „Liebesbedingungen" usw. auch in der analytischen Situation auftauchen und sich in der Gefühlseinstellung zum Arzt bekunden. In seiner Arbeit „Zur Dynamik der Übertragung" (1912) erörterte FREUD unter anderem die fixierten Gefühlseinstellungen des Patienten zu seiner Umgebung, um dann genauer das Phänomen der „Übertragung" in der analytischen Situation zu beschreiben. Das Wort „Übertragung" wurde dabei von FREUD gewählt, um zu bezeichnen, wie der Kranke seine früh erworbenen Gefühlshaltungen nicht nur seiner gewohnten Umgebung gegenüber mobilisiert, sondern in gleicher Weise auch auf den Arzt reagiert, daß er also die Gefühle, die an anderen Personen erworben wurden (und die im Grunde auch anderen Personen gelten) auf den Arzt „überträgt". FREUD schrieb:

„Unsere Erfahrungen haben nun ergeben, daß von diesen das Liebesleben bestimmenden Regungen nur ein Anteil die volle psychische Entwicklung durchgemacht hat; dieser Anteil ist der Realität zugewendet, steht der bewußten Persönlichkeit zur Verfügung und macht ein Stück von ihr aus. Ein anderer Teil dieser libidinösen Regungen ist in der Entwicklung aufgehalten worden, er ist von der bewußten Persönlichkeit wie von der Realität abgehalten, durfte sich entweder nur in der Phantasie ausbreiten, oder er ist gänzlich im Unbewußten verblieben, so daß er dem Bewußtsein der Persönlichkeit unbekannt ist. Wessen Liebesbedürftigkeit nun von der Realität nicht restlos befriedigt wird, der muß sich mit libidinösen Erwartungsvorstellungen jeder neu auftretenden Person zuwenden, und es ist durchaus wahrscheinlich, daß beide Portionen seiner Libido, die bewußtseinsfähige wie die unbewußte, an dieser Einstellung Anteil haben.

Es ist also völlig normal und verständlich, wenn die erwartungsvoll bereitgehaltene Libidobesetzung des teilweise Unbefriedigten sich auch der Person des Arztes zuwendet. Unserer Voraussetzung gemäß wird sich diese Besetzung an Vorbilder halten, an eines der Klischees anknüpfen, die bei der betreffenden Person vorhanden sind oder, wie wir auch sagen können, sie wird den Arzt in eine der psychischen „Reihen" einfügen, die der Leidende bisher gebildet hat. Es entspricht den realen Beziehungen zum Arzt, wenn für diese Einreihung die Vater-Imago (nach JUNGS glücklichem Ausdruck) maßgebend wird. Aber die Übertragung ist an dieses Vorbild nicht gebunden, sie kann auch an der Mutter- oder Bruder-Imago usw. erfolgen."

Und in späterem Zusammenhang schreibt FREUD im gleichen Artikel: „Es ist nicht richtig, daß diese Übertragung während der Psychoanalyse intensiver und ungezügelter auftritt als außerhalb derselben. Man beobachtet in Anstalten, in denen Nervöse nicht analytisch behandelt werden, die höchsten Intensitäten und die unwürdigsten Formen einer bis zur Hörigkeit gehenden Übertragung, und auch die unzweideutigste erotische Färbung derselben."

Wie gesagt, wurde mit dieser Beschreibung von Übertragungsgefühlen, die der Patient auf den Arzt richtet, unser Wissen um die Eigentümlichkeiten zwischenmenschlicher Kommunikation umfangreich erweitert. Vor allem war wichtig, daß FREUD erkannte, wie die Patienten den Arzt in eine der bereits ausgebildeten psychischen „Reihen" einordneten und ihm gegebenenfalls eine Vater- oder Mutterübertragung, eine Bruder- oder Schwesternübertragung entgegenbringen. Viele bis dahin unverständliche Erlebnis- und Verhaltensweisen gesunder und kranker Menschen wurden mit diesem wissenschaftlichen Fund durchleuchtet und aufgeklärt.

Die Übertragungsreaktionen des Patienten geben dem psychoanalytischen Heilungsvorgang jedenfalls seine besondere Färbung. An späterer Stelle werde ich beschreiben, in welcher Form ihr Auftauchen für den Kranken hilfreich verwendet werden kann, und was es mit den Reaktionen der vieldiskutierten „Gegenübertragung" auf sich hat. Wenn wir jetzt zunächst noch einmal auf RANKS Feststellung zurückkommen, daß die Psychoanalyse um die *Auflösung* des Übertragungsverhältnisses bemüht ist, dann verstehen wir, warum PFLANZ und STOKVIS meinten, daß die Unterschiede zwischen den psychoanalytischen Verfahren und den Suggestivmethoden größer seien als ihre Gemeinsamkeiten. Wir verstehen, daß sich die Psychoanalyse tatsächlich in jedem Fall um die Ausschaltung jenes Geschehens bemühen muß, das nach der Definition von PFLANZ und STOKVIS das Wesen der Suggestion ausmacht: Die rationale Kritikfähigkeit der Patienten soll bei der psychoanalytischen Behandlung ja *nicht umgangen*, sondern *gefördert* werden. Die wechselseitige affektive Resonanz zwischen dem Patienten und dem Arzt gehört lediglich zu den günstigen und hilfreichen Begleitumständen, denen gelegentlich sogar noch gewisse Vorbehalte entgegengebracht werden müssen.

Bevor ich in dem Kapitel über die Behandlungstechnik auf Übertragungs- und Gegenübertragungsreaktionen im einzelnen eingehe, beschreibe ich im folgenden Abschnitt, wie sich hervorragende Vertreter der psychoanalytischen Wissenschaft das Endziel einer psychoanalytischen Behandlung gedacht haben.

d) Zum Endziel der psychoanalytischen Behandlung

In den ersten Jahrzehnten der psychoanalytischen Wissenschaftsgeschichte sind drei sehr bedeutende und interessante Arbeiten zum Problem der Beendigung einer Analyse von FERENCZI, BALINT und FREUD selbst erschienen:

FERENCZI sprach 1927 auf dem 10. Psychoanalytischen Kongreß in Innsbruck über „Das Problem der Beendigung der Analyse". 1934 hielt BALINT auf dem 13. Internationalen psychoanalytischen Kongreß in Luzern einen Vortrag mit dem Titel „Das Endziel einer psychoanalytischen Behandlung".

1937 erschien FREUDS berühmte Arbeit „Die endliche und die unendliche Analyse". Ich gebe einführend aus allen drei Arbeiten — teils im wörtlichen Zitat — einige der wichtigsten Gedankengänge wieder.

Die Arbeit von FERENCZI atmet, wie alle Publikationen, die wir von ihm kennen, Weitblick, Menschenfreundlichkeit und Wohlwollen seinen Patienten gegenüber. Er führt uns zunächst einige Überlegungen zur Theorie des Heilungsvorganges aus, die er dann folgendermaßen zusammenfaßt:

„Aus diesem Gesichtspunkt betrachtet, muß man allerdings die ganze Charakterbildung des Menschen, die ja bei der Triebverdrängung als schützender Automatismus entstanden ist, in der Analyse in regressiver Richtung bis zu ihren Triebgrundlagen zurückverfolgen, soll die Analyse eine wirkliche Reedukation des Menschenkindes werden. Es muß sozusagen alles wieder flüssig werden, um dann aus dem vorübergehenden Chaos unter günstigeren Bedingungen eine neue, besser angepaßte Persönlichkeit entstehen zu lassen. Das würde mit anderen Worten heißen, daß keine Symptomanalyse theoretisch als beendigt betrachtet werden kann, die nicht gleichzeitig oder anschließend eine vollständige Charakteranalyse ist."

FERENCZI sagte weiter: „In der Tat ist die Auflösung der kristallinischen Struktur eines Charakters eigentlich nur die Überleitung zu einer allerdings zweckmäßigeren neuen Struktur, mit anderen Worten, eine *Umkristallisierung*. Im einzelnen vorhersagen läßt sich das Aussehen des neuen Kleides allerdings nicht, mit der einzigen Ausnahme vielleicht, daß es gewiß passender, d. h. zweckmäßiger sein wird." Allerdings meinte FERENCZI dann doch: „Gewisse gemeinsame Charaktere von Persönlichkeiten nach beendigter Analyse lassen sich immerhin angeben. Die um so viel schärfere Sonderung der Phantasiewelt von der Realität, wie sie die Analyse bewerkstelligt, verhilft dem Menschen zu einer fast grenzenlosen inneren Freiheit, doch gleichzeitig zu einer viel sicheren Beherrschung der Handlungen und Entscheidungen; mit anderen Worten, zu einer ökonomischeren und wirkungsvolleren Kontrolle."

Und einige Seiten später:

„Keine Analyse ist beendigt, bei der nicht die meisten Vor- und Endlustbetätigungen der Sexualität, sowohl in ihren normalen wie in ihren abnormen Äußerungsformen in der bewußten Phantasie gefühlsmäßig durchlebt werden; jeder männliche Patient muß dem Arzte gegenüber als Zeichen der Überwindung der Kastrationsangst ein Gefühl der Gleichberechtigung erlangen; alle weiblichen Kranken müssen, soll ihre Neurose als eine vollständig erledigte gelten, mit ihrem Männlichkeitskomplex fertig werden und sich ohne Ranküne den Denkmöglichkeiten der weiblichen Rolle hingeben."

FERENCZI hat im Zusammenhang mit diesen Formulierungen auch einige Hinweise über sein therapeutisch-technisches Vorgehen gegeben. So spricht

er davon, daß jener Teil der Charakteranalyse, der sich mit gewissen narzißtischen Besonderheiten und Manierismen im Aussehen und Benehmen
der Kranken befaßt, mit ganz besonderem Takt zu geschehen habe und meist
erst spät im analytischen Geschehen seinen Platz fände. FERENCZI sagt hierzu: „Der Analytiker muß bekanntlich immer taktvoll sein, am taktvollsten
aber in der Behandlung dieses Teils der Selbsterkenntnis." (Gemeint ist: die
Erkenntnis der Eigentümlichkeiten des Patienten, seine Körperhaltung,
Bewegungen, Unarten usw.) In jedem Fall vertritt FERENCZI in diesem Artikel die Ansicht, daß die Veränderung der Triebstruktur des Patienten — so
wie er sie in dem soeben angeführten Zitat beschrieben hat — die Gesundung
trage und auch *erreichbar sei.*

Zehn Jahre später nahm FREUD selbst zum Problem der Beendigung einer
Analyse Stellung. Auch FREUD faßte in dieser Arbeit (Die endliche und die
unendliche Analyse) zunächst die theoretischen Voraussetzungen für die
analytische Therapie in Kürze zusammen. Er sagt:

„Erhebt nicht gerade unsere Theorie den Anspruch, einen Zustand herzustellen, der im Ich spontan nie vorhanden ist, und dessen Neuschöpfung den
wesentlichen Unterschied zwischen dem analysierten und dem nicht-analy-
sierten Menschen ausmacht? Halten wir uns vor, worauf sich dieser Anspruch beruft! Alle Verdrängungen entstehen in früher Kindheit; es sind
primitive Abwehrmaßregeln des unreifen, schwachen Ichs. In späteren Jahren werden keine neuen Verdrängungen vollzogen, aber die alten erhalten
sich, und ihre Dienste werden vom Ich weiterhin zur Triebbeherrschung in
Anspruch genommen. Neue Konflikte werden, wie wir es ausdrücken, durch
„Nachverdrängung" erledigt. Von diesen infantilen Verdrängungen mag
gelten, was wir im allgemeinen behauptet haben, daß sie voll und ganz vom
relativen Kräfteverhältnis abhängen und einer Steigerung der Triebstärke
nicht standhalten können. Die Analyse aber läßt das gereifte und erstarkte
Ich eine Revision dieser alten Verdrängungen vornehmen; einige werden
abgetragen, andere anerkannt, aber aus soliderem Material neu aufgebaut.
Diese neuen Dämme haben eine ganz andere Haltbarkeit als die früheren;
ihnen darf man zutrauen, daß sie den Hochfluten der Triebsteigerung nicht
so leicht nachgeben werden. Die nachträgliche Korrektur des ursprünglichen
Verdrängungsvorganges, die der Übermacht des quantitativen Faktors ein
Ende macht, wäre also die eigentliche Leistung der analytischen Therapie.

Soweit unsere Theorie, auf die wir ohne unwiderstehlichen Zwang nicht
verzichten können."

FREUD wendet sich dann der Frage zu, ob die analytische Therapie tatsächlich dieses so skizzierte Ziel erreicht und erreichen kann: „Um nun die Anwendung auf unseren Fall zu machen, ich meine, die Antwort auf die Frage,
wie sich die Unstetigkeit unserer analytischen Therapie erklärt, könnte leicht
sein, daß wir unsere Absicht, die undichten Verdrängungen durch zuverläs-

sige ichgerechte Bewältigungen zu ersetzen, doch nicht immer im vollen Umfang, also nicht gründlich genug, erreichen. Die Umwandlung gelingt, aber oft nur partiell; Anteile der alten Mechanismen bleiben von der analytischen Arbeit unberührt ...

... wenn dies die Lösung ist, so kann man sagen, die Analyse habe mit ihrem Anspruch, sie heile Neurosen durch die Sicherung der Triebbeherrschung, in der Theorie immer recht, in der Praxis nicht immer."

FREUD handelt in dieser Arbeit sehr verschiedene Fragen ab, die ich hier nicht alle referieren kann. So bespricht er das Problem der ursprünglich mitgeborenen Ich-Verschiedenheiten, die ein Individuum charakterisieren, und die Beobachtung, daß manche Personen eine, wie FREUD es nennt, besonders leicht verschiebliche Libido zeigten, während andere eine gewisse „Klebrigkeit" ihre Fixierungen hätten. Sowohl die mitgeborenen Ich-Verschiedenheiten wie die individuelle Form leichter Libidoverschieblichkeit könnten das therapeutische Ergebnis beeinflussen. Gegen Ende seiner Ausführungen setzt FREUD sich schließlich noch mit dem zehn Jahre zuvor gehaltenen Vortrag von FERENCZI auseinander. FREUD sagt:

„Die hervorragende Bedeutung dieser beiden Themen — des Peniswunsches beim Weibe und des Sträubens gegen die passive Einstellung beim Manne — ist der Aufmerksamkeit FERENCZIs nicht entgangen. In seinem 1927 gehaltenen Vortrag stellt er die Forderung auf, daß jede erfolgreiche Analyse diese beiden Komplexe bewältigt haben müßte. Ich möchte aus eigener Erfahrung hinzufügen, daß ich FERENCZI hier besonders anspruchsvoll finde. Zu keiner Zeit der analytischen Arbeit leidet man mehr unter dem bedrückenden Gefühl erfolglos wiederholter Anstrengung, unter dem Verdacht, daß man „Fischpredigten" abhält, als wenn man die Frauen bewegen will, ihren Peniswunsch als undurchsetzbar aufzugeben, und wenn man die Männer überzeugen möchte, daß eine passive Einstellung zum Mann nicht immer die Bedeutung einer Kastration hat und in vielen Lebensbeziehungen unerläßlich ist. Aus der trotzigen Überkompensation des Mannes leitet sich einer der stärksten Übertragungswiderstände ab."

Und dann in bezug auf das gleiche Thema etwas später: „Man lernt aber auch daraus, daß es nicht wichtig ist, in welcher Form der Widerstand auftritt, ob als Übertragung oder nicht. Entscheidend bleibt, daß der Widerstand keine Änderung zustande kommen läßt, und daß alles so bleibt, wie es ist. Man hat oft den Eindruck, mit dem Peniswunsch und dem männlichen Protest sei man durch alle psychologische Schichtung hindurch zum „gewachsenen Fels" durchgedrungen und so am Ende seiner Tätigkeit. Das muß wohl so sein, denn für das Psychische spielt das Biologische wirklich die Rolle des unterliegenden, gewachsenen Felsens. Die Ablehnung der Weiblichkeit kann ja nichts anderes sein als eine biologische Tatsache, ein Stück jenes großen Rätsels der Geschlechtlichkeit. Ob und wann es uns in einer analytischen

Kur gelungen ist, diesen Faktor zu bewältigen, wird schwer zu sagen sein. Wir trösten uns mit der Sicherheit, daß wir dem Analysierten jede mögliche Anregung geboten haben, seine Einstellung zu ihm zu überprüfen und zu ändern."

Diese Äußerungen Freuds sind ganz gewiß eine Mischung aus Weisheit und resigniert getöntem Pessimismus. Es wäre reizvoll, die subtilen Unterschiede in der Auffassung Freuds und Ferenczis ausführlich zu diskutieren. Hier sei nur soviel gesagt:

Ferenczi spricht davon, daß der männliche Patient für seine Gesundung in der Analyse ein „Gefühl der Gleichberechtigung" dem Analytiker gegenüber gewinnen müsse. Nur so könne er seine Kastrationsangst verlieren. Freud denkt, fühlt und formuliert offenbar etwas anderes. Er sagt, man müsse den Mann davon überzeugen, daß die passive Einstellung eines Mannes zum anderen unter gewissen Umständen im Leben *unerläßlich* sei und nicht gleichbedeutend mit Kastration. Von seinen weiblichen Patienten sagt Ferenczi, daß sie durch die Analyse befähigt werden müßten, sich den Denkmöglichkeiten der weiblichen Rolle ohne Ranküne zu überlassen. Freud meint, daß die erkrankte Neurotikerin dazu gebracht werden müsse, ihren Peniswunsch als undurchsetzbar aufzugeben.

Wir erkennen bei einem Vergleich der beiden Zitate die deutlich spürbaren Unterschiede in der menschlichen Grundhaltung und der therapeutischen Zielsetzung. Wortwahl und Formulierung der Autoren verraten viel von ihrer inneren Haltung. Wir verstehen bei genauerer Betrachtung, wie sich bei den beiden Autoren das verschiedene Maß an therapeutischem Optimismus begründet: Ein Analytiker, der seine Kommentare und Interpretationen so lenkt und dosiert, daß der männliche Patient im Kontakt mit ihm (und damit auch im Kontakt mit anderen Menschen) ein Gefühl der Gleichberechtigung ausbildet, wird nicht so leicht das Gefühl bekommen, daß er „Fischpredigten" abhält. Lebt er doch mit einer deutlich ausgeprägten Tendenz, dem Patienten prospektive Möglichkeiten zu eröffnen. Seine Patienten werden sich bewußt oder unbewußt positiv auf diese prospektive Tendenz im Therapeuten einstellen. Anders bei jenem Analytiker, der seine männlichen Patienten dazu überreden will, daß die passive Haltung zum anderen Mann unter bestimmten Bedingungen zwar ungefährlich, aber auch unerläßlich sei und akzeptiert werden müßte. Bei diesen Formulierungen entdecken wir in Wortwahl und Zielsetzung ein statisches — um nicht zu sagen resigniertes — Element, das *im Therapeuten* wirksam ist. Eine Einstellung, auf die die Patienten unweigerlich reagieren werden — anfänglich mit Unterwerfung, später im Protest.

Noch deutlicher werden uns diese Unterschiede zwischen den beiden Gelehrten, wenn wir ihre Äußerungen über die weiblichen Kranken betrachten: Freud meint, daß er seine Patientinnen dazu bewegen müßte, auf ihren nicht durchsetzbaren Peniswunsch zu verzichten. FERENCZI hingegen will den neurotisch erkrankten Frauen die befriedigenden Seiten der weiblichen Existenz aufzeigen, damit sie sich ohne Ranküne den Denkmöglichkeiten der weiblichen Rolle hingeben können.

Wir verstehen jetzt auch ohne ausgedehnte Erörterung der subtilen Unterschiede zwischen FREUD und FERENCZI in ihrer Einstellung zur Frau, wo wir die Quellen für ihren therapeutischen Optimismus beziehungsweise Pessimismus suchen müssen: Wenn ein Mann die „Ablehnung der Weiblichkeit" für eine „biologisch gegebene Tatsache" hält, dann sind hier gewiß seine eigenen persönlichen Probleme ins Spiel gekommen. Er lebt mit Abwehrhaltungen gegen die Frau, die seine Patientinnen spüren müssen, und die der analytischen Entwicklung in jedem Fall eine Grenze setzen. FREUD selbst nannte ja bei anderer Gelegenheit seine Behauptungen über bestimmte Seiten der weiblichen Psyche „nicht freundlich", und so kämpfte er in seinen Therapien wohl nicht ganz ohne Grund mit dem Gefühl, „Fischpredigten" abzuhalten, obgleich er doch heilsame Deutungen anbieten wollte.

Ganz offenkundig berühren Haltungen und Einstellungen dieser Art, die wir beim Analytiker registrieren müssen, bereits das vielbesprochene Problem der „Gegenübertragung". Wir gewinnen eine erste vage Vorstellung davon, wie der Therapeut durch Meinungen, Wortwahl und Ausdrucksweise bei seinen Patienten bestimmte Reaktionen provozieren kann, die er selbst nicht mehr recht versteht, und für die er dann Erklärungen benötigt, die den Kern der Sache gar nicht treffen. Wir können unseren Blick für alle hier angerührten Fragestellungen sicherlich mit Nutzen schulen, wenn wir im folgenden noch andere Autoren mit ihren Meinungen und Formulierungen zum Ziel der psychoanalytischen Behandlung kennenlernen:

Drei Jahre bevor FREUDS Arbeit über „Die endliche und die unendliche Analyse" erschienen war, hatte MICHAEL BALINT bereits seinen Vortrag mit dem Titel „Das Endziel der psychoanalytischen Behandlung" gehalten. FREUD hatte sich in seinen Ausführungen mit BALINTs Vortrag nicht mehr befaßt. Wir müssen das bedauern, denn diese Arbeit ist sicherlich heute noch genauso lesenswert wie in der Zeit, in der sie geschrieben wurde. BALINT setzte sich zunächst mit den bis dahin gängigen Vorstellungen über therapeutische Ziele auseinander: Dem „Bewußtmachen des Unbewußten", der „Aufhebung der infantilen Amnesie" und der „Überwindung der Widerstände". Er zitierte neben FREUD noch eine Reihe weiterer Autoren, etwa RANK oder auch REICH, der als als Endziel der psychoanalytischen Behandlung „das Erreichen der vollen Genitalität, der orgastischen Potenz" angegeben hatte.

BALINT teilte dann mit, daß ihn diese Formulierungen nie ganz zufriedenstellen konnten. Seine analytischen Beobachtungen hätten ihm gezeigt, daß im Verlauf der Therapie ein Prozeß in Gange käme, den er schon früher den „Neubeginn" genannt hatte. Knapp zusammengefaßt trägt BALINT dann noch einmal jenen Teil seiner Neurosentheorie vor, den er mit Hinblick auf das Endziel der psychoanalytischen Behandlung besonders wichtig nimmt. Balint sagt:

„Nach dieser Theorie wären alle Triebe, auch die von Anfang an so genannten autoerotischen, ursprünglich objektgebunden. Diese primitive Objektbeziehung wäre immer passiver Art. Dieser passive Urzweck der menschlichen Sexualität — das Befriedigtwerdenwollen oder das Geliebtwerdenwollen — wird zeitlebens beibehalten. Die Realität, die unvermeidliche äußere Versagung, zwingt dem Menschen Umwege auf, und er muß mit diesen vorliebnehmen. Der eine Umweg wäre die Autoerotik, der Narzißmus; wenn die Welt mich nicht genügend befriedigt, nicht genügend liebt, so muß ich mich selbst befriedigen, selbst lieben. Der andere Umweg ist die aktive Objektliebe; diese erreicht den ursprünglichen Zweck schon besser, aber durch Opfer. Wir lieben, befriedigen unseren Partner (dies ist das Opfer), um endlich durch ihn wiedergeliebt, befriedigt zu werden.

Falls dies alles wahr ist, dann versteht es sich von selbst, daß *aller Neubeginn in der Objektrelation zu geschehen hat ...*" (Hervorhebung von mir).

Etwas später sagt Balint: „Nun können wir auch verstehen, warum die Frage nach der notwendigen Anzahl und nach der Herkunft der neubegonnenen Befriedigungen sich als unbeantwortbar herausstellte. Die Frage stammte eben aus unserer schematisch gewordenen Denkweise und nicht aus der Natur der Sache. Nicht einzelne Partialtriebe müssen neu begonnen werden, *sondern die Objektliebe selbst.*" (Hervorhebung von mir.)

Und dann nochmals: „Bei den anderen aber, welche schwer unter der „Sprachverwirrung" zu leiden hatten, deren Liebesfähigkeit durch verständnislose Erziehung künstlich ganz verkrüppelt wurde, stellt sich zuletzt eine ganz eigenartige Situation ein. Alles dreht sich um einen Entschluß. Soll man alles erlittene Leid ad acta tun, endgültig mit der Vergangenheit abrechnen und schließlich versuchen, aus dem noch bevorstehenden Leben das Mögliche herauszuholen? Dieser Entschluß, das Lieben wahrlich neu zu beginnen, ist alles andere als leicht. Der Analytiker kann hier viel helfen ...

... Mit meiner heutigen Technik kann ich nur solche Leute ganz heilen, welche im Laufe der analytischen Arbeit die Fähigkeit erwerben können, das Lieben versuchsweise neu zu beginnen. Wie auch den wenigen anderen zu helfen wäre, sehe ich heute noch nicht."

Ich denke, daß diese Zitate für sich selber sprechen. Ein Analytiker, dessen Ziel es ist, die Liebesfähigkeit des Patienten im „Neubeginn" zu entwikkeln, wird bei seiner therapeutischen Tätigkeit eine ganz bestimmte Atmosphäre schaffen. Er wird die ersten Bereitschaften seiner Patienten, diesen Neubeginn zu wagen, richtig erfassen, und er wird sich der besonderen Form der „Objektbeziehung" in dem „Zwei-Personen-Prozeß" der analytischen Behandlung dauernd bewußt sein. Sicherlich wird er auch andere Themen zur Sprache bringen, etwas andere Interpretationen geben, als ein Therapeut, der sich überwiegend mit der Befriedigung einzelner Teiltriebe oder Teilwünsche befaßt, oder der sogar — wie FREUD — am Ende aller Therapien einen unaufhebbaren Verzicht seiner Patienten sieht.

Ich bringe jetzt im Vergleich zu den soeben referierten Ausführungen von BALINT noch einige Formulierungen und Ansichten, die SCHULTZ-HENCKE in seinem „Lehrbuch der analytischen Psychotherapie" (1951) niedergeschrieben hat. Auch SCHULTZ-HENCKE faßte zunächst seine neurosenpsychologischen Konzeptionen im Hinblick auf das Ziel einer analytischen Therapie zusammen und meinte dann:

„Dem Analytiker sollte im Laufe der ersten Zeit der Analyse ein — selbstverständlich unverbindliches! — Bild, eine *Idee* seines Patienten vor dem inneren Auge stehen. Daran sollte er sich, sich und sein Meinen, mit dem Patienten zusammen ständig entwickelnd, wieder und wieder orientieren. Als einst, in Zukunft, Ungehemmter sollte ihm der Patient vorschweben, als Nicht-mehr-Bequemer, als Kenntnisreicher, als Richtig-arbeiten-Könnender. Und in diesem Bild sollten illusionäre Bestandteile, Ideologien nur noch so weit eine Rolle spielen, wie die gewonnene Symptomfreiheit es dann zuläßt. Dies wird jetzt absichtlich so, d. h. etwas gewunden formuliert, weil die Realisierung der Idee des Menschen seiner Natur entsprechend stets ein Stück illusionärer Haltung dem Leben gegenüber fruchtbar einschließt und auch, weil es das natürliche Bedürfnis des Menschen ist, „Maximen" und ideale Bedürfnisse in sich zu tragen, deren Ausprägung eine „Umgießung" in geprägte Formen der „Anschauung" notwendig macht."

Und etwas später heißt es: „. . . d. h. also einfach, er (der Analytiker) wird auf das Nachlassen von Gehemmtheiten, Bequemlichkeitshaltungen, illusionären Ansprüchen usw., usw. zu achten haben. Diese sind im eigentlichen Sinn zunächst das Bedeutsame, und auf diese ist der Patient auch aufmerksam zu machen, wenn er sich über einen Rückfall, eine neuerliche Verschlechterung beklagt."

Und dann schließlich in noch endgültigerer Formulierung zum therapeutischen Endziel: „Wann ist eine Analyse zu Ende? — Fast ist es sonderbar, daß diese Frage immer wieder einmal gestellt wird. Sie ist im Grunde so einfach wie natürlich zu beantworten. Eine Analyse ist dann zu Ende, wenn der ehemalige Patient seine Symptomatik verloren hat und (wieder eine solche Konstante) über einen Zeitraum von ein bis zwei bis drei Monaten hinweg keinen Rückfall erlitten hat. Während dieser symptomfreien Zeit müssen Analytiker und Patient gemeinsam im Rückblick überprüfen, worauf denn nun der Fortfall der Symptomatik zurückzuführen ist und wie weit in Fleisch und Blut übergegangen die neuerworbenen Haltungen und Verhaltensweisen wohl sind. In der Regel pflegt der gesundende Patient erfolgte Reifungsschritte, Schritte der Korrektur, mit sonorem, nachdenklichem Tonfall zu registrieren, indem er etwa sagt: Wie merkwürdig der Gegensatz zu damals, als ich die Analyse begann. Was ich damals so sehr fürchtete in der Welt und besonders auch in mir selbst, habe ich nun weitgehend zu respektieren gelernt. Das fürchte ich nun nicht mehr und manches von dem, was ich zu bejahen oder gar zu lieben glaubte, hat diesen übersteigerten Wert für mich verloren. Ich habe heute geradezu einige Mühe noch zu verstehen, wie ich damals so fürchten und so blindgläubig respektieren und hochwerten konnte. Ich glaube, ich habe nunmehr Boden unter den Füßen in der Welt und besonders auch in mir selbst."

Wir registrieren bei diesen Ausführungen Schultz-Henckes, daß auch er — wie alle übrigen Analytiker vor ihm — eine *allgemeine Charakteranalyse* anstrebte, und daß ihm vor allem die *sekundären Folgen* der primären Gehemmtheiten, die illusionären Erwartungen, neurotische Ideologien und Bequemlichkeitshaltungen von besonderer Bedeutung erscheinen. Mindestens werden diese Elemente einer neurotischen Charakterstruktur von ihm ausdrücklich erwähnt. Alle übrigen Bestandteile einer neurotischen Charakterverformung werden mit der Kurzformel „usw. usw." nur angedeutet.

Schultz-Hencke sagt dann schließlich von dem Patienten, dem er zur Selbstverwirklichung oder zur Verwirklichung seiner „Idee" verhelfen möchte, daß dieser am Ende einer Analyse aufgehört habe, jene Dinge in der Welt zu fürchten, die ihn vor Beginn der Therapie so sehr geängstigt haben. Und Schultz-Henckes Patient fährt schließlich in dem schon aufgeführten Zitat weiter fort, daß er inzwischen sogar fast Mühe habe, noch zu verstehen, was er früher so fürchten und so blindgläubig respektieren und hochwerten konnte. Bei Schultz-Hencke suchen wir dann allerdings in seinen Ausführungen vergeblich nach einem Hinweis darauf, daß der Patient — wie Balint es etwa formulierte — „das Lieben wahrlich neu beginnen müßte." Schultz-Hencke spricht lediglich vom Verlust alter Ängste und vom *Abbau neurotischer Liebesbindungen*. Wie sich mit Hilfe der Analyse auch neue positive und liebende Gefühlsmöglichkeiten entwickeln, wird nicht erwähnt.

Schultz-Hencke hätte bei einer entsprechenden Diskussion mit Sicherheit gesagt, daß dies doch schließlich selbstverständlich sei. Aber wir gehen wohl nicht fehl in der Annahme, daß auch hier die Auswahl des Gesagten und Nichtgesagten einen „Symptomwert" hat, und daß bestimmte Haltungen im Analytiker am Werk waren, als gerade diese Formulierungen gewählt wurden. Hier — im Falle Schultz-Henckes — muß man wohl befürchten, daß er viele seiner Patienten zwar angstfreier und vielleicht auch realistischer, dafür aber mit *deutlich erstarktem Narzißmus* aus der Analyse entlassen hat.

Schultz-Hencke wird nun bekanntlich von den „orthodoxen" Analytikern unter die sogenannten „Dissidenten" oder die „Revisionisten" eingereiht. Ähnlich auch KAREN HORNEY, die sich ebenfalls mit der Frage befaßt hat, wann und wie eine Analyse zu Ende geführt werden kann. In ihrem Buch „Neue Wege der Psychoanalyse" schreibt sie:

„Wann sollte eine Analyse beendet werden? Wieder ist eine Warnung davor angebracht, eine leichte Lösung dadurch zu suchen, daß man sich auf äußere Anzeichen oder vereinzelte Kriterien verläßt, wie das Verschwinden großer Symptome, die Fähigkeit zum Sexualgenuß, Änderungen in der Struktur der Träume und dergleichen. Im Grunde berührt die Frage wieder die persönliche Lebensanschauung. Beabsichtigen wir, ein fertiges Ergebnis zu erzielen, bei dem alle Probleme ganz und gar gelöst sind? Wenn wir das für möglich halten, sehen wir es auch als wünschenswert an? Oder verstehen wir unter dem Leben einen Entwicklungsprozeß, der niemals endet und bis zum letzten Tage des Daseins nicht enden sollte? Wie ich im Verlauf dieses Buches gezeigt habe, glaube ich, daß eine Neurose die Entwicklung des Individuums dadurch aufhält, daß sie es in seinem Streben und in seinen Reaktionen starr macht und es in Konflikte verwickelt, die es nicht lösen kann. So meine ich, ist das Ziel der Analyse *nicht*, das Leben risikolos und konfliktlos zu machen, sondern den Menschen zu befähigen, seine Probleme selbst zu lösen.

Wann aber ist der Patient fähig, seine Entwicklung selbst in die Hand zu nehmen? Die Frage ist die gleiche, wie die nach dem letzten Ziel der psychoanalytischen Therapie. Den Patienten von der Angst zu befreien ist, glaube ich, nur ein Mittel zum Zweck. Der Zweck ist aber, ihm dazu zu verhelfen, seine Spontaneität wiederzugewinnen, seine Wertmaßstäbe in sich selbst zu finden: Kurz, ihm den Mut zu sich selbst zu geben."

In ihrem anderen Buch, „Unsere inneren Konflikte", nimmt KAREN HORNEY dann noch ausführlich in dem Kapitel „Die Lösung der neurotischen Konflikte" zu der Frage Stellung, wie sich die Erlebniswelt eines Patienten gestalten sollte, damit die analytische Arbeit ein erfolgreiches Ergebnis zeitigt. KAREN HORNEY sagt:

„Das allgemeine Ergebnis dieser Veränderungen ist eine Verbesserung der Beziehungen des Patienten zu anderen und zu sich selbst. Er wird weniger isoliert sein; in dem Maß, in dem er stärker und weniger feindselig wird, hören die anderen langsam auf, eine Bedrohung für ihn zu bedeuten, die er bekämpfen, handhaben oder vermeiden muß. Er kann es sich leisten, freundliche Gefühle für sie zu empfinden. Mit dem Verzicht auf das Externalisieren und dem Verschwinden der Selbstverachtung verbessern sich seine Beziehungen zu sich selber."

Ich wiederhole hier die zusammenfassende Formulierung von KAREN HORNEY noch einmal, denn auch für sie ist diese Formulierung von symptomatischer Bedeutung: „Das Ergebnis dieser Veränderungen ist eine Verbesserung der Beziehungen des Patienten zu anderen und zu sich selbst." Man darf wohl sicher sein, daß Patienten, die unter so formulierter Zielsetzung behandelt worden sind, kaum Gefahr laufen, daß sich bei ihnen nach der Therapie die etwa vorhandenen narzißtischen Tendenzen noch verstärkt oder vertieft hätten.

Zum Abschluß dieses Kapitels will ich nun nicht verhehlen, daß sich bei der Entwicklung der psychoanalytischen Wissenschaft eine eigentümlich doppelgesichtige Situation ausgebildet hat: Auf der einen Seite wurden die Erwartungen und Vorstellungen über eine vollständige und gründliche Analyse immer höher geschraubt. Die Beseitigung von Krankheitszeichen wurde gewissermaßen als ein selbstverständliches, aber relativ *unbedeutendes Nebenprodukt* der Therapie angesehen. Größtes Gewicht wurde auf eine vollständig gelungene *Charakteranalyse* gelegt. Auf der anderen Seite sah sich ein Analytiker wie GLOVER zu der trockenen Bemerkung veranlaßt, daß der vollständig analysierte Patient ein *Mythos* sei. GLOVER machte sich damit zum Sprecher einer großen Anzahl von Analytikern, die realistisch genug waren, um die Grenzen ihrer therapeutischen Aktivität richtig einzuschätzen. 1949 sagte ANNIE REICH auf einem Symposion der New Yorker Psychoanalytischen Gesellschaft über die Beendigung der Analyse, daß die Analytiker inzwischen gelernt hätten, ihre Grenzen zu akzeptieren. Sie sagt:

„Wir hoffen nicht, daß wir mit Hilfe der Analyse den vollkommenen Menschen hervorbringen können. Wir sind zufrieden, wenn wir einen Patienten von seinen Symptomen und Ängsten befreien können, wenn wir ihn zu reifen Objektbeziehungen befähigen, wenn wir es ihm ermöglichen, daß er seine Arbeit bewältigt und der Realität angepaßt ist. Wir sind glücklich, wenn wir ihm helfen können, daß er sich von alten Sublimierungen befreit und neue aufbaut. Aber in dieser Hinsicht erwarten wir nicht zu viel. Wir betrachten es als ein Zeichen von Gesundheit, wenn der Patient in der Lage ist, seine eigenen Grenzen zu akzeptieren." (Eigene Übersetzung)

Mit dieser Formulierung über Möglichkeiten und Grenzen der analytischen Tätigkeit will ich die Auswahl meiner Zitate in diesem Kapitel beenden. Wir entnehmen aus ihnen, daß sich die orthodoxen und die liberalen Psychoanalytiker in ihrer therapeutischen Zielsetzung in vieler Hinsicht in gleicher Richtung bewegten: Sie verließen die Bearbeitung einzelner psychischer Traumen und erkannten, daß „Partialbefriedigungen" nicht ausreichten, um die seelische Gesundheit wieder herzustellen. Der allmähliche Abbau sekundärer neurotischer Charakterverformungen wurde zum wichtigsten Ziel und damit die Ausbildung neuer angstfreier Liebesbindungen oder „Objektbeziehungen", wie es in der gewohnten Ausdrucksweise der Psychoanalytiker heißt. Die Behandlungsmethode, die dieses angestrebte Ziel herbeiführen soll, wird uns nun im folgenden Kapitel beschäftigen.

IV. Zur Theorie der Behandlungsmethode

a) Vorbemerkung: Was bedeutet Theorie der Technik?

Bei genauer Durchsicht der einschlägigen Literatur finden wir, daß die Psychoanalytiker ihre Arbeitshypothesen zur therapeutischen Technik mit Hilfe von zwei sehr verschiedenen Denkansätzen entwickelt haben. Diesen Unterschied bringen uns zum Beispiel zwei Bücher nahe, deren Erscheinen etwa 25 Jahre auseinander liegt. Das eine Buch wurde 1935 von Otto Fenichel geschrieben („Probleme der psychoanalytischen Technik"). Das andere stammt von Karl Menninger und erschien 1958 („Theory of Psycho-Analytic Technique). Beide Autoren bearbeiten unter der Überschrift „Theorie der Technik" gänzlich verschiedene Probleme:

Fenichel bezieht sich bei seinen theoretischen Überlegungen zur psychoanalytischen Behandlungsmethode auf die *krankhafte Seelentätigkeit* des Patienten. Er diskutiert die therapeutischen Konsequenzen, die sich für den Analytiker aus dem vorliegenden Wissen über das neurotische Krankheitsgeschehen ergeben und verwendet bei seinen Darlegungen überwiegend das metapsychologische Denkmodell und die Instanzenpsychologie.

Menninger unterstellt hingegen, daß eine psychoanalytische Behandlung nach bestimmten Regeln und feststehenden Anweisungen abläuft und daher als Behandlungsmethode gegeben ist. Aus dieser Vorstellung heraus entwickelt er ein theoretisches Konzept über jene Vorgänge, die sich zwischen dem Analytiker und seinem Patienten abspielen, wenn der nach festgelegten Regeln verabredete psychoanalytische „Zwei-Personen-Prozeß" (Two-Party-Process) begonnen, durchgeführt und beendet wird. Menninger orientiert seine Hypothesen also nicht an einer Theorie der Krankheit, sondern er will vor allem jene Reaktionen klären und beschreiben, die man beim Patienten erwarten muß, wenn eine festgelegte Behandlungsmethode — eben die Psychoanalyse — zur Anwendung kommt.

Mit diesen beiden Aspekten, unter denen die Psychoanalytiker ihre Theorien über die Behandlungstechnik diskutierten, hat die Psychoanalyse Anteil an einer sehr allgemeinen medizinischen Problematik: Schließlich suchen wir ja bei jedem *Krankheitsbild* zunächst jene pathologischen Funktionsstörungen, die wir beheben wollen und fragen uns erst danach, welche therapeutischen Mittel wir zu diesem Zweck einsetzen können. Ebenso erforschen wir bei jeder *Behandlungsmethode* (sei sie medikamentös, diätetisch, funktionsübend oder chirurgisch) anfänglich ihre besonderen Wirkungsweisen und fragen uns dann anschließend, ob und wann das untersuchte therapeutische Verfahren hilfreich, nutzlos oder kontraindiziert ist. Freilich ist die

Psychoanalyse bei der Bearbeitung dieser klinischen Probleme in keiner besonders günstigen Lage: Wir benötigen sehr viel Scharfsinn und Beobachtungsgabe, wenn wir den interaktionellen Prozeß zwischen dem Patienten und dem Analytiker leidlich angemessen und zuverlässig beschreiben wollen. Ich kann daher auch nicht verschweigen, daß es einige Psychoanalytiker gibt, die ganz grundsätzliche Zweifel anmelden, wenn es darum geht, die einzelnen Behandlungstechniken im Bereich der Psychoanalyse so deutlich voneinander abzugrenzen, daß sich schließlich für die verschiedenen Verfahren auch verschiedenartige, treffende Bezeichnungen finden lassen.

Tatsächlich war ja die psychoanalytische Behandlungsmethode, die FREUD entwickelt hat, zu Beginn nicht sehr viel anders als ein Paket von traditionellen Regeln, Empfehlungen und Anweisungen, die zu keiner Zeit ein wohldefiniertes System von Verhaltenstechniken bildeten, das in seinen einzelnen Bausteinen klar überschaubar gewesen wäre.

Ich muß also meine Leser bitten, mir in diesem Kapitel über verschiedene Etappen der Gedankenführung hinweg ihre Aufmerksamkeit zu schenken: Ich werde in einem ersten Abschnitt die *traditionellen Regeln* FREUDS für die psychoanalytische Behandlung zusammenstellen und erläutern. Unverändert bilden diese Regeln und Empfehlungen die Grundlage für Theorie und Praxis der psychoanalytischen Behandlungsmethodik. Danach greife ich noch einmal auf meine Ausführungen über den analytischen Heilungsvorgang im Patienten zurück und stelle ein Kapitel zusammen, in dem ich die verschiedenartigen Beschreibungen, Arbeitshypothesen und „Definitionen" zum interaktionellen therapeutischen Prozeß erörtere. Ein letzter zusammenfassender Abschnitt soll dann schließlich noch einen *Vergleich* zwischen der *psychoanalytischen Standardtechnik* und anderen analytisch orientierten *dynamischen Psychotherapien* bringen. Das gesamte Kapitel ist zur Vorbereitung auf den praktischen Teil gedacht, der seinerseits sicherlich nicht ohne die Kenntnis dieses Abschnitts verstanden werden kann.

b) Die traditionellen Regeln Freuds für die psychoanalytische Behandlung (Freuds „Technische Schriften")

Die frühe Ausgabe der sogenannten „Technischen Schriften" FREUDS (Zur Technik der Psychoanalyse und Metapsychologie) ist nach dem Krieg in Deutschland nicht wieder in der gleichen Form erschienen. Ich habe das immer sehr bedauert und denke oft, wie wohltätig dieses Buch auf die Geisteshaltung der Psychoanalytiker eingewirkt hätte, wäre es erhalten geblieben. Jeder, der sich in die Gedankengänge dieser Arbeiten vertiefen darf, ohne genötigt zu sein, sich die einzelnen Schriften mühselig in der Gesamtausgabe zusammenzusuchen, muß unmittelbar und tief von dem Geist beeindruckt werden, in dem diese Arbeiten geschrieben wurden. Es wird für mich auch immer ein kompliziertes wissenssoziologisches Problem bleiben, wie es angesichts der Ausführungen von FREUD zu so erbitterten Diskussionen über die „wahre" oder die „authentische" Analyse kommen konnte, warum man sich über die „Abweichungen" stritt und nicht müde wurde, die FREUDsche „Exegese" zu immer neuen Höhepunkten zu führen. Wie erbittert diese Kämpfe einmal gewesen sind, verstehen wir, wenn wir einen Artikel von FRANK nachlesen, der 1956 im „Journal of the American Psychoanalytic Association" erschienen ist und der das Thema „Indikationen und Gegenindikationen zur Anwendung der Standardtechnik" behandelte. FRANK schrieb, daß die psychoanalytische Behandlungsmethode für viele Analytiker etwas Geheiligtes geworden sei, etwas, das den Gefühlswert einer religiösen Überzeugung angenommen habe, bei der alle Abweichungen als ein Sakrileg betrachtet würden und die als störendes Element in der wissenschaftlichen Auseinandersetzung doch nur die „Sterilität des Rituals" in Gang gesetzt hätte.

Liest man die Sammlung von Aufsätzen, die in FREUDS Buch „Zur Technik der Psychoanalyse und Metapsychologie" vereinigt worden sind, dann hat man tatsächlich Mühe, dem intensiven Streit um die wahre oder richtige Analyse geistig zu folgen. FREUD mag gelegentlich „orthodox" und unnachgiebig gewesen sein, wenn seine Arbeitshypothesen zum Krankheitsgeschehen fragwürdig erschienen. In seinen Empfehlungen zur Behandlungstechnik war er immer beweglich und neuen Möglichkeiten aufgeschlossen. Der Geist, in dem er seine ersten Arbeiten zur psychoanalytischen Behandlungstechnik geschrieben hat, ist der Geist vorsichtiger Überlegung. Jede einzelne dieser Arbeiten atmet Weisheit, Vorsicht und Zurückhaltung. Aber FREUD hatte wohl allen Grund, in späteren Jahren einmal an FERENCZI zu schreiben, daß er es immer für wichtig gehalten habe, zu sagen, was *nicht* getan werden sollte, damit alles vermieden würde, das dem Geist der Analyse entgegengesetzt sei. Als Folge dieser Haltung hätten seine Schüler die Elastizität seiner Regeln nicht verstanden und schließlich an die Stelle dieser Regeln ein *Tabu* gesetzt.

Es wird für alle späteren Ausführungen von weitreichender Bedeutung sein, wenn meine Leser diese Haltung FREUDS immer lebendig in sich tragen. Ich hoffe, es wird seine Wirkung nicht verfehlen, wenn ich hier einleitend FREUDS eigene Worte zitiere. FREUD schrieb 1913 in seiner Arbeit „Zur Einleitung der Behandlung": *„Ich tue aber gut daran, diese Regeln als ‚Ratschläge' auszugeben und keine unbedingte Verbindlichkeit für sie zu beanspruchen. Die außerordentliche Verschiedenheit der in Betracht kommenden psychischen Konstellationen, die Plastizität aller seelischen Vorgänge und der Reichtum an determinierenden Faktoren widersetzen sich auch einer Mechanisierung der Technik und gestatten es, daß ein sonst berechtigtes Vorgehen gelegentlich wirkungslos bleibt und ein für gewöhnlich fehlerhaftes einmal zum Ziel führt. Diese Verhältnisse hindern indes nicht, ein durchschnittlich zweckmäßiges Verhalten des Arztes festzustellen."*

Und mehr als einmal bringt FREUD zum Ausdruck, daß die verschiedenen Krankheitsformen, die wir behandeln, „nicht durch die nämliche Technik erledigt werden können.". Mit meinen folgenden Ausführungen will ich es unternehmen, die wichtigsten Anweisungen oder Empfehlungen für die psychoanalytische Behandlungstechnik, die FREUD in seinen verschiedenen Arbeiten vorgeschlagen hat, kurz zu skizzieren und vor allem so zu erläutern, wie sie von FREUD wirklich einmal gemeint worden sind. Auch heute reichen diese empirisch gewonnenen Empfehlungen noch weit. Vor allem anderen aber will ich zu verhüten suchen, daß diese Empfehlungen, von denen manche zu halb oder gänzlich falsch verstandenen Schlagworten geworden sind, ihre sterile „Schlagwortexistenz" beibehalten.

Folgende Probleme und Begriffe werde ich etwas näher erörtern:

Das äußere Arrangement der Behandlungssituation.
Die „Grundregel" und das freie Assoziieren.
Die Rolle des Traumes in der Analyse.
Das Deuten oder Interpretieren.
Übertragung und Gegenübertragung.
Der Widerstand.
Die „Spiegelhaltung" des Analytikers.
Therapeutische „Aktivität".
Die „Abstinenzregel" (Abstinenzregel und „Nebenanalyse").
„Der Patient soll während der Analyse keine lebenswichtigen Entscheidungen treffen."
Die Rolle der Pädagogik in der Analyse.
Die Bezahlung.
Körperliche Mitbehandlung.
Stundenfrequenz.

FREUD hat bereits im Jahr 1904 einen ersten Abriß über wichtige Voraussetzungen seiner Behandlungsmethode gegeben. („Die FREUDSCHE psychoanalytische Methode") FREUD erläuterte in dieser Arbeit, daß er die Hypnose und alle an Hypnose gemahnenden Prozeduren als therapeutisches Hilfsmittel aufgegeben habe. Er ließe, wie es heißt, „seine Patienten eine bequeme Rückenlage auf einem Ruhebett einnehmen, während er selbst, ihrem Anblick entzogen, auf seinem Stuhl hinter ihnen sitzt . . ." Eine Behandlungsstunde sollte wie ein „Gespräch zwischen zwei gleich wachen Personen" verlaufen, von denen sich „die eine jede Muskelanstrengung und jeden ablenkenden Sinneseindruck erspart, die sie in der Konzentration auf ihre Aufmerksamkeit und auf ihre eigene seelische Tätigkeit stören könnten."

Mit diesem Verzicht auf die Anwendung der Hypnose hatte FREUD natürlich auch gleichzeitig jene Erweiterung des Bewußtseins seiner Patienten preisgeben müssen, die den Zugang zu unbewußtem Material so sehr erleichtert hatte. FREUD fand nach seinen eigenen Aussagen im Sammeln der sogenannten „freien Einfälle" einen wirksamen Ersatz. Mit diesem Sammeln der freien Einfälle war bald die *psychoanalytische Grundregel* verknüpft, die zu einer verpflichtenden Verabredung wurde. FREUD forderte seinen

Patienten auf, „alles mitzuteilen, was ihm in seiner Selbstbeobachtung zugänglich sei, mit Hintanhaltung aller logischen und affektiven Einwendungen, die ihn bewegen wollen, eine Auswahl zu treffen".

FREUD schärfte jedem Kranken nachdrücklich ein, daß er alles mitteilen solle, was ihm durch den Kopf ginge, auch wenn er zunächst glaubte, es handle sich um Unwichtiges, Unsinniges oder gehöre nicht zum engeren Kreis seiner Probleme. Die lockere Empfehlung an die Patienten, mit der FREUD ihnen erklären wollte, wie sie sich zu verhalten hätten, lautete, daß sie sich in ihren Mitteilungen gehenlassen sollten, „wie man es etwa in einem Gespräche tut, bei welchem man aus dem Hundertsten in das Tausendste gerät". Vor allem mußten die Patienten zu Beginn der Behandlung verstanden haben, daß sie auf keinen Fall einen Gedanken oder einen Einfall darum von der Mitteilung ausschließen sollten, weil ihnen diese Mitteilung beschämend oder peinlich ist.

Heute wissen wir, daß sich bei der Einhaltung dieser Grundregel von Anfang an die größten Schwierigkeiten türmen: Es genügt für den Analytiker nicht mehr, daß der Patient alle Inhalte mitteilt, die beim Sammeln freier Einfälle in seinen Sinn kommen. Manche Patienten können (oft schon in der Lektüre psychoanalytischer Literatur geschult) jede auftauchende Phantasievorstellung freimütig erzählen. Der wichtige zugehörige *Gefühlsanteil* bleibt hingegen dem bewußten Erleben entzogen (Affektisolierung). Er wird zum eigentlich Verdrängten und die analytische Kur bleibt ergebnislos, wenn der Analytiker diesen Verdrängungsvorgang übersieht. Umgekehrt können Patienten den schwersten Affektstürmen ausgeliefert sein, ohne daß das verdrängte inhaltliche Vorstellungsmaterial mit an die Oberfläche kommt, so daß sehr vorsichtig abgewartet werden muß, bis *beides* (die Vorstellung *und* das Gefühl) leidlich angstfrei auf der inneren Bildfläche erscheinen kann.

FREUD beschritt noch einen anderen Weg, um den Verlust der hypnotischen Bewußtseinserweiterung auszugleichen: Er nahm die Phantasieproduktionen seiner schlafenden Patienten — *die Träume* — zum Ausgangspunkt der freien Einfälle und führte damit den Traum als „via regia zum Unbewußten" in den psychoanalytischen Heilungsvorgang ein.

Als FREUD verstanden hatte, daß sich in den Phantasiebildern des Traumes vieles von dem bekundet, das sonst im Wachzustand von der Bewußtseinsschwelle ferngehalten wird, erkannte er auch, welch ein unschätzbares Hilfsmittel dem Analytiker in der Verwendung des Traummaterials zuwachsen konnte. Zu den wichtigsten neuen Erkenntnissen FREUDS gehörte es, daß der Traum von Anfang an nicht als ein Ganzes (etwa als ein allegorisches Bild) betrachtet werden darf, wenn er wirklich zum hilfreichen Ausgangspunkt für die Assoziationsketten der Patienten werden soll. Der Traum muß für die therapeutische Arbeit in seine Teile zerlegt werden, so daß nach FREUDS eigenen Worten eine Traumdeutung „en détail" durchgeführt wird.

In der psychoanalytischen Behandlung bleibt dabei die Traumarbeit immer nur ein *Hilfsmittel* und soll dem Prozeß der Gesundung *dienen*, aber ihn nicht *beherrschen*. FREUD selbst hat sich mehrfach dafür ausgesprochen, daß die Deutungsarbeit an den Träumen *nicht um ihrer selbst willen* vorgenommen werden dürfte, sondern immer nur im allgemeinen Fortgang der analytischen Behandlung ihren Platz habe. FREUD sagte sogar: „Man hüte sich im allgemeinen davor, ein ganz besonderes Interesse für die Deutung der Träume an den Tag zu legen oder im Kranken die Meinung zu erwecken, daß die Arbeit stille stehen müsse, wenn er keine Träume bringe. Man läuft sonst Gefahr, den Widerstand auf die Traumproduktion zu lenken und ein Versiegen der Träume hervorzurufen. Der Analysierte muß vielmehr zu der Überzeugung erzogen werden, daß die Analyse in jedem Falle Material zu ihrer Fortsetzung findet, gleichgültig, ob er Träume beibringt oder nicht, und in welchem Ausmaß man sich mit ihnen beschäftigt."

Ich füge hier schon einmal ein, daß — unabhängig von den persönlichen Konstanten eines Patienten hinsichtlich der Reichhaltigkeit der Traumproduktion — auch ein „Überschwemmen" des Analytikers mit Traummaterial von der eigentlichen analytischen Arbeit ablenken kann. Oder daß das Interpretieren der Träume zu einer Art von intellektuellem Spiel wird, das der Analysand mit seinem Analytiker (oder umgekehrt) treibt, falls er nicht sogar dazu übergeht, besonders „interessante" oder „tiefe" und (scheinbar) aussagekräftige Träume zu bringen, bei denen dann allerdings Inhalt und Form des Traumbildes überwiegend vom Interesse des Analytikers *induziert* worden sind.

Die allgemeinen Überlegungen, die zu dem soeben skizzierten Arrangement der analytischen Behandlungsmethodik gehören, sind ohne Zweifel einleuchtend. FREUD zielte darauf ab, die unbewußten Seelenregungen seiner Kranken der Beobachtung zugänglich zu machen, sie zu verstehen und sie schließlich zu beeinflussen. In wahrhaft genialer Erkenntnis der gegebenen Möglichkeiten arrangierte er eine Situation, die diesem Ziel die Wege öffnet: Das entspannte Liegen des Patienten, die Abwendung vom Analytiker, dessen Mienenspiel den Patienten nicht ablenken soll, die Einladung, frei und ungehindert über alle aufkommenden Seelenregungen zu sprechen und die zugehörige Versicherung, daß alles, was auch immer vom Patienten mitgeteilt werden möge, das ärztliche Interesse, aber keine moralische Wertung finden würde. Es gehört dazu, daß die aus dem Schlafe stammenden Phantasieproduktionen der Patienten verwendet werden, um das Sammeln jener freisteigenden Einfälle zu ermöglichen, die zu den Traumdetails im inneren Erleben auftauchen.

Die Frage war nun, was der Psychoanalytiker mit den Mitteilungen seiner Patienten anfangen soll oder kann. Einer der Schlüsselbegriffe, der die wichtigsten Seiten der therapeutischen Aktivität des Analytikers bezeichnen sollte, war der Begriff der „Deutung" oder das „Interpretieren". FREUD sagte in einer seiner ersten Schriften, in denen er sich zu diesem Thema äußerte, er habe „... *eine Deutungskunst ausgebildet, welcher diese Leistung zufällt, die gleichsam aus den Erzen der unbeabsichtigten Einfälle den Metallgehalt an verdrängten Gedanken darstellen soll"*. Objekt dieser Deutungsarbeit sind nach FREUD nicht allein die Einfälle des Kranken, sondern auch seine Träume, die den direktesten Zugang zur Kenntnis des Unbewußten eröffnen, seine unbeabsichtigten wie planlosen Handlungen (Symptomhandlungen) und die Irrungen seiner Leistungen im Alltagsleben (Versprechen, Vergreifen und dergleichen).

Die Deutungskunst als eines der wichtigsten Instrumente psychoanalytischer Therapie kann freilich in ungeübten Händen sehr fehlerhaft gebraucht werden. FREUD selbst geht mehrfach darauf ein, zu welchem Zeitpunkt, in welchem Tempo und in welcher Form der Patient in die Kenntnisse eingeführt werden soll, die der Analytiker aus den Mitteilungen des Kranken gewonnen hat. FREUDS Antwort auf die Frage nach dem Beginn mit den ersten Interpretationen lautet einfach: „Nicht eher, als bis sich eine leistungsfähige Übertragung, ein ordentlicher Rapport bei dem Patienten hergestellt hat".

Und in diesem Zusammenhang meldet sich die Frage an, ob nicht vielleicht ein frühestmögliches Deuten nützlich sein könne und zur Abkürzung der Behandlung beitragen würde. FREUD sagt hierzu:

„Diese Antwort schließt natürlich die Verurteilung eines Verfahrens ein, welches dem Patienten die Übersetzung seiner Symptome mitteilen wollte, sobald man sie selbst erraten hat, oder gar einen besonderen Triumph darin erblicken würde, ihm diese „Lösungen" in der ersten Zusammenkunft ins Gesicht zu schleudern ... Welches Maß von Selbstgefälligkeit und von Unbesonnenheit gehört dazu, um einem Fremden, mit allen analytischen Voraussetzungen Unvertrauten nach der kürzesten Bekanntschaft zu eröffnen, er hänge inzestuös an seiner Mutter, er hege Todeswünsche gegen seine angeblich geliebte Frau, er trage sich mit der Absicht, seinen Chef zu betrügen und dergleichen!"

FREUD hat in bezug auf das Deuten eine ganz grundsätzliche Anweisung gegeben: Sie lautet, daß man eine Wunschübersetzung nicht eher mitteilen solle als „... bis der Patient knapp davor steht, so daß er nur noch einen kurzen Schritt zu machen hat, um sich dieser Lösung selbst zu bemächtigen."

Gerade diese besondere Anweisung hat im gegenwärtigen Stand der allgemeinen gesellschaftlichen Entwicklung noch eine ganz besondere Bedeutung erlangt: Die psychoanalytische Literatur ist weit in Laienkreise eingedrungen, so daß wir nicht wenigen Patienten begegnen, die sich inzwischen einige analytische Kenntnisse angelesen haben, und die dem Analytiker ihre eigenen vorfabrizierten Deutungen anbieten, ohne daß sie wirklich schon einen Zugang zu den tieferen Schichten ihres Seelenlebens gewonnen hätten. Im allgemeinen kann man vorhersagen, daß jene Gegenkräfte im Patienten, die sich mit Hilfe solcher „Selbstinterpretationen" durchsetzen, die therapeutische Arbeit *mehr* behindern werden, als die initiale Verleugnung des problembeladenen Konfliktstoffes.

Alles in allem war FREUD natürlich immer viel zu vorsichtig, als daß er seinen Schülern starre und fixierte Einzelregeln über die Kunst des Interpretierens weitergegeben hätte. Der junge Analytiker lernt die Ausbildung dieser Fähigkeiten nur in langjährigen Unterweisungen, die zum psychoanalytischen Unterrichtsprogramm gehören. Es soll aber schon jetzt gesagt werden, daß neben der Kunst des Deutens in der richtigen Form und zum richtigen Zeitpunkt zugleich auch die (vielleicht noch größere) Kunst des *produktiven Zuhörens* geübt und gepflegt werden muß. Eine Kunst, die darin gipfelt, daß die Mitteilungen des Patienten *wissend aufgenommen*, in ein reiches Feld von Erfahrungen eingebettet und überwiegend im Bereich der *nicht-verbalen* Kommunikationen beantwortet werden.

In das soeben erörterte Zusammenspiel zwischen den Mitteilungen des Patienten und den Äußerungen des Analytikers gehören nun auch jene eigentümlichen Gefühlsreaktionen des Patienten, die wir früher schon unter dem zusammenfassenden Ausdruck „ Ü b e r t r a g u n g s g e f ü h l e " kennengelernt hatten. Ich erinnere jetzt noch einmal daran, daß wir FREUD folgende wichtige Beobachtung verdanken: Alle Menschen erwerben im Verlauf ihrer Lebensentwicklung typische Gefühlseinstellungen, Reaktionsformen oder Erwartungen, die sie als ein mehr oder weniger festgelegtes Klischee auch auf solche Personen übertragen, die — realistisch betrachtet — für dieses Klischee gar nicht die passenden Partner sind. Die analytische Situation ist geeignet, diese individuellen und typischen Reaktionsformen hervorzulocken, und es melden sich demzufolge dem Analytiker gegenüber all jene kindlichen oder infantilen Einstellungen an, die im üblichen Alltagsgetriebe der Patienten vielleicht unbemerkt bleiben und vor dem Bewußtsein gut verborgen werden können. Die Aktivierung dieser Übertragungsreaktionen in der analytischen Situation bringt uns einen unschätzbaren Vorteil: Mit dem Verständnis der von der Oberfläche abgehaltenen, unbewußten Dynamismen des Patienten findet der Analytiker zugleich auch den Schlüssel zum Verständnis der erkrankten Persönlichkeit. Und sobald der Patient selber im analytischen Prozeß weiter fortgeschritten ist, öffnen sich auch für ihn die Wege zu einem vertieften Selbstverständnis: Er kann bei der Beobachtung seiner eigenen Übertragungsreaktionen schließlich die irrationalen Elemente in seinem Fühlen und Reagieren erleben und auf ihre Wurzel zurückführen. Und er kann in Selbstbesinnung und im „korrigierenden Gefühlserlebnis" (ALEXANDER) eine neue Lebensgestaltung finden.

In der psychoanalytischen Literatur bildeten nun ursprünglich die beiden Begriffe „Übertragung" und „Widerstand" ein fast unlösbar miteinander verbündetes Geschwisterpaar. Heute ist man gewohnt, im Zusammenhang mit dem Begriff der „Übertragung" auch die zugehörige Konzeption von der „Gegenübertragung" der Analytiker zu diskutieren: FREUD war nämlich im Umgang mit seinen Schülern allmählich auf deren eigene persönliche Reaktionen aufmerksam geworden, die ihre analytische Tätigkeit beeinflußten. Die hierher gehörigen Beobachtungen veranlaßten die Psychoanalytiker dazu, all jene Reaktionen des Therapeuten unter dem Begriff „Gegenübertragung" zusammenzufassen, die offenkundig aus den *unbewußten Einstellungen* des Analytikers stammten. Im Jahr 1937 wurde von R. STERBA das Handwörterbuch der Psychoanalyse herausgegeben, und dort wurde der Begriff der Gegenübertragung folgendermaßen definiert:

„Die Psychoanalyse erkannte aber auch bald, in welch hohem Maße affektive Kräfte im Verhältnis des Analytikers zum Analysanden fördernd oder störend wirksam sind. In einem gewissen Ausmaß ist eine positiv gefärbte affektive Einstellung von seiten des Analytikers für das unentwegte Interesse am Analysanden und für die emotionelle Einfühlung in seine seelischen Vorgänge notwendig. Die affektive Einstellung des Analytikers zum Analysanden wird störend, wenn sie dieses notwendige Ausmaß überschreitet. Dies geschieht vor allem, wenn das Unbewußte des Analytikers den Analysanden zum Objekt von libidinösen und destruktiven Tendenzen in dem Sinne nimmt, daß der Analytiker Einstellungen und Triebregungen, die er den Objekten seiner Kindheit zugewandt hatte, auf den Analysanden überträgt. Man spricht dann von *Gegenübertragung*. Das Unbewußte des Analytikers greift damit störend in den therapeutischen Prozeß ein, indem der Analytiker sich zu weitgehend mit dem Analysanden affektiv identifiziert, oder indem er auf Affekte des Analysanden mit Gegenaffekten antwortet."

Im Verlauf der weiteren wissenschaftlichen Entwicklung hat sich dann allerdings eine gewisse Verwirrung zum Begriff der Gegenübertragung eingeschlichen, und wir finden zur Zeit eine nicht unbeträchtliche Ausweitung des ursprünglichen Konzeptes: STERBAS Definition, daß zur Gegenübertragung des Analytikers die *unbewußte Einstellung* gehöre, die aus seinen eigenen infantilen Klischees stammte, ist oft verlassen worden. Stattdessen hört und liest man dieses Wort nicht selten als einen zusammenfassenden Ausdruck für *alle* Gefühlsregungen, die im Analytiker aufkommen, wenn er seinen Patienten behandelt. Ich persönlich finde diese Entwicklung allerdings nicht besonders glücklich. Eine ursprünglich klare Konzeption wird damit nur verdunkelt und hat uns nicht einmal dazu verholfen, die frühen — von STERBA erwähnten — klinischen Beobachtungen über libidinöse und destruktive Gegenübertragungsreaktionen ausreichend zu vervollständigen. In dieser Hinsicht hat die Psychoanalyse beträchtliche Zeiträume benötigt. Insbesondere blieb die „orale" Gegenübertragung lange Zeit unerkannt und undiskutiert. In meiner Arbeit „Zum Problem der Kurztherapie" (1969) habe ich darauf hingewiesen, daß tatsächlich alle oralen Gegenübertragungsgefühle bis dahin aus der Selbstreflektion der Psychoanalytiker weitgehend ausgefallen sind. Insbesondere wurden ihre schädlichsten Formen, die „oral-ausbeuterische" Gegenübertragung und die korrespondierende „retentive" Gegenübertragung nicht verstanden. Beide Formen der Gegenübertragung äußern sich nach meinen Beobachtungen bevorzugt in der Art, wie der Analytiker das Material seines Patienten verarbeitet. Vor allem darin, wie früh oder wie spät er interveniert, und wie oft er eine Deutung gibt, beziehungsweise wie zielsicher er diese Deutung vorbereitet. Bei oral-fordernder (oder ausbeuterischer) Gegenübertragung *warten* die Therapeuten *verlängert* auf das Material ihrer Patienten. Sie lassen den passenden Zeitpunkt für eine Intervention verstreichen (das Material genügt ihnen noch nicht), halten eine hilfreiche Stellungnahme zurück (obgleich sie schon angebracht wäre) und rationalisieren gegebenenfalls ihr fehlerhaftes therapeutisches Verhalten als die richtige, „wahre", abwartende und nicht dirigierende Methode. Die Folge solcher Gegenübertragungsreaktionen im Therapeuten ist die, daß der Analytiker seinen Patienten im Endeffekt nicht nur in bezug auf sein Erlebnismaterial überfordert, sondern ihn schließlich auch finanziell schädigt, da sich solche Therapien in der Regel ganz unangemessen verlängern.

Wie gesagt, blieb diese Form der Gegenübertragung unter den Psychoanalytikern lange Zeit hindurch unerkannt. Das ist verständlich, denn die Gegenübertragungsreaktionen des Therapeuten sind ganz gewiß sehr unterschiedlich tabuisiert: Libidinöse Regungen oder aggressive Impulse werden bei weitem leichter zugegeben und öffentlich diskutiert als oral-ausbeuterische Tendenzen. Ich füge hier ein, daß es sogar in bezug auf libidinöse und aggressive Gegenübertragungsreaktionen eine Arbeitsrichtung gegeben hat und gibt, die es für möglich oder sogar ratsam hält, die *eigenen Gegenübertragungsreaktionen* zu einem *therapeutischen Hilfsmittel* zu machen. Diese Analytiker halten es für richtig, ihre Patienten über die eigenen Gefühlsregungen zu informieren und glauben, daß der Patient seine eigenen Gefühle und Haltungen besser verstehen lernt, wenn er erfährt, daß er in seinem Analytiker Ärger, Abwehr, Langeweile, Schläfrigkeit oder gar sexuelle Wünsche stimuliert hat.

Ich persönlich habe mich von dem Wert eines solchen Vorgehens allerdings nicht überzeugen können: Abgesehen davon, daß ich noch keinen Bericht gelesen habe, in dem ein Analytiker seinen Patienten über die eigenen oral-fordernden, ausbeuterischen oder retentiven Impulse ins Bild gesetzt hätte (was ja notwendig wäre, wenn das Verfahren als solches grundsätzlich richtig ist), glaube ich auch nicht, daß bei einem solchen Vorgehen sehr viel anderes im Spiel ist als ein spezieller (aus der Gegenübertragung stammender) Wunsch nach Befriedigung beim Analytiker, der — vielleicht des langen Zuhörens müde — endlich einmal von sich selber reden möchte.

Ich kehre jetzt zu dem schon erwähnten Begriff „W i d e r s t a n d" zurück, der ja von Anfang an zu den wichtigsten Grundbegriffen der Psychoanalyse gehört hat. Gleich eingangs will ich sagen, daß ich diese Wortwahl nicht besonders glücklich finde. Der Ausdruck stiftet falsche Assoziationen! Nur

allzu leicht schleicht sich die Vorstellung ein, daß der „Widerstand" eines
Patienten in Verhaltensweisen zum Ausdruck kommt, die er nach Belieben
abstellen, verändern oder heraufrufen könnte. Schließlich ist das Wort
„Widerstand" im herkömmlichen Sprachgebrauch eine Bezeichnung, die
lediglich für *bewußt* gesteuerte psychische Reaktionen angemessen ist. FREUD
wollte aber *unbewußte Kräfte* in seinen Patienten mit einem zufammenfaf-
senden Ausdruck kennzeichnen: Seine Beobachtungen hatten ihn gelehrt,
daß der erkrankte Neurotiker nicht gradlinig und ohne Schwierigkeiten in
den Prozeß vertiefter Selbsterkenntnis hineingeführt werden kann, sondern
daß auch bei tiefem Leid und intensivem bewußten Gesundungswillen alte
Ängste und Abwehrreaktionen aufwallen, die sich dem produktiven Fortgang der Behandlung entgegenstellen. FREUD nannte diese — aus unbewußten Quellen stammenden — Ängste seiner Patienten ihren „Widerstand" und
rückte damit zwar seelische Aktivitäten von höchster Wichtigkeit in das
Beobachtungsfeld, wählte aber doch einen etwas unglücklichen Ausdruck. Es
wäre schlimm, wenn der Therapeut (verführt von dem Begriff „Widerstand") diese unbewußt determinierten Gegenreaktionen so behandelte, als
habe er es mit Reaktionsformen zu tun, die der Patient nach Belieben aufgeben oder aktivieren kann.

Wie glücklich oder wie unglücklich diese Wortwahl aber auch gewesen sein
mag, wir wissen heute in jedem Fall, daß ein Analytiker diese „Widerstandsphänomene" nicht übersehen oder gar durch eigenes ungeschicktes Verhalten provozieren darf. Später werden wir noch hören, wie man „Widerstände" vermeidet (oder provoziert), je nachdem, ob man bei dem Patienten
mit seinen Interpretationen zuerst die *Ängste*, die verdrängten *Triebe* und
Wünsche oder die *Erlebnislücken* zur Sprache bringt. Im übrigen haben jene
Analytiker, die ihre eigenen „Gegenübertragungsreaktionen" zum Gegenstand therapeutischer Gespräche machen, in jedem Fall mit beträchtlichen
Widerstandsreaktionen zu rechnen.

Und gerade in diesem besonderen Zusammenhang will ich darauf hinweisen, daß FREUD aus sehr guten Gründen den Vergleich mit einer *„Spiegelplatte"* herangezogen hat, als er die *Ausschaltung* von *schädlichen Gegenübertragungsreaktionen* im Sinn hatte, und er Anlaß fand, den jungen Analytikern eine bestimmte zweckmäßige Haltung zu empfehlen. Allerdings hat
wohl kaum einer der bildhaften Vergleiche FREUDS soviel Mißverständnisse
heraufgerufen, wie das berühmte Wort von der „Spiegelhaltung" des
Analytikers. Wir finden die Bemerkung FREUDS, auf die sich so zahlreiche
spätere Kommentare beziehen, in seiner Arbeit „Ratschläge für den Arzt bei
der psychoanalytischen Behandlung". FREUDS authentische Formulierung
lautete: *„Der Arzt soll undurchsichtig für die Analysierten sein und wie
eine Spiegelplatte nichts anderes zeigen, als was ihm gezeigt wird."*

Dieses Zitat darf man aber — wenn man es wirklich verstehen will — auf
keinen Fall aus seinem Zusammenhang herausreißen. Die „Spiegelhaltung"

wurde von FREUD empfohlen und diskutiert, als ihm jene Regungen und Bedürfnisse junger Ärzte zur Kenntnis kamen, die offenbar schon früher (und nicht nur heute) ein besonderes Bedürfnis nach intimem Kontakt mit ihren Patienten hatten: FREUD mußte sich mit der Frage befassen, in welchem Ausmaß auch der Arzt dem Patienten „. . . Einblick in die eigenen seelischen Defekte und Konflikte gestattet, ihm durch vertrauliche Mitteilungen aus seinem Leben die Gleichstellung ermöglicht. Ein Vertrauen ist doch das andere wert, und wer Intimität vom anderen fordert, muß ihm doch auch solche bezeugen."

Es ist gewiß nicht unnütz, wenn ich hier mit einigem Nachdruck darauf hinweise, daß FREUD nicht ein generelles therapeutisches Verhalten empfehlen wollte, als er von der „Spiegelhaltung" sprach, sondern daß er jene Tendenz junger Ärzte im Sinn hatte, die ihren Patienten *Intimitäten entgegenbringen* wollten und vertrauliche Mitteilungen aus dem eigenen Leben weitergeben. Ein Verhalten, das, um mit FREUD zu sprechen, „. . . nicht viel leistet und in schwereren Fällen regelmäßig an der rege gemachten Unersättlichkeit der Kranken scheitert, die schließlich die Analyse des Arztes interessanter findet, als die eigene".

Das Zitat von der „Spiegelhaltung" ist in der (zustimmenden oder kritischen) psychoanalytischen Literatur leider oft und oft hervorgeholt worden, wenn es um nichts anderes ging, als nur um die Frage, ob der Analytiker dem Patienten überhaupt in irgendeinem Ausmaß Freundlichkeit, Mitgefühl, Anteilnahme oder Entgegenkommen zeigen sollte. Die steinerne „analytische Haltung" wurde mit dem Hinweis auf die „Spiegelplatte" ebenso verteidigt, wie — umgekehrt — scharf kritisiert und abgelehnt. Es wäre mir lieb, wenn meine Leser im Sinn behielten, daß FREUD es für unzweckmäßig gehalten hat, wenn der Analytiker seinen Patienten eine *Intimität aufdrängte*, die schließlich nur das private Interesse des Patienten am Analytiker stimulieren kann, dafür aber das soviel notwendigere Interesse des Patienten für *sich selbst* hartnäckig behindert. Ganz zu schweigen davon, daß die Lösung einer etwaigen Übertragungsbindung durch die Tendenzen des Analytikers zu intimen Mitteilungen über sich selbst ganz überflüssig erschwert, wenn nicht gar unmöglich gemacht wird.

Das Zitat von der „Spiegelhaltung" des Analytikers wäre im übrigen wohl kaum so häufig in den psychoanalytischen Diskussionen aufgetaucht, wenn die einzelnen Analytiker rascher herausgefunden hätten, wie sie das Optimum an therapeutischer *Aktivität* richtig abschätzen können. Lange Zeit galt eine sehr weitgetriebene Tendenz des Analytikers zum *Abwarten* als „richtig" und war Voraussetzung für die „analytische Haltung". Jahre hindurch konnte den jungen Analytiker kaum eine größere Kritik treffen, als die Feststellung, er habe ein „unanalytisches" Maß an Aktivität walten lassen.

Die Durchsicht der psychoanalytischen Literatur zeigt uns allerdings, daß der Begriff der „Aktivität" für sehr verschiedenartige therapeutische Verhaltensweisen gebraucht wird. Wir lichten uns das undurchsichtige Gestrüpp von Meinungsäußerungen zu diesem Thema erfolgreich auf, wenn wir erst einmal jene Anweisungen für den Patienten ins Auge fassen, die ihm nach FREUD vom Analytiker vor Beginn der Therapie als verbindliche Verpflichtung mitgegeben werden sollen. Ich denke hier nicht einmal so sehr an die schon diskutierte „Grundregel", sondern mehr an die inzwischen ebenfalls berühmt gewordene sogenannte „Abstinenzregel", daneben an die andere — ebenso berühmte — Anweisung, daß der Patient während der Analyse *keine lebenswichtigen Entscheidungen* treffen solle.

Eines ist sicher: Sowohl die Abstinenzregel, wie die Anweisung, während der Analyse keine lebenswichtigen Entscheidungen zu treffen, sind sehr beträchtliche aktive Eingriffe in Leben und Verhalten des Patienten. Wer „Aktivität" beim Analytiker als „unanalytisch" ablehnt, denkt entweder an etwas anderes, oder er hat diese beiden Empfehlungen FREUDs vergessen.

Welches empirische Wissen, welche theoretischen Vorstellungen stehen also hinter den beiden soeben erwähnten Empfehlungen? Der Satz, auf den das Schlagwort „Abstinenzregel" zurückgeht, ist in FREUDs Arbeit „Wege der psychoanalytischen Therapie" zu finden. FREUD hat ihn selbst durch Sperrung hervorgehoben. Er lautet:

„Die analytische Kur soll, soweit es möglich ist, in der Entbehrung — Abstinenz — durchgeführt werden."

FREUD fährt dann weiter fort: „Wie weit es möglich ist, dies festzustellen, bleibe einer detaillierten Diskussion überlassen. Unter Abstinenz ist aber nicht die Entbehrung einer jeglichen Befriedigung zu verstehen — das wäre natürlich undurchführbar — auch nicht, was man im populären Sinn darunter versteht, die Enthaltung vom sexuellen Verkehr, sondern etwas anderes, was mit der Dynamik der Erkrankung und der Herstellung weit mehr zu tun hat."

FREUD führt dann zur Erläuterung seiner Ansicht aus, daß der Patient im Verlauf der analytischen Behandlung immer erneut versucht, sich an Stelle seiner Symptome neue *Ersatzbefriedigungen* zu verschaffen, denen aber (wichtig!) der *Leidenscharakter* abgeht. Der Patient erhebt nach FREUD die mannigfachsten Tätigkeiten, Vorlieben, Gewohnheiten zu Ersatzbefriedigungen und findet immer neue Ablenkungen, durch welche die psychische Energie, die zur Durchführung der Behandlung benötigt wird, in Seitenkanälen versickert. Unter anderem kann der Patient entdecken, daß er sich beträchtliche Entlastungen verschafft, wenn er über die Themen und Probleme, die in der Analyse auftauchen, mit *anderen Beziehungspersonen* spricht und so eine Art von geheimer *„Nebenanalyse"* führt, die tief in unbewußte Widerstände eingebaut bleibt. Nach FREUD hat der Analytiker

immer die Aufgabe, alle diese abwegigen und neurotischen Ersatzbefriedigungen des Kranken aufzuspüren und von dem Patienten jedesmal den *Verzicht* zu verlangen, so harmlos die zur Befriedigung führende Tätigkeit an
sich auch erscheinen möge.

Im übrigen sagt FREUD, daß der Halbgeheilte auch „minder harmlose
Wege" einschlagen könne, zum Beispiel „wenn ein Mann eine voreilige Bindung an ein Weib aufsucht". FREUD meint, daß eine ungeschickte Ehewahl
das Strafbedürfnis des Patienten befriedigen könne, und daß sich die Aktivität des Arztes in all solchen Situationen als „energisches Einschreiten gegen
die voreiligen Ersatzbefriedigungen äußern müsse". Und in diesen Zusammenhang gehört dann die Empfehlung, daß der Patient während der Analyse „keine lebenswichtigen Entscheidungen treffen solle". Wir finden diesen sehr speziellen Ratschlag in FREUDS Arbeit: „Erinnern, Wiederholen,
Durcharbeiten". FREUD sagt hierzu:

„Vor der Schädigung durch die Ausführung seiner Impulse behütet man
den Kranken am besten, wenn man ihn dazu verpflichtet, während der
Dauer der Kur keine lebenswichtigen Entscheidungen zu treffen, etwa keinen
Beruf, kein definitives Liebesobjekt zu wählen, sondern für alle diese Absichten den Zeitpunkt der Genesung abzuwarten. Man schont dabei gern,
was von der persönlichen Freiheit des Analysierten mit diesen Vorsichten
vereinbar ist, hindert ihn nicht an der Durchsetzung belangloser, wenn auch
törichter Absichten, und vergißt nicht daran, daß der Mensch eigentlich nur
durch Schaden und eigene Erfahrungen klug werden kann."

Wir verstehen jetzt, daß FREUD mit der „Abstinenzregel" und der Warnung vor lebenswichtigen Entscheidungen während der Analyse wohl-
begründete Ratschläge weitergegeben hat, die eine *breitgefächerte Skala* der
Aktivität beim Analytiker voraussetzen: Der Therapeut kann wählen, ob
er all das schonen will, was von der persönlichen Freiheit des Analysierten
mit den therapeutischen Vorsichten vereinbar ist, oder ob er einem „energischen Einschreiten gegen voreilige Ersatzbefriedigungen" den Vorzug gibt.

Regeln und Ratschläge sollen nicht in ein Tabu umgemünzt werden: Bei
einem jugendlichen Patienten würde sich das analytische Abwarten und die
Hinderung an einer lebenswichtigen Entscheidung zur Absurdität auswach-
sen, wenn man dem Patienten raten wollte, seine Berufswahl so lange hin-
auszuschieben, bis die Analyse beendet ist. Jeder Analytiker weiß, daß die
Behandlung bei jugendlichen Patienten manchmal erst richtig in Gang
kommt, wenn der Kranke eine eigenverantwortliche berufliche Tätigkeit
begonnen hat. Die Aufgabe des Analytikers liegt vor allem darin, daß er
rechtzeitig bemerkt, ob ein Patient zu Handlungen und Entschlüssen schrei-
tet, die (in Wahrheit Ersatzbefriedigungen) ihn selber schädigen werden.

Wie vorsichtig FREUD abgeschätzt und abgewogen hat, wann und wie er
seinen Patienten die Befriedigung einer Ersatzhandlung versagen wollte, ler-

nen wir auch noch aus einem anderen Zitat, das wir in FREUDs Arbeit „Wege der psychoanalytischen Therapie" finden, und das der Überlegung gilt, wieviel von den Übertragungssehnsüchten und -wünschen vom Arzt befriedigt werden solle. FREUD meinte, der Arzt solle seinen Patienten in der Übertragungssituation nicht zuviel von den erstrebten Ersatzbefriedigungen gewähren, denn auf jeden Fall gelte der Satz, daß die Kur in der Entbehrung durchgeführt werden müsse. Obwohl: „Einiges muß man ihm ja wohl gewähren, mehr oder weniger, je nach der Natur des Falles des Kranken. Aber es ist nicht gut, wenn es zu viel wird."

Die Psychoanalytiker debattierten einige Jahrzehnte hindurch über das Gewähren oder das Verbieten, über Aktivität und abwartende Haltung. Soweit ich sehe, einige man sich hinsichtlich der „Abstinenzregel" sehr weitgehen, sofern sie die „N e b e n a n a l y s e n" der Patienten betraf: Viele Analytiker machen es sich zur empfohlenen Gewohnheit, ihre Patienten vor Beginn der Behandlung auf einen Verzicht zur Nebenanalyse zu verpflichten. Manche Kontroversen entzündeten sich hingegen, als FERENCZI in einer ersten Arbeit 1919 („Technische Schwierigkeiten einer Hysterie-Analyse") und später 1925 noch einmal („Zur Psychoanalyse von Sexualgewohnheiten mit Beiträgen zur therapeutischen Technik") vorschlug, den Anwendungsbereich der „Abstinenzregel" noch auszuweiten. FERENCZI glaubte sich zu der Annahme berechtigt, daß bestimmte Symptomhandlungen von Patienten als larviertes Onanieäquivalent aufzufassen seien, und er hoffte auf eine Verbesserung der therapeutischen Entwicklung, als er seine Patienten aufforderte, das aufgetauchte „Onanieäquivalent" zu unterlassen. Das gleiche Verbot sprach er später in bezug auf manifeste Sexualgewohnheiten aus und registrierte in seinen Therapien zunächst, daß der analytische Prozeß durch das Verbot symptomatischer Sexualgewohnheiten lebhafter als zuvor in Fluß geriet.

Aus FERENCZIS früheren Veröffentlichungen müssen wir schließen, daß er anfänglich relativ strikte Anweisungen ausgesprochen hat, um sich dann später doch so zu modifizieren, daß er seine Empfehlungen nur noch als Vorschläge an den Patienten herantrug und diesem selbst die verantwortliche Entscheidung überließ. In seinem nimmermüden Bestreben um Verbesserung der therapeutischen Techniken hat FERENCZI neben dem strikten Verbieten auch von einem sehr weitgehenden Gewähren von Übertragungsbefriedigungen therapeutischen Nutzen erhofft. Auch hier schwang dann das Pendel wieder auf eine mittlere Ebene zrück. FREUDs weiser Satz behielt seine Geltung: „Einiges muß man ihm ja wohl gewähren, mehr oder weniger . . . aber es ist nicht gut, wenn es zu viel wird".

Im Verbieten oder Gewähren, im Schonen oder im „energischen Einschreiten" wählt der Analytiker also zwischen vielen Varianten aktiver oder abwartender Haltung aus. Wir wollen dabei allerdings nicht vergessen, daß es noch andere Formen der Aktivität oder Passivität im Ablauf einer Analyse gibt: Der Analytiker kann entweder häufig oder selten das Wort ergreifen, er kann früh oder spät eine Deutung versuchen. Manch einer ist vielleicht rasch mit Ratschlägen zur Hand, während andere sich mit einhelfenden und klärenden Fragen begnügen:

In jedem Fall halten wir fest, daß die Interventionen des Psychoanalytikers mit der Abstinenzregel und der Warnung vor lebenswichtigen Entscheidungen bereits in das Nachbargebiet der P ä d a g o g i k übergreifen: Bekanntlich haben sich die Analytiker oft dagegen verwahrt, daß man die Psychoanalyse in eine Art von Pädagogik degenerieren lasse, und sie versäumten dabei nur selten, sich auf FREUD zu berufen, wenn sie die analytische Behandlung von erzieherischen Einflüssen freihalten wollten. Aber auch in dieser Frage finden wir in FREUD den Meister vorsichtiger Zurückhaltung, der beobachtend abwägt. In seiner Arbeit „Wege der psychoanalytischen Therapie" ging er auf den Streit um die Rolle der Pädagogik in der Psychoanalyse ein und meinte, daß der Einspruch von JONES gegen erzieherische Aktivitäten des Analytikers vielleicht zu schroff ausgefallen sei.

FREUD schrieb: „Wir können es nicht vermeiden, auch Patienten anzunehmen, die so haltlos und existenzunfähig sind, daß man bei ihnen die analytische Beeinflussung mit der erzieherischen vereinigen muß, und auch bei den meisten anderen wird sich hie und da eine Gelegenheit ergeben, wo der Arzt als Erzieher und Ratgeber aufzutreten genötigt ist. Aber dies soll jedesmal mit großer Schonung geschehen, und der Kranke soll nicht zur Ähnlichkeit mit uns, sondern zur Befreiung und Vollendung seines eigenen Wesens erzogen werden." Wir vergessen neben diesem Ausspruch freilich nicht, daß FREUD mehrfach seine Ansicht ausdrückte, daß der erzieherische Ehrgeiz des Analytikers ebenso unzweckmäßig sei wie der therapeutische. Jede Ungeduld, die den Analytiker dazu drängt, seiner Umwelt die eigenen therapeutischen Fähigkeiten aufzuzeigen, wird nach FREUDS wohlbegründeter Ansicht nur zum Schaden des Patienten wirken.

FREUD hat nun neben all diesen Ausführungen über die prinzipielle Arbeitsweise des Analytikers noch einige weitere Ratschläge gegeben, die die Handhabung von besonderen Einzelfragen betreffen: Hierher gehören unter anderem die Empfehlungen zur *Stundenfrequenz*, zur *Bezahlung* und zur *körperlichen Mitbehandlung* des Patienten, wenn eine organische Krankheit im Verlauf der Analyse auftritt.

FREUD hat empfohlen, eine notwendig werdende Mitbehandlung im Verlauf der psychoanalytischen Behandlung an einen nichtanalytischen Kollegen zu übergeben oder — falls möglich — die organische Behandlung bis nach Abschluß der psychischen aufzuschieben. Die meisten Analytiker haben — soweit ich sehe — diese Empfehlung aufgegriffen. In der Frage der Bezahlung und der Stundenfrequenz einigten sie sich freilich nicht so leicht. Ja, man kann sagen, daß sie sich hier schließlich in zwei Lager teilten:

Es gab und gibt Analytiker, deren Ausbildung und Tätigkeit von *poliklinischen* Erfahrungen geprägt war. Hier sind vor allem die Kollegen der Berliner Gruppe zu nennen, die — wie ALEXANDER, RADO, KAREN HORNEY oder SCHULTZ-HENCKE — vor der Aufgabe standen, psychisch Kranke aus einer sozial schwachen Bevölkerungsgruppe psychoanalytisch zu behandeln. Die Erfahrungen der poliklinischen Situation lehrten bald, daß der Anwendungsbereich psychoanalytischer Kenntnisse breit ist und eine große Flexibilität der therapeutischen Strategie gestattet. Eine andere Gruppe von Psychoanalytikern arbeitete hingegen als hochausgebildete Spezialisten in einer *psychoanalytischen Privatpraxis*, die FREUDS eigener Arbeitssituation mehr ähnelte als der poliklinische Hintergrund. So ergab es sich, daß gerade diese Psychoanalytiker mit jenen Zitaten FREUDS operierten und argumentierten, die mehr oder weniger auf die Organisation einer Privatpraxis zugeschnitten waren.

FREUD hatte berichtet, daß er selbst ausschließlich das Prinzip des „Vermietens einer bestimmten Stunde" befolgte. Die vermietete Stunde gehörte dem Patienten, und der Patient bliebe für diese Stunde haftbar, auch wenn er sie nicht in Anspruch nehmen könne. FREUD begründete sein Verfahren damit, daß das Versäumen von Stunden andernfalls nur gar zu leicht zum Ausdruck des Widerstandes eines Kranken werden könnte. Im übrigen hatte FREUD angemerkt, daß man die „Schätzung der Behandlung beim Patienten nicht erhöht, wenn man sie sehr wohlfeil gibt". FREUD hatte noch hinzugefügt, daß er sich von dem Wert einer Gratisbehandlung nicht habe überzeugen können. Nach eigener Aussage hat FREUD selbst durch etwa zehn Jahre hindurch täglich eine oder auch zwei Stunden gratis behandelt, habe jedoch nicht die Vorteile gefunden, die er suchte. Im Gegenteil: „Das ganze Verhältnis rückt aus der realen Welt heraus", und die Widerstände des Patienten werden eher fühlbarer als gemindert.

Auf diese Äußerungen FREUDS beziehen sich offenkundig alle jene späteren Diskussionen, in denen mitgeteilt wird, daß der analytische Patient ein „Opfer" zu bringen habe, damit die Therapie wirklich in Gang käme und die immer wieder einmal auftauchenden Behauptungen, daß eine unentgeltliche Behandlung überhaupt keine Erfolge zeitigen könne. Aber die Psychoanalytiker werden — wie jeder lebende Mensch — zum Opfer einer „motivgelenkten Wahrnehmungsauslese". Sie berufen sich auf jene Aussprüche von FREUD, die der eigenen Arbeitssituation angepaßt sind und vernachlässigen andere, denen sie (zu Unrecht) keinen Aussagewert zumessen.

FREUD sagte nämlich sehr eindeutig, daß der Psychoanalytiker „durch die Bedingungen seiner Existenz auf die wohlhabenden Oberschichten der Gesellschaft eingeschränkt" sei. Und niemand wird bezweifeln, daß ein wohlhabender und kapitalkräftiger Patient, der ans Nichstun gewöhnt ist, nicht viel von einer Gratisbehandlung profitieren kann. FREUD hat aber in der gleichen Arbeit, in der er die Gratisbehandlung im großen und ganzen verwirft, („Zur Einleitung der Behandlung") noch ganz andere Formulierungen gefunden. Er sagte: „Natürlich findet man doch gelegentlich wertvolle und ohne ihre Schuld hilflose Menschen, bei denen die unentgeltliche Behandlung nicht auf die hier angeführten Hindernisse stößt und schöne Erfolge erzielt."

Und in diesem Zusammenhang gehören jedenfalls auch FREUDS fast prophetisch anmutenden Worte, die er in der Arbeit „Wege der psychoanalytischen Therapie" niedergelegt hat:

„Irgend einmal wird das Gewissen der Gesellschaft erwachen und sie mahnen, daß der Arme ein ebensolches Anrecht auf seelische Hilfestellung hat wie bereits jetzt auf lebensrettende chirurgische. Und daß die Neurosen die Volksgesundheit nicht minder bedrohen als die Tuberkulose und ebenso wenig wie sie der ohnmächtigen Fürsorge des einzelnen aus dem Volke überlassen werden können. Dann werden also Anstalten oder Ordinationsinstitute errichtet werden, an denen psychoanalytisch ausgebildete Ärzte angestellt sind, um Männer . . . Frauen . . . Kinder durch Analyse widerstands- und leistungsfähig zu erhalten. Diese Behandlungen werden unentgeltlich sein."

Man hätte einem Autor wie NIELS HAAK eine genauere Lektüre FREUDS empfehlen mögen, als er sich zum Thema der unentgeltlichen Behandlungen durch die Versicherungsanstalten äußerte, und man hätte auch KARL MENNINGER (der diesen Autor in seinem Buch ausführlich zitiert) sehr geraten, FREUDS eigene Ansichten zu diesem Problem etwas aufmerksamer zu berücksichtigen. HAAK — ein Schwede — fragte mit allen Anzeichen der Beunruhigung, was wohl aus den schwedischen Patienten werden würde, wenn es passieren sollte, daß der nationale Gesundheitsdienst den größeren Teil der Kosten für die analytischen Behandlungen übernehmen würde. Psychoanalytiker, die in der Bundesrepublik Deutschland arbeiten, könnten ihren Kollegen in Schweden jedenfalls beruhigen: Sofern Patienten (bei richtiger Indikation) von einem gut ausgebildeten Psychoanalytiker behandelt werden, werden sie auch gesund. In der berufstätigen und nicht wohlhabenden Schicht der Bevölkerung bedeutet der regelmäßige Beitrag an die Krankenversicherung und das regelmäßige Einhalten einer Behandlungsstunde (einschließlich der Fahrgeldkosten) ausreichenden Beitrag und ausreichendes „Opfer", um den Heilungsprozeß in Gang zu halten.

Mit der Debatte um die Bezahlung und das eigene Opfer des Patienten verknüpfte sich schließlich auch die Diskussion um die *Stundenfrequenz*. FREUD hatte bekanntlich mitgeteilt, daß sechs Analysestunden pro Woche zu seiner Gewohnheit gehörten, und daß er schon die Unterbrechung durch den Sonntag störend empfände. Nach FREUD könnten nur in fortgeschrittenen Analysen auch drei Wochenstunden ausreichen.

Auch in dieser Hinsicht haben sich die Psychoanalytiker — wie es scheint — in zwei Lager geteilt: Manche behaupteten, daß die „wahre" Analyse nur dann angewendet würde, wenn über mehrere Jahre hinweg mit fünf oder sechs Wochenstunden behandelt worden sei. Aber gerade die poliklinischen Erfahrungen zeigten, daß diese Ansicht irrig war: Alle Berichte aus den ersten psychoanalytischen Polikliniken, die gegründet wurden (Berlin, London, Chikago) bewiesen, daß die Zahl der Patienten, die über mehrere Jahre hinweg mit fünf bis sechs Wochenstunden behandelt worden sind, verschwindend klein blieb. Aus dem Bericht von JONES entnehmen wir, daß in der Londoner Poliklinik insgesamt nur zehn Patienten (mit 675 Behandlungsstunden) drei Jahre lang, weitere vier Patienten mit 900 Therapiestunden in vier Jahren behandelt wurden. Wobei JONES sich zu der etwas heroischen Behauptung verstieg, daß im Grunde nur diese Patienten mit mehr als 900 Behandlungsstunden ein wirkliches analytisches Interesse beanspruchen dürften. Persönlich erscheint es mir nicht sehr sinnvoll, die Definition einer psychotherapeutischen Behandlungstechnik an der verabfolgten Stundenzahl und der *gewählten Stundenfrequenz* zu orientieren. Man sollte sich doch besser auf die ablaufenden *seelischen Prozesse* beziehen. Schließlich ist die psychoanalytische Behandlungsmethode heutzutage sehr verfeinert. Falls nicht die soeben besprochene oral-ausbeuterische Gegenübertragung beim Therapeuten im Spiel ist, kommen wir gewiß in der überwiegenden Zahl der Fälle mit einer geringeren Stundenfrequenz aus und dürfen überhaupt feststellen, daß ALEXANDER recht hat, wenn er eine *flexible Behandlungsmethode*, gegebenenfalls eine *fraktionierte Analyse*, empfahl.

Wie lange die Diskussionen unter den Analytikern über dieses Spezialproblem noch anhalten wird, muß abgewartet werden. Im Augenblick ist nur festzustellen, daß es in der internationalen Literatur noch *keine einzige Befundsammlung* gibt, die mit ausreichender Evidenz die Überlegenheit der Behandlungsergebnisse bei jenen Patienten nachweist, die mehrjährig mit Vier- bis Sechs-Wochenstunden behandelt worden sind. Auch zu diesem Thema mag ein FREUD-Zitat beherzigt werden, ein Zitat, das uns zugleich zum Thema des nächsten Kapitels überleiten soll. FREUD schrieb in seiner Arbeit „Die Handhabung der Traumdeutung in der Psychoanalyse":

„... aber die Antwort auf technische Fragen ist in der Psychoanalyse niemals selbstverständlich. Wenn es vielleicht mehr als nur einen guten Weg gibt, gibt es doch sehr viele schlechte, und eine Vergleichung verschiedener Techniken kann nur aufklärend wirken, *auch wenn sie nicht zur Entscheidung für eine bestimmte Methode führen sollte.*" (Hervorhebung von mir)

c) Beschreibungen, Arbeitshypothesen und „Definitionen" zum interaktionellen therapeutischen Prozeß

Wir haben mit den bisherigen Mitteilungen über den analytischen Heilungsvorgang im Patienten und über die traditionellen Regeln FREUDS zum therapeutischen Verfahren wichtiges Informationsmaterial zusammengetragen. Wir sehen uns jetzt nach brauchbaren Kriterien um, mit deren Hilfe wir verschiedene analytisch orientierte Behandlungsmethoden voneinander abgrenzen können. Zu diesem Zweck stelle ich als erstes einige der wichtigsten Arbeitshypothesen heraus, die die wirksamen Vorgänge beim psychoanalytischen Behandlungsprozeß betreffen, und die wir uns aus den früher beschriebenen Vorgängen ableiten können:

1. „Entlastung" (Katharsis) von bewußten, halbbewußten oder unbewußten Ängsten, Schuldgefühlen oder verhüllten Triebspannungen ist möglich.

2. „Einsicht" als gefühlsgetragener Prozeß und Folge einer zielstrebig herbeigeführten Bewußtseinserweiterung bei einem Patienten ist möglich.

3. „Umlernen" als Ergebnis neuer Gefühlserfahrungen und vertiefter Selbsterkenntnis ist möglich.

4. Entlastungserlebnisse, vertiefte Selbsterkenntnis und Umlernen können die bionegative und pathogene Wirkung früherer krankhafter seelischer Regungen vermindern oder beseitigen.

5. Die eben genannten Prozesse werden unter der Assistenz eines geschulten Therapeuten erleichtert oder überhaupt erst möglich gemacht.

6. Der analytisch geschulte Therapeut nimmt — bei wechselseitiger affektiver Resonanz — an einem Zwei-Personen-Prozeß teil, der dem Patienten unter anderem zu Entlastungserlebnissen verhilft. Der Therapeut strebt beim Patienten eine Erweiterung des Bewußtseinsumfanges an, um den notwendigen Prozeß des „Umlernens" in Gang zu setzen, um neurotische Ängste und Schuldgefühle zu löschen, neurotische Haltungen, Stereotypien und Sekundärverarbeitungen abzubauen und neue Möglichkeiten für Glück und Zufriedenheit zu eröffnen.

7. Im Verlauf dieses Zwei-Personen-Prozesses ist die Beobachtung von Übertragungsreaktionen beim Patienten und ihre sachgerechte therapeutische Verwendung ein wesentliches Hilfsmittel.

8. Ebenso wie die Beobachtung von Übertragungsreaktionen ist auch die Verknüpfung der aktuellen psychodynamischen Konstellation des Patienten mit seiner Lebensentwicklung, seiner Vor- und Frühgeschichte eine wesentliche Voraussetzung für Entlastung und Neuorientierung.

Mit dieser summarischen Zusammenfassung von wichtigen Vorgängen beim therapeutischen Geschehen haben wir uns das Ausgangsfeld für weiterführende sachliche Diskussionen geschaffen. Wir können unser Wahrnehmungs- und Beobachtungstraining aber noch auf anderem Wege beträchtlich verfeinern: Wenn wir verschiedenartige therapeutische Verfahren voneinander abgrenzen wollen, dann empfiehlt es sich, daß wir bei unseren Beschreibungen so weit wie möglich die *Patientenvariablen*, die *Therapeutenvariablen* und schließlich die *Verfahrensvariablen* voneinander absondern. Bei diesem Vorgehen können wir auch hoffen, daß wir der dringend notwendigen, quantitativen Bestimmung wichtiger Faktoren einige Schritte näher kommen. Aber bevor wir die quantitative Einschätzung wichtiger Faktoren im analytischen Heilungsprozeß unternehmen können, muß das komplizierte Kräftespiel, das den psychoanalytischen Behandlungsprozeß ausmacht, möglichst sorgfältig beschrieben sein. Die Psychoanalytiker haben im Verlauf der fortschreitenden Entwicklung sehr verschiedene Wege eingeschlagen, um die sich hier auftürmenden Probleme zu lösen:

FRIEDA FROMM-REICHMANN widmete in ihrem Buch „Prinzipien intensiver Therapie" zunächst ein sehr umfangreiches Kapitel der Persönlichkeit des Analytikers, bevor sie die Einzelheiten im therapeutischen Umgang mit den Kranken näher erörterte. KARL MENNINGER ließ diese Zweiteilung fallen und beschrieb den psychoanalytischen Heilungsvorgang — bezogen auf eine festgelegte Form der Therapie — von Beginn an als einen „Zwei-Personen-Prozeß". Auch RALPH GREENSON nahm das therapeutische Verfahren für gegeben, suchte den „analysierbaren" Patienten und bezeichnete das „Arbeitsbündnis" zwischen dem Patienten und dem Analytiker als ein wichtiges Element in der analytischen Arzt-Patienten-Bezeichnung. Ich werde auf die hierher gehörigen Einzelheiten noch im praktischen Teil zurückkommen. Im Augenblick können wir zur Klärung der Sachverhalte jedenfalls folgendermaßen formulieren:

Die „Patientenvariablen", nach denen wir suchen, sind ganz überwiegend durch die neurotische Charakterstruktur des Patienten bestimmt: Qualität und Mobilität der Strukturelemente des Kranken beherrschen Indikation und Prognose. Die Motivation des Patienten zur Behandlung, seine vielleicht festgelegten und neurotisch arrangierten Lebensumstände (Familie, Beruf, sozialer Status), sein Alter und sein körperlicher Gesundheitszustand müssen beachtet werden.

Bei den „Therapeutenvariablen" spielen zunächst einige Persönlichkeitskonstanten des Analytikers eine Rolle: Humor, emotionale Grundstimmung (Zuversicht oder Pessimismus), Gedächtnis, Einfallsreichtum, Reaktionsgeschwindigkeit, Geschlecht und Alter. Schließlich — spezieller — das vorhandene Wissen, die fachliche Schulung und die (hoffentlich nur noch in Resten) vorhandenen, unbewußten neurotischen Reaktionen, die die Gegenübertragung färben.

Für die in diesem Kapitel geplante Erörterung der „Verfahrensvariablen" muß ich etwas weiter ausholen: Die klassische psychoanalytische Standardmethode war nach meinen früheren Darlegungen dadurch gekennzeichnet, daß der Patient vom Therapeuten abgewandt liegt, daß er zum freien Einfall eingeladen und auf die Grundregel verpflichtet wird. Die Produktion der freien Einfälle beziehungsweise die zugehörigen Assoziationsketten knüpfen sich an die Träume des Kranken, also an jene Phantasieprodukte, die bei der Ausschaltung des Bewußtseins entstehen. Dem Analytiker fällt bei der

Standardmethode die Aufgabe zu, diese freien Einfälle zu sammeln, ihre Bedeutung zu verstehen und dem Patienten in wohldosierten Kommentaren oder Deutungen zu einem vertieften Verständnis seiner eigenen Persönlichkeit zu verhelfen und ihm neue Wege zu angstfreierem Fühlen und Reagieren zu eröffnen.

In dieser Behandlungssituation werden bei dem Kranken die früher beschriebenen „Übertragungsreaktionen" besonders lebhaft mobilisiert und FREUD meinte, daß der Realkonflikt, an dem der Patient ursprünglich erkrankt war, allmählich durch einen Übertragungskonflikt verdrängt wird, so daß der Patient schließlich an Stelle der ursprünglichen Erkrankung die sogenannte „Übertragungsneurose" durchlebt. Damit nimmt nach FREUD die Auseinandersetzung des Patienten mit dem Analytiker stellvertretend jenen Platz ein, den vorher die Auseinandersetzung mit der Realität gehabt hat. Der Psychoanalytiker RANK nannte die analytische Entwicklung des Patienten aus diesem Grund auch einen „artefiziellen Libidoprozeß", bei dem der Analytiker die einmal abgelaufene, schädliche Entwicklung im Leben des Kranken zurückzuspulen sucht, um dann langsam die notwendigen Korrekturen aufzubauen.

Bei der Durchsicht der psychoanalytischen Literatur fällt nun auf, daß die Diskussion um therapeutische Verfahren einige Jahrzehnte hindurch *bewertende* Elemente enthielt. Das alte Wort von FREUD über das „wahre Gold der Analyse", das man mit dem „Kupfer" anderer Verfahren mischen müsse, wirkte fort und trug manches dazu bei, daß sich bei den Psychoanalytikern eine Art von elitärem Gruppenbewußtsein ausbildete, das dafür sorgte, daß alle Abwandlungen der ursprünglich von FREUD angegebenen Technik mit skeptischen Augen betrachtet und für unerlaubt gehalten wurden. Ich selbst möchte diese Wertbestempelung für unterschiedliche therapeutische Techniken aus meinen Darlegungen ausschalten und mich darauf beschränken, meine Leser über jene Behandlungsformen zu informieren, die sich von der klassischen psychoanalytischen Standardmethode (tatsächlich oder nur scheinbar) abheben:

Eine der *wichtigsten Abwandlungen* im therapeutischen Arrangement ergibt sich, wenn der Therapeut seinen Patienten nicht von ihm abgewandt liegen läßt, sondern wenn er mit ihm im persönlichen Gegenüber spricht. Eine weitere wichtige Abänderung der therapeutischen Situation finden wir, wenn der Analytiker den therapeutischen Prozeß *nicht* mit Hilfe von *Traumarbeit* und *freien Einfällen* führt.

Beide Abwandlungen im therapeutischen Arrangement sind von hervorragender Bedeutung: Das Gespräch von Angesicht zu Angesicht bindet den Patienten sehr viel mehr an die Reaktionen des Therapeuten. Außenreize bleiben erhalten, der sogenannte „freie Einfall" kommt (wenn der Patient gelegentlich dazu ermuntert wird) unter ganz anderen Bedingungen über die

Bewußtseinsschwelle, und regressive Tendenzen im Patienten werden eher hintangehalten als gefördert. Die *Interventionen* des Therapeuten bleiben zwar bei allen Abwandlungen der Behandlungstechnik *qualitativ* die gleichen. Es ergeben sich aber beträchtliche Differenzen in der *Häufigkeit*, mit der der Therapeut die eine oder die andere therapeutische Technik verwendet. Zur Vorbereitung für die späteren Ausführungen zur Behandlungstechnik füge ich hier schon einmal eine Aufzählung jener Interventionen und Verhaltensweisen des Therapeuten ein, die dem Analytiker bei der Therapie zur Verfügung stehen:

Wir können eine *erste Gruppe* von Interventionen unterscheiden, bei denen es sich um eine mehr *gefühlshafte Stellungnahme* zum Patienten, seine seelische Verfassung und seine Lebensäußerungen handelt. Der Analytiker kann seinem Patienten zum Beispiel Trost und Aufmunterung, Verständnis oder sogar Anerkennung bieten. Umgekehrt kann er mit einer einschränkenden Stellungnahme reagieren, die die ganze Stufenleiter von leicht skeptisch getönter Reserve bis zur Abwehr und Mißbilligung umfaßt.

Eine *zweite Gruppe* von Interventionen trägt überwiegend die Merkmale einer *pädagogisch* orientierten Haltung des Therapeuten. Diese Interventionen sind primär *nicht* an der unbewußten Dynamik des Patienten orientiert, sondern enthalten Belehrungen und Informationen allgemeiner Art. Auch Vorschläge, Ratschläge oder gar Aufforderungen zu einem bestimmten Verhalten würden hierher gehören, Interventionen also, die einen starken und aktiven Einfluß auf das Verhalten des Patienten nehmen.

Die *dritte Gruppe* der therapeutischen Interventionen wird im allgemeinen zu jenem therapeutischen Instrumentar gezählt, das man im engeren Sinn „analytisch" nennt und das sich mit der neurotischen Problematik des Patienten befaßt. Hierher gehören:

1. Klärende Fragen (um die Aussagen des Patienten zu verdeutlichen).
2. Themenbestimmende Fragen und Kommentare (um wichtige Themen aktiv ins Gespräch zu bringen).
3. Kommentare (Erklärungen, Hinweise, Feststellungen), die sich überwiegend auf den Zusammenhang zwischen den Gefühlen, Impulsen, Trieben, Phantasien des Patienten und seiner Krankheit beziehen (als Vorbereitung auf eine analytische Deutung).
4. Deutungen im engeren Sinn (um die angestrebte Bewußtsseinserweiterung herbeizuführen).
5. Rückgriff auf frühere Themen, Probleme oder Interpretationen (um den Prozeß des Durcharbeitens in Gang zu halten).

Natürlich kann man sich darüber unterhalten, ob eine solche Aufstellung vollständig oder lückenhaft ist und ob es nicht angebracht wäre, sie zu ändern oder zu ergänzen. Es ist auch klar, daß man bei der Inhaltsanalyse einer therapeutischen Stunde rasch feststellen wird, daß *jede* Intervention des Ana-

lytikers eine mehrfache Bedeutung erhalten kann, so daß in einer „klärenden
Frage" zugleich Trost und Aufmunterung liegt, während eine „themenbestimmende Frage" durch den glücklichen Zeitpunkt, in dem sie gestellt
wurde, im Patienten das Gefühl erweckt, gut und richtig verstanden zu werden. Es ist hier auch noch nicht der Zeitpunkt gekommen, die Häufigkeit und
die praktische Bedeutung der verschiedenen Interventionen zu diskutieren
und die zugehörigen Empfehlungen für den Anfänger herauszuarbeiten. Im
Zusammenhang mit den hier angeschnittenen theoretischen Überlegungen
über die Unterschiede zwischen der psychoanalytischen Standardtechnik und
den jeweils denkbaren oder möglichen Abwandlungen, kristallisiert sich uns
zunächst einmal eine andere Überlegung heraus:

Es taucht die Frage auf, ob bei einer Abänderung des therapeutischen
Arrangements, bei dem auf so wichtige Elemente der Standardmethode verzichtet wird, ebenfalls *unbewußtes Material* verarbeitet werden kann, *Übertragungsdeutungen* vorkommen und die Auseinandersetzung mit der eigenen Kindheit und *Vorgeschichte* den Patienten zu vertieftem Selbstverständnis und zur allmählichen Auflösung fixierter neurotischer Charakterzüge
führt. Ich stelle hier schon einmal fest, daß diese Frage ausdrücklich zu
bejahen ist, werde aber auf diese Thematik vor allem im praktischen Teil
eingehen.

Im Augenblick muß ich meine Leser erst einmal mit folgender Situation
vertraut machen: Im deutschsprachigen Raum haben sich inzwischen einige
Begriffe eingebürgert, die als Kennwort dazu dienen sollen, die klassische
Standardmethode von anderen psychotherapeutischen Behandlungstechniken abzuheben: So wird zum Beispiel ganz besonders gern von „Kurztherapie" gesprochen. Oder man unterscheidet „stützende" und „zudeckende"
von „aufdeckender" Behandlung. Das Wort „Beratung" wird gelegentlich
als unvollkommene Übersetzung für das englische „counseling" verwendet
und man bezieht sich dann darauf, daß das „counseling" nach ROGERS im
englischen Schrifttum zu einer allgemein akzeptierten Bezeichnung für ein
besonderes therapeutisches Verfahren geworden ist. In neuerer Zeit spricht
man auch noch von „Konfliktbereinigung", oder man wählt die von BALINT
geprägte Bezeichnung „fokale Therapie". Schließlich haben sich einige Analytiker angewöhnt, von „angewandter Psychoanalyse" zu sprechen. Sie be-
dienen sich damit allerdings einer in meinen Augen etwas unglücklichen
Wortschöpfung, die rasch die Assoziation von der „nicht-angewandten"
oder der „vermiedenen" Psychoanalyse heraufbeschwört.

All diese gebräuchlichen Worte, die — wie gesagt — im deutschsprachigen
Schrifttum die klassische Standardmethode von anderen therapeutischen
Techniken abheben sollen, weisen uns in etwa auf jene Kriterien hin, die
die einzelnen Wissenschaftler wichtig genug nahmen, um sie attributiv in
die Gesamtbezeichnung einzuführen.

Das beliebteste Wort, die „Kurzbehandlung", das sich seit langem so gründlich eingebürgert hat, enthält allerdings einige recht undeutliche Elemente: Hier wird für die zusätzliche attributive Benennung einfach das Faktum verwandt, ob der Heilungsprozeß schnell vor sich geht oder langsam, ob man wenig Zeit braucht oder viel. Die besonderen therapeutischen Variablen treten bei dieser Bezeichnung in den Hintergrund und der seelische Prozeß, der bei dem Patienten in Gang gesetzt wurde, bleibt unbeachtet. Wir sollten dieser Merkmalsbestimmung aber doch *einige Vorbehalte* entgegenbringen. Schließlich lassen sich sehr verschiedene Gründe dafür finden, warum eine Behandlung nach kurzer Dauer beendet wird:

Einmal kann es sich einfach nur um eine *leichte Erkrankung* gehandelt haben, die mit der klassischen Standardmethode rasch geheilt wurde. Die Behandlung kann aber auch deshalb kurz dauern, weil Therapeut und Patient sich mit einem *Notbehelf* zufrieden geben mußten und von vornherein nur auf eine *Teillösung* abzielten. Schließlich gibt es die Möglichkeit, daß der Analytiker über ein *verbessertes Verfahren* verfügt, das — zielgerichtet eingesetzt — rasche Erfolge zeitigt.

Wir müssen jedenfalls bedenken, daß das Kennwort „Kurzbehandlung" seine Geburt ursprünglich der Auseinandersetzung mit der sehr langen Dauer psychoanalytischer Behandlungen verdankt, die für Patienten mit chronischen, sehr fixierten Charakterneurosen notwendig wurden. Man übersah dabei, daß Patienten mit rascher und beweglicher Umstellungsfähigkeit auch schneller von der psychoanalytischen Behandlungstechnik profitieren können, und daß die einleuchtende und leicht faßliche Absonderung des Kriteriums „kurz" gegen das Kriterium „lang" zwar sehr beliebt wurde, unter wissenschaftlichen Aspekten aber doch einigermaßen fragwürdig bleibt.

Etwas anders steht es nun mit den übrigen Attributen, die zur Aussonderung abgewandelter therapeutischer Techniken gefunden wurden: Ich sagte schon, daß „beratende" oder „stützende" Therapieformen gern in Gegensatz zur „aufdeckenden" Behandlung gesetzt werden. Dem Inhalt nach unterstellt man bei solchen Formulierungen, daß die Patienten im Verlauf der beratenden oder stützenden Behandlung vergleichsweise *weniger* Interpretationen über unbewußte Tendenzen und Wünsche erhalten, als bei aufdeckenden Verfahren, und daß der Therapeut vor allem danach strebt, jene Kompensationsmechanismen zu stärken und zu stützen, die die erkrankte Persönlichkeit bislang ausgebildet hat: Etwa indem eine langjährig gepflegte — aber erschütterte — neurotische Leistungshaltung erneut zur Beschwichtigung von Lebensängsten herangezogen wird. Oder daß man eine zeitweilig zusammengebrochene neurotische Weltanschauung vorsichtig wieder in ihre Schutzfunktion einführt.

Schließlich wurde noch die Bearbeitung von umschriebenen Konflikten im Leben eines Patienten mit Hilfe von „fokaler Therapie" oder „Konfliktbereinigung" von der „echt analytischen" Therapie abgehoben. Man nahm dann unter anderem an, daß die Herstellung einer „Übertragungsneurose", wie sie die klassische Standardmethode anstrebt, *nicht* gesucht wird, so daß die Therapie auch nicht um den künstlich erzeugten Übertragungskonflikt zentriert werden kann.

Tatsächlich wurde es für die Psychoanalytiker zu einem bedeutenden Diskussionspunkt, ob und in welchem Ausmaß eine „Übertragungsanalyse" auch bei „fokaler Therapie", bei „stützenden" Behandlungsformen oder bei sonstigen „Kurzbehandlungen" eine Rolle spielt. Nach Ansicht vieler Analytiker führen die meisten Abwandlungen vom therapeutischen Arrangement der klassischen Standardmethode zu Therapieformen, die „nur" beratend, nur stützend oder nur zudeckend sind. Diese Ansicht muß allerdings sehr in Zweifel gezogen werden! Die oben beschriebenen Abwandlungen der therapeutischen Situation schließen die Bearbeitung von unbewußtem Material und von Übertragungsreaktionen *nur dann aus, wenn der Therapeut diese Möglichkeiten nicht beherrscht.* Wie ich später an Einzelfällen beschreiben werde, ist auch bei der Abwandlung der Standardtechnik die Bearbeitung von unbewußtem Material nicht nur möglich, sondern *notwendig.* Das gleiche gilt für die Beachtung und Handhabung der Übertragungsreaktionen. BALINT selbst, auf den die Bezeichnung „fokale Therapie" zurückgeht, hat jedenfalls nie etwas anderes im Sinn gehabt als eine Behandlungsform, die auch die *Bearbeitung von Übertragungsreaktionen mit einbezieht.*

Wie es scheint, stehen wir hier vor einem echten Dilemma: Man könnte fast sagen, soviel Analytiker, soviel Ansichten! Der schwierige gordische Knoten läßt sich aber etwas lockern, wenn wir im Folgenden zur Beschreibung der qualitativen Elemente noch den quantitativen Faktor hinzufügen. Kein anderer als ROGERS gab uns hier ein Beispiel:

In seinem Buch „Counseling and Psychotherapy" hat er bereits 1942 die quantitative Auszählung von qualitativen Elementen unternommen, um auf diesem Weg die sogenannte „direktive" von der „nicht-direktiven" Behandlungsmethode abzuheben. Ich berichte, welche charakteristischen „Verfahrensvariablen" ROGERS seinerzeit beschreibend herausgehoben hat, um dann die Häufigkeit auszuzählen, mit der das definierte therapeutische Verhalten im Verlauf einer Behandlungsstunde auftauchte. Der ermittelte Wert konnte dann von ihm als Zahlenangabe hinter das bezeichnete Verfahren gesetzt werden.

Nach ROGERS war das „direktive" Verfahren durch folgende charakteristische Verhaltensweisen gekennzeichnet:

1. Der Therapeut stellt sehr spezifische Fragen, deren Antwort auf ja oder nein beschränkt bleiben. (34,1)

2. Der Analytiker gibt Informationen oder Erklärungen, die mit dem Problem der Behandlung verknüpft sind, oder er diskutiert diese Probleme insgesamt. (20,3)

3. Der Therapeut wählt das Thema des Gesprächs, wenn er auch die Entwicklung dem Patienten überläßt. (13,3)

4. Der Therapeut empfiehlt dem Patienten Aktivitäten. (9,4)

5. Der Therapeut stellt den subjektiven Inhalt dessen, was der Patient gesagt hat, heraus. (6,1)

6. Der Therapeut überredet den Patienten, bestimmte vorgeschlagene Aktionen zu unternehmen. (5,3)

7. Der Therapeut weist auf Probleme hin, die eine Änderung benötigen. (3,7)

Bei einem „nicht-direktiven" Verfahren erbringt die Inhaltsanalyse sowohl qualitativ wie quantitativ andere Elemente:

1. Der Therapeut bringt in irgendeiner Form sein Verständnis für die Haltungen oder die Gefühlslage, über die sich der Patient ausgesprochen hat, zum Ausdruck. (10,3)

2. Er interpretiert Gefühle oder Verhaltensweisen, die durch allgemeines oder spezifisches Verhalten oder frühere Mitteilungen zum Ausdruck gekommen sind. (9,3)

3. Er wählt das Thema des Gesprächs, überläßt jedoch die Entwicklung dem Patienten. (6,3)

4. Er erkennt den subjektiven Inhalt dessen, was der Patient gerade gesagt hat. (6,0)

5. Der Therapeut fragt sehr spezifische Fragen, bei denen die Antworten auf ja oder nein oder spezifische Informationen beschränkt sind. (4,6)

6. Er gibt Informationen oder Erklärungen, die mit dem Problem der Behandlung verknüpft sind. (3,9)

7. Er definiert die Situation des Behandlungsgesprächs, indem er die Verantwortlichkeit des Patienten herausstellt. (1,9)

Ein solcher Vergleich ist hochinteressant! ROGERS wollte seine Kollegen dazu anhalten, ihr eigenes therapeutisches Vorgehen in Form einer „Inhaltsanalyse" zu überwachen. Wie wir dabei sehen, sind einige der direktiven Verhaltensweisen beim nicht-direktiven Verfahren *völlig unbrauchbar*. (Punkt vier: „Der Therapeut empfiehlt dem Patienten Aktivitäten" und Punkt sieben: „Der Therapeut weist auf Probleme hin, die eine Änderung benötigen"). Das therapeutische Verfahren, das beim direktiven Verfahren an erster Stelle der Rangordnung auftaucht, steht beim nicht-direktiven Verfahren auf Platz fünf („Der Therapeut fragt sehr spezifische Fragen, bei denen die Antwort auf ja oder nein zu beschränken ist"). Die unter Punkt zwei des direktiven Verfahrens aufgeführten Verhaltensweisen sind im nicht-direktiven Verfahren auf die sechste Stelle gerückt. Der nicht-direktive Therapeut bevorzugt hingegen an *erster Stelle* die Verhaltensweisen, die beim direktiven Therapeuten *gar nicht vorkommen*. („Der Therapeut bekundet sein Verständnis für die Haltung und die Gefühlslage des Patienten und interpretiert Gefühle und Verhaltensweisen, die zum Ausdruck kommen"). Lediglich bei Punkt drei decken sich beide Verfahren. Allerdings auch nur inhaltlich und nicht in der Häufigkeit ihrer Verwendung („Der Therapeut wählt das Thema des Gesprächs, überläßt jedoch die Entwicklung dem Patienten").

Und einen besonders subtilen Unterschied erkennen wir, wenn wir das nicht-direktive Verfahren, das unter Punkt vier bezeichnet wurde, mit dem analogen Verhalten des direktiven Therapeuten vergleichen, das beim dirigierenden Verfahren an die fünfte Stelle gerutscht ist. Einmal heißt es: „Der Therapeut erkennt den subjektiven Inhalt dessen, was der Patient gesagt hat". Der dirigierende Behandler hingegen „stellt den subjektiven Inhalt dessen, was der Patient gesagt hat, heraus". Hier beschreibt ROGERS in kluger und scharfsinniger Weise, daß es einen großen Unterschied ausmacht, ob ein Therapeut einfach durch produktives Zuhören das subjektive Problem des Patienten *erfaßt*, es aber *nicht* selbst verbal zur Sprache bringt, weil er auf die Wirkung der nicht-verbalen Kommunikation vertraut. Oder aber, ob ein anderer Behandler „*herausstellt*", was er selbst verstanden hat — das Problem also aktiv verbalisiert —, so daß sich der Patient mit dem auseinandersetzen muß, was sein Therapeut in Worte gefaßt hat.

Es ist nun nicht meine Absicht, in diesem Kapitel näher darauf einzugehen, was für oder gegen ein direktives oder nicht-direktives Verhalten spricht. Die Bewertungen, die hier aufkamen, verknüpfen sich recht oft mit allgemeinen weltanschaulichen Vorstellungen. Es wurde angenommen, daß das nicht-dirigierende Verhalten das wertvollere sei, da es den größeren Respekt vor der Autonomie und den eigenen Kräften des Patienten bekundete. Wir werden uns hier vor übereilten Verallgemeinerungen am besten dadurch schützen, daß wir an die Worte FREUDS denken, der davon sprach, daß der Analytiker gelegentlich auch in die Lage kommt, „haltlose und existenzunfähige" Patienten in Behandlung zu nehmen, die ohne ein gewisses Maß an erzieherischen Einflüssen (also einem dirigierenden Verhalten) nicht hilfreich zur Gesundung geführt werden können.

Aber wir nehmen in unsere weiteren Überlegungen die wichtige Feststellung mit hinein, daß wir auch bei der analytisch orientierten Therapie sowohl das *qualitative* Element (Inhalt und Form der analytischen Interventionen) wie den *quantitativen Faktor* (Häufigkeit bestimmter Verhaltensweisen) abschätzen müssen. Allerdings sollten wir schon jetzt bedenken, daß so unwägbare Dinge wie Stimmklang, Tonfall oder Wortschatz des Analytikers nur schwer zu quantifizieren und noch schwerer in ihrer therapeutischen Wirkung zu bemessen sind.

Das „Counseling" als ein besonders definiertes therapeutisches Verfahren finden wir als Begriff, beziehungsweise als besondere Methode auch in dem schon früher mehrfach zitierten Forschungsprogramm der Menninger-

Klinik aus der Mitte der fünfziger Jahre wieder. Ich will die Arbeitshypothesen oder Definitionen dieser Forscher kurz referieren. Die beiden Autoren WALLERSTEIN und ROBBINS nahmen an, daß vier verschiedene psychotherapeutische Verfahren gut und unverwechselbar voneinander unterschieden werden können. Sie nannten:

1. Psychotherapeutisches Counseling
2. Unterstützende (supportive) Psychotherapie
3. Expressive Psychotherapie
4. Psychoanalyse

Das psychotherapeutische *Counseling* wurde von den Autoren offenbar ähnlich wie bei ROGERS aufgefaßt. Für die Indikationen zum „Counseling" sollte gelten, daß es immer dann angezeigt sei, wenn ein Patient mit einer im Grunde *gesunden Persönlichkeit* ein Lebensproblem mit pathologischen Reaktionen beantwortet, „weil er jene Faktoren, die er für die Lösung eines besonderen Problems benötigt, nicht erkennt oder nicht weiß". Das Counseling ist nach Ansicht von WALLERSTEIN und ROBBINS demnach für alle Patienten mit „situationsbedingter Fehlanpassung" angebracht, etwa „für falsche berufliche Einordnung im Militärdienst und für einige Eheprobleme".

Die Autoren betonen bei ihren Ausführungen mit einigem Nachdruck, daß ein Patient bei Anwendung des Counseling nicht durch einen „Lernprozeß" gesundet, bei dem lediglich neue Informationen aufgesammelt werden. Es handele sich vielmehr um einen *emotionalen Prozeß* zwischen zwei *aktiv beteiligten* Individuen, bei denen sich beide auf die situationsgebundenen Schwierigkeiten des einen Beteiligten konzentrieren. Zur wichtigsten Aufgabe des Therapeuten gehöre es, dem Patienten zu einem vertiefteren Wissen über den eigentlichen Kern seiner Probleme zu verhelfen, da der Patient die vorliegenden Konflikte immer nur in jener Gewandung beschreiben könne, deren Kenntnis ihm zugänglich sei.

Das Counseling soll den Patienten außerdem dazu befähigen, ähnlich gelagerte Schwierigkeiten wie die aktuellen auch in Zukunft zu meistern, da er im Verlauf des therapeutischen Prozesses gelernt haben könne, wie das zu geschehen habe. Nach Meinung von WALLERSTEIN und ROBBINS braucht der therapeutische Prozeß beim Counseling Zeit, und zwar nicht nur Zeit für die Diagnose und die Klärung des Problems, sondern auch Zeit, um sicherzugehen, daß das vorliegende Problem in allen wesentlichen Aspekten voll verstanden worden ist und sich nicht doch ein ernsthafter neurotischer Konflikt hinter der oberflächlichen situationsgebundenen Schwierigkeit verbirgt.

Die zweite definierte Therapieform, die die beiden Autoren aufgeführt haben, ist die *„unterstützende Therapie"*. Wie schon der Name vermuten läßt, definieren die Autoren die unterstützende Therapie — gleichsinnig, wie auch andere Analytiker — als eine Behandlungsform, „bei der die *Abwehrmechanismen gestärkt* werden", *im Gegensatz* zu jener Therapie, „die die

Abwehrmechanismen *analysiert* und eine *Reintegration* erstrebt". Auch
WALLERSTEIN und ROBBINS führen den *quantitativen* Faktor in die Beschreibung dieser Behandlungstechnik ein: Sie sagen, daß die unterstützende Therapie *hauptsächlichen* und *dauerhaften Gebrauch* von der Stärkung der Abwehrmechanismen macht, wenn sie auch *nicht vollkommen* auf „Katharsis"
und „Abreaktion" *verzichtet*. Katharsis und Abreaktion treten ja nach alter
analytischer Ansicht immer dann auf, wenn entlastende Einsichten in unbewußte Vorgänge gewonnen werden.

Der *Indikationsbereich* der unterstützenden Therapie zerfällt nach den
Darlegungen der Autoren in drei sehr verschiedene Untergruppen:

a) Für im Grunde gesunde Persönlichkeiten, die von einem schwerwiegenden
Problem oder von Angst oder von beidem so überwältigt wurden, daß ihr
optimal wirksames Funktionieren und Verhalten zeitweilig gelähmt ist, und
ihr Problem außerdem offenkundig jenseits des Üblichen liegt. Akute Zustände von Kriegserschöpfung sind ein extremes und dramatisches Beispiel
für besonders belastende Probleme ...

b) Chronische schwere Persönlichkeitsveränderungen mit beträchtlichen
negativen „Ich-Veränderungen" der verschiedensten Art. Hierher gehören
vor allem jene Persönlichkeiten (meist Charakterstörungen) mit zerstörerischen alloplastischen Symptomen. Diese Patienten haben eine sehr niedrige
Toleranz für Ängste und verhindern jede Steigerung dieser Ängste mit Hilfe
ihrer Symptome und der zugehörigen Entlastung von Spannungen. Diese
Patienten sind zur Selbstreflexion entweder „unfähig" oder „unwillig", und
sie sind nicht psychologisch selbstreflektierend eingestellt. Die Behandlung
zielt darauf ab, daß man den Patienten hilft, ihre Impulse in einer sozial
etwas annehmbareren Form abzureagieren, so daß sich die oberflächlichen
Symptome vermindern und die zerstörerischen Konsequenzen des Symptoms bessern.

c) Zur dritten Gruppe, die mit Hilfe der unterstützenden Therapie betreut
werden soll, gehören die „psychotischen Grenzzustände" und die Patienten
mit einem „schwachen Ich". Diese Patienten können „Perioden einer floriden
Psychose gekannt haben. Häufig ist die psychotische Reaktion eine immer
vorhandene Gefahr ..."

Wir hören noch zum Verlauf und *Zeitaufwand* der unterstützenden Therapie, daß unterstützende Therapie *langfristig* ist und *gelegentlich lebenslänglich* benötigt werden kann. (Suchten, Perversionen und psychotische
Grenzfälle werden in dieser Form behandelt.) Allerdings kann es nach Ansicht der Autoren vorkommen, daß die Entwicklung des Patienten oder Veränderungen in seinen Lebensumständen ihn dazu befähigen, auch von anderen Formen der Therapie zu profitieren. Das heißt also, daß die Patienten,
die man zunächst einer stützenden Therapie zuführte, eines Tages vielleicht

der dritten Behandlungsform (der expressiven Therapie) oder der „eigentlichen" Psychoanalyse zugänglich werden.

WALLERSTEIN und ROBBINS haben die *„expressive Psychotherapie"* tatsächlich im wesentlichen gegen das Verfahren der *„Psychoanalyse"* abgegrenzt. Nach Ansicht der Autoren hat die expressive Psychotherapie mit der Psychoanalyse *gemeinsam,* daß sich die Probleme des Patienten in engster Verknüpfung mit *Übertragungsreaktionen* ausdrücken. Der Unterschied der beiden Therapieformen besteht im wesentlichen darin, daß die Übertragungsreaktionen des Patienten jeweils *anders bearbeitet* werden:

Bei der psychoanalytischen Technik werden nach Ansicht der Autoren die Übertragung und der Widerstand bis zurück zu den *frühgenetischen Wurzeln hin analysiert.* Die „expressive Therapie" soll hingegen mit ihren Interpretationen bei der unbewußten Genese des ursprünglichen Konfliktes *haltmachen.* Bei der expressiven Psychotherapie soll die Übertragung des Patienten zwar vom Analytiker beobachtet und auch in seine therapeutische Strategie eingebaut werden. Auch kann der Patient in der Auseinandersetzung mit seinen Übertragungsreaktionen vertiefte Einsichten über sich selbst gewinnen. Der analytische Konflikt wird jedoch nach dieser Definition *nicht* „bis zu seinen frühgenetischen Wurzeln hin analysiert". Nach WALLERSTEIN und ROBBINS ist die expressive Psychotherapie die Methode der Wahl für Patienten . . . „mit der notwendigen Ich-Stärke, Intelligenz und Toleranz für Ängste, die einen schweren, aber verhältnismäßig umschriebenen neurotischen Konflikt haben. Wenn diese Patienten die Verantwortlichkeit für ihre Charakterzüge und Charakterprobleme übernehmen wollen und bereit sind, introspektiv die irrationalen Aspekte ihrer zwischenmenschlichen Beziehungen zu betrachten, dann kann beträchtliche Hilfe gegeben und bedeutende Erfolge erzielt werden, ohne daß man die genetischen Wurzeln der infantilen Frühgeschichte aufzudecken hat" (eigene Übersetzung). Expressive Psychotherapie kann demnach — bei langfristiger Dauer — in einem tiefgreifenden Bemühen um die Charakterprobleme des Patienten gipfeln, sie kann aber auch Anwendung finden, wenn die therapeutische Arbeit nur einem eng begrenzten Bereich der persönlichen Lebensprobleme des Patienten gilt.

Viele meiner Leser werden sich nun überlegen, ob hier nicht eine etwas künstliche und gewaltsame Trennung zwischen sogenannter expressiver Psychotherapie und Psychoanalyse aufgebaut wurde. Ich referiere zunächst einmal, mit Hilfe welcher Merkmale das therapeutische Verfahren definiert wurde, das nach Ansicht der Autoren den Namen „Psychoanalyse" verdient:

Psychoanalyse soll die „Provokation einer regressiven Übertragungsneurose durch einen neutralen Analytiker" sein. Außerdem heißt es: „Die Lösung dieser Neurose kann letztendlich nur durch Techniken der Interpretation erzielt werden. Die Übertragungsneurose ist demzufolge in der Psychoanalyse nicht nur erlaubt, sondern durch das spezielle Arrangement der analytischen Situation verstärkt." Und weiter:

Psychoanalyse sei die Methode der Wahl, wenn „Ich-Stärke, Toleranzfähigkeit für Angst, Intelligenz und die Befähigung, Einsichten zu erwerben, ausreichend entwickelt sind, und wenn der neurotische Konflikt so tief und so ausgedehnt ist, daß eine befriedigende Lösung nach Ansicht des Arztes nur durch die Entwicklung der Übertragungsneurose zustandekommen kann." Der therapeutische Prozeß, der von dieser Forschergruppe Psychoanalyse genannt wird, zeichnet sich also nach dem bisher Referierten durch folgende vier Merkmale aus:

1. Es soll sich eine vollständige Übertragungsneurose entwickeln.

2. Die Interpretation der Übertragungsphänomene geht bis zu den genetisch ältesten Wurzeln zurück.

3. Der therapeutische Prozeß wird letztlich nur durch die Technik der Interpretation in Gang gebracht.

4. Der therapeutische Plan kann sich nicht mehr (wie etwa bei der expressiven Psychotherapie) auf ein umschriebeneres Ziel begrenzen. Die Psychoanalyse ist immer dann angezeigt, wenn der neurotische Konflikt so stark mit der Gesamtpersönlichkeit verflochten ist, daß die therapeutische Ausrichtung auf ein umschriebeneres Ziel ungenügend bleibt.

Meine Leser können aus dem soeben dargebotenen Bericht entnehmen, daß die zitierten Autoren viel Mühe aufgewandt haben, um Licht in die seinerzeit bestehende Verwirrung über „wahre Analyse" und „analytisch orientierte Therapien" zu bringen. Ich füge noch ein, daß KARL MENNINGER diese eben zitierte Definition über „Psychoanalyse" in seinem Buch „Theory of Psychoanalytic Technique" (1958) übernommen hat, und daß wir die gleichen definitorischen Elemente auch in dem späteren Werk von RALPH GREENSON finden (The Technique and Practice of Psychoanalysis, 1967).

Man kann allerdings nicht sagen, daß diese Definitionen ungeteilten Beifall gefunden haben. Sehr viele Psychoanalytiker bemängelten mit gutem Recht, daß die beschriebenen Behandlungstechniken oder Behandlungsmethoden (auch nach Angaben der Autoren) bei *einem einzigen Patienten* im Verlauf seiner Behandlung *mehrfach wechseln* können, so daß damit eigentlich die so mühselig gezogenen Grenzen zwischen den verschiedenen Techniken wieder aufgelöst werden. Ich will daher auch meine Berichte über das Bemühen, die verschiedenen psychoanalytischen Behandlungstechniken genau zu beschreiben oder zu definieren, nicht weiterführen. Die bisherigen Mitteilungen werden meinen Lesern behilflich sein, wenn sie die auftauchenden kontroversen Ansichten über psychoanalytische Behandlungsformen selbständig beurteilen wollen. Meine Angaben wären jedoch unvollständig, wenn ich vergessen würde, jetzt noch einmal auf jenen Beitrag zurückzukommen, den wir BALINT mit seiner Theorie von der „Grundstörung" verdanken:

Ich hatte bereits in einem früheren Kapitel (S. 38 ff.) referiert, wie BALINT den Bereich der „Grundstörung" von dem „oedipalen Bereich" im menschlichen Seelenleben abhebt und daß sich nach seiner Meinung beide Bereiche sowohl durch die Eigenart ihrer Objektbeziehungen wie auch durch die Bedeutung der Sprache als Kommunikationsmittel unterscheiden: Auf der oedipalen Ebene haben die Objektbeziehungen immer die Merkmale eines Dreier-Konfliktes, und die Sprache gibt ein einigermaßen zuverlässiges Verständigungsmittel ab. Bei tief regredierten Patienten herrscht im Bereich der Grundstörung eine ausschließliche Zwei-Personen-Beziehung, die auf nichtverbalem Weg erzeugt und aufrechterhalten wird und die allein unter dem Konzept der „primären Liebe" verstanden werden kann. Damit wird dieser Bereich zugleich der *averbale* oder *prä-verbale* Bereich, in dem Worte kein brauchbares Instrument der Verständigung mehr sind und eher verwirren als helfen.

Für die Behandlung jener Patienten, die die Ebene der Grundstörung — den averbalen Bereich also — erreicht haben, ergibt sich nach BALINT die wichtige Konsequenz, daß Deutungen als therapeutisches Hilfsmittel zurückgestellt werden müssen. Da Deutungen notwendigerweise immer verbal sind, fordern sie intellektuelles Verstehen, Denken oder eine neue Einsicht. Sie können den regredierten Patienten daher nur verwirren oder beunruhigen oder aber ihn verfrüht auf die verbale Stufe zurückdrängen. In jenen Abschnitten der Therapie, in denen ein Patient in den Bereich der Grundstörung regrediert ist, wird es für den weiteren Erfolg der Behandlung wichtig, daß der Therapeut diese Situation versteht und zugleich akzeptiert, daß die verbale Kommunikation kein Hilfsmittel mehr abgibt, sondern daß die Gefühlsbeziehung zwischen ihm und dem Patienten wichtiger geworden ist als das gesprochene Wort. Insofern genügt es dann nach BALINT auch nicht mehr, daß sich der Therapeut einfach mit seinen Deutungen zurückhält. Er muß sich unbedingt auf die eigentümliche Zweier-Beziehung einstellen, die der Patient durchlebt und die je nach dessen Verfassung die Merkmale von oknophilen oder von philobatischen Tendenzen aufweist.

BALINT hält es tatsächlich für einen bedeutenden Teil der therapeutischen Aufgabe, daß der Analytiker für seinen Patienten eine bestimmte Art von Umwelt und sich selbst als ein bestimmtes „Objekt" bereithält. Wobei es nach BALINTS eigener Aussage schwer ist, in Worten zu beschreiben, wie die Stimmung, die Atmosphäre, das Klima eigentlich entstehen, die vom Analytiker als „Umwelt" für seinen Patienten geschaffen werden. Ihrem Wesen nach soll diese Umwelt für den Patienten „still, friedlich, sicher und unaufdringlich sein". Sie muß Teil und Bestandteil einer Objektbeziehung werden, die sich auf nichtverbalem Wege ausbildet und in der (im Sinne der primären Liebe) zwar das Objekt dem Subjekt günstig gestimmt und auf alle seine Bedürfnisse eingestellt ist, umgekehrt aber das Subjekt nicht verpflichtet sein darf, diese Umwelt und dieses Objekt zu beachten, anzuerkennen oder sich gar um sie zu sorgen. BALINT sagt: „Neben einem bedürfnis-erkennenden und vielleicht sogar bedürfnis-befriedigenden Objekt muß der Analytiker auch ein bedürfnis-verstehendes Objekt sein, das darüber hinaus auch imstande sein muß, dieses Verständnis dem Patienten mitzuteilen". Und schließlich meint er zusammenfassend, daß „. . . die Schaffung und Erhaltung einer leistungsfähigen Beziehung vielleicht wichtiger ist als korrektes Deuten".

Ich halte es für richtig, meine Darlegungen über die verschiedenartigen definitorischen Versuche zur psychoanalytischen Behandlungstechnik gerade mit diesem Zitat von BALINT zu beenden. Immerhin wird sich ja der gesamte praktische Teil dieses Buches bevorzugt mit den therapeutischen Möglichkeiten der verbalen Kommunikation befassen müssen. Und wir schützen uns vor einer Überbewertung verbaler Techniken und definitorischer Konstrukte am besten, wenn wir im Sinn behalten, daß die *Eigenart der persönlichen Beziehung* und das *affektive Klima*, in dem die Behandlungsstunden ablaufen, von höchster Wichtigkeit sind, und daß es Phasen der Behandlung gibt, in denen auch eine vollkommen richtige Deutung das Erleben der Patienten verfehlen kann, weil die sprachliche Verständigung versagt.

Auf der anderen Seite brauchen wir uns natürlich auch nicht vollständig entmutigen zu lassen, wenn wir verschiedenartige therapeutische Verfahren beschreibend voneinander abgrenzen wollen. Im folgenden Kapitel trage ich vor, wie wir nach meiner Meinung den Unterschied zwischen verschiedenen analytisch orientierten therapeutischen Verfahren einigermaßen übersichtlich herausarbeiten können.

d) Psychoanalyse und Dynamische Psychotherapie: Ein Vergleich

Wir hatten ja im Verlauf des vorigen Kapitels verstanden, daß der von FREUD angegebene Rahmen für die psychoanalytische Behandlungsmethode nicht auf alle Patienten anwendbar ist, daß wir aber auch in eine nicht enden wollende Verlegenheit geraten, wenn wir die Abwandlung des therapeutischen Verfahrens nur mit Hilfe von einzelnen Attributen kennzeichnen, etwa „kurz", „fokal", „stützend", „zudeckend" oder gar „beratend" und ähnliches. Wir hatten auch verstanden, daß die verschiedenartigen analytisch orientierten therapeutischen Verfahren in der *Zielsetzung* so gut wie alles gemeinsam haben: Sie streben bei dem Patienten die *Entlastung* von neurotischen Ängsten, Schuldgefühlen und unbewußten Triebspannungen an. Sie wollen dem Patienten Zugang zu seinen *unbewußten Seelenregungen* verschaffen und ihm damit zugleich den Abbau pathogener Haltungen, Hemmungen und Stereotypien ermöglichen. Es soll ein Prozeß der vertieften Selbsterkenntnis eingeleitet werden, der neuartige Formen des Fühlens und Denkens, ein *„Umlernen"* im weitesten Sinn, zur Folge hat und der zur Auflösung fixierter neurotischer Einstellungen führt. Bei allen analytisch orientierten Psychotherapien wird also von psychoanalytischem Wissen Gebrauch gemacht, und jedes Verfahren soll sich mit der Affekt- und Triebstruktur der Patienten befassen, soll also im engeren wie im weiteren Sinn *dynamisch* sein.

Im vorigen Kapitel hatte ich bereits ausgeführt, daß wir einen der wichtigsten Unterschiede zwischen der von FREUD angegebenen Psychoanalyse und den abgewandelten Verfahren der dynamischen Psychotherapie in der Form finden, in der das vom Patienten beigebrachte Material gesammelt wird. Wir können uns also für den jetzt angestrebten Vergleich mit gutem Nutzen an den hierher gehörigen Kriterien orientieren und folgende Fragen formulieren:

1. Wie wird bei den verschiedenen therapeutischen Verfahren das vom Patienten beigebrachte Material gesammelt?

2. Wie geht der Analytiker mit diesem Material um?

3. Welche interaktionellen Prozesse spielen sich zwischen dem Patienten und dem Analytiker ab?

Wenn wir uns unser Beobachtungsfeld in dieser Form gliedern, dann erarbeiten wir uns ohne besondere Mühe eine klare Übersicht über Gemeinsamkeiten und Unterschiede bei dem jeweils angewandten therapeutischen Verfahren. Ich nenne zunächst die Gemeinsamkeiten: Für alle Verfahren ist immer gemeinsam, daß der Therapeut — um mit BALINT zu sprechen — „Zeit und Atmosphäre bereithält" und sich als „bedürfnis-erkennendes", „bedürfnis-verstehendes", gelegentlich auch „bedürfnis-befriedigendes" Objekt anbietet. Bei allen therapeutischen Verfahren ist es daher ausgemacht, daß nur der Patient wichtig ist, seine Krankheit, seine Probleme, sein Fühlen, Denken und Erleben. Es ist dabei außerdem klar, daß die Tätigkeit des Analytikers eine bezahlte Dienstleistung ist, die entweder vom Patienten allein oder von einem Kostenträger oder vom Patienten mit der Beihilfe eines Kostenträgers honoriert wird.

Für alle Verfahren sind weiterhin die verschiedenen Formen *therapeutischer Interventionen* durch den Analytiker *gemeinsam*. Ich erinnere jetzt noch einmal daran, daß ich die möglichen therapeutischen Interventionen des Analytikers in drei Gruppen unterteilt hatte: Einmal die mehr *emotional bewertenden* Stellungnahmen des Analytikers, dem Erleben, Fühlen und Verhalten des Patienten gegenüber. Daneben die mehr *„pädagogischen"* Interventionen (informierend oder beratend) und schließlich jene Interventionen, die man im engeren Sinn die *analytischen Interventionen* nennt, bei denen die unbewußte Dynamik des Patienten angesprochen wird, und klärende oder themenbestimmende Fragen, Kommentare und Deutungen die Hauptrolle spielen. Ich wiederhole außerdem, daß sich die *Qualität* der therapeutischen Interventionen bei den verschiedenartigen therapeutischen Verfahren *nicht* voneinander unterscheidet. Die Unterschiede werden erst deutlich, wenn man die *Häufigkeit* beachtet, mit der die einzelnen Interventionen gebraucht werden.

Insgesamt lassen sich die Unterschiede zwischen den beiden Verfahren anhand der oben aufgeführten Gliederung etwa folgendermaßen kennzeichnen: Bei der psychoanalytischen Standardmethode sammelt der Therapeut das Erlebnismaterial des Patienten in der von FREUD angegebenen Weise: Er fordert seinen Patienten auf, eine von ihm abgewandte Ruhelage einzunehmen und sich zugleich an bestimmte Instruktionen zu halten, die die Traumarbeit, den freien Einfall, beziehungsweise das freie Assoziieren und die Grundregel betreffen. Der Analytiker hat diese Instruktionen dem Patienten in einem Vorgespräch erläutert und mit ihm gemeinsam abgemacht, daß sich die Behandlung in dem festgelegten und abgesprochenen Rahmen vollziehen soll. Diese verabredete analytische Situation fördert dann beim Patienten sowohl die *Übertragungsbindung* wie auch *regressive Tendenzen* und schließlich *spontane Berichte* über die aufkommenden *Übertragungsgefühle*. Der Therapeut arbeitet dabei bevorzugt mit den Phantasieprodukten (Träumen) des Patienten und kann sich in der Regel darauf verlassen, daß die zugehörigen Einfälle nicht nur Erlebnisberichte aus der Gegenwart, sondern auch aus der *Kindheitsperiode* zutage fördern.

Im interaktionellen Prozeß zwischen dem Patienten und dem Analytiker treten die realen Eigenschaften des Therapeuten für den Patienten eher in den Hintergrund, das Auftreten einer Übertragungsbindung ("Übertragungsneurose") wird begünstigt. Der Analytiker seinerseits stellt sich sowohl emotional wie intellektuell auf diese Situation ein. Wichtige Etappen seiner therapeutischen Arbeit bestehen im Verstehen, Klären, Aufzeigen, Interpretieren und schließlich in der Hilfestellung beim Durcharbeiten. Im übrigen beachtet der Analytiker das Aufkommen regressiver Phasen im Verlauf der Behandlung und bedenkt, daß er in solchen Perioden gegebenenfalls verbale Deutungen zurückhalten muß.

In jedem Fall wird das vom Patienten beigebrachte Material *sowohl in der Realität wie in der Übertragung* gedeutet und in den *genetisch-biographischen Zusammenhang* gestellt. Einzelerkenntnisse und isolierte kathartische Erlebnisse genügen nicht. Der Prozeß des Durcharbeitens ist für Reifung und Entwicklung unerläßlich. In bezug auf die Häufigkeit der einzelnen Interventionen kann man sagen, daß „themenbestimmende Fragen" meist überflüssig sind, da der Patient ja zum spontanen Bericht und zum freien Einfall aufgefordert wurde, während Übertragungsdeutungen einen etwas breiteren Raum einnehmen oder einnehmen können.

Im Unterschied zu diesen Merkmalen, die die psychoanalytische Standardtechnik kennzeichnen, lassen sich die Kriterien der „Dynamischen Psychotherapie" folgendermaßen beschreiben:

Der Patient erhält vom Analytiker *keine* umschriebenen Instruktionen über die Art, wie er seine Mitteilungen zu gestalten hat. Er braucht sich also nicht auf bestimmte Regelungen, Abmachungen und Verabredungen einzustellen, die seine eigenen Mitteilungen angehen. Die Behandlung vollzieht sich in einem persönlichen Gespräch von Angesicht zu Angesicht. Insofern werden bei dem Patienten *regressive Tendenzen nicht* gefördert. Ebenso wenig erleichtert die Situation den *spontanen Bericht* von *Übertragungsgefühlen.* Im interaktionellen Prozeß zwischen dem Patienten und dem Analytiker bleibt die Person des Therapeuten für den Patienten also realer und die Übertragungsbindung an ihn wird nicht so stark. Trotzdem wird der Therapeut notwendigerweise auch in dieser Situation zum Objekt von Übertragungsgefühlen und erweckt im Patienten jene charakteristischen Reaktionsschemata, mit denen er bisher sein Leben zu meistern suchte.

Der Therapeut stellt sich natürlich auch bei der Dynamischen Psychotherapie emotional und intellektuell zunächst einmal auf das Material ein, das der Patient *spontan* berichtet. Da man aber auf Traumarbeit und freien Einfall verzichtet, wandelt sich das Verfahren: Wenn die Therapie nicht im Leerlauf stecken bleiben soll, muß der Analytiker die Aufgabe meistern, beim Patienten durch *themenbestimmende Fragen* oder Kommentare aufschlußreiche Mitteilungen über psychodynamisch wichtiges Erlebnismaterial *anzuregen.* Dies gilt vor allem für die Verknüpfung zwischen dem aktuellen Erleben des Patienten und seiner Kindheitsgeschichte, die bei einem so abgewandelten therapeutischen Arrangement sonst nur mit starker Verzögerung oder vielleicht überhaupt nicht ins Gespräch käme. Auch *Übertragungsreaktionen* müssen vom *Analytiker erkannt* und zur Sprache gebracht werden, wenn die therapeutische Situation es erfordert. Auf keinen Fall kann auf Übertragungsdeutungen verzichtet werden.

Über die schwierige Kunst, im richtigen Augenblick (nicht zu oft und nicht zu selten) mit Hilfe von themenbestimmenden Fragen den psychodynamischen Heilungsprozeß in Gang zu halten und auch zur rechten Zeit eine Übertragungsdeutung einzuflechten, werde ich im praktischen Teil dieses Buches noch genauer sprechen. Ich lege aber jetzt schon Wert darauf, einen recht weit verbreiteten Irrtum zurechtzurücken: Man nennt die abgewandelten Formen der Dynamischen Psychotherapie ganz gern auch die „aktiveren" und man hat sich eine Abkürzung des Heilungsvorganges entweder von sehr *frühen Deutungen* oder aber von einer *Reglementierung des Verhaltens* versprochen. Die hier enttäuschten Hoffnungen gaben dann meist den Motor für eine allgemeine Verurteilung aktiver therapeutischer Techniken ab und führten zur Überschätzung der abwartenden analytischen Haltung.

Wenn der Analytiker jedoch genügend Erfahrung und Wissen gesammelt hat, dann kann er insofern *mit viel Gewinn* aktiv werden, als er von sich aus für den Patienten die Verknüpfung zwischen seinem gegenwärtigen Erleben und Fühlen und der zugehörigen Vor- und Frühgeschichte herstellt. *Diese* Form der Aktivität ist nicht nur erlaubt, sondern sogar hilfreich. Sie kann zu durchgreifenden therapeutischen Erfolgen führen, wenn dem

Patienten gleichzeitig die entsprechende *Reifungszeit* gelassen wird. Man erzielt dann also *keine Blitz- oder Kurzheilungen* (jedenfalls nicht mehr als bei der Standardtechnik auch), aber man kann mit einer beträchtlich *geringeren Zahl* an Behandlungsstunden auskommen. Wie gesagt, werde ich über die Chancen und Vorzüge bei dem so abgewandelten therapeutischen Verfahren im praktischen Teil dieses Buches noch ausführlicher sprechen. Zum Abschluß dieses Kapitels gebe ich hier zunächst einmal eine zusammenfassende Tabelle, in der ich die Unterschiede zwischen Psychoanalyse und analytisch orientierter dynamischer Psychotherapie übersichtlich geordnet habe. Diese Tabelle enthält zugleich einen letzten und bislang noch unbesprochenen Hinweis auf die Risiken und Gefahren, die der jeweiligen therapeutischen Methode innewohnen.

Psychoanalyse	Dynamische Psychotherapie
1. Der Patient erhält Instruktionen hinsichtlich Traumarbeit, freiem Einfall und Grundregel.	1. Der Patient erhält *keine* umschriebenen Instruktionen über die Art, wie er seine Mitteilungen zu gestalten hat.
2. Der Patient geht auf die entsprechenden Abmachungen ein und sichert zu, daß er sich nach bestem Vermögen um die Einhaltung dieser Verabredungen bemühen wird.	2. Der Patient braucht sich auf keine Regelungen, Abmachungen und Verabredungen einzustellen, die seine eigenen Mitteilungen angehen.
3. Es wird eine feste Zahl von wöchentlichen Behandlungsstunden abgemacht.	3. Frequenz und Zeitpunkt der Behandlungsstunden liegen nicht fest, sondern werden sehr variabel den Erfordernissen der Therapie angepaßt.
4. Der Patient nimmt eine vom Therapeuten abgewandte Ruhelage ein.	4. Die Behandlung vollzieht sich im persönlichen Gegenüber.
5. Der Therapeut stellt sich auf das *nach bestimmten Regeln* beigebrachte Material des Patienten ein. Er versteht, klärt, zeigt auf, interpretiert und assistiert beim Durcharbeiten.	5. Der Therapeut stellt sich zunächst auf das Material ein, das der Patient spontan berichtet und regt dann im Patienten durch *themenbestimmende* oder *klärende Fragen* den weiteren Bericht über psychodynamisch wichtiges Erlebnismaterial an. Mit diesem — auf jeweilige neue Anregung — gewonnenen Material geht der Therapeut ebenfalls verstehend, klärend, aufzeigend, interpretierend und durcharbeitend um.
6. Das beigebrachte Material wird sowohl in der Realität wie in der Übertragung gedeutet.	6. Das beigebrachte Material wird sowohl in der Realität wie in der Übertragung gedeutet.
7. Die analytische Situation fördert sowohl regressive Tendenzen wie auch Berichte über Übertragungsgefühle.	7. Regressive Tendenzen werden durch die Situation nicht gefördert. Übertragungsgefühle werden selten spontan berichtet und müssen zu therapeutischen Zwecken vom Analytiker zur Sprache gebracht werden.

8. *Risiken und Nachteile des Verfahrens, die sich unter bestimmten Bedingungen einstellen*: a) Die Situation kann die Angsttoleranz des Patienten überfordern. b) Der Patient führt in der Analyse eine Art „Ersatzleben" und baut mit seinem Analytiker eine symbiotische Einheit auf. Durch zu viele Übertragungsdeutungen wird der Patient zu stark an die Person des Analytikers gebunden. Die Therapien verlängern sich unangemessen, bleiben aber trotzdem ergebnislos.

8. *Risiken und Nachteile des Verfahrens, die sich unter bestimmten Bedingungen einstellen*: a) Die Behandlung bleibt zu flach, und wichtige Erlebnisformen des Patienten werden nicht erfaßt. b) Die Therapie wird zu dirigistisch. Der Patient bleibt auf Rat, Trost und Stütze durch den Therapeuten angewiesen.

Mit dieser vergleichenden tabellarischen Übersicht haben wir jedenfalls einen orientierenden Rahmen, der uns später erleichtern wird, Behandlungsverläufe und einzelne Behandlungsstunden bei verschiedenartigen therapeutischen Arrangements zu beschreiben.

C. DIE PRAXIS

I. Prognose, Indikation und therapeutische Planung

a) Vorbemerkung

Mit den nun folgenden Teilen dieses Buches komme ich zur Schilderung der praktisch-therapeutischen Verfahren und zur Beschreibung von konkreten Fallsituationen. Allerdings will ich jene psychodynamisch wichtigen Tatbestände, die die Prognose und die therapeutische Planung betreffen, zunächst einmal in ihren allgemeinen Zusammenhängen erörtern und die zugehörigen Fallbeispiele erst später anfügen. Jeder Patient, dem sein Arzt zu einer psychoanalytischen Behandlung geraten hat, wird schließlich vordringlich wissen wollen, wie es um seine *Heilungsaussichten* bestellt ist, und gerade zu diesem besonderen Thema sind einige grundsätzliche Hinweise angebracht. Dem jungen Analytiker schlage ich dabei vor, sich diesen umfangreichen Problembereich in zwei getrennten Fragestellungen übersichtlich aufzugliedern. Und zwar:

1. Welche Patientenvariablen weisen uns auf günstige oder ungünstige Besserungschancen hin?
2. Wie können wir diese gesuchten Merkmale auffinden, und welche Untersuchungstechnik hilft uns hier weiter?

Die Psychoanalytiker befaßten sich im Beginn ihrer wissenschaftlichen Entwicklung naturgemäß zunächst einmal mit der neurotischen Struktur ihrer Patienten, mit jenen „Patientenvariablen" also, die ihnen die Einschätzung einer Prognose ermöglichten. Im übrigen bezog man Prognose und Indikation zur psychoanalytischen Behandlung ausschließlich auf die von FREUD eingeführte *Standardtechnik*.

Inzwischen haben wir in mehrfacher Hinsicht hinzugelernt:

Einmal wissen wir, daß bestimmte „Therapeutenvariablen" die prognostische Einschätzung eines Krankheitsbildes verformen und verschieben können. *Selektive Wahrnehmung* und (persönlichkeitsgebundene) unterschiedliche Bewertung der verzeichneten Merkmale entfalten ihre Wirkung. Weiterhin haben wir gelernt, daß man die psychoanalytische *Behandlungsmethode* sinnvoll *abwandeln* kann, daß aber auch die Wahl des therapeutischen Mittels nicht allein vom Krankheitsbild des Patienten oder von den „Therapeutenvariablen" bestimmt wird: Die Berufs- und Arbeitsumstände des Therapeuten sprechen bei der Wahl des therapeutischen Mittels ebenso mit, wie die *sozialmedizinischen Regelungen*, die in einem gegebenen Kulturkreis die Anwendung einer psychoanalytischen Behandlung ermöglichen oder behindern.

Die frühesten Aussagen von FREUD selbst über die Indikationen und Gegenanzeigen zu der von ihm eingeführten Behandlungsmethode stammen wohl aus dem Jahre 1904, als er im Wiener medizinischen Doktorenkollegium folgendes vortrug: „1. Man übersehe über der Krankheit nicht den sonstigen Wert einer Person und weise Kranke zurück, welche nicht einen gewissen Bildungsgrad und einen einigermaßen verläßlichen Charakter besitzen. Man darf nicht vergessen, daß es auch Gesunde gibt, die nichts taugen und daß man nur allzu leicht geneigt ist, bei solchen minderwertigen Personen alles, was sie existenzunfähig macht, auf die Krankheit zu schieben, wenn sie irgendeinen Anflug von Neurose zeigen. Ich stehe auf dem Standpunkt, daß die Neurose ihren Träger keineswegs zum Dégénéré stempelt, daß sie sich aber häufig genug mit Erscheinungen der Degeneration vergesellschaftet an demselben Individuum findet.

Die analytische Psychotherapie ist nun kein Verfahren zur Behandlung der neuropathischen Degeneration, sie findet im Gegenteil an derselben ihre Schranke. Sie ist auch bei Personen nicht anwendbar, die sich nicht selbst durch ihr Leiden zur Therapie gedrängt fühlen, sondern sich einer solchen infolge des Machtgebotes ihrer Angehörigen unterziehen. Die Eigenschaft, auf die es für die Brauchbarkeit zur psychoanalytischen Behandlung ankommt, die Erziehbarkeit, werden wir noch von einem anderen Gesichtspunkt zu würdigen wissen.

2. Wenn man sichergehen will, beschränke man seine Auswahl auf Personen, die einen Normalzustand haben, da man sich im psychoanalytischen Verfahren von diesem aus des Krankhaften bemächtigt. Psychosen, Zustände von Verworrenheit und tiefgreifender (ich möchte sagen: toxischer) Verstimmung, sind also für die Psychoanalyse, wenigstens wie sie bis jetzt ausgeübt wird, ungeeignet. Ich halte es für durchaus nicht ausgeschlossen, daß man bei geeigneter Abänderung des Verfahrens sich über diese Gegenindikationen hinaussetzen und so eine Psychotherapie der Psychosen in Angriff nehmen könne.

3. Das Alter der Kranken spielt bei der Auswahl zur psychoanalytischen Behandlung insofern eine Rolle, als bei Personen nahe an oder über 50 Jahre einerseits die Plastizität der seelischen Vorgänge zu fehlen pflegt, auf welche die Therapie rechnet — alte Leute sind nicht mehr erziehbar — und als andererseits das Material, welches durchzuarbeiten ist, die Behandlungsdauer ins Unabsehbare verlängert. Die Altersgrenze nach unten ist nur individuell zu bestimmen; jugendliche Personen noch vor der Pubertät sind oft ausgezeichnet zu beeinflussen.

4. Man wird nicht zur Psychoanalyse greifen, wenn es sich um die rasche Beseitigung drohender Erscheinungen handelt, also z. B. bei einer hysterischen Anorexie."

Diese ersten Aussagen FREUDS haben ihre Gültigkeit sicherlich bis zum heutigen Tage behalten, nur mußten sie allmählich durch systematische und zielgerichtete Untersuchungen ergänzt und verfeinert werden. Es ergab sich folgerichtig, daß man für die Beurteilung von Prognose und Behandlungserfolg die beobachtbaren *Spontanverläufe* einer neurotischen Erkrankung zum Vergleich heranzog. Hier lag in wissenschaftsgeschichtlicher Hinsicht eine recht eigentümliche Situation vor:

Eine bestimmte Gruppe unter den Psychiatern hatte über Jahre hinweg die Ansicht vertreten, daß eine Neurose entweder überhaupt nicht existierte, oder — falls es sie doch geben sollte — in jedem Fall spontan ausheilen würde, gleichgültig, ob man sie behandelte oder nicht. Genauer und etwas zugespitzt formuliert: Einige Psychiater (insbesondere die Hochschulpsychiatrie) behaupteten, daß jeder beobachtete therapeutische Erfolg, der nach einer psychoanalytischen Behandlung zu verzeichnen war, im Grunde doch nur der Ausdruck einer *Spontanheilung* sei und jedenfalls auch *ohne* die Bemühung des Therapeuten zustande gekommen wäre.

Diese Ansicht wurzelte offenkundig in bestimmten Konzepten der alten psychiatrischen Schulen: Man nahm ja auch gleichsinnig (mit umgekehrtem Vorzeichen) an, daß eine schizophrene Psychose nur dann diagnostiziert werden dürfe, wenn der *Verlauf* bestätigte, daß es sich um einen *unheilbaren Prozeß* gehandelt hätte. Wenn man bei einem Patienten einen therapeutischen Erfolg verzeichnete, bei dem zuvor eine schizophrene Psychose diagnostiziert worden war, dann nahm diese Gruppe unter den Psychiatern eher eine *Fehldiagnose* an, als daß sie einen ursächlichen Zusammenhang zwischen den therapeutischen Maßnahmen und der Besserung des Krankheitsbildes in Betracht zog. Das *Gegenstück* zu dieser vorgefaßten Ansicht über den prinzipiell *desolaten, prozeßhaften Verlauf* einer schizophrenen Psychose war die jedenfalls nicht weniger vorgefaßte Annahme, daß alle Neurosen *spontan ausheilen* würden und keiner therapeutischen Einflußnahme bedürften. Oder — noch eindeutiger: Angegebene Heilerfolge nach einer psychoanalytischen Behandlung seien nur durch *Beobachtungsfehler* und durch Fehler in der diagnostischen Einschätzung von Ursache und Wirkung zu erklären.

Zweifellos steckt in dieser extremen Ansicht über die desolaten Prozeßverläufe bei schizophrenen Psychosen einerseits und die sicheren Spontanheilungen von Neurosen andererseits ein kapitaler — wenn auch langjährig kultivierter — Irrtum. Mit Hinblick auf neurotische Erkrankungen wurde dieser Irrtum vielleicht nur deshalb möglich, weil ihm ein gewisser — wenn auch begrenzter — Bestand an empirisch richtigem Wissen zugrunde liegt. Am besten hat wohl KLAUS ERNST die hier vorliegende Situation charakterisiert: Er meinte, daß jene Kriterien, die bei einer neurotischen Erkrankung auf einen positiven Behandlungserfolg hoffen lassen, zugleich auch jene

Kriterien seien, die man verzeichnet, wenn sich die *Möglichkeit* zu einer *Spontanheilung* ankündigt.

Eine solche allgemeine Feststellung ist in der Medizin nichts Ungewöhnliches. Einem tuberkulosekranken Patienten konnte man vor der Aera der Antibiotika auch nur durch die allersorgfältigste Pflege des Organismus helfen. Je widerstandsfähiger der Kranke von Natur aus war, um so größer zeigten sich die Chancen, ihn durch allgemeine körperliche Kräftigung zu retten. Ähnliches darf man natürlich auch für neurotische Erkrankungen annehmen. Je lebendiger, plastischer und erlebnisreicher ein Mensch ursprünglich ist, um so eher wird er spontan mit seiner neurotischen Behinderung fertig werden; um so eher wird er zugleich von einer angebotenen therapeutischen Hilfe profitieren können. Diese Feststellung schließt aber gewiß nicht aus, daß auch reich angelegte Naturen ohne therapeutische Hilfe *bleibende Schäden* erleiden können, und daß (umgekehrt) eher kärgliche und lebensschwache Persönlichkeiten von einer psychoanalytischen Behandlung so entscheidend profitieren, daß sie ihr Leben nach der Therapie besser und gesünder meistern als zuvor.

Klaus Ernst gelangte bei seinen Forschungen über die Spontanverläufe von Neurosen schließlich dazu, seine „allgemeine psychiatrische Prognoseregel" aufzustellen. Er formulierte folgendermaßen:

1. Je „gesünder" beziehungsweise je lebenstüchtiger und begabter die prämorbide Persönlichkeit,

2. je akuter der Krankheitsausbruch,

3. je verstimmter und emotionell aufgewühlter das Zustandsbild ist,

um so günstiger ist sowohl die Syndrom- als auch die Persönlichkeitsprognose.

Umgekehrt:

1. Je abnormer und unbegabter der ursprüngliche Charakter,

2. je gleichgültiger und besonnener die affektive Verfassung des Patienten,

um so ungünstiger ist die Verlaufstendenz des Leidens.

Diese „allgemeine psychiatrische Prognoseregel" läßt sich nach Ernst aus den zahlreichen Publikationen zur prognostischen Einschätzung von Neurosen herauskristallisieren. In besonders engem Zusammenhang steht sie wohl zu der alten Empfehlung von Alexander, der meinte, daß man das gesamte Leben eines Menschen als eine Art „Leistungstest" auffassen dürfe, und daß es wichtig wäre, wie sich ein Patient mit den üblichen „Schwellensituationen" seines Lebens (Schuleintritt, Pubertät, Beginn des Berufslebens, erste Partnerwahl, Ehe, Kinder usw.) auseinandergesetzt hat. Alexander wies bei diesen Überlegungen darauf hin, daß ein Patient, der ein stürmisches Leben mit heftigen Belastungen einigermaßen widerstandsfähig durchgestanden hat, sicherlich über größere persönliche Reserven verfügt als ein anderer Kranker, den schon das erste Liebeserlebnis in Panik stürzte, und dem es immer und unter allen Bedingungen unmöglich gewesen ist, sich in irgendwelchen gegebenen Berufsumständen zurechtzufinden. Ein Patient, der an einer der üblichen „Schwellensituationen" erkrankt, ohne daß besondere strukturspezifische Belastungen zu verzeichnen sind, weist nach ALEXANDER in jedem Fall ausgedehntere neurotische Persönlichkeitsveränderungen auf, als wenn — umgekehrt — ein anderer Patient im Verlauf eines sonst kontaktreichen und auch tätigen Lebens unvermutet in eine „Schicksalsmasche" gerät.

Die enge Verwandtschaft zwischen dieser frühen Empfehlung von ALEXANDER, daß man das Leben eines Patienten als eine Art Leistungstest auffassen möge, und der „allgemeinen psychiatrischen Prognoseregel" von K. ERNST liegt auf der Hand. Für die Arbeitshypothese von ERNST ist allerdings noch wichtig, daß sich diese Regel nicht nur aus den Publikationen zur prognostischen Einschätzung von *Neurosen* ableiten läßt, sondern daß sie in gleicher Weise auch für die *endogenen Psychosen* gilt. ERNST meint wohl sehr zu Recht, daß die von ihm aufgestellten Kriterien für die Besserungsaussichten von psychisch Kranken bei *allen* nicht körperlich begründbaren seelischen Störungen zu finden seien.

Nun darf uns natürlich eine solche hilfreiche und zusammenfassende Feststellung über die allgemeinen prognostischen Kriterien bei neurotischen Erkrankungen nicht daran hindern, die einzelnen „Patientenvariablen", die uns die Einschätzung einer Prognose erlauben, so genau wie möglich zu erforschen und — falls möglich — auch zu quantifizieren. Hinsichtlich der zielstrebigen und systematischen Erforschung von solchen „Patientenvariablen", die das prognostische Urteil bestimmen, kann man das Jahr 1949 als eine Art Wendejahr betrachten. In diesem Jahr fand in der Britischen Psychoanalytischen Gesellschaft ein Symposion über die Kriterien für die Beendigung einer Analyse statt. Auf diesem Symposion gab SYLVIA PAYNE einen kurzen Beitrag, in dem sie folgendes sagte:

„Wir wären sehr viel besser in der Lage, die Kriterien für die Beendigung einer Analyse richtig festzustellen, wenn wir zu diesem Thema eine bestimmte Form der Untersuchung durchführten, in dem wir zum Beginn der Behandlung *eine Prognose fixierten*, um diese dann mit dem schließlich erzielten Behandlungsresultat zu vergleichen." (Eigene Übersetzung)

In dem gleichen Jahr, in dem SYLVIA PAYNE diesen Vorschlag der Britischen Psychoanalytischen Gesellschaft unterbreitete, wurde in der Berliner Arbeitsgruppe um SCHULTZ-HENCKE ein ähnlicher Plan entworfen und schließlich auch durchgeführt. Ein Jahr später, im Jahre 1950, erschien das Buch von GLOVER „Die Technik der Psychoanalyse", in dem er in dem Kapitel „Die Patientenliste des Analytikers" jene Kriterien beschrieb, die die „behandelbaren", die „mehr oder weniger behandelbaren" und schließlich die „unbehandelbaren" Patienten unterschied. Noch einige Zeit später wurde in der Mitte der fünfziger Jahre das schon mehrfach erwähnte Forschungsprojekt der Menninger-Klinik in Angriff genommen. Die beteiligte Forschergruppe arbeitete sogenannte „Patientenprofile" aus, mit deren Hilfe die Eigenart der psychodynamischen Struktur eines Patienten sowohl qualitativ wie quantitativ bestimmt werden sollte. Die verschiedenen Persönlichkeitsvariablen des Patienten wurden in sogenannte „positive Variablen" eingeteilt (Faktoren, die relative Gesundheit und gute Behandelbarkeit ankündigen) und negative Variablen, die (umgekehrt) für eine ungünstige Situation sprechen.

Alles in allem konnte man verzeichnen, daß sich die Erkenntnisse der Psychoanalytiker in den verschiedenen Forschungszentren dieses Faches überwiegend in der gleichen Richtung bewegten: Wie ich schon in dem Kapitel über „definierte Behandlungstechniken" ausgeführt habe, erkannte man, daß die von FREUD angegebene Standardtechnik bei einer bestimmten Gruppe von Patienten *entbehrt* werden konnte, weil psychoanalytisches Wissen — in abgewandelter Form und zielgerichtet eingesetzt — auch mit geringerem Zeitaufwand gute therapeutische Erfolge zeitigte. Umgekehrt wurde deutlich, daß eine andere Gruppe von Patienten durch die psychoanalytische Standardmethode *überfordert* war, so daß entweder vorfristige Behandlungsabbrüche in Situationen eintraten, in denen therapeutische Hilfe bei abgewandelter Technik möglich gewesen wäre. Oder daß diese Standardtherapie *ergebnislos durchgeführt* wurde, obgleich eine abgewandelte Technik zweifellos ihre therapeutischen Chancen gehabt hätte.

Die alte, schon früher zitierte Formulierung von GILL aus dem Jahre 1951 behielt ihre Gültigkeit: „Psychoanalyse ist eindeutig die Methode der Wahl für eine *Mittelgruppe von Patienten*, bei denen das Ich *so ausreichend geschädigt ist*, daß intensive therapeutische Bemühung notwendig wird, *aber doch noch stark genug* geblieben, um Belastungen zu widerstehen."

Wer sich in der psychoanalytischen Literatur über die prognostischen Kriterien bei Neurosen orientieren will, muß allerdings die soeben beschriebene Situation im Sinn behalten: Es gibt Autoren (etwa GLOVER, KARL MENNINGER, RALPH GREENSON), die die psychoanalytische Behandlungsmethode in der früher erörterten *sehr speziellen* Weise definieren und für die sich demnach auch das Problem der „Behandelbarkeit" stark auf eine bestimmte Patientengruppe *einengt*. Vorsichtshalber will ich hier noch einmal darauf hinweisen, daß ich selbst die psychoanalytische Behandlungsmethode nicht in dem sehr engen Sinne verstehe, wie es an der Menninger-Klinik geschieht, oder wie sie etwa von RALPH GREENSON aufgefaßt wird. Nach meinen früheren Ausführungen ist klar, daß ich von psychoanalytischer Behandlung immer dann sprechen werde, wenn man den Patienten zum freien Einfall, zur Einhaltung der Grundregel und zur Traumarbeit auffordert und ihn zugleich — vom Therapeuten abgewandt — eine Ruhelage einnehmen läßt, damit sich die Aktivität des Analytikers dann auf das psychische Material des Patienten einstellen kann, das bei diesem speziellen therapeutischen Arrangement auftaucht.

Allerdings hat es didaktische Vorzüge, wenn ich in dem folgenden Kapitel den wissenschaftlichen Entwicklungsgang der Psychoanalyse berücksichtige, und zunächst einmal jene Patientenvariablen herausarbeite, die die Prognose und die Indikation für die *klassische Standardtechnik* bestimmen. Es wird mir dann später leichter fallen, jene besonderen Merkmale zu beschreiben, die uns zu einer veränderten therapeutischen Strategie veranlassen.

b) Patientenvariablen, die die Prognose bestimmen

Bei der Untersuchung jener Patientenvariablen, die für unsere Prognose von Bedeutung werden, müssen wir in jedem Fall für die einzelnen Merkmale nicht nur ihre besondere *Qualität* — also die Eigenart —, sondern vor allem auch ihre *Mobilität* — die mögliche Veränderlichkeit — einschätzen. Diese Unterscheidung dürfen wir in keinem Fall versäumen! Wir vergessen sonst, daß ein bestimmtes Persönlichkeitsmerkmal (das als solches zu einer ungünstigen Prognose führen würde), bei dem einen Patienten *starr fixiert* sein kann und damit wirklich negativ wirkt, bei anderen Kranken aber beweglich und *veränderbar* ist, so daß es seine ungünstige Wirkung *verliert*. Ich sagte ja schon, daß FREUD selbst bereits darauf hingewiesen hat, daß er Patienten mit einer gewissen „Klebrigkeit der Libido" kennenlernte, die sich nur mit Mühe aus ihren alten Fixierungen lösen konnten, während andere Kranke offenkundig durch eine größere Umstellungsfähigkeit ausgezeichnet waren.

Wir halten demnach fest: Es gibt Menschen, die leicht und solche, die nur schwer in der Lage sind, die Folgen ihrer frühen Kindheitserfahrungen zu löschen, um neue Formen des Fühlens und Reagierens auszubilden. Die *Beweglichkeit* eines neurotischen Charaktermerkmals, die Leichtigkeit, mit der es durch ein neues Verhalten ersetzt werden kann, ist in jedem Fall eine der wichtigsten Eigenschaften, die wir bei *allen* prognostisch relevanten Persönlichkeitselementen auffinden müssen; eine Eigenschaft freilich, die sich nicht immer ganz einfach ausmachen läßt.

Hinsichtlich der *Eigenart* von neurotischen Ich-Veränderungen, die die Behandelbarkeit eines Patienten begünstigen oder beeinträchtigen, haben die Psychoanalytiker inzwischen einen Katalog von Merkmalen gesammelt, der im großen und ganzen von den beteiligten Forschern gleichartig bewertet wird:

Abgesehen vom *Alter des Patienten* und der *Dauer der Symptomatik* hält man an FREUDS früher Beobachtung fest, daß „Verläßlichkeit des Charakters" eine erste und wichtige Voraussetzung dafür ist, daß man überhaupt eine psychoanalytische Behandlung beginnt, und daß man auf ein günstiges Behandlungsergebnis hoffen darf. Wenn wir also die Zuverlässigkeit einer Persönlichkeit im günstigen Sinn registrieren, müssen wir ausgeprägte *Verwahrlosungszüge* und Unzuverlässigkeiten als *belastend* verbuchen. Bekannt ist auch, daß deutliche Tendenzen zu *Passivität, Bequemlichkeit* oder *parasitärer Lebensführung* die Prognose trüben, in jedem Fall weit mehr trüben, als die überkompensatorische, neurotische Aktivität, die zu rastloser Umtriebigkeit führt.

Als besonders ungünstige, sekundäre Schutz- und Abwehrmechanismen erkennen wir dann jene *Rationalisierung* von neurotischen Reaktionsweisen, die die Hilfe von (allgemein akzeptierten oder sektiererhaften) *weltanschaulichen Systemen* in Anspruch nehmen. Dabei ist es mehr oder weniger gleichgültig, ob es sich um politische Ideologien oder um religiöse Überzeugungen handelt. Es verschafft einem Patienten immer tiefe Befriedigungserlebnisse, wenn er sich mit seinen (neurotischen) Reaktionen als akzeptiertes Mitglied einer gleichgearteten Gruppe fühlen kann.

Wird die Zugehörigkeit zu einer weltanschaulich orientierten Gruppe nicht nur mit Hilfe von Rationalisierungen verarbeitet, sondern außerdem zur *Selbstidealisierung* benötigt, dann steht der Therapeut vor noch viel größeren Hindernissen. Ebenso mühselig wird seine Tätigkeit, wenn die Selbstidealisierung des Kranken und sein neurotischer Rückzug von Tätigkeit und Lebensbewältigung mit einem elitären Künstlertum begründet und festgehalten wird, obgleich das vorliegende künstlerische Talent nur flach und dürftig ist.

Dabei benötigen wir nicht allzu viel Scharfsinn, um herauszufinden, daß all diese Reaktionsformen, von denen wir allmählich lernen mußten, daß sie dem psychoanalytischen Heilungserfolg hinderlich entgegenstehen, eines gemeinsam haben: Sie enthalten einen gewichtigen Anteil an *sekundärer Ersatzbefriedigung*, die das tieferliegende neurotische Leid kompensiert und ausgleicht. Und so brauchen wir uns auch nicht zu wundern, wenn ein neurotischer Schutzbau, der ein beträchtliches Element an Befriedigung beherbergt, von dem Patienten auf das Zäheste festgehalten wird.

In diesem Zusammenhang muß ich auch darauf verweisen, daß pathologische Reaktionsformen, wie *Süchte, Alkohol- oder Tablettenabusus* dem Kranken (ähnlich wie *sexuelle Perversionen*) primär Entlastungs- und Befriedigungserlebnisse bringen und erst *sekundär* ein Leidens- und Krankheitsgefühl heraufbeschwören. Die Behandelbarkeit dieser pathologischen Verhaltensweisen wird damit *stark eingeschränkt* — im Grunde so gut wie unmöglich —, denn alle Psychoanalytiker mußten die Erfahrung machen, daß der *sekundäre Leidensdruck* fast kraftlos wirkt, wenn man ihn mit der elementaren Gewalt vergleicht, mit der sich der ursprüngliche Drang nach den neurotischen Befriedigungen und Entlastungen durchsetzt.

Neben den soeben beschriebenen neurotischen Reaktionsformen eines Kranken, die für die prognostische Einschätzung von Bedeutung sind, gibt uns schließlich seine allgemeine *Fähigkeit zur Kommunikation* mit anderen Menschen Hinweise von höchster Bedeutung. Unabhängig nämlich von der Frage, ob die Liebes- und Gefühlsbindungen eines Kranken im einzelnen vielleicht pathologischer Natur sind, *begünstigt jede erhalten gebliebene Möglichkeit, überhaupt Gefühlsbindungen aufzunehmen,* seine Besserungsaussichten. *Je geringer* die kommunikatorischen Fähigkeiten eines Patienten, je weniger Liebeserfahrungen er machte (günstige oder ungünstige), je stärker er sich in die Isolierung zurückgezogen hat, um so unentwickelter ist sein Gefühlsleben geblieben, um so höher müssen wir das Ausmaß an Ängstigung einschätzen, das ihn an der Herstellung beständiger emotionaler Verbindungen hinderte. *Schizoider Rückzug* von der menschlichen Umwelt — bestenfalls aufgefülllt durch einen vagabundierenden Pseudokontakt — wird die Prognose verschlechtern. Jede aufgebaute Gefühlsbindung — mag sie auch pathologische Elemente enthalten — gibt günstigere Chancen zur Neuorientierung. Viele Psychoanalytiker meinen sogar, daß die größte Fehlerquelle für ein allzu optimistisches prognostisches Urteil in der *Unterbewertung schizoider Züge* liegt, die sich hinter einem erhalten gebliebenen, oberflächlichen Pseudokontakt und einer Pseudoanpassung verbergen.

Ich füge hier noch ein, daß ein gewisses Maß an kommunikatorischen Fähigkeiten beim Patienten vor allem dafür benötigt wird, daß er mit seinem Analytiker den „Pakt" (SCHULTZ-HENCKE), das therapeutische Bündnis (BIBRING) oder das „Arbeitsbündnis" (RALPH GREENSON) schließen und im Verlauf einer langfristigen Behandlung auch durchhalten kann.

Haben wir die kommunikatorischen Fähigkeiten eines Patienten einigermaßen richtig eingeschätzt, dann müssen wir für unser prognostisches Urteil schließlich noch das *Kenntnispotential* des Kranken, seine *Lernfähigkeit* und seine *Arbeitshaltung* ergründen: *Konstanz der Arbeitshaltung* ist in jedem Fall ein *hilfreiches Element* für die innere Reifung und Entwicklung eines Patienten. Seine Lern- und Umstellungsfähigkeit ebenfalls.

In anderem Zusammenhang habe ich schon darauf hingewiesen, daß jene Patienten, die — um mit BALINT zu sprechen — eine „oknophile" Klammerhaltung entwickelt haben, über weniger Befähigungen und Fertigkeiten verfügen als ihre „philobatischen" Brüder. Ich wiederhole hier nochmals, daß die Beeinträchtigung der Gesundheit bei beiden Patientengruppen gleich belastend sein kann, daß es therapeutisch aber doch leichter ist, den „Philobaten" von seinen Ängsten vor den feindlichen Liebesobjekten zu befreien, als den „Oknophilen" aus seiner Klammerhaltung herauszulösen: Zur Verselbständigung der Lebensführung gehört schließlich in jedem Fall ein Mindestmaß an Kenntnissen und ausgebildeten Fertigkeiten.

Eines der ungünstigsten prognostischen Elemente findet der Analytiker aber immer dann vor, wenn in seinem Patienten ein *stark verleugneter Ehrgeiz* lebt, der sich mit einer gewissen Passivität oder gar mit parasitär-ausbeuterischen Tendenzen koppelt: Die geheimen Star- und Geltungsphantasien nähren dann bei diesen Patienten eine dauernde morose Unzufriedenheit mit den gegebenen Arbeits- und Berufsumständen, während die unbewußten parasitär-ausbeuterischen Tendenzen gleichzeitig einen realen Arbeits- und Leistungseinsatz verhindern. So kann der betreffende Kranke seine Geltungs- und Machtphantasien weder befriedigen noch abbauen, und es passiert nur allzu leicht, daß die eigene ehrgeizlose Lebensführung weltanschaulich idealisiert, die verhüllten ausbeuterischen Tendenzen aber in die Umgebung hineinprojiziert werden. Der Analytiker muß dann in diesem Bündel von neurotischen Elementen eine ganz besonders unglückliche und hinderliche Kombination bearbeiten.

In bezug auf neurotische Persönlichkeitsmerkmale, die den *Umgang mit Geld und Eigentum* betreffen, darf man wohl sagen, daß neurotisches Sparen und Sammeln unter prognostischen Gesichtspunkten weniger gefährlich und leichter aufzulockern ist, als eine neurotische dranghafte Verschwendungssucht, die eingedämmt werden müßte. Auch beeinträchtigt die neurotische Verlustangst das innere Leben meist nicht so schwer wie neurotische Mißgunst und neurotischer Neid. Genauer gesagt: Neurotische Verlustängste können vom Patienten durch die Entfaltung eigener Aktivität leichter kompensiert und allmählich gelöscht werden, als mißgünstiges und neidisches Fühlen. Es ist schließlich für keinen Menschen — auch keinen gesunden — leicht, sich selber Reaktionen des Neides und der Mißgunst einzugestehen. Bevor sich in einem Kranken nicht ein gewisses Maß an Ich-Stärke ausgebildet hat, darf der Analytiker nicht erwarten, daß sein Patient die Konfrontation mit diesen inneren (negativ bewerteten) Kräften erträgt — es sei denn, der Kranke neutralisiert seine Beschämung durch erregte Selbstbeschuldigungen.

Besonders schwierig wird die Arbeitssituation für den Analytiker schließlich noch in jenen Fällen, in denen Patienten aus neurotischen Motiven dazu gedrängt sind, bei bestimmten Menschen (Haßobjekten) Schulden zu machen, um mit diesem Geld andere Personen zu *beschenken*. Hier erwirbt sich der Patient durch das Beschenken von (meist unterlegenen) Beziehungspersonen flüchtige Befriedigungserlebnisse, die sich dann noch mit jenen masochistischen Befriedigungen koppeln, die durch das Schuldenmachen gesucht und gefunden werden. Die „Ausbeutung" eines „Haßobjektes", das Arrangement von demütigenden Situationen im masochistischen Triumph und schließlich das kurzlebige Überlegenheitsgefühl im Beschenken anderer bilden ein Geflecht von inneren Aktionen und Reaktionen, das meist zu höchst schwierigen äußeren Lebensumständen führt.

Freilich darf sich der Analytiker niemals von dem Gewicht dieser äußeren Folgen für den betroffenen Kranken täuschen lassen: So bedrückend der Patient die Ergebnisse seines eigenen Handelns auch immer erleben mag, die neurotischen Ersatzbefriedigungen, die er sich zu verschaffen weiß, haben trotz (oder mit) ihren destruktiven Konsequenzen fast einen Suchtcharakter.

Der Drang nach ihnen setzt sich durch — gleichgültig, ob das neurotische Verhalten schon in nächster Zukunft unabweisbar Mißhelligkeiten heraufbeschwören wird.

Unabhängig nun von den bisher erwähnten neurotischen Elementen in der Charakterstruktur eines Patienten — von seinen kommunikatorischen Fähigkeiten, dem erworbenen Kenntnispotential und dem neurotischen Umgang mit Besitz und Eigentum — müssen wir für unser prognostisches Urteil schließlich noch einen weiteren entscheidenden Faktor mit berücksichtigen, jenen Faktor, den wir im allgemeinen unter dem Stichwort der *„Motivation"* eines Kranken diskutieren: Die Motivation eines Neurotikers für die psychoanalytische Behandlung wird sehr häufig mit seinem *Leidensgefühl gleichgesetzt.* Man konnte schließlich nicht übersehen, daß der sogenannte „sekundäre Krankheitsgewinn" (etwa ein Rentenanspruch) die Motivation zur Behandlung genau so nachteilig herabdrückt, wie das starke Element an Entlastung und Befriedigung, das in Perversionen oder Süchten aktiv ist. Es sollte in diesem Zusammenhang aber beachtet werden, daß auch das stärkste Krankheitsgefühl eines Patienten nicht ausreicht, um in jedem Fall wirklich die notwendige Motivation für eine psychoanalytische Behandlung auszubilden. Es kommt hier ein weiterer Faktor ins Spiel, den wir im allgemeinen nur sehr unvollkommen umschreiben können: Es geht um die Möglichkeit oder Bereitschaft eines Menschen, sich selbst als entwicklungsfähig zu erleben, um eine innere Verfassung, die dazu neigt, die Verantwortung für die eigene Lebensgestaltung, für den eigenen Lebensplan, für Reifung und Selbstverwirklichung zu übernehmen. Das Gegenstück oder der Gegensatz zu dieser Haltung ist in jenen Menschen aktiv, die sich bevorzugt als das Opfer widriger Umstände, als Spielball übermächtiger Einflüsse und unbekannter Kräfte erleben und die mit dieser Grundhaltung schließlich auch Schwierigkeiten haben, ihren eigenen aktuellen oder chronischen Krankheitszustand als die Folge ihrer behinderten und geschädigten Persönlichkeitsentwicklung zu verstehen.

Die besondere Eigentümlichkeit, die ich hier im Sinn habe — und die in gewisser Weise die Patienten in zwei verschiedene Gruppen unterteilt —, wird eigentlich von allen Analytikern beobachtet und registriert, aber oft unter sehr *verschiedenen Bezeichnungen* in die Debatte eingeführt: Man spricht zum Beispiel von introspektiven Möglichkeiten oder von der Bereitschaft, die *Verantwortung* für die eigene innere Entwicklung zu übernehmen. Man spricht aber auch im gleichen Zusammenhang von *„integrativen Fähigkeiten"* oder man ordnet dieses Problem in den allgemeineren Fragenkomplex der *„Ich-Stärke"* ein. Schließlich beschreibt man auch die Tendenz, die eigenen Probleme zu *„externalisieren"* und meint damit die Neigung mancher Patienten, die äußeren Umstände für die aufgetauchte Krankheit oder die eigenen Reaktionsweisen anzuschuldigen, während gleichzeitig innere Probleme und Konflikte eher *verleugnet* werden.

Wie man diese besondere innere Einstellung eines Kranken im einzelnen bezeichnen will, ist dabei sicherlich nicht von so hervorragender Bedeutung. Dringlich ist vor allem, daß man dieses Bündel von Faktoren, das seine Wirkung entfaltet, sorgfältig genug beachtet und daß wir, wenn wir von der Motivation eines Patienten sprechen, *nicht allein sein Krankheitsgefühl* im Auge haben.

Wichtig ist auch, daß sich der Analytiker in diesem Zusammenhang mit jenen habituellen Haltungen, *Abwehrmechanismen und Übertragungsreaktionen* beschäftigt, die — falls sie auftauchen — dem therapeutischen Prozeß Hindernisse aufbauen: Hier haben wir vor allem gelernt, daß das *„Externalisieren"* (von dem schon gesprochen wurde), das *„Verleugnen"* und *„Verneinen"*, hinderlicher wirkt als die einfache Verdrängung. Wenn sich Verleugnungs- und Verneinungsreaktionen außerdem mit einer hartnäckigen Tendenz zum *Argumentieren* (Vorbeiargumentieren) und Intellektualisieren vereinen, dann sorgt diese ungünstige Kombination von neurotischen Abwehrmechanismen dafür, daß der analytische Entwicklungsprozeß über lange Strecken hinweg blockiert bleibt, oder hier sogar seine endgültige Schranke findet.

Zu den *besonders malignen Übertragungsreaktionen*, die sich unter Umständen als unanalysierbar herausstellen, zählen im übrigen vor allem jene libidinösen Einstellungen der Kranken, denen sich ein starker Anteil an sogenannter „perverser" Trieborientierung beimengt. Wobei nach allen klinischen Erfahrungen die anale Perversion mit Hinblick auf den zugehörigen „analen Sadismus" und auch den analen Trotz schädlicher wirkt, als etwa die eindeutig homosexuelle Übertragung, bei der die analen oder oralen Erlebniselemente nur einen vorübergehenden Einfluß haben. Allerdings bleiben diese besonderen Formen potentieller Übertragungsreaktionen im allgemeinen *unvorhersehbar*. Die betreffenden Patienten gehören häufig zu jener Gruppe schizoider, schwer geschädigter Menschen, denen eine gewisse Pseudoanpassung gelungen ist, hinter der das gefühlsmäßige Vakuum, in dem sie leben müssen, nicht ohne weiteres erkennbar wird. Ganz abgesehen davon, daß anale oder orale Perversionen meist nur mit schwerer Beschämung erlebt und daher kaum im Verlauf der ersten Konsultation mitgeteilt werden. Maligne Übertragungsreaktionen dieser Art werden in der Regel erst im Verlauf der begonnenen psychoanalytischen Behandlung zum Problem.

c) Die Lebensumstände des Patienten

Fassen wir für die Einschätzung der Prognose jetzt noch die äußeren Lebensumstände eines neurotisch erkrankten Patienten ins Auge, dann beschäftigen uns im wesentlichen folgende Faktoren:

1. Die Familienbindungen des Patienten.
2. Die Berufs- und Arbeitssituation.

3. Die finanziellen Verhältnisse.

4. Die Einordnung in den umgebenden kulturellen Raum.

Für all diese „Situationsvariablen" suchen wir natürlich (ähnlich wie bei den Persönlichkeitsvariablen) jene *möglichen Veränderungen* ausfindig zu machen, die für die Gesundung des Patienten hilfreich wären.

Die Modifizierbarkeit pathologischer Bindungen an „Liebesobjekte" folgt dabei einer einigermaßen klaren Rangordnung:

Jugendliche Patienten mit pathologischen Bindungen an ihre Eltern und Geschwister haben lediglich ihre eigenen inneren Probleme zu verarbeiten — Trennungsängste vielleicht —, ohne daß sich zusätzliche äußere Schwierigkeiten auftürmen. Im Zuge der allgemeinen Lebensentwicklung werden sie Eltern und Geschwister eines Tages verlassen. Auch junge Frauen oder Männer, die — *noch unverheiratet* — an einer neurotischen Liebesbindung kranken, stehen lediglich vor inneren, aber vor keinen zusätzlichen äußeren Problemen. Anders natürlich die *verheirateten Patienten*, die eines Tages erkennen, daß ihre Ehewahl unter so destruktiven neurotischen Bedingungen stattgefunden hat, daß die Fortführung dieser Ehe für alle Beteiligten nur Schaden bringen würde. Wobei übrigens zu bedenken ist, daß *ökonomische Verflechtungen* bei gemeinschaftlich geführten Betrieben manchmal schwerer zu lösen sind als die Probleme, die sich durch die wechselseitigen Bindungen an die Kinder aus dieser Ehe ergeben. Liegt der zentrale pathogene Konflikt des Patienten aber in seiner Beziehung zu den *eigenen Kindern*, dann sind äußere Veränderungen der Lebensumstände eigentlich nur in Ausnahmefällen zu arrangieren. In der Regel kostet es größte Mühe und beträchtliche Anstrengungen, wenn eine Mutter ihre Kinder an andere Pflegepersonen abgeben will, um der belastenden Konfliktsituation zu entgehen.

Als weitere Varianten bedenken wir noch, daß wir *partnerlose* Patienten, die in *vorgerücktem Alter* völlig allein leben, anders beurteilen als jene ebenfalls partnerlosen Kranken, die im vorgerückten Alter noch einen Isolierkontakt mit den eigenen Eltern aufrechterhalten haben. Beide Gruppen von Patienten können an ihrer Partnerlosigkeit erkranken, beide Gruppen haben natürlich weit weniger Möglichkeiten, neue Bindungen aufzubauen, als es bei einem jungen Patienten der Fall wäre. Trotzdem müssen wir den Isolierkontakt eines Patienten mit seinen Eltern meist anders bewerten als das unabhängige Leben eines Kranken, das ja entweder sehr gesellig, selbständig und aktiv gelebt wird, oder aber *völlig vereinsamt* abläuft.

Beachten wir die *Arbeits- und Berufsumstände* eines Kranken, dann ziehen wir in jedem Fall die gegebene *Wirtschaftslage* des *kulturellen Raumes* mit in Betracht. Lern- und leistungsgeschädigte Patienten sind in Zeiten der Arbeitslosigkeit schwerer zu behandeln als in Zeiten der Hochkonjunktur. Probleme auf dem Arbeitsplatz lassen sich leichter lösen, wenn ein reichhaltiges Angebot an Arbeitsmöglichkeiten vorliegt und der Patient sich in seinen aktuellen (vielleicht nur neurotischen) Schwierigkeiten dadurch hilft, daß er mit der inneren Phantasie lebt: „Ich kann diesen Arbeitsplatz zu jeder Zeit verlassen". Umgekehrt ist es schwer, in vorgerücktem Alter einen inzwischen veralteten Beruf aufzugeben und mit Hilfe von Umschulungskursen eine neue Tätigkeit zu erlernen und auszuüben.

Die inneren *neurotischen Probleme* eines Patienten, die seine Berufstätigkeit betreffen, liegen natürlich in ganz anderen Bereichen. Ich will hier lediglich — als ein Beispiel von vielen — auf die Probleme einer *ursprünglich neurotisch motivierten* Berufswahl hinweisen, die zu einem Fehlschlag wurde, und die später nicht so ohne weiteres wieder rückgängig gemacht werden kann.

Auch die *finanziellen Verhältnisse* eines Patienten können nicht allein nach der Herkunft und nach dem objektiven Maß der verfügbaren Geldmittel beurteilt werden. Rein äußerlich unterscheiden wir die selbstverdienenden Patienten von den abhängigen Familienmitgliedern. Wir fragen nach den Verantwortungen, die auf den Schultern der Patienten ruhen und untersuchen vor allem, ob für ungeliebte oder gehaßte Familienmitglieder hohe wirtschaftliche Mittel aufgebracht werden müssen. Die Pflicht, Eltern, die sich einmal sehr lieblos gezeigt haben, wirtschaftlich zu versorgen, ist im Augenblick in unserem Kulturkreis eher selten. Häufiger erleben wir, daß eine geschiedene Ehefrau oder Kinder aus früheren Ehen unterhalten werden müssen, so daß die eigene Familie starken Einschränkungen unterliegt. Alle neurotischen Konflikte, die sich dann innerhalb einer solchen Familie um Besitzverteilung und Eigentum entspinnen, sind im Hinblick auf die festgelegten sonstigen Verpflichtungen jedenfalls schwerer auszugleichen als in anderen Familiengruppen, in denen die Beteiligten ihre finanziellen Mittel für sich allein verwenden können.

Über die Einordnung und Zugehörigkeit zum umgebenden *kulturellen Raum* will ich hier keine ausgedehnten systematischen Einzelheiten bringen, da die neurotischen Reaktionsweisen eines Kranken, die aus dieser Quelle stammen, nur selten eindeutig für ein prognostisches Urteil verwertet werden können. Immerhin ist klar, daß sich Patienten, die zu einer religiösen oder nationalen Minorität gehören, anders entwickeln, als jene Menschen, die aus einer alteingesessenen Familie stammen, deren Übergewicht im gegebenen Kulturraum unbestritten ist. Wenn sich zum Beispiel aus den Konflikten, die einer Grenzlandproblematik entstammen, in dem Patienten eine Mischung von Ängstigung, Unterwürfigkeit und starker *Ressentimenthaltung* ausgebildet hat, dann müssen wir diese erworbene Ressentimenthaltung ungünstiger einschätzen als jenes selbstgewisse (wenn auch vielleicht unbegründete) Überlegenheitsgefühl, das wir bei Kranken aus alteingesessenen Patrizierfamilien finden. Wenn die Zugehörigkeit zu einer religiösen Minorität zu *Sektierertum* mit selbstgewählter Isolierung geführt hat und der Patient zugleich ein *elitäres Selbstverständnis* aus dieser Isolierung ableitet, dann sind wir genötigt, dieses neurotische Persönlichkeitsmerkmal auf der Seite der ungünstigen prognostischen Kriterien einzuordnen.

Wir versuchen natürlich hier — wie immer — die Beweglichkeit der beobachteten neurotischen Strukturelemente einzuschätzen, um Anhaltspunkte für die Besserungsaussichten des Kranken zu gewinnen. Haben wir aber für den gleichen Zweck die möglichen Modifikationen der äußeren Lebensumstände des Patienten im Auge, dann müssen wir vordringlich danach fragen, ob dieser Patient *weiterhin* mit starken emotionalen Bindungen *an das alte neurotisierende Milieu geknüpft ist*, oder ob er inzwischen gesündere Lebensumstände gefunden hat. Je stärker ein Patient noch mit jener sozialen Gruppe verbunden blieb, in der er seine alten neurotischen Reaktionen erworben hat, um so schwerer wird er sich innerlich und äußerlich aus diesen Verstrickungen befreien können.

In der zusammenfassenden Rückschau über die Patienten- und Situationsvariablen, die uns bei der Einschätzung einer Prognose lenken, möchte ich jetzt noch folgende wichtige und völlig unentbehrliche Feststellung hervorheben:

Wir haben bei den bisher aufgezählten Merkmalen ganz überwiegend sehr komplexe Begriffe verwandt. Die „Kommunikationsfähigkeit" eines Patienten oder sein „Kenntnispotential" sind ganz sicherlich ebenso vielschichtige Phänomene wie das, was K. ERNST unter der „Begabung" oder der prämorbiden „Gesundheit" eines Kranken aufgeführt hat. Wir dürfen also in keinem Fall verkennen, daß wir zwar für unsere wechselseitige wissenschaftliche Verständigung eine fachliche Abstraktionsleistung angestrebt haben, die uns weiterhilft. Das Resultat einer solchen Abstraktionsleistung (das schließlich mit der Aufzählung einzelner prognostisch relevanter Kriterien erbracht wird) kann aber *keinesfalls* all jene Merkmale erschöpfend einfangen, die die Psychoanalytiker bei ihrer Beurteilung eines Krankheitsbildes *tatsächlich verwerten*. Wenn es auch richtig ist, daß wir im allgemeinen die Besserungsaussichten eines Kranken um so günstiger einschätzen, je akuter das Krankheitsbild ausgebrochen ist, je gesünder der Patient vor dem Krankheitsausbruch war, je höher seine allgemeine Kommunikationsfähigkeit, je beständiger seine Arbeitshaltung oder je umfangreicher sein allgemeines Kenntnispotential ist — es bleibt doch immer übrig, daß sich hinter jedem einzelnen dieser abstrahierenden Begriffe ein sehr komplexes Bündel von Faktoren verbirgt, ein Bündel, das wir oft nur schwer in seine unterschiedlichen Elemente zerlegen und aufteilen können.

Umgekehrt besteht aber auch kein Anlaß dazu, daß wir das Kind sogleich mit dem Bade ausschütten: Wir dürfen festhalten, daß wir bei der Einschätzung einer Prognose nicht völlig führungs- und richtungslos sind, und daß wir über gut verwertbare Kriterien verfügen, die uns sowohl das prognostische Urteil, wie auch die Wahl des therapeutischen Mittels ermöglichen.

d) Das Auffinden der prognostischen Kriterien

(Die biographische Anamnese)

Es wird dabei immer sehr schwer bleiben, den „Zwei-Personen-Prozeß", der sich beim Erheben der biographischen Anamnese zwischen dem Patienten und dem Arzt abspielt, leidlich angemessen und zuverlässig zu beschreiben. Dies vor allem, wenn man auch jene subtilen Vorgänge erfassen will, die wir unter dem Stichwort der initialen Übertragung und Gegenübertragung kennen.

Tatsächlich hängt die glückliche Führung des ersten diagnostischen Gesprächs zu einem guten Teil davon ab, was für eine Atmosphäre der Analytiker schaffen kann und inwieweit es ihm gelingt, den Patienten richtig „einzustimmen". Andererseits genügt eine allgemein günstige Atmosphäre nicht allein, um von dem Patienten die wirklich aussagekräftigen und bedeutungsvollen Informationen zu erhalten. Dem Analytiker fällt beim Erheben der biographischen Anamnese die Aufgabe zu, immer wieder im richtigen Augenblick die notwendigen und passenden Fragen selber zu erfinden, damit er kontinuierlich jene „Reizkonfigurationen" herstellen kann, die in dem Patienten die diagnostisch aufschlußreichen Reaktionen auslösen. Bei diesem schwierigen Unterfangen schifft der Therapeut gewissermaßen zwischen Skylla und Charybdis: Auf der einen Seite darf er in seinen Patienten nichts hineinfragen, weil er sonst am Ende ein gänzlich falsches Bild von den vorliegenden Problemen gewinnt. Andererseits kann er die Kranken aber auch nicht einfach spontan erzählen lassen. Die psychodynamisch wichtigen Probleme sind ja anfänglich noch verhüllt und dem Patienten selber unbekannt. So ist es nicht einfach, die produktive Leistung, die der Therapeut beim ersten diagnostischen Gespräch erbringt, wirklich zu erfassen. Wir verstehen sie vielleicht am leichtesten, wenn wir bedenken, daß der Analytiker in allen diagnostischen und therapeutischen Situationen gewissermaßen in drei verschiedenen Bereichen denken, fühlen und reagieren muß: Der eine Teil seiner Person ist dem Patienten zugewandt, nimmt dessen Mitteilungen auf und ist Teilhaber eines interaktionellen zwischenmenschlichen Prozesses. In einem anderen Bereich erlebt der Therapeut gleichzeitig eine Art „schöpferischer Regression" im Dienste des Ich und läßt — angeregt durch die Mitteilungen seines Patienten — den gesamten Reichtum an Erfahrungen und Einfällen aufsteigen, über den er verfügt. Schließlich muß der Therapeut aber auch noch in der Lage sein, aktive Gedankenarbeit zu leisten. Unter Verwendung von konkretem Fachwissen hat er, während er zuhört, die notwendigen Urteile und Bewertungen aus seinen Beobachtungen herauszubilden und zugleich diejenigen Fragen abzuleiten, die dem Patienten weiterhelfen, ohne ihn in eine falsche Richtung zu drängen.

Es ist hier nicht meine Aufgabe, hinsichtlich der Verhaltensweisen des Therapeuten allzusehr ins Detail zu gehen. Über die gute oder schlechte

Atmosphäre, die den Zweier-Prozeß beim ersten diagnostischen Interview fördert oder belastet, ist mancherlei geschrieben worden. Wir können die persönliche Ausstrahlung eines Menschen einigermaßen gut beschreiben, wenn wir seinen Blickkontakt, seine Körperhaltung, seine Kleidung und seinen Bewegungsstil, wenn wir Wortwahl und Tonfall beachten. Leider kann man in diesem Bereich nicht allzuviele Ratschläge geben: Auch Analytiker sind Menschen. In guten Stunden mischen sie Ernst, Anteilnahme und wissendes Verständnis mit einem Beiklang von aufbauender Zuversicht. Sind sie von einem langen Arbeitstag erschöpft und müde, vielleicht abgekämpft vom Umgang mit schwierigen Patienten, dann tauchen überkompensierend strenge oder abweisende Züge auf, eine allgemeine Gereiztheit und ähnliches. Man kann die innere Verfassung eines Therapeuten kaum durch wohlgemeinte Empfehlungen verändern. Auch die „schöpferische Regression", die der rationalen Urteilsbildung vorausgeht und die beim Therapeuten zu einem freien Spiel von Einfällen und Assoziationen führt, kann ich nicht lehren. Schließlich wird diese schöpferische Regression auch nur dann produktiv, wenn der Therapeut über ein umfangreiches analytisches Wissen verfügt und darüber hinaus vielfältigen Einblick in menschliche Lebensverhältnisse besitzt.

Aber zum Ziel der Gesprächsführung und zur Eigenart der Fragen, die man stellen kann und darf, will ich einige Ratschläge geben. Die biographische Anamnese soll — wie wir wissen — im wesentlichen folgende drei Elemente enthalten:

1. Die biographisch wichtigen Daten.

2. Die psychodynamisch bedeutungsvollen pathogenen Gefühlskonstellationen.

3. Charakteristische Widerstands- und Übertragungsreaktionen, die voraussichtlich für die geplante Therapie von Bedeutung sein werden.

Für jeden dieser drei wichtigen Bereiche haben wir verschiedene Arten der Fragen und der Gesprächsführung zur Verfügung:

Einmal kann man reine *Sachfragen* stellen, die sich auf konkrete Vorgänge oder Sachverhalte beziehen und die vom Patienten ohne besondere Schwierigkeiten beantwortet werden, sofern er über die fraglichen Daten überhaupt Bescheid weiß. In diesem Zusammenhang gilt es vor allem, daß der Therapeut auch erkennt, *welche Fakten bedeutungsvoll* sind, damit er im geeigneten Moment aus der Fülle des Materials die wichtigen (und anfangs vielleicht unbeachtet gebliebenen) Details heraushebt.

Für die Klärung psychodynamisch wichtiger Gefühlsprobleme schlage ich eine andere Form der Gesprächsführung vor: Ich empfehle „*Auswahlfragen*" und meine damit, daß der Analytiker seinem Patienten *mehrere Möglichkeiten* des Fühlens und Reagierens anderer Menschen in bestimmten

Lebenslagen beschreibt und ihm dann diese bereits verbalisierten Beschreibungen zur Auswahl anbietet, um sich die für ihn selbst darunter passendste auszusuchen.

Dieser Form des Vorgehens schreibe ich große Vorzüge zu, denn für die Klärung undeutlicher Gefühlsprobleme sind direkte Fragen sehr gefährlich. Sie arten nur allzuleicht in Suggestivfragen aus und drängen den Patienten zu Antworten, die seiner wirklichen Verfassung nicht entsprechen und die Lage nur verdunkeln und verfälschen. Wenn der Analytiker sich vor den verlockenden Fallstricken einer Suggestivfrage schützen und gleichzeitig seinem Patienten die Situation erleichtern will, dann kann die Schilderung verschiedenartiger Gefühls- und Reaktionsmöglichkeiten sehr weit helfen: Die Patienten können nachdenken, zögern, auswählen oder sogar jede der angebotenen Möglichkeiten zurückweisen. Sie haben aber zugleich in den bereits verbalisierten Darlegungen eine unschätzbare Starthilfe für die treffendere und bessere Beschreibung des eigenen Problems.

Neben den genannten „Sachfragen" zur Sammlung biographischer Daten und den „Auswahlfragen" zur Klärung undeutlicher Gefühlsprobleme haben wir dann noch eine weitere Orientierungshilfe, die der Therapeut für sich im Verlauf des ersten diagnostischen Gesprächs verwenden kann: Es gibt jenes Verfahren, das unter dem Stichwort „Reiz- oder Probedeutung" — wohl von ALEXANDER — in die Wissenschaft eingeführt worden ist. Probedeutungen sind ein äußerst wichtiges Hilfsmittel, wenn es gilt, die Eigenart der Abwehrmechanismen im Patienten einzuschätzen und seine potentielle Umstellungsfähigkeit zu erkennen. Unter „Probedeutung" versteht man im allgemeinen den Versuch, dem Patienten einen ersten vorsichtigen Hinweis auf seine potentiell vorhandenen unbewußten Konflikte vorzulegen, um aus der Reaktion des Patienten abzulesen, wie er sich im späteren therapeutischen Prozeß verhalten wird. Die Analytiker haben gelernt, daß es Kranke gibt, die bei einer angebotenen Reizdeutung rasch und verhältnismäßig angstfrei ein erstes ahnendes Verständnis dafür ausbilden, daß in der Überlegung des Therapeuten ein Korn Wahrheit stecken könnte. Andere Patienten mobilisieren in der Reaktion auf eine solche Probedeutung die für sie typischen Abwehrreaktionen, mit denen sie sich vor ängstigenden Erschütterungen schützen.

Reizdeutungen dieser Art sind allerdings nur in den Händen von erfahrenen Analytikern ein ergebnisreiches Hilfsmittel. Für den Ungeübten werden sie leicht zu einem falschen Wegweiser und führen dann zu schädlichen Trug- und Fehlschlüssen. Ich werde sogleich einige skizzenhafte Beispiele darlegen, die die „Auswahlfragen" und die „Probedeutungen" etwas illustrieren sollen. Es ist aber ratsam, einen gerafften Überblick über den A b l a u f d e s e r s t e n d i a g n o s t i s c h e n I n t e r v i e w s vorzuschalten, so daß sich daraus auch Hinweise auf die erforderlichen Sachfragen ableiten lassen.

Im allgemeinen gestaltet sich das erste Gespräch mit einem neurotisch kranken Patienten, bei dem die Indikation zur psychoanalytischen Behandlung zur Debatte steht, folgendermaßen:

Man fragt den Patienten zunächst nach seinen *Beschwerden*, wartet die *spontanen* Angaben ab, fragt noch einmal nach weiteren Beschwerden (bietet etwa einige Symptome an, wie Schlafstörung, Appetitstörung, Depressionen, Kopfschmerzen usw.) und erkundigt sich schließlich beiläufig, ob der Betreffende die Überweisung zum Psychotherapeuten für sinnvoll hält, oder ob er dieser Empfehlung einigermaßen ratlos gegenübersteht. Zeigt der Patient Mißtrauen, Abwehr und Verständnislosigkeit, dann sind einige möglichst faßliche Informationen über die Zusammenhänge zwischen Gefühlslage und Organfunktionsstörungen am Platz.

Die nächste Frage an den Patienten würde dann etwa lauten: „Können Sie sich wohl erinnern, wann Ihre jetzigen Beschwerden angefangen haben?". Man erfährt dabei vielleicht, daß einige Symptome neu und akut aufgetreten sind, während andere das Leben schon seit Jahren, wenn auch mit zwischenzeitlichen Besserungen beeinträchtigen. Oder man hört, daß sich das gesamte Krankheitsbild nur sehr allmählich und schleichend ausgebildet hat.

Haben wir es mit einem Patienten zu tun, der über einen akuten Krankheitsausbruch berichtet (nach den Erfahrungen im Institut für psychogene Erkrankungen der AOK Berlin höchstens ein Drittel aller Fälle), dann geht der Therapeut gemeinsam mit dem Patienten auf die Suche nach den wichtigen *Lebensveränderungen*, die sich vor Ausbruch der Erkrankung abgespielt haben. Gelegentlich empfiehlt es sich, dem Patienten bei diesen Überlegungen erst einmal zu erklären, daß ein Leiden, das psychisch bedingt ist, jedenfalls mit seelischen Erschütterungen zusammenhängt und daß daher die Suche nach solchen Lebensveränderungen bedeutungsvoll wird.

Deutlich faßbare Ereignisse im Leben des Patienten werden natürlich rasch aufgefunden: Heirat, Geburt von Kindern, ein Wechsel im Beruf, das Auftauchen eines neuen Vorgesetzten, der Verlust eines günstigen Arbeitsplatzes, beruflicher Aufstieg mit neuen Verantwortungen, finanzielle Einbußen oder gar Gewinne, die die innere Balance stören. Schwieriger ist es, die *verborgenen* Ereignisse zu entdecken, die die Erkrankung ausgelöst haben: Die Heirat oder die Schwangerschaft einer Schwester, die Karriere eines Bruders, Krankheit oder Tod einer „Mutter-Ersatzfigur" können zum auslösenden Faktor geworden sein, ohne daß der Patient auf den Gedanken käme, spontan darüber zu berichten. Verpaßte Chancen, geheime Versuchungen, ein (in seiner Bedeutung verkannter) Strukturwandel in der Familienkonstellation müssen aktiv gesucht und in ihrer Bedeutung für die psychodynamische Verfassung des Patienten verstanden werden. Wir vergessen dabei freilich nicht, daß sowohl die offenkundigen wie die verborgeneren Veränderungen im Leben eines Patienten von der gleichen Gesetzmäßigkeit beherrscht werden: Eine pathogene Bedeutung erlangen solche Lebensveränderungen immer nur in ihrer spezifischen Beziehung zu der psychischen Konstellation, die das Seelenleben eines Patienten charakterisiert: Schließlich heiraten viele Menschen, haben Kinder, wechseln den Beruf, bekommen einen neuen Vorgesetzten oder erleben Liebesenttäuschungen, ohne daß sie je erkranken. *Pathogen* wirken solche Ereignisse immer nur dann, wenn die innere Verfassung des Patienten die *Disposition dafür* geliefert hat: Etwa wenn bei einer Heirat starke Bindungsängste mobilisiert werden. Wenn die Geburt eines Kindes verdrängte Geschwisterkonflikte neu belebt, wenn ein früherer Vorgesetzter als schützende Vaterfigur neurotische Bedürfnisse befriedigte, und der neue Vorgesetzte in dieses Reaktionsschema nicht mehr hineinpaßt. Oder wenn mit dem Verlust eines Quälobjektes (das als Liebesobjekt mißdeutet wurde) von nun an die Abreaktion sadistischer Impulse blockiert bleibt, während der Patient in neurotischer Selbsttäuschung glaubt, er habe einen wichtigen Liebespartner verloren.

Gewiß wäre es nicht sinnvoll, wenn ich im Verlauf dieses Kapitels versuchen wollte, eine systematische Abhandlung aller nur denkbaren auslösenden Versuchungs- oder Versagungssituationen niederzulegen. In meinem Buch über „Psychotherapie bei Kindern und Jugendlichen" ist der umfassende einführende Teil (der fast ein Drittel des gesamten Buches ausmacht) den „Lebensproblemen erwachsener Menschen" gewidmet. Wer sich in dieser Hinsicht im einzelnen orientieren will, findet dort Ausführungen über Berufsprobleme, Besitzverhältnisse, Partnerwahl, Familienleben, den erweiterten sozialen Raum, über Ideal und Ideologie, über neurotische Religiosität, neurotisches Philosophieren und neurotischen Ästhetizismus. Es finden sich dort auch systematische Ausführungen über die wichtigen Faktoren, die beim Erheben einer biographischen Anamnese beachtet werden müssen. Ich möchte mich also in bezug auf diese Probleme hier nicht allzu breit wiederholen. Aber folgende Empfehlungen dürfen in dem vorliegenden Zusammenhang doch wohl nicht fehlen:

Unser neurosenpsychologisches Wissen sollte uns in der Gesprächsführung mit den Kranken zu einem Verständnis darüber verhelfen, wie die *Bindungs-* und *Beziehungspersonen* der *frühen Kindheit* (Vater, Mutter, Bruder, Schwester und andere wichtige Familienmitglieder) im innerpsychischen Leben des Patienten fortwirken, und wie diese alten Beziehungen in den gegenwärtigen Freundschafts- und Liebesbindungen wieder aufleben. Weiterhin sollten wir ein möglichst klares Bild über die erworbene *Wertwelt* und die *frühen Leitlinien* gewonnen haben, die das Kinderleben unseres Patienten bestimmten. In diesem Zusammenhang ist für den Analytiker eine genaue Kenntnis von Kulturen, Subkulturen, landsmannschaftlich oder beruflich getönten Gruppenatmosphären von unschätzbarem Nutzen. Obgleich es sicherlich immer ein gewagtes Unterfangen bleiben wird, die typischen Merkmale eines Kulturkreises herauszuarbeiten oder zu verwerten (die Gefahr unzulässiger Verallgemeinerung ist immer groß), bleibt es doch ein

Unterschied, ob ein Patient in einem unruhigen Geschäftshaushalt oder in einer kleinbürgerlichen Beamtenfamilie aufgewachsen ist, ob seine Eltern Großindustrielle oder Landarbeiter waren, ob sie aus Baden-Württemberg oder Schleswig-Holstein stammten, Flüchtlinge aus Ostpreußen sind oder bayerische Großbauern mit ausgeprägtem Lokalpatriotismus.

Wenn man sich also in diesem Sinn über das Wechselspiel zwischen den aktuellen Lebensumständen des Patienten und seiner innerseelischen Vorgeschichte ein Bild verschaffen will, dann kann man sich etwa an folgendem geistigen Gerüst orientieren:

Nach der Klärung der aktuellen Lebensumstände (Familie, Beruf, Verdienst) fragt man vielleicht (um sich an die Vorgeschichte heranzutasten): „Haben Sie Ihre Eltern noch?". „Stehen Sie noch in regelmäßiger (guter) Verbindung?". „Waren Sie Vaters oder Mutters Tochter?"

Je nach der gegebenen Situation orientiert man sich dann im Gespräch entweder zuerst über die Beziehungen zu Vater und Mutter oder aber über die Stellung in der Geschwistergruppe mit den hier bestehenden Bindungen oder Rivalitäten. Für die Probleme der *Geschwistersituation* ist wichtig: Liebling oder Schwarzes Schaf? Als Ältester verantwortlich für die Jüngeren? Als Mittlerer im Kampf gegen ältere und jüngere Geschwister gleichzeitig? Gehätscheltes Nesthäkchen? Bruderkampf und Schwesternrivalität? Starke libidinöse Bruder-Schwester-Bindung? (Analog libidinöse Bindung von Brüdern oder Schwestern untereinander.)

In bezug auf die *Elternbindung* muß man sich etwa über folgende Probleme klar werden: Starke Identifikation mit der mütterlichen oder väterlichen Lebensführung? Starke libidinöse Bindung an den gleichgeschlechtlichen oder an den gegengeschlechtlichen Elternteil? Objekt ehrgeiziger Pläne der Eltern? Von Mutter (Vater) mit dem *gehaßten anderen Elternteil identifiziert*? („Kommt ganz nach dem Vater, habe Angst, er wird auch kriminell.") Vorzugskind des *schwächeren* Elternteils? Invertierte Eltern-Kind-Konstellation (Mutter sucht Schutz bei den eigenen Kindern)? Abgelehntes Kind unter bevorzugten Geschwistern, das lebenslänglich um Liebe und Zuneigung bettelt usw.?

Wenn man über die allgemeine *Familienatmosphäre* ein Bild gewinnen will und das *Erziehungsverhalten* der Eltern, dann kann man etwa fragen: Haben sich Ihre Eltern wohl gut verstanden? Haben sie im Leben das erreicht, was sie erreichen wollten? Kamen die Eltern aus ähnlichem oder sehr verschiedenem sozialen Milieu? Waren sie streng oder nachgiebig, interessiert oder gleichgültig, prüde oder liberal, geordnet oder verwahrlost?

Zu den *finanziellen Verhältnissen*: War das Leben kärglich oder reichlich, großzügig oder engherzig? Verlust- und Verarmungsangst bei den Eltern? Geizhaltung und Pfennigfuchserei oder Verschwendung, Verwetten und

Verspielen von Vermögen? Sehr unterschiedliches Verhalten der Eltern in bezug auf Geld (z. B. Mutter aus großzügigem Geschäftshaushalt, Vater aus enger Beamtenfamilie)?

Zum Thema der *Liebesbeziehungen* und der *Identifikation mit dem eigenen Geschlecht:* Unbefangen oder ängstlich? Kontaktreich oder Einzelgänger? Starke Sexualtabus? *Für Frauen:* Sehr umworben oder Mauerblümchen? Phallische Tendenzen und deutliche Identifikation mit der männlichen Lebensführung? Attraktiv auf der Basis von ausgeprägtem Narzißmus? Oder wirkliche Zuwendung zum Mann mit dem Wunsch, Männern zu gefallen? Onanie-Schuldgefühle? Große Ängste vor Schwangerschaft und Geburt? Schwangerschaft gewünscht zur Abwehr von Depressionen oder in infantiler Identifikation mit dem gewünschten Kind? *Für Männer:* Starke Onanie-Schuldgefühle? Erste sexuelle Beziehungen, Potenzschwierigkeiten? Leicht Kontakt zu Frauen? Wegläufertendenzen und plötzliche Kontaktabrisse? Manifeste homosexuelle Kontakte? Starke männerbündlerische Orientierung?

Zur Schul- und Leistungsentwicklung: Glatt oder mit großen Schwierigkeiten? Erfolgreich durch Fleiß? Erfolgreich durch „Blenden"? Starke Ehrgeizlinie mit dauernden Rivalitätsgefühlen? Passive Wurschtigkeit? Diskrepanz zwischen ehrgeiziger Leitlinie und *vorhandenem Talent?* Diskrepanz zwischen ehrgeiziger Leitlinie und *realem Einsatz?*

Zur sozialen Gruppe, dem *kulturellen Milieu* und den zugehörigen weltanschaulichen Bindungen: Positiv mit der eigenen sozialen Gruppe identifiziert? Aufstiegsentwicklung oder sozialer Abstieg? Minoritätenproblem? Vertrauende oder mehr intolerant-rigide Religiosität? Flüchtling, Vertriebene, Einwanderer? Arbeiter-, Kaufmanns- oder Akademikerfamilie, Pfarrershaushalt, Kleingewerbebetrieb, Offiziersfamilie usw.?

Falls die betreffenden Patienten verheiratet sind, hat man den individuellen *Liebesbedingungen* nachzuspüren, die zu dieser Ehewahl geführt haben. Man beachtet die Stellungnahme der umgebenden sozialen Gruppe (insbesondere der engeren Familie) und vermerkt, ob die einmal geschlossene Ehe unter Zustimmung oder in Opposition zur engeren Familie geschlossen wurde. Man vergleicht die kulturellen Hintergründe, aus denen beide Ehepartner stammten und vergißt nicht, die ökonomischen Verflechtungen zu durchleuchten, die sich früher bei der Heirat oder im Verlauf der vergangenen Ehejahre eingestellt haben. Hat man den Eindruck, daß der auslösende Konflikt für eine Patientin oder einen Patienten in der Beziehung zu den *eigenen Kindern* wurzelt, dann muß die Gesprächsführung immer ganz besonders vorsichtig sein: Im allgemeinen ist die Frage, ob das Kind erwünscht war oder nicht, fehl am Platze.

In jedem Fall muß der Therapeut zum Abschluß seines ersten orientierenden Gespräches mit dem Patienten ein allgemeines Bild darüber gewonnen haben, wie der Mensch, der jetzt über psychogene Krankheitszeichen klagt, *aktuell lebt.* Mit welchen Beziehungspersonen er verbunden ist, wie sein Tag abläuft und wie die gegebenen Lebensumstände mit den *inneren verborgenen* oder *verdrängten* Hoffnungen, Wünschen und Impulsen im *Widerstreit liegen.* Dieses Wissen um die gegenwärtigen Gefühlsprobleme und Lebensumstände des Patienten sollte der Therapeut mit einer lebendigen, anschaulichen Vorstellung verknüpfen können, unter welchen Bedingungen dieser Mensch großgeworden ist und wie früh erworbene „Liebesbedingungen", „Objektbeziehungen", Werthaltungen, Normen und Reaktionsschemata Spuren hinterlassen und zur gegenwärtigen Lebensgestaltung beigetragen haben. Wenn das Krankheitsbild *akut* ausgebrochen ist, dann müßte im Verlauf der Anamnese deutlich geworden sein, welche äußeren Faktoren im Leben des Patienten ihre spezifische pathogene Bedeutung erlangt haben und wie die vorausgelaufene Lebensgeschichte des Patienten die Disposition dafür geschaffen hat.

Liegen all diese Daten vor, dann sollte es möglich sein, in einer zusammenfassenden Übersicht wichtige Elemente in der Persönlichkeitsstruktur des Patienten klar herauszuarbeiten und einigermaßen zuverlässig abzuschätzen, welche Form der Behandlung angezeigt ist und welche Besserungsaussichten der Patient hat.

Im folgenden gebe ich nun noch die versprochenen Beispiele, mit deren Hilfe ich den Unterschied zwischen mehr oder weniger harmlosen Sachfragen (an lebensgeschichtlich bedeutungsvollen Stellen) und den sehr vorsichtig zu formulierenden Orientierungshilfen („Auswahlfragen") bei undeutlichen Gefühlsproblemen illustrieren will:

Ein 23jähriger Patient kommt mit einer Potenzstörung. Er lebt noch im Haushalt seiner Eltern und berichtet, daß die Ehe der Eltern sehr harmonisch sei. Vater und Mutter verstünden sich gut, beide Eltern seien berufstätig. Streit um Geld gäbe es nicht. Der Vater sei bereit, der Mutter im Haushalt zu helfen, wenn es nötig wäre. Zu diesem Bericht wurde der Patient lediglich durch einige einhelfende, ermunternde Worte veranlaßt, die seine Lebensumstände und die allgemeine Familienatmosphäre betrafen.

Nun frage ich konkret nach den *Berufen* der Eltern und höre, daß der Vater *Heizer,* die Mutter *Fremdsprachenkorrespondentin* in einem größeren Betrieb ist. Hier fällt mir die Diskrepanz im sozialen Milieu beider Eltern auf, und ich halte es für ratsam, einige zusätzliche Informationen einzuholen: „Haben Sie ungefähr eine Vorstellung, was die Eltern verdienen?". Der Patient ist genau informiert: Die Mutter hat netto DM 1600,—, der Vater DM 800,—. Der Patient versichert jetzt spontan: „Aber darüber gibt es keinen Streit". Ich sage hierzu nichts, aber es scheint, daß der Patient den Zweifel, der in mir aufkommt, an meinen Augen abliest. Er fügt wiederum spontan hinzu: „Der Vater nimmt der Mutter alle groben Arbeiten ab. Er wäscht auch seine und meine Wäsche und macht den ganzen Abwasch."

Ich frage jetzt hier nicht weiter. Mit diesen beiden harmlosen Sachfragen nach Beruf und Einkommen der Eltern habe ich mir wichtige konkrete Informationen verschafft, die ich benötige, die mir der Patient aber vermutlich *nicht* spontan mitgeteilt hätte. Ich mache mir an dieser Stelle des Gesprächs eine geistige Anmerkung, daß der Patient einen Vater hat, der in der „Rollenverteilung" der Ehe den wirtschaftlich und sozial schwächeren Part spielt. Ich vermute, daß der Patient Schwierigkeiten in der Identifikation mit diesem „schwachen" Vater hat, vertage aber eine Frage nach solchen *Gefühlsproblemen* auf einen späteren Zeitpunkt. Ist dieser Zeitpunkt gekommen, wähle ich schließlich eine *andere Form*:

„Nach allem, was Sie mir bisher erzählt haben, bin ich nicht ganz sicher, ob Sie selbst später einmal eine Ehe führen wollen, wie der Vater sie führt. Ich kann mir zwar Männer vorstellen, die es angenehm finden, wenn ihre Frau mitarbeitet oder sogar mehr verdient als sie selbst. Ich kenne aber auch Männer, die es doch sehr gern umgekehrt hätten. Außerdem gibt es auch solche, die überhaupt nicht wollen, daß ihre Frau arbeitet. — (Pause) — Was meinen Sie, wie Ihr Leben oder Ihre Ehe später einmal aussehen soll?"

Der Patient muß auf die letzte Frage nicht lange überlegen, obgleich ich ihm die Möglichkeiten des Fühlens und Reagierens angeboten habe. Er sagt sofort: „So wie mein Vater auf keinen Fall! Wenn die Mutter auch nichts sagt, ich glaube, es bedrückt ihn doch ganz schön, daß es ist, wie es ist."

An dieser Stelle würde ich dann beim Erheben der Anamnese bereits halt-machen und mich damit begnügen, daß der Patient die Ehe seiner Eltern eingangs zwar als sehr harmonisch geschildert hat, daß er sich aber doch keineswegs mit der Lebensform des Vaters identifizieren will. Bestenfalls würde ich an die Äußerung des Patienten, daß er nicht so leben wolle wie sein Vater, einen nachdenklichen Kommentar anschließen, der keine Antwort erfordert: „Ich kann mir vorstellen, daß Sie doch einige Vorbehalte gegen Frauen aufgesammelt haben, wenn Sie in der Ehe Ihrer Eltern erleben, wie stark das Übergewicht der Mutter ist". Und es würde mir genügen, wenn der Patient auf einen solchen, halb fragenden Kommentar nur noch antwortet: „Könnte sein".

Ein anderes Beispiel:

Eine ebenfalls noch junge, 21jährige Patientin kommt nach einem Suicidversuch wegen heftiger Depressionen und klagt über die sehr konfliktreiche Beziehung zu ihrem Freund, an dem sie hängt, der sie aber — wie sie sagt — „ganz unmöglich" behandelt. Erst nach ihrem Selbstmordversuch sei er freundlicher und zugänglicher geworden. Die Patientin arbeitet in einer Fabrik, der Freund auf dem Bau.

Nach diesem Bericht frage ich die Patientin zunächst natürlich nichts Konkretes, sondern ermuntere sie nur, mir ein wenig genauer zu erzählen, welche Kränkungen sie von ihrem Freund zu ertragen hat. Die Patientin spricht

sich in Eifer und erzählt schließlich, daß alle Bekannten um sie herum erklär-
ten, daß dieser Freund nicht die geringsten Chancen hätte, ein anderes, ähnlich hübsches Mädchen zu finden, wie sie es sei, weil er „völlig verkorkst"
wäre und sich niemals an ein Mädchen herantraute.

Hier laufen meine eigenen begleitenden Gedanken etwa auf folgenden
Wegen: Ich höre, daß eine junge und hübsche Patientin einen Suicidversuch
begeht, weil ihr Freund — der wenig ansehnlich ist und sich nicht an ein Mädchen herantraut — sie schlecht behandelt. Ich frage mich natürlich, was die
Patientin an diesen unansehnlichen jungen Mann so bindet. Mehreres käme
in Frage: Eine masochistisch getönte Abhängigkeit — vielleicht in Identifikation mit der Mutter —, eine noch unerkannte „Bruderübertragung", oder
auch eine „Affektverschiebung", so daß der jetzige Freund lediglich für ein
anderes Liebesobjekt steht. — Natürlich wäre es unzulässig, hier eine direkte
Frage zu stellen und diese schwerwiegenden Probleme anzutasten. Die erste
konkrete und harmlose Frage, die noch *kein Gefühlsproblem* anrührt, könnte
etwa folgendermaßen lauten:

Th.: „Wie haben Sie Ihren Freund denn kennengelernt, wenn Sie sagen,
er ist so schüchtern und traut sich an kein Mädchen heran?"

Pat.: (Etwas verlegen) „Ich war eigentlich vorher mit einem anderen jungen Mann befreundet. Aber er war nichts, der konnte nicht treu sein. Ich
wollte ihn schließlich auch nicht mehr haben, und dann sagte der zu mir: ‚Du,
ich hab' da einen Freund, der könnte zu Dir passen'. Und zum Peter sagte
er auch: ‚Du, ich hab' da ein Mädel, die könnte Dir gefallen'. Und so hat uns
mein früherer Freund zusammengebracht."

Eine solche Information hat mir natürlich sehr bedeutungsvolle Hinweise
gegeben, und ich kann jetzt zwischen mehreren Formen der weiteren Gesprächsführung wählen. Ich denke aber, es ist am günstigsten, wenn ich noch
ein etwas anschaulicheres Bild über den Beginn der jetzt so konfliktreichen
Beziehung gewinne. So frage ich nach den näheren Umständen der ersten
Kontakte. („Wo hat Ihr früherer Freund Sie denn mit dem Peter zusammengebracht? Waren Sie auf einer Party oder tanzen?") Die Patientin erzählt nun
ganz zutraulich, wie Günter (der frühere Freund) eine Party organisiert, und
wie sie ihren jetzigen Freund an der improvisierten Bar getroffen hat. Nach
einer Weile halte ich es dann schließlich doch für möglich, mich nach den *Gefühlen* der Patientin für ihren jetzigen Freund beim ersten Kennenlernen zu
erkundigen. („Hatten Sie den Peter denn gleich gern?") und höre: „Na,
eigentlich nicht".

Mit dieser ersten abwartenden Vororientierung habe ich mir für mich
selbst und meine Überlegungen ein gewisses Koordinationssystem geschaffen. Ich habe die Patientin auch nicht verstört. Trotzdem bin ich noch völlig
im unklaren, warum die Patientin sich von diesem Freund so schlecht behandeln läßt, und warum sie schließlich einen Selbstmordversuch unternommen

hat, weil sie diese schlechte Behandlung angeblich nicht mehr ertrug (und auch keine Möglichkeit sah, sich von dem Freund zu trennen). Eine vertrauende Einstellung der Patientin vorausgesetzt, könnte die Klärung dieser wichtigen Gefühlsprobleme jetzt etwa in folgender Form vor sich gehen:

Ich sage zu der Patientin: „Es gibt ja junge Frauen, die einem Mann, der sie schlecht behandelt, einfach den Laufpaß geben. — Andere lassen die Unfreundlichkeiten und Kränkungen einfach viel zu lange wuchern, so daß der Freund denkt, er kann sich alles erlauben. — Ich kenne aber auch junge Frauen, die — ohne es zu merken — ihre Freunde so lange sticheln, daß die schließlich die Geduld verlieren und dann sehr grob werden. — — — Was meinen Sie, wie sieht es wohl zwischen Ihnen beiden aus?"

Ich lasse der Patientin jetzt Zeit zum Nachdenken. Sie meint schließlich: „Weg von ihm kann ich nicht, dafür ist er zu lieb zu mir. (!) Aber er ist so linkisch und ungeschickt, wenn wir mit anderen zusammen sind. Dann mache ich ihm Vorwürfe." — Pause ... (Die Patientin denkt nach.) „Na, es stimmt schon. Ich bin manchmal ganz schön gemein zu ihm. Ich sage dann: Der Günter war viel flotter. — Dann wird Peter natürlich wütend."

Ich: „Es scheint, als ob Sie über Ihre Beziehung zu Günter noch nicht so ganz hinweg sind, oder doch wenigstens manchmal Vergleiche anstellen?"

Pat.: „Na ja, der Günter sah eben ganz anders aus. Aber einen gutaussehenden Mann, sage ich mir immer, hat man nicht allein."

Es wird deutlich, daß die Patientin sich innerlich allmählich dem sie wirklich bewegenden Problem nähert, nämlich, daß die jetzige Beziehung eine Kompromiß- und Ersatzlösung war, um einen früheren Schmerz zu beschwichtigen. Unter neurosenpsychologischen Gesichtspunkten engt sich das Problem in bezug auf den Suicid schon etwas ein: Entweder vollzieht sich in der Patientin tatsächlich eine unbewußte „Affektverschiebung". Die nicht verwundene Kränkung durch Günter wird an Peter gerächt. Oder die Patientin befindet sich in einem typischen „homosexuellen Triangel", so daß es zu ihren „Liebesbedingungen" gehören würde, daß sie die Freundin von zwei (libidinös miteinander verbundenen) Freunden ist. Der Selbstmordversuch wäre dann die Folge einer tiefen Identifikation mit der männlichen Lebensführung und käme der Tötung des „introjizierten Liebesobjekts" gleich. — Es wäre nun aber wichtig zu erfahren, ob die Patientin in ihrem jetzigen Konflikt zugleich auch alte Gefühlsprobleme ihrer Eltern wieder aufleben läßt, und ob vielleicht eine tief ambivalente Mutteridentifikation mit im Spiel ist.

Ich frage also: „Wenn Sie sich von Ihrem Freund nicht lösen können, der Sie so schlecht behandelt und ihn außerdem etwas sticheln, dann müßten wir ja noch herausfinden, ob Ihre Mutter vielleicht ein Mensch ist, der auch stichelt und sich dann wiederum viel zu viel gefallen läßt? Manchmal macht man ja nach, was die Mutter tut."

Die Patientin darauf sofort: „Meine Mutter muß sich *alles* gefallen lassen. Mein Vater wird so grob, der zählt ihr jede Minute nach, wenn sie das Essen nicht rechtzeitig auf dem Tisch hat. Sonst tut er ja alles für sie. Vater bringt sich für die Familie um. Aber wenn er schlechte Laune hat, nörgelt er an allem."

Auch bei dieser Patientin lasse ich es jetzt mit weiterführenden Fragen genug sein. Ich gebe nur einen nachdenklichen Kommentar, an dem die Patientin ablesen kann, was ich im Augenblick über ihre Lebenslage denke: „Ich verstehe schon. Sie finden es nicht richtig, daß die Mutter sich alles gefallen läßt. Aber schließlich steckt es an, wenn man immer erlebt, wie es die Mutter macht."

Und nun wird die Patientin eifrig: „Das ist ja das Schlimme! Ich finde es so gräßlich, wie die Mutter lebt, und nun mache ich es genauso."

Hier ist die Patientin im Verlauf des Gesprächs bereits bei einer sehr wichtigen Erkenntnis angelangt: Sie fühlt, daß sie trotz bewußter rationaler Kritik an der Lebensführung ihrer Mutter doch so viel innerlich von ihr übernommen hat, daß sie jetzt mit den Folgen dieser frühen Identifikation kämpft. Es ist klar, daß man ein solches Thema im Verlauf des ersten anamnestischen Gesprächs nicht weiter vertieft. Aber wir haben fast im Zeitraffertempo miterlebt, was sich im Verlauf *langfristiger Therapien* immer wieder bei Patienten innerlich abwickeln wird: Das Wechselspiel zwischen Opposition und Identifikation mit den Elternfiguren muß erfaßt, verstanden und verarbeitet werden.

Ich will meine Beispiele über Sach- und Auswahlfragen nicht weiter ausdehnen. Stattdessen will ich noch einige Hinweise und Erklärungen zum Thema der *Reiz- oder Probe-Interpretationen geben*. Ich sagte ja schon, daß Probedeutungen in unerfahrenen Händen leicht zu einem falschen Wegweiser werden können: Sicherlich gibt es Kranke, die bei einer angebotenen Reizdeutung rasch und verhältnismäßig angstfrei auf die Überlegung des Therapeuten eingehen, und wir rechnen bei diesen Patienten in der Regel mit einer guten *Umstellungsfähigkeit*. Wenn man aber nicht weiß, daß es außerdem Patienten gibt, die nur aus *neurotischer Gefügigkeit* heraus einer Überlegung zustimmen, deren tiefere Bedeutung sie gar nicht erfaßt haben, dann kann man aus seinen Beobachtungen gänzlich fehlerhafte Schlüsse ziehen.

Außerdem muß jeder Therapeut, der eine Versuchsinterpretation als therapeutisches oder diagnostisches Hilfsmittel verwenden will, wissen, daß es jene *schizoid-grüblerischen* Naturen gibt, die mit der vielbesprochenen und weithin bekannten *schizoiden Hellsichtigkeit* vieles über sich selbst aussagen können; die auch (scheinbar) alles „verstehen", und die das vermeintlich verdrängte Material rasch produzieren. Wer bei diesen Patienten nicht beachtet, daß der *emotionale Anteil* der bewußt erlebten pathogenen Inhalte *völlig ausgelöscht* wurde, der erliegt bei der Verwertung einer Reizdeutung ebenfalls einem beträchtlichen Irrtum: Bei diesen schizoiden Kranken wird zwar alles „gewußt" und auch alles „verstanden". Aber dem Verständnis folgt kein wirkliches Umsetzen in das Gefühlsleben, und die innere Verfassung des Patienten bleibt die gleiche. Bei diesen Kranken ist die versuchte Reizinterpretation dann auch keine wirkliche Deutung im analytischen Sinne, die den Patienten in die Lage versetzt, sich einer dumpf geahnten Erkenntnis gefühlshaft zu bemächtigen. Sie bewegt sich stattdessen nur auf der Ebene formal-inhaltlichen Wissens und täuscht den Analytiker über die großen Schwierigkeiten hinweg, die sich wahrscheinlich im Verlauf der geplanten Behandlung ergeben werden.

Wir erkennen diesen Vorgang bereits bei jenen verdünntesten *Vorformen* einer Probedeutung, die im Gespräch mit dem Patienten zum Zuge kommen, wenn die mögliche Psychogenese der Erkrankung zur Debatte steht! So kann ein Patient, der etwa akut mit Herzangstgefühlen erkrankt ist, zunächst mehr oder weniger *ratlos* reagieren, wenn mit ihm gemeinsam überlegt wird, ob seelische Konflikte an der Herzangst beteiligt sein könnten. Im günstigsten Fall ist ein solcher Patient nach einigen erklärenden Worten gutwillig bereit, die eigene Gefühlslage zu überdenken und gemeinsam mit dem Therapeuten nach möglichen — unbewußten — Problemen zu suchen.

Ein anderer Patient mit gleicher Symptomatik ist anfangs vielleicht ebenso ratlos in bezug auf mögliche Zusammenhänge zwischen seelischer Verfassung und Krankheitszustand. Auf die gleichen erklärenden Informationen, die manche Patienten zu nachdenklichem Überlegen führten, reagiert dieser dann mit rasch aufwallenden *Verleugnungstendenzen*. Jeder psychische Konflikt und jedes seelische Problem, das dieser Patient bereits anfangs selbst dargelegt hatte, wird sofort wieder verharmlost und für bedeutungslos erklärt. Ein dritter Patient geht hingegen überbereitwillig auf die Überlegungen des Therapeuten ein: „Sie haben sicher recht, es ist bestimmt meine *Schuld*. Es ist mein Fehler, daß ich es soweit habe kommen lassen." Bei solchen Patienten schieben sich *Schuldgefühle* als Riegel vor eine gefühlsübertragene Überlegung, die den unbewußten Konflikten gilt. Eine vierte Patientin nickt *Zustimmung*, *bevor* der Therapeut seine Meinung überhaupt *ausgesprochen* hatte. Ein anderer wieder zeigt sich sensitiv, mißtrauisch und verschlossen. Er mißdeutet die angebotenen Überlegungen *paranoid*, vermutet, daß man ihn für einen Simulanten hält und erlebt den hilfsbereit eingestellten Gesprächspartner als bedrohlichen Verfolger.

Ein anderer Patient wehrt alle diesbezüglichen Überlegungen ab, verzichtet zunächst auf eine Behandlung, reagiert dann aber nicht auf die Signale, daß das Gespräch seinem Ende zugeht, zögert, verabschiedet sich schließlich, kommt dann aber zurück und bittet darum, daß man ihn krankschreiben möge.

Die große Vielzahl möglicher Reaktionen bei Patienten entzieht sich sicherlich einer erschöpfenden Darstellung. Im folgenden Kapitel gehe ich dazu über, jene Kriterien zu diskutieren, die uns im einzelnen bei der Wahl des therapeutischen Mittels bestimmen.

e) Die Wahl des therapeutischen Mittels

Da ich meine Ausführungen über die prognostisch bedeutungsvollen Patienten- und Situationsvariablen weitgehend auf die Besserungsaussichten bei der psychoanalytischen Standardtechnik bezogen hatte, ist es jetzt wohl angebracht, wenn ich im folgenden einige Hinweise gebe, wann wir diese Standardtechnik entweder *entbehren* können oder wann sie ausdrücklich *kontraindiziert* ist:

Entbehrt werden kann die psychoanalytische Standardtechnik immer dann, wenn wir es mit jenen Patienten zu tun haben, bei denen die neurotischen Strukturelemente von *großer Beweglichkeit sind,* und der betreffende Kranke bei geschickter Gesprächsführung durch den Analytiker auch *ohne* Traumarbeit, freien Einfall und Einhalten der Grundregel Zugang zu seinen unbewußten Kräften findet. Ich lege Wert darauf, daß wir diese umstellungsfähigen Kranken nicht in die Gruppe der „im Kern gesunden" Patienten einreihen, bei denen man annimmt, daß nur ein schwerer akuter Schicksalseinbruch das emotionelle Gleichgewicht störte. Ich habe Patienten kennengelernt, die bereits zehn, fünfzehn und mehr Jahre krank gewesen sind, und für die fast alle Kriterien galten, die man sonst unter die Gruppe der ungünstigen Merkmale einreiht. Die Eigentümlichkeit, die diese Menschen auszeichnete, kann man tatsächlich nicht anders als mit „Umstellungsfähigkeit" bezeichnen. Es muß sich um eine Eigenschaft handeln, bei der ein noch unbekannter Faktor im Spiel ist, der es manchen Kranken leichter als anderen ermöglicht, die Folgen früherer Erfahrungen zu löschen und neue Reaktionsformen auszubilden.

Wenn der Analytiker diese Eigenschaft bei seinen Kranken feststellt und er es dann versteht, zur rechten Zeit die Fäden der Kindheit aufzunehmen, um dem Patienten verständlich zu machen, wie sich sein Charakter unter dem Einfluß früher Erlebnisse geformt und gebildet hat, wenn es dem Analytiker zugleich gelingt, diesem Kranken an Hand von „Übertragungsreaktionen" die weiterlaufende Aktivität und Wirksamkeit solcher erworbenen Reaktionen zu verdeutlichen, dann profitieren diese umstellungsfähigen Kranken auch bei selteneren therapeutischen Sitzungen für ihre Gesundheit. Sie gewinnen vor allem aber auch therapeutisch *mehr* von einer Gesprächsführung, die im persönlichen Gegenüber verläuft, bei der das Wechselspiel der nicht-verbalen Kommunikation in vielfältiger Weise wirksam wird und bei der außerdem — wie wir noch hören werden — in der einzelnen Therapiestunde mehr psychodynamisch bedeutungsvolles Material besprochen wird als bei der Standardtechnik.

Diese Gruppe der umstellungsfähigen Kranken ist sicher beträchtlich grösser, als man ursprünglich angenommen hatte. Allerdings ist gerade für die Einschätzung der „Beweglichkeit" einer neurotischen Struktur und für die richtige Beurteilung der Kranken ein besonders hohes Maß an Erfahrung und Kenntnissen beim Therapeuten erforderlich. Ganz abgesehen davon, daß diese abgewandelte therapeutische Technik nur dann zu Erfolgen führt, wenn auch dem Analytiker eine reiche Vielfalt an Reaktionsmöglichkeiten zur Verfügung steht.

Neben dieser einen Gruppe von Kranken, die — obgleich wandlungs- und umstellungsfähig — dennoch langjährig in ihrem neurotischen Reaktionsschema gefesselt bleiben, steht dann jene andere Gruppe von Patienten, die man wirklich als die „im Kern gesunden" Menschen klassifizieren darf. Patienten, die nur durch einen heftigen, akuten (und zugleich strukturspezifischen) Schicksalseinbruch aus dem Gleichgewicht kamen und erkrankten. Auch bei dieser Gruppe von Kranken kann die psychoanalytische Standardmethode entbehrt werden: Für diese Patienten sind jene analytisch orientierten Gespräche die Methode der Wahl, mit deren Hilfe die hintergründige Bedeutung des aktuellen Schicksalseinbruchs langsam und vorsichtig geklärt wird, so daß der Therapeut gemeinsam mit dem Patienten Schritt für Schritt die möglichen Lösungen der vorliegenden Problematik ausfindig macht. Ich möchte dabei allerdings nochmals betonen, daß diese analytisch orientierten Gespräche keine einfache „Trosttherapie" sind, bei der es genügt, daß die Patienten sich einmal aussprechen können und sich ihre Probleme von der Seele reden. Auch in diesen Fällen geht es — wenn auch unter besonders günstigen Bedingungen — um ein vertieftes Selbstverständnis der Kranken, die allmählich erfassen lernen, wie sie durch ihre neurotisch geprägten Reaktionsformen an einer gesunden und aktiven Meisterung der äußeren Probleme gehindert sind.

Ganz im Gegensatz zu dieser Gruppe von Kranken, bei denen die psychoanalytische Standardtechnik überflüssig erscheint, steht nun noch jene andere — ebenfalls nicht kleine — Zahl von Patienten, bei der diese Methode *kontraindiziert* ist: Einmal machten die Analytiker schon sehr früh die Erfahrung, daß sie die „Angsttoleranz" ihrer Patienten berücksichtigen müssen, bevor sie den Rat zu einer psychoanalytischen Behandlung geben. Man erkannte, daß die (vom Analytiker abgewandte) Ruhelage des Patienten einen Verlust an äußeren Reizen mit sich bringt, der gelegentlich dazu führt, daß die Ängste vor den eigenen inneren Problemen und Konflikten übermächtig werden, den Patienten überfluten und vielleicht sogar grenzpsychotische Reaktionen oder eine tiefe, maligne Regression heraufbeschwören.

Zum Glück sind diese Situationen — mindestens in unserem Kulturkreis — eher selten. Häufiger erleben wir eine andere Reaktionsform bei Patienten, die ebenfalls eine wichtige Kontraindikation gegen die psychoanalytische Standardtechnik abgeben: Ich denke hier an jene Neurotiker, bei denen sich schon früh „*Abbruchtendenzen*" ankündigen und die zu jener Gruppe von Kranken gehören, die durch die psychoanalytische Behandlungsmethode *überfordert* werden, weil sie nicht über jenes Maß an Bindungsfähigkeit verfügen, das die Voraussetzung für eine erfolgreich durchgeführte psychoanalytische Behandlung ist. Vermittelt man solche Patienten in eine psychoanalytische Behandlung oder beginnt man die Therapie selbst, dann kann man erleben, daß die Kranken nach zehn, zwölf oder fünfzehn Sitzungen kommentarlos (bestenfalls mit einem Abschiedsbrief) aus der Behandlung wegbleiben, ohne daß bei der Standardtechnik mit diesen wenigen Stunden auch nur das Geringste erreicht wäre.

Wenn man hingegen die Abbruchstendenzen dieser Kranken beim ersten Gespräch richtig einschätzt, dann kann man den Behandlungsplan unter Umständen abändern: Man kann sich dann von vornherein auf eine *begrenzte Zielsetzung* einstellen und lediglich die Lösung von Teilproblemen anstreben. Unter diesen Bedingungen sorgt man dann dafür, daß der Patient mit nur weitmaschig angesetzten therapeutischen Stunden in seiner Bindungsangst nicht überfordert wird. Vor allem erreicht man mit dieser veränderten Strategie aber auch, daß mit der *gleichen Stundenzahl*, wie sie beim *ergebnislosen Abbruch* nach der begonnenen Standardanalyse vergeben worden wäre, therapeutisch eine *fühlbare Erleichterung* für die Kranken erzielt wird. Eine Erleichterung, deren Vorteile von den Patienten selbst meist sehr hoch eingeschätzt werden.

Abnorm geringe Angsttoleranz und Abbruchstendenzen bei neurotisch kranken Patienten sind also jedenfalls K o n t r a i n d i k a t i o n e n für die psychoanalytische Standardtechnik. Wir kennen aber noch weitere Persönlichkeitszüge, bei denen eine Abwandlung der Behandlungsmethode angezeigt ist: Es gibt Patienten, die unter einem *starken Rededrang* stehen und für die — unabhängig von ihrer speziellen Neurosenstruktur — die Aufforderung zum freien Einfall eine außerordentliche Verführung bedeutet.

Der *schizoide Patient*, der von einem solchen Rededrang getrieben wird, bietet seinem Therapeuten einen *kommunikationslosen Redeschwall*. Der *zwanghafte Patient* überschwemmt seinen Analytiker auf das hartnäckigste mit ausführlichen Detailschilderungen, die kein wirklich bedeutungsvolles, tieferes Material an die Oberfläche kommen lassen. Bei der *hysterischen* Struktur gibt es die *agierende Erzählerfreude*, die die alltäglichen Begebenheiten aus dem Leben der Kranken als kleine Theaterstückchen anbietet. Falls *depressive Patienten* (was selten ist) viel reden, dann tendieren sie zu einer hypochondrisch gefärbten eintönigen *Wiederholung ihrer Klagen*. Klagen, bei denen meist deutlich spürbar die *anklagenden Untertöne* mitschwingen.

Wenn man solche Patienten zur Einhaltung der Grundregel und zum freien Assoziieren aufgefordert hat, dann ist man als Analytiker natürlich verpflichtet, zunächst einmal ihren Berichten aufnehmend und aufmerksam zu folgen. Nach meinen Erfahrungen vergeht aber sehr viel Zeit — unnötig viel Zeit —, bis man wirklich in die Lage kommt, durch hilfreiche Interventionen und Interpretationen einem Patienten das neurotische Element in seinem Verhalten deutlich zu machen und um damit den Weg zu tieferen Schichten des Erlebens freizulegen. Immerhin müssen wir ja bedenken, daß in einem solchen Redeschwall regelmäßig all jene psychischen Energien abgeführt und vergeudet werden, die der Patient eigentlich dringlich für eine vertiefte introspektive Selbstreflexion benötigte. Sitzt man diesen Kranken hingegen von Angesicht zu Angesicht gegenüber und hat man sie nicht zur freien Assoziation aufgefordert, dann kann man den drängenden Redeschwall eher lenken, vielleicht sogar stoppen, und man sieht am Augenausdruck des Kranken, wann man zweckmäßigerweise eingreifen soll und muß. Zugleich kann man den Patienten durch den eigenen, auffordernden Blickkontakt und die persönliche Ausstrahlung in wesentlich kürzeren Zeiteinheiten zu einem vertieften Selbstverständnis führen, als es bei der Standardtechnik der Fall wäre.

Daß diese Form der Gesprächsführung Takt, Schonung und viel Erfahrung benötigt, brauche ich hoffentlich nach allen vorangegangenen vielschichtigen Überlegungen nicht noch einmal besonders zu erwähnen.

Aber auch bei anderen Patienten, die nicht von einem starken Rededrang überfallen werden, gibt es Situationen, in denen das persönliche Gegenüber hilfreicher ist als das abgewandte Liegen. Dies gilt vor allem für *schizoide Patienten* mit *schlechter*, allgemeiner *kommunikatorischer Fähigkeit*, die sich mit einer gewissen Tendenz zum *Agieren* koppelt. Diese Patienten entwickeln im persönlichen Gegenüber rascher und intensiver das Gefühl, daß man sie versteht, und daß es wichtig ist, wenn sie selbst versuchen, ihre inneren Probleme zu erfassen. Außerdem kann man solche Patienten eher vor dem ihnen eigenen chaotischen Agieren beschützen, in das sie durch die analytische Situation nur allzu leicht hineingetrieben werden. Wobei ich betonen möchte, daß das chaotische Agieren der Patienten, die ich im Augenblick im Sinn habe, deutlich von jenen regressiven, grenzpsychotischen Zuständen zu unterscheiden ist, die wir bei Patienten mit sehr niedriger Angsttoleranz befürchten müssen.

Schließlich will ich noch eine *letzte Gruppe* von Patienten beschreiben, bei denen mir die psychoanalytische Standardmethode ebenfalls kontraindiziert erscheint: Ich denke hier an jene Patienten, die — bei einer gewissen depressiven Grundstimmung — über innere Leere, Entschlußlosigkeit und Antriebsverarmung klagen und die zugleich von der Erwartung erfüllt sind, daß ihnen andere Menschen Lebensinhalt und Lebensplanung liefern müßten. Ich meine dabei natürlich nicht jene schwer depressiven Patienten, denen man aus zwingenden therapeutischen Gründen auf keinen Fall Aktivitäten nahelegen dürfte, bevor sich nicht die depressive Verfassung aufgelockert hat. Ich denke vielmehr an jene Kranken, bei denen das *passive Element* vor-

herrscht und der Anteil an depressiver Grundstimmung *sekundär* ist. Solche Patienten können in der analytischen Situation eine Art von *genußreicher Ersatzbefriedigung* finden. Sie erheben den Gang zum Analytiker zum Lebensinhalt, immer in der Hoffnung, daß ihnen nach 600 bis 800 Stunden schon einfallen werde, wie sie ihr Leben selbständig gestalten wollen. Gerade bei solchen Kranken ist es aber dringend geboten, daß man sie von Anfang an innerlich so einstellt, daß sie ihre wichtigsten Lebensentscheidungen selber finden müssen, daß niemand in der Welt ihnen eine selbständige Lebensplanung abnehmen kann und daß die gefährliche Tendenz zu regressiver Passivität durch die analytische Situation nur gefördert würde und daher vermieden werden muß. Wichtig ist dabei, daß diese spezielle Gruppe von Patienten durch die analytische Situation nicht im eigentlichen Sinn überfordert wird, sondern daß eher die Gefahr besteht, daß man in ihnen eine *lähmende Selbsttäuschung* aufkommen läßt, die natürlich besonders dann genährt wird, wenn auch der betreffende Analytiker selbst die Vorstellung hat, daß vor Ablauf von sieben- bis achthundert Therapiestunden sowieso kein wirkliches Behandlungsergebnis zu erwarten sei. Patienten dieser Art sind nach meiner Ansicht in höchster Gefahr, wichtige Jahre ihres Lebens zu vergeuden, wichtige Entscheidungen zu versäumen und eine passiv getönte, symbiotische Einheit mit ihrem Analytiker aufzubauen, in der sie Jahr für Jahr eine Art von Ersatzleben führen, ohne daß sich ihnen wirklich der Weg zu einer gesünderen Zukunft eröffnet.

Im folgenden Kapitel gehe ich nun dazu über, einige Krankengeschichten zu erörtern, bei denen sich noch vor Beginn einer regelmäßigen und zielgerichteten Behandlung herausstellte, daß eine analytisch orientierte Psychotherapie keine ernsthaften Besserungsaussichten hatte.

f) Psychoanalytisch unbehandelbare Patienten

Einleitend möchte ich aber folgendes sagen: In meinem Bericht über jene neurotischen Charakterzüge, die die Besserungsaussichten eines Patienten bestimmen, hatte sich der Extrakt aus jahrzehntelangen praktischen psychoanalytischen Erfahrungen niedergeschlagen. Wir haben uns unser Wissen über die prognostisch relevanten Kriterien in der Auseinandersetzung mit den ergebnislos verlaufenen Therapien erworben. In Anbetracht dieser Entwicklung sind wir heute einigermaßen davor geschützt, einem Patienten zu einer aussichtslosen Behandlung zu raten. Ich möchte jetzt aber mit meinen Darlegungen kein falsches Bild von der Allwissenheit jenes erfahrenen Analytikers erwecken, der immer sofort und auf den ersten Blick befähigt ist, ein Krankheitsbild richtig einzuschätzen. Ich will daher über die ausgewählten Krankengeschichten in einer Form berichten, daß in jedem Fall auch jener Unsicherheitsfaktor deutlich wird, der bei der Urteilsbildung für den Psychoanalytiker immer mit im Spiel ist und den auch sehr erfahrene Therapeuten einbeziehen müssen.

Um meinen Lesern zugleich das Verständnis für die hier ausgewählten Krankengeschichten zu erleichtern, stelle ich eine stichwortartige Übersicht an den Anfang, die einige Hinweise auf die *auslösende Schicksalssituation* enthält, auf die charakteristischen *Objektbeziehungen* der Patienten, auf bedeutungsvolle *neurotische Reaktionsweisen* und *Abwehrmechanismen* und schließlich noch auf jene *prognostisch* bedeutungsvollen *Persönlichkeitszüge*, die einer ergebnisreichen psychoanalytischen Behandlung im Wege gestanden haben. Ich habe diesem tabellarischen Bericht über die Patienten schließlich noch eine weitere Übersicht angefügt, in der ich die einzelnen Angaben über die Kranken so gruppiert habe, daß sie auf die psychodynamisch wichtige Problematik bezogen sind. Diese optische Lesehilfe wird, wie ich hoffe, den allgemeinen Lernprozeß fördern.

Die Krankheitssituationen bei den im folgenden geschilderten Patienten entsprechen übrigens etwa jenen Krankheitsbildern, die den Psychoanalytiker in einer poliklinischen Institution bevorzugt beschäftigen:

Herzbeschwerden, Herzangstsymptomatik, Magenbeschwerden beziehungsweise Magen-Darm-Symptomatik werden am häufigsten mitgeteilt. Bei jugendlichen Männern spielen Kontakt- und Arbeitsschwierigkeiten eine besondere Rolle.

Im einzelnen stellte sich die Situation bei den ausgewählten sieben Patienten folgendermaßen dar:

1. Patientin H. R.; 36 Jahre; Angstsymptomatik.

Auslösende Situation: „Scheitern am Erfolg".
Objektbeziehungen: „Rückzug vom Menschen".
Neurotische Reaktionsweisen: „Leisten, aber nicht glänzen".
Prognose: „Abbruchstendenzen"; „kompensatorisches Lebensarrangement".

2. Patientin G. S.; 32 Jahre; Übelkeit, Erbrechen, Rückenschmerzen; tetanische Anfälle.

Auslösende Situation: „Verlust eines hilfreichen Haßobjektes".
Objektbeziehungen: „Eine Familienneurose".
Neurotische Reaktionsweisen: „Sparen und Ausbeuten".
Prognose: „Problemverschiebung". „Ratsuche als Abwehrmechanismus".

3. Patientin B. E.; 29 Jahre; Magen-Darm-Beschwerden, Übelkeit, Erbrechen, Appetitlosigkeit und Obstipation.

Auslösende Situation: „Das idealisierte Objekt enthüllt seine Schwäche".
Objektbeziehungen: „Heirat in Bruderübertragung".
Neurotische Reaktionsweisen: „Schützen und Herrschen". „Altruistische Abtretung von Triebansprüchen". „Verschiebung der ideologischen Inhalte".
Prognose: „Somatisation".

4. Patient P. K.; 35 Jahre; Herzsymptomatik (Herzdruck, Herzstolpern; Herzangstanfälle); larvierte Zwänge.

Auslösende Situation: „Aktualisierter Vaterkonflikt".
Objektbeziehungen: „Das Schwarze Schaf".
Neurotische Reaktionsweisen: „Genauigkeit ist alles"; „der Millimeterfuchser".
Prognose: „Somatisation"; „sekundärer Krankheitsgewinn"; „externalisieren".

5. Patientin D. F.; 58 Jahre; krankhafte Eifersucht.

Auslösende Situation: „Strukturwandel der Ehe".
Objektbeziehungen: „Latente Homosexualität?".
Neurotische Reaktionsweisen: „Depotenzierende Tendenzen".
Prognose: „Problemverschiebung"; „Verleugnung".

6. Patient B. S.; 22 Jahre; keine klinische Symptomatik; Psychotherapie als „Auflage".

Auslösende Situation: Keine.
Objektbeziehungen: „Großmutters Liebling".
Neurotische Reaktionsweisen: „Passivität und Bequemlichkeit".
Prognose: „Keine Motivation"; „Unzuverlässigkeit des Charakters".

7. Patient E. F.; 25 Jahre; depressive Verstimmungen, Kontaktstörungen, Magenbeschwerden, Arbeitsschwierigkeiten (nicht psychogen).

Auslösende Situation: Keine (chronischer Verlauf).
Objektbeziehungen: „Narzißtische Selbstidealisierung".
Neurotische Reaktionsweisen: „Suchtstruktur"; „Verwahrlosung".
Prognose: „Studienplan als regressives Symptom".

Um kein Mißverständnis aufkommen zu lassen, will ich betonen, daß diese Heraushebung einzelner psychodynamisch bedeutungsvoller Konstellationen ein Kunstprodukt ist, mit dem man der im Grunde viel komplexeren seelischen Situation der Kranken niemals voll gerecht wird. Das gleiche gilt natürlich auch für die vier anderen Tabellen über Schicksalssituationen, Objektbeziehungen, neurotische Reaktionsweisen und prognostische Kriterien: Sie sollen nur den epikritischen Vergleich erleichtern und die Vielfalt der neurosenpsychologisch bedeutungsvollen Konstellationen deutlich werden lassen:

I. *Auslösende Schicksalssituation:*

1. Scheitern am Erfolg.
2. Verlust eines hilfreichen Haßobjektes.
3. Das idealisierte Objekt enthüllt seine Schwäche.
4. Aktualisierter Vaterkonflikt.
5. Strukturwandel der Ehe.
6. Keine.
7. Keine.

II. *Typische Objektbeziehungen:*

1. Rückzug vom Menschen.
2. Eine Familienneurose.
3. Heirat in Bruderübertragung.
4. Das Schwarze Schaf.

5. Latente Homosexualität?
6. Großmutters Liebling.
7. Narzißtische Selbstidealisierung.

III. *Typische neurotische Reaktionsweisen:*

1. Leisten, aber nicht glänzen.
2. Sparen und ausbeuten.
3. Schützen und herrschen; altruistische Abtretung von Triebansprüchen.
4. „Genauigkeit ist alles"; der Millimeterfuchser.
5. Depotenzierende Tendenzen.
6. Passivität und Bequemlichkeit.
7. Suchtstruktur, Verwahrlosung.

IV. *Kriterien für die ungünstige Prognose:*

1. Abbruchstendenzen; kompensatorisches Lebensarrangement.
2. Ratsuche als Abwehrmechanismus. Problemverschiebung.
3. Somatisation; Verschiebung der ideologischen Inhalte.
4. Somatisation; sekundärer Krankheitsgewinn; externalisieren.
5. Problemverschiebung und Verleugnung.
6. Keine Motivation; Unzuverlässigkeit des Charakters.
7. Suchtstruktur; Verwahrlosung; Studienplan als regressives Symptom.

Wie sich aus den folgenden Krankengeschichten leicht entnehmen läßt, ist dabei die Lebenssituation der verschiedenen Patienten sehr viel komplizierter als die tabellarische Aufstellung darlegt:

1. Patienten H. R.; 36 Jahre; Angstsymptomatik.

„Scheitern am Erfolg".
„Rückzug vom Menschen".
„Leisten aber nicht glänzen".
„Abbruchstendenzen"; „kompensatorisches Lebensarrangement".

Die jetzt 36jährige Patientin — kaufmännische Angestellte — wird von ihrem Vorgesetzten angemeldet, der sehr dringlich um einen vorfristig eingeschobenen Termin bittet. Die Patientin selbst hat nicht angerufen. Mir war mitgeteilt worden, daß sie sich vor acht Tagen einen unbezahlten Sonderurlaub hatte geben lassen, weil sie mit den sie überflutenden Ängsten nicht mehr fertig geworden sei (eine Krankschreibung habe sie verweigert), und daß man von ihrer Dienststelle aus an einer Hilfestellung für die Patientin interessiert sei.

Zur Symptomatik: Die Patientin sagt hierzu, daß die Zuspitzung der jetzigen Angstsymptomatik eigentlich nicht wie ein Blitz aus heiterem Himmel gekommen sei, sondern das Endresultat eines langen Kampfes um Selbstbeherrschung gewesen wäre. Die Patientin weiß, daß sie schon seit ihrer Kindheit ängstlich gewesen ist, daß sie sich immer wenig unter Menschen wagte und auch später im Berufsleben viele Ängste auszustehen hatte, aber immer hoffte, daß sie selbst damit fertig werden würde.

Zur auslösenden Situation: Die jetzige *Verschlechterung* der Symptomatik fällt rein zeitlich in die Periode kurz nach einer, mit besonderem Glanz bestandenen Prüfung eines Fortbildungslehrganges. Die Patientin ist subjektiv völlig ratlos, wie dieses heiß ersehnte Ziel, auf das sie viele Monate hingearbeitet hat, mit der jetzt aufgetauchten Symptomatik zusammenhängen könnte.

An sonstigen äußeren Veränderungen in ihrem Lebensbereich kann die Patientin nichts angeben: Sie lebt allein in ihrer Zweizimmerwohnung, hat wenig freundschaftliche Kontakte, und ihre Hauptbeziehungsperson ist die 72jährige Mutter, die in der Nähe wohnt. Aus einer geschiedenen Ehe stammt eine 11jährige Tochter, die die Patientin freiwillig dem Vater überlassen hat. Diese Tochter kommt nur zu sehr gelegentlichen Besuchen und hat eine gute Bindung an die Stiefmutter und den leiblichen Vater.

Zum allgemeinen Verhalten: Es handelt sich bei der Patientin um eine sensible, ansprechend aussehende Frau, die im Gesprächskontakt angenehm wirkt. Bei großer anfänglicher Zurückhaltung ist sie doch offenbar gewillt, sich mit ihrer inneren Problematik auseinanderzusetzen und einen Weg zur Linderung ihrer Ängste und Beschwerden zu finden. Die Patientin ist nachdenklich, ohne deutlich werdende Verleugnungstendenzen, kein rasches Argumentieren oder Agieren. In jedem Fall aber ein deutliches Zögern und einige Vorbehalte hinsichtlich einer psychoanalytischen Behandlung, von der die Patientin weiß, daß sie lange Zeiträume benötigt, und daß die konstante Hilfestellung durch den Analytiker eine dauerhafte Kommunikation zwischen ihr und ihrem Therapeuten notwendig machen wird. Es ist sicherlich kein Zufall, daß die Patientin *nicht* selbst versucht hat, einen Termin für die Erstuntersuchung zu bekommen, sondern daß ihr diese Mühe von Bekannten (genauer gesagt, von ihrem Vorgesetzten) abgenommen wurde.

Zur Frühgenese: Die Patientin ist mehr oder weniger vaterlos aufgewachsen. Ihr *Vater* (36 Jahre bei ihrer Geburt) war Jugoslawe. Die *Mutter* (gleichaltrig mit dem Vater) stammte aus Schleswig-Holstein. Die Eltern hatten sich in Berlin kennengelernt und offenbar der Schwangerschaft wegen geheiratet. Die Mutter mußte ihre Ehe gegen den heftigen Widerstand der eigenen Eltern durchsetzen und erlebte dann, daß der von ihr sehr vergötterte Mann sie laufend betrog und auch bald verließ.

Die Patientin hat vom Vater ein sehr ungünstiges Bild gezeichnet bekommen und hörte während ihrer Kindheit oft, daß sie „ganz nach dem Vater schlüge". Nach Kriegsende kam der Vater in russische Kriegsgefangenschaft und verstarb in einem Lager. (Wie sich erst in einer späteren — stark gefühlsgeladenen — therapeutischen Sitzung herausstellte, lebte die Patientin mit dem dringenden Verdacht, daß ihre eigene Mutter den Vater denunziert und den russischen Truppen ausgeliefert hatte.) Die Patientin wuchs also in völligem Isolierkontakt mit ihrer Mutter auf, zog sich von Mitschülerinnen zunehmend zurück, war aber nach heutiger Aussage durch ihr sehr zurückhaltendes, stilles Wesen beliebt und galt nicht als „Streberin", obgleich sie immer beste Schulleistungen erbrachte.

Noch während der Schulzeit half die Patientin der Mutter in einem kleinen — nur mühselig erhaltenen — Kurzwarengeschäft und mußte auf Wunsch der Mutter trotz glänzender Schulleistungen mit der 10. Klasse abgehen, obgleich sie selbst gern bis zum Abitur gegangen wäre. Die Patientin hätte am liebsten Medizin oder Jura studiert, äußerte aber beim ersten Gespräch keine Klagen (oder gar Anklagen) gegen die verfehlte Berufsentwicklung.

Freundschaften und Liebesbedingungen bei der Patientin nahmen eigentlich immer die gleiche Entwicklung: Das stille, nachdenkliche und angenehme Wesen der Patientin schuf ihr manche Freunde. Sie hatte Bewerber und Verehrer, ließ sich auch in die eine oder andere Verbindung ein, zog sich dann aber ohne große Auseinandersetzungen still und in sich gekehrt aus diesen Verbindungen wieder zurück.

Am deutlichsten ließ sich dieses Reaktionsschema der Patientin wohl bei ihrer Ehe, der Schwangerschaft und der rasch erfolgten Scheidung verzeichnen: Die Patientin berichtete, daß sie ihren Ehemann eigentlich sehr geliebt habe und für diesen Mann auch einen früheren Freund aufgegeben hätte. Sie sei schwanger geworden, habe der Schwangerschaft wegen geheiratet, wäre sich aber schon kurz nach der Entbindung darüber klar gewesen, daß sie mit dem Ehemann doch zu wenig innere Verbindungen hätte, als daß sie die Ehe aufrechterhalten wollte. Außerdem fühlte die Patientin, daß sie zu ihrer kleinen Tochter keine rechte Verbindung bekäme und ließ sich ein Jahr nach der Geburt der Tochter scheiden und fand ein (für sie selbst angeblich problemloses) Arrangement, bei dem das kleine Kind dem leiblichen Vater und dessen neuer Ehefrau überlassen blieb.

In der Firma, in der die Patientin arbeitete, war sie für ihren Vorgesetzten eine stille, zuverlässige und intelligente Mitarbeiterin, der viele verantwortungsvolle Aufgaben überlassen werden konnten, und die an den ihr angebotenen Fortbildungslehrgängen ein sachliches Interesse fand, ohne daß sie bei sich Rivalitätsgefühle anderen Mitarbeitern gegenüber verzeichnen konnte oder gar zur Schau stellte. Natürlich nahm der erhoffte positive Abschluß des Fortbildungslehrganges im Erleben der Patientin trotzdem einen sehr bedeutungsvollen Raum ein.

Als ich die Patientin nach ihrer zukünftigen Berufsentwicklung fragte, die sich jetzt mit glanzvoll bestandenem Examen ergeben würde, meinte sie etwas unsicher, daß sie sich hier noch keine rechten Gedanken gemacht habe. An sich stünde ihr jetzt eine „Aufstiegskarriere" offen. Sie wüßte aber, daß sie keine „Führerpersönlichkeit" sei, und daß die sich anbietenden neuen Arbeitsbereiche ihr große Schwierigkeiten schaffen würden. Jede berufliche

Fortentwicklung würde es mit sich bringen, daß sie andere Mitarbeiter zu lenken und zu überwachen hätte, und für eine solche Funktion sei sie nicht der geeignete Mensch.

Die Patientin fügte hier hinzu, daß sie vielleicht sehr viel ehrgeiziger sei, als sie es sich selbst je eingestanden habe, und daß ihre angsterfüllte Kindheit und der zunehmende Rückzug von allen Menschen wohl viele Möglichkeiten verstellt hätten, die ihr an sich erstrebenswert gewesen wären. Die Situation sei nun aber einmal so, wie sie sei, und es wäre kaum realistisch, anzunehmen, daß sie jetzt mit 36 Jahren innerhalb von wenigen Wochen Fähigkeiten und Eigenschaften entwickelte, die sie bislang nicht besessen habe. Meine vorsichtige Anfrage an die Patientin, ob sie es wohl für möglich halte, daß das positiv bewältigte Examen mit den sich nun eröffnenden „Chancen" die langjährig bestehende Dauerangst zu heftigen Angstanfällen mobilisiert hätte, wird von der Patientin nach einigem Überlegen zurückhaltend-nachdenklich bejaht. Sie hält einen solchen Zusammenhang für möglich, sieht aber keinen rechten Ausweg und fühlt auch kein Bedürfnis, ihr im ganzen doch weitgehend isoliertes und kontaktverarmtes Leben mit weiteren Kontakten aufzufüllen.

Ohne daß ich selbst mit der Patientin darüber spreche, merke ich mir für meine eigene Einschätzung der Situation noch folgendes an: Abgesehen von der Versuchung, die das bestandene Examen für die Patientin bedeutet (und der Konfrontation mit neurotischen Unfähigkeiten, die erstrebte Situation auszufüllen und zu genießen), hat die Patientin mit Hinblick auf ihre Vor- und Frühgeschichte eine zunehmende Vereinsamung erlebt, mit immer stärker werdendem *Rückzug von persönlichen Kontakten.* Einzige und wichtigste Beziehungsperson ist die 72jährige Mutter, die kränkelt, und von der die Patientin sagt, daß sie sie nicht mehr allzu lange haben würde. Außerdem hat die Patientin die 35-Jahres-Schwelle überschritten und wird von dieser allgemeinen „Schwellensituation" her mit dem Problem einer zunehmenden Vereinsamung konfrontiert. In der Phantasie muß ihr aber jede Vertiefung oder Erweiterung ihrer persönlichen zwischenmenschlichen Kontakte als höchst bedrohlich und ängstigend erscheinen.

Da die Patientin sich nicht selber zur Anamnese gemeldet hatte, schlage ich ihr vor, sie möge sich das heute Besprochene einmal überdenken und dann spontan wieder an mich wenden, falls sie das Bedürfnis zu einer weiteren Rücksprache haben sollte. Die Patientin ruft tatsächlich nach einer Woche an und bittet um einen neuen Termin. Offensichtlich schwer von Ängsten gequält und auch mit einem gewissen Vertrauen, daß ich sie nicht allzu stark bedrängen würde. Die Patientin sagt dann diesen selbst erbetenen Termin zunächst einmal kurzfristig ab. Sie gibt starke berufliche Inanspruchnahme an, erbittet allerdings sehr nachdrücklich eine Verlegung des Termines, und sie hält den neu angebotenen Termin dann auch ein.

In dieser zweiten Stunde hat die Patientin offenbar selbst ein starkes Bedürfnis, sich über ihre Mutter auszusprechen, über deren Eigensinn und Herrschsucht und vor allem über die Tendenz der Mutter, sie — die Patientin — als einen „unzuverlässigen Teufel" hinzustellen. Diese Formulierungen hat die Patientin von Kindheit an immer zu hören bekommen, wenn sie sich das kleinste Versäumnis zuschulden kommen ließ. Vergleiche der Patientin mit dem Vater (der die Mutter verlassen hatte) wurden von der Mutter regelmäßig stark hochgespielt. Mit heftiger Bewegung schildert die Patientin schließlich, daß sie von dem Verdacht nicht frei käme, die Mutter habe ihren Vater an die russischen Kampftruppen ausgeliefert und so seinen Tod verschuldet.

Die Patientin versteht über sich selbst, daß sie in eine immer tiefere Menschenfurcht hineingetrieben wurde und zugleich in eine starke Verunsicherung hinsichtlich ihrer eigenen Identität und ihres eigenen Wertes. Eine kurze Aufwallung von Haß der Mutter gegenüber wird von ihr allerdings rasch wieder zurückgenommen. Immerhin bittet die Patientin nach dieser Therapiestunde um einen neuen Termin, der auch festgelegt und verabredet wird.

Zur dritten Stunde kommt sie mit einiger Verspätung, um zu berichten, daß sie mit sich selbst einen Kompromiß geschlossen habe: Sie hat nach einem Arbeitsplatz Ausschau gehalten, der ihr zwar ein selbständiges und verantwortliches Arbeiten erlaubt, sie aber von der Notwendigkeit freisetzt, in dauerndem Umgang mit anderen Mitarbeitern deren Arbeit zu koordinieren und gegebenenfalls auch zu überwachen. Ein solcher Arbeitsplatz hatte sich in der Firma finden lassen, und die Patientin gibt nun an, daß die heftig aufgetretenen Angstanfälle wieder zurückgetreten seien, wenn auch die ihr Leben beherrschende, unterschwellige Dauerangst weiter vorhanden wäre. Die Patientin will sich auch emotional von der Mutter distanziert haben, hat aber an der äußeren Lebenssituation mit regelmäßigen Besuchen und gemeinsam verbrachtem Wochenende nichts geändert.

In der ihr eigenen angenehmen, sensiblen und zugewandten Art bedankt die Patientin sich für die Zeit, die ihr zur Verfügung gestellt wurde, läßt auch durchblicken, daß die Aussprachen ihr geholfen hätten, weiß aber wohl selbst, daß sich an ihrer gesamten psychischen Verfassung und den zugehörigen neurotischen Behinderungen wenig geändert hat. Wenn die Patientin auch ein „Verstandenwerden" erlebt hat und dieses Entlastungserlebnis hoch bewertet, kann von einer hilfreichen therapeutischen Veränderung ihrer Struktur doch keine Rede sein. Die Patientin hat auch mir gegenüber den „Rückzug vom Menschen" gelebt und in „Abbruchstendenzen" umgesetzt. Gleichzeitig hat sie es verstanden, in einem kompensatorischen Arrangement eine Lebenssituation zu finden, mit deren Hilfe sie die akut mobilisierten Ängste und Vermeidungsreaktionen wieder beschwichtigte, so daß sie sich für eine Weile wieder leidlich symptomfrei und existenzfähig fühlen durfte.

2. Patientin G. S.; 32 Jahre; Übelkeit, Erbrechen, Rückenschmerzen; sogenannte „tetanische Anfälle".

„Verlust eines hilfreichen Haßobjektes".
„Eine Familienneurose".
„Sparen und Ausbeuten".
„Problemverschiebung".
„Ratsuche als Abwehrmechanismus".

Die 32jährige Patientin kommt auf Anraten ihres behandelnden Arztes
und teilt zugleich mit, daß auch der Schulpsychologe (den sie ihres 11jähri-
gen Sohnes wegen aufsuchte) dazu geraten habe, sich bei uns vorzustellen.
Ein gleiches habe die Erziehungsberatungsstelle empfohlen, bei der die
Patientin wegen ihrer 15jährigen Tochter um Rat nachsuchte. Die Patientin
war außerdem noch bei einer Eheberatungsstelle gewesen, berichtete allerdings in diesem Zusammenhang, daß ihr Ehemann sich strikt geweigert
habe, einen Psychologen oder Psychiater zu konsultieren. Er — der Ehemann
— halte die Bemühungen der Patientin um die Ehe, die Kinder und um sich
selbst für „überspannt".

Die Patientin ist dankbar, weil man ihr überall geholfen hat und will den
regelmäßigen Kontakt mit allen genannten Stellen unbedingt aufrechterhalten.

Zur eigenen Symptomatik: Die Patientin selbst klagt über Übelkeit, Mat-
tigkeit, starke Rückenschmerzen und ätiologisch ungeklärte sogenannte
„tetanische Anfälle". Der Schilderung nach soll es sich erst um ein Erschlaf-
fen, dann um ein Starrwerden der Arme handeln, das teilweise mit krampf-
artigen Schmerzen in den Armen einhergeht. Nach den bisher durchgeführten Untersuchungen liegt keine echte Tetanie vor.

Die Patientin wirkt vital und stämmig, eher adipös mit sehr breiten Hüf-
ten (die ihr großer Kummer sind). Sie spricht lebhaft, hält ihre Symptomatik
„unbedingt" für psychogen und glaubt, daß ihre sehr schwierige und im
eigenen Erleben fast unlösbar verfahrene Ehesituation daran schuld sei.

Zur auslösenden Situation: Die Patientin teilt mit, daß sie eigentlich ihr
Leben hindurch leicht erregbar, zugleich teils ängstlich, teils aufbrausend
gewesen sei. Obgleich sie im Grunde zäh und leistungsfähig ist, hat sie bislang noch nie ein volles körperliches und seelisches Wohlbefinden kennengelernt. Die jetzige Symptomatik ist allerdings *sehr akut* vor einem halben
Jahr aufgetreten, und zwar auf einer Geburtstagsfeier bei Freunden, auf der
es zu einer heftigen Auseinandersetzung zwischen der Patientin und ihrem
Ehemann kam und zu einer anschließenden Aussprache zwischen der Patientin und der einladenden Freundin, die gesagt haben soll: „So, wie ihr zusam-
menlebt, geht es nicht weiter". Die Patientin meint, daß das harmonische
Zusammenleben ihrer Freundin mit ihrem Mann ihr noch einmal deutlich
vor Augen geführt hätte, wie unglücklich ihre eigene Ehe sei, und daß sie
ein verpfuschtes Leben habe.

Obgleich diese „auslösende Situation" im subjektiven Erleben der Patien-tin voll ausreicht, um ihr das Auftauchen ihrer Symptomatik zu erklären, lassen sich jene Fakten, die das Bild erst wirklich abrunden, nur relativ spät ausfindig machen: Ich erfahre von der Patientin ganz gegen Ende des Ge-sprächs, daß eine Tante von ihr ein Vierteljahr vor dem Auftreten der Sym-ptomatik *tödlich verunglückt* ist und daß der Tod dieser Tante (die der Pa-tientin in einem von ihr geführten Geschäft als Verkäuferin half) dazu führte, *daß dieses Geschäft aufgegeben werden mußte.* Die Patientin hat keine gleichwertige zuverlässige und billige Arbeitskraft gefunden, die die Tante ersetzen konnte, und es leuchtet auch durch, daß die Patientin zwar Geschick im Umgang mit Kunden hat, aber doch recht große Mühe, Ange-stellte und Mitarbeiter anzuleiten und zu lenken.

Als ich von der Patientin über den Tod dieser Tante hörte und der sich anschließenden Auflösung des gemeinsam geführten Geschäftes, legte ich mir natürlich im stillen die Frage vor, *welchen Stellenwert* dieser Schicksals-schlag im Erleben der Patientin haben könnte und welche psychodynamischen Zusammenhänge sich ergeben würden, wenn man die Gefühlsbindung der Patientin an ihre Tante und die Rolle dieser Tante in der Familienkonstella-tion genauer untersuchte. *Nach allgemeinem psychoanalytischen Wissen* durfte man vermuten, daß bei der Patientin der Tod einer so nahen Angehö-rigen all jene Gefühle und Impulse mobilisierte, die früher einmal verdrängt in der Latenz gehalten wurden, um eine tief ambivalente Beziehung einiger-maßen im Gleichgewicht zu belassen.

Ein solches „allgemeines Wissen" konnte aber natürlich dem individuel-len Lebensschicksal von Frau S. nicht ausreichend gerecht werden, und es bestand dringender Anlaß, die aktuellen Lebensumstände der Patientin mit ihrer Kindheitsgeschichte in Verbindung zu bringen. Folgende Situation kristallisierte sich allmählich heraus:

In dem Zeitpunkt, in dem Frau S. mich konsultierte, lebte die 32jährige Frau mit ihrem 50jährigen Mann und der (ebenfalls 50jährigen) Mutter, der 15jährigen Tochter und dem 11jährigen Sohn gemeinsam in einem hypo-thekenfreien Einfamilienhaus mit Garten. Die Familie betrieb zwei Geschäfte und drei Marktstände mit fünf Angestellten. Man fuhr zwei Wagen. Alle Familienmitglieder waren *Symptomträger*: Die Patientin war neben der oben geschilderten Symptomatik recht adipös, ebenso der Sohn, der an hoch-gradigem Übergewicht litt. Die Tochter hingegen aß schlecht und galt in der Schule als übertrieben leistungsängstlich („ein Versager" mit den Worten der Mutter). Der Ehemann der Patientin war nach einem mitgebrachten Bild ein hagerer Astheniker. Er erkrankte fast jährlich rezidivierend an *Magen-und Darmgeschwüren.* Die Mutter der Patientin litt an einer quälenden *Schlafstörung.*

Bei der genaueren Schilderung ihrer Lebens- und Arbeitsumstände brach die Patientin schließlich in heftige Tränen aus. Sie erklärte, daß ihr Ehemann

vom *Sparteufel* besessen sei, ihr keinerlei Einblick in die Buchführung und
den Warenbesitzstand gäbe, immer davon spräche, daß die Familie am Ver-
hungern wäre, so daß sie — die Patientin — ihm das Wirtschaftsgeld und
jede kleinste Anschaffung für sich selbst oder die Kinder pfennigweise ab-
betteln müßte. Zwar — so räumte die Patientin ein — gab ihr Mann selbst
das letzte an Arbeitskraft her. Er schonte sich nicht und hielt niemals Bett-
ruhe ein, wenn wieder einmal ein Magenulcus diagnostiziert wurde. Die
Patientin meinte aber, daß ihr Mann ihr zwar einen „goldenen Käfig"
gebaut hätte, daß er aber gleichzeitig ihre Hilflosigkeit und Dienstwillig-
keit *ausnutze*. Er halse ihr laufend Arbeit auf, die sie neben der Führung des
Haushaltes (mit der Versorgung von fünf Angestellten) kaum bewältigen
könne, und er habe offenbar nicht die geringste Vorstellung davon, daß er
mit einer noch jungen Frau verheiratet sei, die mehr vom Leben erwarten
dürfe, als nur Arbeit.

Nach der Schilderung der Patientin war das Familienklima rastlos, uner-
quicklich, und die Gespräche um Geld, Warenumsatz, Steuerschulden usw.
füllten den Alltag. Zur Zeit versorgte die Patientin selbst ein Geschäft
(Haushaltsgegenstände, Seifenwaren usw.) gemeinsam mit einer Angestellten, der Ehemann ein anderes größeres Geschäft, gemeinsam mit zwei Angestellten. Zwei Marktstände mit jeweils einem (zusammen also zwei) Angestellten wurden daneben betrieben. Zu meiner Information erklärte mir
die Patientin, daß nur durch eine solche Vielzahl von Geschäften der Groß-
einkauf von Ware wirklich günstig gestaltet werden könnte, da man sich
für ein einziges Geschäft nicht soviel Ware hinlegen dürfte, wie notwendig
wäre, um gleichzeitig günstige Großhandelspreise bei umfangreichen Groß-
bestellungen zu erzielen.

Als ich allmählich mehr von der K i n d h e i t s e n t w i c k l u n g der Patientin erfuhr, wurde mir auch die Bedeutung der tödlich verunglückten Tante
für die Patientin selbst und für ihre Familie verständlicher:

Frau S. war das Kind einer sehr jungen, 17jährigen Mutter, die als 16jäh-
riges Lehrmädel in einem Konfektionsgeschäft von ihrem verheirateten jüdischen Chef geschwängert wurde. Die Patientin kam im Februar 1932 unehelich zur Welt. Die Großeltern bestanden darauf, daß die Mutter auf dem
Standesamt „Vaterschaft unbekannt" angab, weil man nicht wollte, daß das
Verhältnis mit einem verheirateten Mann bekannt wurde. Die Verleugnung
des Erzeugers auf dem Standesamt erwies sich später als ein sehr glücklicher
Umstand, weil der Patientin aus ihrer „halbarischen" Herkunft keine
Schwierigkeiten in der Schule erwuchsen. Die Großeltern waren es auch, die
dagegen protestierten, daß die junge Mutter das Kind zur Adoption freigab,
und sie nahmen das Neugeborene als jüngstes Kind bei sich auf. Die Patientin hielt Jahre hindurch ihre Großeltern für die leiblichen Eltern und glaubte,
daß die drei Kinder ihrer Großeltern ihre eigenen Geschwister seien (Mutter
+17, Tante +12, Onkel +10). Als die Patientin drei Jahre alt war, heiratete

ihre Mutter und verließ den gemeinsamen Haushalt. Das kleine Mädel wurde nun sehr viel der damals 15jährigen „Schwester-Tante" überlassen, die zu der Patientin eine intensive — aber offenkundig sehr ambivalente — Bindung entwickelte. Einerseits behandelte und pflegte sie das kleine Mädchen wie eine Puppe, beschützte sie vor anderen Kindern, spielte mit ihr und half ihr auch später in der Schule. Andererseits machte sie mehr als einmal ihrem Ärger über die unbequemen Pflichten Luft und spielte darauf an, daß die Patientin ein „Bastard" sei und gar nicht das leibliche Kind ihrer Großeltern. Solche Anspielungen tauchten immer dann auf, wenn die Rivalität zwischen der „Schwester-Tante" und dem kleinen „Nachkömmling" in der Beziehung zu den Großeltern allzu schroffe Formen annahm.

Soweit sich aus den ersten Angaben der Patienten rückblickend schließen ließ, war sie von den Großeltern zur „Prinzessin" der Familie gemacht worden, galt als der vergötterte Liebling und verwöhntes Vorzugskind. Offenkundig war sie dabei aber zugleich in eine Mittelstellung zwischen den Großeltern einerseits und der sehr jungen Mutter (mit deren Geschwistern) andererseits geraten. Hinsichtlich ihrer *eigenen Identität* und des eigenen Selbstwertgefühls muß die Patientin durch sehr *verwirrende Doppelerlebnisse* gegangen sein: Zwar durfte sie sich wohl wirklich als Mittelpunkt und Prinzessin der Familie fühlen, behütet, geliebt und bevorzugt. Gleichzeitig mußte sie aber auch die Feindseligkeiten und Rivalitätsgefühle ihrer „Geschwister" erdulden, die ihr mit versteckten Aggressionen heimzahlten, was sie an Ärger über die Verwöhnung des kleinen Mädels heimlich bei sich aufstauten. Insbesondere die junge Mutter soll später oft geäußert haben, daß die Großeltern mit dem Enkelkind sehr viel liebevoller und herzlicher umgegangen seien als mit ihr selbst, die als die Älteste auch die strengste Erziehung erfahren hätte.

Die tiefe Verunsicherung hinsichtlich der eigenen Identität wurde der Patientin deutlich bewußt, als sie mit zehn Jahren erfuhr, daß sie nicht das Kind ihrer Großeltern war, sondern (mit unbekanntem Vater) unehelich geboren. Als sie einiges Getuschel über einen möglichen jüdischen Vater zu hören bekam, vertiefte sich ihre Selbstunsicherheit und Verwirrung. Bei der damaligen Schulerziehung mußte sie sich mit einem unwägbaren und unheimlichen „Makel" belastet fühlen, einem Makel, den sie nicht verstand, der mit Geheimnis umwittert war und der sie zutiefst beunruhigte, ohne daß sie jemals mit einem vertrauten Menschen darüber hätte sprechen können.

Die *extreme Zweigleisigkeit* im *Identitätsgefühl* der Patientin vertiefte sich von Jahr zu Jahr: Im Familienverband galt sie nach wie vor als Liebling und bevorzugte Prinzessin. Insgeheim fühlte sie sich aber als Trägerin eines Makels und als das Opfer unverständlicher Feindseligkeiten ihrer „Schwester-Tante" und der Mutter. Nach der eigenen Erinnerung versuchte die Patientin etwa zwischen ihrem 11. und 15. Lebensjahr einen Lösungsversuch, indem sie um ihre sehr bewunderte, hübsche und ansehnliche Mutter warb und ihr nachzueifern versuchte. Sie lehnte sich gegen die bevormundende und behütende „Schwester-Tante" auf und zog sich mit einem quälenden Fremdheitsgefühl von ihren Großeltern zurück, da diese vor der Patientin das Geheimnis ihrer Herkunft nicht lüften wollten und die Patientin nur fühlen ließen, daß sie auf ihren Vater nicht gut zu sprechen waren.

Die Patientin fühlte sich in diesen Jahren ihres Lebens nirgends zugehörig, erlebte aber leidvoll, daß sie „überall aneckte", weil sie sich teils etwas prinzessinnenhaft aufspielte, andererseits aber hochempfindlich und leicht kränkbar war und sich bei den geringsten Schwierigkeiten zurückzog. Rein äußerlich (aber doch wohl als Folge ihrer unbewußten Identifikation mit der Mutter) wiederholte die Patientin dann — mindestens teilweise — das mütterliche Schicksal: Auch sie wurde 16jährig von ihrem wesentlich älteren verheirateten Chef (Besitzer eines Seifengeschäftes) schwanger und hatte mit 17 Jahren ihr erstes Kind. Allerdings war diese erstgeborene Tochter nicht unehelich, denn der Chef der Patientin ließ sich der Schwangerschaft wegen von seiner Frau scheiden und heiratete die Patientin, mit der er dann nach der Entbindung gemeinschaftlich das erste Geschäft weiterführte und allmählich die hinzukommenden Geschäfte neu aufbaute.

Nach dieser Heirat in „Vaterübertragung" (der Ehemann war sicherlich nicht zufällig Kaufmann und Geschäftsinhaber wie der leibliche Vater) arrangierte sich die Patientin bald im neurotischen „Wiederholungszwang", die alte Doppelkonstellation ihrer Kindertage: Sie holte die „Schwester-Tante" in ihren Haushalt, die durch tatkräftige Mithilfe zwar zum steigenden Wohlstand der Familie beitrug, für die Patientin aber zum „hilfreichen Haßobjekt" wurde. Als sich schließlich einige Jahre später die Mutter der Patientin scheiden ließ, ebenfalls zur Patientin zog, einiges Geld in den Familienhaushalt einbrachte (mit dessen Hilfe das Einfamilienhaus angekauft werden konnte), war die „Familienneurose" fest etabliert, wies jedem Familienmitglied eine bestimmte Funktion und Rolle zu und manifestierte sich in den wechselweise auftretenden neurotischen Krankheitszeichen der einzelnen Familienmitglieder.

Die *Patientin selbst* war wieder in ihrer alten Doppelrolle: So wie sie als Kind die „Schwester" von Mutter, Onkel und Tante gewesen war, so geriet sie jetzt in die Geschwisterrolle den eigenen Kindern gegenüber. Ihr Ehemann und ihre Mutter übernahmen Elternfunktion. Die Patientin war einerseits der „Star" der Familie, ohne deren äußerst tatkräftigen Arbeitseinsatz der Wohlstand der Familie nie erreicht worden wäre. Andererseits wurde sie von Ehemann, Mutter und Tante in der Rolle des unmündigen Kindes gehalten, das zu klein und zu dumm war, um an wichtigen Entscheidungen teilzunehmen oder gar in wichtige Kenntnisse eingeführt zu werden.

In diesem Zusammenhang wurde dann auch allmählich deutlich, welche besonderen psychodynamischen Probleme der unvermutete Tod der

„Schwester" für die Patientin geschaffen hatte, so daß dieser Unglücksfall tatsächlich zur „auslösenden Schicksalskonstellation" wurde:

Die Patientin hatte in ihrer „Schwester" einerseits ganz sicherlich eine Verbündete gehabt, die der Patientin viele Phantasien und halb realistische Wunschvorstellungen ermöglichte, in denen die Patientin sich in ein selbständiges Leben — geschieden vom Ehemann — hineinträumte. Die Patientin berichtete in diesem Zusammenhang, daß sie mit ihrer „Schwester" immer wieder davon gesprochen habe, daß sie sich eines Tages beide vom Ehemann unabhängig machen würden und ein Geschäft und einen Marktstand gemeinsam führen wollten, um dem nervenaufreibenden Kleinkrieg in der Familie ein Ende zu machen. Beide Frauen waren einig in der Vorstellung, daß sie bereit wären, für dieses erstrebenswerte Ziel viel von dem gemeinsam erarbeiteten gegenwärtigen Besitzstand beim Mann zurückzulassen.

Schon mit Hinblick auf all diese Zukunftsphantasien bedeutete der unvermutete Tod der Tante für die Patientin einen unersetzlichen Verlust. Nicht nur die Träume, sondern auch fast alle realen Möglichkeiten für eine Trennung vom Ehemann waren hinfällig geworden. Die vertraute Gesprächspartnerin war verloren und die Patientin ganz an ihre „Kindrolle" dem Ehemann und der Mutter gegenüber ausgeliefert. Gleichzeitig wurden aber bei der Patientin auch alte Wunden aufgerissen und *früh verdrängte Haßgefühle mobilisiert:* Die Patientin mußte heute mit tiefer Bitterkeit feststellen, daß nicht nur Mann und Mutter, sondern auch ihre „Schwester" viel dazu beigetragen hatten, daß sie unselbständig blieb und sich unentwegt bevormunden ließ. Auch die Tante hatte die Patientin nicht in Buchführung, Wareneinkauf oder andere kaufmännische Probleme eingeführt. Sie hatte ihr alles „abgenommen" und sich selbst angeblich von der Familie bei niedrigem Gehalt „ausnutzen" oder sogar „ausbeuten" lassen. Dabei war der Patientin mit Erbitterung klar, daß die „Schwester" aus ihrer Opferhaltung ein beträchtliches Maß an Gefühlsbefriedigung gewann, weil sie sich unentbehrlich fühlen durfte und zugleich die langjährig gelebte Rolle weiterführen konnte, in der sie eine „Ersatztochter" versorgte, nachdem sie bei allen eigenen Versuchen zur Familiengründung gescheitert war.

In bezug auf die *Krankheitssituation der Patientin* schälten sich nun allmählich eine Reihe von hinderlichen und belastenden Faktoren heraus:

Die Patientin tendierte zu einer unbewußten *„Problemverschiebung".* Im eigenen Selbstverständnis war sie die ausgenutzte junge Frau, die hart arbeiten mußte, ohne viel vom Leben zu haben und die insbesondere in ihren sexuellen Bedürfnissen unbefriedigt blieb. Die Patientin schilderte die sexuelle Bedürftigkeit ihres Ehemannes als sehr gering. Sie selbst hatte aber — wie sie aufrichtig zugab — ebenfalls *keinerlei* sexuelle Bedürfnisse. Sie war immer frigide gewesen und hatte es früher eher als angenehm empfunden, daß ihr Mann nur selten den sexuellen Kontakt suchte.

Die Patientin lebte jetzt in der Vorstellung (die allerdings von zahlreichen behandelnden Ärzten genährt wurde), daß sie überwiegend an der geringen sexuellen Aktivität ihres Mannes kranke, und sie erlebte die sexuelle Zuwendung des Mannes als eine Art „einklagbare Forderung", eine „Leistung", auf die sie Anspruch hätte, beziehungsweise als eine „Nicht-Leistung", die schuld an ihrer eigenen Krankheit sei. Die „Verleugnungsreaktionen" der Patientin, die zu der soeben geschilderten Problemverschiebung führten, galten der Auseinandersetzung mit den ökonomischen Verflechtungen in der Familie und vor allem der Erkenntnis, daß die Patientin ohne die Hilfe ihrer Tante völlig außerstande sein würde, ein eigenes — finanziell einigermaßen gesichertes — Leben für sich und ihre Kinder aufzubauen. Gleichfalls verleugnet wurde von der Patientin die Tatsache, daß sie den großen Haushalt, den Trubel, die Geschäfte um sich herum im Grunde liebte. All ihre Klagen darüber, daß sie ausgenutzt würde und nichts von ihrem Leben hätte, relativierten sich rasch, wenn ich mit der Patientin versuchte, eine Zukunftsphantasie auszuspinnen, die ihr ein weniger anstrengendes, dann aber auch etwas einsameres Leben ermöglicht hätte.

Es schien im Verlauf des ersten Gespräches allmählich deutlich zu werden, daß die Patientin ebenfalls in Identifikation mit ihrer Tante dazu neigte, sich zum Opfer von „Ausbeutungstendenzen" zu machen, um aber gleichzeitig damit auf *einem Umweg ihre Triebansprüche* in Richtung auf Macht, Einfluß und Geltung *durchzusetzen*.

Die *therapeutische Planung* für die Patientin geriet nun mit Hinblick auf die soeben geschilderten spezifischen psychodynamischen Reaktionen immer wieder in eine Sackgasse: Die Patientin mußte wohl instinktiv fürchten, ihren Schutzbau von Problemverschiebungen und Triebverleugnungen abzutragen. Die Tendenz, sich bei sehr vielfältigen verschiedenartigen Instanzen Rat zu holen, stand offenkundig im Dienste tief verwurzelter Angst- und Abwehrmechanismen. Die Patientin war mit keinem der beteiligten Ratgeber unzufrieden. Sie wollte auch mit allen in Verbindung bleiben. Sie machte es damit aber gleichzeitig jedem einzelnen unmöglich, ihre verborgeneren Probleme zu erfassen, geschweige denn zu bearbeiten. Jeder der früher befragten Ratgeber erlitt das gleiche Schicksal wie schließlich auch ich: Angebote für häufigere therapeutische Sitzungen (oder gar einer intensiven langfristigen Therapie) wurden mit den (real ja eindeutig vorhandenen) zeitlichen Beanspruchungen der Patientin abgewehrt, entweder gar nicht erst angenommen oder kurzfristig abgesagt. Gleichzeitig wurde das Geflecht von Kontakten mit ratgebenden Instanzen aber doch aufrechterhalten, stand im Dienst momentaner Entlastungsreaktionen und wohl auch im Dienst der früher erlebten (aber von den Großeltern erstickten) Fragetendenz, um sich Klarheit über die eigene Identität oder Herkunft zu verschaffen. Eine Klarheit, **die** zugleich natürlich stark gefürchtet wurde.

Eine psychoanalytische Therapie (in welcher Form auch immer) fand an diesem Reaktionsschema der Patientin ihre endgültige Schranke! Obgleich akut erkrankt und von der Krankheitssymptomatik schwer gequält, obgleich im Kern bereitwillig und gutartig, erlag die Patientin doch der Gewalt ihrer eigenen Abwehrtendenzen und der Fähigkeit, gewisse kompensatorische Befriedigungen zu finden, die dann zwar auch ein spontanes Abklingen der gravierenden Symptomatik mit sich brachten, aber keine wirklich hilfreiche Änderung der neurotischen Konstellation.

3. Patientin B. E.; 29 Jahre; Magen-Darm-Symptomatik.
„Das idealisierte Objekt enthüllt seine Schwäche".
„Heirat in Bruderübertragung".
„Schützen und herrschen".
„Altruistische Abtretung von Triebansprüchen".
„Verschiebung der ideologischen Inhalte".
„Somatisation".

Die 29jährige Patientin wird von ihrer Hausärztin überwiesen, nachdem man ihr vor einem halben Jahr schon einmal gesagt hatte, daß eine psychotherapeutische Behandlung für sie hilfreich sein könnte. Seinerzeit hatte die Patientin das, wie sie sagt, „abgelehnt".

Zur Symptomatik: Die Patientin leidet akut an Magen-Darm-Beschwerden mit Übelkeit, Erbrechen, Appetitlosigkeit und Blähungen. Seit der Pubertät besteht eine Obstipation, die die Patientin bislang mit Abführmitteln kompensierte.

Zur Genese und zu den gegenwärtigen Lebensumständen: Die Patientin ist Pfarrerstochter und stammt aus dem baden-württembergischen Raum. Die Religiosität in der Familie hatte einen stark pietistischen Einschlag. Die Erziehung der Eltern war streng, sehr auf Pflichterfüllung, Leisten und Dienen eingestellt. Insbesondere war ausgemacht, daß die Tochter nicht dazu bestimmt sei, zu studieren (was sie gern gewollt hätte), sondern daß sie — wenn sie schon einen Beruf haben wollte — ihrer Bestimmung am besten gerecht würde, wenn sie als Krankenschwester arbeitete.
Die Patientin übernahm diese Einstellung und Wertwelt ihrer Eltern, war insbesondere mit der Lebensführung der Mutter tief identifiziert und akzeptierte auch die Pflicht, den fünf Jahre jüngeren Bruder zu versorgen und zu betreuen. Langjährig litt die Patientin als Kind unter dem tiefen *Schuldbewußtsein*, daß sie dem Bruder Schaden zugefügt hätte. Insbesondere, als der Bruder einmal „Fieberkrämpfe" bekam, lasteten die Eltern dem damals noch nicht siebenjährigen Mädel diese Krankheit als Verschulden (oder als „Strafe Gottes") an, weil sie kurz zuvor mit einer kleinen Freundin weggelaufen war, als sie den Bruder beaufsichtigen sollte. Dieser Bruder sollte nach Meinung der Eltern Jura studieren und Richter werden („der Richtende über Gut und Böse").

Die Patientin ließ sich nach ihrer eigenen Aussage bei ihrer Schwestern-ausbildung in der Bundesrepublik und in den späteren privaten Kranken-häusern bis aufs Blut ausnutzen, glaubte damit lediglich ihre Pflichten zu erfüllen, litt aber im Grunde — wie sie rückblickend sagte — sehr unter dem Dogmatismus und der Enge ihrer Familie und der Arbeitsgruppe, mit der sie zu tun hatte. Vierundzwanzigjährig kam die Patientin nach Berlin. Wie sich später herausstellte, ging sie gemeinsam mit ihrem Bruder, der hier sein Jurastudium beginnen wollte oder sollte. Allerdings war der Bruder den Anforderungen des Jurastudiums nicht gewachsen, sattelte bald auf Polito-logie um und verstrickte sich in politische Aktivitäten, die ihn nicht weiter-brachten. Nach kurzem politischem Engagement wurde er zunehmend eigen-brötlerisch und kontaktscheu.

Die Patientin lernte durch ihn einen seiner Kommilitonen kennen, der — wie der Bruder — zuerst Jura studiert hatte, dann aber mehr oder weniger „vergammelt" war. Er ging nicht mehr zu den Kollegs, sondern verschaffte sich in endlosen Debattiergruppen einige psychische Entlastung, geriet aber hinsichtlich seiner eigenen Reifung und Lebensentwicklung — verglichen mit Gleichaltrigen — in beträchtlichen Rückstand.

Fast fünfundzwanzigjährig hatte die Patientin mit diesem damals zwan-zigjährigen Mann ihr erstes sexuelles Erlebnis. Sie meinte noch heute, daß sie seine Jugend nicht als störend empfunden habe, da er ihr geistig sehr überlegen gewesen sei und sie in eine völlig neue Welt eingeführt habe. Die Patientin meinte vor allem, sie habe damals zum ersten Mal begriffen, daß man auch anders denken, leben und fühlen könnte als ihre Eltern, daß man sich nicht nur ausnutzen und ausbeuten lassen müßte. Daß es aber vor allem anderen dringlich sei, den ausgebeuteten Arbeitern zu einer Bewußtseins-erweiterung zu verhelfen und auch ihnen ihre Lage klarzumachen. Die Patientin vertrat die Ansicht, daß der Arbeiter in Anbetracht seiner mangel-haften Ausbildung keine Möglichkeit habe, ein zutreffendes Urteil über das gegebene spätkapitalistische Wirtschaftssystem zu gewinnen, um sich dann mit angemessenen Mitteln gegen die Ausbeutung der Unternehmer zur Wehr zu setzen.

Die Patientin heiratete ihren damaligen Freund, arbeitete in Berlin als Krankenschwester und bestritt mit ihrem Verdienst den gemeinsamen Haus-halt. Der Ehemann erhielt eine recht hohe Kriegshinterbliebenenrente, die er aber für sich allein verbrauchte, und über deren Verbleib die Patientin nie-mals Rechenschaft forderte.

Die Patientin war stolz, daß sich ihr Ehemann unter ihrem Einfluß etwas ordnete, wieder zu den Vorlesungen ging, allerdings (genau wie der Bruder) das Jurastudium endgültig aufgab und bei der Politologie blieb. Die Eheleute traten gemeinsam in die SPD ein, waren bei den Jungsozialisten aktiv, und die Patientin glaubte daran, daß sie mit ihrem selbstlosen Einsatz dazu bei-tragen könnte, die Welt (insbesondere die Arbeiterschaft) vor den Schäden der spätkapitalistischen, ausbeuterischen Leistungsgesellschaft zu bewahren. Sie selbst blieb der Haltung nach unverändert: äußerst arbeitswillig, fleißig, aufopfernd und verzichtsbereit. Die „altruistische Abtretung der eigenen Triebansprüche" gab ihrem Fühlen und Denken Inhalt.

Die erste Zeit ihrer Ehe hatte die Patientin als eine intensiv erlebte, glanzvolle Zeit in Erinnerung. Sie glaubte der Dunstglocke entflohen zu sein, unter der sie in ihrer Kindheit gelebt hatte und bemerkte nicht, daß sie zwar die *Inhalte* ihrer Wertwelt wechselte, daß aber *alle* ihre erworbenen *Haltungen* und *Reaktionsformen unverändert weiter wirksam* blieben. Aus mancherlei Anzeichen ließ sich auch schließen, daß die Ehe mit dem viel jüngeren, kontaktschwachen und hilflosen Ehemann dazu beitrug, in der Patientin alte, unbewußte Schuldgefühle zu beschwichtigen, die noch fortlebten und die durch ein (ebenfalls in der Latenz gebliebenes) starkes Rivalitätsgefühl dem Bruder gegenüber weiter genährt wurden. Die Patientin — von den Eltern als Magd zum Dienen bestimmt — übernahm diese Rolle auch dem Ehemann gegenüber. Obgleich sie natürlich endlose Debatten über die Emanzipation der Frau führte und sich als berufstätige Frau anderen „Nur-Hausfrauen" gegenüber im Vorteil fühlte, idealisierte sie ihren Ehemann ganz ungewöhnlich und fühlte sich als Dienerin, die einem Genie zur Weltgestaltung verhalf. Die Patientin wurde auch in ihrer Arbeit politisch aktiv. Sie nahm an sogenannten „Basisgruppen" teil, verteilte Flugblätter im „Patienten- oder Schwesternkollektiv", sagte aber gegen Ende des Gespräches mit einiger Bitterkeit: „Ich glaube, im Grunde bin ich für die doch nur eine Polit-Mieze! Die nutzen mich nur aus und nehmen mich nicht ernst."

Die *auslösende Situation* war unschwer ausfindig zu machen: Der Ehemann der Patientin hatte inzwischen mit einiger Mühe sein Examen abgelegt, schlug aber eine ihm angebotene Assistentenstelle an der Universität aus. Er bemühte sich um ein Promotionsstipendium, das er auch erhielt, das aber natürlich viel knapper bemessen war als das Assistentengehalt, das er als Universitätsassistent bezogen hätte. Die Patientin hatte mir anfänglich selbst vorgetragen, daß sie fürchtete, sie gehöre zu jenen Frauen, die aus versteckten Machtansprüchen heraus einen jüngeren Mann heiraten und ernähren, und die dann in eine Krise geraten, wenn der Ehemann beruflich selbständig und unabhängig wird. Die Patientin hatte jedenfalls in ihren Diskussionsgruppen bereits einige psychoanalytische Literatur gelesen, war dabei aber ganz offenkundig einem sehr tiefgehenden *Selbstmißverständnis* erlegen.

Die Angabe, daß der Ehemann nun beruflich völlig selbständig würde, bestand ja tatsächlich *nicht* zu Recht. Die Situation wurde von der Patientin aber anfänglich insofern verschleiert, als sie mir nur mitteilte, er habe eine Assistentenstelle in Aussicht. Daß der Ehemann diese Assistentenstelle gar nicht annehmen wollte und stattdessen ein Promotionsstipendium beantragt hatte, erfuhr ich erst spät. Noch später hörte ich, daß der Ehemann tatsächlich in seiner politischen Karriere Schiffbruch erlitten hatte. Nach Angaben der Patientin war er durch „Parteiintrigen" nicht in jenen Positionen zum Zuge gekommen, die er angestrebt hatte, sondern war in illusionärer Verkennung der harten machtpolitischen Ziele seiner Parteifreunde zu deren Werkzeug geworden, ohne selbst eine glanzvolle (oder auch nur aufregende) Karriere einzuschlagen. Das „idealisierte Objekt" der Patientin hatte seine Schwäche enthüllt.

Die *therapeutische Planung* für die Patientin scheiterte in diesem Fall an ihrer Tendenz zur „Somatisation". Obgleich die Patientin akut erkrankt war und die Möglichkeit einer Psychogenese ihrer Beschwerden zunächst einmal in Betracht zog, war es sicherlich doch kein Zufall, daß sie den ersten Rat zur psychotherapeutischen Behandlung nach eigenen Worten abgelehnt hatte. Bedauerlicherweise glaubte sie, daß sie mit der Befreiung aus ihrem pietistisch orientierten Elternhaus und dem Übergang zu den radikal orientierten Jungsozialisten auch ihre neurotischen Probleme abgestreift hätte. Daß sie sich nun nicht mehr vom Arbeitgeber, sondern vom eigenen Ehemann „ausbeuten" ließ, konnte die Patientin von der bewußten Selbstreflexion her natürlich nicht verstehen. Daß sie sich zugleich selbst (entsprechend ihrer alten erworbenen Reaktionsweisen) im Grunde an dem jetzt drohenden Versagen des Ehemannes schuldig fühlte (Wiederholung der alten Schwester-Bruderkonstellation), mußte ich aus mancherlei beiläufigen Mitteilungen oder auch symbolträchtigen Fehlleistungen entnehmen.

Trotz der bereits drohenden Signale und Symptomhandlungen, die die Reaktionsweisen der Patientin ankündigten, machte ich ihr den Vorschlag zum Beginn einer psychoanalytischen Therapie und bat sie, mich in den nächsten Tagen noch einmal anzurufen, damit ich ihr mitteilen könnte, ob und in welcher Frist ich einen Behandler für sie finden würde. Die Patientin rief mich auch an, aber nur, um mir mitzuteilen, daß sie sich jetzt im Krankenhaus habe aufnehmen lassen, und daß sie inzwischen doch zu der Überzeugung gekommen sei, daß sie organisch krank wäre, und daß die Freunde, die sie zur Psychoanalyse gedrängt hätten, nicht ausreichend kompetent wären, um ihren Zustand richtig zu beurteilen.

4. Patient P. K.; 35 Jahre; Herz-Angst-Anfälle; larvierte Zwänge.

„Aktualisierter Vaterkonflikt".
„Das Schwarze Schaf".
„Genauigkeit ist alles"; „der Millimeterfuchser".
„Somatisation".
„Sekundärer Krankheitsgewinn".
„Externalisieren".

Der 35jährige Patient wird von seinem behandelnden Nervenarzt überwiesen, nachdem im Verlauf einer klinischen Untersuchung ein organisches Herzleiden ausgeschlossen worden war und man den Patienten zur ambulanten Behandlung an einen Nervenarzt empfohlen hatte.

Symptomatik: Der Patient klagt überwiegend über Herzbeschwerden (Herzdruck, Herzstolpern) sowie über Angstanfälle, teils auf dem Arbeitsplatz, teils bei Busfahrten. Daneben bestehen Kopf- und Rückenschmerzen, die den Patienten stark beeinträchtigen. Larvierte Zwänge werden im Verlauf der Anamnese erfragt („Meine Frau sagt, ich sei ein Millimeterfuchser."). Der *Beginn* der Symptomatik ist nicht ganz leicht festzustellen: Vor etwa zwei Jahren setzten Kopf- und Rückenschmerzen ein. Die Herzbeschwerden registriert der Patient seit etwa einem halben Jahr. Die Angstanfälle sind akut aufgetreten.

Der mittelgroße, kräftige Patient ist beredt in seinen Klagen über die körperlichen Mißempfindungen, die er erleidet und unzufrieden mit den bisherigen Maßnahmen, da bisher nichts grundlegend Heilsames geschehen sei.

Gegenwärtige Lebensumstände und auslösende Schicksalssituation: Der Patient ist Tischler von Beruf und arbeitet in einem mittelgroßen Privatbetrieb, in dem auch sein eigener Vater angestellt ist. Der Patient arbeitet mit dem fast 60jährigen Vater in einem Raum.

Der Patient berichtet von sich, daß er in der Arbeitsgruppe zu den „Spitzenarbeitern" gehört, und daß er im Akkord bislang immer die höchsten Verdienste erlangt hätte. Da es um die Akkordarbeit im Betrieb zwischen den einzelnen Mitarbeitern immer heftige Reibereien gegeben hätte, sei der Chef inzwischen dazu übergegangen, unter seinen Mitarbeitern bestimmte „Prämienarbeiter" zu benennen, die einen erhöhten Stundenlohn bekamen, ohne daß die in der Stunde geleistete Arbeit immer genau berechnet wurde. Die „Prämienarbeiter" halten unter sich die ausgezahlten Löhne geheim. Der Patient weiß aber, daß er mehr als sein Vater verdient.

Der Patient verdient wöchentlich etwa DM 300,— und lebt mit seiner Frau und seiner neunjährigen Tochter in einer Zweizimmerwohnung, für die er DM 84,— Miete bezahlt. Die Tochter teilt mit den Eheleuten das Schlafzimmer. Das andere Zimmer ist als Wohn- und Eßzimmer eingerichtet. An den Wochenenden oder sonstigen freien Tagen spielt der Patient am liebsten mit seinen „Kumpels" Skat und freut sich, daß seine Frau hier keine Einwendungen erhebt. Zu den Skatfreunden besteht ganz offenbar ein sehr freundschaftlich-persönlich getöntes Verhältnis. Der Patient spricht immer nur von „mein Martin" oder „mein Manfred", wenn er die Spielgewohnheiten seiner Freunde schildert.

Die Beziehungen zu Ehefrau und Tochter bezeichnet der Patient als harmonisch. Ganz offenbar gibt es aber *schwere Konflikte* mit seinen *Eltern* und *Geschwistern*, die alle in der Nähe wohnen, und zu denen ein sehr ambivalentes Verhältnis besteht. Den *ersten Angstanfall* hatte der Patient während der Geburtstagsfeier seines Vaters. Der Beginn der Kopf- und Rückenschmerzen läßt sich auf den Zeitpunkt festlegen, zu dem der Patient auf dem Arbeitsplatz mit dem Vater den gleichen Raum teilen mußte. Die Herzbeschwerden des Patienten sind offenbar aufgetreten, als der Patient mit einem anderen, 65jährigen Mitarbeiter im Betrieb in eine spezielle Konfliktsituation geriet.

Der Patient berichtet in diesem Zusammenhang von sich, daß er im Betriebsrat sei, kein Blatt vor den Mund nähme und seine Meinung schon durchzusetzen wisse, daß er aber doch als Querkopf verschrien wäre, und daß es zwischen ihm und seinen Kollegen laufend Streitigkeiten und Raufereien gäbe, die dann aber von dem Chef der Firma wieder ausgebügelt würden. Die auslösende „Versuchungs- und Versagungssituation", in der der Patient erkrankte, ist nur zu verstehen, wenn man die Vor- und Frühgeschichte des Patienten kennt und die Konflikte, die sich zwischen ihm, seinen Eltern und seinen Geschwistern ausgebildet haben:

Der Patient stammt aus Mecklenburg. Er ist zweites von vier Kindern; zwei Jahre nach dem älteren Bruder geboren. Die beiden Schwestern sind ein und vier Jahre jünger als er. Der Vater des Patienten ist ebenfalls Tischler, beide Eltern streng katholisch, insbesondere die Mutter war eine gläubige Kirchgängerin. Beide Eltern fühlten sich ihres Glaubens wegen in der überwiegend evangelischen Bevölkerung ihres Dorfes beeinträchtigt. Der Patient war bis zum elften Lebensjahr Bettnässer und galt als das „Schwarze Schaf" in der Familie. Als kleiner Junge war er unterernährt und unterentwickelt und mußte zeitweilig zu einem Bauern gegeben werden, der ihn „aufpäppelte". In seiner eigenen Erinnerung war immer er es, der die Prügel bezog, während die beiden jüngeren Schwestern verhätschelt wurden und der ältere Bruder Vaters Stolz war. Der Patient meint, daß er für alle Geschwister gemeinsam die Prügel bezogen hätte.

Allerdings sind hier die Erinnerungsbilder des Patienten schwer einzuordnen. Er ist Jahrgang 1932. Der Vater wurde 1939 eingezogen und spielte im Leben der Familie kaum mehr eine Rolle, bis er 1947 aus der Kriegsgefangenschaft kam. Die Mutter des Patienten ging 1944 mit den vier Kindern auf die Flucht und versuchte in Berlin Fuß zu fassen. Der Patient bezeichnete seine Mutter als hilflos, untüchtig und immer kränklich. Auch heute sei sie außerstande, ihren eigenen Haushalt auch nur einigermaßen gemütlich zu gestalten. Als Kinder hätten sie sich eigentlich immer unversorgt gefühlt, obgleich die Familie im Grunde keine materielle Not gelitten hätte. Die Mutter selbst habe sich aber immer als eine vom Schicksal geschlagene, zurückgesetzte Frau gefühlt. Sie ist fünftes von sieben Landarbeiterkindern und hat eine sehr kärgliche Jugend gehabt.

Wegen seiner Enuresis wurde der Patient nicht nur viel gehänselt, sondern auch viel geschlagen (insbesondere vom Vater, solange dieser im Haus war). Den beiden jüngeren Schwestern hat der Patient ihre Vorzugsstelle im Grunde nie verziehen. Wenn überhaupt, fühlte er sich zum Bruder hingezogen, mit dem er viele Streiche gemeinsam ausführte, für den er aber dann doch immer die Prügel bezog, wenn irgend etwas entdeckt wurde. Es ergab sich, daß der Patient seinem Bruder genauso ambivalent gegenüberstand, wie jetzt seinen Arbeitskollegen: Teils verteidigte er ihn vor den Eltern, teils stritt er mit ihm herum, selbst wenn die äußeren Anlässe nur Bagatellen waren.

Die gesamte Familie des Patienten lebt zur Zeit in Berlin in dem gleichen Bezirk, und der Patient verzeichnet es mit viel Bitterkeit, daß seine Eltern immer den Bruder besuchen gehen, aber nicht zu ihm kommen. Die jüngste Schwester lebt noch bei den Eltern und wird dort verhätschelt und versorgt. Die ein Jahr jüngere Schwester ist wohlhabend verheiratet und braucht nicht zu arbeiten. Auf der *Geburtstagsfeier*, auf der der Patient seinen ersten Angstanfall bekam, hatte es an sich keinen offenkundigen Streit gegeben. Es war aber ein wochenlanger Konflikt vorausgelaufen, weil der Patient eigentlich nicht zu dieser Geburtstagsfeier gehen wollte. Er fühlte sich gekränkt und zurückgesetzt, weil er den Eltern angeboten hatte, in ihrer Wohnung Renovierungsarbeiten durchzuführen; die Eltern hatten diese Renovierungsarbeiten aber vom älteren Bruder anfertigen lassen, und zwar (wie sich allmählich herausstellte), weil der Patient sein Angebot doch recht zögernd gemacht hatte und gerne um Hilfe gebeten sein wollte. Außerdem hatte der Patient sich auf dem Arbeitsplatz mit seinem Vater so zerstritten, daß er bereits seit Monaten kein Wort mehr mit ihm sprach (!). Da beide am gleichen Tisch arbeiteten, schwelte der feindselige Konflikt zwischen Vater und Sohn natürlich den ganzen Tag. Der Vater — als schweigsamer Mecklenburger — schien sich wenig daraus zu machen, daß sein Sohn nicht mit ihm reden wollte. Der Patient selbst — der ausgesprochen redefreudig ist — verleugnete zwar, daß er unter dieser Situation litt, sondern behauptete auftrumpfend, daß ihm das nichts ausmachte. Es leuchtete aber doch durch, daß der Patient die Wiederauflage eines alten Problems erlebte: Er fühlte sich vom Vater ungerecht behandelt, lehnte sich gegen ihn auf, zog sich verbockt und vertrotzt zurück und bemerkte, daß den Vater diese Abweisung gleichgültig ließ. Den beträchtlich höheren Stundenlohn, den der Patient im Vergleich zum Vater erhielt, erlebte der Patient offenbar nicht ohne Schuldgefühle, die von ihm stark verleugnet wurden („Das macht mir nichts, Arbeit ist Arbeit.").

Wenn auch offenkundig war, daß die akut auslösende Konfliktsituation für den Patienten in der Auseinandersetzung mit Eltern und Geschwistern zu suchen war, so schien doch ebenso deutlich, daß der Patient mit Hinblick auf seine neurotischen Ängste bestimmte *Lösungsversuche* zwar ins Auge faßte, aber *nicht auszuführen wagte*: Der Patient sagte nachdrücklich, daß er in einem größeren Betrieb oder auf dem Bau etwa das Doppelte von dem verdienen könne, was er jetzt erhielt. Obgleich er in dem jetzigen Betrieb zur Spitzengruppe zählte, erreichten die Löhne nicht entfernt die Höhe, die in größeren Betrieben und auf dem Bau gezahlt würden. Um sich wirtschaftlich zu verbessern, hätte der Patient sich aus dem mehr oder weniger als

„Familienbetrieb" geführten Unternehmen lösen und zugleich die Zusammenarbeit mit dem Vater und dem als Vaterfigur erlebten Chef aufgeben müssen; er hätte außerdem seine bisherigen „Skatkumpels" verloren.

Ich hörte nun von dem Patienten eine ausführliche Schilderung, daß sein gegenwärtiger Betrieb im Grunde auf ihn angewiesen sei, und daß es für ihn eine Kleinigkeit wäre, jederzeit überall eine andere, sehr viel besser bezahlte Stelle zu finden. Jedesmal, wenn die Frage darauf kam, warum der Patient einen solchen Entschluß nicht ernsthaft ins Auge faßte, kam er auf seinen schlechten Gesundheitszustand zurück, und daß er es bei so vielen körperlichen Beschwerden nicht wagen könne, die anstrengende Arbeit auf dem Bau zu übernehmen.

Der Patient hatte bei seinen Berichten nur geringe introspektive Möglichkeiten. Seine Krankheit hielt er für organisch bedingt, das Gespräch mit der voruntersuchenden Kollegin und mit mir war ihm zwar angenehm gewesen, weil er sich einmal „aussprechen durfte". Bei diesem Aussprechen hatte es sich aber doch mehr oder weniger um eine immer wiederholte Neuschilderung der einzelnen Beschwerden gehandelt, bei denen der Eindruck entstand, daß relativ geringe körperliche Mißempfindungen ängstlich-hypochondrisch überbewertet wurden, und daß die vielfach mit leicht anklägerischem Unterton vorgebrachte Meinung, es müsse nun endlich etwas Grundlegendes für seine Gesundheit geschehen, in gewisser Weise eine *Affektverschiebung* war. Es leuchtete durch, daß der Patient im Grunde *von sich selbst* (und nicht vom Arzt) erwartete, daß er einen Entschluß faßte, und daß durch seine eigene Aktivität „etwas geschähe", daß ihn aber seine ungelöste Bindung an Vater und Familienbetrieb und das Bedürfnis, diese alten Ambivalenzen immer wieder durchzuagieren, daran hinderten, den entscheidenden Schritt zu wagen.

In einem sich immer wiederholenden Zirkel gab der Patient an, daß — wenn überhaupt — das schlechte Betriebsklima schuld an seiner Erkrankung sei, und daß der Betrieb sich ändern müsse, wenn er gesunden sollte (externalisieren). Er selbst habe keine Möglichkeit, diesen Betrieb zu verlassen, weil er krank sei und das Risiko einer neuen Arbeitsstelle nicht eingehen könne.

Die *Prognose* für den Patienten habe ich von vornherein für sehr ungünstig gehalten: Für eine intensivere Behandlung mit zwei bis drei Wochenstunden glaubte der Patient, keine Zeit zu haben. Auch eine Gruppenbehandlung mit einer Gruppensitzung pro Woche schien ihm zuviel. Dafür war er bereit, gelegentlich wieder zu mir zu kommen, um über seine Probleme zu sprechen. Er entwickelte im Verlauf dieser Gespräche eine kurzlebige Bindung an mich, verteidigte „seine Analyse" gegen Arbeitgeber und Kollegen und fühlte sich offenkundig sehr entlastet, daß er sich über seine Kindheitsgeschichte als Schwarzes Schaf, über die kränkliche und insuffiziente Mutter und den strengen und harten Vater aussprechen konnte. Es tat ihm auch sichtlich wohl, daß ich ihm bei seinen Angriffen gegen die beiden Schwestern zuhörte und seine Eifersucht gegen den älteren Bruder mit Verständnis aufnahm. Die therapeutischen Gespräche, die ich nach den zeitlichen Möglichkeiten des Patienten ansetzte, brachten relativ rasch eine Minderung der Angstzustände (die praktisch fortfielen) und einen Rückgang der Herzbeschwerden. Kopf- und Muskelschmerzen blieben erhalten.

Nach dieser ersten fühlbaren Symptombesserung blieb der Patient aus der Behandlung fort und teilte mit, er habe im Betrieb dringende und sehr einträgliche Außenarbeit, fühle sich außerdem wohl und werde sich bald wieder melden. Für ein Jahr hörte ich von dem Patienten nichts. Als er mich wieder anrief, bezeichnete er sich selbst als „unsicheren Kunden", und ich hörte zu meinem Bedauern, daß er inzwischen einen neuen Internisten aufgesucht hatte, der die Herzbeschwerden des Patienten für organisch hielt und ihn für mehrere Wochen krankschrieb. Diese Tatsache verstärkte die hypochondrische Note im Erleben des Patienten. Er bestand darauf, daß er nach der Krankschreibung eine längere Kur antreten müßte und kam erst nach der Kur wieder zu mir, nun aber eindeutig mit der Tendenz, sich lediglich über die unvollkommene Behandlung durch die Ärzte auszusprechen und ohne Möglichkeit, den tiefer liegenden Gefühlskonflikten nachzuspüren.

Die *therapeutische Situation* war nun tatsächlich *äußerst ungünstig:* Der Familienkonflikt, der sich bei dem ersten Kontakt mit dem Patienten als sehr zugespitzt dargestellt hatte, war zwar nicht bereinigt, aber in gewisser Weise „eingeebnet". Der Patient sprach mit seinem Vater wieder und hatte die gröbsten Trotzreaktionen aufgegeben. Er lebte jedoch nach wie vor in den alten Ambivalenzen mit Geschwistern und Eltern, Konflikten, die dann auf Arbeitskollegen und Vorgesetzte „übertragen" wurden, und die natürlich ihre laufende Verstärkung erfuhren, weil der Patient unverändert im gleichen Betrieb mit seinem Vater arbeitete.

Obgleich nach wie vor voll von Anklagen gegen das Betriebsklima, die schlechte Organisation und die wechselseitigen Intrigen, war der Patient doch außerstande, sich von diesem Arbeitsplatz zu lösen. Die vermeintliche Herzerkrankung (Somatisation) gab dem Patienten genügend Grund, um eine berufliche Veränderung zu vermeiden.

Da die objektive Beeinträchtigung der Arbeitskapazität des Patienten tatsächlich gering war (nach wie vor gehörte er zur Spitzengruppe der Mitarbeiter) und das subjektive Mißempfinden zwar stark erlebt wurde, aber doch im *Dienst eines unbewußten Arrangements* stand, war die Motivation des Patienten für das Durchhalten einer psychotherapeutischen Behandlung auf ein Minimum reduziert. Immerhin waren die Angstanfälle nicht mehr aufgetreten. Obgleich mir gegenüber anhänglich und zutraulich, sagte der Patient doch freimütig, daß er sich von weiteren Gesprächen nichts mehr erhoffe, und daß er sich noch einmal klinisch aufnehmen lassen wollte, damit man ihn „kopfstellte" und „endlich etwas unternähme".

Zusammenfassend mußte man sagen, daß der Vorgang der „Somatisation", das „Externalisieren" und der sogenannte „sekundäre Krankheitsgewinn" unübersteigbare Hindernisse schufen, die einer erfolgreichen Psychotherapie im Wege standen.

5. Patientin D. F.; 58 Jahre; pathologische Eifersucht.
„Strukturwandel der Ehe".
„Latente Homosexualität (?)".
„Depotenzierende Tendenzen".
„Problemverschiebung. Verleugnung".

Die 58jährige Patientin kommt — nach Absprache mit ihrem Internisten — mehr oder weniger auf eigenen Wunsch. Die Magen- und Gallenbeschwerden, die sie schon seit mehr als 15 Jahren hat, quälen sie eigentlich nicht so sehr wie die „krankhafte Eifersucht", mit der die Patientin nach eigener Aussage sich selbst und ihrem Mann das Leben schwer macht. Die Patientin wirkt nicht eigentlich jünger als sie ist — man sieht ihr ein hartes, arbeitsreiches Leben an —, aber sie hat nichts Matronenhaftes an sich: Haltung, Bewegungsstil und Kontaktnahme sind lebhaft, lebendig und zugewandt.

Die Patientin ist seit neun Jahren in der Menopause und will früher so gut wie keine sexuellen Bedürfnisse gehabt haben. Ihren drei Jahre jüngeren Ehemann hat sie 36jährig geheiratet und führt seither mit ihm gemeinsam ein kleines Bierlokal in einem Berliner Vorort. Mit Hinblick auf ihre eigene starke Überarbeitung hatte die Patientin früher die sexuellen Wünsche ihres Mannes immer hartnäckig abgewiesen. Trotzdem glaubte sie sich seiner Treue sicher zu sein, da sie den Tagesablauf des Ehemannes in dem gemeinsam geführten Lokal genau kannte.

Seit drei bis vier Jahren erlebte die Patientin eine Veränderung in bezug auf ihre eigene sexuelle Bedürftigkeit. Sie behauptete, daß sie — im Gegensatz zu früher — ein starkes Verlangen nach sexuellem Verkehr habe. Sie sagte aber zugleich auch offen, daß sie sich hier täuschen könnte. Erst seit einigen Jahren habe sie nämlich Grund zu der Annahme, daß ihr Mann seine sexuellen Bedürfnisse bei anderen Frauen befriedigte, nachdem er bei ihr eigentlich immer auf Reserve oder Ablehnung gestoßen sei. Schließlich rückte die Patientin dann mit ihrem wahren Anliegen und der tieferliegend Besorgnis heraus: Die Patientin fürchtete, daß ihr Ehemann seit Jahren homosexuelle Beziehungen habe und daß sich in den letzten Monaten seine Bindung an junge Männer verstärkte. Der Ehemann der Patientin trinkt viel, und im Alkoholrausch hat er die Patientin in zärtlicher Stimmung mit Jungennamen angeredet und „mein Kleiner", „mein Bester" zu ihr gesagt.

Seit die Patientin fürchten muß, daß ihr Mann intime Beziehungen zu anderen Frauen und zu jungen Männern unterhält, ist in ihr das aufgekommen, was sie eine „krankhafte Eifersucht" nennt. Sie quält ihren Mann mit Fragen, wo er hingeht, mit wem er zusammentrifft, macht Anspielungen auf seine Liebschaften mit Frauen oder Männern und schlägt sich mit dem Gedanken herum, daß sie sich doch am besten scheiden ließe. Eine Scheidung nach mehr als 20jähriger Ehe wäre für die Patientin ganz gewiß ein schwerer Schritt, und sie steht einem solchen Plan auch sehr ambivalent gegenüber. Für sich selbst hat sie rein wirtschaftlich keine Sorgen. Die Patientin fühlt sich trotz ihrer Magen-Galle-Beschwerden noch sehr rüstig und leistungsfähig und weiß, daß sie jederzeit Arbeit finden könnte, die sie ausreichend ernähren würde. Sie hat auch Rentenversicherungsansprüche und würde keine wesentlichen Einbußen erleiden, wenn sie ihren Mann verließe. Die Patientin fürchtet aber die Einsamkeit, da sie bislang das sehr gesellige, wenn auch anstrengende Leben mit den Stammgästen ihres Bierlokals gewohnt ist. Außerdem glaubt die Patientin, daß sie ihren Mann nicht verlassen dürfe, da er ohne sie völlig verloren sei und unfähig, das Lokal allein weiterzuführen. Mehrfach kommt die Patientin darauf zurück, daß ihr Mann ohne ihre Hilfe sicher außerstande gewesen wäre, ein eigenes Lokal aufzumachen und zu erhalten. Er wäre immer Kellner geblieben, was er von Beruf aus war und hätte sich vermutlich schon früh durch den Alkohol ruiniert.

Zur *Vorgeschichte der Patientin:* Die Patientin ist das älteste Kind eines ostpreußischen Landarbeiters und hat eine sehr entbehrungsreiche Kindheit und Jugend durchlebt. Zwei Brüder, die ein und zwei Jahre nach ihr geboren wurden, starben noch als Säuglinge. Zwei weitere Brüder, die fünf und sieben Jahre jünger waren, wurden überwiegend von ihr betreut, da beide Eltern arbeiten gingen. Die Patientin hat den beiden jüngeren Brüdern gegenüber eine teils fürsorgliche, teils leicht herrschsüchtig getönte Haltung eingenommen und diese Haltung jüngeren Männern gegenüber wohl lebenslänglich beibehalten. Im Verlauf des Gesprächs wird deutlich, daß diese frühe Geschwisterkonstellation auch die *Ehewahl* der Patientin mitbestimmt hat.

Die Patientin verließ mit 18 Jahren das heimatliche Dorf und kam nach Berlin, um hier als Dienstmädchen in Stellung zu gehen. Sie arbeitete in einer sehr wohlhabenden Familie unter den kärglichen Bedingungen der damaligen Zeit mit freier Kost und Logis, einem geringen Taschengeld und nur alle vierzehn Tage sonntags Ausgang. Das bedeutete, daß die Patientin kaum Gelegenheit hatte, Männerbekanntschaften zu machen. Sie fühlte sich der Familie, in der sie arbeitete, auch recht verbunden. Ihren Ehemann lernte sie kennen, als dieser von ihren Arbeitgebern für eine größere gesellschaftliche Veranstaltung als Aushilfskellner engagiert wurde. Der damals 33-jährige Mann soll sich sehr schnell in die Patientin verliebt haben, drängte auf Ehe, und die Patientin willigte mit Hinblick auf ihr eigenes Alter und die geringen Zukunftsaussichten, die sie bei ihren Arbeitgebern hatte, in diese Ehe ein. Sie wußte aber, wie sie sagt, daß sie ihrem Mann gegenüber „immer die Führende" bleiben müßte, weil ihr Mann weich, anlehnungsbedürftig und wenig durchsetzungsfähig war.

Eine *auslösende Situation* für die Magen- und Gallenbeschwerden der Patientin ließ sich bei der langen Dauer der Symptomatik nicht klar herausarbeiten. Dies um so weniger, als die Patientin Jahre hindurch in dem Lokal ein sehr unregelmäßiges Leben führen mußte, mit hastigen Mahlzeiten, viel Alkohol und wenig Schlaf. In bezug auf die „krankhafte Eifersucht" der Patientin wurden allerdings allmählich Einzelheiten deutlich, die auf verborgene Probleme hinwiesen: Die Patientin erzählte, daß ihr Mann Einkauf, Buchführung und den Ausschank an die Gäste selbständig betreibt. Es wird nicht mehr — wie früher — gekocht, weil die Patientin die Bereitstellung warmer Mahlzeiten für ihre Stammkunden zu anstrengend fand. Das Ehepaar stellte sich auf „kalte Happen" um und hält Büchsenwürstchen und Büchsensuppen für den Notfall bereit.

Mit dieser Veränderung in der Führung des Lokals hatte die Patientin aber eine ihrer wichtigsten Funktionen aufgegeben: Ihre „Unentbehrlichkeit" fiel weg! Der Ehemann war auf ihre Mitarbeit nicht mehr wie früher angewiesen und hätte sein Lokal mit gelegentlich eingestellten Hilfskräften völlig selbständig weiterführen können. Da die Patientin mehrfach über nachlassende Kräfte klagte, hatte er ihr selbst bereits diese Möglichkeit angeboten. Die Patientin wollte davon aber wiederum nichts wissen, sondern drängte nun darauf, daß der Ehemann das Lokal ganz aufgäbe, um sich anderweitig eine Stellung zu suchen. Die Patientin sagte von sich, daß sie jederzeit bereit wäre, stundenweise in Lokalen oder Familien Aushilfsarbeiten zu machen und das Ihrige zum Lebensunterhalt beizutragen. Von ihrem Ehemann könne sie das gleiche erwarten. Er brauche nur einen Fortbildungskurs in Buchführung mitzumachen, dann hätte er jedenfalls Aussicht, in einem fremden Gaststättenbetrieb als kaufmännischer Angestellter einen Arbeitsplatz zu finden. Der Ehemann hatte jedoch nicht die geringste Absicht, in diese Pläne der Patientin einzuwilligen. Er machte geltend, daß er an dem Lokal mit seinen Stammgästen hinge, und daß er außerdem zwar für seinen eigenen Betrieb die kaufmännischen Arbeiten überblickte und bewältigte, daß er aber als 55jähriger Mann nicht mehr in der Lage wäre, die notwendigen Kenntnisse hinzuzulernen, über die er verfügen müßte, um als kaufmännischer Angestellter in einem fremden Gaststättenbetrieb arbeiten zu können.

Im Verlauf des weiteren Gespräches wurde schließlich deutlich, daß die Patientin in Wahrheit um die bisexuellen Tendenzen ihres Mannes *immer gewußt hatte*. Da sie selbst sexuell wenig interessiert war und in den homosexuellen Tendenzen ihres Mannes eine Schwäche erblickte, über die sie nachsichtig hinwegsah (zugleich eher zufrieden, daß sie selbst nicht sexuell behelligt wurde), faßte sie ihre Ehe als eine Kameradschaft und Arbeitsgemeinschaft auf, die ihr in vielerlei Hinsicht Befriedigung einbrachte: Vor allem Selbständigkeit, Unabhängigkeit, zahlreiche Kontakte mit den Gästen und die Befriedigung des alten Reaktionsschemas den jüngeren

Brüdern gegenüber, die nicht nur versorgt, sondern auch beherrscht wurden. Wie weit bei ihr selbst eigene „latente" homosexuelle Tendenzen mit den homosexuellen Tendenzen des Ehemannes korrespondierten, mußte dabei ungeklärt bleiben.

Die „krankhafte Eifersucht", die die Patientin von sich selbst berichtete und die sich in ihrem eigenen Erleben zunächst ausschließlich auf die sexuelle Untreue des Mannes bezog (teils mit anderen Frauen, teils mit jungen Männern), war jedoch ganz offenkundig eine „Problemverschiebung". Mit dem Nachlassen der eigenen Kräfte hatte die Patientin eine wichtige Funktion in der gemeinsamen Führung des Lokals aufgegeben und damit nicht nur ihre Unentbehrlichkeit, sondern auch ihren *Herrschaftsanspruch* verloren. Obgleich der Ehemann sich keineswegs scheiden lassen wollte (er hing an der Patientin, die ihm jahrelang eine gute Kameradin gewesen war), war er doch innerlich unabhängiger geworden, hätte sein Leben auch ohne die Patientin gemeistert und stellte ihr sogar frei, die Mithilfe im Lokal völlig aufzugeben. Die scheinbare Erleichterung, die die Patientin in bezug auf ihre Arbeitsüberlastung erzielt hatte, war (unter neurosenpsychologischen Gesichtspunkten) sehr teuer verkauft: Die Patientin verlor die ihr immer unbewußt gebliebenen Befriedigungen, die sie aus ihrer überlegenen Position dem jüngeren und vermeintlich hilflosen Ehemann gegenüber bezogen hatte. Die Ehe — die in vielen Hinsichten eine Neuauflage der alten Schwester-Bruder-Beziehung gewesen war — verlor diese besonderen Gefühlselemente. Die Patientin versuchte zunächst vergeblich, den Ehemann zur Preisgabe des Geschäftes zu bewegen, das ihn unabhängig machte und drängte ihn zugleich in eine Situation, in der er aus Altersgründen *mit Sicherheit hätte scheitern müssen.* Auch die Patientin mußte zugeben, daß ein 55jähriger Mann nicht mehr in der Lage ist, den notwendigen Lernstoff in Buchführung nachzulernen, den er bei der empfohlenen beruflichen Veränderung benötigt hätte. Die unbewußten Tendenzen der Patientin waren darauf ausgerichtet, den Ehemann erneut in einer hilflosen Lage zu sehen, um das alte Gleichgewicht zwischen ihnen beiden wieder herzustellen. Als es sich erwies, daß der Ehemann seine innere Unabhängigkeit und Selbständigkeit bewahren würde, verlagerte sich nun die „depotenzierende" Tendenz der Patientin auf eine alte, ihr längst bekannte „Schwäche" des Ehemannes, nämlich seine homosexuellen Aktivitäten, die die Patientin zuvor nie gestört hatten, bis hin zu dem Augenblick, in dem sich die ursprüngliche — auf die emotionalen Bedürfnisse der Patientin eingepaßte — Balance zwischen den Eheleuten veränderte.

Hinsichtlich der *Indikation* zu einer *psychoanalytischen Behandlung* boten das Alter der Patientin und die Dauer der Symptomatik natürlich sehr große Hindernisse. Hinzu kam aber, daß eine beträchtliche narzißtische Kränkung auf die Patientin wartete, wenn sie sich darüber klar werden mußte, daß sie nun durch Alter und nachlassende Kräfte in die Abhängigkeit von einem

Mann geriet, den sie immer als hilfsbedürftig und schwach erlebt hatte. Die Patientin löste ihre Problematik, wenn auch ohne Therapie, auf ihre eigene Weise: Sie trat kurz entschlossen eine Besuchsreise zu Verwandten in Kanada an, die dorthin ausgewandert waren und versprach sich von dieser Reise Besserung und Hilfe. Einen angebotenen Termin sagte sie mit dieser Begründung ab.

6. Patient B. S.; 22 Jahre; keine Symptomatik; Psychotherapie als „Auflage".

„Keine".
„Großmutters Liebling".
„Passivität und Bequemlichkeit".
„Keine Motivation".
„Unzuverlässigkeit des Charakters".

Der fast 22jährige Patient bringt eine Überweisung von einem niedergelassenen Nervenarzt, mit dem Vermerk „auf eigenen Wunsch". Diese Mitteilung entsprach aber offenbar nur sehr bedingt den Tatsachen. Der Patient kommt auf Anraten des Arbeitsamtes und sagt gleich einleitend: „Ich *sollte* Psychotherapie beantragen". Er kommt dabei eine halbe Stunde zu spät und begründet die Verspätung damit, daß er den genauen Weg nicht gewußt habe. Der Patient sagte, daß ihm das Arbeitsamt zur Psychotherapie geraten habe. Man hätte ihn getestet und ihm angeblich eine sogenannte „Altlehre" in Aussicht gestellt. Zur Psychotherapie sollte er gehen „... daß ich die durchhalte und die nötige Realitätsanpassung bekomme".

Der Patient hat die neunklassige Grundschule abgeschlossen, nachdem er einmal in der siebenten Klasse sitzengeblieben war. Er hat eine Elektrikerlehre angefangen und nach einem halben Jahr aufgegeben. Einen Monat war er dann in einer Friseurlehre. Das hat aber „nicht richtig geklappt". Er sollte dann als Polsterer und Dekorateur angelernt werden, besuchte die Berufsschule, machte aber keine Prüfung („eine Prüfung hat sich nicht ergeben"). Dann bezahlte die Großmutter des Patienten eine Handelsschule. Ein zweijähriger Lehrgang war vorgesehen. Der Patient gab aber nach einem Jahr auf, weil er es nicht geschafft hat. Arbeitsamt und Berufsberatung hätten ihm jetzt zu einer Feinmechanikerlehre geraten, vorher aber „soll ich Psychotherapie machen".

Der Patient wirkt etwas farblos, ist freundlich, verneint depressive Verstimmungen oder Besorgnisse hinsichtlich seiner Zukunft. Er lebt mit der 70jährigen Großmutter und der 89jährigen Urgroßmutter zusammen in einer 2¹/₂-Zimmer-Wohnung. Das halbe Zimmer hatte er für sich allein. Großmutter und Urgroßmutter haben eine auskömmliche Rente. Der Patient erhält von seinem Vater (Lehrer in Westdeutschland) monatlich DM 300,—, weil er selbst, Großmutter und Urgroßmutter den Vater in dem Glauben lassen wollten, er habe noch einmal eine Lehre begonnen, und es bestünden jetzt Aussichten, daß diese Lehre auch beendet würde.

Der Patient ist immer von seiner Großmutter (Mutter des Vaters) und der Urgroßmutter betreut worden. Die Großmutter war bei seiner Geburt 48, die Urgroßmutter 67 Jahre. Der Großvater (selbständiger Schreinermeister) starb drei Jahre nach seiner Geburt. Der *Vater* des Patienten ist das einzige Kind seiner Eltern, hatte ursprünglich Automechaniker gelernt und dann auf dem zweiten Bildungsweg das Abitur nachgemacht, schließlich Philologie studiert, um dann in Westdeutschland als Lehrer tätig zu werden.

Der Patient stammt aus der ersten Ehe seines Vaters mit einer Büroangestellten. Die Heirat erfolgte nur der Schwangerschaft wegen. Die Mutter verließ ihren Mann gleich nach der Entbindung und ließ das Kind bei den Schwiegereltern zurück. Der Vater übernahm das Sorgerecht. In zweiter Ehe heiratete der Vater eine medizinisch-technische Assistentin, die sich anfänglich bereit erklärte, den Jungen zu sich zu nehmen. Da der Patient aber bereits 12 Jahre alt war, als dieser Versuch gemacht wurde, gab es rasch zwischen ihm und der jungen Frau Unstimmigkeiten, und er kehrte zur Großmutter und Urgroßmutter zurück.

Der Patient wuchs also unter dem Einfluß der beiden alten Frauen auf, die von einer Rente lebten und die in der Versorgung des kleinen Jungen ihren Lebensinhalt fanden. Berufstätige Menschen gehörten nicht zu seinem Leben. Der sehr zielstrebige Vater war eine entfernte „Heldenfigur", der nur sporadisch im Leben des Patienten auftauchte und dann mit einigen — vermutlich recht ungeschickten — Erziehungshärten auszugleichen suchte, was nach seiner Ansicht durch die beiden verwöhnenden Frauen verdorben wurde. Für die Lebensform des Patienten und für seine Kindheitsentwicklung muß es charakteristisch gewesen sein, daß Geld immer „von irgendwoher" kam (nämlich als Rente) und daß sich der Alltag, der ihn umgab, in den kleinen täglichen häuslichen Verrichtungen erschöpfte: einkaufen, kochen, gemeinsame Mahlzeiten, Wohnung instand halten, ganz selten Besuch.

Dem Patienten waren — als er älter wurde — viele Freiheiten gestattet und seine schulischen Schwächen wurden von Großmutter und Urgroßmutter mit Nachsicht beurteilt, vor dem Vater — wenn dieser einmal anfragte — vertuscht. Der Patient kam zeitweilig ins Streunen, war ein ganz beliebter Mitschüler unter seinen Klassenkameraden, fiel auch bei den Lehrern nicht durch Aufsässigkeit auf und neigte dazu, „aus dem Felde zu gehen", wenn die Anforderungen etwas härter wurden. Da sich dieses „aus dem Felde gehen" immer in sehr freundlichen Formen abwickelte, und der Patient seine Mängel immer einsichtig, wenn auch nicht gerade schuldbewußt, zugab, betrachtete man ihn allgemein als „netten Kerl", der nur leider kein Durchhaltevermögen hätte. Existenzdruck war dem Patienten unbekannt. Die Urgroßmutter hatte ihm ihr Erspartes zugedacht — eine nicht ganz unbeträchtliche Summe. Auch die Großmutter hatte mit dem Vater des Patienten abgesprochen, daß der Junge ihr Alleinerbe sein solle. Die Zukunftsphantasien des Patienten waren recht blaß. Mit der noch rüstigen, fast 90jährigen Urgroßmutter im gemeinsamen Haushalt stellte er sich darauf ein, daß er seine Großmutter noch wenigstens 20 Jahre haben würde, und daß er in der Zwischenzeit sicherlich schon „irgend etwas" finden könnte, womit er selbst Geld verdienen würde.

Eine *psychoanalytische Behandlung* kam bei diesem Patienten ganz sicherlich nicht in Frage. Körperliche oder psychische Krankheitszeichen, die den Patienten subjektiv beeinträchtigten, bestanden nicht. Die neurotischen Persönlichkeitsveränderungen, die die unbeständige Arbeitshaltung mit sich gebracht hatten, saßen zwar tief, hatten aber ebenfalls keinen Leidenscharakter. Eine äußere Krisensituation bestand nicht. Der Patient war durch nichts gedrängt, die gegenwärtige Lebenssituation zu verändern oder zu verbessern und kam freundlich-folgsam auf äußeren Rat hin, ohne daß er in der Selbstreflexion ein Motiv dafür gefunden hätte, psychotherapeutische Behandlung zu versuchen oder sich an einigen psychologischen Ratschlägen zu orientieren. Unabhängig von der Frage des Kostenträgers war bei dem Patienten vorauszusehen, wie eine psychoanalytische Behandlung laufen würde, wenn man sie versuchen wollte: Der Patient würde — weil man es ihm geraten hatte — zu den vereinbarten Sitzungen kommen und vermutlich die abgesprochenen Instruktionen zunächst befolgen. Er würde einiges oberflächliche Material über sein Leben bringen, Berichte aus dem Alltag, um dann nach einiger Zeit Stunden abzusagen, wiederzukommen, erneut abzusagen und schließlich ohne großen Affekt zur Kenntnis nehmen, daß sein Therapeut mit Hinblick auf die Vielzahl der versäumten Stunden eine Beendigung der Therapie vorschlug.

7. Patient E. F.; 25 Jahre; Kontaktschwierigkeiten, depressive Verstimmungen, Magensymptomatik; Arbeitsschwierigkeiten (nicht psychogen).

„Keine" (chronischer Verlauf).
„Narzißtische Selbstidealisierung".
„Suchtstruktur: Verwahrlosung".
„Studienplan als regressives Symptom".

Der 25jährige Patient kommt wegen sogenannter Arbeitsschwierigkeiten, gleichzeitig klagt er über depressive Verstimmungen und Magenbeschwerden. Er meint, daß er diese Symptomatik schon immer gehabt habe, zu einem Teil habe er sich mit ihr abgefunden. Erst in letzter Zeit habe man ihm den Rat gegeben, einmal eine psychotherapeutische Behandlung zu versuchen. Eine *auslösende Situation* kann bei der chronisch bestehenden Symptomatik *nicht gefunden* werden.

Der Patient lebt seit mehreren Jahren von Kriegshinterbliebenenrente und Stipendien. Im einzelnen will er nicht genau wissen, woher das Geld kommt (!). Insgesamt erhält er angeblich DM 390,—. Er lebt mit vier Freunden in einer Wohngemeinschaft. Die Freunde sind ebenfalls Studenten mit ähnlichen Stipendien. Man legt das Geld zusammen und zahlt auch gemeinsam die Miete.

Der Patient ist als einziger Sohn seiner Eltern allein mit der Mutter aufgewachsen, nachdem der Vater (Musiker in einer Militärkapelle) im Krieg verstarb. Die *Mutter* des Patienten gehörte einer *Freikirche* an, die Sektencharakter hat und ging ganz in dem sehr strengen religiösen Milieu auf. Der Patient entwickelte in der Pubertät starke Onanieschuldgefühle. Der *Vater* des Patienten wurde von der Mutter als Musiker und Künstler glorifiziert. Der Patient entwickelte die geheime Vorstellung, daß auch er zum Künstlertum bestimmt sei. Dabei war er immer nur ein mäßiger Schüler, blieb in der fünften Klasse einmal sitzen und ging zunächst (ein Jahr überaltert) mit der neunten Klasse des Praktischen Zweiges ab (der später durchgeführte Intelligenztest ergab einen I. Q. von 100). Der Patient durchlief dann eine Lehre als Autoschlosser, die er auch beendete und versuchte dann zunächst, die Mittlere Reife nachzuholen, weil die Mutter ihm sehr verübelt hatte, daß er nicht (wie sie hoffte) bis zum Abitur gegangen war, um zu studieren.

Der Patient brach dann aus dem bigotten religiösen Milieu der Mutter aus, machte eine Phase der Verwahrlosung durch und ging schließlich auf eine Abendschule, um das Abitur nachzuholen. Er nahm pro forma eine Beschäftigung in einem Lokal an, verdiente sich aber sein Geld — wie er mit deutlich provokatorischem Akzent mitteilte — als „Strichjunge". Der Patient verachtete die Männer, die ihn für Geld kauften, fühlte sich aber in den homosexuellen Lokalen und unter Zuhältern und Prostituierten wohler als unter den alten, sektiererhaft gestimmten Frauen, mit denen sich seine Mutter umgab.

Es gelang dem Patienten, das Abitur zu bestehen, obgleich er nach eigener Aussage wohl wußte, daß sein Kenntnisstand gering war und er sehr viel dem Wohlwollen der Lehrer zu verdanken hatte. Mit bestandenem Abitur studierte der Patient Philosophie, Psychologie, Soziologie und Germanistik. Er belegte auch Kunstgeschichte und Musikwissenschaften und wollte Musikkritiker werden. Zeitweilig machte er in einer Band mit, verließ diese Gruppe aber wieder, weil das künstlerische Niveau der anderen Mitglieder nach seiner Meinung zu niedrig war. Der Patient nahm dann nach einiger Zeit „Hasch", um seine künstlerischen Möglichkeiten zu vertiefen und auszuweiten. Er erlebte einmal einen heftigen Angstanfall, der allerdings wieder abklang. Bald wollte der Patient die Drogenwirkung nicht mehr missen und wurde zum Gebraucher.

Der Patient lebte zur Zeit der Konsultation sichtlich ein Doppelleben: Mit seiner Mutter und deren Bekanntenkreis hielt er zwar noch Kontakt, täuschte sie aber über seine eigenen gegenwärtigen Lebensumstände. Die Mutter sah in ihm ausschließlich den bewunderten Studenten mit großer Zukunft als

Gelehrter, Musikwissenschaftler und Kunstkritiker. Der Patient hatte diese illusionären Erwartungen der Mutter übernommen und zu einem „idealisierten Ebenbild" aufgebaut. Er verkannte seine realen Möglichkeiten, schätzte sein intellektuelles Niveau höher ein als es war und verkannte vor allem, daß ihm selbständiges Arbeiten fremd war. Da von seiner Umgebung das nachträglich bewältigte Abitur und das begonnene Studium sehr hoch bewertet wurde, verkannte er auch hier den realen Leistungshintergrund.

Im Gespräch mit dem Patienten wurde sehr deutlich, daß die Wiederaufnahme von Ausbildung und Schule im Grunde einer *regressiven Tendenz* diente, und daß die Lebensform als Schüler und Student der beruflichen Verpflichtung und Verantwortung vorgezogen wurde. Tatsächlich hatte der Besuch der Abendschule und der Beginn des Studiums (mit dreimaligem Wechsel des Studienfaches) *Symptomwert*. Begünstigt durch Kriegshinterbliebenenrente und Stipendium war dem Patienten über lange Frist eine Lebenssituation ermöglicht worden, in der er jede Leistungsbewährung vermeiden konnte und die es ihm ermöglichte, den illusionären Erwartungen der Mutter und seiner eigenen Selbstidealisierung nachzuleben. Der Patient hatte — als ich ihn kennenlernte — bereits mehrere Jahre keine geregelte Tätigkeit mehr ausgeübt, sondern teils von Mutter und Stipendien, teils von den Einkünften als „Strichjunge" gelebt. Seine intellektuelle Befähigung lag im Durchschnittsbereich, jedoch sicher nicht so hoch, wie sie für ein erfolgreich abzuschließendes Studium benötigt wurde. Ganz abgesehen davon, daß der Patient außerstande war, durch Konstanz der Arbeitshaltung und Fleiß das zu ersetzen, was ihm an intellektuellen Möglichkeiten abging.

Eine erfolgreiche *psychoanalytische Behandlung* hätte in jedem Fall zur Voraussetzung gehabt, daß der Patient *vor* dem Beginn einer Therapie eine Bilanz über seine Studiensituation gezogen und dieses Studium aufgegeben hätte. Nach der gegebenen Situation war es aussichtslos, zu hoffen, daß der Patient mit Hilfe einer psychoanalytischen Behandlung zu einem erfolgreichen Musikkritiker entwickelt werden könnte. Da der Patient auf keinen Fall Lehrer werden wollte (die einzige Ausweichmöglichkeit bei dem bisher angelegten Studiengang), war mit Sicherheit zu erwarten, daß er die begonnene psychoanalytische Behandlung nur als eine Art Alibi verwenden würde, um die dringend notwendigen beruflichen Entscheidungen zu *vermeiden*. Der Patient glaubte, daß nur neurotische Arbeitsschwierigkeiten ihn daran hinderten, das Studium erfolgreich zu beenden, während man nach objektivem Urteil sagen mußte, daß auch der geschickteste Therapeut nicht in der Lage sein würde, bei der gegebenen Lebenskonstellation und der zugehörigen inneren Verfassung ein solches Ziel zu erreichen.

Im Interesse des Patienten mußte ich mit ihm besprechen, daß das Ziel, das er sich von einer psychoanalytischen Behandlung erhoffte, nicht erreichbar sei. Es wäre hingegen ratsam, vor Beginn der Therapie die gegebenen

Lebensumstände und die Zukunftsmöglichkeiten realistisch und vernünftig zu erörtern und eine neue Lebensplanung aufzustellen. Der Patient könne aber — falls er dies wünschen sollte — von einigen beratenden und klärenden Gesprächen, die ihm angeboten wurden, Gebrauch machen. Wie zu erwarten war, lehnte der Patient dieses Angebot ab und glaubte sich einer „repressiven" Manipulation ausgesetzt.

II. Dynamische Psychotherapie

a) Zur Behandlungsmethode

Glücklicherweise ist nun die Zahl der psychoanalytisch nicht behandelbaren Patienten beträchtlich kleiner als jene Gruppe von Kranken, die mit den hier besprochenen Behandlungstechniken fühlbar gebessert werden kann. Ich gehe jetzt zur Besprechung jener Form der analytisch orientierten Psychotherapie über, die ich in diesem Buch die „Dynamische Psychotherapie" nenne. Allerdings werden wir uns in dem kommenden Abschnitt noch in mancherlei Hinsicht auf Neuland bewegen: Ich muß meine Leser zwar bitten, sich jetzt an alle früheren Darlegungen zur Neurosenlehre, zum Heilungsvorgang und zur Theorie der Technik zu erinnern und vor allem auch meine Ausführungen über den Vergleich zwischen Dynamischer Psychotherapie und Psychoanalyse zu berücksichtigen. Trotzdem können wir vieles von den vorausgegangenen Beschreibungen im Augenblick noch nicht verwerten. So etwa den Teil über FREUDS traditionelle Regeln zur psychoanalytischen Behandlungstechnik, oder auch BALINTS Konzept von der Grundstörung und der Regression mancher Patienten in den prä- oder averbalen Bereich. Umgekehrt möchte ich darauf hinweisen, daß viele Einzelkenntnisse, die ich erst im nächsten Kapitel vermitteln kann, eigentlich schon jetzt recht brauchbar und nützlich wären. Ich hatte ja erklärt, daß ich den Aufbau dieses Buches am praktischen Arbeitsalltag des Analytikers orientieren möchte, bei dem sich die Dynamische Psychotherapie — wenn sie angezeigt ist — im allgemeinen an das erste Gespräch und die biographische Anamnese anschließt, und daß ich dieses Vorgehen für ratsam halte, obgleich der Lernprozeß im Bereich der Psychoanalyse in umgekehrter Richtung verlaufen muß. Mit den einführenden Kommentaren zu diesem Abschnitt will ich mich zunächst einmal noch sehr allgemein halten und nur an folgendes erinnern:

Ich hatte bei der vergleichenden Diskussion psychoanalytischer Behandlungstechniken festgestellt, daß die verschiedenen Formen analytisch orientierter Psychotherapie in jedem Fall eine gemeinsame Zielsetzung haben und das sich das ursprünglich von FREUD angegebene klassische Standardverfahren von der Dynamischen Psychotherapie nur insofern unterscheidet, als dieses gemeinsame Ziel auf verschiedenen Wegen erreicht wird. Ich führe hier noch einmal — allerdings in starker Abstraktion — einige der wichtigsten Thesen auf, die wir jetzt erneut benötigen. Ich hatte gesagt:

1. Bei allen analytisch orientierten Psychotherapien nimmt der geschulte Therapeut — bei wechselseitiger affektiver Resonanz — an einem Zwei-Personen-Prozeß teil, der dem Patienten zu *Entlastungserlebnissen* ver-

hilft. Darüber hinaus strebt der Therapeut für den Patienten eine *Erweiterung des Bewußtseinsumfanges* an, um den notwendigen Prozeß des *Umlernens* in Gang zu setzen, um neurotische Ängste und Schuldgefühle zu löschen, neurotische Objektbeziehungen, Haltungen, Stereotypien und Sekundärverarbeitungen abzubauen und damit neue Möglichkeiten für Glück und Zufriedenheit zu eröffnen.

2. Im Verlauf dieses Zwei-Personen-Prozesses entwickeln sich beim Patienten *Übertragungsreaktionen*, deren sachgerechte Behandlung ein wesentliches therapeutisches Hilfsmittel abgibt.

3. Ebenso wichtig wie die Bearbeitung von Übertragungsreaktionen sind *genetische Deutungen*: jene Hinweise also, die dem Patienten die Verbindung zwischen seiner gegenwärtigen psychodynamischen Konstellation und der abgelaufenen Lebensentwicklung, seiner Vor- und Frühgeschichte, aufzeigen.

Diese charakteristischen Elemente hat die psychoanalytische Standardmethode mit der Dynamischen Psychotherapie also gemeinsam! Um eine handliche Unterscheidung der beiden Verfahren zu gewinnen, hatte ich zum Abschluß des Kapitels „Zur Theorie der Technik" noch eine vergleichende Tabelle herausgearbeitet, in der die jeweils zugehörigen kennzeichnenden Merkmale zu finden sind. Für die *Dynamische Psychotherapie* gilt folgendes:

1. Der Patient erhält keine umschriebenen Instruktionen über die Art, wie er seine Mitteilungen zu gestalten hat. Er braucht sich daher auch auf keine Regeln, Abmachungen und Verabredungen einzustellen, die seine eigenen Mitteilungen angehen.

2. Die Behandlung vollzieht sich im persönlichen Gegenüber.

3. Frequenz und Zeitpunkt der Behandlungsstunden liegen nicht fest. Beides wird an die Erfordernisse der Therapie angepaßt.

4. Regressive Tendenzen werden beim Patienten durch das therapeutische Arrangement nicht gefördert.

5. Die Persönlichkeit des Analytikers behält reale Züge. Übertragungsreaktionen treten zwar in jedem Fall auf, werden aber nur selten vom Patienten spontan berichtet.

6. Der Therapeut stellt sich zunächst einmal auf das Material ein, das der Patient von sich aus mitteilen möchte. Er versucht, die Bedeutung der erhaltenen Informationen zu verstehen und regt dann durch themenbestimmende oder klärende Fragen und Kommentare den weiteren Bericht über psychodynamisch wichtiges Erlebnismaterial an.

7. Mit diesem — auf jeweilige Anregung gewonnenem — Material geht der Therapeut klärend, interpretierend und durcharbeitend um.

8. Das beigebrachte Material wird sowohl in der Realität wie in der Übertragung gedeutet.

9. Übertragungsreaktionen müssen vom Therapeuten erkannt und zu therapeutischen Zwecken aufgezeigt und interpretiert werden. Auf einen spontanen Bericht der Übertragungsgefühle kann der Therapeut nicht rechnen.

Bei diesem festgelegten Rahmen für die therapeutische Situation hat der Analytiker also die Aufgabe, aus den Mitteilungen seiner Patienten all jene Signale aufzufangen, die ihm die psychodynamisch wichtigen Erlebnisse ankündigen. Er hält außerdem — um hier noch einmal mit BALINT zu sprechen — Zeit und Atmosphäre bereit und versucht zugleich, mit Hilfe von themenbestimmenden Fragen oder Kommentaren die pathogene Problematik aufzuspüren und den Heilungsprozeß in Gang zu halten.

Der innere Zustand, in dem sich der Analytiker bei diesem Verfahren befindet, ähnelt in mancherlei Hinsicht jener Haltung, die er beim Erheben der biographischen Anamnese benötigt: Mit einem Teil seiner Person ist er dem Patienten zugewandt, hört zu und nimmt dessen Mitteilungen auf. Mit einem anderen Teil überläßt er sich der „schöpferischen Regression", die ihm im Dienste des Ichs einen möglichst reichen Strom von zugehörigen Einfällen vermittelt. Mehr oder weniger gleichzeitig leistet er dann noch jene fachliche Gedankenarbeit, die ihm schließlich die Bewertung der erhaltenen Informationen und der eigenen Einfälle erlaubt, und die ihm bei der Steuerung seiner therapeutischen Reaktionen hilft.

Bei dieser Beschreibung bin ich natürlich (was den Analytiker angeht) in der „Ein-Personen-Psychologie" verblieben und weiß, daß eine solche Beschreibung hier genauso wenig ausreichen kann, wie in allen übrigen Fällen auch. Wir hatten ja verstanden, daß eine *leistungsfähige Beziehung* zwischen dem Therapeuten und dem Patienten für den Heilungsprozeß mindestens ebenso wichtig ist, wie erfolgreiches Deuten. Und so weiß auch der Analytiker selbst, daß er sich dem Patienten im Verlauf der Behandlung im Grunde als ein neues „Objekt" anbietet, ein Objekt, das (um frühere Formulierungen zu verwenden) bereit ist, die Bedürfnisse des Patienten zu erkennen, zu verstehen und manchmal auch zu befriedigen. Die folgenden Darlegungen über einzelne therapeutische Verhaltenswesen erlangen demnach auch nur dann einen instruktiven Wert, wenn zugleich klar ist, daß sich zwischen dem Analytiker und seinem Patienten eine solche leistungsfähige Beziehung entwickelt hat, und wenn diese Beziehung auch bei weitmaschig angesetzten Stunden in größeren Intervallen in der Therapie aufrechterhalten bleibt.

Dies vorausgesetzt, kann man dann sagen, daß dem Analytiker für die Lenkung und Leitung des interaktionellen Behandlungsprozesses (neben der nonverbalen Kommunikation) bestimmte verschiedenartige Kommentare und Interventionen zur Verfügung stehen. Ich hatte diese Interventionen bereits früher in dem Kapitel über definierte Behandlungstechniken gruppiert und dabei unterschieden:

1. Interventionen, die das *affektive Klima* bestimmen, und die unter anderem auch eine gefühlshafte Bewertung des Patienten enthalten. Hierher würden gehören:

   a) Trost und Aufmunterung

   b) Anerkennung

   c) Verständnis

   d) Reserve und Skepsis

   e) Kritik

   f) Mißbilligung

2. Interventionen, die einen mehr *„pädagogischen"* Charakter haben. Also etwa:

   a) Informationen oder Belehrungen allgemeiner Art

   b) Vorschläge

   c) Ratschläge

   d) Aufforderungen

   e) Verbote

3. Die im engeren Sinn *„analytischen"* Interventionen, die sich mit der unbewußten Dynamik des Patienten befassen. Hier sollte man auseinanderhalten:

   a) Klärende Fragen oder Kommentare (zur Verdeutlichung der sich anmeldenden unbewußten Problematik)

   b) Themenbestimmende Fragen und Kommentare (zur zielgerichteten Sammlung des psychodynamisch wichtigen Materials und zur Vorbereitung auf Deutungen)

   c) Deutungen oder Interpretationen (zur Erweiterung des Bewußtseinsumfanges)

   d) Rückgriff auf frühere Interpretationen, Themen oder Probleme (im Sinne des Durcharbeitens und um den Prozeß des Umlernens in Gang zu halten)

Natürlich sind diese verschiedenen Kommentare und Interventionen nicht gleichwertig: Skeptische Äußerungen, Kritik und Mißbilligung bleiben immer eine Seltenheit, ebenso wie Ratschläge, Aufforderungen oder gar Verbote. Trost und Aufmunterung kommen vielleicht etwas häufiger vor, besonders im Beginn bei Patienten, die sich schwer gequält fühlen. Informationen und Vorschläge benötigen wir bei jugendlichen Patienten etwas mehr als bei älteren. Wenn ich mich selbst überprüfe, bemerke ich, daß Informationen, Belehrungen oder Ratschläge, die nichts mit der Triebdynamik des Patienten zu tun haben, nicht öfter als vielleicht jede achte oder zehnte Stunde einmal angezeigt scheinen. Verständnis hingegen sollte eigentlich bei jeder einzelnen Äußerung und in der Gesamthaltung unverändert gleichmäßig fühlbar werden.

Im übrigen haben sich die Analytiker angewöhnt, in bezug auf ihre sprachlichen Äußerungen zwischen „analytischen" und „nicht-analytischen" Interventionen zu unterscheiden. Ich habe mich dieser Gewohnheit auch angeschlossen, weil sie einige Vorzüge hat. Ihre beträchtlichen Nachteile fallen allerdings doch auch sehr ins Gewicht: All jene therapeutischen Interventionen, die das affektive Klima bestimmen, oder die den Patienten „pädagogisch" in diese oder jene Richtung drängen, entwickeln eine intensive therapeutische Wirkung, deren Bedeutung für den Heilungsprozeß nicht vernachlässigt werden darf. In vieler Hinsicht machen gerade diese nicht-analytischen Interventionen den „persönlichen Stil" eines Analytikers aus und tragen damit wesentlich zur *therapeutischen Atmosphäre* und zum „Gefühlsklima" zwischen dem Patienten und dem Behandler bei. Schwierig ist nur, daß man die Anwendung dieser „nicht-analytischen" Interventionen kaum über das bisher Gesagte hinaus wirklich lehren kann. Und so beschränke ich mich hier mit meinen Ausführungen auch auf eine Reihe von Empfehlungen und Ratschlägen, die sich lediglich mit den analytischen Interventionen im engeren Sinne befassen, und die mir für die Leitung einer analytisch orientierten Psychotherapie hilfreich erscheinen. Nach meinen Erfahrungen ist es ratsam, wenn man im Umgang mit dem Patienten folgendermaßen vorgeht:

Anfangs sollte man versuchen, die G e f ü h l s l a g e des Patienten richtig zu verstehen und dabei gleichzeitig anstreben, daß der Patient auch selber in die Lage kommt, diese seine Gefühle zu beschreiben und *mitzuteilen*. Erst wenn es dem Patienten möglich gewesen ist, die ihn beherrschenden Gefühle einigermaßen zu verbalisieren, kann man unbesorgt weiter vordringen und — als zweiten Schritt — die *Motive* oder die b e g l e i t e n d e n V o r s t e l l u n g e n für die erlebten Gefühle aufspüren. Schließlich — wenn Gefühl und Vorstellung beim Patienten ausreichend deutlich geworden sind — darf man sich daran wagen, auch die zugehörige T r i e b q u a l i t ä t ins Bewußtsein zu heben.

Bei einem solchen Vorgehen wird sich zwar rasch zeigen, daß die zum Gefühlserleben gehörigen Motive und Vorstellungen des Patienten eng mit seiner Trieb- und Impulswelt verknüpft sind. Es möge aber jeder gewarnt sein, der versuchen will, mit einer übereilten Deutung, die sich auf *Triebqualitäten* bezieht, die langwierige therapeutische Arbeit abzukürzen: Er wird nur den *neurotischen Widerstand* mobilisieren und die therapeutische Arbeit unangemessen verlängern. Dagegen wird jeder Analytiker, der die hier vorgeschlagene Rangfolge (Gefühl, Vorstellung, Trieb) bei seinen klärenden Fragen und Deutungen beachtet, das Vertrauen seiner Patienten gewinnen und ihnen den inneren Reifungs- und Entwicklungsprozeß erleichtern.

Ebenso hilfreich wie das soeben empfohlene Vorgehen bei klärenden Fragen und Kommentaren zeigt sich die richtige Verteilung von *genetischen Deutungen* im Vergleich zu den *Übertragungsdeutungen:* Es gilt die allgemeine Regel, daß genetische Deutungen — also Hinweise auf lebensgeschichtliche Zusammenhänge — sehr viel häufiger benötigt werden als Übertragungsdeutungen. Dies folgt aus der Natur der Sache! Bevor ein Patient nicht die Rolle von Vater und Mutter, von Geschwistern und sonstigen nahen Beziehungspersonen in seiner Kindheitsentwicklung noch einmal nacherlebt hat, und bevor er nicht die Folgen seiner frühen Lebenserfahrung für sein gegenwärtiges Fühlen und Reagieren versteht, vorher kann ihm auch das Wesen einer Übertragungsreaktion nicht einleuchten. Der Patient muß erst verstanden haben, daß alle Haltungen, Einstellungen und Reaktionsweisen, die er in der Auseinandersetzung mit den frühen Bindungspersonen seiner Kindheit erworben hat, erneut an jenen Menschen aktualisiert werden, die in seinem gegenwärtigen Lebensraum eine Rolle spielen. Erst wenn diese Erkenntnisse im Patienten herangereift sind, kann man ihm auch im Hier und Jetzt der Übertragungskonstellation die Durchsetzungskraft solcher erworbenen Einstellungen deutlich machen.

Allerdings darf dabei nicht verkannt werden, daß Übertragungsdeutungen im Verlauf der Dynamischen Psychotherapie zwar seltener vorkommen als Hinweise auf genetische Zusammenhänge. Sie sind dafür aber auch sehr viel gefühlsgeladener und entfalten — wenn in richtiger Form und zum richtigen Zeitpunkt durchgeführt — eine tiefe und durchgreifende Wirkung.

Im übrigen gilt für Übertragungsdeutungen bei der Dynamischen Psychotherapie das gleiche wie beim Standardverfahren: Übertragungsreaktionen verlangen nur dann nach einer Deutung, wenn sie zum *Widerstand* werden. Ein Therapeut, der sich immer und um jeden Preis darum bemüht, Übertragungsdeutungen anzubringen, begeht den von BALINT aufgezeigten Fehler, daß er seine Patienten zu stark in die oknophile Richtung drängt und die etwa vorhandenen Klammertendenzen fördert. Wer sich an die hier aufgeführten Ratschläge hält und *genetische* Deutungen *vor den Übertragungsdeutungen* rangieren läßt, wer Gefühlsqualitäten vor dem Vorstellungsinhalt und der Triebqualität anspricht, der wird bemerken, daß er die Widerstandsreaktionen, die in der Struktur des Kranken wurzeln, leichter bearbeiten kann, und daß er nicht noch zusätzlich durch sein eigenes ungeschicktes Verhalten unnötige Gegenreaktionen mobilisiert.

In bezug auf die allgemeine Häufigkeit und Verteilung dieser analytischen Interventionen sollte ich noch erwähnen, daß sich ihre Anwendung in den *verschiedenen Etappen* der Behandlung *ändert.* Ganz allgemein kann man ja sagen, daß sich der Heilungsprozeß, der im Kranken angeregt wird, mehr oder weniger *dreiphasisch abwickelt:*

Der *Beginn* der Behandlung steht ganz im Zeichen der *Sammlung* des psychodynamisch bedeutungsvollen *Materials.* Hierzu habe ich schon bei meinen Ausführungen über die biographische Anamnese gesagt, daß direkte *Sachfragen* zur Klärung der äußeren Lebensumstände dienen. „*Auswahlfragen*" bieten dem Patienten Alternativmöglichkeiten an, um seine Gefühlslage zu klären und zu verstehen. Und *themenbestimmende* Fragen und Kommentare häufen sich immer dann, wenn es gilt, die lebensgeschichtlichen Zusammenhänge aufzudecken. Natürlich wird auch schon in dieser Phase der Behandlung einige Deutungsarbeit geleistet. Diese *Deutungsarbeit* nimmt dann aber erst im *Mittelabschnitt* der Behandlung den breitesten Raum ein und richtet sich auf die Erweiterung des Bewußtseinsumfanges, auf den Abbau von Ängsten und auf die Eröffnung neuer Gefühlsmöglichkeiten. In dieser Phase der Therapie werden klärende Fragen, Deutungen oder Vorbereitungen auf Deutungen am häufigsten benötigt. Der *letzte Abschnitt* gilt dem „*Durcharbeiten*": Themenbestimmende Fragen und Kommentare treten zurück und werden vom Therapeuten nur dann in Anspruch genommen, wenn er auf bereits bekannte Probleme zurückgreifen will, die dem Patienten noch einmal in ihrer Bedeutung erkennbar werden sollen.

Diesen dreiphasischen Verlauf der Behandlung hat die Dynamische Psychotherapie im Grunde mit dem psychoanalytischen Standardverfahren gemeinsam: Nach meinen Erfahrungen läßt sich der Reifungs- und Entwicklungsprozeß im Patienten (in Monaten oder Jahren gemessen) kaum abkürzen. Er läßt sich lediglich bei jenen Kranken, die für diese Behandlungsmethode geeignet sind, mit beträchtlich *geringerem Stundenaufwand* anregen und in Gang halten. Unter günstigen Bedingungen erzielt man auch schon *relativ früh* eine fühlbare *Symptomminderung*, die auf *strukturelle Veränderungen* und Entwicklungsschritte zurückgeht und die *nicht* mit den wohlbekannten *Übertragungserfolgen* verwechselt werden darf. Will man in diesen Fällen sichergehen, daß die rasch erzielte Wandlung in der Persönlichkeitsstruktur auch anhält, dann tut man jedenfalls gut daran, die Behandlung der Patienten über einen Zeitraum von etwa zwei Jahren hinweg weiterzuführen, bis man einigermaßen sicher ist, daß der erarbeitete Erfolg auch stabil bleiben wird.

Aus all dem Gesagten folgt nun jedenfalls, daß die eigentliche Schwierigkeit für meine Ausführungen in diesem Kapitel in der *Art der Darstellung* liegt. Ich möchte mich bei meinen Darlegungen nicht gern allein mit den abstrahierenden Berichten über einige Krankengeschichten begnügen. So gut es geht, will ich auch die Form der Gesprächsführung in ihren wichtigsten Elementen aufleuchten lassen und wenigstens an einigen — im Wechselgespräch aufgeführten— therapeutischen Episoden illustrieren. Da ich aber den Umfang dieses Buches nicht ins Ungemessene anschwellen lassen kann, muß ich mich bei der Auswahl dieser therapeutischen Episoden beschränken und zugleich auch anstreben, daß ich mit jeder einzelnen Episode gleichzeitig mehrere unterschiedliche therapeutische Probleme erfasse:

Einmal möchte ich meinen Lesern Beispiele für die wichtigsten *therapeutischen Etappen* im Heilungsprozeß liefern: Die Materialsammlung, das Deuten und das Durcharbeiten. Zum anderen möchte ich die analytische Bearbeitung *verschiedener Triebqualitäten* (orale, aggressive, anale, retentive, sexuelle usw.) darlegen. Außerdem sollte sich bei meinen Beispielen allermindestens eine Episode finden, in der der Abbau von *Rationalisierungen* und das Auffüllen von *Erlebnislücken* gezeigt wird. Auch die Schilderung einer *Übertragungsdeutung* dürfte nicht fehlen. Schließlich erschien es mir noch wichtig, daß ich bei meinen Beispielen aufzeige, wie verschiedenartig der psychodynamische Hintergrund für das scheinbar so ähnliche Phänomen der Angst aussehen kann, und wie sich die Aufhellung der gegebenen Situation in einigen Einzelfällen gestaltet.

Leider ist klar, daß ich auch bei einer so komplexen Zielsetzung doch immer nur einen Bruchteil dessen erfassen kann, was sich bei der therapeutischen Bearbeitung unterschiedlicher Abwehrmechanismen oder sonstiger neurotischer Reaktionsformen tatsächlich abspielt. So habe ich es mir zum Beispiel versagen müssen, den Umgang mit bestimmten neurotischen *Denkstörungen* (schizoiden, depressiven, zwangsneurotischen und hysterischen) darzustellen. Obgleich bei meinen Fallberichten der Patient W. R. (Fall 4) eine zwangsneurotische und der Patient K. T. (Fall 5) eine schizoide Denkstörung aufwies, und die Bearbeitung dieser Denkstörung für den Fortgang der Behandlung sehr wichtig war, ist es mir bei beiden Patienten doch nicht gelungen, hier eine entsprechende therapeutische Episode mit den zugehörigen Wechselgesprächen herauszuschälen. Gerade bei dieser speziellen neurotischen Problematik wird deutlich, daß der festgehaltene Text einer Behandlungsstunde immer nur einen sehr blassen Abglanz von dem vermittelt, was an gefühlshaften Schwingungen in Tonfall und Stimmklang und vor allem auch in den Schweigepausen zum Ausdruck kommt. Immerhin gebe ich mich doch der Hoffnung hin, daß die von mir aufgeführten Beispiele einiges dazu beitragen werden, daß die grundsätzlichen Elemente des geschilderten Verfahrens an Plastizität und Deutlichkeit gewinnen. Alles in allem bin ich bei der Gestaltung dieses Kapitels folgendermaßen vorgegangen:

Ich berichte über fünf Patienten mit unterschiedlicher Symptomatik und unterschiedlicher Struktur. Bei vier Patienten führe ich einzelne therapeutische Episoden auf, die jeweils aus einem anderen Abschnitt der Behandlung stammen, so daß die *Materialsammlung* im Beginn, die *Deutungsarbeit* im Mittelabschnitt und das *Durcharbeiten* in der Endphase der Therapie dargestellt werden. Bei einer weiteren Patientin habe ich dann die therapeutischen Episoden weggelassen und stattdessen aus einem zusammenhängenden Block von sieben Behandlungsstunden alle meine *eigenen Interventionen* herausgelöst und diese Interventionen so gut es ging gruppiert. Die Therapiestunden dieser Patientin eigneten sich für ein solches Vorgehen besonders gut, weil sie selbst viel und ausführlich berichtete und meine eigenen Kommentare meist nur in kurzen Sätzen bestanden. Ich hoffe, daß sich aus dieser Zusammenstellung einige Anhaltspunkte für die Häufigkeit von Interpretationen, Kommentaren usw. entnehmen lassen. Im einzelnen finden sich dann in den Krankengeschichten folgende Themen und Probleme:

Bei dem ersten Patienten (G. S.) habe ich selbst die *Anamnese* erhoben, und der dargestellte Gesprächsabschnitt schildert jene Episode, in der die ersten Umrisse der *auslösenden Schicksalssituation* auftauchen und sich zugleich die wichtige Frage erklärt, ob die vom Patienten mitgeteilte Angstsymptomatik als *erworbene Angstassoziation* aufgefaßt werden muß oder als Angst vor den *eigenen, verdrängten destruktiven* Trieben.

Bei der zweiten Patientin (E. P.) befinden wir uns im *Anfangsstadium* der Therapie. Es handelt sich um die siebente Behandlungsstunde. Allerdings hat die Patientin zu diesem Zeitpunkt bereits eine fühlbare Besserung ihrer Angstanfälle und ihrer hypochondrischen Grübeleien (Krebsphobie) erlebt. In der dargestellten therapeutischen Episode klärt sich der psychodynamische Hintergrund für die Grübeleien der Patientin über die Unglücksfälle, die ihrem Ehemann zustoßen könnten. Im übrigen kann man den therapeutischen Umgang mit Verleugnungstendenzen und Rationalisierungen verfolgen.

Die Krankengeschichte der dritten Patientin (T. A.) habe ich ausgewählt, weil es sich bei ihr um eine sehr ähnliche Symptomatik handelt, wie bei der soeben erwähnten Patientin E.P.: Im Vergleich der beiden Krankengeschichten läßt sich ganz gut zeigen, wie eine sehr ähnliche Symptomatik (Herz-Angst-Anfälle) durch ein gänzlich anderes psychodynamisches Kräftespiel hervorgerufen wird. Bei dieser Krankengeschichte wird sich dann die Gruppierung meiner eigenen herausgelösten und zusammengestellten Intervention finden.

Bei dem vierten Patienten (W. R.) handelt es sich um eine therapeutische Episode aus dem *Mittelabschnitt* der Behandlung. Die *Deutungsarbeit* steht im Zentrum des Geschehens. Bei dem fünften Patienten (K. T.) bringe ich die therapeutischen Episoden aus zwei aufeinanderfolgenden Stunden, in denen die Behandlung ihrem *Ende* zugeht, so daß man den Prozeß des *Durcharbeitens* verfolgen kann.

Im übrigen illustrieren die von mir aufgeführten therapeutischen Episoden die analytische Bearbeitung von *oral-destruktiven* Impulsen (Fall 1, Pat. G. S.), verdrängten *Aggressionen* (Fall 2, Pat. E. P.) und einer *sexuell-retentiven* Problematik (Fall 5, Pat. K. T.). Die Bearbeitung und Deutung von *Verfolgungsängsten* im Zusammenhang mit einer *Übertragungsdeutung* findet sich in der vierten Krankengeschichte (Pat. W. R.). Den therapeutischen Umgang mit *Verleugnungstendenzen* und *Rationalisierungen* kann man, wie erwähnt, bei der Patientin E. P. (Fall 2) verfolgen. Das Auffüllen von Erlebnislücken wird beim Patienten K. T. (Fall 5) deutlich, zugleich der Rückgriff auf frühere Übertragungsdeutungen, die dazu beitragen, daß sich auch eine aktuelle Partnerproblematik klärt.

Die Ängste meiner Patienten, die diese (und ich) im Verlauf der Therapie verstehen lernten, lassen sich etwa folgendermaßen charakterisieren:

1. Angst vor den eigenen oral-destruktiven Impulsen (erster Patient)
2. Angst vor dem Verlassenwerden (zweite Patientin)
3. Angst vor den eigenen sexuellen Triebansprüchen (dritte Patientin)
4. Angst vor Verfolgung (vierter Patient)
5. Angst vor dem Unberechenbaren (fünfter Patient)

Bei der Darstellung der einzelnen Krankengeschichten bin ich etwas wechselnd vorgegangen, um den Stellenwert der aufgeführten therapeutischen Episoden im gesamten Verlauf der Behandlung deutlich zu machen. Der Übersicht halber führe ich jetzt einige Daten über diese Patienten tabellarisch auf und bezeichne zugleich die wichtigsten Elemente der mitgeteilten therapeutischen Episoden.

1. Pat. G. S., 22 Jahre, unverheiratet, Malergeselle, lebt bei den Eltern.

Symptomatik: Übelkeit, Brechreiz, Schwindelanfälle, Suicidgedanken. (Überwiegend depressive Struktur.)
Beginn und Dauer der Symptomatik: Schleichend, 10 Jahre.
Auslösende Situation: Heftiger Elternkonflikt in der Präpubertät.
Prognose: Schwer zu bestimmen.
Stundenzahl: 32.
Dauer der Behandlung: 2 Jahre.
Therapeutische Episode: Erheben der Anamnese, Klärung der auslösenden Situation. Angst vor den eigenen oral-destruktiven Impulsen.

2. Pat. E. P., 21 Jahre, verheiratet, dreijährige Tochter, Verkäuferin in einem Spielwarengeschäft, eigene Wohnung.

Symptomatik: Angstanfälle, Krebsphobie, hypochondrische Grübeleien, Grübeln, der Ehemann könnte verunglückt sein. (Überwiegend hysterische Struktur.)
Beginn und Dauer der Symptomatik: Akut, drei Monate.
Auslösende Situation: Verlust schützender Mutterfiguren.
Prognose: Günstig.
Stundenzahl: 17.
Dauer der Behandlung: 1½ Jahre.
Therapeutische Episode: 7. Behandlungsstunde. Abbau von Rationalisierungen, Deutungsarbeit, Angst vor dem Verlassenwerden.

3. Pat. T. A., 38 Jahre, verheiratet, vier Kinder, Aushilfe im Frisiersalon, Hauswartsfrau.

Symptomatik: Herzangstanfälle, hypochondrische Grübeleien (Hysterische Struktur).
Beginn und Dauer der Symptomatik: Akut, drei Jahre.
Auslösende Situation: Geburt eines Nachkömmlings, Strukturwandel der Familienkonstellation.
Stundenzahl: 45.

Dauer der Behandlung: 3 Jahre.

Therapeutische Episode: Keine. Interventionen aus sieben aufeinanderfolgenden Stunden im Beginn der Behandlung.

4. Pat. W. R., 28 Jahre, verheiratet, kein Kind, Verwaltungsangestellter, Eigentumswohnung.

Symptomatik: Waschzwang, Zahlenkontrollzwänge. (Zwangsneurotische Struktur.)

Beginn und Dauer der Symptomatik: Schleichend, sieben Jahre.

Auslösende Situation: Erhöhte berufliche Anforderungen. Auf die Besitzebene verlagerter Konflikt mit der Mutter. Vater löst sich von der Mutter und verunglückt ein halbes Jahr später tödlich.

Prognose: Sehr fraglich. Einzelanalyse und stationäre Psychotherapie bereits erfolglos versucht. Der Patient lebt zeitweilig vom Einkommen der Ehefrau.

Stundenzahl: 42.

Dauer der Behandlung: 3 Jahre.

Therapeutische Episode: Mittelabschnitt der Behandlung, Übertragungsdeutung: Verfolgungsängste, Angst vor Strafe.

5. Pat. K. T., 27 Jahre, verheiratet, dreijähriger Sohn. Abgebrochene Lehre als Autoschlosser. Ungelernter Arbeiter, zur Zeit Umschulung als Industriekaufmann. Eigene Wohnung.

Symptomatik: Ordnungs- und Rückversicherungszwänge. (Zwangsneurotische Struktur mit schizoiden Anteilen.)

Beginn und Dauer der Symptomatik: Schleichend, 10 Jahre.

Auslösende Situation: Kaum feststellbar. Beginn der Lehre?

Prognose: Sehr fraglich. Berentung wird diskutiert.

Stundenzahl: 46.

Dauer der Behandlung: 3½ Jahre.

Therapeutische Episode: Endphase der Behandlung. Durcharbeiten. Rückgriff auf frühere Übertragungsdeutungen und Klärung einer aktuellen Partnerproblematik. Retentive Haltungen. Angst vor dem Unberechenbaren.

Über die Wahl des therapeutischen Mittels bei diesen Patienten ist folgendes zu sagen: Ähnlich wie bei den Patienten, die sich als unbehandelbar erwiesen haben, war auch bei diesen „erfolgreichen" Fällen nicht jedesmal schon in der ersten Stunde klar, welche Methode die richtige wäre und welche Besserungsaussichten bestünden. Genau wie früher wollte ich auch bei der Darstellung dieser Krankengeschichten vermeiden, daß sich bei meinen Lesern eine falsche Vorstellung von dem unfehlbar richtigen Urteil des geschulten Analytikers entwickelt, der bereits in der ersten halben Stunde weiß, was er machen soll. Ich denke, daß uns diese Vorsicht nicht den Blick dafür verstellen wird, daß wir inzwischen glücklicherweise doch mit unserem Wissen darüber hinausgewachsen sind, lediglich nach einer „Probebehandlung" die prognostischen Chancen abzuschätzen. Absichtlich habe ich die Patienten auch so ausgewählt, daß drei von ihnen schon sieben, beziehungsweise zehn Jahre krank waren und über einen schleichend-chronischen Symptombeginn berichteten. Diese Patienten sind eindrucksvolle Beispiele dafür, daß die lange Dauer einer Symptomatik keinen sicheren Indikator für die Prognose abgibt. Sie ist auch kein zuverlässiges Kriterium dafür, ob das klassische Standardverfahren angezeigt erscheint, oder ob man die analytisch orientierte, dynamische Psychotherapie wählt. Bei dem vierten Patienten mit seiner chronischen und ausgedehnten Zwangsneurose hat sich zum Beispiel ergeben, daß die Dynamische Psychotherapie das Mittel der Wahl gewesen ist und dem bereits versuchten Standardverfahren überlegen.

Alle Patienten, von denen ich hier berichten werde, verfügten aber ausnahmslos über jene Eigenschaft, die ich in meinen früheren Ausführungen die *„Umstellungsfähigkeit"*, die Mobilität der psychischen Struktur genannt habe. Sie alle waren nicht nur in der Lage, Deutungen als Deutungen zu verstehen und in sich aufzunehmen, sondern sie setzten auch das Neuerlebte und Verstandene um und gelangten so relativ rasch zu einer gefühlsgetragenen inneren Neuorientierung. Neben dieser guten Umstellungsfähigkeit der Patienten waren ihnen aber noch einige *weitere günstige Elemente* in ihrer neurotischen Struktur gemeinsam:

Einmal waren sie alle aktionsbereite und eher tätige Menschen. Sie hatten kaum eine Tendenz, ihre eigene innere Problematik zu „externalisieren" und einen individuellen oder kollektiven Sündenbock für ihre Schwierigkeiten zu suchen. Darüber hinaus war ihre *Kommunikationsfähigkeit* ausreichend entwickelt, und sie hatten — bis auf den ersten Patienten — feste Partnerbeziehungen. Diese Partnerbeziehungen waren natürlich konfliktreich und problemgeladen. Sie enthielten aber — und das ist sicherlich bedeutungsvoll — *keine* wirklich *destruktiven* Elemente, die im Rahmen einer sadomasochistischen Beziehung immer neues Unheil produzierten.

Dem aufmerksamen Leser wird dabei vielleicht aufgefallen sein, daß die von mir ausgewählten Patienten alle aus einer bestimmten sozialen Schicht — der Arbeiterklasse — stammten. Diese Auswahl war Absicht: Keiner der Patienten verfügte der Herkunft nach über eine besondere Schulung im sprachlichen Ausdruck. Ich wollte zeigen, daß es ein Vorurteil ist, wenn man annimmt, daß nur bei einem gewissen Maß an intellektueller und verbaler Übung erfolgreiche psychoanalytische Arbeit geleistet werden kann. Allerdings hatten die Patienten, die ich hier ausgewählt habe, einen unschätzbaren Vorteil, der in gewisser Weise wirklich „schichten-spezifisch" ist: Sie verfügten alle über eine ungebrochene Fähigkeit zu unmittelbarem Erleben. Bei keinem meiner Patienten fand ich eine *verlogene Pseudofriedfertigkeit*. Keiner dieser Patienten fühlte sich *zu vornehm, um über Geld zu sprechen*. (Etwa in dem Sinn: „Geld hat man, aber man spricht nicht darüber".) Und keiner dieser Patienten hatte eine *narzißtische Selbstidealisierung* als Künstler oder gar als „progressiver Intellektueller" aufgebaut. Tatsächlich finden sich diese sehr hinderlichen neurotischen Reaktionsbildungen im kleinbürgerlichen oder akademischen Milieu sehr viel häufiger als in der Arbeiterklasse, und sie gestalten dann den analytischen Prozeß zeitraubend und langwierig.

Diese Hinweise mögen dazu beitragen, daß sich aus meinen Darlegungen nicht ein anderes Fehlurteil entwickelt: Die Dynamische Psychotherapie ist nicht etwa nur jenen Patienten vorbehalten, denen das verbale Training fehlt, während man die klassische Standardmethode bei den intellektuell „gehobeneren" Schichten anwendet. Die Auswahl meiner Patienten in diesem Kapitel ist in dieser Hinsicht zwar künstlich, aber jedenfalls beabsichtigt.

Schließlich noch ein Wort über die Beziehung des hier geschilderten therapeutischen Verfahrens zu jenen anderen Abwandlungen der psychoanalytischen Technik, die ich in dem Kapitel „Definierte Behandlungstechniken" (S. 105 u. 110) diskutiert hatte: Ich möchte betonen, daß keine der hier aufgeführten Behandlungen das Etikett „beratend", „stützend" oder gar „zudeckend" verdient hätte. Bei allen Patienten wurden die pathogenen neurotischen Strukturelemente erfaßt, aufgezeigt, erlebt und verarbeitet. Nur bei der zweiten, noch sehr jungen und akut erkrankten Patientin könnte man vielleicht sagen, daß es sich bei ihr um eine „fokale" Behandlung im Sinne BALINTS gehandelt hat, weil die auslösende Situation und der zugehörige Konflikt mit einer verhältnismäßig umschriebenen Problematik zusammenhing. Die Krankengeschichte der dritten Patientin wird interessant sein, wenn man die Möglichkeit einer „stützenden" oder „zudeckenden" Behandlung gegen die Chancen der Dynamischen Psychotherapie abwägt. Dieser Patientin war bei einem ihrer klinischen Aufenthalte zwar zur Psychotherapie geraten worden. Der behandelnde praktische Arzt hatte aber die Nachricht erhalten, daß eine „zudeckende" Behandlung angezeigt sei. Offenkundig hatte der konsiliarisch untersuchende Kollege erkannt, wie sehr der akut aufgetretene Konflikt bei der 38jährigen Patientin ihre gesamte Persönlichkeit erfaßte und durchsetzte. Ich selbst hatte mich diesem Urteil über die vorgeschlagene „zudeckende" Behandlung zwar nicht anschließen können, war aber doch längere Zeit hindurch im Zweifel, ob die Behandlung nicht darauf hinauslaufen würde, daß ich bei der Patientin in dem Sinne „stützend" vorgehen müßte, als ich es zuließ, daß die Patientin selbst *alte Schutzmechanismen* wieder in ihre kompensatorische Funktion einführte. Es zeigte sich dann allerdings im Verlauf der Therapie, daß zwei Versuche dieser Art von der Patientin zwar angestrebt wurden, jedoch erfolglos blieben und an einem heftigen Rückfall in die alte Symptomatik scheiterten. Die Gesundung trat erst ein, als die zugrunde liegende Problematik aufgedeckt und bearbeitet worden war.

Wir halten also fest: Die früher erläuterten Attribute für unterschiedliches therapeutisches Vorgehen können immer nur einzelne Elemente im Gesamtplan der Behandlung herausheben und eignen sich wenig für die Bezeichnung des gesamten Verfahrens. Es wird im Verlauf der Behandlung immer wieder einmal vorkommen, daß man bei sehr labilen Patienten mit geringer Angsttoleranz „zudeckend" verfährt oder eine „Beraterfunktion" übernimmt. Es wird Situationen geben, in denen man nichts anderes ver-

sucht, als einen alten kompensatorischen Schutzbau wiederherzustellen, und
es wird außerdem immer Patienten geben, bei denen ein umschriebener
Konflikt nach der entsprechenden „fokalen" Therapie verlangt. Ich denke
aber, daß die umfassenderen Elemente der analytisch orientierten dynamischen Psychotherapie anders und selbständig bezeichnet werden sollten,
damit man dann in den einzelnen Fällen darauf verweisen kann, daß der
gesamte Verlauf der Therapie etwa mehr eine zudeckende oder eine stützende Richtung genommen hat.

Zum Abschluß dieser allgemein einführenden Worte hier noch eine dring-
liche Warnung: Die analytisch orientierte dynamische Psychotherapie, die
ich in diesem Kapitel beschreibe, ist in jedem Fall für den Analytiker *bei
weitem schwieriger* (und nicht etwa einfacher) als die klassische Standardmethode. Der Therapeut muß bei dieser Behandlungstechnik auf viele wichtige Hilfsmittel verzichten: Ihm entgeht die Hilfe, die ihm beim Standardverfahren aus der Arbeit mit den Träumen des Patienten und den zugehörigen freien Assoziationen zuwächst. Vor allem aber verzichtet er darauf, den
Kranken zur Einhaltung der psychoanalytischen Grundregel zu verpflichten
und ihn einzuladen, alles assoziativ aufkommende Erlebnismaterial mitzuteilen. Der Analytiker, der die Dynamische Psychotherapie anwendet, kann
sich also nicht abwartend und aufnehmend an jenen Informationen seines
Kranken orientieren, die dieser nach bestimmten Instruktionen beibringt. Er
hat stattdessen, wie ich schon sagte, die Aufgabe, aus den spontanen Berichten des Kranken alle Signale aufzufangen, die ihm die psychodynamisch
wichtigen Erlebnisse ankündigen, um dann mit Hilfe von themenbestimmenden Fragen oder Kommentaren das emotional bedeutungsvolle Material hervorzulocken und schließlich auf dem gleichen Wege auch noch die notwendige Bewußtseinserweiterung beim Patienten herbeizuführen.

Ein Therapeut, der dieses Verfahren erfolgreich anwenden will, benötigt
also ganz unbedingt all jene klinischen Erfahrungen, die er nur bei der psychoanalytischen Standardmethode sammeln kann. Er muß in der Beobachtung von neurotisch Kranken geschult sein, er muß umfangreiche Kenntnisse
über neurotische Strukturen und neurotische Lebensläufe besitzen, und er
muß außerdem in der Gesprächsführung sehr elastisch vorgehen, damit er
sich in seinen Kommentaren nicht vergreift und den Patienten entweder in
eine falsche Richtung drängt oder aber den Behandlungsprozeß blockiert. Ich
will zwar nicht leugnen, daß sehr allgemein gehaltene psychiatrische Gespräche, die sich überwiegend verständnisvoll-lenkend oder beratend auf
den Patienten einstellen, für den ungeschulten Laien rein äußerlich sehr ähnlich wirken können. Diese *scheinbare Ähnlichkeit* ändert aber nichts an dem
Faktum, daß bei der ergebnisreichen Durchführung der Dynamischen Psychotherapie in jedem Fall die höchsten Anforderungen an die psychoanalytische Schulung, die wache Aufmerksamkeit und den Einfallsreichtum des
Therapeuten gestellt werden.

Im folgenden gehe ich nun zur Darstellung der einzelnen Krankengeschichten über:

b) Krankengeschichten und therapeutische Episoden

Fall 1: Pat. G. S., 22 Jahre, unverheiratet, Malergeselle, lebt bei den
Eltern.

Symptomatik: Übelkeit, Brechreiz, Schwindel, Angstanfälle, Suicidgedanken (über-
    wiegend depressive Struktur).
Beginn und Dauer der Symptomatik: Schleichend, 10 Jahre.
Auslösende Situation: Heftiger Elternkonflikt in der Präpubertät.
Prognose: Schwer zu bestimmen.
Stundenzahl: 32.
Behandlungsdauer: 2 Jahre.
Behandlungsergebnis: Günstige strukturelle Entwicklung mit Fortfall der Sympto-
    matik.
Katamnese: 2 Jahre. Kein Rückfall.

Zur Symptomatik und Vorgeschichte: Der 22jährige Patient, Malergeselle von
Beruf, wurde mir von seiner Hausärztin überwiesen, die ihn schon seit *mehr als
zehn Jahren* wegen Übelkeit, Brechneigung und Angstsymptomatik behandelte.
Der Patient berichtete, daß er vor allem dann von heftiger Übelkeit überfallen wird,
wenn er in seinen Judo-Club oder zum Tanzen gehen will. Beides hat er fast aufgeben müssen. In letzter Zeit ist er durch seine Symptomatik auch beruflich stark
behindert: Er bekommt auf der Leiter Übelkeit, die sich dann mit Schwindelgefühl
koppelt. Außerdem hat er große Ängste, in die Keller der Wohnhäuser zu gehen,
in denen er arbeitet und sein Material lagert. Der Patient fürchtet sich vor Ratten,
auch wenn er weiß, daß in den Häusern, in denen er arbeitet, keine Ratten sind.
Der Patient fühlt sich durch seine Symptomatik in letzter Zeit zunehmend beunruhigt und bedrückt. Depressionen mit Selbstmordgedanken sind hinzugetreten.
Einmal ist der Patient bereits in eine Apotheke gegangen, um sich Tabletten zu
kaufen, mit denen er sich das Leben nehmen könnte.

Der Patient ist letztes Kind von verhältnismäßig alten Eltern. Der Vater ist jetzt
66, die Mutter 60 Jahre alt. Er hat eine drei Jahre ältere Schwester und einen
13 Jahre älteren Bruder. Der Vater ist Malermeister und hatte bis vor kurzem einen
eigenen Malereibetrieb, in dem auch der Patient gelernt hat. Er hat jetzt aber das
Malereigeschäft aufgegeben und einen kleinen Handel mit Autozubehör auf-
gemacht. Die Mutter arbeitet noch als Verkäuferin in einem Lebensmittelgeschäft.
Die ältere Schwester wurde ebenfalls Verkäuferin, der ältere Bruder Elektro-
installateur.

Der Patient hat mir beim Erheben der Anamnese zunächst von seiner Symptomatik erzählt und sich besonders darüber beklagt, daß er nicht mehr zum Judo
gehen kann. Vor der Tür des Clubs muß er sich umdrehen, weil ihm übel wird und
schwindlig, und er mit starkem Brechreiz kämpft. Das Gespräch nach diesen ersten
Mitteilungen verläuft folgendermaßen:

Ich: Können Sie mir vielleicht mal erzählen, wie sich das da alles im Club ab-
    spielt? ... Was da so passiert?

Pat.: Na ja, passiert ... man geht da rein. Dann zieht man sich da um, dann ist da erst so'n bißchen Gymnastik und dann wird trainiert. Dann sagt der Trainer einen Wurf an, und der wird dann trainiert.

Ich: Ja, wie sieht das denn aus? ... Ich habe keine Vorstellung, wie das Judo-Training ist ..., was ein Judo-Wurf ist ..., muß man sich da auf die Matten werfen ...?

Pat.: Ja, auf die Matten, da ist dann so'n Wurf. Da gibt es viele Möglichkeiten.

Ich: (Spiele jetzt zuerst auf die positiven Gefühle des Patienten an, um ihm seine Auseinandersetzung mit den Ängsten zu erleichtern. Ich frage also nicht: Haben Sie denn beim Training Angst, oder etwas Ähnliches? Sondern:) Hat Ihnen denn das Spaß gemacht?

Pat.: Ach ja! Eigentlich macht das ja Spaß. Nur (leicht beunruhigt) ..., wenn der so mit seine *Würgegriffe* kommt: Also die Würgeübungen ..., also, wenn mir da einer an Hals kommt ... (Pause).

Ich: (Registriere die Erregung des Patienten und bringe sie ins Gespräch:) Das regt Sie auf, ja? ... Ja! Sie werden sogar jetzt, wenn sie daran denken, etwas rot. Wird Ihnen schon jetzt etwas unbehaglich?

Pat.: Ja, so! ... Na, das mit den Würgegriffen ..., ja, das vertrage ich nicht! Ich hab' auch versucht, mich da rauszuhalten.

Ich: (Wiederholend) Das mit den Würgegriffen?

Pat.: Ja! Ja! Daß ich das nicht mittrainieren muß.

Ich: (Klärend) Kann man das, wenn man so im Training ist? ... Bestimmte Sachen ablehnen?

Pat.: Kann man! Na sicher!

Ich: Aber dann hat das ganze nicht so viel Zweck?

Pat.: Na ja, die Würgegriffe gehören eigentlich zur Gürtelprüfung dazu.

Ich: Ach so! Also, wenn Sie einen Gürtel haben wollen, müssen Sie die Würgegriffe beherrschen?

Pat.: Ja, die muß man ja dann können! ... Und man muß sie ja auch *aushalten* können.
(Pause)

Ich: (Möchte jetzt klären, ob der Patient mehr Angst vor dem hat, was er *erleiden* könnte, als vor dem, was er *selber* tut. So frage ich schließlich): Also, man muß sie aushalten, aber auch *ausüben*?

Pat.: Ja, beides.

Ich: Was ist denn nun schwieriger? *Das Ausüben* ...? (Mit dieser Frage habe ich jetzt mehr auf die Triebdynamik des Patienten angespielt und nicht so sehr auf seine Ängste.)

Pat.: Na ja, also das — ich weiß nicht ..., aber wenn mir einer an den Hals geht, dann ist es bei mir aus.

Ich stelle jetzt alle weiteren Fragen über die Ängste des Patienten *zurück*. Ich versuche, mir seine Situation im Judo-Club noch genauer vorzustellen und möchte außerdem gern ergründen, ob der Patient schon in der Kindheit Vorläufer dieser Ängste gehabt hat. Um den entsprechenden genetischen Zusammenhang herzustellen, rege ich ein *neues Thema* an und frage:

Ich: Haben Sie denn in der Kindheit schon mal Erstickungsängste gehabt?

Pat.: (Zögert zunächst) Nicht, daß ich wüßte.

Ich: ... Und Übelkeit?

Pat.: Na ja, damals so mit elf, zwölf Jahren, als das alles anfing.

Der Patient greift dieses Thema aber nicht weiter auf, sondern er möchte mir erzählen, was er beim Judo erlebt. Schließlich kommt er darauf, daß der ältere Bruder früher auch Judo gemacht hat. Ich lasse den Patienten das erst erzählen und lenke dann das Gespräch ein *zweites Mal* auf seine Kindheitserlebnisse zurück: Ich frage ganz allgemein nach den Wohnverhältnissen und mit wem der Patient das Zimmer geteilt hat. Er berichtet, daß die Familie in einer zweizimmrigen, zum Laden gehörigen Wohnung lebte, und daß er das eine Zimmer mit seiner Schwester teilte, nachdem der ältere Bruder ausgezogen war. Ich halte es für angebracht, mit einer neuerlichen (dritten) themenbestimmenden Frage nach der *Gefühlsbeziehung* des Patienten zur Schwester zu forschen.

Ich: Haben Sie sich denn beide vertragen?

Pat.: Na ja, wie sich Geschwister so vertragen (lacht ein bißchen, aber eher gequält). Gehauen haben wir uns öfter.

Ich: Das will ich glauben.

Pat.: Ja, öfter.

Ich: (Möchte die Situation weiter klären) War die Schwester stärker?

Pat.: Na ja (gedehnt), stärker ..., stärker nicht! Die hat eben *gebissen* und *gekratzt*.

Ich: (Interesssiert, mit Hinblick auf die Symptomatik des Patienten) Ach, sieh mal an! War sie so ein kleines Biest?

Pat.: Na ja, Biest ..., ich weiß nicht.

Ich: Also: Sie waren körperlich stärker, und Ihre Schwester wehrte sich mit Kratzen und Beißen? ... Wo hat sie denn hingebissen?

Pat.: Na ..., wat se grad erwischt hat! ... Meinen Bruder hat sie ja mal hier in die Backe gebissen! So richtig kräftig! Det mußte genäht werden.

Ich: Tatsächlich!

Pat.: Aber da war se noch kleen, da war se so ungefähr fünf oder sechs.

Ich: (Will die zeitlichen Zusammenhänge genau feststellen) Stimmt das wohl? ... Sie wären dann ja selbst erst zwei Jahre gewesen?

Pat.: Na ja, ich war da schon zur Schule! Also da war sie schon neun, ja ..., ja ..., neun! Da hat sie so richtig kräftig zugebissen!

Ich: (Ergreife den günstigen Moment, um eine Frage zu stellen, die wieder auf die oral-aggressive Triebkraft im Patienten anspielt:) Na, und haben Sie selbst denn wenigstens mal zurückgebissen?

Pat.: Nee, nicht daß ich wüßte! ... Ich hab sie immer nur so von mir weg-gehalten, daß sie mir nichts tun konnte und von unten *gegen das Kinn ge-drückt* ... Damit sie nicht beißen und nicht spucken kann.

Ich: (Will jetzt auskundschaften, ob ein Zusammenhang zwischen den Erleb-nissen des Patienten mit seiner Schwester und den Ängsten beim Judo be-steht:) Sind Sie ihr denn dann manchmal an den Hals gekommen, wie beim Judo?

Pat.: (Sehr gedehnt) Na ja! ... Da ..., da hab ich *eben immer Angst vor gehabt!*

Ich: (Bin jetzt zufrieden, daß der Patient in der Lage war, mir über seine frühen Ängste beim Kampf mit der Schwester zu berichten und denke, daß seine aktuelle Symptomatik viel mit der Angst vor den *eigenen andrängenden Impulsen* zu tun hat. Um aber keinen angstgetönten Widerstand zu er-wecken, *vermeide* ich weitere triebzentrierte Fragen oder Kommentare und lenke auf das angriffige Verhalten *der Schwester:*)
Was war denn das Schlimmste, was die Schwester gemacht hat?

Pat.: (Denkt nach) Das Schlimmste? ... Das Schlimmste war das mit dem Bonbon!

Ich: Was war das?

Pat.: Na, da hatte sie mal einen Sahnebonbon geklaut und hat gesagt, sie war's nicht! Und sie hat immer behauptet, ich wäre es gewesen! Und meine Mut-ter ..., meine Mutter ..., ja, meine Mutter hat also drauf bestanden, wer's gewesen ist und hat geweint und geheult, daß ihre Kinder Diebe sind und noch Lügner dazu und hat gesagt, sie wär' glücklich, wenn einer von uns wenigstens sagte, daß er's gewesen ist. Und damit sie schließlich ruhig war, hab' ich gesagt, ich war's. Und dann hat sie drei Tage mit mir nicht gespro-chen. Das weiß ich heut' noch.

Ich: Das haben Sie nicht vergessen können? Das war von der Schwester schlimm. (Ich halte die Gelegenheit für günstig, um mit der vierten themenbestimmen-den Frage das Thema „Mutter" anzuschneiden.) Aber *von der Mutter auch?*

Pat.: Na ja, Mutter ..., mit'm Geld ... Einmal hab' ich ja dann doch einen Bon-bon genommen, ein einziges Mal. Da hab' ich heute noch ein schlechtes Ge-wissen.

Ich: Wie war denn das?

Pat.: Da war meine Schwester dann mal schon abends spät vom Beruf nach Hause gekommen. Sie war da Filialleiterin und war nicht sicher, ob sie abgeschlos-sen hatte. Und da hat sie mir 'n Schlüssel gegeben, und ich sollte nachguk-ken. Und das war nun so 'n Lebensmittelgeschäft, und ich bin hin und hab' nachgeguckt. Na, und da lagen ja nun die Bonbons, und da hab' ich einen Sahnebonbon genommen! Da war ich aber schon vierzehn ...! Aber das habe ich auch nicht vergessen.

Wir sprechen jetzt eine Weile über den Bonbon-Diebstahl und die Lüge der Schwester und die vielen Streitigkeiten zwischen dem Patienten und sei-ner Schwester. Der Patient erzählt, daß er kräftig war und sportlich unter-nehmend, daß seine Eltern eigentlich nicht streng gewesen sind und ihn nie geschlagen haben. Es wird aber immer deutlicher, wie stark die Familienproblematik von „oralen" Konflikten um Besitz und Geld beherrscht war und noch ist. Als ich den Eindruck gewonnen habe, daß der Patient die wichtigen Dinge, die er in diesem Zusammenhang spontan erzählen wollte, mitgeteilt hat, wähle ich einen günstigen Moment, um noch einmal den *genetischen Zusammenhang* ins Gespräch zu bringen und vor allem die Rolle der Eltern zu klären. Ich bestimme also noch einmal (zum fünften Mal) das Thema und frage:

Ich: Und wenn Sie sich so mit der Schwester gekabbelt haben . . ., die Schwester beißen wollte, und Sie waren stärker und haben sie weit von sich weggehalten, und die Schwester zappelte dann, *was haben denn die Eltern dazu gesagt?*

Pat.: Na, Vater . . ., der war so 'n Spaßvogel! Der stand dann immer am Ofen und rief: „Gib's ihr, gib's ihr!" Und Mutter stand dann daneben und schrie: „Hetz den Jungen doch nicht so auf!" . . . Aber Vater hat sich nur gefreut.

In dieser Aussage des Patienten klingt seine Vateridentifikation an, und ich möchte die Bedeutung der soeben erhaltenen Information durch eine Rückfrage noch etwas unterstreichen.

Ich: Der Vater stand also auf Ihrer Seite?

Pat.: (Sehr belebt) Ja, ja, der hat ja selbst Schwestern gehabt! . . . Der wußte Bescheid!

Ich: (Nehme durch den folgenden Kommentar etwas versteckt die Partei des Patienten): Na ja, der Vater hatte wohl recht? Sie mußten ja doch lernen, sich zu wehren? Schließlich war die Schwester drei Jahre älter!

Pat.: (Hat offenbar gefühlt, daß ich auf seiner Seite bin und nicht, wie die Mutter, auf der Seite der Schwester) Na ja, det schon . . ., das war ja auch das einzige, wo ich mich gewehrt habe, bei meiner Schwester! Sonst hab' ich mir ja alles gefallen lassen! *Sonst hab' ich mich nie gewehrt!*

Ich: (Wieder deutlich auf seiner Seite) Das scheint mir wirklich so zu sein.

Pat.: Na ja, auch in der Schule, da hab' ich mich *nie gewehrt.*

Ich überlege jetzt: Der Patient hatte von sich gesagt, daß er kräftig war und nicht ängstlich. Daß auch sein Vater kräftig war und ihn eigentlich ermunterte, wenn er sich mit anderen Jungen rumbolste. Warum hat er sich eigentlich nie gewehrt?

Ich blicke den Patienten also sehr aufmerksam fragend an und sage schließlich mit einigem Nachdruck:

Ich: Wie kam denn das?

Pat.: Na ja . . ., ich weeß ooch nich . . ., ich habe . . ., ich habe eigentlich immer Angst gehabt, daß ich den *dann irgendwie verletzen* könnte . . . Ja! Daß ich den verletzen könnte!

Ich bin jetzt sehr zufrieden, daß der Patient mir spontan über seine Ängste vor der *eigenen Antriebsstärke* berichten konnte. Der Entlastungseffekt, den dieser Bericht für den Patienten hatte, ist sehr deutlich geworden. Ich vermeide es aber absichtlich, schon jetzt auf die Verknüpfung mit den Ängsten vor den Würgegriffen beim Judo hinzuweisen, sondern ich halte es für angebracht, den Patienten hier noch etwas abzusichern. Ich sage also aufmunternd:

Ich: Also, Sie waren eigentlich kräftig und schlugen eher zu?

Pat.: Ach ja . . ., möcht' ich eigentlich sagen! . . . War schon kräftig!

Ich: (Will jetzt das Thema „Angst vor den eigenen Impulsen" noch etwas vertiefen) Wenn Sie zugehauen hätten, wär' kein Gras mehr gewachsen?

Pat.: (Lacht ein bißchen) Na ja, det weeß ick eben nicht! Det hab' ick eben nie ausprobiert! Davor hat' ick ja die Angst . . .! Da hab' ich mich nicht getraut! Da hab' ich gedacht, wenn ich dem nun irgendwat tue . . . (Pause).

Ich: (Weiter klärend) Was haben Sie denn da gefürchtet? Was könnte passieren?

Pat.: Na ja, daß der (sehr erregt), der *für sein Leben was zurückbehält!*

Ich: (Formuliere jetzt noch einmal zusammenfassend und mit Nachdruck) Also *davor* hatten Sie Angst? Daß Sie zu hart zupacken, und daß der andere was für's Leben zurückbehält! Nicht, daß Sie selber Dresche kriegen würden?

Pat.: Nö . . ., das nicht! *Das überhaupt nicht!*

Ich: Also, Sie hatten große Wut und dachten dann, Sie schlagen blind zu, und dann ist ein Unglück passiert?

Pat.: Ja, Wut hatte ich, große Wut hat' ich!

Ich: (Möchte jetzt die Herkunft dieser Ängste klären) Hat die Mutter Sie denn zurückgehalten, wenn Sie loshauen wollten?

Pat.: Nöhh, das hat sie nicht . . .! Mutter hat das nicht.

Ich: Und Vater auch nicht?

Pat.: Nein! Bei meinem Vater ist das anders! Der freut sich: Der war so 'n Schelm . . . der freute sich.

Ich: Erzählen Sie mal! Ihr Vater hatte also Spaß, wenn Sie sich mit der Schwester kabbelten. Aber mit anderen Jungen . . ., wie war es denn da? Sind Sie niemals nach Hause gekommen und haben geweint und gesagt, man hat Sie verhauen?

Pat.: Ja, das ist auch vorgekommen.

Ich: Und da hat niemand zu Ihnen gesagt, wehr dich doch?

Pat.: Na ja . . ., ich konnt' mich ja wehren! Aber da war eben die Angst, daß *da was passiert.*

Es ist jetzt auch für den Patienten selber erkennbar geworden, daß er sich ganz überwiegend vor seinen eigenen aggressiven Durchbrüchen fürchtet, und daß er mehr vor den möglichen Folgen für den anderen Angst hat als vor der Übermacht des Stärkeren. Wir sprechen nun darüber, daß der Patient vom Vater eigentlich eine Rückenstärkung hatte, wenn es darum ging, die ältere, beißende und kratzende Schwester zu besiegen, daß aber die Mutter zur Schwester hielt und daß der Patient (der an der Mutter hing) fürchtete, er würde *die Mutter* kränken, wenn er die Schwester verletzte. Dem Patienten wird dabei im Verlauf des Gespräches mit Sicherheit deutlich, daß ich nicht — wie früher die Mutter — auf der Seite der Schwester stehe und seine Wutäußerungen mißbillige. Schließlich kommt der Patient selbst noch einmal auf die schlimme Geschichte mit dem Sahnebonbon zurück. Ich höre, daß das Bonbon dem *Vater* gehört hatte und nicht der Mutter. So muß ich ein starkes orales Problem auch beim Vater vermuten und möchte diesen Anteil in der Familienproblematik etwas genauer klären. Ich frage schließlich (mit der sechsten themenbestimmenden Frage):

Ich: War denn der Vater so geizig?

Pat.: (Aufgebracht) War??? . . . Ist noch!!!

Ich: Ist noch?

Pat.: Wenn es um Geld geht, ist er nicht anzusprechen!

Ich: Das müssen Sie mir mal ein bißchen genauer erzählen.

Pat.: Na ja . . ., er steckt eben gern alles in die Tasche! Wenn jemand kommt und sagt zu ihm: „Kannst mir Geld borgen?" . . . Das gibt er sofort! Das kriegt er ja wieder! (lacht) . . . Also wenn einer kommt und sagt: „Gib mir mal hundert Mark geborgt!" . . . Dann sagt mein Vater: „Hier hast se!" . . . Aber wenn Mutter kommt und sagt: „Gib mir mal hundert Mark, ich will Weihnachtsgeschenke für die Kinder kaufen!" Die? . . . *Das kommt nicht in Frage!* Das kriegt er ja *nicht wieder.*

Ich: Das war immer so? . . . Die Mutter mußte immer um Geld betteln?

Pat.: Ja, det war immer schon so . . ., immer schon so! Da gab's viel Krach bei uns! Da ist er öfter weggelaufen und so.

Ich: (Will das Thema festhalten) Vater ist weggelaufen?

Pat.: Ja, dann ist er weggelaufen, wenn's um Geld ging. Er wollt' nicht geben und Mutter brauchte . . ., und er wollte eben nicht geben.

Ich: Die Mutter hat nicht gearbeitet?

Pat.: Ne, damals nicht . . ., erst seit damals, erst seit dem letzten Krach . . ., na ja, das ist auch schon über zehn Jahre her . . ., ja, zehn Jahre kann das auch schon wieder her sein.

Ich: . . . da ging der Krach ums Geld?

Pat.: Da ging der Krach ums Geld . . . Vater hat Mutter beschuldigt . . . Da hat sie ja immer noch im Laden die Bücher und so geschrieben . . .

Ich: Im Malerbetrieb?

Pat.: Im Betrieb . . ., ja. Und da hat er sie eines Tages beschuldigt, sie hat ihm zweitausend oder dreitausend Mark geklaut . . .

Ich: (Vermute jetzt einen sehr wichtigen Zusammenhang) Nanu, wieso denn das?

Pat.: Na ja, da war groß Trara!

Ich: Wie kam er denn auf die Idee?

Pat.: Ja! Weeß ick nich, wie er auf die Idee kam! Jedenfalls da war's auch: Da war er ooch 'n paar Tage weg. Da hamse nich gesprochen. Mutter hat dann ihr Bett vorne aufgeschlagen, und so ist es bis heute.

Ich: (Stelle mir jetzt die Heftigkeit des Familienkonflikts vor) Also, die haben sich nie wieder versöhnt?

Pat.: Na ja, eigentlich nicht. Die haben sich zwar wieder so vertragen . . ., äußerlich! Aber drei, vier Jahre ist das doch gegangen.

Ich: Daß die nicht miteinander gesprochen haben?

Pat.: Nee, nee, nicht gesprochen!

Mir ist bei dem Bericht aufgefallen, daß die schweren Zerwürfnisse zwischen den Eltern, von denen der Patient soeben erzählt hat, zeitlich mit dem Beginn seiner Symptomatik zusammenfallen. Ich möchte jetzt sicherstellen, daß diese zeitliche Zuordnung nicht auf einer Erinnerungstäuschung beruht und möchte gleichzeitig die Bedeutung der eben mitgeteilten Vorgänge auch für den Patienten klar herausstellen. Ich frage also:

Ich: Also . . ., das war aber doch die Zeit, in der es *bei Ihnen anfing* mit der Übelkeit?!!! . . . Wenn mich nicht alles täuscht, fällt das zusammen?

Pat.: (Gedehnt) Ja . . ., ja . . ., das könnte so ungefähr sein. Ja! (Pause)

Ich: (Möchte jetzt unbedingt auf die gefühlshafte Bedeutung hinaus, die die damaligen Ereignisse für den Patienten hatten.) Na, das muß für Sie schlimm gewesen sein. Vater beschuldigt die Mutter, sie habe geklaut, und die Mutter spricht mit dem Vater nicht mehr.

Pat.: Ja, ja, das war schon schlimm, das war sehr schlimm! Und da haben sie sich ja auch noch bei meinem Bruder rumgestritten, und der Bruder hat sie dann rausgeworfen. Mein Bruder hat Vater rausgeschmissen, weil er Mutter so beschuldigt hat.

Ich: Und das war alles ganz aus der Luft gegriffen?

Pat.: Na sicher, na . . . (gedehnt), ich weeß det ja nicht . . .!

Ich: (Versuche jetzt, den vom Patienten angedeuteten Verdacht ins Gespräch zu bringen.) Oder denken Sie, die Mutter hat vielleicht wirklich das Geld genommen, weil der Vater so geizig war und ihr kein Wirtschaftsgeld gab?

Pat.: Na ja! Mutter ist . . ., Mutter ist . . . (wieder sehr aufgebracht), *verschwenderisch . . .!* Solange sie Geld hat, gibt sie aus! Wenn die Kinder auf der Straße kommen und sie begrüßen, gibt sie auch gleich was! Und koofen tut se: Koofen . . . Sachen, die gar nicht gebraucht werden!!!

Ich: Ach ja . . ., die Mutter kauft mehr ein, als nötig ist?

Pat.: Ja! Da wird immer gekooft und gekooft! Auch wenn's nich gebraucht wird. Und wird eben soviel gekooft und nachher wird's weggeschmissen . . .! Das Essen . . ., da werden soviel Lebensmittel gekauft, eben. Und das wird dann nachher schlecht, weil es eben nicht verbraucht wird. Und dann muß es eben weggeschmissen werden.

Ich: Also die Mutter ist keine sehr gute Wirtschafterin?

Pat.: Nee, nee! Na ja . . ., mit dem Geld kommt sie nie hin!

Ich: Weil sie soviel kauft? . . . Und dann aber doch wieder soviel sammelt. Sie haben doch gesagt, sie kann sich von keiner alten Schachtel trennen?

Pat.: Das tut sie auch, wie gesagt. Aber das Kaufen ist schlimmer! Und die ver-
dorbenen Sachen wegwerfen!

Ich: Wenn Ihre Mutter etwas klüger wirtschaften würde, dann hätte sie vielleicht
die zweitausend Mark in den Jahren . . .?

Pat.: Na dicke . . .!!! Längst . . .!!! Die gibt soviel aus und kooft und kooft . . . Da
geht sie doch auch immer in die teuersten Geschäfte! Oder sie geht bei ihrem
kleinen Milchmann! Von dem kann sie sich nicht trennen und zahlt für alles
viel teurer.

Ich: Und darüber war dann der Vater so böse?

Pat.: Na ja, das sicher auch! Und daß sie immer am Ende der Woche kam: „Ich
brauch noch Geld, ich brauch noch Geld!".

Ich: Hm. Na, glauben Sie, er hat ihr zu wenig Kostgeld gegeben?

Pat.: Na ,weiß ich nicht, viel war's ja gerade nicht. Zwanzig Mark in der Woche . . .
und dann die Mutter immer: „Ich brauch noch Geld, ich brauch noch Geld!".

Ich: (Spiele noch einmal auf den Zusammenhang zwischen diesen Gefühlskonflikten und der Symptomatik des Patienten an. Ich will aber außerdem die objektive Situation in der Familie etwas genauer erfassen.) Na, da würde mir auf
die Dauer auch übel . . .! Aber ich glaube, von zwanzig Mark in der Woche
kann man einen Mann nicht ernähren.

Pat.: Na ja, ich gebe fünfzig Mark, und die Mutter hat dann noch ihr eigenes. Davon zahlt sie dann alles.

Ich: (Stelle jetzt das besondere Familienproblem heraus.) Also, dann ist aber gar
nicht so raus, von wessen Geld die Familie eigentlich ißt . . .? Oder . . .? Ich
meine, der Vater ißt dann doch jetzt von Mutters Geld?

Pat.: Na ja, schon . . .! Aber Mutter schenkt eben ooch immer allet weg! Wenn er
ihr wat gibt, das ist sofort weg. Das kann er sich gar nicht leisten.

Im weiteren Verlauf des Gesprächs wurde immer erneut deutlich, daß in
der Familie des Patienten das Nehmen und Geben, das Verschwenden, Weg-
nehmen, Stehlen und Wegschenken eine vergiftende Rolle spielte. Die Symptomatik des Patienten, das Erbrechen, die Übelkeit, die Angst vor dem
Beißen und Gebissenwerden, die Angst vor dem Würgen und Gewürgtwer-
den, erhielt ihre psychodynamische Bedeutung, wenn man an die Verschmelzung von Aggressivität und Oralität in der Familie des Patienten dachte.
Auch die Rattenphobie des Patienten schien hierher zu gehören („Was fürchten Sie denn vor Ratten?" Pat.: „Fressen kleene Kinder auf, sagt man!").

Der auslösende Familienkonflikt ließ sich bereits im ersten Gespräch noch
deutlicher herausarbeiten: Zwischen den Eltern des Patienten war ein unver-
söhnlicher Streit ausgebrochen um Betrügen und Betrogenwerden, ein Streit,
der niemals offen bereinigt worden war. Der damals 13jährige Junge — im
Beginn der Pubertät — fühlte sich den Gehässigkeiten, die sich zwischen seinen Eltern abspielten, wehrlos ausgeliefert. Wie sich im Verlauf der Behandlung herausstellte, hatte er sowohl an der Mutter wie auch an der älteren

Schwester eine ängstliche und zugleich wutgetönte Mißtrauenshaltung Frauen gegenüber erworben. Eine Haltung, die ihn natürlich bei allen Wünschen, mit Mädchen in einen näheren, intimen Kontakt zu kommen, stark behinderte.

Prognose und therapeutische Planung: Die Symptomatik des Patienten war chronisch, und es bestand kein Anlaß zu Optimismus. Andererseits war der Patient — obgleich intellektuell etwas schwerfällig — sehr zutraulich und gefühlsbereit. Seinen Beruf hatte er gern und seineArbeitshaltung war offenbar ebenso beständig, wie seine Bereitschaft, verbindliche Beziehungen aufzunehmen. Ich sah eine Chance darin, dem Patienten zur inneren Auseinandersetzung mit den Eltern und der Schwester zu verhelfen und ihm auf diese Weise einen Weg zu einer befriedigenden Liebesbeziehung zu bahnen. Da der Patient niemals vor 17.30 Uhr oder 18.00 Uhr abends zur Behandlung kommen konnte, waren die Möglichkeiten, ihn bald in eine intensive psychoanalytische Behandlung zu vermitteln, gering. So setzte ich wöchentliche Therapiestunden an in der Hoffnung, auch mit so seltenen Sitzungen einen gewissen therapeutischen Effekt erzielen zu können.

Stundenzahl und Stundenverteilung: Der Patient hat dann insgesamt 32 Behandlungsstunden erhalten, die sich über einen Zeitraum von zwei Jahren verteilten. Die ersten acht Stunden kam der Patient wöchentlich, danach alle 14 Tage. Durch den Urlaub des Patienten und meinen eigenen Urlaub trat eine Pause von zwei Monaten ein. Der Patient meldete sich nach meinem Urlaub spontan und kam nun dreimal in Abständen von drei oder vier Wochen. In dieser Zeit war bereits eine fühlbare Symptomminderung eingetreten. Als der Patient dann ein erstes Mal intimen Kontakt mit einem Mädchen aufnahm, bat er um häufigere Sitzungen und dreimal in zwei Wochen. Danach lief die Behandlung mit einer Therapiestunde im Monat aus.

Neurotische Reaktions- und Erlebnisweisen des Patienten (Phantasien, Identifikationsprobleme, Haltungen, Abwehrmechanismen und die „innere Formel"): Bei dem Patienten standen Verdrängungsreaktionen im Mittelpunkt. Kein Verleugnen oder Externalisieren, auch keine Ideologiebildung.

Seine Hauptschwierigkeiten lagen in der konflikthaften Elternbeziehung, die zu Schwierigkeiten im *Identifikationsprozeß* geführt hatten.

So werden wie der Vater, hieß für den Patienten:

Die Mutter ausnutzen.
Von der Mutter betrogen werden.
Die Mutter prügeln.
Die Schwester ablehnen.
Von der Mutter abgelehnt werden.

So werden wie die Mutter, hätte für den Patienten geheißen:

Vom Vater ausgenutzt werden.
Den Vater betrügen.
Vom Vater geprügelt werden.
Sich von der Schwester alles gefallen lassen.

Eine günstige Identifikationsfigur war für den Patienten hingegen der ältere Bruder. So werden, wie der ältere Bruder, hieß:

Eine nette Frau finden.
Eine eigene Familie haben.
Eine angesehene Stellung im Beruf haben.

Das *Identitätsgefühl* des Patienten, seine „innere Formel", (s. S. 329) wurde von ihm beschrieben, als er in der dritten Behandlungsstunde auf die von ihm bevorzugten Märchen zu sprechen kam, und er erzählte, daß er als Kind alle Märchen vom jüngsten dummen Sohn, der sich als stark und kräftig entpuppte, bevorzugt hätte. Als kleiner Schuljunge fühlte er sich als „der Däumling, der tausend Männer tötet".

Die psychodynamisch wichtigen *Themen*, die wiederkehrend bearbeitet werden mußten, waren folgende: Die Mutterübertragung des Patienten auf seinen Chef, der „auf die weinerliche Tour" den Patienten um Überstunden und Höchstleistungen bat, ihn dafür aber nicht bezahlte. Die Anhänglichkeit des Patienten an seine Mutter und der Konflikt mit der älteren Schwester. Seine eigene Beziehung zu den Eltern und die Beziehung der Eltern untereinander. Die Ängste des Patienten vor Mädchen, seine starken sexuellen Bedürfnisse und die Furcht, einem Mädchen etwas anzutun, wenn er sich ihm näherte. Schließlich die Beziehung zum älteren Bruder und dessen Familie.

In seinen *Übertragungsreaktionen* wechselte der Patient zwischen einer ängstlich-nachgiebigen Mutter-Übertragung und einer Bruder-Übertragung.

Meine eigene Reaktion: Ich fand den Umgang mit dem zuverlässig wirkenden jungen Mann einfach. Die Familienkonflikte erschienen mir zwar sehr belastend. Der große Vorteil war aber, daß Haß und Feindschaft offen erlebt wurden und nicht durch irgendeine verlogene Ideologie vertuscht werden mußten. Man war in der Familie nicht pseudo-friedfertig, sondern wütend. Man fühlte sich nicht zu fein, um auch über Geld zu sprechen. Die Gefühlstäuschungen, die die Familienmitglieder untereinander erlebten, hatten keine narzißtische Selbstidealisierung produziert. All diese Elemente machten es mir leicht, mich mit dem Patienten und seinen Konflikten und Schwierigkeiten zu beschäftigen.

Der Verlauf: In den ersten acht Behandlungsstunden gelangte der Patient zu einer sehr intensiven Auseinandersetzung mit seinen Eltern, und es war ihm möglich, das Gemisch aus Angst und Wut zu erleben, in das er durch den Familienkonflikt hineingekommen war. Die Angst, anderen (insbesondere der Schwester) etwas anzutun, wenn er seiner Wut freien Lauf ließ, wurde von ihm erlebt und erkannt. Der Entlastungseffekt dieser Erkenntnisse war groß. Gleichzeitig lief die Auseinandersetzung des Patienten mit seinem Chef. Wir verstanden, daß dieser Chef das gutartige Wesen des Patienten ausnutzte und seine Angst, jemanden zu kränken. Als der Patient selbst herausfand: „Der macht es wie Mutter", war viel gewonnen. Die zugehörigen äußeren Verhaltensänderungen übte der Patient unter meiner anerkennenden Anteilnahme ein, ohne daß ich ihm direkte Ratschläge geben mußte. Die Bezahlung der geleisteten Überstunden und eine beträchtliche Verbesserung des Stundenlohnes waren rasch erzielte sichtbare Ergebnisse der Therapie. Ein sehr viel festeres Auftreten den frechen Lehrlingen im Betrieb gegenüber ebenfalls. Die *Minderung der Symptomatik* auf dem *Arbeitsplatz* war die Folge. Bald darauf konnte der Patient auch zum Judo gehen und an dem notwendigen Training teilnehmen. Übelkeit und Ängste beim Tanzen waren geblieben.

Nach der Urlaubsunterbrechung wurde das Thema „Sexualität" für den Patienten vordringlich. Seine eigene Beziehung zu Mädchen und seine Wünsche nach sexuellen, aber auch nach dauerhaften Liebesbindungen konnten frei besprochen werden. Ich rückte von mir aus immer wieder die Problematik zwischen den Eltern ins Licht und ermunterte den Patienten zu Schilderungen seiner eigenen Wünsche und Phantasien, wenn es um Liebe, Sexualität oder Ehe ging. Insbesondere kam die große Angst des Patienten immer wieder ins Gespräch, von Frauen betrogen und ausgenutzt zu werden, wenn sie, wie die Mutter oder der Chef auf die „weinerliche Tour" kamen. Es wurde deutlich, daß der Patient sich vor einer bestimmten Form weiblicher Aggressivität sehr fürchtete: Nämlich der Tendenz, erst zu geben und dann mit Hinweis auf die eigene Hilflosigkeit zu fordern.

Ich selbst nahm dem Patienten gegenüber die Haltung ein, daß Frauen nicht nur verpflichtet, sondern auch in der Lage sind, die Konsequenzen ihrer eigenen Aggression zu tragen und daß zuviel Rücksichtnahme auf die vermeintliche Schwäche der Mädchen im Mann nur Haß und Feindschaft züchtet, die im Endeffekt für die Frauen viel schwerer zu ertragen ist als eine offene Auseinandersetzung.

In dieser Zeit machte der Patient einige Versuche mit der Tanzstunde, erlitt hier aber Schiffbruch. Er war körperlich nicht sehr gewandt, hatte wenig Rhythmus. Außerdem war er eher wortkarg und im Gespräch zurückhaltend. Die Übelkeit des Patienten beim Tanzen verstärkte sich und griff erneut auf den übrigen Alltag über. Die Situation besserte sich dann aber, als der Patient eine junge Verkäuferin in einem Gemüsegeschäft kennenlernte, die ihm sehr gut gefiel und mit der er während des Einkaufs ins Gespräch kam. Diese Art der Anknüpfung war für den Patienten sichtlich leichter als der Umgang in der Tanzstunde mit Mädchen, die ihm völlig fremd waren. Der

Patient konnte mit mir über seine Gefühle für das Mädchen sprechen, daß sie ihm gefiel, daß sie zuverlässig schien und sparsam (!) und daß sie ihn nicht abwies. Wichtig war in dieser Periode, daß der Patient bei seinem älteren Bruder Rückhalt hatte, der ihn ermunterte und wohl auch in sexueller Hinsicht informierte.

Die Symptomatik des Patienten schwand völlig, ohne daß es bereits zum Sexualverkehr gekommen war. Der Patient kam aber aus eigenem Bedürfnis und zur Festigung des Ergebnisses noch ein Jahr lang wieder und konnte auch berichten, daß er im Verlauf dieses Jahres die Bindung zu der neu gefundenen Freundin festigen konnte. Die Aufnahme sexueller Beziehungen ergab sich dann ohne allzu große Schwierigkeiten.

Katamnese: Der Patient, der mich auf meine Aufforderung hin eineinhalb Jahre nach Beendigung der Behandlung noch einmal aufsuchte, teilte mit, daß es ihm gut ginge. Die Symptomatik war nicht wieder aufgetreten.

Fall 2: Pat. E. P., 21 Jahre, verheiratet, dreijährige Tochter, Verkäuferin in einem Spielwarengeschäft, eigene Wohnung.

Symptomatik: Herzangstanfälle, Krebsphobie, hypochondrische Grübeleien, Grübeln, der Ehemann könnte verunglückt sein. (Überwiegend hysterischer Struktur.)

Beginn und Dauer: der Symptomatik: Akut. Drei Monate.

Auslösende Situation: Verlust schützender Mutterfiguren.

Prognose: Günstig.

Stundenzahl: 17.

Behandlungsdauer: 1½ Jahre.

Behandlungsergebnis: Heilung mit struktureller Veränderung.

Katamnese: Kein Rückfall.

Die therapeutische Episode bringt: 7. Behandlungsstunde, Deutungsarbeit. Abbau von Rationalisierungen und Verleugnungstendenzen. (Angst vor dem Verlassenwerden.)

Diese zweite Fallschilderung befaßt sich mit einer ebenfalls noch sehr jungen Patientin, die aber akut erkrankte und nicht, wie der vorige Patient, schon seit zehn Jahren an ihrer Symptomatik litt.

Die Patientin gab an, daß sie sehr plötzlich von Herzangstanfällen überwältigt worden sei, und daß sie gleichzeitig einen Grübelzwang habe, sie litte an Krebs und müsse bald sterben. Im gleichen Sinn grübelte die Patientin darüber, daß auch ihr Ehemann erkranken oder — vor allem — verunglücken könne.

Zur Vorgeschichte und auslösende Situation: Die Patientin stammt aus der zweiten Ehe ihrer Mutter und hat einen 15 Jahre älteren Halbbruder. Beide Eltern waren bei ihrer Geburt 33 Jahre alt. Die Patientin wuchs in einer Großfamilie auf, in der nicht nur die Eltern und der Halbbruder, sondern auch noch die beiden Großmütter mütterlicher- und väterlicherseits lebten. Das niedliche kleine Mädel war der Liebling beider Großmütter und fand viel Beachtung und Verwöhnung. Errötend erzählte die Patientin im Verlauf der ersten Stunde, daß sie auch heute noch am liebsten „Nesthäkchen-Bücher" liest, über denen sie ganze Abende verbringen kann. Die Patientin ist seit drei Jahren verheiratet und hat eine kleine dreijährige Tochter. Sie lebt seit zwei Jahren mit ihrem Ehemann in einer eigenen Zweieinhalb-Zimmer-Wohnung. Bis zu ihrer Entbindung hatte sie als Verkäuferin in einem Spielwarengeschäft gearbeitet.

Die *Symptomatik* der Patientin trat auf, als sie in kurzen Abständen erst ihre Mutter an einem Unterleibskrebs und dann die Großmutter mütterlicherseits an einem Schlaganfall verlor. Die Mutter des Vaters zog einige Zeit später nach Westdeutschland zu Verwandten, so daß die Patientin in wenigen Monaten ihre wichtigsten mütterlichen Beziehungspersonen eingebüßt hatte. Sie mußte ihre Eheproblematik jetzt allein bestehen und sich ohne ihre vielen „beschützenden Mütter" im Leben zurechtfinden. Die Patientin hatte kurz nach dem ersten Angstanfall selbständig wieder Arbeit aufgenommen, da sie nicht zu unrecht meinte, daß ihr das beengte und einsame Leben zu Hause nicht gut bekäme. Sie mußte diesen Arbeitsversuch allerdings wieder fallen lassen, weil sie niemanden hatte, der ihre kleine Tochter versorgte, war aber tatkräftig dabei, eine passende Lösung zu finden.

Zum bisherigen Verlauf der Therapie: Die ersten therapeutischen Gespräche mit der Patientin hatten sich im wesentlichen um ihre Beziehung zu den beiden Großmüttern und der Mutter gedreht, um den Verlust, den sie erlitten hatte und die Schwierigkeit, die Hilfe und den Schutz der großen Familie zu entbehren. Es ergab sich im Verlauf dieser Gespräche aber außerdem, daß die Patientin durch das Verhalten ihrer beiden Großmütter zur eigenen Mutter in eine Art Geschwisterposition gedrängt worden war, obgleich die Mutter bei ihrer Geburt immerhin schon 33 Jahre alt war und ihre zweite Ehe führte. Der Zusammenhang zwischen der Krebsphobie der Patientin und ihrer ambivalenten Identifikation mit der Mutter, die an Krebs verstorben war, wurde deutlich. Außerdem hatte die Patientin — wie sie im Verlauf dieser ersten Stunden schrittweise verstand — durch die eigentümliche Vorzugsstellung ihrer Kinderzeit, die ihr die Liebe von sehr vielen alten Menschen sicherte, schließlich doch den Anschluß an die gleichaltrige Mädchengruppe verpaßt. Die Patientin war an viel Beachtung gewöhnt und zugleich sehr empfindlich. Kränkungen nagten lange an ihr. So nahm sie bald unter ihren Mitschülerinnen eine Außenseiterstellung ein, weil man sie für „zickig" und unverträglich hielt. Die Patientin verstand im Verlauf der ersten Behandlungsstunden den Zusammenhang zwischen ihren großen Schwierigkeiten mit den Arbeitskolleginnen im Berufsleben und ihrer früheren Außenseiterposition als Schulmädel.

In der Übertragung hatte die Patientin mich natürlich schon bald nach den ersten Gesprächen in die Reihe der „beschützenden Mütter" eingeordnet. Sie verhielt sich unter anderem auch deshalb sehr vertrauensvoll, weil eine ältere Freundin einmal eine erfolgreiche psychoanalytische Behandlung bei uns gehabt hatte, und der Rat zur Psychotherapie von dieser Freundin ausging.

Mit geringer Assistenz von meiner Seite hatte die Patientin den Kontakt zu einer Freundin ihrer Mutter aufgenommen, die sich bereit erklärte, die kleine Tochter dreimal in der Woche zu versorgen, damit die Patientin eine Teilbeschäftigung aufnehmen konnte. Die Patientin hatte damit gewissermaßen ein „Ersatzobjekt" gefunden, eine mütterliche Frau, der gegenüber sie noch einmal in ihre alte „Kükenrolle" schlüpfen konnte. Die Patientin wollte aber ihre alte „Nesthäkchenhaltung", die sie erkannte, gern los werden und setzte sich daher sehr aufrichtig mit ihren eigenen kindlichen Anklammerungshaltungen auseinander. Es gab einen raschen Anfangserfolg, der zu einem Teil darauf zurückging, daß die Patientin zwei neue „Ersatzmütter" (mich und die Freundin ihrer Mutter) gefunden hatte. Die begleitenden inneren Reifungs- und Entwicklungsschritte der Patientin waren dabei aber unverkennbar und trugen ihren Teil zur Besserung der Symptomatik bei.

Die Herzangstanfälle und die Krebsphobie klangen bereits nach den ersten fünf therapeutischen Gesprächen ab. Die ängstlichen Grübeleien der Patientin über die Unfälle, die ihr Mann erlitten haben könnte, bestanden hingegen weiter, wurden von ihr aber zunächst einmal mit der Begründung „wegrationalisiert", daß sie durch die beiden Todesfälle in der Familie allgemein geängstigt sei, und daß außerdem überall reale Möglichkeiten für einen Unfall lauerten. Die folgende therapeutische Episode schildert die Bearbeitung dieser angstvollen Todesbefürchtungen oder „Todeswünsche":

Die Patientin kommt frisch, munter und lebendig zur vereinbarten Stunde. Ich begrüße sie und frage, wie es ihr geht.

Pat.: Alles klar!

Ich: Keine Angst mehr?

Pat.: Nö . . ., an und für sich . . . nicht mehr!

Ich: Keine Herzangst . . .?

Pat.: Nö . . ., es war die ganze Zeit ruhig.

Ich: (Freue mich) Haben wir das gut hingekriegt?

Pat.: Ja, ja, haben wir gut hingekriegt.

Ich: Fühlen Sie sich richtig wohl?

Pat.: Ich fühl mich wohl! Ja, muß ich sagen . . . Geht jetzt gut.

Ich: Waren Sie noch mal bei Ihrem Arzt?

Pat.: Ja, ich war noch einmal da und habe mich noch einmal untersuchen lassen, und da war auch weiter nichts.

Ich: Ja, Sie hatten ja doch immer die Sorge, Sie könnten sterben . . .?

Pat.: Denk' ich nicht mehr . . .! Das einzige war . . ., die Blutsenkung war zu hoch, 30 zu 60. Da hatte er sich große Sorgen gemacht. Aber ich nicht, und nun war es auch wieder gut. Ich hatte nur einen dicken Zahn, und davon kam das . . . (Pause)

Das einzige ist, wie gesagt, wenn ich manchmal Herzklopfen habe. Neulich mal, wie mein Mann — der ist da so spät nach Hause gekommen ... Da hatte er angerufen und gesagt, er geht jetzt los! Und ich wart' und wart' ... Da war 'ne Dreiviertelstunde rum, und da hab' ich nochmal angerufen, da in dem Vereinslokal, und da sagten sie mir, der wär' schon weg! Nun hab' ich mir Gedanken gemacht! Es hätte ja was passiert sein können ... Na, und da hab' ich die ganze Nacht nicht geschlafen.

Ich: Aber Sie haben nicht diese Todesangst gehabt ...?

Pat.: Also! Wie es mal war ...!!! *Gar nicht ...!* Ach, da bin ich so froh! Hoffentlich kommt es nicht wieder!

Ich: (Aufmunternd) Na, Ihre Freundin ist doch auch ganz gesund geworden?

Pat.: Ja, ja, das war damals bei ihr bloß die zwei Jahre, und nachdem ist nichts wieder gekommen.

Ich: Na, nun haben Sie ja in Ihrem Leben jetzt auch manches günstiger als damals, als Sie krank geworden sind.

Pat.: Ja, bestimmt. Ich hab' mehr Ablenkung und so, da ist man doch ein bißchen mehr ausgefüllt.

Ich: (Beziehe mich auf frühere Gesprächsthemen) Na ja ..., und Sie sind aus der Nesthäkchen-Situation raus.

Pat.: (Lacht) Nicht mehr nur noch Küken!

Ich: Nicht mehr Küken?

Pat.: Nö ..., man muß sich ja umstellen, nicht?

Ich lasse mir jetzt von der Patientin erzählen, wie ihr Alltag abläuft, wie es der Kleinen geht, wann und wo sie arbeitet und wie sie zurechtkommt. Die Patientin erzählt von Auseinandersetzungen mit Kolleginnen: Die alten Konflikte mit Gleichaltrigen leben zwar wieder auf, werden von der Patientin aber besser verstanden. Die Patientin erzählt dann von kleinen Streitigkeiten mit dem Ehemann, der ein Fußball-Fan ist und viele Abende in seinem Verein verbringt („Frauen sind dort unerwünscht"). Die Patientin hat sich dann aber entschlossen, selbst ab und zu mit Kolleginnen zum Bowling zu gehen. Der Mann wurde eifersüchtig und wollte das verbieten („er hat zwar protestiert, aber den Protest hab' ich abgewinkt ... kommt nicht in Frage ..., was er kann, kann ich auch").

Die Patientin erzählt dann noch, daß ihr Lebensmut wieder soweit gestärkt ist, daß sie sich auf die geplante Reise freut, die jetzt gebucht wurde und sagt schließlich etwas zaghaft: „Na, hoffentlich bleibt das so!". Daraufhin sage ich schließlich zu der Patientin:

Ich: Sie werden sicherlich noch eine Weile kommen müssen, damit wir beruhigt sein können, daß alles gut bleibt.

Pat.: Ach ja, das möchte ich auch! So einmal im Monat, daß ich da mal hier bin.

Ich: Ja? Sie haben das Gefühl, unsere Gespräche haben das doch bewirkt?

Pat.: Möchte ich sagen . . . ! Ja . . ., möchte ich sagen. Von alleine geht ja so was nicht weg . . . Neulich hab' ich auch gelesen . . ., wie günstig das ist, hier mit dem Institut . . ., da war in der Zeitung ein Artikel drin, wie schwer das ist für die Patienten, und was das sonst so im allgemeinen kostet, so . . ., so . . ., weil die anderen Kassen das ja nicht bezahlen.

Ich: In einer Zeitung war etwas drin?

Pat.: Ja, in einer Zeitung war das drin! Ja . . . ! Wenn so was ist, dann lese ich das ja auch gleich immer. (Lacht) Manchmal ist da was drin von Psyche.

Ich: (Lache mit) Und das lesen Sie dann?

Pat.: Na ja, man sucht dann immer raus, was auf sich selber zutrifft, nich?

Ich: Na, und was meinen Sie, was trifft auf Sie zu?

Pat.: Na, also, in der einen (Illustrierten) . . . war drin . . ., das ist mehr oder weniger . . ., na, wie soll ich das sagen . . .?! Das ist nicht das, was ich hab! Das ist, wenn . . ., wenn die Eltern . . ., war zum Beispiel drin: Wenn ein Mann, so ein erwachsener Mensch, so eine große Ehrfurcht vor den Eltern hatte . . ., ja? Daß die zu streng waren, daß er irgendwie Angst hatte oder so, nicht? Daß die *magenkrank* werden. Also, das hab' ich bloß gelesen, nicht?

Ich: Also, Sie sind nicht magenkrank?

Pat.: (Lacht) Nee, magenkrank nicht!

Ich: Und Sie haben auch nicht Ehrfurcht vor den Eltern?

Pat.: Na ja, nun! Angst auch nicht, nö!

Ich: Nein, das nicht . . . (Pause) . . . Na, was meinen Sie heute . . .? Was war bei Ihnen?

Pat.: Ja . . . ! Mehr oder weniger . . ., ich sage, meine Freundin, die ist ja nun auch dabei: Die versucht ja nun auch, da mit reinzuleuchten, und die hat neulich mal gesagt . . ., da hatte ich ihr das auch erzählt, daß ich dieses Herzklopfen immer habe, wenn mein Mann nicht nach Hause kommt und so grübele und so . . . Und da sagt sie, insgeheim, im Unterbewußtsein, *wünsch ich mir*, ihm soll was passieren . . . ! (Lebhaft) Stimmt das?! (Patientin lacht dabei etwas).

Ich: (Lache mit, weiche aber dieser vorfabrizierten Deutung aus.) Weiß nicht.

Pat.: Nee, das konnt' ich mir nun *nicht* denken! Ich sag', ich wünsch' ihm doch keen Unfall!!! Oder daß ihm was passiert! Nur zur Strafe, weil er zu spät nach Hause kommt. Na, das glaub' ich ja nun *nicht*.

Ich: Ihre Freundin hat die feste Überzeugung, daß das so ist?

Pat.: (Kichert) Ja, ja, die mischt da immer so 'n bißchen mit.

Ich: (Ziele jetzt auf verdrängten Ärger ab.) Hm . . . Ich hab' eher gedacht . . ., Sie sind sehr ärgerlich, weil Sie selber immer zu Haus hocken müssen . . . Könnte das passen?

Pat.: Na, an und für sich, das Zuhausehocken würde mich noch gar nicht mal so stören . . . (Pause) . . . Ich bin auch nicht so 'n Typ, der immerzu weggehen will und immer flitzen und so! Bin ich nicht! Bin lieber zu Hause (lacht).

Ich: Aber Sie gehen jetzt doch auf die Bowlingbahn?

Pat.: Ja, nun! Ja, na . . ., mal! Aber so andauernd, daß ich kein Wochenende zu Hause aushalte . . ., nee, das ist nicht . . .! Genauso wie der praktische Arzt— das muß ich Ihnen auch noch erzählen: . . . Bei dem ich damals zuerst gewesen bin: Wie der gesagt hat, ich soll keinen Alkohol trinken! Kein Alkohol und . . . nix, nix, nix! Das käme alles vom Alkohol . . .!!! Wenn ich was trinken würde, das würde gleich meinen Kreislauf so beschleunigen, daß das eben kommt! . . . Das ist doch Quatsch . . .!!! Quatsch ist das!!! Ich trinke jetzt und hab' keine Angst!!! Wir hatten sonnabends Besuch, nicht? Und da haben wir auch was getrunken . . .! Also, da war *gar nichts* . . .! Was die Ärzte sich immer so ausdenken . . .! Das trifft gar nicht zu!

Ich: (Greife jetzt das schon früher besprochene Thema der Mutter noch einmal auf.) Nein, nicht immer . . ., ich denke, daß bei Ihnen . . . vielleicht . . . der Verlust der Mutter . . .?

Pat.: Ja! Also das ist . . ., das ist *heute noch*! Daß ich dem doch sehr nachhänge: Denn die anderen, die haben dann alle noch ihre Eltern, und ich meine, mein Papa . . ., ich sage ja, ich hab' ihn sehr lieb und so, aber . . . 'ne Mutter fehlt doch!

Ich: (Verständnisvoll) Sicher . . ., und Ihr ganzer Tag war doch darauf zugeschnitten, daß die Mutter da war.

Pat.: Ich träum' auch furchtbar viel noch von ihr und von der Oma, von beiden! Da muß ich mich im Unterbewußtsein doch so damit beschäftigen . . . Am Tag gar nicht, aber wie gesagt, abends, dann träume ich sehr viel . . . von beiden . . .! Also, ich träume nicht, daß sie *tot* sind! Richtig so . . ., daß sie *noch da sind*! Nicht? *Solche* Träume hab' ich . . .! (Pause) . . . Meinem Mann darf ich so was nicht erzählen! Der sagt, das ist Quatsch!

Ich: Er kann gar nicht verstehen, daß Sie an der Erinnerung noch so hängen?

Pat.: Ne, also er selbst, er ist nu . . ., mit seiner Mutter, das ist nu . . . gar nicht so!

Ich: Ihr Mann hat zu seiner Mutter gar keine Beziehung?

Pat.: Nein, also 'ne *gute* Beziehung in dem Sinne . . . Es ist nicht so, daß er mit ihr so streitet! Aber es ist keine . . . *Zuneigung*. So . . ., *das* fehlt! So möcht' ich sagen! Von der Seite möcht' ich's mal auslegen! Wie *ich* es so kenne! In *der* Gegend sind sie alle nicht so. Für so was mit Liebe und Zärtlichkeit und so . . . den anderen Menschen liebhaben und freundlich sein und so, das sind die nicht. Die sind alle so stur und kalt.

Ich: Kalt sind die?

Pat.: Kalt sind sie, ja!

Ich: (Möchte jetzt das Thema auf die Ehebeziehung zurücklenken und die Grübeleien der Patientin über die Unfälle, die dem Mann zustoßen könnten. Als die Patientin die Interpretation ihrer Freundin aufgebracht hatte, war sie affektiv doch sehr bewegt gewesen. Ich hatte ihre Verleugnungstendenzen zunächst unangetastet gelassen und nur auf ihren Ärger über den Mann angespielt. Ich frage jetzt:) Ist denn Ihr Mann auch stur und kalt?

Pat.: Nö, das möcht' ich nicht sagen (lacht).

Ich: (Lache mit) Nein, den Eindruck hatte ich bis jetzt auch nicht.

Pat.: Ist er bestimmt nicht.

Ich: (Weise jetzt auf frühere Mitteilungen der Patientin hin, um ein problembeladenes Thema ins Gespräch zu bringen.) Außer, daß er beim Fußball . . ., daß er den Fußballplatz manchmal der Ehe vorzieht.

Pat.: (Abwehrend) Ja, na ja! Da muß ich mich halt mit abfinden!

Ich: (Fragend) Hm . . . Also das nehmen Sie ihm auch nicht *zu* übel?

Pat.: Nö, nö, also, daß ich da . . . Also, ich sage immer, ich kann nicht leiden, wenn er immer verspricht, daß er kommt, und dann kommt er nicht! Wenn er was verspricht und dann nicht hält! (lebhaft) Kann ja ruhig sagen, daß er nicht kommt! Oder ich komm' erst um eins nach Hause, nicht? Dann weiß ich, er kommt um eins! Macht ja nichts! Aber dann sagt er: „Nein . . ., ich komme *gleich* nach Hause!!! Ich bin um neun zu Hause!!!". Und dann . . ., dann . . . kommt er *doch* nicht! Und das ist . . ., das ist . . .

Ich: (Helfe ein) Das ist es, was Sie wütend macht!

Pat.: Ja, ärgert. (Pause)

Ich: (Möchte jetzt das Eigenverständnis der Patientin in bezug auf ihre verdrängten Aggressionen noch etwas vertiefen:) Also dann wollen wir doch noch mal überlegen: Dann haben Sie vielleicht doch eine dicke Wut! Nicht, weil er spät kommt, sondern weil er sein Versprechen nicht hält?

Pat.: (Bestätigend) Na ja . . ., wütend war ich ja! Ich sage ja, manchmal brubbele ich dann ganz wild los! Er kann und kann nicht pünktlich sein! (Lacht jetzt über den eigenen Ärger.) Ich meine, da ärgere ich mich *schon*.

Ich: (Überlegend, aber doch noch mit einigem Nachdruck) Hm . . ., also dann kommt das Herzklopfen doch von der Wut?

Pat.: (Lebhaft) Ja, von der Wut . . .!!! Und an dem Tag . . ., dem, wo er angerufen hat, da hab' ich nun wirklich gedacht, er hat einen Unfall gehabt! Das hab' ich mir in Gedanken so ausgemalt! Da habe ich so gedacht: Was ist nun? Kein Ausweis bei, nix, nix. Wenn sie ihn nun finden, und er hat einen Unfall gehabt, und sie liefern ihn irgendwo ein und niemand weiß, wer er ist! Ich werde doch nicht so schnell benachrichtigt, wenn keine Papiere da sind, nicht . . . ? Das hab' ich mir nun alles in Gedanken vorgemalt!

Ich: (Überlege jetzt, ob es schon an der Zeit sein könnte, mit der Patientin ihre besonderen Schwierigkeiten in der Ehe zu besprechen. Ich sage aber nur aufmunternd:) Hm?

Pat.: (Lacht jetzt wieder und sagt temperamentvoll:) Und dann kam er schließlich an . . . um zwei . . .! Und ich hab' zu mir gesagt . . ., ganz wütend hab' ich zu mir gesagt: Und da machst du dir auch noch Sorgen! Und dann kommt er dann *doch* an!

Ich: (Sehe, daß die Patientin sehr vertrauend und aufgelockert ist und denke, ich kann die aufgeschnappte Triebinterpretation über die „Todeswünsche" gegen den Ehemann jetzt bearbeiten:) Und das war die Nacht, über die ihre Freundin gesagt hat, Sie *wünschen* ihm eigentlich einen Unfall?

Pat.: (Will sich halb totlachen; die Heftigkeit ihres Gelächters scheint mir ein Anzeiger für die Heftigkeit des verborgenen Affektes.) Ja, ja . . . (Pause) . . ., nee, nee!!! Ich sage ja, sie beschäftigt sich damit (die Freundin), das interessiert sie nun, weil sie eben auch mal die Behandlung hatte. Aber ich möchte auch sagen, das liegt bei uns bestimmt ein bißchen in der Familie drin. (Die Patientin bringt jetzt die genetischen Zusammenhänge selbst.) Denn meine Mutti war so überängstlich mit allem. Die konnte noch nicht mal schlafen, wenn mein Bruder noch nicht zu Hause war! Und später . . ., da war er schon verheiratet mit meiner Schwägerin! Da war sie schon wach und hat gehört, wie sie nach Hause gekommen sind . . ., vielleicht ist das so irgendwie . . ., daß das damit zusammenhängt, nich?

Ich: Na ja, Angst steckt an! Wenn man eine Mutter hat, die immerzu ängstlich ist, dann übernimmt ein kleines Kind das.

Pat.: Hm (denkt nach), na ja . . ., ich meine . . ., ich hab' ja nun meine Mutti . . ., das war ja nur in den ersten Jahren. An und für sich . . . Ich glaube, daß ich drei Jahre alt war, da war sie ja bloß zu Hause, von da an hat sie ja gearbeitet. Von Rechts wegen hat mich ja meine Oma so erzogen . . ., also mit der war ich ja den ganzen Tag zusammen.

Ich: War die Oma auch so ängstlich?

Pat.: Nöö . . ., die war so 'n bißchen herrischer Typ, rauhe Schale, weicher Kern, möcht' ich mal sagen.

Ich: Herrischer Typ?

Pat.: Gut . . .!!! Rauhe Schale, weicher Kern! So ungefähr! Um das mal auszulegen.
(Pause)

Bei der weiterhin aufgeschlossenen und ausgeglichenen Stimmung der Patientin will ich das von ihr selbst angebotene Thema der „Todeswünsche" gegen den Ehemann in jedem Fall bearbeiten und nicht dem Verdrängungsprozeß überlassen. Ich passe mich aber den Verleugnungstendenzen der Patientin mit meiner Frage an.

Ich: Also, Sie halten es *nicht* für möglich, daß Ihre Freundin recht hat . . . mit den Wünschen für einen Unfall?

Pat.: Nö . . . Also das möchte ich ablehnen . . .! Selbst im Unterbewußten . . . (kichert) kann ich mir nicht denken, daß ich das so im Unterbewußten gewünscht hab'. Also (erregt) . . ., sowas wünsch' ich nicht . . .! (Noch erregter) Nicht . . .!!! Das wär' ja furchtbar!!!

Ich: (Akzeptiere diese Abwehrhaltung, sage aber doch:) Aber Sie waren ganz schön wütend?

Pat.: Wütend? Das ja! Ich sage . . ., ich nehme mir dann immer vor, dann spreche ich 'ne Woche nicht mit ihm! Ich hab' ihm gesagt: „Ich spreche 'ne ganze Woche nicht mit dir". Bloß . . ., das halte ich ja nie durch!

Ich: Wie lange haben Sie's durchgehalten?

Pat.: Na, noch nicht mal einen Tag (lacht).

Ich: (Will die Patientin jetzt zu einer ausführlichen Schilderung ihrer Gefühle anregen) Wenn er dann nachts so ankommt, ist er dann ganz harmlos . . ., macht er dann den Harmlosen?

Pat.: Nee . . .! Was mich dann so stört, ist, daß er mich dann noch *richtig* wach macht! Dann setzt er sich hin, und dann will er mir noch was erzählen! Und das macht mich dann erst recht . . . *noch* saurer! Da will ich denn nämlich meine Ruhe haben. Da ist es dann aus, nich?

Ich: Waren Sie denn ernsthaft überzeugt, es ist ihm was zugestoßen?

Pat.: Na ja, an dem Tag hab' ich *wirklich* gedacht . . .!

Ich: Hm. (In meiner Haltung wird deutlich, daß ich das Problem sehr ernst nehme.)

Pat.: Na ja . . ., auch sonst . . ., gestern, da hab' ich auch so 'ne Angst gehabt: Da haben wir so 'ne Waschmaschine gekriegt, und mein Mann hat doch da rumgefummelt. Da mußte er die Sicherung . . ., 'ne andere Fassung reinmachen, und alles . . . Ich geh' runter einholen und komm' wieder nach oben und klingel und klingel. Kein Mensch da! Ich hatte keinen Schlüssel mitgenommen . . .! Hab' ich da 'ne Angst gehabt . . .!!! Da hab' ich mir von der Nachbarin 'n Schlüssel geholt, und dann hab' ich gedacht, *er hat 'n Ding gewischt gekriegt!!!*

und liegt unten tot!!!

Ich: (Blicke die Patientin fragend an) Ein Ding?

Pat.: Na ja, ich hab' gedacht, er hat 'n Schlag gekriegt (meint elektrischen Schlag)

Ich: Und liegt unten tot!? (In dieser fragenden Wiederholung lasse ich durchblicken, daß ich diese Vorstellung der Patientin etwas überraschend finde.)

Pat.: (Verteidigt sich etwas) Hm, ja! Na ja . . .! Kann ja doch sein!!!

Ich: (Blicke zweifelnd) Also . . ., das scheint mir nun doch . . . ein bißchen . . . unrealistisch.

Pat.: (Lebhaft, aber zugänglich) Ja?! Meinen Sie?!

Ich: (Mit Nachdruck) Ja, meine ich!

Pat.: Na ja, aber gerade mit solchen elektrischen Sachen, da weiß man doch nie . . .! Er mußte doch die ganze Fassung rausschrauben, weil die nicht soviel Volt hat . . .

Ich: (Setze zu einer Bemerkung an. Die Patientin unterbricht mich aber sofort, was sie sonst nie tut. Sie ist sichtlich erregt.)

Pat.: Er hatte doch so 'n Schlauch oder so. Und da muß man doch mit rechnen! (Die Patientin verteidigt die Berechtigung ihrer Befürchtungen.)

Ich: Aber Sie denken doch . . . (Die Patientin unterbricht mich wieder mit sehr lauter Stimme.)

Pat.: In dem Moment hab' ich das eben gedacht, nicht?!

Ich: Also als erstes denken Sie, wenn er nicht kommt, er hat einen Unfall, und erst als zweites: Ach, Gott, da ist vielleicht was dazwischen gekommen?

Pat.: Genau!

Ich habe die „Todeswünsche" der Patientin mit Absicht etwas entschärft und darauf angespielt, daß sie auch selbst realistische und harmlose Erklärungen finden kann. Ich hielt dies für angezeigt, weil ich den Eindruck hatte, daß die Patientin von der Vorstellung, sie könne ihrem Mann Böses wünschen, stark beunruhigt war und ich befürchten mußte, mit einer zu direkten Interpretation noch heftigere Ängste und Widerstände zu mobilisieren. Andererseits wollte ich das Thema, das die Patientin ja selbst angeboten hatte, auch nicht fallen lassen und suchte nach einem Weg, auf dem ich die Verleugnungstendenzen und Rationalisierungen der Patientin abbauen konnte. Ich bringe also das Erleben der Patientin ihrer kleinen Tochter gegenüber ins Spiel und frage:

Ich: Und bei der Kleinen . . .? Bei der Lütten . . ., denken Sie da auch immer sofort, es ist ihr was passiert?

Pat.: (Überlegt einen Augenblick) Nö! An und für sich gar nicht!!! Bis jetzt noch nicht! Nö.

Ich: Hm. (Ich blicke die Patientin jetzt auffordernd an.) Also dann weiß ich nicht . . ., wenn Sie das bei der Kleinen so gar nicht fürchten . . ., dann weiß ich nicht, warum *gerade bei Ihrem Mann* . . . Ob Sie auf ihn nicht manchmal doch wütender sind als Sie wissen? (Ich habe damit doch eine triebbezogene Interpretation riskiert.)

Pat.: (Lacht wieder, aber nicht mehr so kichernd erregt, sondern mehr entspannt, verständnisinnig.) Manchmal . . . Na ja, manchmal, ich sage . . .

Ich: Na! Was sagen Sie?

Pat.: Es ist schon möglich, nicht . . .? Ich sage . . ., ich reg' mich dann auch furchtbar schnell auf.

Ich: Hm . . ., hm . . ., na ja . . ., an sich sind Sie wohl zu sehr bereit, sich anzupassen . . .?

Pat.: Bin ich! Ja! Bloß, wenn mich jemand ärgert, und ich fühle mich ungerecht behandet . . ., dann ist aus!

Ich: Ja?

Pat.: Dann ist aus!!!

Ich: Also, Sie können sich schlecht . . .

Pat.: Also darum ist es . . ., darum nehm' ich an, daß ich manchmal den Eindruck erwecke, als ob ich — na, wie soll ich sagen — also aggressiv wirke . . .

Ich: Das weiß ich nicht. Es scheint mir nur: Gegen Ihren Mann kommen Sie manchmal gar nicht so gut auf.

Pat.: Daß ich mir so alles sagen lassen muß, oder so?

Ich: Müssen Sie nicht?!

Pat.: Nö! Na, das wär' ja noch schöner! Das wär' ja schlimm! Aber ich meine, das ist so halbe-halbe. Das hält sich die Waage . . ., so halb.

Ich: Na, aber warum, meinen Sie, denken Sie bei *Ihrem Mann* gleich an Unfall und bei der Lütten *nicht*?

Pat.: (Denkt nach, Pause.)

Ich: Na?

Pat.: Kann ich gar nicht mal beantworten, die Frage . . .! Das ist . . . Na ja . . ., das muß ja 'n Grund haben . . .! (Die Patientin hat ihre Rationalisierung aufgegeben und sieht dem Problem angstfrei ins Auge. Es gibt eine längere Pause, schließlich sage ich . . .)

Ich: Ja . . .? Man müßte *darüber nachdenken?!*

Pat.: Ja, na ja! Da haben sie mir ja auch viel gesagt, daß ich eben aufsässig bin.

Ich: Wer sagt Ihnen das?

Pat.: Hat man mir auf der Arbeit gesagt! Da hab' ich noch gelernt. Weil ich, wenn ich mich ungerecht behandelt fühle, daß ich da meine Ansicht mitteile.

Ich: Das soll ja auch sein.

Pat.: (Kommt jetzt auf früher besprochene Themen zurück) Ich sage . . ., das ist bei mir das Problem! Das ist bei mir von zu Hause: Vielleicht *zu sehr verhätschelt!!!* Nicht? — Und ich sage ja, ich hab' mich früher in der Schule — weiß ich ja selbst —, da hab' ich mich nie durchsetzen können bei anderen. Also bei Mitschülern, nicht wahr? Das war damals schon so . . . Also ich sage, ich war furchtbar traurig, denn meine Freundin, die ist dann mit anderen Mädeln gegangen, ist mit denen losgezogen, und mich haben sie immer links liegengelassen.

Ich: Hm.

Pat.: Nicht?! Also das war damals schon so. Und darum . . ., ich habe zwei Klassenfahrten mitgemacht, da waren wir zum Skifahren. Die dritte habe ich nicht mehr mitgemacht aus *dem* Grunde. Ich hatte Angst (wird sehr lebhaft), daß ich *alleine sein muß!!!* Also, daß . . ., daß . . . sich keiner mehr um mich kümmert!!! Daß keiner gern *mit mir* zusammen ist!!! (Pause)

Ich: (Will jetzt die innere Problematik der Patientin — insbesondere ihre Trennungsängste — herausarbeiten.) Ah . . . Jetzt verstehe ich: Ihre Kleine will ja immer mit Ihnen zusammen sein! Also brauchen Sie nicht auf sie böse zu sein und zu denken, die läuft mir weg . . .! Aber Ihr Mann . . ., der geht ja zum Fußballverein . . ., der läßt sie alleine . . .

Pat.: Hm (denkt nach).

Ich: (Fasse nochmals zusammen:) Und dann werden Sie aufgeregt . . ., das ist so in der Wiederholung . . ., so wie früher, wie in der Klasse: Jemand will Sie nicht, geht nicht mit Ihnen.

Pat.: Ja — hm, na ja . . ., wirklich . . . Auch damals . . ., wahrscheinlich merkt man es so 'nem Menschen an, daß er zu schwach ist . . . (aufgeregt) *und gar nicht allein sein kann . . .!* Zu mir haben sie immer gesagt, zu Hause habe ich immer 'n großen Mund gehabt und — und . . . woanders, da war das dann nicht so! Da war dann Schluß! (Die Patientin hat sich von ihrer Erregung erholt und lacht jetzt wieder vergnügt.)

Ich: (Lache mit und sage schließlich) Wie ist es denn mit Ihrem Mann? Haben Sie da einen großen Mund, oder ist Schluß? Können Sie gar nicht?

Pat.: Nö, dem sage ich schon meine Meinung! Aber es ist eben so halbe-halbe . . . (Pause) Aber *wenn er mich allein läßt . . .!!!* Das ist eben *immer das Schlimme.*

Ich: Also das ist wie früher. Wenn die Mutter Sie allein ließ . . .? Oder die Mädel in der Klasse . . .?

Pat.: Genauso.

Es ergibt sich jetzt, daß die Patientin den Zusammenhang zwischen heute und früher auffaßt, und ich kann sie daran erinnern, daß wir über die schädlichen Folgen des Verhätschelns bereits in den ersten Stunden gesprochen haben. Die Patientin versteht auch, daß die, den Ehemann betreffenden, Todesbefürchtungen etwas mit ihrem eigenen aufgestauten, aber sehr hilflosen Ärger zu tun haben, und daß sie in diesem (richtig verstandenen) Sinn ihre Wut in den entsprechenden Grübeleien unterbringt.

Im übrigen bietet die Patientin ein Musterbeispiel dafür, was einem Analytiker passieren würde, wenn er eine triebbezogene Deutung unvorbereitet und übereilt ins Gespräch bringt: Die Patientin hatte ja ursprünglich selbst die Frage nach ihren eigenen verdrängten „Todeswünschen" aufgeworfen, weil sie von der „Deutung" beunruhigt war, die ihr ihre Freundin einigermaßen naiv angeschleppt hatte. Als Resultat kamen die entsprechenden Abwehr- und Verleugnungsreaktionen auf, die ich nun bearbeiten mußte und die sicherlich ebenso heftig aufgewallt wären, wenn ich selbst die Patientin gleich zu Anfang mit der vermeintlich „richtigen" Deutung über ihre verkappten Todeswünsche gegen den Ehemann erschreckt hätte.

Über die *Prognose* und die *therapeutische Planung* hatte ich eingangs noch nicht gesprochen: Ich hatte die Besserungsaussichten bei der Patientin günstig eingeschätzt: Sie war jung und sehr akut erkrankt. Die auslösende Situation war durch den plötzlichen Verlust von drei sehr wichtigen beschützenden Beziehungspersonen gekennzeichnet und nicht etwa durch versteckte, „harmlose" und nur individuell bedeutungsvolle Faktoren beherrscht. Die Ehe der Patientin war keine Kompromiß-Ehe und enthielt nach meinem ersten Eindruck keine gravierenden destruktiven Elemente. Die Patientin hatte Schwangerschaft und Entbindung ohne Symptomatik durchlebt. Sie hatte zudem eine berufliche Ausbildung, die sie für eine Teilzeitbeschäftigung wieder aufgreifen wollte.

Die *Wahl des therapeutischen Mittels* fiel mir leicht. Die zugängliche und vertrauensvolle Patientin war rasch bereit, sich mit ihrer eigenen Kindheitsgeschichte auseinanderzusetzen und erfühlte die psychodynamisch bedeutungsvollen Zusammenhänge schnell.

Stundenzahl und Stundenverteilung: Die Patientin hat dann insgesamt 17 Behandlungsstunden gehabt, die sich über einen Zeitraum von $1^{1/2}$ Jahren verteilten. Die ersten vier Behandlungsstunden hatte sie im Verlauf von zwei Wochen. Dann kam sie einmal wöchentlich, um schließlich selbst und nach eigenem Wunsch in unregelmäßigen Abständen um therapeutische Stunden zu bitten.

Nach einem Jahr war die Patientin ein zweites Mal schwanger und kam nach ihrer Entbindung noch dreimal wieder, ohne daß ein Rückfall eingetreten war.

Die neurotische Problematik und die zugehörigen *neurotischen Reaktionsweisen* der Patientin wurzelten vor allem in einer regressiven Anklammerungstendenz und in der schon erwähnten starken Orientierung an schützenden Mutterfiguren. Wichtig wurde dabei eine gleichzeitig aufgebaute „Mutterübertragung" auf den *Ehemann*. Auf ihn richteten sich die unbewußten Erwartungen der Patientin nach Schutz und Geborgenheit, nachdem die Mutter und die Großmutter so kurz hintereinander gestorben waren. Auch die kleine Tochter wurde zeitweilig zu einer Art „Übergangsobjekt" erwählt, um die Angst vor dem Verlassensein und der schutzlosen Leere in der Welt zu beschwichtigen. An *Abwehrmechanismen* spielten bei der Patientin Verdrängen, Verleugnen und einige Rationalisierungen eine Rolle. Die „innere Formel", die sie selbst mehr als einmal aufbrachte, lautete: Ich bin das Nesthäkchen. Ich habe Angst, wenn man mich allein läßt.

Die psychodynamisch wichtigsten *Themen*, die in der Behandlung bearbeitet werden mußten, waren zunächst einmal natürlich die Rolle der Mutter und der Großmutter im Erleben der Patientin. Das lange Krankenlager der Mutter und ihr qualvolles Sterben an einem Krebs kam zur Sprache, ebenso die Umstände beim Tod der Großmutter. Dann nahm die Auseinandersetzung mit dem Ehemann einen breiten Raum ein, insbesondere seine Vorliebe für den Fußballklub, auf den die Patientin sehr eifersüchtig war. Einige Stunden waren mit Berichten über Einzelsituationen aus der Schulmädelzeit angefüllt und in engem Zusammenhang damit die Auseinandersetzung der Patientin mit den Kolleginnen in ihrem Geschäft.

In der *Übertragung* behielt die Patientin durchgängig ihre vertrauende Mutterübertragung bei, die nicht zum Widerstand wurde und die sich auch nicht (in Anbetracht der raschen Entwicklungsschritte der Patientin) zu einer Anklammerungshaltung auswuchs. Meine *eigene Haltung* der Patientin gegenüber war gleichmäßig zugewandt. Ich war nur etwas auf der Hut, daß ich nicht einfach eine kompensatorische Funktion im Leben der Patientin einnahm, ohne ihr zu wirklichen Reifungs- und Entwicklungsschritten zu verhelfen.

Der *Behandlungsverlauf* war durch eine Umstrukturierung der „Objektbeziehungen" der Patientin gekennzeichnet. Die Patientin verstand, wie sie ihre Nesthäkchen- und Kükensituation in der Familie zwar genossen hatte, daß ihr aber gleichzeitig auch viel durch diese Rolle entgangen war. Vor allem, daß sie sich innerlich oft, wenn auch erfolglos, gegen das sie einengende Verhätscheln aufgelehnt hatte. Vorsichtig, aber mehr „tangential" konnte ich mit der Patientin besprechen, wie stark sie sich als Schwester der eigenen Mutter hatte fühlen müssen und wie ihre ambivalente Mutter-Identifikation mit der Krebsphobie zusammenhing und zu der Besorgnis führte, an einem ähnlichen Leiden wie die Mutter zu sterben. Die Angst vor dem Verlassenwerden und die anklammernde „Mutterübertragung" auf den Ehemann wurde der Patientin deutlich und schließlich abgebaut, ebenso die Tendenz, die kleine Tochter ersatzweise als eine Art „Übergangsobjekt" zu behandeln. Im Berufsfeld wurde im Verlauf der Behandlung für die Patientin die Auseinandersetzung mit einer gleichaltrigen Kollegin aktuell, an der sich der alte Schulmädelkonflikt neu belebte. Die Patientin erzählte selbst, wie sehr sie durch ihre Kindheitssituation daran gewöhnt worden war, daß alle kleinen Mißhelligkeiten, die sie fühlte und erlebte, von der Umwelt sehr wichtig genommen wurden. Sie verstand aber auch, daß eine solche Bereitschaft nur von älteren Frauen geboten wird und sich weder bei gleichaltrigen Freundinnen noch bei Männern findet. Die Patientin entdeckte dabei außerdem, daß sie selbst kaum darauf eingestellt war, sich für andere anteilnehmend zu interessieren, so daß sie nur wenig Übung darin hatte, Erlebnisse, Gedanken und Gefühle mit Gleichaltrigen auszutauschen. Ihre Tendenz, schnippisch und tödlich beleidigt zu reagieren, wenn ihre Freundinnen nicht ausreichend auf sie eingingen, hatte früher oft genug dazu geführt, daß man sie einfach stehen ließ und nicht mehr mit ihr spielen wollte. Im Berufsleben konstellierten sich jetzt die gleichen Situationen.

All diese geschilderten Reaktionen der Patientin waren bei ihr nicht sehr tief eingeschliffen. Ihre Umstellungs- und Entwicklungsfähigkeit war groß, und der Behandlungserfolg blieb — wie ich mich bei einem katamnesischen Gespräch zwei Jahre nach Abschluß der Behandlung überzeugen konnte — stabil.

Fall 3: Pat. T. A., 38 Jahre, verheiratet, vier Kinder, Aushilfe in Frisiersalon, Hauswartsfrau.

Symptomatik: Herzangstanfälle, hypochondrische Grübeleien. (Überwiegend hysterische Struktur.)
Beginn und Dauer der Symptomatik: Akut, drei Jahre.
Auslösende Situation: Geburt eines Nachkömmlings, Strukturwandel der Familienkonstellation.
Prognose: Günstig, trotz einer gewissen Tendenz zum Externalisieren und zur Somatisation.
Stundenzahl: 45.
Behandlungsdauer: 3 Jahre.
Behandlungsergebnis: Heilung mit struktureller Veränderung.
Katamnese: Kein Rückfall.
Therapeutische Episode: Keine. Interventionen aus sieben aufeinanderfolgenden Behandlungsstunden im Beginn der Behandlung. (Angst vor den eigenen sexuellen Triebansprüchen.)

Bei der Patientin, von der ich im folgenden berichten will, handelt es sich — ähnlich wie bei der Patientin, von der soeben die Rede war — um akut aufgetretene Herzangstanfälle mit begleitenden hypochondrischen Grübeleien. Ich sagte aber schon, daß es sich in diesem Fall um ein gänzlich verschiedenes psychodynamisches Kräftespiel handelt und weise hier einführend nur darauf hin, daß sich diese Frau (obgleich ebenfalls das jüngste Kind) niemals als das geliebte Nesthäkchen fühlen konnte. Frau A. war in ihrem eigenen Selbstverständnis — ihrer „inneren Formel" — immer nur das „häßliche Entlein" oder das „kleine Würstchen" oder das „Schlußlicht der Familie". Die Bedeutung dieser inneren Konstellation für den Behandlungsverlauf wird bei dem entsprechenden Bericht sehr einprägsam deutlich werden.

Die Patientin war bei der ersten Untersuchung 38 Jahre, ihre beiden Söhne 20 und 18, die Töchter 16 und 5 Jahre alt. Ihr ältester Sohn war unehelich. Die Patientin hatte langjährig eine Hauswartstelle versehen und zugleich in einem Frisiersalon ausgeholfen, allerdings, ohne gelernte Friseuse zu sein. Der 40jährige Ehemann der Patientin arbeitete bei der Müllabfuhr.

Zur Symptomatik und auslösenden Situation: Die Patientin war vor drei Jahren, also 35jährig, akut mit Herzangstanfällen erkrankt. Die Anfälle kamen mit überwältigender Heftigkeit und trugen der Patientin schwerste Vernichtungsgefühle und Todesängste ein. Die Patientin fuhr dann regelmäßig mit ihrem Ehemann in der Taxe zum nächstgelegenen Krankenhaus und wurde dort mehrfach stationär aufgenommen (Innere Abteilung). Einmal hatte man sie anschließend in eine psychiatrische Klinik überwiesen. Pathologische Herzbefunde konnten jedoch niemals festgestellt werden. Ein konsiliarisch zugezogener Psychiater riet schließlich zu einem Versuch mit Psychotherapie. Ein Vorschlag, der die Patientin „sehr erschütterte", da sie nun glaubte, sie sei „nervenkrank", oder man hielte sie für verrückt. Tatsächlich stand die Patientin dem Gedanken, sie könne aus seelischen Gründen erkrankt sein, einigermaßen verständnislos gegenüber. Sie glaubte, daß sie keine Belastungen zu ertragen habe, da die frühere, sehr anstrengende Berufstätigkeit nun fortgefallen sei. Die Patientin sprach von ihrem Mann nur in anerkennenden Worten: Er sei ein liebevoller Familienvater, vorbildlich um die Kinder bemüht und hinge sehr an ihr. Alle Angehörigen beneideten sie angeblich um ihre harmonische und glückliche Ehe.

Allerdings wurde schon beim Erheben der Anamnese deutlich, daß sich — als die Symptomatik ausbrach — im Leben der Patientin ein sehr tiefgreifender *Strukturwandel* vollzogen hatte, und daß sie mit „Versuchungen" und Problemen konfrontiert worden war, deren Lösung sie aus neurotischen Gründen nicht finden konnte: Die Patientin hatte in dieser Zeit sowohl ihre Hauswartstelle wie die Aushilfstätigkeit in dem Frisiersalon aufgegeben, weil sie selbst (wie auch alle ihre Angehörigen) der Meinung war, daß sie es nun nicht mehr nötig habe, so viel zu arbeiten. Der Ehemann hatte eine Gehaltszulage bekommen, der älteste Sohn begann seine Lehre mit einem relativ hohen anfänglichen Lehrlingsgehalt, und die wirtschaftliche Situation der Familie besserte sich im Vergleich zu früher sehr wesentlich. Die Patientin, die in ihrer Ehe immer mit verdient hatte und sich insofern auch immer berechtigt gefühlt hatte, das gemeinsame Geld nach eigenem Gutdünken zu verwalten, war nun aber durch diese Veränderungen in eine mehr oder weniger vollständige finanzielle Abhängigkeit vom Ehemann geraten. Außerdem erlebte sie, daß ihr ältester Sohn mit dem selbstverdienten Geld ein recht expansives Leben führte. Er hatte bald eine junge Freundin gefunden, die in der Familie mit aufgenommen wurde, kaufte ein Auto und unternahm zahlreiche Reisen. Auch der zweite Sohn und die älteste Tochter der Patientin schlossen in dieser Zeit Jugendfreundschaften, machten ebenfalls größere Reisen und rechneten auf eine gute Berufsausbildung, eine Möglichkeit, die der Patientin selbst in ihrer Jugend versagt geblieben war.

In der gleichen Zeit entwickelte die damals zweijährige Tochter der Patientin eine starke Trennungsangst, die zum Anlaß wurde, daß die Patientin mit ihrem Mann wochenlang zu Hause blieb, um das Kind nicht allein zu lassen. Wichtig war dabei, daß die Patientin dieses jüngste Kind auf keinen Fall hatte haben wollen. Sie war von der Schwangerschaft völlig überrascht worden, hatte auf Abtreibung gedrängt, mußte sich aber dem Wunsch ihres Mannes fügen, der darauf bestand, daß die Schwangerschaft ausgetragen wurde. Die Patientin hatte dem Ehemann diese Schwangerschaft tief verübelt. Sie hatte das Gefühl, daß sie mit dem neugeborenen Kind „noch einmal ganz von vorn anfing", und daß sie wieder den ganzen Tag mit der Betreuung eines Kindes verbringen mußte.

Die Patientin hatte also in der Zeit, in der ihre Symptomatik ausbrach, zwar weniger tägliche Arbeit, weil sie die Hauswartstelle und die Tätigkeit im Frisiersalon aufgeben konnte. Sie war aber gleichzeitig durch die kleine nachgeborene Tochter völlig ans Haus gefesselt, verdiente kein Geld mehr (was das Gleichgewicht zwischen ihr und dem Ehemann stark verschob) und erlebte darüber hinaus, daß ihre herangewachsenen drei Kinder ein unbeschwertes und sehr unternehmungslustiges Leben führten, wie sie es selbst in ihrer Jugend niemals kennengelernt hatte. Die psychodynamische Bedeutung dieser Lebensveränderungen für die Patientin werden wir später verstehen lernen, wenn ich die einzelnen Etappen im Behandlungsverlauf genauer erörtere.

Zunächst sei noch gesagt, daß die Patientin bis zum Ausbruch der jetzigen Erkrankung immer gesund gewesen ist. Sie galt bei allen Verwandten und Bekannten als tüchtig, aktiv und jeder Lebenslage gewachsen. Es leuchtete aber durch, daß sie sich ihrem Mann mit einigem Grund überlegen fühlte, da dieser eher etwas lahm und zögernd war und als eines von acht Landarbeiterkindern nur die zweiklassige Dorfschule besuchen konnte. Sein Deutsch war mangelhaft. Schriftliche Arbeiten erledigte die Patientin. Die Patientin bestritt allerdings nachdrücklich, daß ihre Ehe eine „Kompromißehe" gewesen sei. Sie könne sich keinen besseren und zuverlässigeren Ehemann als den ihren denken.

Zum bisherigen Verlauf der Therapie: Die anfänglichen therapeutischen Gespräche mit der Patientin zentrierten sich zunächst um eine analytisch orientierte Beratung, die die Trennungsangst der kleinen Tochter und schließlich auch die allmählich zugegebene tiefe Unzufriedenheit der Patientin mit ihrem Mann und ihrer Ehe zum Thema hatte. Die Patientin fühlte sich durch mein Verständnis für ihre Lebenslage offenbar sehr entlastet. Ihre „Wegläufertendenzen" konnten in den analytischen Sitzungen besprochen werden und flottierten nicht mehr frei im Raum als spannungsbringendes Element und ängstigender Faktor für die kleine Tochter. Die Folge war, daß die Patientin (ähnlich wie die Patientin E. P.) in aller Ruhe ein Arrangement suchte, damit das kleine Mädel von einer älteren Dame im Haus betreut werden konnte, wenn sie selbst abends einmal ausgehen wollte. Die Patientin faßte außerdem den Plan, noch einmal eine Berufstätigkeit aufzunehmen, die sie nicht auf Aushilfsarbeiten im Frisiersalon oder auf Portiersdienste beschränken würde. Diese neu gesponnenen Zukunftshoffnungen und der freiere Ablauf des Alltagslebens absorbierten bei der Patientin zunächst viele der unterdrückten Triebregungen. Ihre Angstanfälle ließen rasch nach, obgleich die eigentlich wichtige Problematik noch gar nicht ins Gespräch gekommen war und vor allem die starken Verleugnungstendenzen der Patientin in bezug auf sexuelle Wünsche und Erwartungen weiter aktiv blieben.

Die rasche Symptombesserung (und eine später zu beschreibende spezifische Mutterübertragung) waren der Grund, daß die Patientin nach der ersten hilfreichen, wenn auch nur sehr oberflächlichen Entlastung, zunächst nicht wiederkam. Nach einer Pause von etwa drei Monaten meldete sie sich mit der dringenden Bitte um einen baldigen Termin erneut wieder an: Die alte Symptomatik war auf das heftigste wiedergekommen.

Ich schildere jetzt den sich hier anschließenden Behandlungsabschnitt, in dem die Patientin in relativ dichter Folge sieben Behandlungsstunden erhielt und der im wesentlichen dazu diente, der Patientin die Psychogenese ihrer Herzanfälle zu verdeutlichen und vorsichtig die hypochondrischen Grübeleien über einen schweren Herzfehler oder eine organische Nervenkrankheit aufzulösen. Ich bezeichne dabei jeweils für die einzelnen Stunden die wichtigsten Gesprächsthemen, die Übertragungsreaktionen der Patientin sowie meine eigene Einstellung ihr gegenüber, bevor ich meine — herausgelösten und gruppierten — Interventionen aufführe.

Erste Stunde

Haltung der Patientin: Zugewandt freundlich, etwas verlegen, daß sie längere Zeit nicht gekommen ist. Die Patientin ist bemüht, sich durch die umschriebene Erörterung eines bestimmten Problems zu legitimieren, damit ich sie nicht für eine unliebsame Kranke halte, die mir mit ihren eingebildeten Ängsten die „Zeit stiehlt".

Meine eigene Reaktion: Zufrieden, daß die Patientin wiedergekommen ist; erwartungsvoll, was sie für ein Problem hat; achtsam, daß ich mich nicht zu sehr in die Rolle einer Ratgeberin hineindrängen lasse.

Themen: Der uneheliche Sohn des Ehemannes und das Verhalten des Ehemannes, der von diesem Jungen nichts wissen will. Die Enge ihres Lebens und die Meinung ihrer Angehörigen, die sie alle entweder für schwer krank oder aber für überspannt halten. Ihr Eigenwert (jugendliches Aussehen); die geplante Verschickung; Lösungsmöglichkeiten für den Konflikt mit dem unehelichen Sohn des Mannes.

Kommentare:

1. Trost und Aufmunterung: 0.

2. Anerkennung: 2.
   Frau X. hat ihr einziges Kind ins Heim gegeben. Sie haben immerhin Ihr Kind selbst versorgt.
   Das finde ich ganz gut.

3. Verständnis: 0.

4. Klärende Fragen: 6.

Wie alt ist der Junge?

Wie alt war Ihr Mann, als der Junge geboren wurde?

Wie lange mußte er zahlen?

Er hat die Frau nicht heiraten wollen?

Vielleicht hofft der Junge auf etwas Rückhalt?

Vielleicht will der Junge sein Selbstgefühl stärken, weil ihm immer gesagt wurde: Du taugst genauso wenig wie dein Vater?

5. Themenbestimmende Fragen: 0.

6. Einschränkende Stellungnahmen zu Äußerungen der Patientin: 2.

Ich weiß nicht, ob man das wirklich so machen soll.

Ich kann noch nicht sehen, daß sich wirklich ein großes Drama entwickelt, wenn der Junge Sie einmal besucht.

7. Erklärungen, Hinweise und Feststellungen, die sich auf die Triebdynamik und die Konflikte der Patientin beziehen: 7.

Ich dachte, Sie brauchen Abwechslung, nicht Schonung?

Für Ihren Mann sind Sie also schwer krank, und die Schwägerin sieht es durch die Brille Ihres Mannes? (Patientin dazu: „Genau!".)

Es soll auf Ihnen hängen bleiben, daß nein gesagt wird? (Daß der uneheliche Junge den Vater nicht besuchen darf.)

Das wichtigste ist wohl, daß Sie mit der Mutter des Jungen nicht in Verbindung kommen.

Es scheint, Sie kommen in die Lage, zwischen zwei Übeln das kleinere zu suchen.

Es gibt so eine Regel: Lieber ein Ende mit Schrecken, als ein Schrecken ohne Ende.

Was würde denn passieren, wenn Sie den Jungen wirklich einlüden?

8. Interpretation: 0.

Zweite Stunde

Verhalten der Patientin: Sehr ängstlich, beunruhigt, drängend, fragend.

Meine eigene Reaktion: Nicht beunruhigt, daß die Patientin rückfällig ist. Sie tut mir leid. Ich will aber unbedingt eine „beratende" Rolle vermeiden.

Themen: Ihre große Mutlosigkeit: Sie glaubt nicht an die Psychogenese ihrer Herzanfälle, sondern hält sich entweder für gehirnkrank oder für „eingebildet krank". Der behandelnde Arzt sagt, sie sei ganz gesund. Das Verhalten des Ehemannes: Er bringt Freunde, um mit seiner ansehnlichen Frau und der schönen Wohnung zu prahlen, lehnt aber sonst jede Einladung ab. Will keinen Besuch, arbeitet „nur" bei der Müllabfuhr und will dabei bleiben. Die tiefe Enttäuschung am Mann, seine Lahmheit und Langweiligkeit („Ich lebe wie im Gefängnis, soll nur am Fernseher sitzen. Wenn ich eine Nachbarin besuche, sagt mein Mann: Du warst zweimal bei Frau X..."). Der jetzige Tagesablauf: Die Geldverteilung in der Familie; das Familieneinkommen. Die Unzufriedenheit mit dem Mann, der sich bei den Kindern beliebt macht, indem er sie großzügig beschenkt und ihnen das Kostgeld erläßt, das die Patientin dann einsparen muß. Die Meinung der Angehörigen, daß die Unzufriedenheit der Patientin unnormal sei. Die Bedrückung der Patientin, daß sie jetzt nach Geld fragen muß, weil sie nicht mehr mitarbeitet. Die große Angst vor der Verschickung. Ihre früheren Berufspläne (Krankenschwester), der Plan, diesen alten Berufswunsch in etwas abgeänderter Form wieder aufzugreifen. Schließlich die Beziehung zur Mutter, mit der die Patientin ambivalent identiziert war und die ihr ihre Berufsausbildung verbaut hatte, aber darauf hoffte, durch die Versorgung des unehelichen Enkelkindes noch ein erfülltes Alter zu haben (Patientin: „Ich habe meine Gefängnisstangen durchbrochen".).

Kommentare:

1. Trost und Aufmunterung: 5.

    Ich habe Ihrem Arzt geschrieben, daß ich nicht pessimistisch bin.
    Ihr Arzt will Sie nur trösten, wenn er sagt, daß Sie organisch nichts haben.
    Er hält Sie nicht für eine Simulantin.
    Sie brauchen die Hoffnung nicht aufzugeben.
    Ich bin nicht pessimistisch.

2. Anerkennung: 4.

    Sie haben immerhin sehr viel geschafft.
    Sie werden eben sehr nett und charmant gewesen sein.
    Dann können Sie aber gut wirtschaften.
    Sie haben doch immer mitgearbeitet (anerkennender Tonfall).

3. Verständnis: 5.

    Ich finde das für Sie schwierig.
    Und das reicht für Sie nicht (verstehender Kommentar zum Bericht, daß die Patientin abends dauernd vor dem Fernseher sitzen soll).
    Das sind wirklich große Wesensverschiedenheiten.
    Das ist wirklich sehr eintönig.
    Ich verstehe.

4. Klärende Fragen: 3.

    Ist Ihr Mann menschenscheu?
    Ist Ihr Mann gar kein Kontaktmensch?
    War er früher wirklich lebenslustig?

5. Themenbestimmende Fragen: 2.

    Wie lange brauchen Sie für Ihre Wohnung? (Um das Gespräch auf den Arbeitsalltag der Patientin zurückzulenken.)
    Ihr Mann bekommt Stundenlohn? (Um das Gespräch auf den Ehemann, sein Einkommen und seine Arbeitssituation zu lenken.)

6. Erklärungen, Hinweise, Vorschläge, die sich auf die Triebdynamik der Patientin beziehen (als Vorbereitung auf Interpretationen): 6.

    Sie müssen doch ein ganz neues Leben lernen!
    Wenn Sie sich dazu zwingen, werden die Ängste nicht besser. Ich glaube, das sollten Sie nicht aus den Augen verlieren.
    Für Sie ist vor allem wichtig, daß Sie nicht wieder als Portiersfrau tätig werden.
    Sie wollten ja einmal Krankenschwester oder Sprechstundenhilfe werden.
    Das wird Sie nicht kurieren, aber Ihnen etwas Abwechslung verschaffen (die Verschickung).
    Kein Mensch ist berechtigt, bei einer solchen Krankheit von Schuld zu sprechen.

7. Interpretationen und Vorbereitung auf Interpretationen: 5.

Ich glaube, Sie denken tief innen, Sie möchten einmal etwas Flottes tun.
Dann kommt die Wut, und wenn die Wut nicht raus kann, kommt die Angst.
Andre setzen sich aber auch mehr durch und haben *deshalb* keine Angst.
Es leuchtet Ihnen nicht ein, daß es unterdrückte Wünsche sein können, die Angst
machen?
Sie sind jetzt in der gleichen Situation, wie vor 20 Jahren, als Sie den Käfig der
Mutter verlassen haben.

Dritte Stunde
(Auf dringende Bitte der Patientin eingeschoben; dauert nur 20 Minuten.)

Verhalten der Patientin: Sehr unruhig, ratlos, voll von Selbstvorwürfen, ringt um
Beherrschung.

Meine eigene Reaktion: Ich denke, daß die herannahende Verschickung der Patientin eine starke sexuelle Versuchung ist und Ängste mobilisiert. Ich halte den Rückfall eher für günstig, als für bedrohlich, sehe aber noch keine Möglichkeit, die
Verleugnungstendenzen der Patientin in bezug auf die Sexualität aufzulösen.
Themen: Die Angst, nervenkrank zu sein und in eine Heilanstalt zu kommen.
Selbstvorwürfe, daß die Patientin sich nicht in ihren Lebensrahmen einpaßt. (Es
ist doch schlimm, daß ich mich nicht füge.) Klagen über das Leben. (So verkleckert
das Leben.) Die Meinung der Angehörigen. (Da hat sie vier Kinder und kann sich
nicht damit abfinden, daß das Leben vorbei ist.) Das eigene Selbstverständnis. (Ich
habe einen krankhaften Trieb, etwas zu erleben.) Das affektive Klima in der Kindheit der Patientin, insbesondere die Beziehung zur Mutter. Das Drängen der Angehörigen auf die Verschickung der Patientin, damit „etwas geschieht".

Kommentare:

1. Trost und Aufmunterung: 1.

Mit 38 ist das Leben noch nicht vorbei.

2. Anerkennung: 0.

3. Verständnis: 5.

Sie sind heute ganz mutlos? (Fragender, aber zugleich verständnisvoller Ton-
fall.)
Daß Ihr Mann so nett ist, macht es ja gerade so schwierig! Einem besorgten
Mann wegzulaufen ist schwieriger, als einem Grobian.
Wenn man so in Fürsorge eingewickelt ist, kann man nicht kämpfen.
Sie dürfen eines nicht vergessen: Ihre Familie versteht Sie ja nicht.
Das Schlimmste ist wohl, daß Sie sich so machtlos fühlen.

4. Klärende Fragen: 6.

Die Eltern hatten nicht gut zusammengelebt?
Wie war denn die Mutter zu Ihnen?
Meinen Sie wirklich, daß das stimmt? (Die Patientin hatte gesagt: „Meine Ge-
schwister meinten, ich war der Liebling".)
Wie alt war die Mutter, als Sie zur Welt kamen?

Ihr Vater war in dieser Zeit Werkmeister bei der Firma X.?
Haben die alle gedacht, Sie bleiben bei der Mutter, bis die Mutter alt ist, weil Sie das uneheliche Kind haben?

5. Themenbestimmende Fragen: 2.

Wenn Sie ein Zauberstäbchen hätten, was täten Sie, um Ihr Leben zu verändern? (Ich lenke das Thema auf die Pläne der Patientin.)
Wie war es denn bei Ihnen zu Hause? (Ich lenke das Thema auf die Kindheit.)

6. Erklärungen, Hinweise, Feststellungen, die sich auf die Triebdynamik der Patientin beziehen: 4.

Aber das ist doch nicht der Kern! (Die Erwartung der Familie, daß die Verschikkung die Patientin heilen wird.)
Die Angst kommt aus ungenutzten Kräften, die unterdrückt werden.
Es wird Sie aber nicht gesund machen (Verschickung).
Hatten wir denn aber nicht herausgefunden, daß das alles, was Sie haben, nicht reicht?

7. Interpretationen: 0.

Vierte Stunde

Verhalten der Patientin: Etwas ruhiger, aber noch immer sehr ratlos und voll von Selbstvorwürfen, ringt sehr um Beherrschung.

Meine eigene Reaktion: Ich denke, daß die Patientin befürchtet, ich könnte wie ihr Vater ihre Ängste mißbilligen. Ich möchte diese Reaktion auflösen, beziehungsweise bearbeiten. Trotzdem gefällt mir das Ringen der Patientin um Selbstbeherrschung. Ich halte es jetzt aber für verfehlt, die Patientin zu trösten und zu beruhigen und hoffe auf eine Gelegenheit zur Klärung und Interpretation.

Themen: Die Ängste der Patientin und ihre tiefen Zweifel an der Psychogenese der Krankheit. Das Verhalten des Ehemannes. (Ich lebe wie im Gefängnis; er ist nicht hinter dem Ofen vorzukriegen.) Verschickung, Kurschatten, Flirt. Die Patientin betont ihre sexuelle Zufriedenheit. Die Beziehung zum Vater des ersten, unehelichen Sohnes der Patientin. Beginn der Bekanntschaft mit dem Ehemann. Das abweisende Verhalten der Patientin Männern gegenüber. Ihr früherer Plan, Krankenschwester zu werden und jetzige Pläne zur Weiterbildung. Die Hilfe, die die Patientin durch ihre Mutter und vor allem durch deren Bruder erhalten hatte, als sie mit ihrem ältesten, unehelichen Sohn schwanger war.

Kommentare:

1. Trost und Aufmunterung: 1.

Wir wollen doch mal optimistisch denken.

2. Anerkennung: 0.

3. Verständnis: 1.

Es geht noch schlechter, als das letzte Mal? (Feststellender, aber zugleich auch anteilnehmender Tonfall.)

4. Klärende Fragen: 7.

Wie alt waren Sie beide, als Sie sich kennenlernten? (Auf Ehemann bezogen.)
Aber Sie hatten ihn doch sehr gern? (Auf Vater des unehelichen Sohnes bezogen.)
Sie sind sehr schnell schwanger geworden?
Ihre Mutter hat Sie in der Zeit sehr gestützt?
Die große Verliebtheit war es also nicht, aber Sie hatten ihn sehr gern? (Auf Ehemann bezogen.)
Was macht Peters Vater jetzt? (Vater des unehelichen Sohnes.)
Sie brauchen Ihre Ehe also nicht zu bereuen?

5. Themenbestimmende Fragen: 3.

Als Sie heirateten, Sie und Ihr Mann mit einem unehelichen Kind — hat Sie das mit Ihrem Mann sehr verbunden? (Ich lenke das Gespräch auf den Beginn der Ehe.)
Warum haben Sie Peters Vater nicht geheiratet? (Ich lenke das Gespräch auf die erste Liebesbeziehung der Patientin.)
Wenn Sie sich gesund fühlten, was täten Sie dann? (Ich lenke das Gespräch auf die Pläne der Patientin.)

6. Erklärungen, Hinweise und Feststellungen, die sich auf die Triebdynamik der Patientin beziehen: 4.

Glauben Sie ernsthaft, Sie brauchen Schonung?
Sie kranken doch an unterdrückter Kraft und nicht an Erschöpfung.
Andere finden sich eben *nicht* mit ihrem Leben ab.
Wollten Sie nicht den alten Plan, Sprechstundenhilfe zu werden, noch einmal überdenken?

7. Interpretationen und Vorbereitung auf Interpretationen: 5.

Vorgestern sagten Sie mir, Sie haben Ihre Mutter verlassen und Ihre Gefängnisstangen durchbrochen. Es ist sicher leichter, die Mutter zu verlassen, als den Ehemann.
Kann sich so tiefer Groll nicht doch aufs Herz schlagen?
Fürchten Sie sich denn vor einem Kurschatten?
So eine Verschickung ist ja nicht ohne Versuchungen.
Sind Sie denn sexuell *wirklich zufrieden*? (All diese Fragen wurden von mir mit einem gewissen Nachdruck gestellt und verloren dadurch ihren rein klärenden Charakter, den die Fragen immer dann haben, wenn ich eine mehr abwartend-aufnehmende Haltung einnehme.)

Fünfte Stunde
Verhalten der Patientin: Sehr geängstigt, ratlos, ringt um Fassung. Zweifelt die Psychogenese ihrer Krankheit an. Zum Beginn des letzten Drittels der Stunde rascher Umschwung: „Jetzt habe ich Mut für tausend Volt!". Gegen Ende der Stunde erlöst und zuversichtlich.

Meine eigene Reaktion: Ich bin unverändert überzeugt, daß der akute Rückfall eher als ein günstiges Zeichen anzusehen ist, da die starke initiale Entlastung der Patientin keinen Bestand haben konnte. Ich fühle mich nicht mehr gedrängt, die

Patientin zu trösten, aufzumuntern, sondern vertraue auf die analytische Entwicklung. Ich halte es auch für richtig, daß ich die Patientin längere Zeit klagen lasse, damit sie die am Vater erworbenen Ängste verliert.

Themen: Breites Klagen über die Angst. Zweifel an der Psychogenese. Angst, nie wieder gesund zu werden. („Beim ersten Gespräch war ich wie erlöst, jetzt ist alles wieder da.") Von mir eingeführtes Thema: Kindheit der Patientin, Verhalten der lebenslustigen Eltern. Das Leben der schönen, glanzvollen Schwester und deren Tod an einem artefiziellen Abort. Ähnlichkeiten zwischen dem Verhalten des Ehemannes und dem früheren Verhalten der Mutter (Mutter zog die Kinder auf ihre Seite und wollte sie dem Vater entfremden). Die *Mutter* wollte nicht, daß die Patientin weiterkam, hatte selbst *kein Streben.* Kurverschickung und sexuelle Versuchung.

Kommentare:

1. Trost und Aufmunterung: 0.

2. Anerkennung: 0.

3. Verständnis: 1.

   Schlimm (bezogen auf den Tod der Schwester).

4. Klärende Fragen: 12.

   Lebensfreude wurde zu Hause also groß geschrieben?
   Woran lag denn das? (Mit dem Vater nicht gut verstanden.)
   Die Mutter wollte die Beste von beiden sein?
   Sie selbst haben nicht versucht, die Kinder auf Ihre Seite zu ziehen?
   So streng war er? (Die Patientin hatte erzählt, daß der Vater bloß hochzugucken brauchte, dann war Ruhe am Tisch.)
   Ihre Schwester war wieviele Jahre älter?
   Ihre Mutter war eine lebenslustige Frau?
   Die Kinder rangierten also an zweiter Stelle?
   An der eigenen Mutter haben Sie also erlebt, daß man auch anders leben kann?
   Ist sie eine Lebenskünstlerin? (Bezogen auf eine Bekannte, die zwei Zentner wiegt, gern ißt und immer gute Laune hat.)
   Waren Sie der zweiten Frau Ihres Schwagers nicht gut genug?
   Ihre Schwester hat besser geheiratet als Sie?

5. Themenbestimmende Fragen: 5.

   Sie sind sehr pflichtbewußt erzogen worden? (Ich lenke auf den Erziehungsstil.)
   Haben Sie sich mit Ihrem Vater nicht gut verstanden? (Ich schneide das Thema der Beziehung zum Vater an.)
   Ihr Mann ist ganz anders als der Vater? (Ich lenke von der Erörterung der Kindheitserlebnisse auf die aktuelle Situation zurück.)
   Und woran ist Ihre Schwester gestorben? (Ich möchte das noch ungeklärte Thema neu ins Gespräch bringen.)
   Und als Sie selbst fünf Jahre alt waren? (Ich knüpfe an Mitteilungen der Patientin an, daß ihr Mann von ihr verlangt, wegen der Tochter jeden Abend zu Hause zu bleiben.)

6. Erklärungen, Hinweise und Feststellungen, die sich auf die Triebdynamik der Patientin beziehen: 6.

Da ist doch etwas schief!

Bei den Eltern haben Sie es ja schließlich ganz anders erlebt.

Die scheinbar so gutmütigen Männer haben manchmal ihre Tücken.

Was Sie hier erleichtert hat, ist, daß Sie sich verstanden fühlen; aber davon sind Sie ja noch nicht gesund, und die Anfangserleichterung ist jetzt vorbei.

Ihre Mutter hat es besser gehabt als Sie.

Das finde ich *nicht* gutmütig. (Der Ehemann erläßt dem Sohn das Kostgeld, aber die Patientin muß dafür sparen.)

7. Interpretationen: 1.

Ihr Mann macht es auch in dieser Hinsicht wie Ihre Mutter: Er will immer der Beste sein und zieht die Kinder auf seine Seite.

Sechste Stunde

Verhalten der Patientin: Ruhiger und zuversichtlicher. Möchte Dankbarkeit und Anerkennung zum Ausdruck bringen („Komme ganz gut zurecht").

Meine eigene Einstellung: Erfreut, daß es der Patientin besser geht, aber abwartend, ob der Erfolg auch anhält. Ich denke: Gesundheit vielleicht als Dank? Ich überlege, ob vielleicht eine Übertragungsdeutung angebracht sein könnte und bin sicher, daß das Gespräch über den Tod der Schwester an einem artefiziellen Abort stark entlastend gewirkt hat.

Themen: Rückgriff auf früher Besprochenes: Von der „liebevollen Tyrannei" des Mannes lösen. Die Bedeutung der älteren Schwester. Vaters Hilfe für die Schwester. Mutters schädlicher Einfluß auf den Lebensgang der Patientin. Was wäre geschehen, wenn der Vater länger gelebt hätte. Die Hilfe der Schwester für die Patientin. Ähnlichkeiten zwischen dem Ehemann und der Mutter der Patientin und die zugehörige Übertragungsbindung.

Kommentare:

1. Trost und Aufmunterung: 0.

2. Anerkennung: 0.

3. Verständnis: 0.

4. Klärende Fragen: 8.

Es war Ihr Vater, der dafür sorgte? (Daß die Schwester gegen den Wunsch der Mutter einen Beruf erlernte.)

War er sehr stolz auf die Schwester?

War sie nicht standesgemäß? (Die Schwester für die Schwiegereltern.)

So, daß Sie sehr viel verloren haben, als Ihr Vater starb?

Wenn der Vater noch gelebt hätte, wären Sie jetzt weiter?

Er hätte auch für Ihr heutiges Streben Verständnis?

Die Mutter hat Ihnen demnach sehr viel verbaut?

Und wenn Ihre Schwester heute noch lebte, dann hätten Sie auch eine Stütze? (Die letzten vier Fragen beantwortet die Patientin nachdrücklich mit „ganz unbedingt").

5. Themenbestimmende Fragen: 2.

War der Vater auch so strebsam wie die Schwester?
Ihr Vater wird dann bei der Schwester noch dafür gesorgt haben, daß sie weiterkommt? (Ich wollte beide Male die Bedeutung des Vaters und die Beziehung zur Schwester zur Sprache bringen.)

6. Erklärungen, Hinweise, Feststellungen, die sich auf die Triebdynamik der Patientin beziehen: 5.

Ich finde es wichtig, daß Sie jetzt schon besser verstehen, warum Sie krank sind. Es geht ja nicht um gut oder schlecht (wie die Verwandten sagen), sondern um verschieden.
Ihre Verwandten können das nicht verstehen.
Nicht die Kur ist wichtig, sondern daß Sie Ihren eigenen Weg finden.
Sie hatten doch Ihre ältere Schwester, die wollte doch auch weiterkommen.

7. Interpretationen: 2.

Wenn ich mir das überlege, ist Ihr Mann wirklich ein bißchen wie Ihre Mutter. (Die Mutterübertragung der Patientin auf den Ehemann.)
Bin ich jetzt für Sie die ältere Schwester, oder der Vater? (Die Patientin hatte um Ratschläge gebeten, was sie machen sollte, und ich lenke sie mit dieser angedeuteten „Übertragungsdeutung" von ihrer Frage ab. Ich lasse durchblicken, daß ich es günstiger finde, wenn die Patientin ihre Entscheidungen selber findet.)

Siebente Stunde

Verhalten der Patientin: Anfangs wieder etwas ängstlich, lacht dann, wird lebhaft, teilweise sehr lustig, fühlt sich offenbar sicher. Wieder ängstlich, als das Thema „Kur und Verschickung" aufkommt.

Meine eigene Reaktion: Nach wie vor zuversichtlich und nicht besorgt. Ich nehme nicht an, daß die Patientin durch heftige Angstanfälle an der Reise gehindert sein wird. Ich halte es sogar für möglich, schon einmal vorsichtig die depotenzierenden Tendenzen der Patientin im Verhalten zum Ehemann zur Sprache zu bringen.
Dies vor allem, damit die Patientin nicht in dem Gefühl wegfährt, daß sie in meinen Augen das unterdrückte Lamm ist und das auch bleiben muß, damit sie meine Gunst nicht verliert.

Themen: Das eintönige Leben. Die Eifersucht des Mannes auf die Kinder, sein Klammern an die kleine Tochter (klammert sich nur an Martina). Sexualität, Schwangerschaftsverhütung und das Problem einer neuen Schwangerschaft. („Dann nehme ich mir das Leben.") Die Hundephobie der Tochter. Die Wutanfälle des Mannes und die Tendenz der Patientin, den Ehemann anzutreiben und zu kränken. Über ein befreundetes Ehepaar mit sexueller Protzerei. Die Verschickung, Kurschatten und die Angst vor der Kur („Fahre zur Kur wie zu meiner Hinrichtung"), schließlich der Entschluß, doch zu fahren.

Kommentare:

1. Trost und Aufmunterung: 1.

Es wird schon gutgehen.

2. Anerkennung: 0.

3. Verständnis: 0.

4. Klärende Fragen: 17.

Wie ist denn der Freitag abgelaufen? (Die Patientin hatte einen leichten Angstanfall.)

Warum nicht? (Die Patientin nimmt keine Pille.)

Was nehmen Sie alles? (Medikamente.)

Haben Sie keine Angst vor einer neuen Schwangerschaft?

Sie würden nicht an eine Unterbrechung denken?

Hatten Ihre Verwandten recht? (Von Schwangerschaftsunterbrechung abzuraten.)

Haben Sie damals an Ihre verstorbene Schwester gedacht?

Was hatten Sie denn für das Wochenende geplant?

Haben Sie die Kleine mal gefragt, *was* sie fürchtet?

Also nicht vor dem Beißen, sondern vor dem Bellen?

Kriegt Ihr Mann oft einen Koller?

Hat er vielleicht das Gefühl, er ist Ihnen unterlegen?

Dann wäre es ja für ihn eine recht große Kränkung, wenn Sie sich weiterbilden?

Für Ihren Mann wäre es dann beinahe besser, Sie sind krank?

Vielleicht ist es so, daß Sie ihn überfordern?

Ihr Mann protzt mit seiner Sexualität nicht? (Verglichen mit den angeberischen Bekannten.)

Sind Sie mit der Sexualität Ihres Mannes zufrieden?

5. Themenbestimmende Fragen: 1.

Nehmen Sie die Pille? (Ich will die Schwangerschaftsfurcht der Patientin besprechen.)

6. Erklärungen, Hinweise, Feststellungen, die sich auf die Triebdynamik der Patientin beziehen: 5.

Ich dachte, gerade das Schlichte und Bescheidene fällt Ihnen auf den Wecker?

Hatten wir nicht in der vorigen Stunde gesagt, daß es das Streben ist, daß Sie unterdrücken?

Von Medikamenten geht die Angst nicht weg.

Er muß das ja so empfinden (nämlich als Kränkung; auf den Ehemann bezogen.)

Das ist aber ganz schön biestig (die Patientin hatte erzählt, wie sie die Freunde ihres Mannes mit ihren Sexualprotzereien hänselt und zu dem Freund sagt: „So schlimm, wie du uns das schilderst, wird es nicht sein", und zu dessen Frau, die korpulent ist und mit ihrer Attraktivität beim Nacktbaden protzt: „So viel Tesafilm, wie du brauchst, um deine Brust hochzuziehen, gibt's ja gar nicht".)

7. Interpretationen: 0.

Die Patientin war nach dieser Behandlungsstunde zur Verschickung gefahren und blieb während der Kur beschwerdefrei. Für ihre Zukunft hatte sie sich die Hoffnung zurechtgelegt, daß die Einschulung der kleinen Tochter eine Entlastung mit sich bringen würde, und daß es möglich sein könnte, wieder Arbeit aufzunehmen, um die drückende finanzielle Abhängigkeit vom Ehemann aufzuheben. Die Pläne der Patientin gingen dahin, daß sie einen Krankenpflegekurs oder eine Kurzausbildung als Arzthelferin durchmachen sollte, um dann in einem dieser Berufe tätig zu sein. Die Aushilfsarbeit im Frisiersalon oder Putzfrauenarbeit kamen für sie nicht in Betracht.

Mit all diesen Hoffnungen und Phantasien hatte die Patientin erneut einige Monate völligen Wohlbefindens, und sie ließ mehrere Wochen verstreichen, bis sie sich nach der Verschickung wieder bei mir meldete. Ein erneuter Rückfall war der Anlaß. Es war klar, daß die bisherige Therapie für die Patientin zwar starke Entlastungseffekte gehabt hatte, und daß es vor allem gelungen war, ihr den Zusammenhang zwischen ihren Gefühlen, Ängsten und Wünschen und der Herzsymptomatik nahezubringen. Andererseits war die *zentrale Problematik* der Patientin bislang noch unbesprochen und unbearbeitet geblieben. Die wichtigsten Daten zur Vorgeschichte und zur psychodynamischen Struktur der Patientin müssen jetzt noch nachgetragen werden:

Nachtrag zur Genese und zur auslösenden Schicksalssituation

Die Patientin war die zweite Tochter von noch jungen Eltern: Ihr Vater war 28, die Mutter 24 Jahre bei der Geburt. Ihre sieben Jahre ältere Schwester mag der Heiratsanlaß für die Eltern gewesen sein. Als die Patientin 15 Jahre alt war, verunglückte ihr Vater tödlich durch einen Betriebsunfall. Die ältere Schwester hatte zu dieser Zeit bereits — vom Vater gestützt — ihre Ausbildung als Fremdsprachenkorrespondentin beendet. Die Patientin selbst wurde gegen ihren heftigsten Wunsch und Protest von der Mutter aus der Schule genommen und mußte als ungelernte Arbeiterin Geld verdienen.

Durch den unvermuteten Tod des Vaters wurden der Patientin nicht nur alle Berufschancen verbaut, sondern es blieb für sie auch eine Problematik ungelöst, die seither ihr Leben beeinträchtigte und überschattete: Die ältere Schwester war ein schönes, blondes, blauäugiges Mädchen, das vom Vater sehr vergöttert wurde und dem, wo immer sie sich zeigte, alle Herzen zuflogen. Die Patientin selbst sah der dunkelhaarigen Mutter ähnlich und hatte zwar auch ein sehr ansprechendes Äußeres, empfand es aber immer als eine starke Abwertung, wenn sie von ihrem Vater hörte, daß sie „ganz wie die Mutter" aussehe. Dieses Gefühl der Zurückweisung war nicht ganz ohne Berechtigung: Die Mutter der Patientin war mit etwa 40 Jahren sehr korpulent geworden und litt unter ihrer eigenen körperlichen Entstellung insbesondere deshalb, weil der Vater in diesen Jahren eine Freundin hatte. Die Patientin erzählte mir (allerdings erst recht spät im Verlaufe der Behandlung) stockend und sehr beschämt, daß sie sich durch die laufenden Vergleiche mit ihrer Mutter immer sehr verletzt gefühlt habe, und daß ihr die Zurücksetzung durch den Vater die Kindheit und Jugend hindurch zu schaffen gemacht habe.

Die Patientin hatte dann, wie sie sagte, ihre vermeintliche Häßlichkeit oder Unansehnlichkeiten akzeptiert und sich damit „abgefunden". Sie beneidete ihre Schwester anfangs zwar glühend, *verkehrte* dann aber Neid und Eifersucht *ins Gegenteil* und wurde zu einer anhänglichen Bewunderin der Schwester. Diese Entwicklung wurde wohl auch durch die Haltung der Schwester gefördert, die sich im Leben der Patientin eigentlich ganz überwiegend hilfreich und schützend verhalten hatte und auch das Ihrige versuchte, um der Patientin doch noch eine Berufsausbildung zu verschaffen. Bei der Patientin setzte sich später ihre Bereitschaft, Frauen zu bewundern und Frauen zu dienen, in der Aushilfstätigkeit in dem Frisiersalon durch, eine Tätigkeit, die einem doppelten Impuls Rechnung trug: Einmal der Bereitschaft, der Schwester mit dem schönen Haar zu dienen, zum anderen aber auch dem Versuch, aus sich selbst das Beste zu machen und nicht klein beizugeben.

Die Kränkung durch den Vater, der die Mutter betrog, wurde von der Patientin allerdings nicht verwunden und führte zu einer abweisenden „Hochmutshaltung" Männern gegenüber, die ihr als jungem Mädel den Spitznamen „die Gräfin" einbrachte. Als Schutzmaßnahme gegen ihre eigene tiefe Unsicherheit begann die Patientin, Männer zu verachten, unter dem Motto „Männer sind bloß Angeber". Das Selbstgefühl der Patientin war so brüchig, daß sie fest davon überzeugt war, daß sich nur ein Mann, der dumm und zweitklassig sei, für sie interessieren könnte. Schon die Tatsache, daß er sich überhaupt um sie bemühte, wäre ein Zeichen dafür, daß er nichts Besseres finden konnte. Unsicher, wie die Patientin war, geriet sie bei ihrer ersten sexuellen Beziehung tatsächlich an einen recht unbeständigen jungen Mann, der sie sitzen ließ, als sie von ihm schwanger war.

In dieser Zeit bewies die Patientin ein erstes Mal, daß sie nicht dazu neigte, klein beizugeben, und daß sie sich auch nicht durch ungünstige äußere Lebensumstände zu einer Klammerhaltung der Mutter gegenüber bewegen ließ: Die Patientin durchschaute klar, daß ihre Mutter es gern gesehen hätte, wenn sie durch das uneheliche Kind auf lange Zeit an die gemeinsame Lebensführung gefesselt geblieben wäre. Sehr zum Erstaunen ihrer gesamten Familie entschloß sie sich aber zur Ehe mit einem Mann, der keine besondere Schul- und Berufsausbildung aufweisen konnte. Die Patientin meinte hierzu: „Ich mußte doch meine Gefängnisstangen durchbrechen". Im Verlauf der Behandlung wurde ihr allerdings deutlich, daß sie mit diesem Entschluß außerdem noch zwei sehr entgegengesetzten Tendenzen in sich Rechnung getragen hatte: Einmal wurden ihre eigenen Ängste und Unsicherheiten mit dem Bewußtsein beschwichtigt, daß der Mann, mit dem sie verheiratet war, keinen Anlaß hatte, auf sie herabzusehen. Gleichzeitig verewigte sie gewissermaßen die komplette Resignation im Vergleich zur schönen und bewunderten Schwester, die einige Zeit zuvor einen Ingenieur aus ihrem Betrieb geheiratet hatte, und die sich nun in ein gänzlich anderes Milieu hineinentwickelte.

Als die Schwester der Patientin dann später an einem artefiziellen Abort verstarb, kam es für die Patientin zu einer schweren seelischen Krise, die sie aber niemals mit jemandem wirklich besprechen konnte und die auch keine Krankheitssymptomatik mit sich brachte. Das tragische Ereignis warf schwere Schatten über die Familie der Patientin und war Anlaß dafür, daß die Patientin bei ihrer eigenen späteren Schwangerschaft von der gesamten Familie gedrängt wurde, das Kind auszutragen. Auch nach dem Tod der Schwester kämpfte die Patientin weiter mit dem Gefühl, häßlich und benachteiligt zu sein. Der Konflikt wog um so schwerer, als ihr kompensatorischer Schutzbau die schon erwähnte „Hochmutshaltung" enthielt und niemand in ihrer Umgebung je auf den Gedanken gekommen wäre, daß sie vor jeder Geselligkeit Ängste und Qualen ausstand. So hatte sie niemanden, mit dem sie sich aussprechen konnte, und wenn sie einmal entsprechende schüchterne Versuche machte, wurde sie ausgelacht, weil sie objektiv wirklich eine ansprechende und ansehnliche Frau war. Zudem hatte sie das schmerzliche Gefühl der weiblichen „Minderwertigkeit" dadurch beschwichtigt, daß sie kompensatorische Befriedigungen aus ihrer dominanten Rolle dem Ehemann gegenüber bezog. So blieben ihre Unsicherheitsgefühle für die Umgebung doppelt unsichtbar.

Mit Hinblick auf diese Vorgeschichte wurde die *auslösende Situation* aus vielerlei Gründen bedeutungsvoll: Von dem Verlust an Überlegenheit und Dominanz dem Ehemann gegenüber hatte ich schon gesprochen. Ebenso von den Versuchungen, die das expansive Leben der halbwüchsigen Kinder der Patientin mit sich brachte. Es war aber eingangs noch nicht voll deutlich geworden, wie stark die Patientin von ihren eigenen neurotischen Ängsten und Gehemmtheiten behindert war und wie stark sie mit dem Gefühl kämpfe, niemals als Frau wirklich gelebt zu haben. Als die Patientin die Tätigkeit in dem Frisiersalon aufgab, fiel ein weiterer kompensatorischer Schutzmechanismus weg: Der (zu einem beträchtlichen Teil libidinös gefärbte) Kontakt mit anderen Frauen, zu deren Verschönerung die Patientin beitrug, hatte lange Zeit hindurch vieles von den unabgesättigten Triebregungen der Patientin aufgefangen. Unübersehbar (wenn auch erst sehr spät in der Therapie besprochen) war außerdem, daß für die Patientin ihre tiefe (verdrängte) Identifikation mit der Schwester nochmals zum Problem wurde: Die Patientin hatte sich mit dem Entschluß, die Schwangerschaft auszutragen, gewissermaßen auf die Seite des Lebens geschlagen und die Schwester damit triumphierend überwunden, litt aber an den gleichzeitig mobilisierten angstvollen Schuldgefühlen.

Zur Prognose und therapeutischen Planung: In der Krankengeschichte der Patientin gab es eine ganze Reihe von Faktoren, die auf günstige Besserungsaussichten hoffen ließen: Sie war bis zum Ausbruch ihrer Erkrankung immer gesund gewesen, hatte feste Familienbindungen und war zudem eine tätige und aktive Frau. Wenn man bei dieser Patientin im Sinne von ALEXANDER das Leben als eine Art „Leistungstest" auffaßte, durfte man optimistisch sein. Nur die Tendenz der Patientin zur „Somatisation" und die begleitende Unfähigkeit (bis Abwehr), eine Beziehung zwischen ihrer Krankheit und ihrer Gefühlslage herzustellen, schränkten die günstige Prognose ein. Außerdem war von Anfang an klar, daß die Patientin eine längere Reifungs- und Entwicklungszeit benötigen würde, wenn es wirklich gelingen sollte, den tieferen Persönlichkeitskonflikt zu verarbeiten.

Die Wahl des therapeutischen Mittels war bei der Patientin von mehreren Faktoren bestimmt: Zum einen veranlaßte mich ihr *Kommunikationsstil* dazu, daß ich die Dynamische Psychotherapie für angezeigt hielt. Die Patientin neigte zu einem drängenden Berichten äußerer Begebenheiten und mußte zum inneren Reflektieren angehalten werden. Sie war aber keinesfalls zur Selbstbesinnung unfähig und faßte die Bedeutung von Kommentaren und Interpretationen rasch auf. Hinzu kam, daß bei der Patientin die alte Ambivalenz in ihrer Mutterbeziehung zu *Abbruchstendenzen* führte, die im Verlauf der Behandlung bei jeder symptomatischen Besserung eine Unterbrechung mit sich brachten. Zudem war ich nicht sicher, inwieweit die Therapie nicht doch mehr „stützend" oder „zudeckend" verlaufen würde, da die Patientin selbst offenkundig danach strebte, ihre alten kompensatorischen Möglichkeiten (Tüchtigkeit, Selbständigkeit und Männerverachtung) erneut einzusetzen, um auf diesem Weg ihr altes Gleichgewicht zurückzugewinnen.

Stundenzahl und Stundenverteilung: Wie sich aus den bisherigen Angaben schon entnehmen läßt, hat es sich um eine Therapie in Intervallen gehandelt. Insgesamt hat die Patientin 45 Behandlungsstunden erhalten, die sich über einen Zeitraum von fast drei Jahren verteilten. Nach den ersten drei Behandlungsstunden unterbrach die Patientin für längere Zeit. Nach weiteren sieben Behandlungsstunden kam erneut eine Pause von mehreren Monaten. Nach dem zweiten Rückfall verstand die Patientin, daß es für sie wichtig wäre, kontinuierlich zu kommen, auch wenn sie zwischendurch Besserungen erlebte: Ein halbes Jahr lang kam sie wöchentlich. In diesem Zeitraum konnten ihre wirklich tiefgehenden Probleme bearbeitet werden, und die nun erzielte Besserung war nicht mehr rein symptomatisch. Zur Absicherung des Behandlungserfolges kam die Patientin anfänglich im Abstand von zwei Wochen, um dann — jeweils nach Absprache — die Zeiträume zwischen den einzelnen Behandlungsstunden noch zu verlängern. Schließlich lief die Behandlung in der Form aus, daß die Patientin sich selbst von Fall zu Fall meldete, ohne daß wir in jeder Stunde einen neuen Termin ausmachten.

Neuotische Reaktions- und Erlebnisweisen der Patientin: Ich fasse jetzt die charakteristischen neurotischen Reaktionsformen der Patientin, die ich schon bei meinen Angaben über die Vorgeschichte und die auslösende Schicksalssituation dargelegt hatte, noch einmal zusammen:

Bei der Patientin hatte die Verdrängung von sexuellen Wünschen und die Resignation in bezug auf ihre weibliche Anziehungskraft zu einer kompensatorischen *Verschiebung* ihrer Befriedigungserlebnisse auf Tüchtigkeit und Dominanz (dem Mann gegenüber) bei gleichzeitigem ergebenen Dienen den Frauen gegenüber geführt. Ihre „innere Formel" war „das kleine Würstchen", oder das „Schlußlicht der Familie". An *Abwehrmechanismen* standen Verdrängen, Verleugnen und die Verkehrung ins Gegenteil im Mittelpunkt. Eine Tendenz zum Externalisieren kam hinzu. Die Beziehungen zu den frühen Bindungspersonen ihrer Kindheit hatten zu folgenden *identifikatorischen Schwierigkeiten* geführt:

So werden wie die Mutter (der die Patientin ähnlich sah) hieß:

Lebenslustig sein.
Kein Streben haben.
Dick werden.
Betrogen werden.

So werden wie die bewunderte, aber ganz andersartige Schwester war aussichtslos. Aber es wurde ersehnt und hätte bedeutet:

Vom Vater geliebt werden.
Alle Menschen mühelos gewinnen.
Immer Erfolg haben.
Hilfsbereit sein.
An einem Abort sterben.

In der Auseinandersetzung mit dem Vater hatte es keine wesentlichen Tendenzen zur Identifikation gegeben, es sei denn, die Bereitschaft zur Tüchtigkeit (die auch der Schwester eignete) wäre hierher zu zählen. In der ödipalen Situation hatte die Patientin hingegen ihre kompensatorische Abwehrhaltung Männern gegenüber erworben, etwa in dem Sinn: Es ist eine aussichtslose Hoffnung, vom Vater bevorzugt zu werden. Wenn Männer mich nicht lieben wollen, werde ich sie verachten.

Die psychodynamisch wichtigen Themen, die bearbeitet werden mußten, sind zu einem Teil schon aus den vorangegangenen sieben Behandlungsstunden zu entnehmen: Unzufriedenheit mit der Ehe, Berufspläne, Kinder, Verwandte, Zweifel an der Psychogenese der Herzangst usw. Im Mittelabschnitt der Behandlung nahm dann das Schicksal der Schwester und deren Rolle im Leben der Patientin einen breiteren Raum ein. Zugehörig dazu das Unsicherheitserleben der Patientin in bezug auf ihre eigene weibliche Anziehungskraft und ihre Ängste vor dem Altern und dem verrinnenden, ungelebten Leben. Schließlich ihre starke sexuelle Abwehr und die Tendenz, dem Mann die Sexualität „gnädig" zu erlauben, ohne sie zu genießen.

In ihren *Übertragungsreaktionen* wechselte die Patientin (entsprechend ihrer Kindheitssituation) zwischen einer Mutter-, einer Vater- und einer

Schwesternübertragung. Die *Mutterübertragung* führte zu Kritik, Zweifel, Weglauf- und Befreiungstendenzen. In der *Vaterübertragung* war die Patientin ängstlich gestimmt. Sie rechnete auf Ablehnung und war vor allem besorgt, ich würde ihr ihre Krankheit und ihr „Versagen" verübeln. Gleichzeitig vertraute sie aber doch dem führenden und aufbauenden Rat, den der Vater, so lange er lebte, seinen beiden Mädeln immer hatte zuteil werden lassen. In der *Schwesternübertragung* akzeptierte die Patientin meine soziale Überlegenheit und hoffte zugleich auf jene anteilnehmende Hilfsbereitschaft, die sie von ihrer Schwester immer erhalten hatte. Tendenzen zum Dienen und Rücksichtnehmen wurden außerdem deutlich.

Meine *eigene Einstellung* zu der Patientin war gleichmäßig zugewandt. Ich fand sie im Umgang angenehm, gelegentlich tat sie mir leid. Ihr Ringen um Selbstbeherrschung gefiel mir, und ich war weder von den sich wiederholenden Klagen und Ängsten, noch von ihren Zweifeln an der Psychogenese der Erkrankung irritiert. Ich war darauf eingestellt, daß die Patientin sehr viel mehr zum Berichten als zum Erinnern und Reflektieren neigte und hatte vor, hier Einhilfen zu geben.

Der Verlauf: Über den Inhalt der ersten Behandlungsstunden hatte ich bereits berichtet und auch die Bedeutung der ersten kathartischen Entlastungserlebnisse erörtert. Als die Patientin mich nach ihrem zweiten Rückfall wieder aufsuchte, konnte ich ihr die Bedeutung einer bestimmten Mutterübertragung, die sie auf mich machte, interpretieren: Die Patientin erwartete von mir (trotz rationalen Wissens um meine gegensätzlichen Ansichten und Äußerungen), daß ich sie — ähnlich wie die Mutter — zu ungelernter und untergeordneter Arbeit drängen würde, und daß ich etwa Putzfrauentätigkeit „für die beste Medizin" hielte. Gleichzeitig wehrte sich die Patientin gegen eine (in mich hineinprojizierte) Forderung nach einengender, dauerhafter Bindung, eine Haltung, die sie schon bei der Mutter bekämpfen mußte, als diese hoffte, die zwanzigjährige Tochter werde mit dem unehelichen Kind bis ins Alter bei ihr bleiben. Als ich der Patientin diese Ängste und Vorstellungen erfolgreich gedeutet hatte, lockerte sie sich erheblich auf, und wir konnten dann anschließend auch zu wiederholten Malen die gleiche Übertragungsreaktion dem Ehemann gegenüber ins Bewußtsein heben.

In den Mitteilungen der Patientin klangen dann immer wieder ihre Neidgefühle der schönen, verstorbenen Schwester gegenüber an. Da ich aber wußte, wieviel Vertrauen nötig ist, damit ein Patient über seine eigenen Neidgefühle sprechen kann, hielt ich mich hier mit Anfragen oder Interpretationen zurück.

Die Patientin selbst versuchte ganz offenkundig, die alten und bewährten *Kompensationsmechanismen* wieder in ihre Schutz- und Ausgleichsfunktion einzuführen, um erneut die tüchtige, dem Ehemann überlegene Frau zu werden. Diesmal allerdings — nach Abbau der oben geschilderten Mutterübertragung — unter prospektiverem Vorzeichen: Die Patientin plante anfangs, sich gleich nach der Verschickung bei verschiedenen Ärzten um eine Anstellung als Arzthelferin zu bewerben. Sie ertappte sich dann aber dabei, wie sie den Telefonhörer angsterfüllt wieder auflegte, bevor sie überhaupt ihren Namen genannt hatte. Die Patientin, die sich selbst nicht mehr verstand, rationalisierte ihre Ängste zunächst dahingehend, daß sie meinte, es läge an ihrer fehlenden Ausbildung und an dem Bewußtsein, daß sie doch nur so ein „kleines Würstchen" wäre, das nichts könnte und nichts gelernt hätte, und daß sie sich im Bewußtsein dieser Unzulänglichkeit an keine neue Arbeit herantraute.

Die Patientin hoffte noch eine ganze Weile, daß sie ihre alte Leistungs- und Tüchtigkeitslinie (die ihr ja die Überlegenheit über den Ehemann sicherte) beibehalten könne und entwickelte schließlich den Plan, eine Ausbildung nachzuholen, um auszugleichen, was sie durch das Ungeschick der Mutter und die frühe Schwangerschaft versäumt hatte. Ich habe die Patientin an diesen Plänen natürlich nicht gehindert, sondern nur versucht, die Bedeutung solcher Wünsche für ihr Leben anteilnehmend zu verstehen und gleichzeitig ihr Selbstvertrauen zu stärken. Die Patientin hatte sich schließlich nach einigen vergeblichen Versuchen doch bei einem passenden Ausbildungskurs angemeldet, der ihr die Grundkenntnisse für eine Arzthelferin vermitteln sollte. Die Teilnahme an der ersten einführenden Unterrichtsstunde wurde erneut durch einen heftigen Angstanfall *verhindert*.

Dieses Ereignis erschütterte die Patientin tief, schenkte uns aber gleichzeitig die Möglichkeit zu weiterführender und vertiefter therapeutischer Arbeit. Als die Patientin sagte: „Ich hätte nie gedacht, daß ich mich in meinem Leben jemals vor einer Arbeit fürchten würde", äußerte ich die Meinung, daß sie mit ihren verschiedenen Arbeits- und Fortbildungsversuchen doch nur eine verborgene Problematik überdeckt und neu verdrängt hätte. Ich erinnerte die Patientin an viele beiläufige Mitteilungen über die strahlend schöne Schwester, die in mir den Gedanken aufgebracht hatten, daß für die Patientin hier ein verborgener und verleugneter Konflikt vorhanden sein müßte. Tatsächlich gelang es in dieser Stunde, die Patientin zu ihren sehr stockenden und beschämten Berichten zu veranlassen, in denen sie von ihren (eingangs schon geschilderten) *Neidgefühlen der Schwester gegenüber* sprach und von den schweren Kränkungen, die ihr das Verhalten des Vaters zugefügt hatte.

Wie die Patientin mir später einmal gegen Ende der Behandlung in sehr vertrauender Stimmung sagte, war es für sie das wichtigste in ihrer Beziehung zu mir und in der Behandlung gewesen, daß ich solange abgewartet hatte (fast ein Jahr), bis ich sie schließlich zu einer aufrichtigen und ernsthaften Erörterung dieser Problematik führte. Die Patientin hatte ihren Kummer, ihren Schmerz und ihren Neid der Schwester gegenüber ja tatsächlich nicht verdrängt, sondern ganz überwiegend verleugnet. Bei früheren schüchternen Versuchen, sich Freundinnen und Bekannten gegenüber auszusprechen und einmal über das Minderwertigkeitsgefühl als Frau wirklich zu klagen, hatte sie immer nur abwehrendes Erstaunen und einige gutgemeinte Witzworte geerntet, die alle darauf hinausliefen, daß sie wohl noch dicker aufgetragene Komplimente brauchte, als sie sie sowieso schon erhielte. Die Patientin meinte, daß sie von mir keine andere Reaktion erwartet hätte und daß erst sehr viel Vertrauen nötig war, bis sie es wagte, ihre Minderwertigkeitsgefühle als Frau mit dem zugehörigen sexuellen Erlebnishunger zuzugeben.

Diese Mitteilung der Patientin kam aber erst — wie gesagt — ganz gegen Ende der Behandlung. Nach jener Stunde, in der es erstmalig gelungen war, dieses Thema wirklich ans Licht zu holen, reagierte die Patientin verständlicherweise zunächst einmal mit alten Reaktionsbildungen: Sie versuchte einige Stunden hindurch mit ihrer Beschämung über die — wie sie meinte — „lächerliche" Problematik dadurch fertig zu werden, daß sie sie verkleinerte und bagatellisierte. Ich ließ der Patientin Zeit. Sie brauchte eine Weile, bis sie ihren „Gräfinnenhochmut" als einen Schutzmechanismus verstand. Es wurde für die Patientin nun wichtig, ein etwas gerechteres Urteil über Männer zu entwickeln. Sie sagte mehrfach: „Dann hab' ich denen ja Unrecht getan!". Sie bezog sich mit solchen Aussprüchen auf viele Erlebnisse in jüngster oder älterer Vergangenheit, in denen sie Männer, die ihr ein gewisses Interesse bekundeten, abblitzen ließ mit den Gedanken: „Die raspeln nur Süßholz!", „Die wollen nur angeben", oder: „Die lügen mir das Blaue vom Himmel herunter!". Es brauchte einige Zeit, bis die Patientin mit diesen neuen Gefühlen, Erwartungen und Einstellungen wirklich zurecht kam, und das gleiche Thema mußte in immer anderen Beleuchtungen durchgearbeitet werden. Die Erlebnisse der Patientin in dem Frisiersalon kamen in diesem Zusammenhang zur Sprache. Ebenso ihre Wünsche, als Arzthelferin kranken und hilfsbedürftigen Menschen zu dienen, verknüpft mit der kompensatorischen Tendenz, zu Hause zu regieren und — wie die Patientin sich ausdrückte — „die Nase hoch zu tragen".

Die *Endphase* der Behandlung war bei der Patientin durch ein Gefühl charakterisiert, das sie etwa mit den Worten formulierte: „Ich lebe jetzt bewußter". Sie meinte damit, daß sie im Grunde ihr Leben hindurch auf der Flucht vor den sie bedrängenden Problemen gewesen war, und daß sie sich in die pflichterfüllte Versorgung ihrer Familie vor allem deshalb gestürzt hatte, weil sie annahm, daß ihr ein Leben, so wie es die Schwester gelebt hatte, doch versagt bleiben würde.

Das Entscheidende in der inneren Entwicklung der Patientin lag sicherlich darin, daß sie ihre Sekundärmechanismen abbaute, nachdem eine gewisse „Trauerarbeit" über langjährige Verzichte und Versagungen geleistet worden war. Die Patientin gab schließlich ihren „akademischen Fimmel" und ihren „Schönheitsfimmel" auf, bewarb sich auch nicht mehr als Arzthelferin, sondern übernahm eine Tätigkeit in einer Speditionsfirma, in der sie als einzige Frau unter vielen Männern eine Arbeitsatmosphäre von Unternehmungslust und Flirt erlebte. Zu einer außerehelichen Beziehung kam es bei der Patientin nicht, wenn auch zu intensiven Phantasien in dieser Richtung. Als sie mir zwei Jahre nach Behandlungsabschluß von ihrem weiteren Leben erzählte, sagt sie tapfer, daß ihr Leben sicherlich nicht so gelaufen sei, wie sie es einmal erhofft habe, daß sie es aber doch für richtiger hielte, die Vergangenheit zu den Akten zu legen und in der Gegenwart zu leben. Einen Rückfall in die alte Symptomatik hatte sie nicht durchmachen müssen.

Fall 4: Pat. W. R., 28 Jahre, verheiratet, kein Kind, Verwaltungsangestellter, Eigentumswohnung.

Symptomatik: Waschzwang, Zahlenkontrollzwänge.

Beginn und Dauer der Symptomatik: Schleichend, sieben Jahre.

Auslösende Situation: Erhöhte berufliche Anforderungen. Auf die Besitzebene verlagerter Konflikt mit der Mutter. Vater löst sich von der Mutter und verunglückt ein halbes Jahr später tödlich.

Prognose: Sehr fraglich. Einzelanalyse und stationäre Psychotherapie bereits erfolglos versucht. Der Patient lebt zeitweilig vom Einkommen der Ehefrau.

Stundenzahl: 42.

Dauer der Therapie: 3 Jahre.

Behandlungsergebnis: Strukturwandel, Wegfall der Symptomatik.

Katamnese: Nach 1½ Jahren; stabiler Behandlungserfolg.

Die therapeutische Episode bringt: Mittelabschnitt der Behandlung, Übertragungsdeutung; Verfolgungsängste; Angst vor Strafe.

Zur Symptomatik und auslösenden Situation: Der 28jährige Patient, Verwaltungsangestellter von Beruf, kam wegen eines Stunden fordernden Waschzwanges zu mir zur Untersuchung. Der Waschzwang nahm den Patienten morgens wenigstens vier Stunden in Anspruch und kostete abends noch einmal zwei bis drei Stunden Zeit. Als Vorläufer des Waschzwanges waren Zahlenkontrollzwänge aufgetreten: Der Patient war vor sieben Jahren in die Lohnbuchhaltung seiner Firma versetzt worden und bemerkte dort, daß er sich immer wieder gedrängt fühlte, die Zahlen der von ihm geführten Konten zu vergleichen. Dieser Zahlenkontrollzwang griff in schleichender Entwicklung immer weiter um sich. Anfangs hatte es sich nur um das Nachprüfen der berechneten Gehälter gehandelt. Später mußte der Patient Zahlen überhaupt, zum Beispiel auch Geburtsdaten oder ähnliches, nachkontrollieren.

Der Patient hatte zunächst versucht, sich durch einen Arbeitsplatzwechsel aus den Schwierigkeiten zu ziehen und um Versetzung gebeten. Diese Versetzung wurde ihm kurzfristig ermöglicht, dann aber wieder rückgängig gemacht. Der Patient kämpfte jetzt einen langen Abwehrkampf gegen seine Krankheit, bis er sich überhaupt einem Arzt anvertraute. Man riet ihm zu einer psychoanalytischen Behandlung, die der Patient auch versuchte, allerdings bald wieder beendete mit der Begründung, daß er sich bereits gebessert fühlte. Nach den Behandlungsberichten war der Patient anfänglich mit großer Bereitwilligkeit gekommen, um dann aber bald Stunden zu versäumen, sich zu entschuldigen und schließlich mitzuteilen, daß er glaube, er könne „mit dem Willen" gegen seine Krankheit angehen.

Einige Zeit nach diesem ersten mißlungenen Behandlungsversuch erkrankte der Patient so schwer, daß er für eine stationäre Psychotherapie aufgenommen werden mußte. Auch dort ließ sich der Patient auf eigenen Wunsch entlassen, weil er glaubte, er könne seine Krankheit aus eigener Kraft beherrschen. Der Patient machte nach seiner Entlassung immer erneut Arbeitsversuche bei seiner alten Firma, die ihm sehr wohlwollend entgegenkam und viel Verständnis zeigte. Trotzdem mußte er immer wieder über längere Strecken mit der Arbeit aussetzen und kündigte schließlich selbst, um dann von dem Einkommen seiner Ehefrau und von zeitweiligen Aushilfsarbeiten als Beifahrer zu leben.

Die auslösende Situation war recht gut herauszuarbeiten, jedoch sehr vielschichtig determiniert: Zum Zeitpunkt der Erkrankung war der Patient nicht nur auf einen neuen Arbeitsplatz gekommen, auf dem er die (meist höheren) Gehälter anderer Mitarbeiter berechnen mußte. Er erlebte gleichzeitig, daß das verbesserte Gehalt, das er nun erhielt, nicht ihm selbst zugute kam: Der Patient wohnte zu dieser Zeit noch bei seiner Mutter in einem Einfamilienhaus, das vom Vater des Patienten mit Hilfe einer Erbschaft und eines Bausparvertrages gekauft worden war. Die monatlichen finanziellen Belastungen an Zinsen und Tilgungen waren nicht unbeträchtlich. Der Patient erklärte sich aus neurotischen Gründen heraus bereit, diese finanziellen Lasten zu übernehmen. Mündlich wurde in der Familie abgesprochen, daß er damit auch einen entsprechenden Anteil am Eigentum des Hauses erwerben sollte. Das Arrangement zwischen dem Patienten und seiner Mutter wurde deshalb notwendig, weil sich der Vater des Patienten nach einem langen Ehekrieg von der Mutter getrennt hatte und nach Westdeutschland gegangen war. Das Haus war zum Teil auf den Namen des Vaters, zum Teil auf den Namen der Mutter geschrieben, und der Vater hatte dem Patienten zuvor erklärt, er würde ihn zum Alleinerben einsetzen, wenn er die finanziellen Lasten für das Haus übernähme. Über diese mündliche Absprache war die Mutter des Patienten informiert und hatte auch entsprechend eingewilligt. Als der Patient etwa ein halbes Jahr die Zahlungsverpflichtungen für den Vater übernommen hatte, verunglückte der Vater in Westdeutschland tödlich, bevor er ein Testament hätte machen können und bevor die angestrebte Scheidung ausgesprochen war. Die Schwester des Patienten hatte in der Zwischenzeit geheiratet, und als die Mutter mit dem Patienten eine finanzielle Regelung treffen wollte, die den Wünschen des verstorbenen Vaters und der allgemeinen Absprache gerecht geworden wäre, schaltete sich der Schwager des Patienten ein und erklärte, daß kein Anlaß bestünde, die Erbauseinandersetzung zugunsten des Patienten durchzuführen. Die Mutter übernahm die Ansichten des Schwiegersohnes und speiste den Patienten mit einigen vagen Ausflüchten ab.

Der Erbkonflikt um das Einfamilienhaus der Eltern hatte für den Patienten noch aus einem anderen sehr persönlichen Grund eine wichtige finanzielle Bedeutung: Seine zwei Jahre ältere Ehefrau (mit der er bei Ausbruch der Erkrankung noch verlobt war) war Angestellte bei einer Bausparkasse, hatte selbst einen sehr günstigen Bausparvertrag abgeschlossen und die beiden heirateten, als dieser Bausparvertrag zur Zuteilung reif wurde. Das Ehepaar kaufte sich nun mit Hilfe des Ehe-

standsdarlehens, des Spargeldes und des Wohnungsbaukredits eine Eigentumswohnung, die nun natürlich ebenfalls wirtschaftliche Mittel erforderte. Der Schwager des Patienten machte aber gerade mit Hinweis auf diese Eigentumswohnung
geltend, daß es für den Patienten ja jetzt überflüssig wäre, außerdem noch bei der
Erbauseinandersetzung Vorzüge zu genießen.

Auf die Beziehung des Patienten zu seiner Ehefrau werde ich später noch zu sprechen kommen. Die Ehe war überwiegend in einer Art Schwesternübertragung
geschlossen worden und enthielt nicht so viele feindselige Elemente, wie ich
anfangs gefürchtet hatte. Für den Patienten war der Konflikt mit der Mutter und
der plötzliche Tod des Vaters sicherlich das vordringliche Problem. In Anbetracht
seiner Vorgeschichte war die soeben formal skizzierte auslösende Schicksalssituation in typischer Weise zu einer „strukturspezifischen" Versuchungs- und Versagungssituation geworden:

Der Patient war mittleres von drei Kindern und hatte eine fünf Jahre ältere und
eine fünf Jahre jüngere Schwester. Die jüngere Schwester war allerdings schon als
Kleinkind an einer Pneumonie verstorben. Ihr trauerte die Mutter als ihrem
„Engelchen" nach, eine Haltung, die für den Patienten um so belastender wurde,
als er selbst mit etwa zwei oder drei Jahren an einer fistelnden Osteomyelitis
erkrankte, die ihn lange ans Bett fesselte und der Mutter viel umständliche Pflege
abverlangte. Das Gefühl: „Ich bin schuld am Tod der Schwester und an Mutters
elendem Zustand. Es wäre besser gewesen, nicht die Schwester, sondern ich wäre
gestorben", war früh in den Patienten hineingesenkt worden. Der *Vater* des Patienten hatte ursprünglich in einem Rüstungsbetrieb gearbeitet und wurde deshalb
längere Zeit nicht eingezogen. Schließlich kam er doch an die Front und in die
Kriegsgefangenschaft und kehrte erst nach Hause zurück, als der Patient bereits
zehn Jahre alt war. Mit der Rückkehr des Vaters setzten sehr große Schwierigkeiten für die Familie ein. Der Vater konnte beruflich nicht recht Fuß fassen. Die
Mutter, die bis dahin sich und die beiden Kinder allein durchgebracht hatte, fühlte
sich von der Notwendigkeit, nun auch noch den Ehemann mit zu ernähren, sehr
überfordert und sparte nicht mit Anklagen und Vorwürfen. Für den Patienten entwickelte sich ein Doppelproblem: Einmal war er stark schuldgefühlhaft an die
Mutter gebunden, warb um sie und unterwarf sich ihren hochgespannten Leistungsanforderungen. Zum anderen versuchte er dann aber auch, mit dem Vater
in Verbindung zu kommen und sich in irgend einer Weise an ihm zu orientieren.
Dies mißlang völlig. Zwischen dem Patienten und seinem Vater entwickelte sich
ein unnachgiebiger, erbitterter Kampf. Der Vater ließ all seinen Haß, seine Wut
und seinen Zorn an dem Jungen aus, weil die ältere Schwester bereits in der Lehre
war, eigenes Geld besaß und sich dem Vater entziehen konnte. Der Patient hingegen war tief mit der mütterlichen Vorstellung identifiziert, daß der Vater ein
untüchtiger Schädling sei und ein pflichtvergessener Mensch.

Natürlich zog der Junge im Kampf mit dem Vater den kürzeren. Der einzige
Mensch, der ihn dann gegen die Angriffe des Vaters abschirmen konnte, war wiederum die Mutter, die auf diesem Weg für den Patienten noch einmal verstärkt
die Doppelrolle der hilfreichen Beschützerin und der „verfolgenden Hexe" übernahm.

Wie gesagt, entwickelte der Patient vom Vater die Vorstellung, daß es sich um
einen schwachen, untüchtigen und schmarotzerhaften Mann handelte, der von der

Arbeit seiner Frau lebte und der zu nichts nutze war. In Wahrheit hatte sich der Vater jedoch nach zwei schwierigen Übergangsjahren wieder gut im Berufsleben zurechtgefunden und nahm als Werkzeugmacher eine angesehene Position ein. Als er nach dem Tod seiner Eltern über den Lastenausgleich eine gewisse Summe Geldes in die Hand bekam, kaufte er das Einfamilienhaus, in dem die Familie dann lebte. Die Mutter des Patienten hatte sich in ihrer Einstellung zum Mann freilich nicht mehr geändert: Das Familienklima war von Streit und Anklagen beherrscht. Der Patient selbst entwickelte unter den Vorwürfen der Mutter (bei gleichlaufender unbewußter Identifikation mit dem Vater) das Gefühl, ein schuldbeladener Versager zu sein, ein Gefühl, an dem weder seine glänzenden Schulzeugnisse etwas änderten, noch die Tatsache, daß er schließlich nach dem Schulabschluß unter 150 Bewerbern als einziger und jüngster die ersehnte Lehrstelle als Verwaltungslehrling erhielt.

Als der Vater dann nach langjährigen, zermürbenden Streitigkeiten mit der Mutter des Patienten den endgültigen Schritt vollzog, nach Westdeutschland ging und sich von der Mutter trennte, brach für den Patienten, wie er sagte, „eine Welt zusammen". Daß der Vater diesen (vom Patienten selbst unbewußt erstrebten) Schritt gewagt und die Mutter verlassen hatte, dann aber gleich nach der Trennung mit dem Tode „bestraft" worden war, mußte in dem Patienten schwerste Ängste und Schuldgefühle mobilisieren. Die Verwirrung für den Patienten wuchs ins Ungemessene, als die Mutter unvermutet anfing, den Vater nach seinem Tode zu idealisieren und zu glorifizieren und zuleich ihre Entwertungstendenzen verstärkt auf den Patienten zu verschieben.

Soweit man anfangs aus den ersten Berichten des Patienten entnehmen konnte, lag bei ihm ein zentraler, bedrückender Gefühlskonflikt mit seiner Mutter vor. Ein Konflikt, der zwar durch die geschilderten Besitzprobleme aktiviert und damit gewissermaßen auf die Besitzebene verschoben worden war, der aber nur deshalb unlösbar erschien, weil es sich um eine erstarrte Haß-Liebes-Bindung handelte, die von Schuldgefühlen durchsetzt und von Verfolgungsängsten begleitet war.

Zur Prognose und therapeutischen Planung: Aus den bisherigen skizzenhaften Angaben ist jedenfalls unschwer zu entnehmen, daß bei dem Patienten jeder therapeutische Optimismus verfehlt gewesen wäre. Eine chronische Erkrankung mit schleichender Entwicklung, zwei gescheiterte Behandlungsversuche und eine Symptomatik, die die Arbeitsfähigkeit des Patienten auf das Schwerste behinderte, boten sich als überaus ungünstige Faktoren dar. Als ich den Patienten kennenlernte, lebte er von Krankengeld und dem Einkommen seiner Ehefrau. Sein Kommunikationsstil mit schleppendem Tonfall, Wiederholungen und Schachtelsätzen machte das Gespräch mühsam.

Die Gründe, die mich bewogen haben, trotz allem eine nochmalige Behandlung zu versuchen und auch einen ganz bestimmten Behandlungsplan aufzustellen, waren folgende: Ich gewann den Eindruck, daß der Patient die früheren Behandlungen zum überwiegenden Teil deshalb wieder abgebrochen hatte, weil er von dem Gefühl beherrscht war, seine Krankheit sei sein persönliches *Verschulden*, und daß die jedesmal mobilisierten Übertragungsreaktionen dazu führten, daß sich sein Gefühl: Krankheit = Schuld anfänglich nur vertiefte. Ich hielt es für möglich, daß der Patient dem verstärkten Druck seiner Schuldgefühle hatte entkommen wollen und deshalb Zuflucht bei seinen alten Schutzmechanismen suchte, indem er es unternahm, seinen Zwängen „mit dem Willen" zu begegnen. Außerdem hatte ich die Vorstellung, daß der Sprechstil des Patienten beim psychoanalytischen Standardverfahren unüberwindliche Hindernisse aufgebaut hatte, und daß er — zum freien Einfall aufgefordert — die angebotenen Behandlungsstunden mit gequälten (aber psychodynamisch inhaltsarmen) Berichten füllen mußte.

So entschloß ich mich zu folgendem Vorgehen: Ich besprach mit dem Patienten freimütig den Ernst seiner Erkrankung und sagte ihm, daß ich ihm zwar Behandlungsstunden einräumen würde, wenn er selber nachfragte, daß ich aber nach seinen früheren Behandlungsabbrüchen doch Zweifel hätte, ob es ratsam sei, jetzt noch einmal feste Behandlungsstunden zu verabreden. Ich gab dem Patienten in dieser Stunde aber gleichzeitig die Deutung, daß er es nicht wagte, seine Krankheit als Krankheit zu erleben und zu akzeptieren, weil sich dann sein Schuldbewußtsein gegenüber der Mutter nur vertiefen würde. Als der Patient sich nach diesem ersten Gespräch nach vier Wochen meldete, gab ich ihm einen Termin und verfuhr dann das ganze erste Jahr in gleicher Weise: Ich ließ den Patienten regelmäßig selbst wieder anrufen, um einen Zeitpunkt mit mir zu vereinbaren und stellte ihm auch nicht häufiger als etwa einmal im Monat einen Termin zur Verfügung. Über den weiteren Verlauf der Behandlung werde ich im Anschluß an die wiedergegebene therapeutische Episode berichten.

Neurotische Reaktions- und Erlebnisweisen des Patienten: Das Lebensgefühl des Patienten war ganz offenkundig von *Schuldbewußtsein* und *Verfolgungsängsten* beherrscht. In seiner Gesamthaltung hatte er eine gefügige *Unterwerfungstendenz* entwickelt, die von äußerstem Leistungsstreben begleitet war. Das Leistungsstreben des Patienten stand vor allem aber im Dienst der Angstabwehr und der Beschwichtigung von Schuldgefühlen. Bewußtes Geltungserleben war ihm relativ fremd. Dominanz- und Herrschaftswünsche blieben ebenfalls unbewußt und tauchten in Zielvorstellungen und Wunschphantasien kaum auf. Ein starker latenter Leistungsprotest war natürlich daneben aktiv. Außerdem der (auf dem Umweg über die Krankheit) durchgesetzte Wunsch, sich von der Ehefrau ernähren zu lassen.

Verdrängen, Verleugnen und „Verkehrung ins Gegenteil" waren die hauptsächlichsten *Abwehrmechanismen*, begleitet von angstbringenden Projektionen über eine verfolgende Umwelt. In der *mißlungenen Identifikation* mit dem Vater hatte der Patient die schon geschilderten Reaktionen erworben. Wie der Vater sein, hieß:

Ein untüchtiger Schwächling sein.
Vom Verdienst der Frau leben.
Die Frau verlassen.
Zur Strafe sterben.

An der Mutter hatte der Patient in der ödipalen Situation (abgesehen von den geschilderten Schuldgefühlen) eine tiefe Vertrauenslosigkeit erworben, die es ihm später nicht erlaubte, auch nur seiner Ehefrau von dem Ausmaß und der Eigenart seiner Krankheit Mitteilung zu machen.

In seinen *Übertragungsreaktionen* mir gegenüber begann der Patient mit einer scheinbar vertrauenden, in Wirklichkeit aber nur *unterwürfigen Mutterübertragung*, die die Gefahr mit sich brachte, daß der Patient meine Interpretationen mit gefügiger Zustimmung hinnahm, ohne ihnen eine wirklich tiefergehende emotionale Bedeutung zuzubilligen. Allmählich meldeten sich dann die Signale, daß ich in die Rolle der „verfolgenden Hexe" geriet. Als es gelungen war, diese beherrschende Übertragungsreaktion zu deuten und aufzulösen, tauchte eine Weile eine *Vaterübertragung* auf. Der Patient bezweifelte meine therapeutischen Fähigkeiten, hielt mich für untüchtig und brachte Befürchtungen vor, ich könnte mit dem Auto verunglückt sein. Schließlich versuchte er zeitweilig, sich mit mir zu identifizieren und pendelte dann zu einer (nun echt vertrauenden) Mutterübertragung zurück.

Ich vernachlässige jetzt zunächst einmal Einzelheiten über den Verlauf der Behandlung bis zu dem Zeitpunkt, in dem sich die hier wiedergegebene therapeutische Episode abgespielt hat. Ich werde diesen Bericht erst später nachholen. Im folgenden handelt es sich um einen Abschnitt aus der zwölften Behandlungsstunde, die ein Jahr nach meinem ersten Kontakt mit dem Patienten stattfindet:

Der Patient berichtete in dieser Stunde über Ängste vor einem früheren Vorgesetzten, die noch heute in ihm fortleben, obgleich dieser Mann, vor dem er sich einmal so fürchtete, längst aus seinem Gesichtskreis verschwunden ist.

Aus dem Bericht des Patienten entnahm ich einige Signale, die darauf hindeuteten, daß ich selbst in die Dynamik seiner Verfolgungsängste mit einbezogen wurde. Der Inhalt dieser Ängste war vermutlich deshalb ganz besonders heikel, weil er sich zu einem Teil auf den *sekundären Krankheitsgewinn* des Patienten bezog: Der Patient hatte zwar in der alten Firma wieder Arbeit als Bote angenommen, fühlte sich aber durch seine Zwänge vor allem vor der erneuten Beschäftigung in der Lohnbuchhaltung geschützt. Obgleich kein objektiver Anlaß vorlag, schien der Patient doch zu fürchten, daß es von meinem ärztlichen Gutachten abhängen werde, ob er wieder auf dem alten Arbeitsplatz tätig sein müßte, oder ob er Bürobote bleiben könnte. Der Patient übertrug auf mich Züge seiner „Mutterimago": Die Mutter hatte ja den krank aus der Kriegsgefangenschaft heimkehrenden Vater immer bedrängt, mehr zu arbeiten und mehr zu verdienen und hatte außerdem den Patienten selbst bei jeder Kränklichkeit mit schweren Vorwürfen überhäuft.

Der Patient erzählt jetzt über seine Besorgnisse:

„Ich mache mir Gedanken über meine Zukunft bei der . . ., äh . . ., beim . . ., ich hab' mir manchmal schon . . ., äh . . ., vorgestellt, na ja . . ., es ist ja klar . . ., Gedanken darüber ..., wegen meiner Zukunft ..., in bezug auf ... Gedanken gemacht ... Ich hab' mir manchmal schon — so ..., äh ..., vorgestellt — äh —, denn es ist ja nun auch so ..., der Kollege ..., äh ..., den ich da habe ..."

Dieses kurze Bruchstück aus den Mitteilungen des Patienten bringt eine blasse Vorstellung von dem schleppenden und umständlichen Kommunikationsstil, der den Patienten zu Beginn der Behandlung noch sehr viel mehr auszeichnete als jetzt im Augenblick. In den früheren Stunden habe ich den Patienten so gut wie nie unterbrochen, sondern sehr geduldig zugehört und abgewartet, bis er seine Mitteilungen hervorgebracht hatte. Allerdings wäre mir eine Aufforderung an den Patienten zum sogenannten „freien Einfall" doch sehr ungünstig erschienen, da sich dann die Stunden mit langatmigen, aber nichtssagenden Berichten gefüllt hätten. In der heutigen Stunde kann ich anders verfahren: Ich hatte den Patienten schon früher zweimal auf seine vielen Unterbrechungen, Wiederholungen, Schachtel- und Nebensätze aufmerksam gemacht und hielt den Zeitpunkt für gekommen, ihn jetzt etwas anders zu behandeln.

Ich: Was — sagen Sie — haben Sie sich vorgestellt?

Pat.: Äh ..., daß ..., wenn ich ... also hinkomme ..., beziehungsweise, wenn meine ..., äh ..., ich habe mir das so gedacht ..., ob eine — äh — ärztliche Untersuchung — und eben ..., da ...
(Ich lasse dem Patienten wieder keinen freien Lauf in seinen zwanghaften Formulierungen, spreche aber in sehr anteilnehmendem Tonfall:)

Ich: Was haben Sie sich vorgestellt?

Pat.: Ja ..., daß ich praktisch also ... wieder mit dem Herrn ..., dem Herrn ..., dem ..., der ..., na ..., das wissen Sie ja ...

Ich: (Greife wieder auf den Anfang zurück und sage mit etwas Nachdruck) Sie wollten mir erzählen, was Sie sich vorgestellt haben!?

Pat.: Ja, daß ich mit dem Herrn ..., Sie wissen ja ..., mit dem Herrn ..., da ... (Pause).

Ich: Erneut nachdrücklich) Ja? ... Und *was* stellen Sie sich da vor?

Pat.: (Er rückt endlich mit seinen Ängsten heraus.) Daß der ..., daß der mich wieder da ..., wieder ..., da ... *so fertig macht:* ... Wie damals, als er ... da ... von der *Rückversetzung nicht abging* ... Und daß er eben dann auch sagte: „Sie kommen jetzt einfach wieder hierher". (Der Patient spricht jetzt flüssiger.) ... und daß ich dann nicht die Kraft habe, ihm da etwas entgegenzusetzen.

Ich: (Will jetzt sowohl auf diese Ängste, wie auf die aus ihnen entspringende Behinderung in der Mitteilung eingehen.) Also, diese Ängste müssen sehr groß sein ...! Aber ... das wollte ich Sie schon mal fragen ..., wenn Sie mir das jetzt erzählen wollen ..., dann machen Sie ja *sehr viele Nebensätze*, bis alles raus ist.

Pat.: (Eifrig) Ja! Das sagten Sie letztens schon! Ja ..., richtig! Ich mache lauter Nebensätze!

Ich: Ich habe den Eindruck, daß diese Nebensätze Ihnen helfen, mit den Ängsten besser fertig zu werden ... Kann das wohl sein ...?

Pat.: (Überlegt, dann sehr nachdrücklich) Jaa! Ja, doch! Ja ... Das ist so, daß ich mich mit diesen Nebensätzen gewissermaßen ... so ... abreagiere! (Überlegt etwas) ... Genau so ..., wie das doch vielleicht auch so ... mit dem Waschzwang ist. (Pause)

Ich: Also ... Verstehe ich Sie richtig? Um das ganz Schlimme nicht sagen zu müssen, nämlich daß der Herr X. Sie wieder fertigmacht ...?

Pat.: (Unterbricht mich) Daß ich dann vom eigentlichen Thema abkomme! Ja ...!

Ich: Können Sie das nachfühlen, wenn ich das so sage? Daß die vielen Nebensätze gegen die Angst helfen sollen ...? Das ist ja von mir zunächst einmal nur so eine Theorie!

Pat.: Ja ...!!! Ja! Das kann ich ...! Denn — wie gesagt — ich vergleiche das damit, daß ich ja auch, wenn ich eine Sache zu Hause erledigen ... will. Da bauen sich ja dann auch ..., bevor ich die Sache beginne ..., doch immer Schwierigkeiten auf. Und ehe ich die dann abgebaut habe und mich dazu durchgerungen habe, die Sache anzupacken, da mache ich ja dann auch erst mal dies und jenes. Auch eben unter anderem, daß ich mich dann wasche ...

Ich: Es könnte Ihnen vielleicht helfen, wenn wir ergründen, *was* Sie fürchten, wenn Sie einen Satz sagen ...? Dann brauchten Sie vielleicht nicht mehr soviel Kraft mit Ausweichen und Nebensätzen.

Pat.: (Mit viel Nachdruck) Ja ..., ja! Da muß man dahinterkommen ...! Ja ...! Das ist praktisch immer noch die Angst ... Ich habe eben immer Angst davor, daß ich zu der alten Lohnbuchstelle wieder zurück muß, und daß es dann wieder so losgeht wie früher! Und vielleicht noch in verstärktem Umfang ... Ich meine, die Zwänge sind ja nun praktisch ..., ich meine, der Waschzwang, das ist ja noch da, aber *viel besser*, aber auch noch da ... Aber ich komme ja mit den Zahlen nicht mehr so in Berührung, wie in der Lohnbuchhaltung.

Der Patient hatte offenbar sagen wollen, daß der Waschzwang praktisch verschwunden ist, nimmt diese Mitteilung aber wieder zurück. Ich lasse den Patienten also noch ein wenig über seine Ängste sprechen und meine zugleich, daß sich aus seinem Verhalten einige Merkmale ablesen lassen, die auf eine angstgetönte *Übertragungsreaktion* hindeuten. Ich merke mir an, daß ich mit dem Patienten einige Zeit später besprechen will, ob er vielleicht Angst hat, daß *ich* ihn wieder zu der alten Arbeit zurückschicke, obgleich er noch krank ist. Als der Patient noch einmal von seinen Ängsten angefangen hat und von der Besorgnis, daß er wieder auf die alte Dienststelle zurück muß, obgleich er den dortigen Aufgaben nicht gewachsen ist, sage ich schließlich:

Ich: Da müßten Sie doch eigentlich Angst haben, überhaupt wieder ganz gesund zu werden, wenn Sie sich vor der Dienststelle so fürchten?

Pat.: (Vertrauend) ... Ja, richtig! Das stimmt. Ich möchte —, ... es ist klar ...! Einmal möchte ich gesund werden! Das ist ganz normal ...! Klar ...! Andererseits habe ich dann doch wieder Angst ..., äh — also nicht, daß ich gesund werde..., sondern daß ich dann eben..., daß ich dann eben..., daß ich dann zur alten Dienststelle doch wieder zurück muß...! Und ich hab' dann aber doch wieder die Angst, daß ich es dann... eben... nicht... schaffe!

Ich: Natürlich. Sie müßten aber auch Angst haben..., vielleicht..., daß *ich* nicht ganz merken könnte, ob Sie noch krank sind, oder nur halb oder dreiviertel gesund? Und daß ich —, wenn es Ihnen nur ein bißchen besser geht, mir die Hände reibe und sage: Jetzt kann er wieder die alte Arbeit machen.

Pat.: (Gedehnt) Jaaa.

Ich: (Vorsichtig) Ist das so?

Pat.: (Sehr bewegt, aber stockend) Ja, na ja! Also ich..., bewußt..., bewußt... nicht!... Bloß..., wenn Sie das... also... jetzt so sagen, ich meine..., ich muß mir das natürlich noch genau überlegen... Aber ich glaube doch..., da ist..., da ist... *tatsächlich was dran!*

Ich: Da ist was dran, nicht wahr?

Pat.: (Nachdrücklich) Ja, da ist was dran!

Ich: Muß eigentlich! Seh'n Sie mal, Sie haben ja anfangs Ihre eigene Krankheit nie ganz ernst genommen! Sie haben immer gedacht, das ist eine Willenssache! Also müßten Sie ja eigentlich jetzt auch fürchten, daß ich nicht ganz genau merke, ob Sie noch krank sind.

Pat.: Jaaa..., ja, doch...! Bestimmt...! Doch..., ja... Das spielt dabei 'ne Rolle..., also — also nun nicht so bewußt..., also ich denke das nicht immer *so genau*..., aber unbewußt, unbewußt glaube ich, spielt das eine Rolle!

Ich: Dabei bin ich nicht einmal sicher, ob es für Sie gut wäre... Ich meine, wenn Sie vollkommen gesund wären und keine Zwänge mehr hätten — auch keine Zwänge mehr mit Zahlen — ob dann die alte Arbeitsstelle *der richtige Platz* für Sie wäre!

Pat.: Ja, sicher, ja! Das habe ich mir ja auch schon überlegt. — Ich habe mir ja auch schon überlegt... Wir sprachen ja auch schon darüber, ich habe mir überlegt, was ich nun stattdessen machen kann...! Machen *könnte*..., vielleicht.

Der Patient erzählt jetzt, was er an Berufsplänen hätte, wenn er nicht mehr von Zwängen heimgesucht wäre. Dann kommt er noch einmal auf die Krankheit zu sprechen und die Vorwürfe, die er sich früher immer gemacht hat.

Ich sage dazu: Also die ganz schlimmen Selbstvorwürfe, wie früher, das ist besser?

Pat.: Gemindert hat sich das! Bestimmt!

Ich: Aber noch nicht aufgehoben?

Pat.: Nein, noch nicht aufgehoben.

Ich: Wahrscheinlich ist es für Sie schwierig..., wenn Sie sich mal besser fühlen, dann machen Sie sich gleich Vorwürfe, daß Sie nun nicht arbeiten. Und wenn Sie sich besser fühlen, dann ist das Schuldgefühl gleich wieder größer?

Pat.: Ja, richtig!

Ich: Ist das so?

Pat.: Ja, wenn ich mal mehr Zeit habe und mich nicht stundenlang gewaschen habe, dann denke ich gleich, das ist nicht richtig! Ich muß doch arbeiten.

Ich: Also . . . waschen ist arbeiten . . .? Ja? (halb lachend) Also dann können Sie ja eigentlich gar nicht ganz gesund werden, so vor Ihrem eigenen schlechten Gewissen! Da können Sie sich das doch gar nicht erlauben!

Pat.: (Eifrig) Ja . . ., ja, richtig! Wenn es mir besser geht, dann kommt das Schuldgefühl wieder!

Ich: Also Gesundheit können Sie sich dann eigentlich wirklich gar nicht leisten?

Pat.: (Hat verstanden, daß ich einen halben Scherz mache, hinter dem aber tiefer Ernst steckt.) Ja, richtig! (Lacht jetzt halb mit.) Gesundheit kann ich mir nicht leisten . . ., richtig . . ., Gesundheit kann ich mir eigentlich nicht leisten. Ja! Aber . . . (beunruhigt), ja . . ., aber wie . . ., wie (sehr beunruhigt) . . ., wie . . ., aber wie komme *ich denn da wieder heraus?!*

Ich lasse eine Schweigepause eintreten und sage erst nach einer Weile:

Ja! — — Das ist schwierig . . . Da müssen wir wohl nach irgend einem Türchen suchen, das uns wieder herausführt . . . Das ist eine echte Zwickmühle!

Pat.: Ja.

Ich: Ich sehe gar keine andere Möglichkeit, als daß Sie sich . . . (Ich lächele den Patienten sehr freundlich an.) . . . (Pause) . . . Wenn Sie sich nicht wenigstens einmal . . . *eine längere Zeit* hindurch erlauben, gesund zu sein und *faul* . . . (Ich lache wieder etwas.)

Pat.: (Lacht mit) Ja, *gesund und faul,* das wär' schön . . .!!! (Denkt nach) . . . Daß ich also mal praktisch — echt *einen Gewinn* für mich hätte. Also so für mich! Daß ich dann mal eben nichts tue und mal 'ne halbe Stunde oder Stunde so nur mich ausruhe.

Ich: *Und wohlfühle!* Nicht wasche!

Pat.: Ja . . ., wohlfühle!

Wir spinnen jetzt das Thema „gesund, faul und wohlfühlen" noch ein bißchen gemeinsam aus, und ich riskiere schließlich eine Übertragungsdeutung. Der Patient hatte nochmals davon gesprochen, daß er Angst hat, er müßte auf der alten Dienststelle wieder arbeiten. Ich gehe erneut auf diese Ängste ein und suche dann schließlich nach einem Weg, um das Mißtrauen des Patienten mir gegenüber ins Gespräch zu bringen, ohne sofort sein Schuldgefühl zu mobilisieren. Ich schlage dem Patienten also zunächst einen „harmlosen" Grund vor, warum er mir mißtrauen könnte und sage:

Ich: Nur . . ., es scheint mir, Sie haben vielleicht auch *mir* gegenüber Angst! Sie können mir nicht so ganz trauen . . .! Oberbewußt *ja!* Aber im Tiefsten denken Sie vielleicht: Die sagt das zwar, aber sie kann sich vielleicht nicht so durchsetzen! Und es läuft alles ganz anders.

Pat.: (Lebhaft) Ja!!!

Ich: Ja?

Pat.: Das ist ... Ja ...! Nein ...! Ja ...! (Noch lebhafter) Das möchte ich *nicht* von der Hand weisen ... Ja ... Also, das möchte ich *nicht ausschließen!* Manchmal ... Sie haben mir das ja auch schon gesagt, daß ich da nicht gegen ärztliches Anraten dort arbeiten soll ... Aber ...

Ich: (Bin jetzt schon direkter.) Ja ..., ich meine, Sie könnten denken, ich sage dann doch, Sie sollen da wieder arbeiten.

Pat.: (Zögert etwas; schließlich ...) Daran wird auch etwas sein ...! Ja ..., daran wird, äh — auch — äh — etwas sein (wird wieder lebhaft). Ja ...! Ja ..., möcht ich nicht ..., möcht ich auch *nicht ausschließen.*

Ich: (Wiederholend) Also diese Furcht ist doch wirklich da?

Pat.: Ich möchte sagen, ich habe jetzt vor der Dienststelle bald mehr Angst ... als vor meiner Mutter damals.

Ich: (Nochmals ganz direkt.) Oder *vor mir?* Daß ich doch sage, Sie müssen da wieder arbeiten?

Pat.: (Wird tief verlegen.) Na ja ...! Vielleicht ein bißchen ...! (Überlegt jetzt.) Also ..., daß ich das vielleicht so sehe ...: Damals war ich so von meiner Mutter abhängig ...! Und daß ich ... (Der Patient wird jetzt sehr rot.) Ich meine ..., es hört sich etwas schief an ..., aber ... jetzt bin ich so, jetzt bin ich doch so ..., bin ich doch *von Ihnen* ... so ein bißchen abhängig ... Ja ...! Doch ...! Ja! Das will ich auch *nicht ausschließen* ...! Ich glaube auch, daß das doch eine Rolle spielt!

Ich: Ja! Das tut es.

Pat.: Nein ... Ja ... Ich will das nicht ausschließen!!!

Ich: Nur ..., es ist gut! Wenn wir das jetzt hier so besprechen, wird es ja klarer. Denn Sie dürfen ja eigentlich überhaupt nicht richtig gesund werden, wenn Sie sich auf mich nicht wirklich verlassen können und sicher sein, daß ich Sie nicht halb- oder dreiviertelkrank und nur ein bißchen besser als früher wieder zur alten Arbeit schicke.

Pat.: Ja! Ja, richtig ...!!! Wenn ich ..., also angenommen, wenn ich sagen würde ..., und ich habe ja Hoffnung ..., wenn ich also sagen würde, es geht mir wunderbar ..., daß Sie dann sagen würden: Na, das ist ja schön, dann können Sie ja zur Arbeit wieder zurück.

Ich: Hm.

Pat.: Ja, so ist das!

Ich: Ich würde das ärztlich ja für einen sehr schweren Fehler halten. Aber das Problem ist, daß Sie nicht sicher sind, ob ich diesen Fehler nicht *aus Versehen* mache.

Pat.: (Ist jetzt sehr tief verlegen, hält aber tapfer durch.) Ja, ja, das spielt ..., das spielt doch eine sehr große Rolle.

Ich riskiere jetzt noch ein Stück weiterer Interpretation, die nicht nur auf die Ängste vor der Arbeitsantreiberei der Mutter, sondern auch auf Ängste vor *Verfolgung* abzielt. Ich benutze dafür die „Auswahlinterpretation" mit dem Angebot verschiedener Möglichkeiten.

Ich: Oder ist es vielleicht sogar so, daß Sie nicht nur denken, ich mache einfach einen Fehler und merke nicht, was los ist, sondern daß Sie denken, ich sitze da wie die Hexe im Märchen und warte, bis Hänsel fett genug ist, um schließlich in den Topf zu kommen?

Pat.: (Gerät in heftige Erregung, die sich halb in Lachen entlädt, ruft dann, um mich seines Vertrauens zu versichern:) Nein, nein! Das nicht!

Ich: (Halb zweifelnd) Na?

Pat.: Na ja . . ., unbewußt . . ., unbewußt . . . (lacht jetzt stoßweise, um dann halb erlöst zu sagen): Na . . ., vielleicht doch!

Wir sprechen jetzt noch eine Weile über die Ängste vor der Mutter, vor der Arbeit und vor mir, und ich sage schließlich:

Ich: Ich denke, Sie haben sich bis jetzt noch nicht richtig klargemacht, daß ja ein sehr langes Stadium kommen wird, in dem Sie *nur halb gesund* sind, obgleich Ihre Umwelt Sie schon für richtig gesund hält. Und daß Sie in dieser Zeit immer große Angst haben müssen, vor die alten Aufgaben gestellt zu werden.

Pat.: Ja . . .! Ja, richtig! Ich habe immer gedacht, wenn ich nur halb gesund bin und dann alles nicht mehr schaffe und dann wieder zurückfalle, so wie damals, als ich in die Klinik mußte. Das war so fürchterlich, das war die dunkelste Zeit meines Lebens . . . Ich meine — man sagt das so leicht — aber ich denke das manchmal wirklich, ich denke, das würde ich dann nicht überstehen. Das war das dunkelste Kapitel in meinem Leben. Und das meine ich, steht eben immer vor Augen. Da hab ich solches Grauen davor.

Ich gewinne nach diesem Gesprächsabschnitt den Eindruck, daß die Vertrauensbrücke zwischen dem Patienten und mir noch fester geworden ist, und daß er einen Teil seiner unbewußten Befürchtungen verstanden hat und sie langsam abbauen wird. Ein Rückgriff auf die in dieser Stunde durchgeführte Übertragungsdeutung erweist sich in späteren Behandlungsstunden immer wieder einmal als hilfreich und notwendig.

Nun hatte ich eingangs gesagt, daß diese therapeutische Episode aus der zwölften Behandlungsstunde stammt, und daß der Patient nicht häufiger als einmal im Monat gekommen ist. Ich bin jetzt darauf vorbereitet, daß skeptische Leser mir keinen Glauben schenken werden, wenn ich die Ansicht mitteile, daß die vom Patienten erlebte Besserung seines Waschzwanges auf diese so selten und in so großen Abständen eingesetzten therapeutischen Stunden zurückzuführen ist. Ich würde mich mit einer solchen Behauptung auch kaum an die Öffentlichkeit wagen, wenn nicht Tonbandaufnahmen von hoher Überzeugungskraft als Dokumente vorlägen und auch von anderen erfahrenen Kollegen beurteilt werden könnten.

Im Falle dieses Patienten möchte ich betonen, daß ich mit meinem Vorschlag für selten angesetzte und nach freier Wahl des Patienten verabredete Stunden, seinen Ängsten und seinem „Widerstand" entgegenarbeiten wollte. Für den Patienten bedeutete ja der Beginn einer intensiven, regelmäßigen psychoanalytischen Behandlung mehrerlei und hatte zwei sehr verschiedene bedrohliche Aspekte: Einmal hieß für den Patienten Kranksein zugleich „Schuldig sein" und der Beginn einer Behandlung hieß für den Patienten nicht mehr und nicht weniger, als den eigenen Schuldspruch zu unterschreiben. Gleichzeitig bedeutete eine Behandlung für den Patienten aber auch, daß er — genau wie früher der Vater — trotz Krankheit zur Arbeit angetrieben würde und daß die Gesundung ihm nur erhöhte Leistungsanforderungen eintragen könnte.

Die Lösung, die der Patient für sich im neurotischen Arrangement gefunden hatte, sah folgendermaßen aus: Nach dem geschilderten vergeblichen Abwehrkampf gegen seine Zwänge und der zwangsweisen Rückversetzung zur alten Lohnbuchstelle durch den gefürchteten Personalchef, hatte er zunächst gekündigt, um dann die Arbeit als Beifahrer aufzunehmen und überwiegend von dem Einkommen seiner Frau zu leben. Damit wiederholte der Patient eine Etappe aus dem Schicksal seines Vaters: Als kränklicher Mann machte er krampfhafte Anstrengungen, um trotzdem zu arbeiten und ertrug die Sticheleien seiner Mutter, die ihn wegen der untergeordneten Tätigkeit, die er nun ausführte, mit abschätzigen Bemerkungen bedachte. Gleichzeitig überließ er es der Ehefrau, den wichtigsten Anteil für den Lebensunterhalt herbeizuschaffen und die Abzahlungsleistungen für die Eigentumswohnung zu übernehmen.

Ich bin sicher, daß es von großem therapeutischen Wert gewesen ist, daß ich den Patienten fühlen ließ, wie sehr mir zwar an seinem Wohlbefinden gelegen war, wie wenig es mich aber kümmerte, ob er als Bote oder als Buchhalter tätig sei, und daß ich auch keine noch so verborgenen Gedanken hegte, die die *berufliche Entlastung der Ehefrau* anstrebten. Die weitmaschig angesetzten Behandlungstermine waren für den Patienten in gewisser Weise eine Garantie dafür, daß ich ihm keine schnelle Gesundung (sprich: Arbeitsfähigkeit) aufdrängen wollte, sondern daß ich mich nur für ihn bereit hielt, wenn er selbst den Kontakt mit mir suchte.

Vielleicht sollte ich hier einflechten, daß mein eigenes Erinnerungsvermögen mir erlaubt, auch bei großen Intervallen zwischen den therapeutischen Sitzungen die Verbindung zu einem Patienten aufrecht zu erhalten und mich bei einer neuen Begegnung ohne Mühe wieder in seinen Lebensproblemen zurechtzufinden. Da es oft vorkommt, daß ich die Informationen des Patienten aus einer zurückliegenden Stunde besser behalte als der Patient selbst (wie gesagt, auch bei mehrwöchigen Zwischenräumen), kann sich in dem Patienten ein Gefühl der Sicherheit entwickeln, dem ich eine beträchtliche therapeutische Wirkung zuschreibe.

Unabhängig von dieser Tatsache verliefen die einzelnen Behandlungsstunden mit dem Patienten außerordentlich intensiv: Die wichtigsten *Themen*, die in diesen ersten zwölf Stunden zur Sprache kamen, waren die Beziehungen des Patienten zu seiner Mutter, der Tod der fünf Jahre jüngeren Schwester und die Vorstellung des Patienten, daß es besser gewesen wäre, der Tod hätte *ihn* als Kind ereilt und nicht die Schwester. Gleichzeitig kam fast in jeder Stunde der Tod des Vaters zur Sprache, die unglückliche Streitehe der Eltern und die vermeintliche berufliche Untüchtigkeit des Vaters. In der dritten Stunde wurde die Beziehung der Mutter zur älteren Schwester und zum Schwager des Patienten aktuell und tauchte in allen späteren Stunden wieder auf. In den letzten sechs Stunden — als der Patient wieder bei seiner alten Firma begonnen hatte — trat die Auseinandersetzung mit Vorgesetzten und Kollegen mehr in den Vordergrund. Wichtiges Thema waren auch die zukünftigen Berufspläne des Patienten: Bezeichnenderweise wollte er gern eine Arbeitsstelle finden, auf der er etwas mit „Vermögensbildung" zu tun hätte, wußte aber, daß er durch seine Zahl- und Kontrollzwänge an einer solchen Tätigkeit gehindert sein würde.

Stundenzahl und Stundenverteilung: Der Patient hat insgesamt 42 Behandlungsstunden gehabt, die sich über drei Jahre verteilten. Die ersten eineinhalb Jahre kam der Patient alle vier Wochen. Nach einer wichtigen inneren Wende im Erleben der Mutter gegenüber, bat der Patient dann um häufigere Sitzungen, die ich ihm zur Verfügung stellen konnte. Nach einem halben Jahr verabredeten wir wieder monatliche therapeutische Sitzungen, da nun inzwischen die Zwänge bis auf geringe Reste geschwunden waren und der Patient nur noch Festigung und Absicherung haben wollte.

Zum Behandlungsverlauf: In den ersten Behandlungsstunden habe ich es vorsichtig vermieden, mit dem Patienten über seinen verdrängten Haß und die feindseligen Gefühle der Mutter gegenüber zu sprechen. Die zugrunde liegende tiefe Mutterbindung bei dem Patienten kam zunächst ins Gespräch, allerdings immer im gleichen Zusammenhang: Die Enttäuschung des Patienten, daß die Mutter seine Schwester und den Schwager so bevorzugte, beziehungsweise sich von den beiden alle nur erdenklichen Unfreundlichkeiten gefallen ließ. Der Patient wußte selbst, wie tief er mit seiner Mutter identifiziert war und sagte etwa: „Ich war ja so mit meiner Mutter eins, daß jeder Vorwurf, der die Mutter traf, auch mir zu gelten schien". Ich konnte dem Patienten eine Deutung über die eigentümliche Doppelkonstellation zwischen seiner Mutter, seiner Schwester (dem Schwager) und ihm selbst geben: Die Mutter hatte „sklavische" und unterwürfige Haltungen der Schwester und dem Schwager gegenüber, ließ sich von denen zu Putzarbeiten ausnutzen und holte sich beim Patienten wieder herein, was sie in Tochter und Schwiegersohn investierte. Der Patient selbst (in Identifikation mit seiner Mutter) nahm *der Mutter gegenüber* die gleiche sklavische und unterwürfige Haltung ein und ließ sich ausnutzen. Von seiner Ehefrau holte er sich all das wieder, was er in die Mutter investierte.
Die Erkenntnis dieser Konstellation war für den Patienten zunächst ein großer Schock, dann aber auch eine weiterführende Befreiung: Er rückte mit einigen Berichten darüber heraus, wie er doch schon als Junge gelegentlich

gegrübelt hatte, ob die Mutter wohl immer im Recht gewesen wäre, wenn sie den Vater so herunterputzte und abwertete. Der Patient machte jetzt erste schüchterne, dann aber hartnäckigere Versuche, die Anschuldigungen der Mutter zurückzuweisen und brachte es auch über sich, nach einigen heftigen Auseinandersetzungen nicht sofort wieder bei der Mutter um Gunst und Gnade zu bitten. Gleichlaufend nahm er auf dem Arbeitsplatz eine etwas festere Haltung ein, ließ sich nicht immer die ungünstigsten Schichten zuschieben und protestierte auch, wenn man von ihm verlangte, die Krankheit oder die Faulheit eines Kollegen durch eigene (unbezahlte) Überstunden auszugleichen. Daß ich in dieser Periode für den Patienten ein „Mutterersatz" geworden war, schien auf der Hand zu liegen. Ich konnte die anfänglichen unterwürfigen Elemente in dieser Übertragung insofern nutzbar machen, als ich mich zwar in der Mutterrolle befand, aber doch für den Patienten günstige Vorstellungen über sein Wohlbefinden und seine Lebensführung hegte. So übernahm der Patient anfänglich meine Ermunterungen zu Selbstdurchsetzung und Selbstverteidigung mehr aus Gefügigkeit, um dann gewissermaßen „auf den Geschmack zu kommen", und weil er merkte, daß ihm diese seine Entwicklungsschritte *meine Anerkennung* eintrugen.

Bis zu der geschilderten therapeutischen Episode, in der ich die Verfolgungsängste des Patienten deuten konnte, blieben allerdings seine starken Schuldgefühle der Mutter gegenüber aktiv. Ein Jahr später erzählte der Patient außerdem, daß er auch mir gegenüber bis zu diesem Zeitpunkt nicht ohne schwere Peinlichkeit von seiner Krankheit habe sprechen können.

Die Interpretation von der „verfolgenden Hexe" aus Hänsel und Gretel war mir natürlich nicht nur wegen der allgemeinen Verfolgungsängste des Patienten in den Sinn gekommen, sondern auch wegen der begleitenden *Schwesternproblematik*, die ja bislang nur unter dem Gesichtspunkt zur Sprache gekommen war, daß die Mutter die Schwester bevorzugte und ihr diente. Im Märchen ist die Schwester eine hilfreiche Figur, und in dieser Behandlungsstunde konnte nun auch der *positive Aspekt*, den die Beziehung des Patienten zu seiner Schwester hatte, neu ins Gespräch kommen. Tatsächlich war die Schwester des Patienten keineswegs die Tyrannin, vor der die Mutter in sklavischer Abhängigkeit zitterte. Die Schwester war selbst eher eingeschüchtert und hatte sogar hilfreiche und ganz gewiß auch pflichttreue Züge. Sie war lediglich ihrerseits durch die Ehe in einen schwierigen Ambivalenzkonflikt geraten.

Als diese Probleme besprochen worden waren, ergab sich für mich in den nächsten Behandlungsstunden eine fast unvermutete Weiterentwicklung: Der Patient kam auf seine Zahlen-Kontrollzwänge zurück. Er fand — mit nur sehr geringen interpretierenden Einhilfen von meiner Seite — heraus, daß er ja angefangen habe, unaufhörlich Konten zu vergleichen und nach Fehlern in diesen Konten zu suchen, als der *Geldkonflikt* mit seiner *Mutter* begann. Der Patient sagte schließlich zusammenfassend: „Ich habe Fehler gesucht, wo gar keine waren, weil ich mich nicht getraut habe, den Fehlern dort nachzuspüren, wo sie wirklich existierten".

Es war diese Entwicklungsperiode, in der der Patient meine therapeutische Hilfe vermehrt benötigte. Wir besprachen, daß er Mühe genug gehabt hatte, sich von den Vorwürfen und Kränkungen der Mutter freizumachen und zu verstehen, daß sie sowohl ihm wie auch dem Vater Unrecht getan hatte. Bei seiner großen Zuneigung zur Mutter („Mutti hat ja schließlich wirklich so viel für mich getan") würde es aber noch schwieriger sein, der Mutter einen wirklichen Betrug und ein Übervorteilen des Patienten nachzuweisen. Tatsächlich bekam der Patient in dieser Periode einen nicht unbeträchtlichen Rückfall und mußte sich wieder vermehrt waschen, ganz zu schweigen von den Zahlen-Kontrollzwängen, die er ja nur durch die Boten- und Beifahrertätigkeit umgangen, aber nicht etwa beseitigt hatte. Der Patient scheute sich vor einer konkreten Aufrechnung jener Zahlungen, die er für das Haus der Mutter geleistet hatte, kündigte in dieser Periode sogar die alte Botenstellung bei seiner Firma und fühlte sich hoffnungslos — zeitweilig suicidal.

Ich versuchte jetzt zu ergründen, ob für den Patienten die Trennung von der Mutter wirklich das zentrale Problem war, oder ob er nicht vielleicht gleichzeitig auch von der *Ehefrau wegstrebte*, an die er durch die Eigentumswohnung und durch seine Krankheit gebunden war. Der Patient hatte immer betont, daß die sexuelle Beziehung zwischen ihm und seiner Ehefrau voll befriedigend wäre. Die Ehefrau nahm Ovulationshemmer und wollte — genau wie der Patient — keine Kinder. Der Patient arbeitete jetzt schließlich selbst heraus, daß er in der Beziehung zu seiner Frau einen Teil vom Schicksal seines Vaters nacherlebte, und daß er außerdem mit ihr so umging, wie die Mutter lange Zeit mit ihm umgegangen war. Die Demütigungen, die der Patient sich durch sein eigenes unbewußtes Arrangement (vermeintlich) eingehandelt hatte, trieben ihn zu Phantasien, noch einmal mit einer anderen Frau „ganz von vorn anzufangen". Erst als der Patient merkte, wieviel er in seine Ehefrau hineinprojizierte, und daß seine Frau tatsächlich sehr viel mehr der Schwester glich (die im Grunde auch ein recht ängstlicher Mensch war), als daß sie die fordernden und abwertenden Züge der Mutter hatte, festigte und vertiefte sich die Beziehung des Patienten zu seiner Frau beträchtlich.

Erst in dieser Phase konnte der Patient eine genaue Aufstellung von den Beträgen machen, die er seinerzeit für das Haus der Eltern geleistet hatte, und es ergab sich, daß diese Summen im Erleben des Patienten riesige Dimensionen angenommen hatten, während sie in Wahrheit doch in relativ bescheidenem Rahmen geblieben waren. Die aufgeblähten Phantasien des Patienten über den Betrug der Mutter und die Schädigungen, die er erlitten hatte, erwiesen sich tatsächlich als eine „Verschiebung" auf die finanzielle Ebene, während sich der wahre Konflikt im Bereich von Zuneigung, Liebe und Anerkennung abgespielt hatte.

Die Zahlenkontrollzwänge des Patienten gingen in dieser Zeit auf ein Minimum zurück und erlaubten ihm eine neue Berufsplanung, die nun allerdings doch in „strukturspezifische" Bahnen geriet: Der Patient bewarb sich beim Finanzamt als Ausbildungsanwärter und konnte — wenn auch über sich selber schmunzelnd — seine Wünsche, andere zu kontrollieren und ihnen einen Teil ihres Geldes wieder abzunehmen, bei dieser Berufslaufbahn befriedigen.

Fall 5: Patient K. T., 27 Jahre, verheiratet, dreijähriger Sohn, abgebrochene Lehre als Autoschlosser. Ungelernter Arbeiter. Zur Zeit Umschulung als Industriekaufmann. Eigene Wohnung.

Symptomatik: Rückversicheruns-, Wiederholungs- und Ordnungszwänge
    Schizoid-zwangsneurotische Struktur.
Beginn und Dauer der Symptomatik: Schleichend, 10 Jahre.
Auslösende Situation: Kaum feststellbar. Beginn der Lehre?
Prognose: Sehr fraglich, Berentung wird diskutiert.
Stundenzahl: 46.
Dauer der Behandlung: 3½ Jahre.
Behandlungsergebnis: Günstige strukturelle Entwicklung mit Fortfall der
    Symptomatik.
Katamnese: Nach zwei Jahren. Stabiler Behandlungserfolg.
Die therapeutische Episode bringt: Endphase der Behandlung. Durcharbeiten.
    Rückgriff auf frühere Übertragungsdeutungen und Klärung einer aktuellen
    Partnerproblematik. (Retentive Haltungen. Angst vor dem Unberechenbaren.)

Zur Symptomatik und Vorgeschichte: Auch dieser Patient — 27 Jahre alt und ungelernter Arbeiter nach abgebrochener Autoschlosserlehre — wurde wegen einer ausgedehnten Zwangssymptomatik (s. o.) überwiesen, die sich im Verlaufe der letzten zehn Jahre schleichend entwickelt und kontinuierlich verschlechtert hatte, bis der Patient als Akkordarbeiter, der er war, hoffnungslos hinter allen anderen ins Hintertreffen geriet. Der Patient war, als ich ihn kennenlernte, krankgeschrieben. Der bisher behandelnde Arzt hatte bereits angedeutet, daß der Patient vielleicht eine Frührente beantragen müßte. Der Patient selbst hoffte aber, daß ihm vom Arbeitsamt eine Möglichkeit für einen Ausbildungslehrgang als Industriekaufmann geboten würde.

Eine *auslösende Situation* ließ sich bei der langen Dauer der Symptomatik im ersten Gespräch nicht ausfindig machen. Zeitlich fiel der Beginn der Symptomatik mit der Schulentlassung und dem Beginn der Lehre zusammen. Es hatte in bezug auf die Zwänge eine Spontanbesserung gegeben, als der Patient eine Phase der Verwilderung durchlebte: Er brach die Lehre ab, schloß sich einer Jugendgruppe an, die sich durch Buntmetall-Diebstähle und andere Delikte Geld verschaffte, verließ diese Gruppe dann aber wieder und arbeitete schließlich als ungelernter Arbeiter in einer Autofabrik.

Die *Vorgeschichte* des Patienten war sehr belastend: Sein Vater war gleich nach seiner Geburt verstorben. Die Mutter heiratete erneut, geriet aber an einen jähzornigen und unberechenbaren, mehr oder weniger arbeitsscheuen Mann, der sie zwang, das Geld für den Familienunterhalt zu verdienen. Die Mutter hatte eine schwachsinnige jüngere Schwester, die sie mit in den Haushalt aufnahm und der sie die Betreuung des kleinen Kindes überlassen mußte, während sie selbst arbeiten ging. Der Patient wurde also als kleiner Junge ganz überwiegend von dieser schwachsinnigen Tante betreut, und seine Mutter verlangte von ihm schon früh, daß er einerseits dieser Tante gehorchte, wenn sie etwas verlangte, gleichzeitig aber auch auf sie aufpaßte und ihr nicht nur ihre intellektuellen Fehler und Mängel nachsah, sondern außerdem noch rechtzeitig bemerkte, ob ihr gehorcht werden sollte, oder ob sie zu korrigieren und zu belehren war. Der *Stiefvater* des Patienten war ein jähzorniger und verwirrender Mann, der — obgleich ein sehr geschickter Handwerker — dem Jungen nie etwas erklärte, sondern immer nur brüllte und schimpfte und außerdem der Meinung war, daß es nur im äußersten Notfall angebracht wäre, zu arbeiten.

Die geistig-seelische Verwirrung, die für den Patienten aus dieser Kindheitskonstellation resultierte, war tiefgreifend und hatte zu ausgedehnten schizoiden Abschaltungen und zugleich zu einer schweren Schädigung seiner Lernfähigkeit geführt, die auch durch den überdurchschnittlichen Verstand des Jungen und seine im Grunde wache Urteilskraft nicht ausgeglichen werden konnte.

Die *aktuellen Lebensumstände* des Patienten waren durch eine Reihe von Faktoren gekennzeichnet, die die seit zwei bis drei Jahren einsetzende starke Verschlechterung der Symptomatik erklären konnten: Der Patient hatte vor vier Jahren einer Schwangerschaft wegen geheiratet. Seine Frau war ihm dem Herkommen und dem Bildungsstand nach deutlich überlegen. Sie hatte die mittlere Reife, war Verwaltungsangestellte und die einzige Tochter eines Oberstudienrates. Kurz vor der Ehe hatte sie von ihrer Großmutter DM 10 000,— geerbt, die sie allerdings — obgleich es ihr Eigentum war — nicht anzutasten wagte, da der überstrenge Vater ihr die selbständige Verwaltung dieses Geldes verbot. Erst auf den Druck des Patienten hin riskierte sie es, ihr eigenes Geld zu beanspruchen. Es wurde für eine Wohnungseinrichtung vollständig ausgegeben.

Als der Patient mit seinen Zwängen in immer größere berufliche Schwierigkeiten geriet, spitzte sich auch die schon seit langem schwelende Ehekrise zu: Die Ehefrau ging wieder arbeiten, machte dem Patienten die heftigsten Vorwürfe und räumte dem anfänglich so heftig abgelehnten eigenen Vater wieder volle Autorität ein. Nach der Entbindung hatte sie außerdem längere Zeit hindurch die Sexualität stark abgelehnt und den Patienten immer wieder zurückgewiesen. Der Patient war dann gelegentlich zu Prostituierten gegangen oder hatte onaniert. Als die Ehefrau das bemerkte, stellte sie sich wieder um, wurde aber nun vom Patienten ihrerseits abgewiesen, weil dieser sich von ihr im Stich gelassen fühlte.

Die wirtschaftlichen Verhältnisse der Familie waren sehr beengt: Der Patient erhielt Krankengeld. Die Ehefrau verdiente etwa DM 600,— aus einer Teilzeitbeschäftigung. Die Zwei-Zimmer-Wohnung kostete DM 130,—.

Das *prognostische Urteil* ist mir bei dem Patienten anfänglich sehr schwergefallen: Die Symptomatik hatte sich über einen Zeitraum von zehn Jahren hinweg schleichend entwickelt. Der Patient verfügte über keine abgeschlossene Berufsausbildung und die Bedeutung einer eingestreuten Verwilderungsphase konnte nur schwer abgeschätzt werden. Die Ehe des Patienten war sehr konfliktreich: Bei starken sozialen Unterschieden hatte es sich um eine „Mußehe" wegen der Schwangerschaft gehandelt, und es war unklar, wie weit das Vermögen der Ehefrau den Patienten mit zur Ehe bewogen hatte. Neben diesen sozialen und finanziellen Unstimmigkeiten in der Ehekonstellation war auch die sexuelle Gemeinschaft stark beeinträchtigt, ganz zu schweigen von der Tendenz des Patienten, sich (ähnlich wie der Stiefvater) von der Ehefrau ernähren zu lassen und von der Rentenerwartung, die mit im Spiel war. Auf den ersten Blick hätte man sagen können, daß sich bei diesem Patienten fast alle jene neurotischen Elemente fanden, die wir nach unseren allgemeinen Erfahrungen auf die Seite der ungünstigen Faktoren verbuchen. Das *Gegengewicht* für die Vielzahl belastender Faktoren im Leben des Patienten war im Grunde nur jene Eigenschaft, die ich früher als die „Umstellungsfähigkeit" eines Kranken beschrieben habe und die sich bei diesem Patienten zugleich mit einer ungewöhnlichen Befähigung verband, die eigenen Innenbefindlichkeiten zu erfassen, Anregungen von mir aufzunehmen, auf ihre Richtigkeit hin zu überprüfen und schließlich nicht nur theoretisch-intellektuell, sondern auch gefühlshaft umzusetzen.

Zum bisherigen Verlauf der Therapie sei nur soviel gesagt, daß die Behandlung anfangs ganz um die Lernschädigung des Patienten zentriert war, um seinen (aus Verwirrung resultierenden) Leistungsprotest und um die schweren Verstörungen, die er als Kind erlebt hatte, wenn er sich wechselweise nach der schwachsinnigen Tante, dem streitsüchtigen Stiefvater oder der ratlosen Mutter richten sollte. Der Patient hatte in den therapeutischen Sitzungen erleben und mitteilen können, wie er als Kind einen bestimmten Sachverhalt erfaßte, seines eigenen Urteils auch sicher war, dann aber erlebte, wie die intellektuell begrenzten Erwachsenen, die ihn umgaben, irgend eine Behauptung aufstellten, über die sie sich in keine Diskussion einließen. Wir konnten im Verlauf der Behandlung herausarbeiten, wie der Patient in dieser Situation in eine apathisch-resignierte Haltung geraten war und es völlig aufgegeben hatte, mit seinen eigenen Meinungen, Urteilen oder gar Argumenten gegen die übermächtigen, aber immer törichten Menschen seiner Familie anzukommen. Die Ängste des Patienten waren am besten unter dem Stichwort „die Angst vor dem Unberechenbaren" zu verstehen und wurden von ihm auch immer wieder unter dieser Formel geschildert, zusammen mit dem „Dunstglockengefühl" oder „Nebelgefühl", mit dem er kämpfte. Auch die schweren Gefühlskonflikte mit der Ehefrau waren immer wieder zur Sprache gekommen. Wie schon erwähnt, hatte die Ehefrau nach ihrer Entbindung die Sexualität weitgehend abgelehnt, sich dann aber umgestellt, während der Patient nun seinerseits die Frau abwies, weil er sich von ihr im Stich gelassen fühlte. Als der Patient seine Zwänge allmählich verlor, fühlte er doch, daß dieser stumme Zweikampf zwischen ihm und seiner Ehefrau um die geforderte und verweigerte Sexualität ein Problem sei, das er gern verarbeitet hätte. In den geschilderten therapeutischen Episoden kommt dieses Thema unter anderem zur Sprache. Im übrigen hatte es sich bei der Wesensart des Patienten ergeben, daß er die Themen der einzelnen Stunden selbst bestimmte, und ich nur — wie im ersten Anfangsstadium einer Behandlung immer — die genetischen Deutungen einstreute und damit die Verknüpfungen mit den Kindheitserlebnissen herstellte. Ein wichtiges Element für das Gefühlsklima der Therapie war dabei natürlich, daß der Patient nicht nur meiner Anteilnahme, sondern auch meiner Erinnerungskraft sicher sein konnte. Er bemerkte, daß ich seine früheren Mitteilungen nicht vergaß, und daß ich nicht aus dem Text geriet, wenn vier oder gar sechs Wochen zwischen den einzelnen Behandlungsstunden lagen.

Ich bringe im folgenden zwei therapeutische Episoden, die ich aus zwei aufeinanderfolgenden Behandlungsstunden herausgelöst habe, und die aus der *Endphase* der Therapie stammen. Der Patient hat seit mehr als einem halben Jahr keine Zwänge mehr, weiß aber genau, daß ein wichtiger Teil seiner Problematik noch ungelöst ist. Die erste Behandlungsstunde, von der ich berichten werde, liegt zwischen dem schriftlichen und dem mündlichen Examen des Patienten zum Abschluß seines (vom Arbeitsamt bewilligten) Lehrganges. Der Patient hat das schriftliche Examen bereits bestanden und ist sich seines Erfolges sicher. Er kommt fröhlich, gut gelaunt und zuversichtlich und begleitet viele seiner Äußerungen mit einem leicht verhaltenen, aber sehr vergnügten Lachen. Dies vor allem, wenn ich ihm einen Gedanken nahebringe, der ihm einleuchtet und in ihm ein Aha-Erlebnis hervorruft. Auch die Selbstkritik, die er in dieser Stunde bringt, hat mehr den Charakter einer humorvollen Selbstpersiflage, als den eines verzagten Minderwertigkeitsgefühls.

Der Patient möchte in dieser Stunde darüber sprechen, daß er sich hinsichtlich seiner Zwänge zwar gesund fühlt, daß er aber meint, alles sei noch nicht richtig fest.

Verlauf der Stunde: Ich begrüße den Patienten zunächst und frage nach dem Examen. Der Patient erzählt einleitend „einige Neuigkeiten". Er hat nicht nur die schriftliche Prüfung seines Examens bestanden, sondern auch schon die Aufnahmeprüfung für einen neuen Arbeitsplatz, um den er sich beworben hat. Er weiß also nach längerer Periode der Unsicherheit, wo er in Zukunft tätig sein wird und ist mit dem gewählten Arbeitsplatz auch sehr zufrieden. Wir lachen beide verständnisvoll, als der Patient erzählt, daß er eine schriftliche Arbeit zum Thema „Autorität" anfertigen mußte, und ich sage mit vergnügtem Unterton: „Das lag Ihnen ja wohl? Damit haben wir uns ja hier lange genug beschäftigt." Schließlich sage ich: „Nun könnten Sie ja eigentlich zufrieden sein?" Ich will damit das Stichwort für einen weiteren Bericht geben, denn ich sehe dem Patienten an, daß er ein Problem mit mir bereden möchte.

Der Patient daraufhin:

Ja, ja (lebhaft), bin ich auch! Wissen Sie, aber so komisch ist das. Obwohl — Ja, ich bin zufrieden —, das macht sich auch so bemerkbar jetzt! Aber so komisch ...

Ich habe jetzt Bedenken oder Angst ... Also — Bedenken ist Quatsch! Aber ich hab' doch Angst, dem Chef jetzt zu sagen, ich kündige dann und dann. Ich muß das vier Wochen vorher machen, und das müßte jetzt kommen: so in vierzehn Tagen etwa.

Ich: (Einhelfend) Enthält Ihr Vertrag diese Klausel?

Pat.: Ja, ja! Ich muß das jetzt machen.

Ich: Und Sie gehen da jetzt nicht mutig und freudig los ...? Und sind froh ...?

Pat.: Ja — doch! So denke ich einesteils schon ...! Aber wissen Sie ..., so ... Der denkt ja jetzt, er kann mich einstellen! Und in der ganzen Zwischenzeit ..., ja ..., die Bearbeitung ist schon entsprechend!

Ich: Er möchte Sie behalten?

Pat.: Ja! Und er möchte mich natürlich nach kaufmännischem Prinzip möglichst billig einkaufen.

Ich: So?

Pat.: Ja ... Und das erreicht er — will er erreichen —, indem er mich vor den Prüfungstagen ..., mich nervös stimmt.

Ich: Das versucht er zielsicher?

Pat.: Ja, ja — ja! Er hat immer gesagt: „Wenn Sie durchgefallen sind ..., schließlich — Maschineschreiben können Sie ja *auch nicht* ...! Also ..., wenn Sie durchgefallen sind ...!".

Ich: Ach! So weit geht der?

Pat.: Ja, ja, das bringt er so! Sagt: „Nicht mal Maschineschreiben können Sie!". Obgleich er weiß, daß ich es kann. Und das ist natürlich ärgerlich. Das war so ein Punkt als Beispiel. Aber es gibt mehrere ...! Er hat gleich versucht, das Ergebnis zu erfahren und hat dann auch wieder gesagt: „Na ..., wenn Sie durchgefallen sind ...". Na ja, schön ...! Wenn das nur von dem Chef so käme, dann hätte ich nur gelächelt darüber! Aber der Meister, der kam dann auch mit dieser „Bearbeitungstherapie".

Ich: Der wollte Sie auch unsicher machen?

Pat.: Na ja, der ist auch immer so ..., wie soll ich das sagen? So 'ne Sphinx, wissen Sie! Der bietet immer so ein bißchen an, als ob er kameradschaftlich was sagen will! Und dann ist er aber völlig mit dem Chef unter einer Decke! Und der auch: „Na, wenn Sie die Prüfung nun nicht bestanden haben!". Und: „Was wollen Sie denn überhaupt machen, wenn Sie *wieder* durchgefallen sind ...?". Wieder, sagt er!

Ich: Was heißt hier *wieder* durchgefallen?

Pat.: Na, weil ich die Stenographie und Schreibmaschine damals zum Zwischenzeugnis doch nicht gekonnt habe.

Ich: Weil das damals nicht ging, richtig, ja! Aber das war ja noch keine Prüfung.

Pat.: Ja, das war noch keine Prüfung.

Ich: Und das war ja auch noch die Zeit, in der Sie durch die Zwänge so behindert waren.

Pat.: Genau! Und dann fehlte außerdem noch die Übung. Aber jetzt habe ich ja noch mehr geschafft, als vorgeschrieben war ... Na ja, die denken noch immer, es ist bei mir wie früher: Ich falle nun durch und bleibe dann einfacher Arbeiter und bin gezwungen, dort ...
(Pause)

Ich: (Einhelfend) Gezwungen, dort ...?

Pat.: Ja: Gezwungen, dort zu bleiben! Weil ich ja nichts bin und nichts kann! Und den Gedanken bauen sie dann auch ganz schön aus und sagen: „Na ja ..., wenn Sie dann durchgefallen sind, dann kriegen Sie ja keine gutbezahlte Stelle". So ..., das soll heißen, dann müßte ich wohl dableiben. Und für wenig Geld!

Ich: So ..., ja ... (Ich möchte jetzt auf den psychodynamischen Hintergrund eingehen und die schon früher besprochenen Themen im Sinne des Durcharbeitens aufgreifen.) Wissen Sie, was *mich* beschäftigt, ist: daß Sie das ganze so durchschauen und trotzdem ...

Pat.: (Unterbricht mich lebhaft) Richtig, immer noch in dem Bann stehe! Ja ..., ich ... (Pause)

Ich: (Wieder einhelfend) Daß Sie nicht einfach sagen, ich gehe.

Pat.: Ja.

Ich: Das wirkt also doch noch so sehr auf Sie ein? Wenn der Chef und der Meister sich so benehmen, dann können Sie sich da schwer lösen?

Pat.: (Einschränkend) Ja! Na ja ..., das ist nicht so (mit Nachdruck), *daß ich mich da nicht lösen könnte!* Nur den Tag und das Sagen ...! Ich hab' mir schon überlegt, ob man das nicht schriftlich machen kann.

Ich: (Fragend) Ja ...? Also hingehen zu dem Mann und sagen: Herr P., ich kündige morgen ...! Das erfüllt Sie kein bißchen mit Triumph und auch nicht mit Freude?

Pat.: Na schon, ja ...! Aber er wird dann Fragen stellen. Er wird dann fragen: „Was wollen *Sie* denn machen?".

Ich: So mit dem Ton, was wollen *Sie* denn machen? Und der Anspielung: Sie haben ja doch gar keine Aussichten?

Pat.: Ja, ja, so ungefähr, ja! Und dann würde er auch bestimmt ein schlechtes Führungszeugnis schreiben und sowas alles ... (Pause, denkt nach) Na ja, da wär' ich ja nicht angewiesen drauf ... (Pause)

Ich: Wieso darf er Ihnen ein schlechtes Führungszeugnis schreiben?!

Pat.: Na ja, ich weiß das nicht hundertprozentig! Aber der Herr X. — der Verkäufer —, der im Geschäft sehr viel zu sagen hat, der hat mir das gesagt. Das macht der Herr P. gerne, daß er Leute mies macht, wenn angerufen wird, um sich nach Mitarbeitern zu erkundigen. Von anderen Firmen, „wie war der", oder so.

Ich: (Überlegend) Hm, also schriftlich darf er das ja nicht!

Pat.: Doch ...! Ich würde das auch nicht so aus der Luft gegriffen sagen, weil ..., ich hab's erlebt ... (Der Patient berichtet jetzt über einen anderen Lehrling, der auch ein schlechtes Führungszeugnis bekam, sich das dann aber nicht gefallen ließ.)

Pat.: (Schließlich) Na ja, das ist eben so! Da ist innerlich noch eine Spannung, und da weiß ich nicht, was ich machen soll.

Ich: Ich verstehe jetzt: Auf der einen Seite wissen Sie schon ganz genau, wie bei Ihnen innerlich die Dinge liegen, und Sie wissen auch, was Sie machen wollen und lassen sich auch nicht ins Bockshorn jagen. Und Sie haben auch das Gefühl, Sie machen das Richtige. Aber Sie machen das Richtige ... *noch nicht mit Vergnügen!* Sie können ja jetzt mit der bestandenen Prüfung sehr triumphieren. Dieses Vergnügen würde ich Ihnen sehr gerne gönnen.

Pat.: (Lacht sehr vergnügt) Na ja, natürlich! Das kommt vielleicht noch ...! Aber da ist dann noch so ein Punkt: Ich bin in dem allen *noch nicht fest genug.* Ich hab' das Gefühl, es ist manchmal rückläufig.
(Pause)

Ich: Sie meinen, Sie sind noch nicht so dynamisch, wie Sie gern sein möchten?

Pat.: (Überlegt) Na ja, dynamisch ..., das ist vielleicht zu allgemein gesagt! Es sind so ganz *bestimmte Punkte,* wo ich mich eben noch nicht sicher nach meiner Erkenntnis oder nach meinem Wissen ... oder so ... verhalten kann. *Einfach nicht kann!*

Es ist jetzt nicht schwer zu verstehen, daß bei dem Patienten mit diesen Mitteilungen der Prozeß des „Durcharbeitens" im Gang ist. Es geht ihm selbst sehr nachdrücklich um die Festigung und Vertiefung des bereits Erreichten. Darüber hinaus möchte er aber auch noch zugehörige Probleme auffinden und lösen.
Ich verstehe sein Anliegen und will es konkretisieren und frage also:

Ich: Können Sie mir das mal an einem Beispiel erklären?

Pat.: (Denkt nach) Na ja, zum Beispiel ... kommt das oft vor, wenn ich irgendwas zu erklären habe, daß ich dann so bis ans Pedantische ... (mit Nachdruck) *bis ans Pedantische an die Wahrheit* ran muß. Und das führt dann dazu, daß ich etwas erzähle, das unvorteilhaft ist.

Ich: Ach, ich verstehe. (Ich denke jetzt einen Augenblick nach, weil mir die genetischen Zusammenhänge nicht recht deutlich sind, und frage schließlich:) — Waren Sie denn immer ein so pedantischer Wahrheitsmitteiler? — Den Eindruck hatte ich gar nicht!

Pat.: Na ja — mitteilen, nein! Aber: Ich habe mich doch immer sehr daran orientiert! Ich hab' das doch immer als die einzig mögliche Form angesehen, wenn man was werden will. Das war so meine frühere Meinung ... Wenn man alles so auf Lüge und Unwahrheit aufbaut, das läuft nicht. Da weiß man nachher nicht mehr ... (Pause)

Ich: (Helfe ein) Da weiß man hinterher nicht mehr, was man alles geschwindelt hat.

Pat.: Ja, ja, genauso.

Ich: Na ja, das ist ja nicht falsch! Wenn man schwindeln will, braucht man ein sehr gutes Gedächtnis ... Aber Sie meinen, Sie sind ins andere Extrem gegangen?

Pat.: Ja . . .! Ja . . .! So . . .: Wenn man einfach durch *Weglassen der Wahrheit* sehr gut hinkäme . . ., viel besser sogar noch hinkäme. Das mach' ich dann nicht.

Ich: Das ist für Sie nicht so günstig!

Pat.: Nee, das ist nicht günstig, das ist gar nicht günstig . . .! Aber das kommt noch oft vor. Wenn ich einen Brief geschrieben habe und habe mich verschrieben, und ich kann das an sich und hab's auch verbessert, dann gehe ich hin und sage, daß ich den Fehler gemacht habe. Wenn mir ein Fehler unterlaufen ist . . . Ich meine, der Chef ist gar nicht so! Der will das gar nicht immer wissen . . . Wenigstens in *den* Sachen nicht so! Da ist er gar nicht so penibel, und ich sag's ihm dann doch . . ., und das hängt eben mit der Wahrheit zusammen. Ja . . . (Der Patient überlegt.) Ja — wie denn nun . . .? Ja . . . Also: Immer, wenn ich etwas verkehrt gemacht habe, dann ist da doch immer wieder die Bemühung, das dem Chef auch *zu sagen*, und auch mit *Einzelheiten!* Obwohl das gar nicht notwendig wäre.

Ich: Und das ist dann für Sie eine Beruhigung?

Pat.: (Sehr lebhaft) Ja, ja, das ist dann eine Beruhigung! Wenn ich das dem Chef unzweckmäßigerweise und für seine Ohren gar nicht günstig erzählt habe, dann gibt mir das die Beruhigung: Du hast die Tatsachen gebracht.

Ich: Ah ja! Und das Gefühl, Sie sind bei der Wahrheit geblieben?

Pat.: Ja, ich bin dann bei der Wahrheit geblieben, und das ist dann gut.
(Pause)

Ich: (Will jetzt den genetischen Zusammenhang herstellen.) Wer hat denn dieses Wahrheitsideal in Ihnen aufgerichtet?

Pat.: (Lacht ein bißchen) Tja, weiß ich auch nicht. (Nach kleiner Pause schließlich in sehr abschätzigem Tonfall:) Na ja! Mutter wahrscheinlich.

Ich: Mutter doch?

Pat.: Na ja, Mutter! Die ist ja heute noch so!

Ich: Was hat sie denn immer gesagt?

Pat.: Ja, gesagt? Dazu kann ich wenig sagen . . .

Ich: Sie meinen, Sie haben es ihr nur nachgemacht?

Pat.: Ja, ja, nachgemacht. Mutter ist ja heute noch so! Man muß alles erzählen, und man muß immer bei der Wahrheit bleiben . . . Na ja . . .

Ich: Und man muß immer das *Ungünstige* mit erzählen?

Pat.: (Mit gehobenem Tonfall) Ja, *das* ganz besonders!

Ich: Das vor allem anderen?

Pat.: Ja, immer! *Besonders das Ungünstige . . .!*
Pause — längeres Nachdenken. Schließlich:
Na ja, aber ich will mich ja nun davon abwenden . . .! Ich will das ja nicht mehr so machen . . . Nur, ich weiß auch nicht, manchmal komme ich davon noch nicht weg . . .! (Pause, dann sehr entschlossen:) . . . Na ja, ich muß mal sehen.

Ich kenne diese Reaktion bei dem Patienten. Sie kündigt an, daß er etwas in sich neu erlebt, versteht und für die Zukunft festhalten will. Ich will sein Erleben noch etwas bekräftigen und frage nach einer kleinen Pause:

Ich: Also Ihnen ist klar, Sie wollen das loswerden?

Pat.: (Lacht) Ja, na klar . . .! Klar!

Ich: (Mit Anspielung auf frühere Umstellungen, die gelungen sind.) Na ja, wollen mal sehen, es hat sich ja bei Ihnen schon manches geändert.

Pat.: (Zufrieden) Hm, ja, bestimmt! Da ist schon vieles sehr günstig.

Ich: (Wechsle jetzt das Thema, weil der Patient eingangs erzählt hatte, er habe Schwierigkeiten zu kündigen. Ich bin nicht sicher, ob er wirklich nur Reste von den alten Ängsten vor dem Chef hat, oder ob nicht doch Befürchtungen im Spiel sind über das Neue, das ihn erwartet.) Ich frage also: Haben Sie eigentlich Sorge, daß Sie auf der neuen Arbeitsstelle auch Schwierigkeiten mit Ihrem Chef bekommen werden?

Pat.: (Lacht) Nee, hab' ich eigentlich nicht! Ich will nicht leichtsinnig sein, aber habe ich eigentlich nicht! Schon als ich das erste Mal da zur Aufnahme war, dachte ich, das wird klargehen. Ich habe gleich den Eindruck gehabt, daß man da zwar Vorgesetzte haben wird, aber daß es Möglichkeiten gibt, drüber zu reden und Schwierigkeiten zu diskutieren. Daß das alles Menschen sind, die sich mit schwierigen Fragen auseinandersetzen und daß man da . . . sicher . . . seine Meinung auch haben müßte.
Der Patient unterbricht sich jetzt, hat einen neuen Gedanken:
Richtig! Das ist eben noch das Ziel, wovon ich sprechen wollte: Daß ich eben lerne, einen eigenen Gedanken zu haben und meine eigene Meinung zu bilden und *die dann auch durchzusetzen.*

Ich: (Fragend, aber auch bekräftigend:) Das ist das wichtige Ziel: Daß Sie Ihre eigene Meinung haben und auch durchsetzen?

Pat.: Ja, ja! Meinung bilden und dann auch durchsetzen . . .! Also nicht bloß, nachdem ich angegriffen wurde . . .! Wie das bisher so ist . . . (Der Patient bezieht sich darauf, daß seine ersten Entwicklungsschritte die Selbstverteidigung betrafen.)
(Pause)

Ich: Ja?

Pat.: Sondern um wirklich mal eine eigene Meinung zu haben, die vielleicht günstiger ist für die Arbeit, die man so macht . . . (denkt nach). Auf der neuen Stelle werde ich sicher nicht rausgeschmissen, bloß weil ich eine Meinung habe (lacht).

Ich: Haben Sie denn bei Herrn P. immer Angst gehabt, Sie werden rausgeschmissen, nur weil Sie eine Meinung haben?

Pat.: Ja, ja! Komischerweise ja! Aber das konnte ja gar nicht sein! Einen Lehrvertrag *konnte er gar nicht lösen.*

Ich: Nein, konnte er nicht.

Pat.: Nein, konnte er nicht.

Pat.: (Lacht) Konnte er nicht. Aber ich *hatte doch* Angst.

Ich: (Stelle jetzt nochmals den genetischen Zusammenhang her.) Das kam so durch seine Art? Der war wie der Stiefvater? Immer gleich losgeschrien und gebrüllt?

Pat.: Ja, ganz bestimmt. Immer losgeschrien. Das hat dann so gewirkt. Da war ich dann konfus. Ich wußte ja, der kann gar nicht. Aber ich hatte doch Angst!

Der Patient macht jetzt eine Pause, wechselt dann selbst das Thema und erzählt mir von Veränderungen in seiner Ehe und seinen eigenen Wünschen, neben seiner sexuell abweisenden Ehefrau her eine Freundin zu finden. Das Problem „eine eigene Meinung bilden" kommt erst in der nächsten Stunde wieder auf und zwar in dem wichtigen Zusammenhang: „Verständigung mit einer unberechenbaren Umwelt".

In der heutigen Stunde erzählt der Patient schließlich, daß seine früheren, sehr illusionären Phantasien über Mädchen etwas realistischer geworden sind, und daß es ihm außerdem nicht mehr so völlig unmöglich erscheint, eine Freundin zu finden.

Ich selbst greife in diesem Gespräch die wohlbekannte Bindungsabwehr des Patienten auf, der immer die Hoffnung hatte, Mädchen (keine Prostituierten) zu finden, die er für eine Nacht in ein Hotel mitnehmen könnte, um sich dann sofort wieder von ihnen zu trennen. Ich hatte immer den Eindruck gehabt, daß auch die sexuelle Problematik zwischen dem Patienten und seiner Ehefrau mit seiner eigenen Angst vor gefühlshaften Bindungen verknüpft war und außerdem einen „retentiven" Anteil hatte. Im Verlauf der folgenden therapeutischen Episode mache ich den Versuch, diese Problematik etwas genauer zu ergründen. Als der Patient erzählt hat, daß „alles nicht mehr so illusionär" ist, greife ich einen früheren Bericht des Patienten auf und sage:

Ich: Sie hatten mir ja früher einmal von einem Freund erzählt, der sich als Filmstar ausgibt und dann die Mädchen beschwätzt und dann sehr viele Freundinnen findet. Und Sie dachten, Sie müßten auch so rasch so viele Freundinnen finden . . . Meinen Sie, daß das jetzt etwas realistischer geworden ist?

Pat.: Ja! Das ist jetzt realistischer. Nicht mehr so, daß ich das — wie soll ich sagen — so überbewerte! Das ist nicht mehr so wie früher . . . So — wie soll ich das sagen — nicht mehr alles so ganz was Besonderes. Den Erfolg will ich natürlich noch haben . . ., schon . . ., aber es ist alles nicht mehr so was ganz Außergewöhnliches.

Ich: Also Sie hatten mir doch erzählt — so erinnere ich das wenigstens —, daß Ihre Phantasien oder — wie Sie heute sagen — Illusionen so waren: Sie gehen in ein Lokal, finden ein hübsches Mädchen, nehmen es sofort mit ins Hotel, haben Sexualverkehr und werden sie dann mehr oder weniger schnell los.

Pat.: Ja! So war das!

Ich: Aber Sie hatten mir doch auch erzählt, daß Ihr Freund, der das so machte, hinterher damit immer Schiffbruch erlitt?

Pat.: Ja, das stimmt! Aber der wollte das ja im Grunde auch gar nicht so haben . . .! So hatte ich wenigstens den Eindruck. So wie ich das immer wollte, daß man sich dann hinterher gleich trennt. Das wollte er nicht. Er wollte eigentlich das Umgekehrte. Der wollte eher längere Beziehungen. Bloß das ging dann nicht.

Ich: Ja . . .! Sie hatten mir erzählt, diese Beziehungen gingen immer in die Brüche, weil der Freund den Mädchen soviel vorphantasiert hat.

Pat.: Na ja, das war bei denen eben zu Ende! Weil die Mädchen dann merken, daß das alles gar nicht so ist, wie er sagt und — wie soll ich sagen — *nicht mal halb so gut*, wie er erzählt hatte.

Ich: Also, wir waren doch soweit gekommen, daß dieser Mann, der für Sie früher so ein Ideal war, den Frauen erst mal was vorspielen mußte und es auch gut konnte. Und das hat dann doch nicht viel eingebracht . . . Und Sie selber hatten nicht die Neigung, den Mädeln soviel vorzuspielen, weil die doch dann schließlich bald merken, was los ist.

Pat.: Ja, eben! Ich hab' da ja kein Vertrauen dazu, daß das so gehen kann. Ich hab' das bloß bei dem so gesehen. Aber ich hab' gar kein Vertrauen dazu (Pause . . . denkt nach . . . schließlich): Ich weiß nicht! Wie kommt man denn da nun ein Stück weiter . . .?! Wie komme ich denn da nun weiter?

Ich: (Spiele jetzt darauf an, daß der Patient immer von mir „Druck" und „Tips" erwartet hatte, um mit Hilfe einer Verhaltensreglementierung weiterzukommen.) Hoffen Sie immer noch darauf, ich könnte Ihnen einen Trick sagen, mit dessen Hilfe das alles gelingt?

Pat.: (Vergnügt) Ja, auf *den* Trick hoffe ich immer noch!

Ich: (Lache mit) Also *diese* Illusion müssen wir, glaube ich, auch noch begraben! Den Trick Siebzehn habe ich nicht . . . (Pause) . . . Aber . . . Verstehe ich Sie richtig? Es stört Sie jetzt doch, daß Sie mit Ihrer Frau keinen Verkehr haben und da einfach keine Lust haben? Und Prostituierte sind auch kein Ersatz?

Pat.: (Mufflig) Ja, ja, das stört mich! Keine Lust!

Ich: Obgleich das alles, was Sie früher an Ihrer Frau so auszusetzen hatten, inzwischen freundlicher aussieht?

Pat.: Nein. Die Gründe von früher sind alle nicht mehr stichhaltig! Das ist viel freundlicher. Aber es ist immer noch so die Ablehnung da.

Ich: Ihre Frau oder Sie?

Pat.: *Ich . . .! Ich* hab' keine Lust! Das ist immer noch geblieben. Aber sonst im allgemeinen, so im allgemeinen, verstehen wir uns jetzt gut.

Ich: Also wir hatten uns vor etwa einem Jahr mal darüber unterhalten, daß Sie mit Ihrer Frau keine Lust haben, weil die sich so zickig benimmt und Sie madig macht und Ihnen nicht hilft, bei der schwierigen Ausbildung und der schwierigen Übergangszeit. Und außerdem hatte Sie nach der Entbindung selber keine Lust zur Sexualität, so daß Sie schließlich zum Onanieren gekommen sind . . . War das so?

Pat.: Ja, ja! So war das!

Ich: Und Sie sagten in der letzten Stunde, das fällt jetzt weg, und es ist alles viel freundlicher?

Pat.: Na ja, *ganz* fällt's nicht weg. Aber es ist wesentlich anders schon. Ja, das muß man sagen. Aber sonst ist meine Frau doch immer noch so — na —, wie soll ich sagen . . ., *so in Richtung Fordern!* Das gehört eben dazu und da hat die Frau ein Recht drauf . . .! Denkt Sie . . . So, *wie man mehr Geld fordert*, wenn man im Haushalt nicht reicht ... und ..., na ja ...! Ich bin eben der Meinung, sie beachtet nicht genug, daß das ganze doch eben ein bißchen stimmungsabhängig ist! Und — na ja —, wie soll ich's sagen — doch mehr auf Zuneigung beruht. So in Richtung Anerkennung und so ... Und das läuft eben *gar nicht*.

Jetzt längere Pause ... Schließlich:

Ich: Na ja, Sie haben ja mal ganz im Anfang, als ich Sie kennenlernte, ganz richtig gesagt, daß Ihre Frau natürlich fühlt, wenn Sie ihr die Sexualität verweigern und stattdessen onanieren, daß das ein Mangel an Anerkennung ist.

Pat.: Hm.

Ich: Daß Sie sie eigentlich gar nicht gerne haben.

Pat.: Hm. — (Pause) — Ja, das stimmt!

Ich: Und wenn Ihre Frau nach der Entbindung nicht mehr mitmachen wollte (sexuell), dann war es ja auch bei *ihr* Stimmungssache. Das war ja dann auf beiden Seiten gleich.

Pat.: (Überlegt eine Weile) Na ja, das ist so: Sie hat auf der einen Seite den Wunsch, Sexualität zu haben! Auf der anderen Seite ..., dann bremst sie auch wieder ab und sagt dann gleich: „Na, zuviel aber auch nicht!". So wie: also jeden zweiten Tag, *das auch nicht!*

Ich: Vielleicht sagt sie Ihnen das nur zum Trost? Damit Sie nicht denken, Sie müssen nun ganz regelmäßig kommen?

Pat.: Nee! Nö, nö! Das glaube ich nicht! Das ist mehr ein Abbremsen. Also mehr nach 'ner Norm! So wie ... es muß eben *normal* sein: so im Monat zweimal! Oder ... Na, ich weiß ja nicht, was sie denkt.

Ich: Also Sie sind im Herzen ..., wenn ich jetzt so Ihre Stimme und Ihr Gesicht in mich aufnehme, auf Ihre Frau im Grunde sehr schlecht zu sprechen?

Pat.: (Etwas zögernd) Na ja, schlecht zu sprechen ... Ich weiß nicht, ob es besonders schlecht ..., das kann ich eigentlich gar nicht sagen. Gegenüber früher. Da war es viel schlechter! Da war ich viel mehr noch in Schwierigkeiten. Jetzt kommt mir das gar nicht so vor. Schwierig ist es nicht mehr.

Ich: Der Alltag läuft ganz ...? Einigermaßen reibungslos?

Pat.: Ja, richtig, der läuft einigermaßen. Von mir aber — ich weiß nicht, mir fehlt da noch einiges. Ich müßte so ein bißchen mehr ... Schwung haben. Im ganzen so. Aufstehen ist immer noch spät und ... was noch? So gewisse Dinge ..., was zu machen.

Ich: Also stimmungsmäßig sind Sie sehr unlustig?

Pat.: Na ja (wird lebhaft), von der Vorstellung her weiß ich schon, was ich noch machen möchte ... Nur, es fehlt einfach der Antrieb! Wie soll ich sagen — die Energie, um das dann auch zu machen.

Der Patient wechselt jetzt das Thema und berichtet über einen Kollegen, der in seinem Kurs immer der Beste ist, alles weiß und immer eine Zwei schreibt. Dieser Kollege ist unverheiratet, lebt in einer eigenen Wohnung und wird von Mutter und Schwester betreut. Ich sehe im Augenblick keinen

Anlaß, um auf dem Gespräch über die Ehefrau und die von ihr geforderte Sexualität zu beharren. Ich nehme im Gegenteil an, daß das vom Patienten neu angeschnittene Thema eng zugehörig ist, weil die Rivalität mit anderen Männern und das eigene Selbstwertgefühl („meine Frau erkennt mich gar nicht an") für ihn von großer Bedeutung sind. Ich rege den Patienten jetzt zunächst dazu an, mir eine möglichst genaue Schilderung der Lebensumstände des „Mannes mit der Zwei" zu geben. Hier geht es unter anderem um das *Auffüllen von Erlebnislücken*: Immer, wenn der Patient nicht weiter weiß, male ich ihm aus, wie das Leben seines Rivalen vermutlich aussieht. Also etwa: Nach dem Dienst kommt „Der Mann mit der Zwei" nach Hause, kann sich entspannen, niemand spricht ihn an. Ein- oder zweimal in der Woche geht er weg, aber sonst widmet er sich der Arbeit. Der Patient hingegen kommt nach Hause. Frau und Kind sind da, es wird gemeinsam Abendbrot gegessen. Vor abends acht Uhr ist keine Gelegenheit, sich neu auf die Arbeit einzustellen. Schließlich sage ich:

> Wenn wir das jetzt also so zusammen überlegen, dann kommt doch eigentlich heraus, daß Frau und Kind Sie hindern zu arbeiten und ihren Plänen im Wege stehen. Und das haben Sie sich bisher noch nie so ganz zugegeben.

Pat.: (Überlegend und nach einer kleinen Pause) Ja, ja, die hindern mich! (Wird sehr lebhaft) Richtig, die hindern mich! Aber ich hab' da so eine nebelhafte Vorstellung...! Na ja..., da muß man sich eben befreien! Da muß man eben eine gewisse Stundenzahl konsequent sein, und dann muß das gehen. Das muß gehen...! (lacht verhalten, aber vergnügt) Also diese nebelhafte Vorstellung habe ich von dem, was ich *einen gut funktionierenden Menschen* nenne. So stelle ich mir das vor! Und der bin ich eben nicht...! Und da habe ich eben Schwierigkeiten (lacht wieder vergnügt über sich selbst). Und dann muß ich das natürlich eben so werten, daß ich selbst *immer die Flasche* bin.

Ich: Ich verstehe! Ja..., dann kommen wir vielleicht auf der Linie weiter: Wenn Sie sich selbst also dauernd sagen müssen, Sie sind 'ne Flasche...

Pat.: (Lacht) Ja, das muß ich!

Ich: (Fahre fort) ... Weil Sie sich gegen Frau und Kind nicht durchsetzen, dann könnte ich verstehen, daß Sie dann keine Lust haben, mit der Frau *außerdem* auch noch sexuell zu sein... Wenn Sie sich nämlich dauernd durch die Anwesenheit Ihrer Frau als Flasche fühlen.

Pat.: (Sehr erstaunt) Ach..., *so* sehen Sie das...? Na ja, *ich* seh' das umgekehrt! Daß *ich* eben 'ne Flasche bin, weil ich das alles nicht richtig im Griff habe!!! Weil ich mir eben nicht genügend Zeit nehme für meine eigene Sache.

Ich: Ah, so... (Ich überlege jetzt, wie ich dem Patienten die Augen für eine andere Betrachtung öffnen kann.) Aber wie würde denn das aussehen: Wenn Sie jetzt nicht verheiratet wären und eine Mutter hätten, die Ihnen die Wirtschaft in Ordnung hält, und Sie kämen dann abends nach Hause..., würden Sie dann einfach so lahm herumhängen und gar nichts tun?

Pat.: (Überlegt) Na, nee, das würde ich vielleicht gar nicht ..., nein, nein! (Sehr lebhaft) Da würde ich mich bestimmt auf einige andere Dinge konzentrieren! Doch, doch, das würde anders aussehen.

Ich: Also: Vielleicht verlangen Sie da doch einfach zuviel von sich, wenn Sie sich nicht sofort von der Familie lösen können ...? Sie haben doch schließlich selbst als Kind erlebt, wie schrecklich es ist, wenn da niemand ist, der sich für Ihre Sachen richtig interessiert, und Sie haben doch vorhin gesagt, Sie haben Ihren Jungen sehr gern. Der soll es doch ein bißchen besser haben als Sie.

Pat.: Ja, natürlich.

Ich: Also Sie sind doch nicht 'ne „Flasche", wenn Sie sich ein bißchen um das Kind kümmern und nicht einfach sagen, laß mich in Ruhe ... Also ich würde das nicht als Flasche bezeichnen!

Pat.: Na ja, aber die anderen Sachen sind *auch* wichtig! Das Geld ist wichtig und den Kurs zu verstehen, ist wichtig!

Ich: Sicher ..., beides ist wichtig. Aber ich würd' sagen, da ist eine *objektive Schwierigkeit*, aber nicht Ihre Eigenschaft als „Flasche" im Spiel.

Pat.: Na ja, ich werte das eben so als „Flasche", weil ich denke, ich müßte die Zeit dafür finden: Ich *müßte* das tun.

Ich: Also Sie billigen sich nicht zu, daß Sie da eine besondere Anstrengung für brauchen, und daß Sie mehr leisten müssen, als ein unverheirateter Mann müßte?

Pat.: Nee, das hab' ich bisher gar nicht so gesehen ...! (Der Patient denkt nach, wird lebhaft:) Aber unser Dozent in Betriebswirtschaftskunde, der hat das Tatsache genau so gebracht, wie *Sie* das jetzt sagen! Der hat gesagt, na ja, er hat gesagt: Wer verheiratet ist — wir haben jetzt 20 Stunden — wer verheiratet ist, der wird das da in dieser Zeit gar nicht schaffen.

Der Patient berichtet jetzt ausführlich, daß der Dozent immer wieder darauf hinweist, wie schwierig es ist zu arbeiten, wenn drumherum Familie wimmelt.

Ich: Also wenn das *so ist*, dann müssen wir doch mal zusammen überlegen, warum das, was nicht nur ich, sondern sogar Ihr Dozent Ihnen erzählt, bei Ihnen nicht richtig ankommt.

Pat.: (Rasch und lebhaft) Das kann ich Ihnen sagen, warum das nicht ankommt! Das kann ich Ihnen genau sagen! Nämlich: Gleich neben mir, da sitzt der Mann mit der Zwei.

Ich: (Insistiere jetzt) Aber der ist doch *ohne* Familie.

Pat.: (Gedehnt) Na ja ..., ach so! Ja! (Unvermutet sehr erstaunt) Richtig, ja!

Ich: Also ich denke, daß Sie zu schnell in der Richtung fühlen: Ich bin 'ne Flasche, anstatt sich gleich selbst zu überlegen, was wir jetzt erst hier gemeinsam zusammentragen ... Und Sie sind doch *wirklich* im Nachteil dem Herrn X. gegenüber!

Pat.: (Hat jetzt verstanden) Na ja, sehen Sie, so wie eben! Da fiel mir sofort nur ein, der schreibt eine Zwei! Sonst nichts!

Ich: Also es scheint so zu sein, daß Sie alles, was zu Ihren Gunsten sprechen könnte, gar nicht in sich aufnehmen?

Pat.: Nee! Wirklich! Da habe ich immer so Bedenken und meine, na ja, das ist so 'ne Entschuldigung, aber das ist nicht so richtig! Ich müßte doch eigentlich mehr machen, und da gibt's keine Entschuldigung.

Ich: Na ja, Sie sind ja schon von Anfang an zu mir gekommen und haben mir immer gesagt, ich soll Ihnen *mehr Druck* geben.

Pat.: Ja, so war das!

Ich: Und ich habe immer gesagt, das mach' ich nicht!

Pat.: (Lacht) Ja, das haben Sie gesagt.
(Pause, denkt nach)
Na ja . . ., das war auch schon gut . . ., wir sind ja schon sehr weit! Aber ich weiß nicht, geht's jetzt auch noch weiter?! Kann denn das überhaupt noch weitergehen?

Ich: Ich würde schon sagen, ja! Wenn Sie das aufnehmen, was wir eben besprochen haben, wenn Sie dieses — na, wie sagen wir — „Flaschenkonzept" über sich selbst aufgeben, dann kommen Sie nochmals ein Stück weiter. (Patient blickt mich fragend an. Ich spreche weiter, weil ich es jetzt für möglich halte, den retentiven Anteil, der im Erleben des Patienten oder bei seinen sexuellen Schwierigkeiten eine Rolle spielt, zu besprechen:) Sie stehen doch vor der Notwendigkeit, sich Ihre freie Zeit gegen Frau und Kind zu erkämpfen . . . ist das richtig?

Pat.: Ja, ja. Das ist richtig.

Ich: Glauben Sie, daß ich ganz auf dem Holzweg bin, wenn ich sage, unter diesen Bedingungen kann ein Mann keine große Lust verspüren, die von der Frau geforderte Sexualität zu bringen?

Pat.: (Überlegt eine Weile . . . Schweigen.)

Ich: Und vor sehr vielen Stunden hatten Sie ja auch gesagt, es ist eigentlich gar nicht die Sexualität, sondern das Gefühl, oder das aufgeregte Benehmen Ihrer Frau, das Sie abstößt. Erinnere ich mich da richtig? (Der Patient hatte erzählt, daß seine Frau sexuell gar nicht mitmacht, dafür aber sehr pathetisch-ergriffen agiert.)

Pat.: (Lebhaft) Ja, ja, so war das!

Ich: Also wenn das so ist, daß Sie das *Gefühl* stört, oder das *Verlangen nach Gefühl* bei Ihrer Frau, dann könnte ich verstehen, wenn Sie sagen, das nimmt ja noch mehr Kraft von der Arbeit weg, als nur die Sexualität. (Ich denke jetzt an die Angst des Patienten vor seiner eigenen Gefühlswelt, bleibe aber zunächst bei dem Thema: Fodern — verweigern).

Pat.: Ja, das nimmt's. Ja!

Ich: Meinen Sie, ich hab' da recht?

Pat.: (Ist nicht mit mir einverstanden.) Das kann ich gar nicht so sagen, das weiß ich nicht.

Ich: Also ich hatte das so verstanden: Wenn Sie sich mit Ihrer Frau gefühlsmäßig mehr einlassen würden, dann würde Ihnen das noch mehr widerstreben, weil sie Ihnen ja im Grunde ein Klotz am Bein ist! Und daß Sie ihr dann mehr bieten als Sie ihr bieten *wollen.*

Pat.: Na ja ..., na ja ...! Aber so klar kommt das gar nicht raus. Nein, nein, so klar kommt das nicht!

Ich: Könnten Sie das dann selber noch ein bißchen genauer bedenken und mir schildern?

Pat.: Na ja, es ist so im Sinne von Erfolg ..., na ja, Erfolg kann man auch nicht sagen ...! So ..., mehr so im Sinne von Anerkennung. Also davon hängt es auch ab (Pause, Schweigen) ... Also ich bin der Meinung, *davon* hängt's ab: ... Also ich bin der Meinung: *Sie erkennt mich gar nicht an!* Also ..., na, wie soll ich sagen? Als Mann oder als Wesen. Sondern sie sagt ..., na ja, die Sexualität verlangt sie eben und das ist dann eben so! Und alles übrige *verlangt* sie auch ... Ich kann das immer so schwer beschreiben. Also: Wenn ich jetzt eine fremde Frau hätte, dann würden mir solche Gedanken gar nicht kommen! Dann würde das auch alles gehen ... Dann würden mir solche Gedanken wirklich gar nicht kommen! Dann würde ich selber wollen und würde auch meinen, daß die mich schon so einigermaßen anerkennen will. Wenn es überhaupt zu einer sexuellen Beziehung kommt. Denn sonst würde sie ja wahrscheinlich nein sagen und gar nicht mitmachen ... So denke ich mir das ... Und bei meiner Frau ist das anders. Da glaube ich, das wär' für die völlig egal.

Ich: Also für Ihre Frau wäre es ..., welcher Mann auch immer ... es wäre dasselbe.

Pat.: Ja, das wäre egal! Das gilt gar nicht mir! Das ist eben 'ne Forderung, die sie hat! An die Ehe überhaupt, aber nicht an mich! Mich erkennt sie eben gar nicht an! Mich sieht sie auch als Flasche.

Wir sprechen jetzt erneut über das „Flaschenkonzept", das der Patient von sich selber hat. Ich sage, ich hielte es für möglich, daß die Ehefrau des Patienten ihn vielleicht nur mit seinen eigenen Augen sieht. Ich sage auch, daß sie ihn möglicherweise anders einschätzen würde, wenn er sich nur selbst höher bewerten könnte. Der Patient stimmt mir schließlich zu:

Pat.: Ja, schon! Aber wie soll ich das verändern?

Ich: Na, wollen wir mal überlegen! Glauben Sie denn überhaupt, daß in dieser ganzen Vorstellung etwas Richtiges steckt?

Pat.: Ja, doch, ganz bestimmt! Ja ..., ja ... So ist das schon ...! Aber wie kann man das festhalten?

Ich: Vielleicht können Sie einmal einfach nur damit anfangen, nicht alles auf die ungünstige Seite zu verbuchen, was Sie selbst angeht?

Pat.: Ja, ja, das ist mir bisher gar nicht bewußt geworden! Ich mach' das ja so, aber es ist mir gar nicht bewußt! Also glauben Sie wirklich, man kann das so machen? Ich könnte mir jetzt sagen — auf Grund des Bisherigen —, es ist alles gar nicht so schlecht, was ich mache? Es ist schon ganz gut?

Ich: Na, da würde ich Sie selber mal fragen: Wie schätzen Sie sich denn selber ein? Objektiv!

Pat.: Na ja, es ist schon richtig! Aber ob ich da nicht zu leicht in die andere Seite verfalle . . .? Daß ich mich nachher viel zu gut sehe und denke, ich bin gut und dann einfach an den Tatsachen vorbei *immer schlechter werde* . . . Das wäre doch dann ungünstiger . . ., das wär' doch dann *eindeutig ungünstiger,* als was ich jetzt mache.

Ich: Sicher, das wäre dann ungünstiger! Aber ich glaube nicht, daß Sie in Gefahr sind, sich selbst zu gut zu sehen.

Pat.: Also Sie meinen wirklich, man kann das so machen? Ich bin dann nicht in Gefahr, ganz abzurutschen?

Ich: Es wäre gut, wenn Sie sich selbst realistisch sähen . . . Sie könnten sich doch selbst den gleichen Kredit geben, den Sie Ihrer Umwelt geben, wenn Sie die **beurteilen.**

Pat.: (Sehr lebhaft) Ja, richtig, richtig! Das habe ich *noch nie* gemacht . . .! Aber . . . trotzdem. Es kommt ja nun darauf an, daß ich *das Neue* bewältige: Sicher, da darf ich das Alte, was ich geleistet habe, nicht außer acht lassen. Aber wir erwarten ja, daß ich das Neue bewältige . . . Na ja . . ., mal sehen!

Der Patient verabschiedet sich, und wir legen den nächsten Termin erst in sechs Wochen, wenn der Patient das mündliche Examen hinter sich haben wird und auf dem neuen Arbeitsplatz angefangen hat.

Ich begrüße den Patienten und frage ihn, wie es ihm geht.

Pat.: Gut, gut! Es gibt bald nichts mehr zu meckern (lacht vergnügt in sich hinein).

Ich: Man sieht's Ihnen auch wirklich an, Sie gucken ganz strahlend . . . Na — aber erzählen Sie mal, was ist so gut?

Pat.: Ja, also das letzte Mal war sehr gut, das hat sehr gut gewirkt, das hat sehr gut angehalten!

Ich: (Etwas belustigt, mit Anspielung auf die alten Wünsche des Patienten, ich solle auf ihn einwirken.) Habe ich also doch genügend auf Sie eingewirkt?

Pat.: (Lacht mit) Ja, ja, haben Sie! Das war schon gut, das hat schon genützt. Es ist schon wichtig, daß ich nicht immer alles so negativ betrachte, was ich so mache.

Ich: Das hat also in Ihnen schon ein bißchen Wurzeln geschlagen?
Pat.: Ja, ja, das ist schon günstig.

Der Patient erzählt jetzt einige Einzelheiten von der neuen Arbeitsstelle, und wie er von einem erfahreneren Kollegen eingewiesen wird und daß das alles recht gut geht. Schließlich kommt er zu dem Thema, das er heute vorbringen will.

Pat.: Ja, ja, was wollt' ich noch sagen . . .? Ja, das mit der Sexualität! Na ja, das ist ja noch nicht sehr gut! Aber es ist auch nicht sehr schlecht.

Ich: Sie fühlen sich da auch schon etwas besser?
Pat.: Ja, ja . . . Es ist schon besser jetzt.

Ich: Also wie erleben Sie es denn jetzt?

Pat.: Na ja, es ist so: Ich hab' zwar Verkehr mit meiner Frau . . . Ich wünsch' mir jetzt aber eben immer andere Partnerinnen . . ., so, aber es ist jetzt nicht mehr so . . ., so . . ., so weit ab, oder . . . so schwierig, oder . . . so ganz unerreichbar.

Ich: Nicht mehr ganz unerreichbar.

Pat.: Ja, ja! So würde ich das sagen! — Ja, wie war's denn früher . . .? Ja . . . Früher war es so . . ., so, als ob das ganz schwierig ist! So . . ., na, wie soll ich's sagen: Das Wollen war schon da, das wissen Sie ja! Aber das war so . . ., als ob da eine Mauer vor ist, als ob eine Mauer vor ist, als ob das doch nicht erreichbar ist.

Ich: Ja . . ., das haben Sie mir ja sehr oft erzählt und erklärt. Daß Sie immer dachten, das werden Sie nie erreichen.
(Pause)
Also der Gedanke, in ein Lokal gehen und so wie ein Salonlöwe ein Mädchen schnappen (ich beziehe mich damit auf frühere Formulierungen des Patienten) . . .

Pat.: Ja, richtig! Das war das, wo ich dachte, daß man es unbedingt machen muß, damit eine Frau einen überhaupt beachtet.

Ich: Also das haben Sie jetzt ein bißchen fallengelassen . . . (Pause) . . . Haben Sie denn jetzt irgend ein nettes Mädchen im Auge?

Pat.: (Lacht vergnügt) Nein, im Auge hab' ich noch keins — (Pause, denkt nach). Nein, Näheres habe ich noch nicht . . ., aber — wie soll ich's sagen —, es ist eben *innerlich so anders*. So vom Gefühl her.

Kleine Pause. Schließlich frage ich:

Ich: Mit Ihrer Frau?

Pat.: Ja. Na ja! Ich hab' ja jetzt Verkehr mit ihr. Aber ich denke eben, es sind noch nicht die richtigen Erfolge.

Ich: Was würden Sie denn hier einen Erfolg nennen?

Pat.: Na ja, daß ich doch eben das Onanieren ganz zurückstelle und nur noch mit ihr Verkehr habe.

Ich: Das würden Sie einen Erfolg nennen?

Pat.: Ja, jetzt ist es eben so 'ne Pflicht, und ich mach' das, aber noch nicht so . . .

Ich: (Einhelfend) Noch kein Vergnügen.

Pat.: Ja (lacht ein bißchen), noch kein Vergnügen! Aber ich könnte mir schon denken, daß es das mal wird.

Ich: Also Sie möchten das gerne so entwickeln . . ., daß Sie an Ihrer Frau doch wieder Gefallen finden?

Pat.: Ja, ich würde schon! Ich würde lieber sehen, daß es so ist . . . Aber ich weiß noch nicht wie. Ich weiß nicht, was ich da machen soll.

Ich: Soweit sind Sie noch nicht, meinen Sie?

Pat.: Ja, aber ich möchte doch, daß ich meine Frau vorziehe, vor dem Onanieren.

Ich: Sicher, das wär' doch menschlicher.

Pat.: Ja . . ., das kann man sagen . . . Das würde ich schon als wichtig betrachten. Für mich, für mein Gefühl, so. Nur . . ., was muß man da machen? Oder wie kann ich denn dann da weiterkommen? (Der Patient hat sich korrigiert und das „was muß man da machen" umgeformt in ein „wie kann man da weiterkommen".)

Ich: Das ist gut! Jetzt nehmen Sie wenigstens schon selbst das „was kann ich da machen" zurück. Früher wollten Sie ja immer von mir ein Rezept haben und das hatte ich dann nicht.

Pat.: (Lacht) Ja, ja, so war das. Das haben Sie dann nicht. Nur . . ., jetzt ist es so schwierig . . .! So ein Schema . . . So etwas, woran ich mich halten kann . . ., das habe ich nun gar nicht mehr.

Ich: Na, aber ohne Schema lebt es sich doch auch ganz gut, eigentlich sogar besser . . ., oder nicht?

Pat.: (Lacht) Ja, im Grunde viel besser . . .! *Früher lebte ich so in kleinen Stücken!* . . . Da hatte ich für alles 'ne Vorschrift und hab' denn den Überblick verloren. Jetzt lebe ich einfach so, es geht ja auch alles ganz gut . . .! Sehr gut sogar . . ., aber ich finde mich doch noch nicht so ganz zurecht.
(Pause)

Ich: Na, dann wollen wir doch noch mal zusammen über Ihre Beziehung zu Ihrer Frau nachdenken . . .! Wie geht's denn im Augenblick zu zwischen Ihnen und Ihrer Frau?

Pat.: Na ja . . . Wir sprechen miteinander. Es ist kein größerer Streit. Es ist auch so . . ., na ja . . ., der Alltag läuft so ab. Ich hab' ziemlich viel zu tun. Es ist eben normal.

Ich: Und das ist anders als früher, früher waren viele Spannungen?

Pat.: Ja . . ., ja!

Ich: Da hat Ihre Frau viel an Ihnen herumgemängelt?

Pat.: Ja, ja! Da war alles nicht richtig, was ich machte! Dies nicht und das nicht! Und immer irgendwas falsch . . . Und das geht jetzt!

Ich: Ich würde mich ja zu der Meinung versteigen, daß Ihre Frau, seit Sie sich selber mehr anerkennen, das einfach mehr mitmacht.

Pat.: (Gedehnt) Na ja, — ich weiß nicht — das hab' ich eigentlich nicht so beobachtet. So, wie Sie sagen, glaube ich, ist das nicht.

Ich: (Überlege) Ja — ich hatte eigentlich immer den Eindruck, daß Sie bei Ihrer Frau nicht nur etwas wuchern lassen, was schon in ihr steckt, sondern daß Sie eher ein bißchen provozieren, daß die Ihnen so viele Vorschriften macht. . . . Ich erinnere mich doch, wie Sie es mit *mir* gemacht haben . . .! Da sind Sie doch auch immer gekommen und wollten eine Anweisung haben. Und dann haben Sie abgewartet, bis ich was sagte . . . War das nicht so?

Pat.: Ja, da habe ich immer drauf gewartet.

Ich: Ich denke, daß Sie sowas Ähnliches in der Haltung auch mit Ihrer Frau gemacht haben! Immer abgewartet, bis sie was sagt. Sie haben doch auch sonst eigentlich Ihre Meinung immer nur sehr spät vorgebracht. Das haben Sie doch noch selbst in der letzten Stunde gesagt. Und Sie haben immer gewartet, bis jemand anders kommt und seine Meinung sagt.

Pat.: (Halb lachend) Ja, ja! Das war ja schon fast *ein stehendes Prinzip!* — (Pause) — (Mit Nachdruck) Ja, ja, das stimmt, so war das! — (Pause) — Aber ganz so, wie Sie es sehen, ist es *doch nicht* gewesen. Sehen Sie mal: Ich habe bei meiner Frau nie angenommen, daß die *wirklich was wüßte,* nein (lacht), nein, *das* hätte ich *nicht geglaubt!*

Ich: (Lache mit) Nein? Bei Ihrer Frau nicht? Das glauben Sie nur bei mir?

Pat.: Ja, bei Ihnen ja! Bei meiner Frau nicht! Bei meiner Frau *überhaupt nicht ...!* Aber im ganzen ist das auch schon besser! Wenn sie jetzt kommt und 'ne Idee hat, dann denke ich: Na ja, das können wir ja mal überlegen.

Ich: Aber im ganzen war es doch immer so, daß Sie sehr lange gezögert haben, bis Sie die eigene Meinung kundgetan haben?

Pat.: Ja, ja, so war das.

Ich: Und da Sie nicht einmal überzeugt waren, daß Ihre Frau die *richtige* Meinung anbringt, war das Zögern vielleicht gar nicht so praktisch?

Pat.: Nein, bestimmt nicht.

Der Patient erzählt jetzt, daß auch seine neuen Arbeitskollegen ihn ähnlich einschätzen und einmal darüber gesprochen haben, daß er anfangs so einen unbeteiligten Eindruck gemacht hat, als hätte er keine eigene Meinung, und daß er sich dann ganz anders entpuppte. Ich werfe dann noch einmal ein, daß der Patient seiner Frau gegenüber offenbar auch darauf wartet, daß sie ihm einen Rat gibt, aber schon vorher weiß, daß der Rat falsch sein wird. Der Patient gibt dann noch einen weiteren Bericht über seine Arbeitssituation und die Beziehung zu seiner Frau und kehrt schließlich zu dem alten Thema zurück und fragt:

Pat.: Aber woher kommt denn nun dieses Warten, so vom Gefühl her? Jetzt denke ich immer, ich warte erst mal, bis mir einer seine Meinung sagt. Dann höre ich mir das an und warte erst mal ab, ob das auch gut ist?

Ich: Hm — Das ist ja nicht falsch ...! Aber wenn Sie manchmal schon *vorher* wissen, daß das, was der andere Ihnen sagen wird, gar nicht richtig ist ..., wozu dann warten?

Pat.: Ja, richtig! Wozu denn warten ...! Also wenn ich schon vorher weiß, da kann gar nichts richtig kommen, wozu dann warten ... (ratlos). Ja, richtig ...! (ratlos). Ja ..., also ..., ja ... Was macht man denn da?!

Ich: (Warte einen Augenblick, helfe dann halb lachend ein und sage:) Na, da sagt man als Mann vielleicht *gleich mal* seine eigene Meinung!

Pat.: (Lacht mit mir mit) Richtig, ja natürlich! Ja ... Was soll man denn auch sonst machen?! (Lacht jetzt stoßweise.)

Ich: Ja, was soll man auch sonst machen?

Pat.: (Lacht ein bißchen im Nachdenken) Die eigene Meinung! Ja, die eigene Meinung! Darauf kommt's eben an!

Der Patient erinnert sich jetzt wieder an seine Familiensituation, in der niemand verstand, wenn er etwas vorbrachte, und wo er immer mit völlig unberechenbaren Reaktionen zu tun hatte. Ich erinnere den Patienten an frühere Übertragungsdeutungen, als ich für ihn in der Rolle der „schwachsinnigen Tante" war, und er von mir unberechenbare und zugleich sinnlose Befehle und Anordnungen erwartete. Ich erinnere ihn außerdem daran, daß er auch seine Ehefrau in die Reihe „schwachsinnige" Tante eingeordnet hat und von ihr genauso wenig ein gutes Urteil erwartet, wie früher von der Tante, der er doch gehorchen mußte. Wir sprechen dann noch etwas darüber, daß es einen Unterschied ausmacht, ob ein Mensch seine Meinung bewußt zurückhält, weil er weiß, daß der passende Zeitpunkt für die Äußerung noch nicht gekommen ist, oder ob er nicht spricht, weil er einfach ratlos ist. Ich vertrete dem Patienten gegenüber schließlich die Meinung, daß die Ehefrau des Patienten sich wahrscheinlich nach ihm richten und ihn auch mehr anerkennen würde, wenn er seine Ansicht klar formulieren und mit Nachdruck vorbringen würde. Der Patient zögert und zweifelt meine Behauptung an. Ich sage schließlich:

Ich: Glauben Sie wirklich, daß Ihre Frau Ihnen reinreden wird, wenn Sie von dem, was Sie selber machen wollen, innerlich ganz durchdrungen sind und es dann auch klar und entschieden ankündigen?

Pat.: Na ja ...! Das wird kein Beinbruch sein, wenn ich das so mache! Sie wird schon ... Sie wird schon ... Na ja ... Aber es gibt dann eben für sie Punkte, wo sie einfach *nicht versteht*, wie es richtig sein müßte! Wenn ich ihr das auch erkläre ..., manche Sachen versteht sie dann eben doch nicht so ..., wenn ich ihr das auch erkläre!

Ich: Und Sie glauben, da sind dann nicht doch noch Reste von Zögern bei Ihnen mit im Spiel?

Pat.: (Denkt nach. Schließlich:) Na ja ... Sicher auch ... Das ist noch mit drin! Sicher, da ist noch Zögern! Denn ..., so sicher ist das meistens nicht. Bei mir, meine ich.

Ich: Noch nicht, nicht wahr?

Pat.: Nein! Also das stimmt ...! Die Meinung *könnte sie haben* ...! Ich meine, sie könnte denken, ich bin mir noch nicht so sicher ... (denkt nach) ... Aber es gibt dann doch immer wieder so Punkte, wo sie es wirklich nicht so richtig versteht.

Ich: Könnten Sie mal ein Beispiel sagen, wo das so war?

Der Patient überlegt jetzt eine Weile, dann fällt ihm schließlich ein, wie er sich mit der Ehefrau einmal über die Rechtschreibung gestritten hat. Der Patient war sich seiner Sache sehr sicher, wurde der Ehefrau gegenüber aber barsch und heftig. Die Ehefrau igelte sich ein, widersprach hartnäckig und hat dann erst abends heimlich im Lexikon nachgesehen, ob der Patient auch recht hat. Sie hat dann ihren Irrtum zugegeben, sich aber darüber beschwert, daß der Patient so heftig geworden ist. Der Patient weiß das selbst, und wir sprechen schließlich darüber, daß er sich seiner Ehefrau im Grunde geistig überlegen fühlt, aber dieser Überlegenheit nicht sicher ist. Ich sage schließlich:

Ich: Also ich stelle es mir so vor: Wenn Sie sich Ihrer Frau gegenüber wirklich selbstsicher fühlen und die sagt: „Ich glaube dir nicht", dann würde jemand, der sich sehr ärgert — der zwar im Urteil sicher ist, aber nicht im Gefühl —, der würde so reagieren wie Sie: so mit Grimm und sehr schroff.

Pat.: Ja, wahrscheinlich!

Ich: Aber jemand, der sich wirklich überlegen fühlt, der würde vielleicht lachen und sagen: Na, wenn du mir nicht glaubst, dann geh' doch ans Lexikon und sieh nach.

Hier habe ich dem Patienten einen Alternativ-Vorschlag für sein eigenes Verhalten gemacht, und er geht auch bereitwillig darauf ein.

Pat.: (Überlegt) Na ja — hm ... (Überlegt noch eine Weile ... plötzlich sehr lebhaft) Na ja! Die ist nicht schlecht, die Lösung ...! *Die ist gar nicht schlecht!* Nein ..., gar nicht ...! Aber nach meinen Erfahrungen, so wie ich meine Frau kenne, würde sie bestimmt sagen: „Da brauch' ich gar nicht nachzusehen, *das wird nicht stimmen ...*". Sie wollte ja gar nicht nachsehen! Nur weil ich das so schroff gesagt habe, kam es schließlich, daß sie meinte: Na, das müssen wir doch klären ... Meistens ist es ja doch auch so, daß sie bei Streitigkeiten dann ganz schnell abdreht. Dann hört sie gar nicht mehr hin! Also so, wie damals, wirklich nachsehen und prüfen ..., das war schon ganz große Klasse! Das macht sie sonst gar nicht. *Das war ganz große Klasse!* Sonst wäre das eben nie aufgedeckt und wäre einfach unterschwellig weitergelaufen. Wie das oft so ist: Ich habe recht ..., aber sie läßt das gar nicht aufdecken.

Ich: Na ja. Aber wenn sie auf Ihren Vorschlag wirklich nein sagte und nicht ans Lexikon gehen will, dann könnten Sie ja hinterher immer noch an ihr herummaulen. Sie brauchten ja nicht einfach heimlich ärgerlich zu werden.

Pat.: Na ja, ja! Das könnte man machen ...! Das könnte man *sogar gut* machen ...! Die Lösung ist zweifellos besser ...! Bloß ich komm' damit nicht durch. Gar nicht mal so von meinem wankelmütigen Gefühl her, sondern weil sie solche Dinge eben auch ganz schnell abbricht.

Ich: (Zweifelnd) Hm.

Pat.: Sie bricht solche Gespräche immer ganz schnell ab! Das hat mich schon immer sehr gestört. Sie sagt dann: „Ach, das ist ja ... Ach, da reden wir nicht drüber!". Und dann macht sie den Überlegenen, als ob sie alles bestens weiß, und dann ist Schluß.

Ich: Ich bin noch nicht so sicher, ob diese Haltung Ihrer Frau nicht doch daher kommt, daß Sie selbst von sich noch nicht so ganz überzeugt sind.

Pat.: (Lebhaft) Na ja, das ist sicher ..., ganz sicher ist das so!!! Das ist zweifellos richtig, was Sie sagen! Das Unsicherheitsgefühl in mir ist praktisch immer da ... Aber ich hab' da eben Schwierigkeiten, das zu verändern ... Sie ... Sie sagen jetzt: So könnte man das machen ... Und das ist schon ganz gut ..., und das würde auch mit den meisten Menschen sicher laufen (lacht ein bißchen).

Ich: Und warum soll es bei Ihnen nicht laufen?

Pat.: (Denkt nach) Na ja, eigenartige Sache ist das, das in die Praxis umzusetzen. Das ist so . . ., ich weiß nicht. Das ist eben so, daß ich das bisher alles vom Gefühl her noch nie so gemacht habe . . . Ich habe mir noch nie gesagt, daß man da so eingreifen kann.

Ich: Ich denke, Sie sind von der Kindheit her jetzt in einer sehr bekannten Situation: Die Tante sollte Sie versorgen, war schwachsinnig und machte was falsch, und dann kam die Mutter nach Hause und sagte zu Ihnen: „Du mußt doch wissen, daß die Tante das nicht kann, du mußt doch aufpassen".

Pat.: (Jetzt äußerst lebhaft) Ja, so war das genau! Das habe ich als Kind nicht begriffen. Ich habe eben nicht gewußt — vom Gefühl her nicht gewußt —, wie man das machen soll. Ich habe nur gewußt, daß . . ., wenn man zehnmal klüger ist, *wenn man es nicht anbringen kann,* dann *bleibt es hoffnungslos!*

Ich: Na ja, das war ja auch sehr verwirrend, daß Sie auf der einen Seite jemandem gehorchen sollten, der schwachsinnig war und dann gleichzeitig immer wissen, was richtiger und klüger ist . . ., und so denke ich, so ist es . . .

Pat.: (Unterbricht mich) So ist es *noch,* ja, genauso ist es *noch!*

Ich: Ja, so ist es noch.

Pat.: (Wiederholt nochmals) Ja, so ist es noch.

Ich: Dann haben wir wohl eine richtige Spur?

Pat.: Ja, ja, das ist richtig . . ., das ist genau das Problem!!! Aber ich glaube ja nun, jetzt, wo ich erwachsen bin, da bin ich weiter . . . Aber das ist trotzdem nichts, das Gefühl macht nicht mit . . . Als Kind hab' ich nicht kapiert, wie es geht. Jetzt weiß ich . . ., in welche Schwierigkeiten ich da gekommen bin, aber ich weiß immer noch nicht, wo man solche Sicherheit herausholt . . . Sehen Sie mal: Also ich hätte jetzt dieselbe Situation jetzt . . ., ich hätte ja kaum 'ne Chance! Wenn die Situation jetzt dieselbe wäre, und ich hätte überhaupt niemanden, der ein bißchen auf Draht ist und was weiß . . ., *der auch was weiß.*

Ich: Sie meinen, wenn Sie jetzt nicht mit mir sprechen könnten?

Pat.: Na ja, so mein' ich das etwa . . . Wenn ich jetzt keinen Außenstehenden hätte, der da einen Überblick hat, dann hätte ich da meine Tante, meine Mutter und noch ein paar Anverwandte . . . Das wär' dieselbe Situation. Die alle könnte ich nicht überzeugen, und ich würde für immer in dem allen hängenbleiben.

Ich: Na ja, aber das ist ja das günstigste, wenn man erwachsen ist. Wir haben ja hier Schritt für Schritt das alles zusammen verstanden. Das ist ja jetzt doch schon anders, Sie haben doch jetzt schon Boden unter den Füßen.

Wer die letzten Worte des Patienten jetzt aufmerksam liest, der wird vielleicht — auch ohne den begleitenden Tonfall zu hören — herausspüren, daß bei ihm eine Haltung im Spiel ist, die sich innerlich im Grunde doch *nicht* auf das angebotene Verständnis, auf Teilnahme und Vertrauen bezieht. Der Patient sagt, daß er sonst niemanden hätte, der „ein bißchen auf Draht ist" und der auch „was weiß". Oder jemanden, der „einen Überblick hat".

Erst nach drei weiteren Stunden kam hier für den Patienten eine neue, innere Entwicklung in Gang: Er hatte von seinen Ängsten und Bedenken erzählt, die in ihm aufkamen, wenn er versuchte, mit Frauen auf seiner Arbeitsstelle, die ihm gefielen, eine Verbindung anzuknüpfen. Der Patient hatte die Vorstellung, daß „gut funktionierende Männer" von vornherein wissen, wie eine Frau reagieren wird, und daß weder der Durchschnittsmann noch die Durchschnittsfrau je in die Lage kommen, Enttäuschungen, Zurückweisungen und Kränkungen hinzunehmen. Als ich mit dem Patienten darüber sprach, daß solche Erlebnisse wohl keinem Menschen erspart bleiben, und er meiner Anteilnahme doch sicher sein könnte, wenn er einmal in eine solche Lage käme, blickte er mich überrascht an und erklärte: „Sehen Sie, wenn Sie das so sagen . . .! Sie würden *Anteil nehmen!* Das habe ich mir nie vorgestellt, daß Sie das tun könnten! Ich habe immer gedacht, Sie haben diesen Beruf gelernt. Und Sie wissen auch Bescheid! Und das ist auch nicht nur so eine Psychologie von der Wohnzimmerstube aus, die sich irgendwas zurechtbastelt, und da habe ich mich drauf verlassen. Aber wenn Sie sagen ‚Anteilnahme . . .!'. Das habe ich mir nie vorgestellt."

Und erst nach einem längeren Gespräch über die völlige Unfähigkeit des Patienten, sich vorzustellen, daß ein anderer Mensch vielleicht wirklich nicht nur versucht, die Funktionsmängel seiner Maschinerie in Ordnung zu bringen, sondern aufrichtig Anteil nimmt, meinte er in einem Zustand äußerster Betroffenheit: „Dann wäre man ja wirklich nicht mehr allein . . .! Dann wär' das ja alles nicht so schlimm . . . Dann könnte man sich ja auch wirklich mal einen Fehler erlauben!"

Mit diesem Bericht habe ich bereits der Darstellung des Behandlungsverlaufes etwas vorgegriffen. Zunächst teile ich hier über die *Stundenzahl* und die *Stundenverteilung* noch mit, daß der Patient insgesamt 46 Behandlungsstunden gehabt hat, die sich über dreieinhalb Jahre verteilten. Zwischen der Anamnese und dem Beginn der Behandlung lag allerdings fast ein halbes Jahr, da für den Patienten noch unklar war, ob er die Ausbildungshilfe vom Arbeitsamt bekommen würde oder nicht, und wie er sich zu dem Antrag auf Frührente stellen sollte. Seine neue Ausbildung lief bereits einige Wochen, als er sich wieder bei mir meldete, und ich ihm dann alle 14 Tage eine Behandlungsstunde einräumen konnte. Im zweiten Jahr der Behandlung setzten wir die Stunden unregelmäßiger an. Der Patient selbst fühlte sich schon sehr gebessert, und wir hatten gelegentlich Terminschwierigkeiten wegen seiner und meiner Arbeitssituation. Gegen Ende der Behandlung kam der Patient dann nur noch alle vier bis sechs Wochen. Einmal kam durch seinen und meinen Urlaub eine Unterbrechung von vier Monaten vor. Später kam der Patient mit einer gewissen Anhänglichkeit etwa zweimal im Jahr, um mich über sein Wohlergehen auf dem laufenden zu halten und einige Probleme in der gleichen Intensität wie auch sonst zu besprechen.

Ich gebe jetzt — wie bei allen früheren Krankengeschichten auch — zunächst noch einmal einen Überblick über die wichtigsten neurotischen Reaktionsformen und Abwehrmechanismen des Patienten, die Themen und Probleme, die in der Behandlung auftauchten und die charakteristischen Übertragungsreaktionen, die ihn kennzeichneten:

Neurotische Reaktions- und Erlebnisweisen des Patienten: Einer der wichtigsten neurotischen Abwehrmechanismen des Patienten war die „Affektisolierung". Er sprach von einem „Dunstglockengefühl" oder einem „Nebelgefühl" und schilderte, daß er so lebte, als ob um ihn herum undurchsichtige und unüberschaubare Ereignisse abrollten, die er weder verstehen, geschweige denn beeinflussen könnte. Mit diesem Erleben hatte der Patient eine ratlos apathische Haltung entwickelt, die sich durch einen aufgesetzten Leistungsprotest und einer am Stiefvater erworbenen Schmarotzerhaltung verstärkte. Zu dem Isolierungsgefühl des Patienten, das ihm jeden Zugang zu gefühlshaften interaktionellen Prozessen zwischen Menschen versperrte, gehörte auch seine „Mensch = Maschine"-Vorstellung. Menschen waren gut oder schlecht funktionierende Maschinen, einige unter ihnen hatten auf geheimnisvolle und unerklärliche Weise ein Wissen über die Vorgänge der Welt und „funktionierten dann eben". Der *Zugang zu Frauen* ging eigentlich nur über die gefühlsentleerte Sexualität mit der zugehörigen Vorstellung, daß Frauen genauso empfänden, und daß es außerdem nur die Frauen wären, die eine Wahl treffen können und die entscheiden, ob sie mit einem Mann sexuell zusammen sein wollen oder nicht.

In bezug auf das Dunstglocken- oder Nebelgefühl des Patienten will ich allerdings betonen, daß es wirklich einen psychodynamisch bedeutungsvollen Hintergrund hatte, wenn der Patient nicht vom „Gläserne-Wand-Gefühl" oder „Trennscheiben-Gefühl" sprach, wie wir das von schwer schizoid gestörten Patienten hören. Das „Nebelgefühl", von dem der Patient sprach, beinhaltete gleichzeitig, daß es sich um einen Zustand handelte, der bis zu einem gewissen Grad aufgelockert war. „Im Nebel tasten" heißt ja schließlich doch, daß man wenigstens etwas mit Händen greifen kann, was man nicht sieht und nicht überblickt. Oder daß man die Hoffnung haben darf, der Nebel werde irgendwann einmal durch einen kräftigen Windstoß vertrieben sein oder könne sich mit dem anbrechenden Morgen lichten.

Die *Identifikationsfiguren* des Patienten waren Mutter, Tante und Stiefvater. An beiden weiblichen „Introjekten" hatte der Patient das ratlos-apathische Nebelgefühl erworben. Vom Stiefvater die schon erwähnte Schmarotzertendenz, aber auch die Vorstellung, daß es irgend etwas gibt, das man wissen müßte und das nur ihm — der Flasche — unbekannt sei.

In der *Übertragung* war ich für den Patienten anfänglich ganz überwiegend die „schwachsinnige Tante", von der eine Anordnung zu erwarten ist, die mit einiger Wahrscheinlichkeit dann aber doch falsch sein würde. In der „Mutterübertragung" erwartete der Patient von mir, entmutigt und geduckt zu werden („das werden Sie sicher nicht schaffen"). In der Endphase der Therapie rückte ganz kurzfristig eine „Stiefvater-Übertragung" ins Erleben, die latent wohl immer wirksam gewesen, aber bis dahin noch nicht angesprochen worden war. Der Patient erwartete von mir Vorwürfe in dem Sinn: „Das hätten Sie aber wissen müssen." Erst sehr viel später kam wirkliches Vertrauen auf. Meine *eigene Reaktion* war anfänglich ein Gefühl skeptischer Besorgnis. Ich hielt den Patienten für sehr gefährdet und wollte dringlich weiteres Unglück verhüten, war aber nicht sicher, ob das gelingen würde. Ich fühlte mich dann aber von der großen Fähigkeit des Patienten, zu verstehen, sich mitzuteilen und das Verstandene auch umzusetzen, sehr angesprochen und von den relativ bald erreichten therapeutischen Erfolgen befriedigt.

Wichtige Themen und Entwicklungsschritte im Verlauf der Behandlung: Anfänglich waren die Behandlungsstunden thematisch von den Lernschwierigkeiten des Patienten beherrscht und von den Konflikten auf seiner Arbeitsstelle, vor allem mit Vorgesetzten. Die Vorstellungen, mit denen der Patient umging, formulierte er etwa folgendermaßen: Wenn ein Lehrer einem etwas erklärt oder eine Anweisung gibt, dann kommt das aus dem Nebel. Das kann genauso gut falsch sein. Ich brauche da gar nicht hinzuhören, ich muß das sowieso allein wissen. Ein gut funktionierender Mensch weiß das eben. Woher, weiß ich ja auch nicht. Man ist völlig ausgeliefert. Jemanden zu überzeugen, ist völlig unmöglich. Wenn der die richtige Meinung hören wollte, würde er sie ja haben. Es gibt doch nur eine richtige Meinung. Wenn einer 'ne Meinung hat, die falsch ist, dann behält er die eben, weil er die richtige gar nicht wissen will. Da haben Argumente gar keinen Zweck.

Im Anfangsstadium der Therapie ging die Entwicklung des Patienten schrittweise in folgender Richtung: Er erlebte neue Möglichkeiten, etwas in sich aufzunehmen, zu verstehen und zu beurteilen. Er ließ die Erkenntnis zu, daß Irrtümer möglich sind und daß allen Menschen Irrtümer unterlaufen. Er ließ sich überzeugen, daß ein Lernprozeß darin besteht, daß man nicht nur neue Fertigkeiten und Kenntnisse erwirbt, sondern daß man auch Fehler macht und Fehler korrigiert.

In diesem Zusammenhang war es eine besonders wichtige Etappe in der Behandlung, als der Patient verstehen konnte, daß hinter seinem retentiven Lern- und Leistungsprotest („ich will nicht in die Tasche des Chefs arbeiten") außerdem noch eine sehr eigentümliche Vorstellung steckte: Der Patient dachte nämlich, daß die Notwendigkeit, etwas zu üben und zu wiederholen, ein Zeichen von *Krankheit* sei. Der Patient lebte mit der vom Stiefvater übernommenen Formel „man hat's oder man hat' nicht", beziehungsweise „man kann es oder man kann es nicht". Mit Hinblick auf das Verhalten seiner schwachsinnigen Tante hatte der Patient diese Formel nun so verarbeitet, als ob die Notwendigkeit, etwas zu wiederholen und zu üben, nicht nur aufzeigte, daß man „es nicht hatte", sondern daß gleichzeitig herauskam, daß man *defekt* war (wie die Tante) und *krank*.

Die genetischen Deutungen, die ich dem Patienten hier gab, waren für ihn von größter Wichtigkeit und hatten gelegentlich einen für ihn geradezu überwältigenden kathartischen Effekt. Mit Hilfe eingestreuter Übertragungsdeutungen wurde dieses Erleben dann noch stark vertieft und bekräftigt.

Neben dieser Entwicklung im Ausbildungssektor, die das Aufnehmen, Verstehen, Beurteilen und Lernen betraf, lief die Auseinandersetzung des Patienten mit Kollegen und Vorgesetzten einher. Sie passierte folgende Etappen: Anfänglich nahm der Patient Vorschriften stuporös auf, um sie dann entweder zu vergessen oder zu befolgen. Danach lernte er es, sinnlose und sinnvolle Vorschriften zu *unterscheiden*, schließlich: Sich gegen sinnlose oder aggressive Vorschriften und Anordnungen zu *verteidigen*. Als letztes kam: Einen eigenen Plan entwerfen und diesen Plan auch *durchsetzen*. Verbunden damit: Eine eigene Meinung haben und durchsetzen (s. die aufgeführte therapeutische Episode, in der der Patient ja die Formel gefunden hatte: „Früher lebte ich so in kleinen Stücken und hatte für alles eine Vorschrift, und dann habe ich den Überblick verloren . . . jetzt lebe ich einfach so . . ., aber ich finde mich doch noch nicht so ganz zurecht".) Abschließend und zusammengefaßt kam: Eine dynamische und aktive Lebensorientierung anstreben, in der eigene Gedanken, Meinungen und Pläne erlebt, begründet und durchgesetzt werden.

In dieser Phase der Behandlung hatte der Patient nicht nur seine Zwänge verloren, sondern auch das Dunstglocken- und Nebelgefühl, und er war in seinen beruflichen Auseinandersetzungen einigermaßen sicher, wie er die Umwelt und ihre Reaktionen einordnen und beurteilen sollte. Die noch unbearbeitete Problematik, deren Existenz der Patient sehr deutlich spürte, lag im *Gefühlsbereich* und aktualisierte sich an dem Konflikt mit der Ehefrau über die „verweigerte" Sexualität.

Thematisch hatte sich das Problem mit der Ehefrau im Verlauf der Behandlung in verschiedener Beleuchtung gezeigt und etwa folgendermaßen entwickelt: Der Patient hatte anfänglich sehr viele Klagen über die Ehefrau vorzubringen: Ihre körperliche Unansehnlichkeit, ihre Unverträglichkeit und die herabsetzenden Vorwürfe, die sie ihm machte. Ihre Unzufriedenheit über die kärgliche Geldsituation, ihr dauerndes Betonen von Pflichten, ihre Tendenz, seine Ausbildung zu boykottieren unter dem Motto: „Das schaffst du ja doch nicht", ihre gleichlaufende Tendenz, sich selbst abzuwerten, beziehungsweise bestimmte Unfähigkeiten (insbesondere technische) unter dem Motto zu entschuldigen: „Dafür bin ich eben zu dumm, das kann ich eben nicht". Ein Verhalten, das der Patient als bösen Willen interpretierte, weil die Ehefrau damit seine eigenen (häufigen) Vorwürfe und Belehrungen unterwanderte.

All diese Klagen über die Ehefrau waren objektiv sicherlich nur sehr bedingt berechtigt und Ausdruck von neurotischen *Projektionen* oder auch einer Verkennung der realen Lage. So wie der Patient an seiner Mutter erlebt hatte, daß diese den Lebensunterhalt für die gesamte Familie herbeischaffte, während der Stiefvater nur sehr gelegentlich arbeitete, so erschien es ihm auch selbstverständlich, daß seine eigene Frau für ihn das gleiche klaglos täte, da er ja nicht einmal nur faul war, sondern krank. Es schälte sich aber im Verlauf der Therapie immer deutlicher heraus, daß der Patient in der Identifikation mit seinem Stiefvater seinerseits ein sehr aggressives, von Vorwürfen strotzendes Verhalten der Ehefrau gegenüber an den Tag legte. Ein Verhalten, mit dem er gleichzeitig auch in ein neurotisches Reaktionsschema der Ehefrau mit „einstieg". Die Ehefrau des Patienten war von ihrem Vater sehr eingeschüchtert und geduckt worden. Sie hatte in dessen Augen „nur" den Technischen Zweig und nicht das Abitur und auch nicht (wie er gewünscht hätte) studiert, um ihrerseits Lehrerin zu werden. Die Ehefrau war also auf ein sehr ängstliches Pflichterfüllen und Leisten gedrillt und außerdem daran gewöhnt, für all ihre Leistungen nur beschimpft zu werden. Ihre einzige Rettung vor den vielen Vorwürfen des Vaters war die Identifikation mit dessen Urteil: „Vater sagt, ich bin dumm, also bin ich wohl dumm". Als der Patient über sein eigenes Verhalten verstand: „Dann mach' ich ja mit ihr dasselbe, wie ihr eigener Vater", war sehr viel gewonnen. Doppelt viel, weil nun die beiden Eheleute ein gewisses „Kumpangefühl" entwickeln konnten in dem Bewußtsein, daß man sie beide als Kinder für dumm erkärt hatte, ohne daß sie dumm waren.

Im Verlauf der beruflichen Entwicklung des Patienten und mit Hilfe dieser Erkenntnisse, ließ der ständige Streit zwischen den Eheleuten nach. Die Gefühlsbeziehung besserte sich aber keineswegs und der Patient erlebte nicht die geringsten sexuellen Impulse seiner Ehefrau gegenüber. In den beiden therapeutischen Episoden, über die ich hier berichtet habe, ist von der soeben geschilderten Konstellation allerdings nur noch sehr wenig zu spüren. Es finden sich hingegen schon einige Signale, die auf eine weiterführende Besserung zwischen den Eheleuten hindeuten:

Was der Patient zu diesem Zeitpunkt noch nicht hatte verbalisieren können, ließ sich in der nächsten Stunde auf einigen Umwegen herausfinden: Immer dann, wenn der Patient sich von *anderen Frauen* potentiell akzeptiert fühlte, wuchs auch sein sexuelles Interesse an der *eigenen Frau*. Es kam nun erneut ins Gespräch, daß der Patient die meisten Frauen nur als „Sexualobjekte" erleben konnte und wollte. Wer sich die Mühe machen will, das therapeutische Gespräch mit dem Patienten noch einmal durchzulesen, wird bemerken, daß ich einmal versucht habe, auf seine früheren Mitteilungen zurückzugreifen und ihn daran zu erinnern, wie sehr ihn nach seinen eigenen Worten vor allem der *Gefühlsanspruch* seiner Frau gestört habe. Ich war mit meinen Anregungen aber nicht sehr weit gekommen. Das Erleben des Patienten war noch ganz auf den Bereich des Forderns und Gewährens, des Nehmens und Gebens beschränkt. In Wahrheit war es natürlich doch ein Problem des Vertrauens. Der Patient hatte ja immer mit seinem „Nebelgefühl" gelebt und mit der großen Angst vor seiner Unfähigkeit, das Fühlen und Reagieren von Frauen richtig einzuschätzen.

In der Behandlungsstunde, von der ich im Anschluß an die letzte therapeutische Episode schon gesprochen habe, konnte ich dem Patienten dann sagen, daß ich vermutete, es sei sein immer zurückgestautes und sehr intensives, *eigenes Gefühlsbedürfnis*, das ihm Angst machte. Der Patient durchlebte nun einen sehr erschütterten Augenblick und fand dann schließlich (mit Beziehung auf das vorangegangene Gespräch) folgende Formulierung: „Es ist nicht so, daß ich die Frau nur als Sexualobjekt haben will. Aber ich habe Angst . . . Angst, daß ich mich dann an ein Gefühl *ausliefere* . . .! Daß dann ein Strudel kommt . . ., daß ich mich dann selber *nicht mehr in der Hand habe!*" Mit dieser Etappe in der Behandlung war dann eigentlich der wichtigste Grundstein für die weitere gefühlshafte Entwicklung des Patienten gelegt. Er kam immer wieder auf die Frage des Vertrauens zurück und besann sich auf Situationen, in denen ich mich keineswegs wie eine „Therapiemaschine" verhalten hatte, und daß er im Grunde an meiner inneren Teilnahme nie zu zweifeln brauchte.

Mit der Mischung von Selbständigkeit und Anhänglichkeit, die ich von dem Patienten eingangs beschrieben habe, kam er dann in größeren Abständen immer einmal wieder, um über die Einzelheiten seines sicher nicht konfliktlosen, aber doch in psychischer Hinsicht gesunden Lebens zu berichten.

c) Epikritischer Rückblick

Ich kehre jetzt zum Abschluß dieses Kapitels noch einmal kurz zu meinen einleitenden Bemerkungen über die Anwendung der Dynamischen Psychotherapie zurück: Ich hatte diese Erörterungen ja absichtlich sehr abstrakt gehalten und nur hinzugefügt, daß mein Bericht über die verfügbaren psychoanalytischen Interventionen lediglich dann einen instruktiven Wert erhält, wenn gleichzeitig klar ist, daß eine tragfähige wechselseitige Beziehung zwischen dem Analytiker und dem Patienten den Hintergrund für das therapeutische Geschehen abgibt. Trotzdem kann ich natürlich nicht übersehen, daß ich durch die Wiedergabe von therapeutischen Episoden im Wechselgespräch die verbale Interaktion zwischen mir und dem Patienten sehr stark (vielleicht zu stark) betont habe. Die Stimmung dieser Stunden, die Augenblicke der Angst, ergriffener Bewegung, hoffender Zuversicht oder auch ärgerlicher Angriffe und Unzufriedenheit haben sich auf diesem Weg kaum einfangen lassen. Und so konnte vielleicht auch nicht deutlich werden, daß die therapeutische Zweierbeziehung, die sich bei dem hier geschilderten Verfahren ausbilden muß, von einigen unentbehrlichen Eigenschaften beim Analytiker (*Therapeutenvariablen*) abhängig ist, die ich im folgenden doch noch einmal kurz benennen will:

Zunächst einmal muß der Behandler bei der Dynamischen Psychotherapie in der Lage sein, seinem Patienten ein Gefühl der Ruhe und der Intensität zugleich zu vermitteln, und er muß dieses Gefühl auch dann schaffen und aufrecht erhalten, wenn die Behandlungsstunden in größeren Abständen angesetzt werden, oder wenn es im Fluß der Therapie einige Unterbrechungen gibt. Wenn der Analytiker eine solche Stimmung, eine solche Atmosphäre auch bei größeren Abständen zwischen den Behandlungsstunden aufrecht erhalten will, dann werden an seine Erinnerungskraft ebenso hohe Anforderungen gestellt, wie an seine Fähigkeit, sich für die therapeutische Stunde, die er dem Patienten widmet, ganz ausschließlich diesem einen Menschen zuzuwenden, ohne sich von den übrigen Anforderungen, die sonst auf ihn einstürmen mögen, ablenken zu lassen. Es ist auch nötig, daß der Therapeut in diese Stimmung von Ruhe und Intensität ein gewisses Maß an aufbauender Zuversicht mit einbringt, eine Zuversicht, die nicht mit billiger „Ermutigungstherapie" verwechselt werden darf, sondern die aus dem tiefen Wissen entspringt, zu wievielen Wandlungen die menschliche Natur befähigt ist, wenn günstige innere Bedingungen geschaffen werden können. Und vor allem auch, welche Tragfähigkeit der Mensch besitzt und daß seine Belastbarkeit im Grunde nicht geringer ist als sein Entwicklungspotential.

Ich bin ganz sicher, daß nur aus einem solchen Wissen, aus einer solchen Grundhaltung heraus beim Therapeuten jene Form von Humor entspringt, den wir für unsere Behandlungen so dringend benötigen und der es verhindert, daß schwierige, aber nicht unlösbare Situationen eines Kranken zum Melodrama werden. Oder (noch wichtiger), daß die Patienten mit verfestigtem Narzißmus aus der Therapie entlassen werden, weil der humorlose Ernst der Stunden das nagende Schuldgefühl der Patienten und ihre Angst vor verbindlichen Beziehungen nicht auflösen konnte.

Vielleicht ist manchem Leser bei der Lektüre der Krankengeschichten aufgefallen, daß meine Beschreibung von Übertragungsreaktionen ganz wesentlich „personenorientiert" geblieben ist. Ich habe von Mutter-, Vater-, Schwestern- und Bruderübertragung gesprochen und die trieborientierten Attribute (etwa orale, retentive, libidinöse, sexuelle) Übertragung vermieden. Diese Form der Beschreibung ist der therapeutischen Situation bei der Dynamischen Psychotherapie angemessen: Bei einem Gespräch im persönlichen Gegenüber bleibt der Therapeut für seinen Patienten ein realer Mensch, dessen Alter, Geschlecht und Wesensart viel deutlicher ins Spiel kommen, als beim psychoanalytischen Standardverfahren, und ich persönlich rechne immer damit, daß ich zunächst für die Patienten eine Person bin, von der sie das erwarten, was ihnen früher ihre eigene Mutter geboten hat und der gegenüber auch die eigenen Reaktionen ins Spiel kommen, die in der alten Mutter-Kind-Beziehung ausgebildet worden sind.

Ich möchte dieses Kapitel aber nicht beenden, ohne auch noch einmal über jene *Patientenvariablen* zu sprechen, die die hier geschilderten befriedigenden Behandlungserfolge ermöglicht hatten. Einige Eigenschaften sind von mir ja schon bezeichnet worden: Ich hatte gesagt, daß es sich bei allen diesen Patienten um eher tätige Menschen handelte, deren Partnerbeziehungen keine wesentlich destruktiven Elemente enthielten und die auch über ein ausreichendes Maß an Kommunikationsfähigkeit verfügten. Auch das Maß ihrer Umstellungsfähigkeit, ihre psychische Mobilität war groß. Ich muß aber noch auf weitere Persönlichkeitsmerkmale hinweisen, die uns in ihren klinische Erscheinungen erst im nächsten Kapitel (S. 324 ff.) im einzelnen begegnen werden: BALINT hat bei seiner Unterscheidung zwischen der gutartigen und der malignen Regression dargelegt, daß es eine Gruppe von Patienten gibt (jene, die zu der gutartigen Regression neigen), für die es vor allem wichtig ist, daß sie *verstanden* werden. Die andere Gruppe — diejenige, bei der die „maligne Regression" eintritt — ist auf *Bedürfnisbefriedigung* durch den Therapeuten aus. Diese klinische Beobachtung und Unterscheidung ist von höchster Wichtigkeit und hilft uns auch, wenn wir die Besserungsaussichten bei der Dynamischen Psychotherapie einschätzen wollen: Alle Patienten, von denen in diesem Kapitel die Rede war, gehörten zur Gruppe jener Menschen, die *verstanden* werden wollten und die dann im Gefühl des Verstandenseins ihren eigenen Weg suchten. Wenn es auch für sie alle kürzere oder längere Phasen in der Behandlung gab, in der sie sehr stark von mir abhängig waren und mich brauchten, waren sie doch im Grunde zu unabhängigen inneren Entdeckungen und Entscheidungen befähigt. Anders ausgedrückt: Sie waren nicht darauf aus, die ihnen bislang entgangene Bedürfnisbefriedigung durch mich zu erhalten. Es fehlte ihnen jenes latent fordernde und erwartende Reagieren, das vom Therapeuten die Erfüllung der verborgenen Wünsche, die Regelung hinderlicher Schwierigkeiten, in Extremfällen Schadenersatz für erlittenes Leid und verpaßtes Glück erhofft oder verlangt.

Wie gesagt, werde ich auf diese Erscheinungen beim neurotisch erkrankten Patienten erst im nächsten Kapitel ausführlicher eingehen. Bei der Dynamischen Psychotherapie sind sie viel schwerer — gewissermaßen nur in Verdünnung — zu beobachten, und man muß sie schon von den therapeutischen Situationen beim psychoanalytischen Standardverfahren her kennen, wenn man sie auch bei der Dynamischen Psychotherapie bemerken und richtig einordnen will.

Jetzt noch ein letztes Wort zu den *„Situationsvariablen"*, die für die Durchführung der Dynamischen Psychotherapie hilfreich sind: Es ist sicherlich kein Zufall, daß fast alle klinischen Berichte, die über die günstigen Möglichkeiten verschiedenartiger Abwandlungen des psychoanalytischen Standardverfahrens Auskunft geben, von jenen Psychoanalytikern stammen, die Gelegenheit hatten, in poliklinischen Institutionen zu arbeiten. Der poliklinisch tätige Psychoanalytiker hat einen flexibleren Stundenplan. Er ist in einem Gruppenverband arbeitsteilig tätig, so daß das einzelne Gruppenmitglied beweglicher bleibt. Eine solche Arbeitskonstellation der Psychoanalytikergruppe bringt für die Patienten große Chancen mit sich. Sie können verhältnismäßig leicht zu wechselnden Zeiten und in wechselnden Abständen einbestellt werden, ohne daß andere Patienten Einbußen erleiden oder daß der gesamte Stundenplan des Therapeuten durcheinander gerät. Ich sehe daher voraus, daß die in diesem Kapitel beschriebene Behandlungstechnik ganz bevorzugt dort ihre Anwendung finden wird, wo eine größere Arbeitsgruppe von Psychoanalytikern gemeinschaftlich tätig ist, so daß dem einzelnen Gruppenmitglied eine größere Bewegungsfreiheit zur Verfügung steht. Der *poliklinische Hintergrund* wird als sogenannte „Situationsvariable" für die Dynamische Psychotherapie immer ganz besonders nützlich und hilfreich sein.

III. Das Psychoanalytische Standardverfahren

a) Vorbemerkung

Mit den nun kommenden praktischen Erläuterungen zum psychoanalytischen Standardverfahren erreichen wir in bezug auf die Darlegungen des theoretischen Teils wieder etwas vertrauteren Grund und Boden: Vor allem werden uns jetzt die schon beschriebenen traditionellen Regeln FREUDS zur psychoanalytischen Behandlungstechnik von großem Nutzen sein, und wir erinnern uns außerdem an BALINTS Konzept von der „Grundstörung", auf das ich bereits in dem ersten einführenden Kapitel eingegangen bin und das ich dann wieder aufgegriffen habe, als die einzelnen therapeutischen Techniken zur Debatte standen (s. S. 38 ff. u. S. 119 ff.).

Einer der wichtigsten Unterschiede zwischen der Psychoanalyse und der Dynamischen Psychotherapie ist nach meinen früheren Ausführungen darin zu finden, daß die analytische Situation — so wie sie von FREUD angegeben wurde — die *regressiven Tendenzen* des Patienten *fördert*. Wir müssen demnach jetzt bei einigen Behandlungen mit Konstellationen rechnen, in denen die Patienten in den prä- oder averbalen Bereich regredieren, so daß wir die therapeutische Technik entsprechend abwandeln. Die Gliederung des gesamten Kapitels erklärt sich aus diesen und einigen anderen Gegebenheiten, die ich soeben kurz erläutern will:

Es wäre didaktisch sehr unergiebig, ja geradezu irreführend geworden, wenn ich auch in diesem Abschnitt die Behandlungsmethode mit Hilfe von therapeutischen Episoden beschrieben hätte. Die gedruckten Worte würden nur die Vorstellung erwecken, daß bei der Psychoanalyse ein ähnliches Wechselgespräch abläuft, wie bei der Dynamischen Psychotherapie. Man würde nicht bemerken, wie anders die Stimmung in den Stunden ist. Allein die Zahl der Worte ist geringer, der Fluß der Mitteilungen kommt vom Patienten, stilles Abwarten ist häufiger. Die Einwürfe, die man selber macht, sind seltener und oft genug handelt es sich um Kommentare, die gar keine unmittelbare Anwort oder Reaktion vom Patienten erwarten, sondern die ihm einfach nur versichern sollen, daß man den inneren Prozeß, der in ihm in Gang gekommen ist, begleitet. Ich will damit nicht sagen, daß es wissenschaftlich überflüssig wäre, wenn man den Verlauf einer psychoanalytischen Behandlung dadurch genauer zu verstehen sucht, daß man die wechselseitig gesprochenen Worte (unter Vernachlässigung der begleitenden Intonation) kodiert und in ihrer Bedeutung erforscht. Nur für didaktische Zwecke ist ein solches Verfahren unbrauchbar.

Aus meinen früheren Darlegungen über die traditionellen Regeln FREUDS ist dabei schon klar hervorgegangen, daß die therapeutische Situation bei der Psychoanalyse bei weitem genormter und festgelegter ist als bei der Dynamischen Psychotherapie. Damit ergibt sich aber auch ein einigermaßen festgelegtes Bezugssystem für unsere Beobachtungen, und dieses Bezugssystem habe ich zur Grundlage genommen, um die folgenden Ausführungen übersichtlich zu gliedern:

Alle Autoren, die sich in ihren Veröffentlichungen mit der therapeutischen Technik befaßt haben, widmeten einen Teil ihrer Beschreibungen der *Eröffnungsphase* der Behandlung, jener Periode also, in der dem Patienten gesagt wird, welche Bedingungen für das Fortschreiten der Behandlung günstig sind und welche Regeln er nach bestem Vermögen einhalten solle. In dieser Eröffnungsphase wird der „Pakt" geschlossen (SCHULTZ-HENCKE), es entwickelt sich das „therapeutische Bündnis" (Bibring) oder das „Arbeitsbündnis", wie Ralph GREENSON es genannt hat (s. S. 308). Aus gutem Grund werde auch ich dieser Eröffnungsphase zwei einführende Kapitel widmen, die sich jeweils mit den Instruktionen für den Patienten und dem therapeutischen Bündnis befassen. Im übrigen dürfen wir uns dann darauf einstellen, daß auch nach Ablauf dieser Eröffnungsphase für den Analytiker ein einigermaßen überschaubares Beobachtungsfeld vorhanden ist: Der Patient reagiert auf die analytische Situation ganz allgemein, er reagiert auf die Persönlichkeit des Analytikers, und er reagiert außerdem auf die Absprachen, die er mit seinem Behandler getroffen hat. Es regen sich jene Gegenkräfte in ihm, die FREUD den Widerstand genannt hat, und es kommen Übertragungsreaktionen auf, die nicht mehr dem Analytiker als gegenwärtig anwesender Person gelten, sondern den „Haß-Liebes-Objekten" der Vergangenheit. Jetzt wird es die Aufgabe des Therapeuten sein, all diese Reaktionen seines Patienten zu verstehen und ihre variablen Möglichkeiten zu kennen. Er muß wissen, daß seine Person eine große Wichtigkeit für den Patienten erlangt und daß alles, was sich im weiteren Verlauf der Behandlung ereignen mag, weitgehend von dem abhängen wird, was er selber tut, zuläßt, durch seine Interventionen stimuliert oder durch blinde Flecken übersieht.

Um nun zunächst einführend die Beobachtungsgabe meiner Leser für das Verhalten der Patienten in der analytischen Situation zu schulen, habe ich zwei getrennte Kapitel geschaffen, die sich einmal mit den Reaktionen des Patienten auf die *analytische Situation* und die *Person des Analytikers* befassen und die zum anderen das Verhalten und Reagieren des Kranken im Zusammenhang mit den *getroffenen Verabredungen* angehen: In der sich entwickelnden *Übertragungsbeziehung* werden für den Analytiker die „Objektbeziehungen" des Kranken in ihren besonderen Eigenarten deutlich. Der Umgang mit jenen Abmachungen, die die analytische Arbeit betreffen, gibt Hinweise auf das *Arbeits-* und *Leistungsverhalten* der Patienten, auf ihre zugehörigen Ängste, ihre Abwehrhaltungen, ihren Protest oder ihren Erfüllungseifer, kurz gesagt auf das gesamte Geflecht ihrer normalen oder neurotischen Reaktionen, die sich bei verbindlichen Absprachen oder geforderten Leistungen einstellen. Natürlich tauchen in beiden Bereichen — in der

Auseinandersetzung mit dem Analytiker und in der Auseinandersetzung mit den getroffenen Verabredungen — sogenannte *Widerstandsphänomene* auf. Auch *regressive Tendenzen* setzen sich durch. Viele Verhaltensweisen des Patienten, mit denen er auf die Abmachungen zu Beginn der Behandlung reagiert, werden zudem nur dann verständlich sein, wenn man gleichzeitig die zugehörigen Übertragungsreaktionen in Rechnung stellt. Einige Illustrationen zu dieser Problematik werde ich bei den klinischen Berichten bringen.

Die Reaktionen des Patienten auf den Analytiker werde ich anfänglich in der herkömmlichen analytischen Sprache beschreiben. Das heißt, ich werde die sogenannte ödipale und präödipale Übertragung sowohl personenbezogen wie trieborientiert darstellen. Ich halte es aber für unerläßlich, bei diesen Erörterungen auch BALINTS Konzept von der „Primären Liebe" mit den „philobatischen" und „oknophilen" Objektbeziehungen einzufügen. Die Beachtung dieser Reaktionsweisen im Kranken erschließt so viele therapeutische Hilfsquellen, daß wir dieses Wissen nicht vernachlässigen dürfen. Eng verbunden mit dem Konzept von der „Primären Liebe" sind dann BALINTS Ausführungen über die therapeutischen Aspekte der Regression, deren Inhalt ja bereits im theoretischen Teil angeklungen ist. Auch diese klinischen Beobachtungen erscheinen mir so wichtig (besonders für die Behandlung schwieriger Patienten), daß ich ihnen einen eigenen Abschnitt gewidmet habe. Dies vor allem, weil ich glaube, daß man den sogenannten regressiven Erscheinungen nicht gerecht wird, wenn man sie hauptsächlich unter der Überschrift „Widerstandsphänomene" oder „Abwehrmechanismen" abhandelt.

Zusammengefaßt: Ich schließe an die Beschreibung der „Eröffnungsphase" der Behandlung (mit den Instruktionen für den Patienten und der Entwicklung des therapeutischen Bündnisses) eine Beschreibung der nun aufkommenden Verhaltensweisen des Patienten an, die wir beobachten und verstehen müssen. Danach folgt ein nächster Abschnitt, den ich mit der Überschrift „Die inneren Formeln des Patienten und der interaktionelle therapeutische Prozeß" versehen habe. Der Begriff „i n n e r e F o r m e l" ist von mir schon im vorangegangenen Kapitel verschiedentlich gebraucht worden, ohne daß ich ihn im einzelnen erläutert hätte. Ich meine damit folgendes: Wenn im Verlauf der Behandlung der Gefühlsprozeß im Patienten voranschreitet und sein Selbstverständnis wächst, dann kristallisieren sich allmählich gewisse Formeln heraus, die sowohl sein Eigenverständnis betreffen wie auch seine typischen (bewußten oder unbewußten, reflektierten oder nicht reflektierten) Erwartungen und Einstellungen auf die Umwelt, auf die Menschheit schlechthin, auf Männer und Frauen, auf die Möglichkeiten und Fallstricke dieses Lebens und vor allem auch auf den Wert der eigenen Person. Im vorangegangenen Kapitel hatte die Patientin E. P. von sich selbst die Vorstellung, „ich bin das Nesthäkchen"; die Patientin T. A. war das „kleine Würstchen", das „Schlußlicht der Familie" und der Patient K. T. lebte in bezug auf Leistung und Können mit der Formel, „man hat's oder man hat's nicht" und „wenn man üben muß, ist man krank"; außerdem noch, „ich bin eine Flasche".

Diese — in Kurzformeln zusammengedrängten — Erlebnisweisen der Patienten sind das Ergebnis der bei ihnen abgelaufenen psychoneurotischen Entwicklung. Sie werden im Verlauf der Behandlung zum Dreh- und Angelpunkt für das vertiefte Selbstverständnis der Kranken und bieten schließlich auch eine wichtige Starthilfe für die Lösung aus den alten erstarrten Reaktionsformen. Das, was ich hier die „innere Formel" der Kranken nenne, darf übrigens nicht mit der „psychodynamischen Formel" von ALEXANDER verwechselt werden. Was ich mit diesem Begriff beschreiben will, ist nicht allein oder nicht überwiegend auf Trieb- und Triebabwehrmechanismen zentriert, sondern bezieht sich auf die gesamte zugehörige Lebensorientierung des Patienten. Und da sich um diese innere Formel der Kranken eigentlich die wichtigsten Elemente unseres neurosenpsychologischen Wissens gruppieren, werde ich hier einige tabellarische Übersichten einfügen, bevor ich die notwendigen Angaben über den therapeutischen Prozeß, über Kommentare und Deutungen zusammenstelle.

Mit der Erarbeitung der alten (und vielleicht auch neuen) „inneren Formel" der Patienten ist übrigens vor allem der Anfangs- und der Mittelabschnitt der Behandlung ausgefüllt. Die Endphase der Therapie, die Ablösung des Patienten vom Behandler, sein „Neubeginn", um mit BALINT zu sprechen, schließt sich in fließenden Übergängen nach mehr oder weniger deutlich erkennbaren Vorläufern an. In den vier Krankengeschichten, mit denen ich das vorliegende Kapitel über psychoanalytische Behandlungen beschließen werde, sind diese Perioden jeweils mit erwähnt.

b) Die analytische Situation

1. Die Instruktionen für den Patienten

Wenn bei einem Patienten abgeklärt ist, daß eine psychoanalytische Behandlung angezeigt und aussichtsvoll erscheint, beginnt das erste vorbereitende Gespräch mit einigen Erklärungen, Informationen und Anweisungen für den Patienten, die gemeinsam abgesprochen werden müssen. Ich selbst achte dabei immer auf zweierlei: Einmal, daß ich dem Patienten möglichst klar und genau verständlich mache, um was es geht. Zum anderen, daß ich ihn auf die Schwierigkeiten vorbereite, die normalerweise durch das analytische Arrangement auftauchen werden. Da die analytische Situation dazu verhelfen soll, daß die verborgenen neurotischen Ängste ans Licht kommen, ist es nur angemessen, wenn man für den Patienten die normalen Beunruhigungen und Spannungen vermindert, die sich aus der (immerhin ungewöhnlichen und eigenartigen) Situation ergeben.

Ich spreche mit dem Patienten also über die Ruhelage, die er einnehmen wird und daß ich — seinen Blicken entzogen — hinter ihm sitze. Ich erkläre dazu, daß dieses Arrangement hilfreich ist, damit der Patient sich ganz auf sein eigenes Innenleben einstellen kann und nicht durch mein Mienenspiel und meine sichtbare Existenz Ablenkungen erliegt. Danach spreche ich mit dem Patienten über den Traum, die Einfälle zum Traum und die freien Assoziationen, über die Grundregel, über die Häufigkeit der Stunden und Termine, über die Bezahlung (beziehungsweise den Kostenträger), über Urlaubsregelungen, über die sogenannte „Nebenanalyse" und das Problem der „lebenswichtigen Entscheidungen".

Schon vorher (bei der Verabredung einer Behandlung) oder im Anschluß an diese Erläuterungen spreche ich mit dem Patienten über die mutmaßliche Dauer der Behandlung, über die Aussicht, bald (oder erst spät) eine fühlbare Symptomminderung zu erleben, oder auch darüber, daß ich mir in einer gegebenen Situation kein Urteil über diese spezielle Frage zutraue. Bei keiner dieser Erläuterungen und Anweisungen, auf die ich im folgenden eingehen werde, verhalte ich mich sehr strikt. Ich habe keine besondere Neigung, einen festgelegten Fahrplan aufzustellen, um dann die Abweichungen vom Reglement ins Gespräch zu bringen. Wichtig ist nur, daß der Patient tatsächlich klare Informationen erhalten hat über das Verhalten, das für den Fortgang der Behandlung günstig ist, so daß ich mich später auf diese Informationen berufen kann, wenn ich bemerke, daß ein bestimmtes Problem auf der Bildfläche erscheint, und ich es gern bei passender Gelegenheit zur Sprache bringen möchte.

Im einzelnen sehen meine Anweisungen und Informationen etwa folgendermaßen aus:

Zur Traumarbeit: Ich erkläre dem Patienten, daß der Umgang mit den Phantasieprodukten, die im Schlaf auftreten — den Träumen — therapeutisch hilfreich ist, weil hinter den Traumbildern wichtige Probleme der Gegenwart und der Vergangenheit versteckt liegen. Ich fordere die Patienten also auf, jede Behandlungsstunde mit dem Bericht eines Traumes zu beginnen und schlage vor, daß es der Traum der letzten Nacht sein möge, beziehungsweise der letzte Traum, der in der Erinnerung haften geblieben ist. Mit dieser Anweisung erspare ich dem Patienten und mir wirkungslose Gespräche über die Frage, welche Träume besonders wichtig sind, welche nicht, ob es „große" Träume gibt, besonders produktive und problemträchtige und welcher Traum wohl zuerst oder zuletzt an die Reihe kommen würde. Da ich nach vieljähriger Erfahrung davon überzeugt bin, daß jede wichtige Problematik eines Patienten in den Träumen schließlich auch erscheinen wird, wenn man sich an diese Abmachung hält, erspart man dem Patienten unnötige Ambivalenzkonflikte, weil er entweder besonders wichtige Träume produzieren oder peinliche Inhalte übergehen möchte. Selbstverständlich kann ein Patient, der von einem bestimmten Traum besonders bewegt ist, diesen Traum erzählen, auch wenn es nicht der letzte Traum der letzten Nacht war. Ich weiß im übrigen — und will das hier einfügen —, daß es Kollegen gibt, die ihre Behandlungen ohne Träume führen und die dem Patienten auch keine Instruktionen zur Einfallsarbeit geben. Ich bin aber sicher, daß ein solcher Verzicht keine Vorteile bringt, sondern nur mit einer sehr beträchtlichen *Verlängerung* der Behandlungsdauer bezahlt wird, ganz abgesehen von der Verarmung an Beobachtungs- und Verstehensmöglichkeiten.

Die Einfälle zum Traum, die freien Assoziationen: Über den Umgang mit den Träumen kündige ich dem Patienten an, daß ich ihm das günstigste Verhalten während der ersten Behandlungsstunden zeigen würde und erkläre nur, daß es nicht darum geht, einen Traum quasi allegorisch in seiner gesamten Handlung zu verstehen, sondern daß wir uns um die Einzelheiten des Traumes bemühen würden, um den Traum (wie Freud) sagte „en détail" zu bearbeiten. Ich sage weiter, daß es für die Behandlung wichtig sein wird, wenn der Patient es lernt, seine Einfälle möglichst locker aufsteigen zu lassen und die sich ergebenden Einfallsketten nach bestem Vermögen mitzuteilen. An dieser Stelle kommt dann meist das Problem der Grundregel zur Sprache.

Zur *Grundregel* erläutere ich dem Patienten etwa folgendes: Ich sage ihm, daß es fast immer schwierig ist, alles, was sich an Gefühlen, Vorstellungen und Gedanken auf der inneren Bühne abspielt, mitzuteilen, weil in jedem Fall ein grobes Mißverhältnis bestünde zwischen der Menge an Erlebtem und dem, was in der verfügbaren Zeit in Worten ausgedrückt werden kann. Insofern sei es leicht — aber nicht ratsam — unangenehme, bedrückende und beschämende Probleme rasch zur Seite zu schieben und gewissermaßen wegzusortieren. Das „Wegsortieren", das mehr reflektorisch abläuft, würde von den meisten Kranken gut vom aktiven Verschweigen und Zurückhalten unterschieden. Es sei Aufgabe der gemeinsamen Arbeit, hier eine möglichst umfassende Aufrichtigkeit zu erreichen. Hinweise auf Ausreden, Schummeleien, Notlügen oder zielgerichtete Unwahrheiten vermeide ich im ersten Gespräch fast immer. Und nur bei Patienten, bei denen ich in dieser Richtung einigen begründeten Verdacht habe, spreche ich von den Schwierigkeiten, die sich ergeben werden, wenn er (der Patient) *Geheimnisträger* ist oder wenn er ein Wissen über Freunde und Bekannte hat, das er auf keinen Fall in der Analyse preisgeben will. Ich stelle dann klar, daß jedes Verschweigen in der Analyse den therapeutischen Prozeß blockieren wird, und daß der feste Vorsatz, bestimmte Dinge nicht zu sagen, den Beginn der Behandlung überflüssig macht. Wenn Anhaltspunkte dafür vorliegen, daß der Patient als politischer Überzeugungstäter an kriminellen Handlungen beteiligt ist, dann teile ich mit, daß ich diese Verhaltensweisen für die Folgen der individuellen pathologischen Entwicklung des Kranken halte und gegebenenfalls bereit bin, mit ihm zusammen an der Beseitigung dieser Reaktionen zu arbeiten. Ich mache aber deutlich, daß ich Diebe, Brandstifter oder politische Terroristen nicht deshalb mit anderen Augen sehe, weil sie sich selbst ein ideologisches Mäntelchen für ihre destruktiven Aktivitäten zurechtgelegt haben.

Im übrigen weiß ich aus dem langjährigen Umgang mit politischen Überzeugungstätern verschiedenster Färbung (braun oder rot), daß eine erfolgreiche psychoanalytische Arbeit an dieser Konstellation oft genug ihre Grenze findet.

Über die *Nebenanalysen* mit den unzähligen neurotischen Ersatzbefriedigungen, über die ich ja ebenfalls schon in früheren Kapiteln gesprochen hatte, sage ich dem Patienten in der Regel, daß die Erörterung seiner Erlebnisse in der Analyse mit befreundeten Personen deshalb ungünstig ist, weil viel psychische Energie, die dringend für die Gesundung benötigt wird, in Seitenkanälen versickert, Erregungen anderweitig abreagiert werden und wichtiges Material nicht zur Sprache kommt. Ich bin mir aber bei diesen Erörterungen durchaus darüber im klaren, daß jene „intellektuellen" Patienten, die in einer Gruppe leben, in der viele andere Menschen auch in Analyse sind, diese Anweisung kaum befolgen werden. Und da ich das weiß, kann es mir passieren, daß ich bei solchen Patienten anfänglich gar keine entsprechende Empfehlung gebe, sondern die Problematik erst dann aufgreife, wenn sie aktuell wird.

Auch das Thema der *lebenswichtigen Entscheidungen* wird von mir sehr locker gehandhabt: Im allgemeinen rate ich von einer übereilten Ehe ab, wenn die Analyse gerade beginnt. Auch wenn ein Berufswechsel geplant wird, der keine wirklich befriedigenden Chancen verspricht, sondern nur den Wechsel von neurotischen Mißhelligkeiten, schlage ich dem Patienten eine gewisse Bedenkfrist vor, fühle mich aber nicht berechtigt, hier sehr nachdrücklich Stellung zu nehmen. Gelegentlich kommt es vor, daß ein Ehepaar mit einem sehr ambivalenten Kinderwunsch ringt. Sei es, daß der Patient oder die Patientin selbst ein Kind haben möchte (vielleicht, um die Ehe zu halten), sei es, daß der Wunsch auf der Seite des Partners aufgekommen ist, und der die Behandlung beginnende Patient oder die Patientin diesen Wünschen nur mit größten Ängsten nachgeben würde. In diesen Fällen bin ich mit der Empfehlung, noch abzuwarten, bis die Gesundung oder doch fühlbare Besserung eingetreten ist, am nachdrücklichsten. Ich halte die Theorie, daß ein Kind die neurotisch kranke Frau schon gesund machen würde, für gründlich falsch und die aus dieser Vorstellung resultierenden ärztlichen Ratschläge für *echte Kunstfehler*. Aber auch einem Mann kann ich natürlich nicht zuraten, gegen seinen eigenen Willen (besonders, wenn er aus einer bestehenden Ehe wegstrebt), dem Kinderwunsch der Ehefrau nachzugeben, da ja mit einer solchen Entscheidung oft gerade das Problem, um dessen Lösung dieser Kranke ringt, besiegelt wird.

Formalere Probleme sind die *Termine*, die *Bezahlung* und die *Regelung* bei *Urlaub:* Nach Möglichkeit räume ich meinen Patienten *feste Termine* an festgelegten Tagen ein, mache sie aber darauf aufmerksam, daß meine Arbeitssituation es mir nicht immer erlaubt, diese Termine sicher einzuhalten. Natürlich kann auch der Patient an dem abgesprochenen Tag verhindert sein und dann nachfragen, ob eine Verlegung möglich ist. Wenn der Patient die Behandlungsstunde aus Krankheit oder zwingenden beruflichen Gründen absagen muß, fühle ich mich — sofern es ein Privatpatient ist — nicht berechtigt, diese Stunde zu liquidieren. Ich sage dem Patienten das auch, weise aber zugleich darauf hin, daß Behandlungsstunden, die durch Fehlleistungen versäumt werden (Verschlafen, Vergessen oder andere Arrangements) bezahlt werden müssen. Ich verlasse mich dann auf die Aufrichtigkeit der Patienten, die mich hier wahrheitsgemäß informieren werden und bin außerdem der Meinung, daß eine finanzielle Schummelei in jedem Fall über kurz oder lang zur Sprache kommen wird. Bei jenen Patienten, für die die Krankenkassen die Kosten übernommen haben, sind jetzt Regelungen im Gespräch, daß man (eine entsprechende vorherige Absprache vorausgesetzt) vom Patienten (nicht von der Kasse) die Erstattung des Honorars für diese ausgefallene Stunde verlangen kann.

Im übrigen erwarte ich nicht, daß die Patienten ihren Urlaub nach dem meinigen richten. Wenn ich kann (was nicht immer gegeben ist), bemühe ich mich selbst darum, den Termin meines Urlaubs den Patienten rechtzeitig mitzuteilen, damit sie sich — falls sie das wollen — entsprechend einrichten können.

In bezug auf die *Häufigkeit der Stunden* verabrede ich — wenn es irgend geht — im Beginn der Behandlung drei Wochenstunden, vier Stunden werden nur in Ausnahmefällen nötig. Fünf oder sechs Wochenstunden halte ich für überflüssig, in vieler Hinsicht sogar für schädlich. Zwei Wochenstunden machen die analytische Arbeit nicht unmöglich, sind aber — mindestens im Beginn — nicht so günstig. Der analytische Prozeß verläuft dann etwas anders, ohne daß man allerdings bei einem solchen zeitlichen Arrangement berechtigt wäre, diese Behandlungsformen für weniger tief oder gar für „unanalytisch" zu halten. Eine Wochenstunde im Beginn ist nach meiner Meinung ein Fehler. Haben Patienten und Analytiker nicht mehr Zeit, dann sollte die Methode geändert und die Dynamische Psychotherapie versucht werden. In der Endphase der psychoanalytischen Behandlung kann hingegen (oder sollte sogar) noch gut und fruchtbar mit einer Wochenstunde weiter gearbeitet werden.

Bei all diesen Informationen und Absprachen mache ich den Patienten auch darauf aufmerksam, daß ihm vermutlich (wie jedem anderen Menschen) Fehlleistungen unterlaufen werden, deren Bedeutung es dann zu verstehen gilt, daß die analytische Arbeit viel Beständigkeit und Durchhaltekraft von ihm verlangt, und daß ich mein Bestes tun würde, ihn dabei zu unterstützen.

Zum Abschluß muß ich wohl hinzufügen, daß ich all diese Absprachen in einer solchen Ausführlichkeit nur mit jenen Patienten treffe, die nicht schon in der psychoanalytischen Literatur sehr zu Hause sind und mit theoretischen Vorkenntnissen kommen. Bei diesen Patienten warte ich lieber einmal ab, mit welchen vorgefaßten Meinungen ich es zu tun haben werde, und wie ich mit diesen Kranken zu jenem „therapeutischen Bündnis" gelange, von dem im folgenden Abschnitt die Rede sein wird.

2. Das therapeutische Bündnis

Das erste vorbereitende Gespräch, in dem der Patient die soeben erörterten Informationen und Instruktionen erhält, sollte in jedem Fall nicht nur in einer Atmosphäre des Vertrauens, sondern auch in der Haltung wechselseitiger Verbindlichkeit ablaufen. SCHULTZ-HENCKE hat gesagt, daß zwischen dem Patienten und dem Analytiker in der Vorbesprechung der „Pakt" geschlossen wird. Das heißt, daß beide Beteiligten sich darüber einig sind, daß sie die getroffenen Abmachungen nach bestem Vermögen einhalten wollen. BIBRING hat dann in der Mitte der dreißiger Jahre den Begriff „Das therapeutische Bündnis" zur Diskussion gestellt und seither wurde dieses Konzept von verschiedenen Autoren immer wieder einmal aufgegriffen und diskutiert. RALPH GREENSON hielt es schließlich für ratsam, an seine Stelle das Wort „Arbeitsbündnis" zu setzen. Eine Formulierung, die ich allerdings selber gar nicht oder doch nur sehr selten verwenden werde, da sie nach meiner Meinung einen etwas zu engen Rahmen setzt. Ich werde darauf sogleich noch etwas genauer eingehen.

Mit dem Begriff „Therapeutisches Bündnis" wollten die Analytiker darauf hinweisen, daß die analytische Situation zwar Bedingungen schafft, unter denen der Patient viele seiner früh erworbenen Erwartungen, Hoffnungen, Reaktionsweisen und Gefühle auf den Analytiker überträgt, daß aber trotzdem der gesunde, rationale Anteil seiner Person mit dem Therapeuten eine *reale Beziehung* aufnimmt, deren Inhalt auch ein gemeinsames Ziel ist: nämlich die Gesundung des Patienten. Der Therapeut, der die psychoanalytische Behandlung eines Patienten übernimmt, weiß, daß er im Leben dieses Menschen eine große Bedeutung erhalten wird, und daß diese Bedeutung nicht nur als die Folge frühinfantiler Regungen und Übertragungsreaktionen verstanden werden darf. Das therapeutische Bündnis entwickelt sich auf der Grundlage von wechselseitigem Vertrauen und sein zuverlässiger Kern besteht in dem Wissen der beiden Beteiligten, daß die Notwendigkeit, im Verlauf der Behandlung neurotische Reaktionen im Patienten ans Licht zu bringen und aufzuspüren, dem Patienten zwar sehr viel zumutet, aber nicht umgangen werden kann und außerdem den realen Anteil in der persönlichen Beziehung zum Analytiker nicht auslöscht.

Dieses „Therapeutische Bündnis" ist nach meiner Meinung eigentlich mehr eine Stimmung, ein Gefühl, eine allgemeine Haltung oder eine Einstellung, jedenfalls etwas, das nur sehr selten wirklich in Worte gefaßt wird. RALPH GREENSON ist bei der Beschreibung dessen, was er das „Arbeitsbündnis" nennt, sehr viel genauer: Der Patient, der zu einem Arbeitsbündnis in seinem Sinn befähigt ist, muß offenbar schon über eine große

Anzahl integrativer Fähigkeiten verfügen, die nach meiner Erfahrung eigentlich doch sehr vielen Kranken, vor allem den schwierigen Patienten fehlen: RALPH GREENSON meint, daß ein Patient, der das „Arbeitsbündnis" eingehen kann, grundsätzlich in der Lage sein muß „Objektbeziehungen" herzustellen. Das heißt, daß sehr narzißtische Kranke kein Arbeitsbündnis bilden können. Vor allem aber müssen die Patienten nach GREENSONS eigener Aussage in ihrem normalen Alltagsleben bereits Beziehungen gekannt haben, die überwiegend sachlich-neutraler Natur gewesen sind und die nicht mit aggressiven und libidinösen Strebungen vermengt oder überladen waren. Ein Patient, der das Arbeitsbündnis eingehen kann, muß nach GREENSON außerdem in der Lage sein, zuzuhören. Genauer: Er muß die Mitteilungen (Deutungen) seines Analytikers in sich aufnehmen können und einwirken lassen.

Man sieht, daß GREENSON bei seinen Ausführungen jene Patienten im Sinn hat, bei denen — um mit BALINT zu sprechen — die normale Umgangssprache noch als zuverlässiges Verständigungsmittel erhalten geblieben ist. Patienten also, die nicht in den Bereich der Grundstörung regrediert sind oder regredieren müssen, um zu gesunden. Und hier kommen für mich die Schwierigkeiten mit dem Begriff „Arbeitsbündnis" auf: Nach meinen Erfahrungen ist es eine zutreffende, ja unübersehbare klinische Erfahrung, daß sehr viele Patienten im Verlauf der Psychoanalyse in den prä- oder averbalen Bereich regredieren und auch regredieren müssen. Für diese Patienten verliert nun aber der Begriff „Arbeitsbündnis", so wie GREENSON ihn versteht, im Grunde seine Gültigkeit: Schließlich löst sich das therapeutische Bündnis ja nicht auf, wenn der Patient so weit regrediert, daß er den Analytiker als „primäres Objekt" erlebt und damit die persönliche Beziehung zwischen den beiden Beteiligten das eigentlich wichtige therapeutische Agens wird, während die verbalen Interventionen ihre Bedeutung verlieren. Eher im Gegenteil! Wenn es sicherlich auch richtig ist, daß für den tief regredierten Patienten der „Arbeitscharakter" der Beziehung aufhört, weil der Analytiker als sein „primäres Objekt" zum Bestandteil einer strukturlosen Umgebung geworden ist, so bleibt es für die Behandlung doch von höchster Wichtigkeit, daß die Beziehung des Therapeuten zum Patienten nicht das Element des „Verbündetseins" verliert. Natürlich verdient eine solche Beziehung dann nicht mehr das Etikett „Arbeitsbündnis", eben weil die verbale Kommunikation versagt und gänzlich andere Elemente in der therapeutischen Zweierbeziehung wirksam werden. Trotzdem würde ich dieser Art von Zweierbeziehung doch immer noch die Bezeichnung „therapeutisches Bündnis" zuschreiben, und ich meine, daß die Regression des Patienten — auch eine tiefe Regression — dem therapeutischen Bündnis kein Ende setzt.

Schwieriger wird es allerdings, wenn die Patienten — mit oder ohne regressive Tendenzen — zu stärkerem Agieren neigen. Agieren bedeutet immer, daß bestimmte Abmachungen nicht eingehalten werden und bedeutet zugleich, daß der Patient jene wichtigen Vorgänge, die allmählich seiner Selbstbesinnung zugänglich werden sollten, in unreflektierte Aktionen umsetzt, die demzufolge therapeutisch nutzlos bleiben. Wir werden darüber im nächsten Kapitel hören.

c) Die Reaktion des Patienten auf die analytische Situation, den Analytiker und die getroffenen Abmachungen

1. Die Reaktionen des Patienten auf die analytische Situation und den Analytiker

In bezug auf den Inhalt dieses Kapitels möchte ich zunächst gern einem Mißverständnis vorbeugen: Viele Verhaltensweisen, die ich im folgenden als etwaige Signale für neurotisches Reagieren beschreiben werde, können durchaus Eigenschaften sein, die wir ebenso gut im Bereich des *Normalen* antreffen und die häufig nichts anderes sind, als ein individueller Zug einer bestimmten Persönlichkeit. Wir müssen ja bedenken, daß wir unsere Beobachtungsgabe für eine Reihe von Charaktereigenschaften schulen wollen, die von uns nur deshalb als neurotisch erkannt werden, weil sie sich als erstarrte und stereotype Reaktionen immer wieder unveränderbar melden, auch wenn sie in einer gegebenen Situation gänzlich unbrauchbar sind und ihrem Träger ernsthafte Schwierigkeiten bereiten. Um diese erstarrten und festgelegten Schutzautomatismen wird es also im folgenden gehen und nicht einfach um allgemeine Charaktereigenschaften, deren neurotischer Stellenwert ganz unbewiesen ist.

So gehört es zum Beispiel in den Normalbereich, wenn ein Patient, der in der ersten Stunde kommt, in der er sich hinlegen wird, mit einer gewissen Spannung über das Ungewohnte reagiert, leicht geniert ist oder etwas beschämt. Auch Ängste und eine gewisse Beunruhigung können sich melden. Nach diesen Anfangsschwierigkeiten läuft dann die Entwicklung bei verschiedenen Patienten in unterschiedlichen Bahnen: Die Ängste und die Beunruhigung können sich steigern, ein Gefühl des Ausgeliefertseins stellt sich vielleicht ein oder die Vorstellung, auf dem Präsentierteller zu liegen. Bei anderen Patienten entwickelt sich anfänglich eher Ruhe und Wohlbehagen. Es wird als eine Annehmlichkeit empfunden, in der Stille der Behandlungsstunde von sich selbst berichten und über sich selbst nachdenken zu können.

Einige besondere Probleme tauchen immer dann auf, wenn die Patienten schon bald nach Beginn der Behandlung oder später in deren Verlauf ins „Agieren" geraten. Das heißt, wenn sie anstelle der verbalen Mitteilungen zu Handlungen übergehen und die initialen Abmachungen beiseite schieben. Ich möchte in diesem Zusammenhang darauf hinweisen, daß es nach meinen eigenen Erfahrungen und nach allen klinischen Berichten, die ich gelesen habe, ganz überwiegend Frauen sind, die zu mehr oder weniger heftigem Agieren neigen. So habe ich es zum Beispiel selbst noch nicht erlebt und auch keinen entsprechenden Bericht gelesen, in dem mitgeteilt wurde, daß ein Mann sich in der ersten Stunde, in der die Analyse beginnen sollte, nicht auf den Rücken, sondern auf den Bauch legte und den Analytiker ansah. Es ist auch selten, daß Männer Briefe schreiben, um wichtige Mitteilungen zu machen, obgleich die nächste Behandlungsstunde zwei Tage später liegt. Auch Telefonanrufe außer der Zeit sind bei Männern eher selten, werden im übrigen meist vorher erbeten und sind eigentlich immer rational begründet. Abendliche Anrufe nach der Therapiestunde (oder gar nächtliche Anrufe, ohne sich zu melden) sind mir ebenfalls nur von Frauen bekannt geworden. Auch sogenanntes „verbales Agieren", von dem ich noch später sprechen werde, ist bei Frauen häufiger als bei Männern. Warum das so ist, läßt sich wohl nur schwer erklären. Es wäre denkbar, daß der gegenwärtig übliche erzieherische Umgang mit Kindern vom kleinen Jungen schon eher Selbstdisziplin und rationale Einstellung auf Pläne verlangt als vom Mädchen, und daß das Ausweichen in erregte, aber planlose Aktionen eine kulturspezifische Form gebrochener weiblicher Aggressivität ist.

Für den Umgang mit dem neurotischen Agieren im Verlauf der Behandlung gibt es natürlich keine festen Regeln. Man wird zunächst versuchen, die M o t i v e für das Agieren zu verstehen und ausfindig machen wollen, welche besonderen Ängste die treibende Kraft hinter den auftauchenden Verhaltensweisen sind. Ergeben sich Anhaltspunkte, daß das Agieren einen erheblichen Betrag an *Ersatzbefriedigung* mit sich bringt (also etwa das Abreagieren von anal-sadistischen Quältendenzen), dann ist mit analytischer Deutungsarbeit meist nichts auszurichten und man muß versuchen, mit den Patienten in bezug auf diese Form der Ersatzbefriedigung die Absprache hinsichtlich der *Abstinenzregel* zu treffen. Eine psychoanalytische Behandlung braucht am Agieren der Patientinnen nicht zu scheitern, sie wird aber jedenfalls zeitraubender und muß mancherlei Umwege gehen.

Dabei ist klar, daß das Agieren der Patientinnen nicht nur eine Reaktion auf die analytische Situation allgemein ist, sondern daß sie bereits der *Person* des *Analytikers* gilt. Ich hatte im vorigen Kapitel ausgeführt, daß wir die Beziehung des Patienten zum Analytiker zu einem Teil unter dem Aspekt einer realen Beziehung betrachten müssen und daß in dieser realen Beziehung das „therapeutische Bündnis" wurzelt. Den anderen — neurotischen — Teil der Gefühlsbeziehung des Patienten zum Behandler beschreiben wir herkömmlicherweise als Ü b e r t r a g u n g s r e a k t i o n e n , die dann gegebenenfalls auch das eben geschilderte Agieren heraufbeschwören. In bezug auf die Übertragungsreaktionen ist es nun gebräuchlich, von positiver und negativer Übertragung zu sprechen. Dieses Konzept beinhaltet allerdings nicht sehr viel mehr als die Beobachtung, daß Patienten in irrationalem Ausmaß liebevoll-anhängliche oder feindselig-haßerfüllte Gefühle für den Analytiker empfinden können. Das Bezugssystem, das uns eine möglichst vielfältige Beobachtung verschiedenartiger Übertragungsreaktionen ermöglicht, sollte differenzierter sein. Allerdings gibt es kein Bezugssystem, das für sich allein unsere Bedürfnisse genügend zuverlässig und vollständig befriedigen würde. Ich schlage vor, daß wir uns die verschiedenen Übertragungsreaktionen der Patienten unter folgenden vier Gesichtspunkten beobachten und ordnen:

1. Personenbezogen (Vater- oder Mutterübertragung usw.)

2. Triebbezogen (oral, anal, aggressiv, sexuell usw.)

3. Auf Haltungen bezogen (im Sinne Schultz-Henckes)

4. Auf das Konzept der „primären Liebe" bezogen (BALINT: Regressive Zweierbeziehung; Oknophilie und Philobatismus).

1. *Personenbezogene Übertragung:* Klinische Erscheinungsbilder der personenbezogenen Übertragung sind uns schon bei den Krankengeschichten des vorangeganenen Kapitels über Dynamische Psychotherapie begegnet. Es fehlte aber noch ein wichtiger Hinweis: Gelegentlich gehen im Sprachgebrauch der Psychoanalytiker zwei verschiedene Konzepte durcheinander, wenn man von Mutter- beziehungsweise Vater-Übertragung spricht. Es kommt vor, daß wir bei einer Vater- oder Mutter-Übertragung einfach jenes Erleben der Patienten beschreiben wollen, das sich gewissermaßen auf ein *archetypisches Vater-* oder *Mutterbild* bezieht. Das heißt, wenn jene Eigenschaften, die wir in einem urtümlichen Sinn der „guten Mutter" oder dem „guten Vater" zuschreiben, vom Analytiker erhofft oder in ihm gesehen werden. Diese Vater- oder Mutter-Übertragung ist dann natürlich etwas anderes, als wenn der Patient die *eigene* Vater- oder Mutter-Imago im Analytiker wiederfindet. So war ich zum Beispiel bei den Patienten, von denen ich im vergangenen Kapitel berichtet habe, die „verwöhnende Großmutter", die „hilfreiche Schwester", die „schwachsinnige Tante", die verfolgende Hexe" und die „hindernde, aber zugleich Bindungen fordernde Mutter".

Die Varianten, die das menschliche Schicksal hier bieten kann, sind sehr vielgestaltig: Für Söhne kann die Mutter nicht nur die verfolgende Hexe, sondern auch die unerreichbare Göttin sein, die kalte Schönheit, der nicht zu trauen ist, oder aber die fürsorgliche Beschützerin. Vielleicht war sie die verwirrte Frau, an der sich der Junge nicht orientieren konnte, oder die depotenzierende Kraftperson, neben der der Vater wie ein hilfloser Schwächling wirkte. Und schließlich die Mutter, die den Knaben mit zu starken libidinösen Bindungen an sich fixieren wollte, weil ihre Partnerbeziehungen ungenügend, leer oder allzu ambivalent geblieben sind.

Der Vater kann für den Sohn die heldenhafte, übermächtige Identifikationsfigur sein, der Stolz der Familie, dem nachgeeifert wird. Er kann die Funktion der ängstigenden, strafenden Autorität besessen haben oder als ewig ebwesender, in weiten Fernen aktiver (idealisierter) Held, Anlaß zu weit gesponnenen Phantasien geben. Der untüchtige, unansehnliche, exzentrische Vater, der der Spott von Mitschülern gewesen ist, bildet das Gegenstück zum heldenhaften Weltbezwinger.

Für die Tochter kann die Mutter in gleicher Weise die große Schutzfigur, das verfolgende Krokodil oder ein Verwirrung stiftender Mensch gewesen sein. Eine Frau, die ihre Macht mißbrauchte, oder eine, die den Überblick verlor. Beachten wir die ödipale Situation, dann kennen wir die Tochter, die im Schatten der schönen und jungen Mutter aufwuchs und keine Aussichten hatte, mit ihr zu konkurrieren, und wir kennen die entgegengesetzte Situation: Das vom Vater bevorzugte kleine Mädchen, das sich als erfolgreiche Rivalin der Mutter fühlen durfte oder mußte.

Neben jene Übertragungsreaktionen, die sich auf Eltern und Elternersatzfiguren beziehen, treten dann die individuellen „Geschwister-Übertragungen". Ich nenne die wichtigsten: Die Kain-Abel-Situation unter Brüdern mit dem unstillbaren Haß, der aus dem Kampf um Vaters Gunst entsprungen ist, lebt als alterhwürdiges, biblisches Beispiel in unserer Vorstellungswelt. Auch Jakob und Esau zeigen uns den Bruderkampf um das Erstgeburtsrecht in historischem Gewand. Der dumme, jüngste Sohn aus dem Märchen ist ebenfalls, wenn man so will ein archetypisches Bild. Kastor und Pollux sind die mythischen Figuren, die die unzertrennliche brüderliche Liebesbindung, den wechselseitigen libidinösen Bezug verkörpern. Ist der Analytiker dem Patienten im Alter so angenähert, daß sich die Bruderübertragungen eher anbieten als die Vaterübertragungen, wird er diese Reaktionsformen erkennen können.

Die Schwester ist dem Bruder im Märchen in der Regel eine hilfreiche Gefährtin. Sie schützt das Reh vor der verfolgenden Stiefmutter, näht den verzauberten Schwänen ihre Hemden und rettet Hänsel vor dem Backofen der Hexe. Das reale Leben bietet in unseren Tagen allerdings andere Bilder: Zwar können ältere und jüngere Schwestern für den Bruder diese schützenden, hilfreichen und freundschaftlichen Funktionen übernehmen. Aber die ältere Schwester kann auch ängstigen und plagen, besonders wenn sie von der Mutter den Auftrag erhält, den kleinen Bruder zu versorgen, und sie kann zum hinderlichen Störenfried werden, wenn sie jünger ist und auf den Schutz und die Führung des älteren Bruders Anspruch erhebt. Darüber hinaus wird die Schwester — wie immer die Beziehung zum Bruder auch aussehen mag — zum libidinös interessanten Objekt, und der Bruder-Schwester-Inzest ist ein sehr häufiges Erlebnis, das von Patienten und Patientinnen berichtet wird. In der Übertragung auf den Analytiker tauchen die Schwestern-Übertragungen sicherlich nicht seltener oder häufiger auf als die Bruder-Übertragungen und haben bis zu einem gewissen Grad die Voraussetzung, daß die Alterssituation zwischen dem Patienten und dem Analytiker in etwa entsprechend ist.

Für Patientinnen gibt es Schwestern- und Bruder-Übertragungen in gleicher Weise. Die tief verfeindeten Stiefschwestern aus dem Märchen, die das Aschenputtel unterdrücken oder die Goldmarie vertreiben, sind wohlbekannte Figuren aus unserem Kulturkreis. Der Neid auf die bevorzugte — jüngere oder ältere — Schwester kommt in der Übertragung hoch, ebenso wie die hoffnungsvolle Erwartung, in der Schwester eine vertraute Freundin zu finden, die Verständnis fühlen kann. Die Bruder-Übertragung wird vermutlich dem männlichen Analytiker eher angeheftet werden. Der Bruder wird zum Rivalen oder zum libidinösen Partner oder kommt oft genug in die Doppelfunktion: Sexualpartner und Konkurrent in einer Person.

2. *Triebbezogene Übertragungsreaktionen (Oral, anal, aggressiv, sexuell usw.)*: Bei der auf Triebe und Triebabwehrmechanismen bezogenen Beschreibung von Übertragungsreaktionen verzeichnen wir natürlich mancherlei wohlbekannte seelische Abläufe: Die stark libidinös orientierte Übertragung mit flirtender Koketterie ist eine Reaktion, die wir (ähnlich wie das Agieren) häufiger bei Frauen als bei Männern finden. Bevorzugt vor allem bei jenen Frauen, die einen männlichen Analytiker haben. Die zwangsneurotische Struktur — gehäuft bei Männern — bringt die beherrscht korrekte, anfänglich eher retentive Haltung, die sich dann vielleicht zu einem Erleben der eigenen analen Intimsphäre auflockert und meist eine Übergangsphase durchläuft, in der anale Sadismen deutlicher hervortreten. Die orale Trieborientierung ist von Erwartungen an den Analytiker beherrscht, stellt Forderungen, bringt Wünsche und möchte mehr haben als geben. Der schizoiden Struktur gehört die „affektisolierte" abgeschaltete Haltung zu, hinter der sich der intensive Kontakthunger verbergen muß.

3. *Als „Haltungen" beschriebene Übertragungsreaktionen* (im Sinne SCHULTZ-HENCKES): Wenn wir Übertragungsreaktionen lediglich auf die verdrängte Triebstruktur beziehen, benutzen wir in der Regel einen zu groben Raster, durch den wichtiges Material hindurchfällt und verlorengeht. Beziehen wir uns auf „Haltungen" im Sinne SCHULTZ-HENCKES, so wie etwa HEIGL es getan hat, kommen wir schon weiter. Wir verzeichnen dann die typischen Reaktionsweisen, die der Kranke entweder zur Triebabwehr oder zur Angstabwehr ausgebildet hat (s. S. 31) und die wir erst dann als neurotische Reaktionsformen einordnen dürfen, wenn wir bemerken, daß sie *stereotyp auftauchen* und nicht abgewandelt werden können, wenn die Situation es erfordert.

Ich nenne einige solcher „Haltungen", übrigens in einer gewissen paarweisen Anordnung:

Ängstlich-gespannt
forsch-überspielend

liebenswürdig-entgegenkommend
abweisend-reserviert

schülerhaft-gelehrig
rechthaberisch-argumentierend (HEIGL)

gläubig-vertrauend
mißtrauisch-skeptisch (paranoid)

unterwürfig-gehorsam
streitsüchtig-aggressiv

anerkennend-lobend
abwertend-verhöhnend

verzeihend-versöhnlich
anschuldigend-nachtragend

schuldgefühlshaft-sich selbst beschuldigend
anklagend-vorwurfsvoll

beschämt-niedergeschlagen
selbstgewiß-überlegen

beschützend-protektionistisch
angreifend-destruktiv

aufbauend-produktiv
retentiv-steril

anklammernd-haftend
unverbindlich-abgleitend

Neben diesen allgemeinen Haltungen der Patienten finden wir dann noch Reaktionsformen, die etwas mehr mit dem Verlauf der Behandlung und einzelnen Verhaltensweisen des Therapeuten zu tun haben. Etwa die ausgleichende „das-macht-doch-nichts"-Haltung im Gegensatz zur vorwurfsvoll-beleidigten „das-hätten-Sie-nicht-tun-dürfen"-Haltung. Oder das ebenfalls recht wichtige Gegensatzpaar: die „es-geht-schon-besser"-Haltung und die „es-ist-immer-noch-schlecht"-Haltung. Beide Haltungen sind eng mit einer habituellen Verteidigungshaltung verknüpft, die oft eine angreiferische Färbung bekommt. Die klinischen Erscheinungsbilder dieser Haltungen sind sehr variabel und werden jedem praktizierenden Analytiker geläufig sein. Sie haben immer ihre Vorgeschichte in der Kindheitssituation des Patienten und aktualisieren sich am Analytiker neu. Einigen von ihnen werden wir in dem späteren Kapitel über den therapeutischen Prozeß wiederbegegnen.

4. *Auf das Konzept der primären Liebe bezogene Übertragungsreaktionen (regressive Zweierbeziehung; Oknophilie und Philobatismus)*: Als BALINT 1959 in dem schon mehrfach erwähnten Buch „Angstlust und Regression" seinen Beitrag zur psychologischen Typenlehre veröffentliche, schien mir klar, daß die von ihm beschriebenen klinischen Befunde seelische Vorgänge von höchster Wichtigkeit erfassen und daß vor allem auch das Übertragungsgeschehen unter neuen Aspekten verstanden werden kann. Nach BALINTs Konzept von der „primären Liebe", das ich hier noch einmal kurz ins Gedächtnis rufen will, lebt der Säugling in der averbalen Phase noch in einer

Art „harmonischer Verschränkung" mit seiner Umwelt, in die er sich ohne scharfe Begrenzung eingebettet fühlt. Die Beziehung des Säuglings zu dieser Umwelt ist nach BALINT zwar hochgradig libidinös besetzt, aber sie ist passiv und vor allem dadurch ausgezeichnet, daß in dieser primitiven Zweierbeziehung (zwischen dem Kind und seiner Mutter) die gleiche Handlung für beide Beteiligten auch die gleiche Befriedigung mit sich bringt. Diese primitive Zweierbeziehung löst sich normalerweise mit der fortschreitenden Entwicklung des Kindes auf. Wenn sie aber von Anfang an gestört ist, wenn ein Mißverhältnis, ein Nicht-Zusammen-Passen zwischen den biophysischen Bedürfnissen des Säuglings und seiner Versorgung durch die Umwelt besteht, dann zerreißt die ursprüngliche Harmonie (oder besser: Sie stellt sich gar nicht erst ein), und es entsteht in dem Kind als Folge ein Schaden, ein Defekt in seiner psychischen Struktur: die „Grundstörung".

Die analytische Situation fördert nun, wie wir wissen, die regressiven Tendenzen im Patienten, und es kann sich demnach auch eine Regression bis in den averbalen Bereich hinein einstellen. Bei dieser Form einer „tiefen" Regression wird der Analytiker für den Patienten dann nach BALINT zum sogenannten „primären Objekt". Das heißt, es bildet sich zwischen den beiden Beteiligten jene eigenartige Zweierbeziehung aus, von der wir in früheren Kapiteln schon öfter gehört haben und die in bezug auf den analytischen Prozeß vor allem dadurch ausgezeichnet ist, daß die *Deutungen* als übliches therapeutisches Hilfsmittel ihren Dienst *versagen*, weil Worte nur verwirren und beunruhigen, aber nichts zur wechselseitigen Verständigung beitragen. Wir werden in dem Kapitel über die Regression noch einmal genaueres über die besonderen Eigentümlichkeiten einer solchen tiefen Regression erfahren.

Abgesehen von dieser tiefen Regression in eine archaische unstrukturierte Zweierbeziehung (und unabhängig davon, ob ein Patient die beschriebene „Grundstörung" erworben hat oder nicht), gibt es dann nach BALINT beim Menschen unterschiedliche Versuche, den Verlust der alten, ursprünglichen Harmonie auszugleichen und die frühe „harmonische Verschränkung" mit der Umwelt aufs neue wieder herzustellen: Die oknophile und die philobatische Tendenz (s. S. 36). Auch diese beiden Haltungen lassen sich in den Übertragungsreaktionen der Patienten im Verlauf der Analyse wiederfinden. Gleichgültig, ob ein *philobatischer* Patient tief regrediert ist oder nicht, grundsätzlich wird er sich in der Übertragung ähnlich verhalten wie sonst auch: Er wird dazu neigen, *ohne Objekte auszukommen*, um sich den „freundlichen Weiten" zwischen den Objekten zu überlassen, und er wird — seinen üblichen Reaktionen entsprechend — auch dem Analytiker gegenüber eher zu lockeren „Besetzungen" neigen. Vielleicht wird er — wie BALINT es beschrieben hat — vorübergehend ein Stück „Eroberungsarbeit" leisten, um den Analytiker als vermeintlich gleichgültiges oder vielleicht sogar feindseliges Objekt für eine Weile zu gewinnen. Er wird dann aber bald den

Impuls verspüren, das neu gewonnene Objekt wieder zu verlassen, um neue Gefilde zu suchen, in denen er die Spannungen unbekannter Reize genießen und erleben kann.

Die philobatische Tendenz mancher Patienten sollte meiner Meinung nach in den Analysen nicht mit einfacher Bindungsangst oder Bindungsabwehr verwechselt werden, obgleich man sie natürlich auch mit diesen Worten beschreiben könnte. Man würde mit diesen Begriffen aber doch den Angstanteil in den zwischenmenschlichen Beziehungen zu stark betonen und übersehen, wieviel Faszination von den neuen Spannungsreizen ausgeht, die der Philobat nach BALINTs Beschreibung genießt und sucht.

Im Gegensatz zur philobatischen Haltung ist die oknophile Übertragungsbindung der Patienten heftig, anklammernd und intensiv. In ihren klinischen Erscheinungsformen sieht diese Art der Übertragung unter Umständen einer sogenannten Mutterübertragung zum Verwechseln ähnlich. Es ist aber auch hier ratsam und hilfreich, wenn man genauer differenziert: Die Ängste jener Patienten, die eine anklammernde oknophile Übertragungsbindung ausgebildet haben, gelten nicht so sehr dem Verlust einer *bestimmten* geliebten *Person* (der Mutter), deren Nähe, Fürsorge und Zuwendung gebraucht wird und die gewissermaßen auch als Person existiert. Vielmehr fürchten diese Kranken das Fallengelassenwerden schlechthin. Sie fürchten die Auslieferung an Einsamkeit und Verlassensein, an die Verlorenheit in einem leeren Universum, und sie leben in dem Gefühl, daß sie sich vor dieser tödlichen Verlassenheit nur durch die Anklammerung an das „primäre Objekt" retten könnten. Wenn man bei einem Patienten mit oknophiler Übertragungsbindung solche Ängste bemerkt, muß man wissen, daß Übertragungsdeutungen (etwa Hinweise auf eine Mutterübertragung) wirkungslos bleiben. Ja, daß jede Deutung den Patienten unter Umständen ängstigt und als ein tief gefürchteter Befehl zur Verselbständigung aufgenommen wird oder als drohende Ankündigung der kommenden Trennung.

Natürlich bleibt auch hier richtig, daß man eine solche oknophile Übertragungsbindung als eine oral getönte Mutterübertragung beschreiben könnte. Aber wir würden bei einer solchen Beschreibung doch zu einseitig bleiben und Elemente im Erleben der Patienten übersehen, die unser therapeutisches Verhalten in jedem Fall beeinflussen sollten.

2. Die Reaktionen des Patienten auf die getroffenen Verabredungen

Für die Lektüre dieses Kapitels empfehle ich jetzt eine gewisse Vorsicht: Ich gehe im folgenden zwar auf neurotische Verhaltensweisen der Patienten ein, die alle das Produkt eines hoch zusammengesetzten, psychodynamischen Kräftespiels sind. Meine Darlegungen behalten aber einen mehr deskriptiven Charakter. Wenn wir uns die Eigenart einer Übertragungsreaktion beim Patienten vergegenwärtigen, dann ist es nicht schwer, den Weg in die Vergangenheit zu finden und die Rolle aufzuspüren, die Eltern und Geschwister einmal gespielt haben. Wir halten die Fäden der Entwicklung rascher in der Hand. Es wird uns aber bei weitem schwerer fallen, die Reaktionen des Patienten auf die Abmachungen, die wir mit ihm getroffen haben, richtig einzuordnen und ihren Stellenwert in seiner Lebensgeschichte zu verstehen. Zugespitzt formuliert: Ein scheinbar identisches Verhalten kann gänzlich verschiedenartigen Motiven entspringen.

Ich hatte also beschrieben, daß es zu meiner Gewohnheit gehört, mit den Patienten in der ersten vorbereitenden Stunde über das Beibringen von Träumen, über die zugehörigen Einfälle und die freien Assoziationen überhaupt, sowie über die Grundregel zu sprechen. Das Problem der Nebenanalyse und der lebenswichtigen Entscheidungen ist erörtert worden, die Termine der Behandlungsstunden, die Urlaube und die Bezahlung ausfallender Stunden. Wie der Patient auf diese Abmachungen reagieren wird, ist zu einem wichtigen Teil Folge seiner eigenen lebensgeschichtlichen Entwicklung, zu einem anderen Teil aber natürlich auch die Folge dessen, was ich selber tue oder nicht tue, zulasse oder abwehre. Ich werde also schon in diesem Kapitel einige Mitteilungen darüber machen, wie ich mich selbst gewöhnlich verhalte, ohne daß ich damit bereits sehr viele Hinweise auf detaillierte therapeutische Überlegungen verbinden will.

In bezug auf die *Traumproduktion* sind die Menschen sehr verschieden und haben ihre eigenen persönlichen Konstanten: Manche träumen viel, bunt und bilderreich, andere selten, farblos und mehr auf den realen Alltag bezogen. Es ist selten, daß ein Patient gar nicht träumt. Wenn es vorkommt, hat es sicherlich psychodynamisch wichtige Gründe. Ich beherzige aber in solchen Fällen FREUDS alte Regel, daß man den Widerstand des Patienten nicht auf die Traumproduktion lenken solle, indem man den Eindruck vermittelt, daß die Analyse ohne das Traummaterial versanden müßte. Tatsächlich wird sie auch ohne Träume ihren Fortgang nehmen. Nach meiner Erfahrung ist es für die Entwicklung der Analyse am günstigsten, wenn der Patient einen, vielleicht zwei Träume bringt, zu denen er sich dann Einfälle kommen läßt. Manche Patienten schreiben sich alle ihre Träume auf, manche nur einige, manche wollen die Träume vorlesen. Andere notieren sich nur einige Stichworte als Erinnerungsstütze.

Da die Patienten ja wissen, daß ich ihre Träume wichtig nehme, manifestiert sich in der Beziehung des Kranken zu seinem Traum auch die Beziehung, die er zum *eigenen Produkt* oder zu eigenen Produkten überhaupt hat. Also etwa: Angstvoll, es könnte ungenügend sein. Stolz, daß seine Bilderwelt reichhaltig und bunt ist. Reserviert, weil es einen Fremden im Grunde nichts angeht. Oder zurückhaltend, weil das Hergeben Mühe macht. Neugierig, was diese noch unerkannten Schöpfungen enthüllen könnten. Erfreut, daß sich ein anderer für diese Dinge interessiert. Erschreckt, daß die eigene unwichtige Person mit ihren Leistungen im Mittelpunkt der Aufmerksamkeit steht.

Über die Beziehung des Traummaterials zu den bekannten psychischen Strukturen wissen wir, daß schizoide (evtl. psychosegefährdete) Patienten Traumbilder haben können mit sehr krassen — in aggressiver Hinsicht krassen — Bildern mit blutigen, tödlichen Geschehnissen, die einigermaßen affektarm berichtet werden. Bei depressiven Patienten herrschen Themen der Verlorenheit und des Verlassenseins vor, Ziele werden gesucht und nicht gefunden, unbekannte, angsterregende Orte müssen durchwandert werden. Der begleitende Affekt ist bedrückt, verloren und geängstigt. Sogenannte „typische" Eigenschaften bei Träumen, die von Zwangspatienten oder von Patienten mit hysterischer Struktur erbracht werden, wüßte ich allerdings nicht anzugeben.

So, wie wir aus der Beziehung des Patienten zu seinen Träumen ablesen können, wie er zu seinen eigenen Phantasieprodukten steht, so geben uns auch die Eigenarten der *Einfallsarbeit* Hinweise. Diesmal aber auf die Beziehung des Patienten zu *Leistungsanforderungen:* Hier finden wir dann etwa die Haltung eifriger oder sogar ängstlicher, spannungsgeladener Bereitwilligkeit, die vielleicht von Willkür und Protest untergraben wird. Es schleichen sich Abwehrhaltungen ein mit leiser oder lauter Tendenz zur Provokation, etwa: „Was macht sie, wenn ich nicht . . .?" Oder: „Sie soll mal zusehen, wie sie fertig wird, wenn ich nicht . . .". Oder wir finden jene „Ja! Gleich!"-Haltung, die Jungen oder Mädel erwerben, wenn sie einen alten Leistungskampf mit ihrer Mutter durchgestanden haben, die die Spiele der Kinder unterbrach, um den Mülleimer hinuntertragen oder den Tisch decken zu lassen.

An die Produktion von Einfallsketten zu den Einzelheiten des Traumes versuche ich, die Patienten so zu gewöhnen, daß ich ihnen in den ersten Stunden aufzeige, wie sie sich den Traum zerlegen können, um von einem solchen Traumdetail aus auf die Suche nach Einfällen zu gehen. Ich weise also auf Farben hin, einzelne Gegenstände, einen Menschen, ein Tier, eine Pflanze, einen Baum und erkläre meist in diesem Zusammenhang zum ersten Mal, daß es wichtig sein wird, *Realeinfälle* zu finden, das heißt, daß der Patient nach Erinnerungen auf die Suche gehen möge, die ihm das erlebte Traumdetail in einer bestimmten realen Situation des tatsächlich gelebten Lebens zeigen. Ich erkläre den Patienten in diesem Zusammenhang, daß ein solches Vorgehen sehr zeitsparend ist und nicht nur bald auf wichtige Erlebnisse der Gegenwart, sondern auch auf die zugehörigen Erlebnisse der Vorgeschichte führen wird. Da sehr viele Patienten anfänglich mit *Deutungseinfällen* kommen, die sie innerlich schwer abweisen können, rate ich dazu, diese Deutungseinfälle erst einmal zu berichten, lasse die Patienten aber wissen, daß solche Deutungseinfälle nur selten wirklich wichtiges, tiefer und weiterführendes Material bringen.

Manche Patienten haben dann mit dieser Art von Einfallsarbeit große Mühe, selbst wenn man sich einige Stunden Zeit nimmt, damit sie sich darauf einstellen können. Zum Beispiel gibt es Patienten, die — anstatt Einfälle zu Traumeinzelheiten zu bringen — den Traum immer wieder erneut mit noch mehr Einzelheiten erzählen. Das Zurückweichen vor den eigenen Erinnerungen ist dann stark. Manche Patienten werden ungeduldig und wollen lieber etwas anderes erzählen, andere wieder kommen von der allegorischen Interpretation nicht weg. Eine Standardanweisung, wie man sich auf solche Reaktionen bei den Patienten einzustellen habe, gibt es natürlich nicht. Mein inneres therapeutisches Ziel bleibt jedenfalls, daß der Patient versteht, wie hilfreich der Umgang mit seinen Träumen ist, und daß er allmählich angstfrei, aber erwartungsvoll und in gewisser Weise neugierig die Anweisungen benutzt, die ihm helfen sollen.

Im übrigen sind die Reaktionen der Patienten bei der Produktion von Einfallsketten zum Traummaterial deutlich von ihrem Verhalten beim allgemeinen freien Assoziieren zu unterscheiden. Es kommen ja im Verlauf einer psychoanalytischen Behandlung immer Stunden vor, in denen der Patient (zufällig oder unbewußt motiviert) keinen Traum erinnert, und er die Stunde nun mit den Berichten der frei aufsteigenden Einfälle ausfüllt. Hier sind all jene Patienten in einer günstigen Lage, die sich zunächst mühelos und gern mitteilen und die — wenigstens anfänglich — keine besonderen Vorbehalte dagegen haben, ihre inneren Erlebnisse aufsteigen zu lassen und preiszugeben. Es gibt aber durchaus Patienten, für die die Aufforderung zur freien Assoziation den Charakter einer *vorgeschriebenen Leistung* annimmt. Für diese Patienten hat dann die anfängliche Empfehlung ihren Gefühlswert verloren, die lautete, der Patient möge sich innerlich gewissermaßen gehen lassen, den Strom der Gedanken nicht lenken und die willentliche Steuerung der inneren Vorgänge aufgeben. Es kann auch vorkommen, daß Patienten in sogenanntes „verbales Agieren" geraten. Zu den häufigsten Varianten zählen wir hier die Versuche, den Analytiker mit Hilfe von *Fragen* in ein beratendes oder argumentierendes Gespräch zu verwickeln. Da dieses Verhalten so häufig ist, haben viele Analytiker die Gewohnheit angenommen, gleich bei der ersten Besprechung den Patienten darauf aufmerksam zu machen, daß eine aufkommende Frage zwar immer als Einfall mitgeteilt werden kann und soll, daß sich die analytische Arbeit aber jedenfalls zunächst mit dem *Motiv* zur Frage befassen wird, und daß das Beantworten von Fragen eher eine Ausnahme darstellt. Im allgemeinen leuchtet es einem Patienten ohne Schwierigkeiten ein, wenn der Analytiker sagt, daß er Anfragen über seine privaten Lebensverhältnisse nicht beantworten wird. Schwieriger wird es für den Patienten, wenn er begreifen soll, daß auch Fragen nach der Herkunft einer bestimmten neurotischen Verhaltensweise oder nach einem ratsamen neuen Verhalten die Funktion eines Abwehrvorganges und eines Widerstandes haben kann und daher vom Analytiker nicht beantwortet wird. In diesem Zusammenhang sollte der Analytiker auch bedenken, daß das Schweigen nach einer Frage und die Verweigerung einer Antwort immer den Stellenwert einer *Kränkung* und Zurückweisung hat, und daß er die Bearbeitung einer Fragetendenz möglichst schonend und taktvoll vornehmen sollte. Wobei natürlich nicht zu übersehen ist, daß es Patienten gibt, deren masochistische Struktur nach Zurückweisungen und Kränkungen verlangt, und daß dann das Fragen im Dienst einer unbewußten Tendenz steht, den Analytiker zu solchen kränkenden Verhaltensweisen zu provozieren.

Im übrigen kann die Aufforderung zur freien Assoziation sicherlich auch eine Fülle von sehr unterschiedlichen *Angstreaktionen* mit sich bringen. Es gibt Patienten, die in eine stark angstgetönte Spannung geraten und die glaubwürdig über ein Gefühl der inneren Leere berichten. Daneben gibt es Patienten, die von der Auseinandersetzung mit dem eigenen Innenleben in solche Panik gestürzt werden, daß sie sich an kleinen äußeren Sinneseindrücken festhalten müssen, um sich nicht in dem inneren Chaos zu verlieren. Von diesen Patienten wird dann also nicht über Innenerlebnisse gesprochen, sondern sie knüpfen an kleine Beobachungen im Behandlungszimmer an, machen Bemerkungen über die Person des Analytikers, sein Aussehen, seine Kleidung, den Geruch im Zimmer oder ähnliches.

Abgesehen von diesen Angstgefühlen, denen manche Patienten ausgeliefert sind, beobachten wir dann noch eine Reihe von Reaktionen, die nicht nur im Dienst der Angstabwehr stehen, sondern die auf die *Befriedigung* spezieller *Wünsche* gerichtet sind und die häufig als Ausdruck des sogenannten „Widerstandes“ im Patienten verstanden werden müssen: Patienten können darauf beharren, in nicht abreißender Folge ihre Klagen zu wiederholen, weil ihnen eben „nichts anderes einfällt“. Sie können die Diskussion von bestimmten Themen versuchen, vielleicht verlangen. Oder sie bringen *zurechtgelegte Berichte*, gegebenenfalls schon vorher präparierte *Fragen*. Hier melden sich dann auf der bewußten Ebene die Wünsche nach Entlastung (beim Klagen), nach Information (bei zurechtgelegten Fragen oder Diskussionen) oder der Wunsch, das mitteilen zu dürfen, was im Augenblick wichtig erscheint. Es liegt auf der Hand, daß jedes Verhalten in gegebener Situation seine Berechtigung haben kann und nicht unbedingt Ausdruck einer neurotischen Gegenreaktion ist. Die Aufgabe des Analytikers ist es vor allem, die Eigenart des Verhaltens zu registrieren und die zugehörigen Quellen und Motive aufzuspüren.

Ein deutliches *Ausweichen* verzeichnen wir bei jenen Patienten, die weitschweifig Trivialitäten berichten, die mit ihnen selbst wenig zu tun haben. Es taucht dann die Frage auf, welche eigenen wichtigen Probleme dieser Patient fürchtet und vermeiden will.

Einen echten *Mißbrauch* der Aufforderung zur freien Assoziation und zur Einhaltung der Grundregel finden wir dann, wenn Patienten in der Phase einer heftigen, negativ-feindseligen Übertragung ins Agieren geraten und wohlpräparierte, gezielte Gemeinheiten äußern, die sie sich offenkundig in langen Grübeleien und stummen inneren Dialogen mit dem Therapeuten zurechtgelegt haben und loswerden wollen. Dieses Verhalten ist allerdings selten und taucht meist nur dann auf, wenn ein Gefühl tiefer Abhängigkeit mit sadistischen Mechanismen abgewehrt wird.

Manche Patienten müssen erst daran gewöhnt werden, daß sie nicht nur Traumbilder und Geschehnisse formal berichten sollen, sondern daß auch ihre *begleitenden Gefühle* wichtig sind, ja eigentlich wichtiger als die Ereignisse selbst. Andere Patienten können — trotz vielfältiger Gespräche über die Bedeutung der Grundregel — nicht davon lassen, sich selbst immer wieder zu unterbrechen, zu korrigieren und darauf hinzuweisen, daß das, was sie soeben gedacht oder gefühlt haben, *unwichtig* wäre oder daß sie sich ungenügend genau oder falsch ausgedrückt hätten. In solchen Fällen vermute ich eigentlich immer, daß ein anderes (dem Patienten bekanntes oder auch nicht bekanntes) wirklich wichtiges, aber stark angstbesetztes Problem noch verborgen ist. Es gibt auch das betont beflissene Abhaspeln von Einfällen im stummen Vorwurf, daß eine solche Leistung gefordert wird, während die Patientinnen (meist reagieren Frauen in dieser Form) ganz andere Dinge erleben oder haben möchten.

Alles in allem kann man sagen, daß die Patienten die Aufforderung zur Traumarbeit und zur freien Assoziation entweder im eigenen Interesse leicht erfüllen, oder daß sie sie bewußt erfüllen wollen, sich aber selbst ein Bein stellen. Oder daß sie bewußten Protest erleben, der aus irrationalen Quellen stammt.

Der Umgang mit der *Grundregel* kann nicht in Kürze abgehandelt werden: In Wahrheit gilt der alte Satz, daß ein Patient in dem Augenblick gesund ist, in dem er die Grundregel einhalten kann. Das Einhalten der Grundregel ist ein Ziel, um das gerungen wird, ein Ziel, das allen Patienten ernsthafte Schwierigkeiten bereitet und von dem man sagen kann, daß der analytische Prozeß von der Auseinandersetzung mit der Grundregel bestimmt wird, nicht aber von ihrer Erfüllung.

Verschwiegen werden am ehesten Perversionen und eigene kriminelle Handlungen oder das Wissen um kriminelle Handlungen bei anderen. Danach tief beschämende Erlebnisse, die den eigenen Wert oder den Wert der Familie vermeintlich herabsetzen. Geschwister- und Eltern-Inzest stehen hier fast an erster Stelle, beschämendes Leistungsversagen schließt sich an. Einfallsreiche Naturen, denen die freie Mitteilung keine besondere Mühe macht, neigen dazu, das Unangenehme wegzusortieren, beiseite zu schieben und blitzschnell aus der Fülle der vorhandenen Einfälle den weniger unangenehmen zu wählen. Der eher depressive oder zwangsneurotische Patient verfällt dann gelegentlich in Schweigen. Schweigen ist aber nicht immer identisch mit *Verschweigen*. Im Gegenteil! Das Schweigen kann Ausdruck angstvoller Spannung und innerer Leere werden, es kann ebenso gut einen zwar stummen, aber unmißverständlichen Angriff enthalten, und es kann schließlich — nicht zuletzt — wirklich der Ausdruck ruhevoller Stille sein.

Im übrigen können wir bei den Patienten aus ihrem Umgang mit Träumen und Einfällen, die Eigenart von *Lern-*, *Arbeits-* und *Denkstörungen* ablesen und natürlich auch ihre Fähigkeit zu *schöpferischer Produktivität*.

In bezug auf das Einhalten der Termine und der finanziellen Regelungen will ich mich kurz fassen. Es kann hier sehr viel agiert werden: Rein beschreibend finden wir den überpünktlichen, stark motivierten Patienten, der keine Stunde versäumt. Dann kennen wir Patienten, die habituell zu spät kommen, absagen, Stunden verschlafen oder vergessen, und wir haben solche, denen nur gelegentlich einmal eine Fehlleistung dieser Art unterläuft. Wie immer, gilt auch hier der Satz, daß gleiches Verhalten nicht notwendigerweise auch durch die gleiche Motivation hervorgerufen wurde. Bei der Bezahlung findet sich ähnliches: Sehr rechtzeitig, pünktlich und immer genau steht neben dem Vergessen, Verzögern, zuviel oder zuwenig zahlen.

Die Reaktion auf Urlaube und ausfallende Stunden hängt meist von der Schwere der Erkrankung und der Stärke der Bindung an den Therapeuten ab. Ausfallende Stunden werden gegebenenfalls als ängstigend, vielleicht als ein böswilliges Verlassen oder als das Versäumnis einer Pflicht erlebt. Manchmal aber auch als Erleichterung, als eine Phase der Freiheit und Unabhängigkeit mit der Chance, Abstand zu gewinnen.

3. Die Regression

Wie ich schon mehrfach dargelegt habe, reagieren die Patienten, die sich der analytischen Situation aussetzen, normalerweise mit regressiven Tendenzen. Das Wort „Regression" ist dabei in der Ausdrucksweise der Analytiker sehr gebräuchlich. Leider wird es kaum einheitlich verwendet und auch die klinische Beschreibung regressiver Prozesse variiert sehr. Meist wird die Regression unter die *Abwehrmechanismen* eingereiht. Sie gilt aber auch als Widerstandsphänomen oder ganz generell als der Ausdruck eines pathologischen Zustandes. Am häufigsten finden wir die verschiedenen Regressionsformen in der analytischen Sprache so beschrieben, daß man sie mit den von FREUD angegebenen *libidinösen Organisationsstufen* in Verbindung bringt. Diese „libidinösen Organisationsstufen" sind uns ja bereits im theoretischen Teil begegnet, und wir haben sie dann später bei der Erörterung von Übertragungsreaktionen wiedergefunden: Regressive Prozesse können den Patienten also etwa zu hysterischem Agieren bringen. Oder sie fixieren ihn auf der anal-sadistischen Stufe. Oder wir verzeichnen die oral-fordernden, abhängigen Erlebnisweisen.

Wenn wir unsere Beschreibung sehr allgemein halten, dann meinen wir mit dem Begriff der Regression, daß der Patient die schon erreichten *höheren Organisationsstufen* des Fühlens und Denkens, des Wahrnehmens und Reagierens *wieder aufgibt*, um sie für einen archaischeren inneren Zustand einzutauschen. Die analytische Situation fördert diesen Prozeß aus gutem

Grund: In der Regression tauchen bei dem Patienten „ältere" oder kind-
lichere Verhaltensweisen auf — sollen auftauchen — und der Kranke erlebt
heftige, primitive Gefühle, Ängste, aber auch Wünsche. Bleiben wir bei einer
so allgemeinen Formulierung, dann können wir die Erörterung der verschiedenen Regressionsformen als rein pathologische Phänomene verlassen und
uns daran erinnern, daß wir — wie Balint sich ausdrückt — die Regression
als *therapeutischen Verbündeten* in bestimmten Krankheitsfällen dringend
benötigen. Auch ich selber meine, daß uns manch ein therapeutischer Erfolg
versagt bleiben würde, wenn wir die hierher gehörigen klinischen Befunde
vernachlässigen, und ich glaube auch, daß diese Ansicht von den meisten
Analytikern geteilt wird. Tatsächlich können ja die erstarrten Schutzautomatismen, die die Patienten im Kampf mit der bedrängenden Umwelt ausgebildet haben, bei manchen Kranken nur dann wieder aufgehoben werden,
wenn sich frühere primitivere Erlebnisweisen in einer Form herstellen lassen, daß sie die notwendigen Wandlungen in der Seele des Kranken erlauben.

Ich muß auf diese Situation insofern besonders hinweisen, weil ich ja in
dem Kapitel über die Dynamische Psychotherapie von solchen Patienten
berichtet hatte, die für ihre innere Veränderung und Entwicklung so gut wie
keine regressiven Phasen benötigten. Und obgleich ich nun nicht sagen will,
daß die Gesundheit dieser Patienten gänzlich ohne regressive Phasen im
Verlauf der Behandlung erreicht wurde, so zeigten sich diese Perioden doch
immer von sehr kurzer Dauer und nahmen niemals die gleiche Heftigkeit
und Intensität an, wie wir sie in den psychoanalytischen Behandlungen kennenlernen.

Aber auch von psychoanalytisch behandelten Kranken wissen wir, daß
einige unter ihnen ihre Gesundheit wieder erlangen, ohne daß sie längere
Phasen der Regression durchlebt haben, und ohne daß sie sehr weit hinter
die ödipale Stufe zurückgeglitten sind. Insofern muß ich hier betonen, daß
es eben doch auch jene Patienten gibt, bei denen wir *ohne* Perioden tieferer
Regressionen *nicht auskommen*, und bei denen wir diese Tendenz aus therapeutischen Gründen eher fördern, in jedem Fall aber zulassen müssen:
Gleitet der Patient nun in jene kindlichen oder primitiven seelischen Schichten zurück, die noch vor der ödipalen oder der anal-sadistischen Stufe liegen,
dann kann es schließlich auch zur Regression bis auf die Ebene der „Grundstörung" kommen, die dann in den *averbalen Bereich* gehört, und in der die
Verwendung von analytischen Interpretationen wirkungslos bleibt.

Balint hat in seinem Buch „Therapeutische Aspekte der Regression" die
Beschreibung dieser tiefen archaischen Regression versucht und dabei *zwei
Formen* unterschieden, die nach meiner Meinung klinisch gut belegt sind und
die sich in ihren therapeutischen und prognostischen Aspekten deutlich voneinander abheben: Balint sprach von der „*gutartigen*" und der „*malignen*"

Regression und wies darauf hin, daß sich die Patienten in beiden Gruppen vor allem dadurch unterscheiden, daß sie von ihrem Analytiker jeweils eine *andere Art der Beteiligung erwarten:*

Bei der *gutartigen* Regression entwickelt sich zwischen dem Patienten und dem Analytiker ohne allzu große Schwierigkeiten eine Beziehung arglosen Vertrauens. Für den Patienten wird die Anwesenheit des Analytikers zwar höchst wichtig, aber er erlebt ein verbales Eingreifen oder sonstiges Handeln eher als störend. Was gesucht und gebraucht wird, ist ein Verstehen, Mitgehen und Anteilnehmen an den Wandlungen, die sich im Patienten vollziehen; ein Anteilnehmen an den unabhängigen inneren Entdeckungen, die der Patient im Schutz des anwesenden Analytikers riskiert. BALINT sagt, daß sich die gutartige Regression mit dem *„Ziel des Erkanntwerdens"* entwickelt und daß Forderungen, Erwartungen oder Bedürfnisse des Patienten nur mittlere Intensitätsgrade erreichen. Diese gutartige Form der Regression ist es dann auch, die für den Analytiker zum „therapeutischen Verbündeten" wird und die ein wichtiges Hilfsmittel für die Behandlung abgeben kann. In ihrem Verlauf stellt sich im Patienten jener Zustand ein, von dem aus alle wichtigen inneren Wandlungsprozesse ihren Ursprung nehmen. Wandlungsprozesse, die vom Analytiker zwar Verstehen, aber kein handelndes Eingreifen verlangen und die durch solche Aktivitäten eher gestört würden.

Bei der *malignen,* „bösartigen" Regression ist die Situation hingegen gänzlich anders: Die heftigen und primitiven Gefühle des Patienten, die sich auf den Analytiker richten, erhalten den Charakter von *Wünschen* und *Bedürfnissen.* Es kommen Erwartungen oder gar Forderungen auf, daß der Analytiker in das Leben der Kranken eingreifen möge, ihre schlechten äußeren Verhältnisse ändern, dem lieblosen oder gleichgültigen Partner Vorhaltungen machen, ihn vom Wert des Kranken überzeugen, Hilfestellung bei Prüfungen geben, teilnehmen lassen an einem glücklicheren Leben und ähnliches. Nach meinen persönlichen Erfahrungen kündigt sich diese Form der malignen Regression manchmal nur dadurch an, daß um neue Deutungen, Ratschläge oder Fingerzeige für bessere Lebensbewältigung gebeten wird. Geht man auf diese Wünsche ein, dann reagieren die Patientinnen (auch hier sind es überwiegend Frauen, die in den Zustand der malignen Regression geraten) anfänglich mit großer Dankbarkeit und auch mit der Bereitschaft, unter der erbetenen Anleitung Fortschritte zu machen. Bald zeigt sich dann, daß diese erbetene Form der lenkenden Beratung doch als ungenügend erlebt wird: Heftigere und neue, andersartige Wünsche tauchen auf (oft auf körperlichen Intimkontakt gerichtet), und die Erwartung bleibt, daß der Analytiker dieses oder jenes tun möge, damit die Patientin ihr Unglück überwinden könne, ihr Einsamkeitsgefühl verlöre und eine Entschädigung für das früher erlittene Leid erhielte. Die „maligne Regression" entwickelte sich dann — wie BALINT das beschreibt — unter fruchtlosen und verzweifelten Anklammerungsversuchen der Kranken und in einer Atmosphäre immer wieder zerfallenden Vertrauens. Es droht die Gefahr einer „endlosen Spirale von Forderungen und Bedürfnissen", die schließlich — falls die aufkommenden Wünsche anfänglich erfüllt wurden — zu der Entwicklung suchtartiger Zustände führt. Und es zeigt sich dann auch, daß diese Form der Regression nicht das Erkannt- oder Verstandenwerden zum Ziel hat, sondern *die Befriedigung der Kranken durch äußere Handlungen*. An diesem Drang der Patientinnen, durch Handlungen ihres Analytikers befriedigt zu werden, an dieser aufkommenden „Suchtspirale" können dann schließlich auch alle Versuche des Kranken zu einem „Neubeginn" scheitern. Jener Versuch, der allein wirklich die Heilung bringen würde.

Tritt die maligne Regression im Verlauf einer Behandlung auf, dann wäre jeder therapeutische Optimismus verfehlt. Glücklicherweise ist sie — klinisch gesehen — eine eher seltene Erscheinung. Trotzdem möchte ich ihr hier noch einige Worte widmen, da ihr Auftreten dem Anfänger wie dem Erfahrenen in gleichem Maße Schwierigkeiten bereitet: Ich habe bei meinen Therapien den Eindruck gewonnen, daß die maligne Regression nur bei charakteristischen genetischen Entwicklungsbildern das Feld erobert und möglicherweise folgende Ursachen hat: Die Patientinnen, bei denen ich solche suchtartigen, auf Befriedigung drängenden regressiven Prozesse verfolgen konnte, waren ausnahmslos Menschen, bei denen man annehmen mußte, daß sie schon als kleine Kinder krank (krank im Sinne der Grundstörung) in die ödipale Phase eingetreten sind und in dieser Periode erlebten, daß sich die Mutter einem „neuen Objekt", einem Geschwister zuwandte. Man mußte annehmen, daß diese Kinder durch das Ungeschick oder die Verständnislosigkeit ihrer Mütter oder durch einfaches Unglück in der Familie schon früh geschädigt waren. Das Auftauchen eines neuen „Objektes" — eines Geschwisters — wurde aber erst in einem Stadium aktuell (jenseits des 2. bis 3. Lebensjahres), in dem die Ich-Entwicklung bereits so weit vorgeschritten war, daß die Mutter und das neue Kind schon als fest umrissene Persönlichkeiten erlebten werden konnten und nicht einfach nur als die zeitlos vorhandenen „Teilobjekte" einer unscharf umrissenen Welt vorhanden waren. Andererseits aber auch noch so früh, daß das Kind nicht einfach zur Verselbständigung und Ablösung von der Mutter übergehen konnte.

Natürlich ist die Zahl der Patientinnen, die ich in solchen Zuständen kennengelernt habe, zu klein, um verallgemeinernde Aussagen machen zu können. Ich habe mir aber die Meinung gebildet, daß bei diesen Frauen die Regression in die „arglose Zweierbeziehung" vor allem deshalb immer wieder angstvoll abgewehrt wurde, weil die Furcht aufkam, daß ich als „primäres Objekt" verschwinden könnte, weggenommen werden von anderen, fremden, neuen und feindseligen Objekten, und daß gleichzeitig eine angstfreie Selbständigkeit völlig undenkbar erschien. Im Gegensatz zu jenen Kranken, deren Regression mit dem „Ziel des Erkannt-Werdens" erfolgte (und die sich in diesen Zuständen nicht im geringsten um die mögliche Existenz anderer Patienten kümmerten), waren diese Patientinnen hochgradig damit beschäftigt, wer sonst als Patient in meinem Leben und in meinen Vorstellungen eine Rolle spielen könnte. Diese anderen wurden entweder als hoffnungslos überlegene Rivalen erlebt oder mit Haß und Neid verfolgt. Alle diese Patientinnen hatten übrigens auch in ihren Erinnerungen Situationen lebendig, in denen sie sich verzweifelt an die sich von ihnen entfernende Mutter anklammerten. Sei es, daß es sich um zeitweilige Heimunterbringungen oder Krankenhausaufenthalte handelte, sei es, daß die Mutter eine Reise unternahm oder auch nur einkaufen ging.

Nun sagte ich schon, daß ich selbst ganz überwiegend Frauen in solchen malignen Regressionsphasen kennengelernt habe (Fall 3 der Krankengeschichten gehört hierher) und die überwältigende Zahl der klinischen Berichte, die ich über solche Zustände lesen konnte, befaßten sich ebenfalls mit Frauen. So taucht natürlich auch hier die Frage auf, ob wir es bei diesen Erscheinungen möglicherweise mit den Folgen eines kulturspezifischen Umganges mit kleinen Mädchen zu tun haben. Sicher scheint mir in diesem Zusammenhang eines: Dem Mädchen wird in unserem Kulturkreis während seiner Kindheits- und Jugendentwicklung sehr viel länger ein zärtlicher körperlicher Kontakt mit der Mutter erlaubt als dem Knaben. Daß sich ein 15-, 16-, ja 20jähriges Mädchen in den Armen der Mutter ausweint, ist nichts Ungewöhnliches. Noch weniger, daß die Mutter in solchen Fällen praktische Ratschläge oder eine Hilfestellung gibt. Das gleiche würde bei einem pubertierenden Knaben oder einem jungen Mann auffallen. Das heißt aber, daß für das junge Mädchen oder die junge Frau normalerweise Ängste, Kümmernisse und Einsamkeitsgefühle sehr viel länger durch körperliche Berührung, Zärtlichkeit, Umarmungen und Hilfeleistungen beschwichtigt werden als beim Mann. Es wäre denkbar, daß bei der malignen Regression im Verlauf der Analyse ein alter, verschütteter und möglicherweise nie befriedigter Wunsch dieser Frauen aktiviert wird, der danach strebt, einmal jenes Maß an Beruhigung, Sicherheit und Hilfestellung erleben zu dürfen, das jungen Mädchen und auch jungen Frauen unter den heutigen kulturellen Gegebenheiten in der Regel offen steht, und das in ihrem eigenen Erleben nur ihnen — gerade ihnen — versagt geblieben ist. Genetisch gesehen haben diese Patientinnen allerdings in Wahrheit meist keine reinen Versagungen erlebt, sondern hoch ambivalente *Teilbefriedigungen* erhalten, nach denen dann im Wiederholungszwang immer erneut gestrebt und gesucht wird.

Wenn all diese Beobachtungen richtig sind, dann folgt aus ihnen für die Therapie, daß sich der Analytiker bei der malignen Regression vor den größten Schwierigkeiten befindet und daß das rechtzeitige Erkennen der verschiedenen Regressionsformen für den Verlauf der Behandlung sehr bedeutungsvoll wird. Wenn man gelernt hat, die ersten Anzeichen zu beachten, die in die eine oder die andere Richtung weisen und wenn man allmählich auch versteht, wieviel man selbst dazu beitragen kann, den regressiven

Prozeß zuzulassen, zu lenken oder abzuwehren, dann wird man manche Schwierigkeiten vermeiden, die man sonst heraufbeschwört und manchen therapeutischen Erfolg gewinnen, der sonst versagt bliebe.

Zum Abschluß dieses Kapitels will ich nun noch kurz eine Verbindung herstellen zwischen den beiden Formen der Regression, die wir soeben kennengelernt haben und den schon früher erörterten „philobatischen" oder „oknophilen" Tendenzen im Patienten. Es leuchtet wohl ohne große Schwierigkeiten ein, daß jener Patient, der eine philobatische Orientierung ausgebildet hat, eher damit zufrieden sein wird, wenn man ihn *versteht* und mit ihm geht, während er seine neuen inneren Entdeckungen macht. Genauer gesagt: Der Philobat ist jener Patient, dessen Regression eher auf Verstandenwerden ausgeht als auf befriedigende Handlungen des Analytikers.

Der oknophile Patient hingegen, dessen Objektbeziehung von vornherein durch Anklammerungstendenzen ausgezeichnet ist, wird auch in seinen regressiven Phasen eher in einen Zustand geraten, der vom Analytiker eine Befriedigung seiner Bedürfnisse, ein *Handeln*, ein *Eingreifen in sein Leben* verlangt und der dann der malignen Regression ausgeliefert ist.

d) Die inneren Formeln des Patienten und der interaktionelle therapeutische Prozeß

1. Allgemeine Gesetzmäßigkeiten des Behandlungsverlaufes

Ich kehre jetzt — nach der Beschreibung regressiver Prozesse — noch einmal zu dem ersten Abschnitt zurück, in dem ich über die Instruktionen gesprochen habe, die ich dem Patienten am Anfang einer Behandlung gebe. Wenn man mit diesen Abmachungen beginnt, und der Patient verfällt nicht sofort — unerwarteterweise — in einen stuporösen Zustand oder ins Agieren, dann führen die Einfälle, die er zu den Träumen bringt, ohne Schwierigkeiten sehr bald zu Erlebnissen der Gegenwart oder jüngeren Vergangenheit, um dann Erinnerungen aus der Kindheit ans Licht zu bringen. Es melden sich beim Patienten die ersten Ängste, belastende Erlebnisse tauchen auf, und es zeichnen sich auch die Umrisse jener Schutzmechanismen ab, mit denen der Patient sein Leben zu bewältigen sucht.

Wir können in jedem Fall auch für die Psychoanalyse den früher bereits beschriebenen *dreiphasischen Verlauf* der Therapie in Rechnung stellen: Das heißt, wir beginnen mit der *Materialsammlung*, wir bieten dem Patienten die ersten *Interpretationen* an, und wir begleiten ihm beim Prozeß des *Durcharbeitens* so lange, bis die Schlußphase der Behandlung zur endgültigen Lösung führt.

Wir tun aber gut daran, wenn wir uns von vornherein darüber im klaren sind, daß sich im Erleben der Patienten noch eine *andere gesetzmäßige Form des Heilungsvorganges* herausbilden wird, die für ihn selbst unter Umständen heftige Erschütterungen mit sich bringt: Bei meinen Ausführungen über die biographische Anamnese hatte ich diesen Vorgang schon einmal beiläufig erwähnt. Es geht darum, daß die Auseinandersetzungen des neurotisch Kranken mit seinen Eltern ja immer hoch ambivalent abgelaufen ist, und daß er diese Auseinandersetzung in bestimmter Form bewältigt hat, wenn er in die Analyse eintritt: Entweder haben die Patienten ein positiv harmonisches Bild vom Vater und Mutter mit einer (im bewußten Erleben) starken Tendenz, sich mit den Persönlichkeiten der *Eltern zu identifizieren*. Oder sie haben eine starke Abwehr-, Kritik- oder *Oppositionshaltung* der elterlichen Lebensform gegenüber ausgebildet und streben danach, die gehaßten und gefürchteten Eigenschaften der Eltern zu *vermeiden*. Diese zuletzt genannte Gruppe der Patienten hat es im Verlauf der Behandlung ganz gewiß schwieriger als die andere. Gilt doch (auf den Vater bezogen) der alte Satz: „Vierzig Jahre kämpfen wir gegen unseren Vater, und dann werden wir wie er". Für den Neurotiker bedeutet das aber, daß er (oder sie) im Verlauf der Analyse unweigerlich entdeckt, wieviel von den kritisierten und abgelehnten Eigenschaften des Vaters oder der Mutter mit in die eigene Persönlichkeitsstruktur aufgenommen worden ist. Viele Patientinnen oder Patienten stellen im Verlauf der Behandlung dann mit Schrecken (oft sogar mit Selbsthaß) fest: „Ich bin genau wie meine Mutter oder wie mein Vater". Dieses unerbittliche und fast tragische Gesetz der menschlichen Entwicklung müssen wir in Rechnung stellen, damit wir den Patienten, so gut es geht, bei der Bewältigung dieser Krisen helfen können. Vor allen Dingen aber müssen wir auf die hier beschriebene Entwicklung vorbereitet sein, und wir dürfen uns von den primär vorgetragenen Erlebnissen positiver oder negativer Bindung an die Eltern nicht über deren immer vorhandene grundsätzliche Ambivalenz hinwegtäuschen lassen.

Beide Patientengruppen stehen dementsprechend im Verlauf ihrer analytischen Entwicklung vor unterschiedlichen Schwierigkeiten, und ich komme in diesem Zusammenhang noch einmal auf das schon früher beschriebene Konzept des „Neubeginns" zurück. BALINT hatte ganz sicher recht, wenn er sagte, daß die Gesundung der Kranken im Verlauf der Psychoanalyse nicht durch die Befriedigung einzelner Partialtriebe zu erreichen sei, sondern daß die Patienten ihren neuen Weg „in der Objektliebe selbst" finden müßten (S. 82). Bei jenen Patienten nun, die im Verlauf der Analyse entdecken, wieviel sie von den gehaßten und abgelehnten Eigenschaften ihrer Eltern in sich selbst aufgenommen haben, rechnen wir — bevor der Neubeginn versucht werden kann — immer mit einer belastenden Periode der Selbstkritik, ja des Selbsthasses, einer Periode jedenfalls, in der die Patienten durch große Schwierigkeiten hindurchgehen.

2. Die inneren Formeln des Patienten

Ich hatte in der Vorbemerkung zu diesem Kapitel gesagt, daß sich im Verlauf einer psychoanalytischen Behandlung — wenn das Selbstverständnis der Patienten allmählich wächst — bestimmte innere Formeln der Kranken herauskristallisieren, die wir für den therapeutischen Prozeß nutzbar machen können. Eigentlich ist uns das, was ich hier die „inneren Formeln" der Patienten nenne, schon bei allen früheren Krankengeschichten begegnet — auch bei den unbehandelbaren Patienten. Ich erinnere daran, daß ich in diesen Berichten zum Beispiel das Typische einer Objektbeziehung mit Hilfe einiger Stichworte charakterisiert hatte. Etwa: „Das schwarze Schaf", oder „Omas Liebling". Und ich hatte ähnliche zusammenfassende Formulierungen auch für das Eigenverständnis der Patienten angeboten.

Tatsächlich bin ich der Meinung, daß wir die neurotische Lebensorientierung eines Patienten nicht ganz vollständig verstehen werden, wenn wir uns nur darauf beschränken, die einzelnen Triebabwehrmechanismen zu beschreiben und daneben vielleicht noch auf die Eigenart der Objektbeziehungen achten. Wir können diese Art der Beschreibung zwar nicht entbehren: Wir benötigen sie sowohl als Leitfaden für unsere Beobachtungen, wie auch als wechselseitiges Verständigungsmittel. Aber wir erfassen das Leben und die psychodynamische Konstellation unserer Kranken doch besser und genauer, wenn wir außerdem noch versuchen, die bewußten und unbewußten, die reflektierten und nicht reflektierten Haltungen und Einstellungen der Patienten zu verschiedenen Lebensbereichen in den für sie selbst charakteristischen Formeln festzuhalten. In diesen „inneren Formeln" schlägt sich eben wirklich das kondensierte Ergebnis einer abgelaufenen neurotischen Lebensentwicklung nieder, und sie bieten sich uns als Ausdruck jener habituellen Schutzautomatismen und Bewältigungsformen an, mit denen die Patienten innerlich leben. Die eigentliche Bedeutung dieser inneren Formel liegt aber vor allem darin, daß der Analytiker mit ihrer Hilfe den wirksamen Ansatzpunkt finden kann, den Patienten aus seinen eingefrorenen Stereotypien herauszuführen.

Nun sind die Lebensbereiche, zu denen die Menschen ganz allgemein (nicht nur Patienten) solche charakteristischen inneren Formeln ausbilden, zwar vielgestaltig, aber sie sind auch nicht unerschöpflich, und wir können uns hier eine gewisse Übersicht verschaffen. Im allgemeinen haben die Patienten zu folgenden Themen und Problemen eine bestimmte festgelegte Haltung eingenommen:

Zum eigenen Wert (Selbstverständnis).
Zum Kontakt mit anderen Menschen, insbesondere zu Gruppen.
Als Frau zum Kontakt mit Männern.
Als Mann zum Kontakt mit Frauen.
Die Bewertung der eigenen Familie allgemein.
Die Beziehung zu Vater und Mutter.
Die Beziehung zu Geschwistern.
Die Beziehung zu produktiver Tätigkeit, Leistung und Beruf.
Die Beziehung zu Macht, Geltung und Erfolg.
Die Beziehung zu Geld, Besitz und Eigentum.

Ich gebe jetzt einmal zu den soeben aufgezählten inneren Bezugssystemen der Menschen einige der kurz gefaßten Formeln, die hier vorkommen können und die uns vielleicht bei den späteren Krankengeschichten noch begegnen werden, falls sie nicht schon bei früheren Falldarstellungen aufgetaucht sind.

Zum eigenen Selbstwert und Selbstverständnis:

Ich bin eine Niete und eine Flasche.
Ich bin sowieso dumm.
Ich bin Mutters guter Junge.
Ich bin ein netter junger Mann.
Ich bin tüchtig und unentbehrlich.
Ich bin das Aschenputtel und die graue Maus.
Ich bin die immer Fröhliche. Wenn ich komme, geht die Sonne auf.
Ich bin ungeliebt und mißverstanden.
Ich bin das kranke Kind, das geschont werden muß.
Ich bin Omas tüchtige kleine Hilfe.
Ich bin ein angekränkelter Intellektueller.
Ich bin ein progressiver Intellektueller.
Ich bin ein stiller Bücherliebhaber, den man in Ruhe lassen soll.
Ich bin schwer geschädigt, niemand liebt mich, ich werde mich rächen.
Ich bin immer das schwarze Schaf. Alle hacken auf mir herum.

In den Bereich des Liebens und Geliebtwerdens gehören folgende inneren Vorstellungen:

Ich bin Liebling.
Ich bin ungeliebt.
Ich bin *weniger geliebt als* . . .
Ich bin gleichgültig.
Ich werde abgelehnt.
Ich werde gehaßt.
Ich bin nichts wert.
Wenn man mich schon liebt, läßt man mich bestimmt bald wieder fallen.
Ich muß mir die Liebe anderer immer erkaufen, verdienen, etwas dafür leisten.

In den Bereich der Beziehung zu anderen Menschen:

Ich kann vertrauen.
Alle Welt will mir übel.
Ich komme zu kurz und andere haben mehr.
Ich werde zurückgesetzt.
Man hat mir das weggenommen, was mir zusteht.
Ich werde unterdrückt.
Ich gebe es auf.
Ich werde es denen zeigen.
Ich ruiniere mich, die anderen werden sehen, was sie angerichtet haben.
Ich kann erwarten, daß andere für mich arbeiten, mir helfen und mich lieben, obgleich ich mich unleidlich benehme.
Ich habe Kraft und kann abgeben.

Ich muß beschützen und die Schwächeren verteidigen.
Ich werde mich in jedem Fall wehren und verteidigen.
Ich werde die Eltern (die Welt, den Analytiker) zwingen, mir jene Fürsorge zuteil
werden zu lassen, die sie mir schuldig geblieben sind.
Ich werde Mutters (Vaters) Wünsche und Ideale erfüllen.
Ich weigere mich, diese Wünsche und Ideale zu erfüllen.
Ich werde in jedem Falle allein fertig und brauche keine Hilfe.
Es ist sinnlos, von mir zu sprechen (etwas zu erklären), es hört mir doch keiner zu.
Niemand versteht mich.

Mit diesen generellen, stichwortartigen Beschreibungen, die das Selbstwertgefühl und die innere Grundorientierung eines Menschen betreffen,
habe ich natürlich die oben aufgestellte Gliederung verlassen, und wir mußten einige Überschneidungen hinnehmen. Etwas zusammengerafft gebe ich
jetzt noch ähnliche Kurzformeln zu den übrigen Lebensbereichen:

Zum Kontakt mit anderen Menschen, insbesondere zu Gruppen:

Man lehnt mich ab, man will mich nicht.
Man sollte mich doch wenigstens teilnehmen lassen.
Wenn ich zur Gruppe stoße, kommt erst richtig Leben in die Bude.
Ich bin der Star jeder Gesellschaft.

Einstellung einer Frau zu Männern:

Ich weiß, daß ich sehr attraktiv bin, aber ich kann nicht glauben, daß sich irgend
jemand für mich interessiert oder mich gar liebt.
Männer wollen nur ins Bett gehen und einen dann sitzenlassen.
Männer fordern, machen Versprechungen und enttäuschen.
Männer sind alle Angeber und Lügner, außerdem unzuverlässig.
Man muß sich nach Männern richten und sich ihnen unterwerfen.
Ich komme mit Männern viel besser aus als mit Frauen (bloß keine Frauen!).
Ohne meinen Mann wäre ich verloren.

Als Mann in der Beziehung zu Frauen:

Frauen sind ganz unerreichbar.
Frauen sollen mich in Ruhe lassen.
Frauen treffen die Wahl, ich kann selbst gar nichts dazu tun.
Ich will mit Frauen ins Bett gehen, aber bloß keine Gefühlsduselei.
Ich bin immer auf der Suche nach der Traumfrau.
Ich habe Angst, die Frau zu enttäuschen.
Frauen müssen geschont werden.
Eine Frau soll ihre Pflicht tun und keine Ansprüche stellen.
Frauen haben in der Kirche zu schweigen.

Die Einstellung zur eigenen Elternfamilie:

Wir sind solide kleine Leute.
Wir sind eine alte Adels-, Patrizier-, Gelehrten-, Kaufmannsfamilie.

Wir stammen aus kleinen Verhältnissen, aber die Eltern waren tüchtig, haben sich emporgearbeitet.
Meine Familie ist vollkommen verrückt.
Meine Eltern hätten sich nie heiraten dürfen, sie waren zu verschieden.

Zum Vater:

Mein Vater ist ein Schwächling, aber der einzige, der mich liebte. Ich wage es nicht, ihn zu überflügeln.
Mein Vater ist eine hochüberlegene Persönlichkeit. Ich werde ihn nie erreichen.
Mein Vater ist ein großartiger Mann, ich sollte ihm ähnlich werden.
Mein Vater ist eine Niete, ich schäme mich seiner.

Zur Mutter:

Meine Mutter hat alles für mich getan. Sie ist die ideale Frau. Ich werde mich so verhalten, daß es sie freut.
Meine Mutter hat mich vernachlässigt (angegriffen, schlecht behandelt). Ich werde mir das nie wieder gefallen lassen.
Ich hab' meiner Mutter soviel Mühe gemacht, ich muß es ihr danken, ich bin ihr das schuldig.
Meine Mutter ist eine gräßliche Frau. Auf keinen Fall will ich so werden wie sie.

Zu Geschwistern:

Ich war der Klügste von allen.
Ich bin sehr zurückgesetzt worden.
Mein Bruder (meine Schwester) war klüger, beliebter, hübscher usw.
Ich muß meine Geschwister vor der Mutter schützen.
Ich mußte immer für meine Geschwister sorgen. Das war lästig, man soll mich in Ruhe lassen.

Zu produktiver Tätigkeit, Leistung und Beruf:

Ich bin unfähig.
Ich bin zu höherem berufen.
Man muß doch Vorschriften erfüllen.
Ohne Fleiß keinen Preis.
Ich weigere mich, etwas zu geben, zu leisten oder zu tun.
Man hat's oder man hat's nicht; wer lernen muß, ist dumm.
Ich will um Vollkommenheit ringen.

Zu Macht, Geltung und Erfolg:

Ich muß mich unterwerfen.
Ich will andere beherrschen.
Ich will eine Starrolle einnehmen.
Ich will gelenkt und geführt werden.
Ich gehorche gern.
Man muß doch Verantwortung übernehmen.
Irgendwann einmal komme ich mühelos ganz groß heraus.

Zu Geld, Besitz und Eigentum:
Ich komme zu kurz, ich muß mich absichern.
Es hat keinen Zweck, ich werde nie etwas haben.
Nur wer im Wohlstand lebt, lebt angenehm.
Ich bin genügsam, ich komme mit wenig aus.
Sollen doch die anderen ums goldene Kalb tanzen.
Die Welt ist ungerecht, ich muß zu meinem Recht kommen.
Ich muß für gerechte Verteilung der Güter sorgen.
Ich schenke gern, dann freuen sich andere.
Geld hat man, aber man spricht nicht davon.
Wenn ich schenke, fühle ich mich überlegen.
Ich beiß' mir eher die Zunge ab, als jemanden zu bitten.

Eine solche Aufstellung kann natürlich niemals vollständig sein und sie ist hier auch nur zur Illustration gedacht. Jeder Therapeut, der psychoanalytische Behandlungen durchführt, weiß, daß sich in solchen Formeln der Niederschlag einer inneren Lebenseinstellung findet, aus der heraus diese Erlebens- und Verhaltensstereotypien erwachsen. Ich füge hier noch ein, was ich in der eben dargebotenen Übersicht noch nicht mit unterbringen konnte: Sehr viele Patienten leben innerlich in bezug auf die verschiedenen Gefühlsbereiche jeweils gewissermaßen mit *zwei Formeln*, die meistens an den *entgegengesetzten Enden* einer *Wertskala* stehen und in denen sich die tiefgreifende Ambivalenz zum eigenen Selbstwert bekundet und die einer Art „Alles-Oder-Nichts-Gesetz" folgen. Dann steht das *überhöhte idealisierte Ebenbild* in der inneren Vorstellung gleich *neben* der *kompletten Selbstentwertung*. Also etwa: Ich bin etwas ganz Besonderes, Kostbares, Ungewöhnliches neben: Ich bin überhaupt nichts wert, eine Laus, ein Mistkäfer, eine überflüssige Null.

Wie ich schon sagte, liegt die eigentliche Bedeutung dieser inneren Formeln vor allem darin, daß sie uns wichtige therapeutische Ansatzpunkte bieten, um die Patienten aus ihren erstarrten und festgelegten Automatismen herauszuführen. Im allgemeinen dürfen wir bei der Psychoanalyse damit rechnen, daß die Patienten diese ihre inneren Einstellungen im Verlaufe der ersten 50 bis 70 Behandlungsstunden spontan erzählen, oder wir holen sie durch unsere eigenen klärenden Rückfragen selbst ans Tageslicht. Im Prinzip ist uns dieser Vorgang ja schon bei der Dynamischen Psychotherapie begegnet: Die Patientin, die sich als Nesthäkchen erlebte und immer als Küken behandelt worden war, fühlte sehr deutlich, wie sehr es ihrer eigenen Reifung und Entwicklung im Wege gestanden hatte, daß sie immer bei einer ihrer vielen Mütter hatte unterschlüpfen und um Schutz nachsuchen können. Dieser Patientin war es sehr rasch gelungen, mit wenigen Einhilfen von meiner Seite die alte Kükenrolle abzustreifen. Die gleiche Nesthäkchen- oder Kükenphantasie bei einer 30jährigen Frau, die auf dieses Verhalten sehr festgelegt ist, würde jedenfalls sehr viel längere Zeiträume bis zur Umstrukturierung verlangen. Eine solche Frau müßte im Schutz der analytischen

Situation eine ganze Weile die Ängste durchleben, die auftauchen, wenn sie auf ihre Kükenrolle verzichtet. Sie müßte wahrscheinlich auch ein Verständnis dafür gewinnen wie sie sich mit ihren erworbenen Haltungen den Kontakt zu einem bestimmten Personenkreis geschaffen hat, in dem sie eben als „Küken" lebt und auch so behandelt wird. Und sie müßte in der Stille der analytischen Situation die ersten phantasierten Probierschritte wagen, bis die Freude an Selbständigkeit und neuen Plänen stärker wird als die Angst vor der Schutzlosigkeit.

Der letzte Patient, über den ich bei den Krankengeschichten der Dynamischen Psychotherapie berichtet hatte, lebte mit der Vorstellung „ich bin eine Flasche" und daneben (in bezug auf Leistungen und Fähigkeiten), „man hat's oder man hat's nicht" und „wenn man lernen und üben muß, ist das ein Zeichen, daß man krank ist". Das Konzept des Patienten „ich bin eine Flasche" war in der geschilderten therapeutischen Episode schon im Gefühlsleben seiner eigentlichen Schärfe entkleidet worden, und ich hatte ja auch angegeben, daß der Patient diese Bezeichnung mehr in Form einer vergnügten Selbstpersiflage hervorholte, nachdem das Thema früher schon immer wieder einmal besprochen worden war. Aber die alte Erfahrung, das die ungünstige Selbsteinschätzung immer erneut Hindernisse für die fortschreitende Entwicklung aufbaute, kam beim Prozeß des Durcharbeitens noch einmal deutlich in das Erlebnisfeld des Patienten. Sehr ähnlich war es mit der Vorstellung gegangen, daß der Patient meinte, wenn man etwas nicht sofort kapiert, sondern üben muß, dann ist das ein Zeichen für einen schweren geistigen Defekt. Die Lernschädigung, die der Patient dadurch erworben hatte, war sehr tiefgehend und löste sich erst auf, als er diese Vorstellungen allmählich aufgeben konnte.

Schon in diesen beiden kurzen Beispielen ist sicher deutlich geworden, wie schwer es wäre, beziehungsweise wie unergiebig und steril, wenn man an die Stelle einer solchen Beschreibung der seelischen Reaktionen des Patienten die gebräuchliche, abstrahierende Ausdrucksweise der Psychoanalytiker setzen würde und etwa nur von intentionalen Störungen spräche, von verdrängten Aggressionen, Affektisolierung oder auch von der Verkehrung eines Impulses in sein Gegenteil usw. Es ist aber auch wichtig, daß wir darüber Bescheid wissen, wie häufig sich *hinter* den *anfänglich mitgeteilten Formulierungen* über das eigene Selbstverständnis oder über bestimmte Haltungen und Einstellungen, gänzlich *anders geartete*, unbewußte Vorstellungen verbergen, die erst allmählich zum Vorschein kommen. Ich werde hierzu im nächsten Kapitel zwei weitere Beispiel geben.

3. Der therapeutische Prozeß (Kommentare und Interventionen)

Wenn ich soeben gesagt habe, daß die von mir geschilderten inneren Formeln der Patienten den kondensierten Niederschlag ihrer neurotischen Charakterentwicklung widerspiegeln und uns eine wesentliche Starthilfe für den therapeutischen Prozeß bieten, dann möchte ich nicht mißverstanden werden: Was mir die Patienten im Verlauf der Behandlung über ihr Fühlen und Reagieren erzählen, ist und bleibt nichts anderes als ein *Hilfsmittel*, um den Kranken besser zu *verstehen*. Es kommt bei mir niemals vor, daß ich mit dem Patienten ein abstraktes Gespräch über seine „inneren Formeln" führe. Mir selbst und meiner Vorstellungswelt prägen sich die entsprechenden Berichte ein, und ich greife (meist anfragend) auf sie zurück, wenn ich sicherstellen will, ob ich auch alles richtig aufgenommen habe, und ob sich vor allem der Patient selbst von mir richtig verstanden fühlt. Gelegentlich sind diese inneren Formeln auch gar nichts anderes als meine eigenen stummen Kommentare, die sich in mir aus den Mitteilungen der Patienten herauskristallisiert haben, ohne daß ich sie in der Behandlung ausdrücklich ins Gespräch bringe.

Für den Patienten muß es sich im Verlauf des analytischen Prozesses mehr oder weniger von allein ergeben, daß er die Existenz dieser inneren Stereotypien erfaßt und zugleich auch erlebt, wie hinderlich und einengend sie sind. Es gäbe kaum einen schwereren Fehler als den, daß man dieses so wichtige Hilfsmittel für die wechselseitige gefühlshafte Verständigung zum Gegenstand theoretisch-abstrakter Gespräche macht. Ich will an zwei Beispielen erläutern, wie das Verständnis und die Bearbeitung solcher inneren Formeln zum therapeutischen Instrument werden kann:

Ein 20jähriger Patient stellt bei sich im Verlauf der Analyse fest, daß er überall der *„nette junge Mann"* ist und erzählt in vielen Abwandlungen, wie angenehm er diese Rolle empfindet. Bei allen Einfällen zum Traum und sonstigen freien Assoziationen kommt dann heraus, daß er außerdem mit dem Gefühl groß geworden ist, „ich bin Mutters guter Junge". Die Formulierung „netter junger Mann" stammt vom Patienten selbst. Die Anfrage, ob er immer „Mutters guter Junge" gewesen sei, wurde gelegentlich einmal *von mir* eingestreut und dann von dem Patienten aufgegriffen.

Im Verlauf der weiteren Analyse erlebt der Patient dann schließlich doch, daß er es in Wahrheit gründlich satt hat, der ewige gute Junge zu sein, und daß er aus dieser beengenden Rolle heraus möchte. Nun muß er aber registrieren, daß er auch nach heftigen, aufwühlenden Auseinandersetzungen, in denen er bei passender Gelegenheit zum Gegenangriff übergehen könnte, keinen nachhaltigen Affekt erlebt. Der Patient sagt jetzt von sich selbst: *„Ich bin eben nicht nachtragend!"*. Sein Ärger ist schon nach kurzer Zeit verpufft, und er findet keinen Ansatzpunk mehr, jemandem, auf den er soeben noch sehr wütend gewesen ist, etwas später aktiv entgegenzutreten. In bezug auf dieses „ich bin eben nicht nachtragend", setzte dann im Verlauf der Analyse ein langsamer und vorsichtiger Entwicklungsprozeß ein: Der Patient erlebte bei immer weiterführenden freien Einfällen allmählich, daß sein Ärger nicht einfach deshalb so rasch verflog, weil er einen wenig nachtragenden Charakter hatte, sondern er bemerkte (nach einigen vorsichtigen Deutungen), daß es sich bei ihm tatsächlich um das Ergebnis einer blitzartigen *Verdrängung* handelte, die im Dienst des alten Wunsches stand, wieder der nette junge Mann und Mutters guter Junge zu sein.

Das subtile Spiel seelischer Triebabwehrprozesse hellte sich für diesen Patienten nur sehr allmählich auf. Die neuen Erkenntnisse, die ihm zuströmten, gewannen ihre Überzeugungskraft aber vor allem aus eben jenem Selbstverständnis, das sich in der Formel „ich war Mutters guter Junge" kondensiert hatte und daß in vielen Einfällen und Erinnerungen aus der Kindheit in seiner lebensgeschichtlichen Bedeutung aufgezeigt werden konnte.

Das zweite Beispiel: Eine 32jährige Patientin, die seit langem an einer heftigen Straßenangst litt, hatte als Kind zur eigenen Mutter nur eine kühle und unbefriedigende Beziehung, hing dafür aber sehr an dem wärmeren und liebevolleren Vater. Als sie fünf Jahre alt war, trennte sich der Vater von der schwierigen und unverträglichen Mutter, und die Kleine kam zur Großmutter in Betreuung. Die Großmutter war Inhaberin eines Lebensmittelgeschäftes. Sie vergötterte die kleine Enkelin, zog sie viel zu Hilfeleistungen im Geschäft heran und malte ihr die Kindheit hindurch ein gänzlich negatives Vaterbild: „Er hat dich (uns) verlassen, er ist ein Schuft. Männer sind alle unzuverlässig! Aber wir kommen auch ohne Männer aus." Die Patientin hatte — wie sich bei ihren Einfällen und Erinnerungen herausstellte — den Verlust des geliebten Vaters sekundär so verarbeitet, daß sie die angebotene starke Bindung an die Großmutter ihrerseits mit Liebe beantwortete und gleichzeitig deren Haltung *Männer sind Schufte, aber wir kommen ohne sie aus",* übernahm. Für die Therapie wurde nun zweierlei wichtig: Einmal lernte die Patientin allmählich verstehen, daß sie sich immer als der konkurrenzlose Liebling der Großmutter fühlen durfte (*„Omas tüchtige kleine Hilfe"*), und daß sie darauf hin deren ständiges Gerede über den unzuverlässigen, zum Glück entbehrlichen Vater übernommen hatte. Die Patientin verstand aber schließlich auch die negative Wirkung dieser ihr aufgezwungenen Vorstellungen von Männern. Dies vor allem, als im Verlauf ihrer Einfallsketten alte, längst verschüttete Erinnerungen wieder auftauchten, in denen die kindliche Liebe zum Vater neu lebendig wurde.

Die zweite wichtige Erkenntnis für die Patientin galt dann dem ihr eigenen „Wiederholungszwang" mit dem zugehörigen „neurotischen Arrangement", das sie sich selber immer wieder eingebrockt hatte. Die Patientin erfaßte, wie sie in ihrem Lebensgang immer wieder die alte, wenn auch verdrängte Liebe zum Vater in ihre Männerbeziehungen eingehen ließ, um sich zugleich zielsicher die Unzuverlässigkeit aller Männer durch die eigene Liebeswahl zu beweisen: Die Patientin hatte ganz überwiegend Beziehungen zu solchen Männern aufgenommen, die nicht bereit oder in der Lage waren, eine feste Bindung einzugehen, baute sich dann aber schon vorbeugend immer wieder den Schutzgedanken auf: „Männer sind doch Schufte, aber schließlich brauche ich keine Männer". Im Endeffekt litt sie dann an der verdrängten Sehnsucht nach Liebe, Kontakt und Sexualität ebenso heftig wie an den immer erneut arrangierten Enttäuschungen. Im Verlauf der Analyse hatte ich diese Patientin aufgefordert, über die Einstellung ihrer Großmutter möglichst entspannt, frei und reichhaltig nachzudenken. Ich streute gelegentlich halb zweifelnde Kommentare ein, ob die Formel „Männer sind Schufte, wir brauchen sie nicht" wohl ganz berechtigt sei, um von diesem Angelpunkt aus allmählich für die Patientin ans Licht zu heben, wie stark ihre Liebe zum Vater gewesen ist, welch tiefe Enttäuschung es bedeutet hatte, als der Vater sie und die Mutter verließ, und daß ihr später die, unter dem Einfluß der Großmutter aufgebaute reaktive Abwertungstendenz nur den Weg verstellte, wenn sie wirklich befriedigende Liebesbeziehungen aufnehmen wollte.

Ich glaube, es leuchtet ein, daß auch bei diesen beiden Patienten die abstrakte Beschreibung ihrer psychodynamischen Konstellation mit Hinweis auf Triebabwehrmechanismen, Sekundärprozesse und Objektbeziehungen zwar nicht falsch gewesen wäre, aber doch wesentlich undeutlicher und inhaltsärmer als die Beschreibung mit Hilfe der eben erläuterten inneren Formeln. Dies vor allem, wenn man genauer verstehen möchte, von welchen inneren Erlebnisweisen her die Patienten zu einer freieren, erfüllteren und auch realistischeren Lebensorientierung kommen konnten.

Will man nun diese inneren Formeln, diese festgelegten seelischen Stereotypien als Starthilfe für den therapeutischen Entwicklungsprozeß verwenden, dann ist zweierlei unerläßlich: Einmal muß man dem Patienten verständlich machen, wie diese seine inneren Einstellungen *geworden* und *gewachsen* sind. Wenn man es nämlich versäumt, die entsprechenden lebensgeschichtlichen Hinweise zu geben (genetische Deutungen), dann wird der Patient nicht verstehen können, wieviele seiner Erlebnisweisen, die er selbst für angeborene persönliche Konstanten hält, die Folgen seiner seelischen Entwicklung sind. Daß er sie unter dem Druck der äußeren Verhältnisse erworben hat, und daß er demzufolge auch die wünschenswerten Änderungen anstreben kann. Als zweites muß man dem Patienten dann nahebringen, wie diese erworbenen seelischen Reaktionen in seinen Lebensgang eingreifen und wie aus ihrer *weiter wirkenden Dynamik* viel selbstarrangiertes Unglück erwächst (Wiederholungszwang). Erst wenn der Patient diese beiden Seiten seiner neurotischen Problematik erfaßt hat (die Bedingungen, unter denen er sie erworben hat und die weiter wirkende Kraft, die ihn schädigt) werden in ihm die Kräfte heranwachsen, die er benötigt, um sich zu den erstrebten innerseelischen Veränderungen durchzuarbeiten.

Im übrigen ist wohl aus allen meinen bisherigen Ausführungen klar hervorgegangen, daß der Prozeß, der dem Analytiker zum Verständnis seines Patienten verhilft und der ihn den richtigen Zeitpunkt und die richtige Form einer therapeutischen Intervention wählen läßt, *nicht* nach festgelegten starren Normen oder Regeln abläuft. Wir geben unseren Patienten zwar die eingangs beschriebenen Instruktionen und können uns dann einigermaßen darauf verlassen, daß mit Hilfe der Traumarbeit und der Einfallsketten das psychodynamisch wichtige Material an die Oberfläche kommt. Aber es gibt kein Schema, nach dem wir uns richten können, wenn wir uns bei der psychoanalytischen Behandlung eines Patienten unvermutet vor bestimmten Schwierigkeiten finden. Selbst wenn wir uns (was ich dringend empfehlen möchte) sehr gründlich mit allen von FREUD angegebenen traditionellen Regeln zur psychoanalytischen Behandlung vertraut gemacht habe, bleiben noch genügend unberechenbare und immer wieder neu auftauchende schwierige Einzelsituationen übrig, die es zu bewältigen gilt.

In diesem Zusammenhang möchte ich jetzt eine nachdrückliche W a r n u n g aussprechen: Im Schrifttum taucht gelegentlich in bezug auf bestimmte Verhaltensweisen von Patienten eine Frage auf, die ich auch von jüngeren Kollegen, die in Ausbildung befindlich sind, hin und wieder höre. Diese Frage gipfelt in der zugespitzten Formulierung: „W a s   m a c h e   i c h , w e n n ...“ (...der Patient schweigt, Stunden versäumt, agiert, seine Träume vergißt, über innere Leere klagt, keine Einfälle hat, Fragen stellt usw.). Diese Frageform ist in gewisser Hinsicht verständlich, wenn wir daran denken, daß der von FREUD angegebene Rahmen für die psychoanalytische Behandlung doch auch eine gewisse Normierung schafft, und daß es außerdem eine Entwicklungsperiode in der Psychoanalyse gegeben hat, die von der Vorstellung ausging, es gäbe so etwas wie die „wahre“ oder die „richtige“ Analyse. Es ist aber kein Zweifel, daß wir in eine Sackgasse geraten, wenn wir an dieser Art der Fragestellung haften bleiben: Wie ich schon oft betont habe, kann ein scheinbar gleichartiges Verhalten durch gänzlich verschiedene innere Kräfte hervorgerufen werden, und wir kommen therapeutisch sehr viel weiter, wenn wir die Frage: „Was mache ich, wenn ...“ umformen in die Standardfrage: „W a s   l i e g t   v o r ,   w e n n ...“. Schließlich kann man ja nicht wissen, wie man sich verhalten soll, bevor nicht klar ist, wo die Ängste des Patienten, die seine Reaktionen bestimmen, ihre Quelle haben.

Für den Lernprozeß ist es dabei gewiß hilfreich, wenn man sich bei der der Frage „Was liegt vor, wenn ...“ das Beobachtungsfeld ein wenig gliedert. Dem Anfänger empfehle ich hier, daß er folgende Überlegungen anstellt:

1. Hat das auffällige neurotische Reagieren des Patienten, das sich in der Analyse manifestiert, etwas mit seinem realen Leben *außerhalb der Analyse* zu tun? In diesem Fall muß das vom Patienten beigebrachte Material natürlich im Bereich der Realität gedeutet werden.

2. Ist man selbst für den Patienten in einer bestimmten Rolle, die mit der realen Beziehung nichts zu tun hat, so daß das Verhalten des Patienten in *Übertragungserlebnissen* wurzelt? In diesem Fall muß man prüfen, ob

eine Übertragungsdeutung überhaupt angezeigt ist und wenn ja, in welcher Form. Ich erinnere hier an FREUDS Empfehlungen, daß eine positive Übertragung nur dann gedeutet werden soll, wenn sie zum Widerstand wird und vor allem auch an BALINTS Warnung, daß zu viele Übertragungsdeutungen den Patienten in die oknophile Richtung drängen und ihn hindern, selbständige, unabhängige Entdeckungen zu machen.

3. Ist das Verhalten des Patienten eine Reaktion auf den *therapeutischen Prozeß* selbst? Das heißt, sind jene Gegenkräfte (Widerstand) im Patienten am Werk, die den neurotischen Schutzbau festhalten möchten, weil der Verlust dieser erprobten Sicherheitsmaßnahmen ängstigt und neue Möglichkeiten noch nicht ausreichend hoffnungsvoll erscheinen. Trifft diese Situation zu, dann muß man zunächst ergründen, warum der Patient sich schutzlos fühlt, und vor allem muß man sich fragen, ob man einen solchen „Widerstand" nicht durch sein eigenes Ungeschick selbst provoziert hat: Entweder, weil man den Patienten zu früh und zu direkt auf verdrängte Triebqualitäten angesprochen hat, oder weil man zu lange Schweigepausen zuließ, oder — um gekehrt — weil man zu häufig und zu drängend interpretiert hat.

Rein formal stehen uns dann natürlich für die Lenkung und Leitung des interaktionellen therapeutischen Prozesses die g l e i c h e n I n t e r v e n t i o n e n zur Verfügung, wie ich sie schon im theoretischen Teil und bei der Dynamische Psychotherapie genauer beschrieben habe (S. 109; 121 und S. 195): Wir bestimmen durch unsere Haltung und die gesprochenen Worte das *affektive Klima*. Wir geben gelegentlich Informationen, einen Rat oder machen Vorschläge, so daß wir uns mehr im *pädagogischen Feld* bewegen. Und schließlich verfügen wir über die *analytischen Deutungen*, die der unbewußten Triebdynamik des Patienten gelten. Hier hatte ich schon die *klärenden Fragen* oder Kommentare genannt, die die sich anmeldende unbewußte Thematik verdeutlichen sollten, und ich hatte außerdem darauf hingewiesen, daß wir mit unseren Fragen und Kommentaren auch *selbst das Thema bestimmen* können, um auf diesem Weg entweder das psychodynamisch wichtige Material zielgerichteter zu sammeln oder um die notwendigen Interpretationen vorzubereiten, gegebenenfalls um den Prozeß des *Durcharbeitens* in Gang zu halten. Die analytischen Deutungen, die die Aufmerksamkeit des Patienten auf seine unbewußt ablaufenden seelischen Prozesse lenken sollten, stehen dann natürlich im Zentrum des Geschehens. Hier gilt zunächst die allgemeine Regel, daß man Deutungen nur dann anbringen sollte, wenn auch eine gewisse Chance besteht, daß sie dem Patienten wirklich weiterhelfen. Man kann aber für die *Vorbereitung* und *Durchführung* einer analytischen Interpretion auch einige g e s e t z m ä ß i g e E t a p p e n beschreiten:

Wenn der Analytiker glaubt, daß er selber ein bestimmtes neurotisches Verhalten beim Patienten *richtig verstanden* hat, muß er nach einem Weg suchen, dieses auffällige neurotische Verhalten dem Patienten *aufzuzeigen*.

Ist der Patient in der Lage, die aufgezeigte Problematik leidlich angstfrei zu erfassen, dann macht man sich an die weitere *Klärung* der zugehörigen Gefühle, Phantasien, Vorstellungen und Impulse. Und erst ganz zum Schluß, wenn diese Vorarbeit geleistet ist, sucht man nach einem passenden Zeitpunkt, um dem Patienten die zugehörige *Deutung* anzubieten; vielleicht in der Form einer Anfrage, ob die vorgetragene Interpretation auch etwas sagt, und ob sie richtig sein könnte.

Zur Illustration greife ich hier noch einmal auf ein Beispiel aus den Fallschilderungen bei der Dynamischen Psychotherapie zurück, da sich ja der Deutungsprozeß bei beiden Therapieformen nicht prinzipiell, sondern nur im Hinblick auf einige Elemente des praktischen Vorgehens unterscheidet (S. 258): Der zwangskranke Patient W. R. war durch seinen Sprechstil aufgefallen, mit nicht abreißenden Schachtel- und Nebensätzen, mit Unterbrechungen, Wiederholungen und Ausweichformulierungen. Ich hatte diesen Patienten schon in der Stunde vor der geschilderten Episode einmal auf seinen Sprechstil aufmerksam gemacht, weil ich den Zeitpunkt für gekommen hielt, dieses Problem mit ihm zu bearbeiten. Ich habe also zunächst das Verhalten als eine neurotische Reaktion *aufgezeigt*. Danach bin ich dazu übergegangen, mit dem Patienten gemeinsam die Motive für dieses Verhalten aufzuspüren. Der Patient kam dann schließlich selbst zu der Beschreibung, daß er diese vielen Nebensätze macht, um dem ängstigenden Inhalt, den er mitteilen möchte, zu entgehen. In einer späteren (nicht mehr dargestellten) Behandlungsstunde habe ich dem Patienten dann die Deutung gegeben, daß er nicht nur große Angst vor den Inhalten hat, die er mitteilen möchte, sondern daß er vielleicht gleichzeitig mit starken (wenn auch unbewußten) feindseligen Impulsen kämpft, und daß er bislang nur noch keine Möglichkeit gefunden habe, diese feindseligen Impulse ohne Schuldgefühle zu erleben und auch zu verbalisieren.

Im Prinzip werden die verschiedenen neurotischen Reaktionsformen also immer in der gleichen Reihenfolge bearbeitet: Als erstes muß uns auffallen, *daß* eine neurotische Reaktion vorliegt, und daß wir es nicht nur mit einer allgemeinen Spielart normalen menschlichen Verhaltens zu tun haben. Danach beobachten wir möglichst genau, *in welcher Form* die neurotische Reaktion auftritt, um sie dem Patienten selbst zu gegebenem Zeitpunkt beschreiben zu können. Und schließlich ergründen wir, *warum* diese neurotische Reaktion auftritt, und *woher sie kommt*. Im Einzelfall also, ob sie auf das reale Leben des Patienten bezogen ist, ob wir sie als ein Übertragungsphänomen auffassen müssen, oder ob es sich um jene unbewußten Gegenkräfte handelt, die dem therapeutischen Prozeß selbst gelten.

In den gleichen Zusammenhang gehört dann natürlich auch jene Regel, die wir schon bei der Dynamischen Psychotherapie für die sachgemäße Durchführung einer Deutung kennengelernt haben (S. 196): Wir bemühen uns als erstes darum, daß der Patient uns seine *Gefühlsreaktionen* schildert, dann spüren wir die begleitenden *Vorstellungen* auf, und erst als letztes kommt die *zugehörige Triebqualität* ins Gespräch. Darüber hinaus ist es bei der Psychoanalyse genauso ratsam wie bei der Dynamischen Psychotherapie, daß wir die genetischen Deutungen häufiger verwenden als Übertragungs-deutungen, und daß wir das lückenhafte und eingeengte Fühlen und Wahr-nehmen unserer Patienten dadurch ausweiten, daß wir mit unseren Deutun-gen von der Lücke her beginnen (also darüber sprechen, was den Patienten an Gefühls- und Erlebnismöglichkeiten *fehlt*), und daß wir außerdem seine Erlebnis- und Vorstellungswelt mit Hilfe von Fremdschilderungen be-reichern.

Hinsichtlich der Zahl und *Häufigkeit* therapeutischer Interventionen gilt dann die sehr allgemeine Regel, daß wir uns eher aufnehmend und abwar-tend auf die Mitteilungen der Patienten einstellen und nur dann Einhilfen geben, wenn wir bemerken, daß der therapeutische Prozeß durch neurotische Ängste und Gegenkräfte behindert wird. Andererseits halte ich aber auch ein zu langes Abwarten bis zur ersten therapeutisch wirksamen Intervention für einen Fehler, den wir meist damit bezahlen, daß die Analyse ins Schlep-pen gerät, und wir unnötig viel Zeit vergeuden. Im übrigen kommen wohl gerade in diesem Bereich besonders viele persönliche Konstanten des Thera-peuten selbst ins Spiel. Ich bin hier der Meinung, daß der Analytiker nicht nur berechtigt, sondern auch verpflichtet ist, auf diese seine eigenen per-sönlichen Konstanten bis zu einem gewissen Grad Rücksicht zu nehmen. Es wird dem Patienten nichts schaden, wenn der eine Therapeut etwas mehr und der andere etwas weniger spricht, sofern dieses Verhalten nicht durch eine spezifische neurotische Gegenübertragung motiviert ist.

Und mit diesem Stichwort bin ich beim letzten Thema der hier abzuhan-delnden Fragen angelangt: Dem Problem einer neurotischen Gegenübertra-gung. Ich will mich hier mit Hinblick auf frühere Ausführungen kurz fas-sen (S. 95 ff.). Ein Analytiker sollte sich seinen Patienten gegenüber von oral-ausbeuterischen oder retentiven Tendenzen ebenso frei wissen, wie von aggressiv-sadistischen Impulsen oder libidinös-sexuellen Wünschen. Er würde sonst (bei der oral-ausbeuterischen beziehungsweise retentiven Hal-tung) zu selten intervenieren und den therapeutischen Prozeß unangemes-sen verlängern. Oder er würde den Patienten (bei unbewußten aggressiv-sadistischen Haltungen) durch zu rasche, verletzende Deutungen kränken. Oder er hielte den Patienten (sofern seine eigenen Wünsche damit korre-spondieren) zu lange in libidinöser Fixierung und Abhängigkeit. Natürlich könnte man auch die neurotischen Gegenübertragungshaltungen ähnlich aufdifferenzieren, wie ich es bei den Übertragungsreaktionen der Patienten getan habe (triebbezogen, personenbezogen, auf Haltungen bezogen oder auf das Konzept der „primären Liebe" bezogen), aber ich hoffe doch, daß ein Kollege, der die psychoanalytische Behandlung seiner Patienten versucht, in dem Prozeß der vertieften Selbsterkenntnis und der zugehörigen Selbstkontrolle genügend weit fortgeschritten ist, so daß ich mir hier Einzelheiten ersparen kann.

Alles in allem kann man wohl sagen, daß ein Analytiker, dessen Eigenverständnis so weit gereift ist, daß er seine Patienten nicht mehr mit neurotischen Gegenübertragungsreaktionen belasten muß, der außerdem über ausreichendes neurosenpsychologisches Fachwissen verfügt und der im übrigen die in diesem Buch angegebenen Ratschläge beherzigt, keine allzu schweren Fehler bei der Führung einer psychoanalytischen Behandlung begehen wird. Dies am wenigsten, wenn er sich bei seinem Bemühen um das Verständnis und die Klärung der psychodynamischen Konstellation seines Patienten gleichzeitig darauf einstellt, auch dessen „innere Formeln" in sich aufzunehmen und dem therapeutischen Prozeß nutzbar zu machen.

e) Vier Fallberichte

Ich gehe jetzt zur Darstellung einiger Behandlungsverläufe über und muß dabei bekennen, daß mir die Auswahl passender Krankengeschichten recht beträchtliches Kopfzerbrechen bereitet hat. Ich war hauptsächlich von der Meinung geleitet, daß Fallbeispiele erscheinen sollten, in deren Behandlungsverlauf unterschiedliche *Formen der Regression* aufgetaucht sind. Ich wollte dieses wichtige Element, das die Psychoanalyse von der Dynamischen Psychotherapie mindestens quantitativ so wesentlich unterscheidet, auch bei den Falldarstellungen einigermaßen berücksichtigen. Diesem ursprünglichen Leitgedanken bin ich dann nach einigem Überlegen schließlich auch treu geblieben. Ich habe mich aber bei der Durchsicht der mir zur Verfügung stehenden Krankengeschichten, die noch bis in die Kriegsperiode zurückreichen, nachdrücklich mit einem Faktum auseinandersetzen müssen, das nach meiner Meinung zwar bekannt, aber bislang nur sehr wenig diskutiert worden ist: Ich bin davon überzeugt, daß eine Reihe von kulturellen und sozialen Faktoren, die die verschiedenen Geschichtsepochen hier in Deutschland beherrscht haben, ein stark wechselndes Klima für die psychoanalytische Tätigkeit mit sich brachten. Und dies nicht nur, wenn man die verschiedenen politischen Konstellationen berücksichtigt, die in den vergangenen Jahrzehnten das Schicksal Deutschlands ausmachten, sondern vor allem auch, wenn man die großen Unterschiede der sozialen Sicherheit bedenkt, die der deutschen Bevölkerung in den letzten 50 Jahren beschieden gewesen sind. FREUD hatte ja bekanntlich selbst darauf hingewiesen, daß die Psychoanalytiker in den Anfängen ihrer Tätigkeit auf die wohlhabenden Schichten der Gesellschaft beschränkt waren. Ich zweifle nun keinen Augenblick daran, daß sich die psychoanalytische Arbeit bei der Behandlung von Patienten verschiedener Schichten, Stände oder Klassen sehr unterschiedlich gestaltet, und zwar sowohl unterschiedlich in bezug auf die *Motivation* der *Patienten* wie auch hinsichtlich der subjektiven *Befriedigung*, die der *Therapeut* empfinden kann: Unter beiden Aspekten macht es sehr viel aus, ob man einem talentierten, tätigen, aber neurotisch erkrankten Patienten mit sozial ungünstigem Lebensstart im Verlauf einer kritischen Geschichtsperiode zu helfen sucht, damit er im Ringen mit den bestehenden äußeren Schwierigkeiten nicht unterliegt. Oder ob man es in Wohlstandszeiten mit Patienten und Patientinnen zu tun hat, die über innere Leere, Mißbehagen und Ziellosigkeit klagen, während ihnen durch die äußeren Lebensumstände und ohne eigene persönliche Anstrengung komplette soziale Sicherheit geliefert wird.

Einen Augenblick lang hat sich mir also die Versuchung gestellt, meine Krankengeschichten so auszuwählen, daß ich mit der Schilderung von Behandlungen beginne, die unter Kriegsumständen durchgeführt wurden. Daß ich dann Therapien aus der frühen Nachkriegsperiode auswähle, die sich mit Krankengeschichten aus der ersten Wiederaufbauphase vergleichen lassen, um schließlich zum Ende auch noch über eine „Wohlstandstherapie" zu berichten. Ich bin aber — trotz der reizvollen Möglichkeiten, die die Auswahl der Krankengeschichten nach historischen Gegebenheiten mit sich gebracht hätte — von diesem ersten Plan wieder abgekommen: Die Lebensumstände meiner Patienten aus der Kriegs- und Nachkriegsperiode würden für die Leser der heutigen Geschichtsepoche doch zu weit zurückliegen, als daß sie noch richtig verstanden und nachvollzogen werden könnten. Ich habe mich daher dazu entschlossen, alle vier Krankengeschichten aus dem gleichen Behandlungszeitraum zu nehmen, und zwar aus einer Zeit (Anfang der fünfziger Jahre), in der alles andere als Wohlstand und Überfluß herrschten, in der aber doch für den einzelnen genügend Raum zu aktiver Planung und Lebensgestaltung vorhanden war. Es wird sich um Patienten handeln, die ihre Therapie (als berufstätige oder familienversicherte Mitglieder der Krankenversicherungsanstalt Berlin) von diesem Kostenträger finanziert erhielten und die nur zu einem Teil eine private Weiterführung der Analyse wünschten, um den bereits erreichten Behandlungserfolg zu vertiefen oder zu stabilisieren.

Ich werde also weder über Patienten berichten, die ihre Behandlung vollständig selbst bezahlt haben, noch über solche, bei denen die Angehörigen (Ehemann oder Eltern) die wirtschaftlichen Kosten übernahmen. Diese Situation muß aufmerksam berücksichtigt werden: Das *Übertragungsgeschehen* gestaltet sich bei Patienten, die ihre psychoanalytische Behandlung von nahen Angehörigen finanziert erhalten, gänzlich anders als bei jenen Kranken, die ihre Behandlung entweder selbst bezahlen, oder die durch ihre regelmäßigen Beiträge zur Krankenversicherung einen vertraglichen Anspruch auf diese Form der therapeutischen Versorgung erworben haben. Ich betone dies, weil ich bei Falldarstellungen und Diskussionen über therapeutische Technik in der Literatur (vor allem aus dem anglo-amerikanischen

Raum) den Eindruck gewonnen habe, daß bei vielen hierhergehörigen Berichten gerade dieses spezielle Element in den Übertragungsreaktionen der Kranken nicht hinlänglich berücksichtigt wird.

Bei der Darstellung meiner Krankengeschichten bin ich so vorgegangen, daß ich eingangs einige stichwortartige Angaben zur Symptomatik, zur Biographie, zu den neurotischen Reaktionsweisen, den Konfliktthemen und den „inneren Formeln" der Patienten zusammengestellt habe, um danach den jeweiligen Behandlungsverlauf etwas ausführlicher zu schildern. Der Leser wird dabei bemerken, daß ich mich bei meinen Erläuterungen gelegentlich einiger Konzepte und Begriffe bediene, die in der Zeit, in der die Behandlungen liefen, noch nicht existierten. Ich sehe hierin keine ernsthaften Schwierigkeiten, da die klinischen Befunde, die mit den später eingeführten Beschreibungsformen erfaßt werden sollten, immerhin auch schon früher zu registrieren waren, und ich denke, daß meine Leser sich in den Krankengeschichten besser zurechtfinden werden, wenn sich meine Berichte auf die in diesem Buch erläuterten Begriffe und Begriffssysteme beziehen.

Hinsichtlich der *verschiedenen Regressionsformen*, die in den dargestellten Behandlungsverläufen auftauchen, kündige ich jetzt schon folgendes an: Bei dem ersten Patienten wurde die Gesundung ganz *ohne* tiefe Regression erreicht. Der zweite Patient machte kurze, aber sehr bedeutungsvolle Phasen einer *tiefen, gutartigen* Regression durch. Bei der dritten Patientin war die Behandlung durch wechselnde Perioden heftiger, *maligner* Regression geprägt, und die vierte Patientin mußte eine langanhaltende Phase tiefer, gutartiger Regression durchlaufen, bis sie ihre Gesundheit wieder erlangt hatte.

Fall 1: Patient E. F., 40 Jahre (geb. 1910), Versicherungsvertreter. Soeben von 50jähriger, wohlhabender Frau geschieden. 21jährige Freundin, 18jährige Tochter, eigene Wohnung.

Symptomatik: Ulcus ventriculi, Arbeitsschwierigkeiten, Erythrophobie, Sammelzwang (zwangsneurotische Struktur).

Beginn und Dauer der Symptomatik: Ulcus akut (1 Jahr), Arbeitsschwierigkeiten und Erythrophobie seit Schulzeit.

Auslösende Situation: (Zum Ulcus) Währungsreform, Scheidung von der Ehefrau.

Prognose: Günstig.

Stundenzahl: 100.

Behandlungsdauer: 1½ Jahre.

Behandlungsergebnis: Günstige strukturelle Entwicklung mit Fortfall der Symptomatik.

Katamnese: Nach fünf und nach zehn Jahren; kein Rückfall.

Zur Biographie: Der Patient stammte aus einer sehr ungleichen Elternehe: Seine *Mutter* war 21 Jahre bei seiner Geburt, aus streng katholischem Haus, frühe Vaterwaise und in ihrer Erziehung geprägt durch den Einfluß eines Bruders dieses

Vaters, der katholischer Bischof war. Der *Vater* des Patienten war 42 Jahre bei seiner Geburt, Angestellter in einer Weingroßhandelsfirma. Der Patient blieb das einzige Kind seiner Eltern, nachdem drei nachgeborene Geschwister das Säuglings- und Kleinkindalter nicht überlebten. Die Hungerzeit des Ersten Weltkrieges und die Nachweltkriegsperiode soll daran schuld gewesen sein. Der Vater des Patienten „schlängelte sich" (wie der Patient sich ausdrückt) durch die Inflation und Weltwirtschaftskrise recht geschickt durch, war in der Erinnerung des Patienten ein jovialer, geselliger Weinliebhaber, der mit der kärglich-sparsamen und zugleich bigotten Lebenshaltung seiner Ehefrau nicht harmonierte. Die Mutter des Patienten soll oft geklagt haben, daß sie die leichtsinnigen Ausgaben ihres Mannes durch vermehrte Sparsamkeit und schmerzliche Einschränkungen wieder ausgleichen mußte.

Der Patient verfügte über ein glänzendes Gedächtnis und großen Einfallsreichtum, erlitt aber wohl schon früh eine Lernschädigung und schummelte sich seinerzeit als „Blender" durch die Schule bis zum mittelmäßig bestandenen Abitur. In dieser Zeit (19jährig) verlor er seinen Vater an einem Schlaganfall, ließ sich vorfristig für mündig erklären und heiratete eine zehn Jahre ältere, sehr wohlhabende Frau, die von ihm schwanger war. Durch die Protektion der Familie seiner Frau fand er eine Anstellung als Vertreter in einer Versicherungsgesellschaft und gab damit den ursprünglichen Plan, Volkswirtschaft zu studieren, auf.

Der Patient will in jungen Jahren an seiner Frau einen starken Halt gefunden haben und meinte, daß er in der Zeit, in der er sie heiratete, auch sehr verliebt gewesen sei. Bis zu seinem 30. Lebensjahr hatte er keine außerehelichen Beziehungen. Danach zwei kurzfristige Liebschaften mit jungen, 18jährigen Mädeln. Die Ehefrau verlangte eine Beendigung dieser Beziehungen und der Patient gab nach. Die oben erwähnte 21jährige Freundin wurde zum ernsteren Problem: Der Patient wollte die Beziehung nicht aufgeben und meinte, er habe sich inzwischen mit seiner wesentlich älteren Frau auseinandergelebt, die Tochter sei herangewachsen, und er könne noch einmal ein neues Leben beginnen. Die Ehefrau reichte die Scheidung ein und setzte eine rasche Scheidung durch. Der Patient zog aus der gemeinsamen Wohnung aus.

Es ist nachzutragen, daß der Patient in der ersten Nachkriegszeit durch Schwarzmarktgeschäfte große Summen verdient hatte, die mit der Währungsreform plötzlich zusammenschmolzen, während das Vermögen der Ehefrau in einer Form angelegt war, die wertbeständig blieb und starken Zuwachs verhieß. Die Scheidung brachte den Patienten um seine finanzielle Sicherung.

Neurotische Reaktionsformen, Abwehrmechanismen, Haltungen usw.: Affektisolierung, Verdrängen, Sublimieren, kompensatorische, gesellschaftliche „Starrolle" zur Verdeckung der Arbeitsschwierigkeiten. Passiv-orale Tendenzen im Dauerkonflikt mit dem Drang nach Selbständigkeit und Unabhängigkeit. Sehr heterogene Über-Ich-Struktur, die teils von der priesterlichen Strenge des Onkels, teils von der Lebensfreude des Vaters bestimmt war. Sammelzwänge, Verlustängste. Deutliche „philobatische" Tendenzen, die im wesentlichen in der Vertretertätigkeit untergebracht wurden.

Die Bedeutung der auslösenden Situation: Die auslösende Situation für das Ulcus des Patienten war überdeterminiert: Wie soeben beschrieben, lagen bei dem Patienten passiv-orale Tendenzen im Dauerkonflikt mit dem Drang nach Selbständigkeit und Unabhängigkeit. Die Trennung von der 50jährigen Ehefrau befriedigte zwar das Bedürfnis des Patienten nach Selbständigkeit und seinen Wunsch, von der als belastend empfundenen wirtschaftlichen Überlegenheit der Ehefrau wegzukommen. Andererseits bemerkte der Patient aber auch, daß seine junge Freundin sehr hohe Ansprüche stellte. Ansprüche, gegen die er sich nicht recht wehren konnte und die ihn vor allem deshalb stark irritierten. Im übrigen war von dem Patienten — als er selbst auf die Scheidung zusteuerte — verkannt worden, wie schwer der vollständige Verlust der früheren vertrauten Gefühlsbeziehungen und der finanziellen Sicherung wiegen würde. Durch seine Freundin wurde er noch mehr als früher in die überkompensatorische gesellschaftliche Starrolle hineingedrängt, und der Verlust an gemüthafter Bindung zu Ehefrau und Tochter war durch nichts ausgeglichen.

Konfliktthemen während der Behandlung: Der Konflikt zwischen der früheren Ehefrau und der Freundin. Das Vermögen der Ehefrau, seine Bedeutung für das Lebensgefühl (Sicherungstendenzen) und den Lebensgang des Patienten. Die Ansprüchlichkeit der Freundin in finanziellen Dingen und das Gefühl des Patienten, ausgeraubt zu werden. Die gleichzeitig erlebte, aber sehr ambivalente Freude in der Vorstellung, eine junge Frau für sich gewonnen zu haben. Das zugehörige Isolierungsgefühl, weil eine innere Verständigung mit dieser Freundin doch nicht möglich war. Die belehrenden, pädagogischen Tendenzen der Freundin gegenüber.

Die Arbeitsschwierigkeiten des Patienten, die ihn an systematischer Verwaltungstätigkeit hinderten und an den Vertreterposten banden. Die Befriedigungen, die diese Vertretertätigkeit trotz allem mit sich brachte. Die Inzestwünsche der Tochter gegenüber. Die Elternehe, die Rolle der Mutter und die Rolle des Bischofs in der Familie, der dem Patienten immer als unerreichbares Vorbild und Ideal hingestellt worden war.

Die inneren Formeln des Patienten:

Ich bin eine Mischung zwischen einem *Erzbischof* und einem *Weinreisenden.*
Wenn ich auftauche, ist Betrieb, aber niemand merkt, wie unsicher ich bin.
Ich habe nicht gelernt zu lernen.
Ich habe aber gelernt, mich durchzuschummeln.
Im Grunde weiß ich immer, wo die Glocken hängen.
Im Grunde kann man mir nichts vormachen.
Das langhaarige Geschlecht ist eine lästige Sache, aber es ist unmöglich, ohne sie auszukommen.
Frauen nutzen Männer im Grunde nur aus.
Frauen haben einen Hühnerverstand.
Im Grunde bin ich doch versteinert.
(Die häufige Verwendung der Redensart „im Grunde" hatte bei dem Patienten sicherlich Symptomwert und deutete an, daß er in dem Bewußtsein lebte, nur eine aufgesetzte Rolle zu spielen.)

Die Reaktionen des Patienten auf die analytische Situation und die Abmachungen: Der Patient machte anfangs einen flüchtigen Versuch zu einer Art von jovialem Flirt, indem er mich in eine allgemeine gesellschaftliche Konversation zu verwickeln suchte. Er war aber sichtlich erleichtert, als ich ihm vorschlug, diese Atti-

tüde fallen zu lassen. Er brachte dann reichlich und regelmäßig Träume und war
wenig behindert in der Produktion von Einfallsketten, bei denen er immer wieder
seinen amüsanten Witz enthüllte. Kein Agieren, dafür aber von Anfang an eine
spürbare Erleichterung, daß er sich bei mir auf eine rational geordnete und ver-
nünftige Lebensorientierung einstellen konnte, und daß ich ihm weder ein erz-
bischöfliches Überich abverlangte, noch die Rolle des Salonlöwen und Weinreisenden.

Übertragungs- und Widerstandsreaktionen: Anfänglich eine etwas witzelnd-
abwartende Übertragungshaltung, um die schweren Haßimpulse abzuwehren. Danach eine positive Übertragung, die sich verfestigte, nachdem die Ängste des Patienten vor dem kärglichen, engen und sparsamen mütterlichen Überich interpretiert und abgebaut worden waren. Schließlich eine im großen und ganzen anerken-
nende, leicht respektvoll getönte Haltung von Dankbarkeit. *Widerstandsreaktionen* meldeten sich im Bagatellisieren und Verleugnen, vor allem, als die Inzestphantasien der Tochter gegenüber und die Beziehung zu der jüngeren Freundin
zur Sprache kamen. In dieser Zeit versiegten die Träume und der Patient kam
einige Male zu spät. Die alte Tendenz lebte wieder auf, sich selbst durch Witzeleien
zu entlasten und von der wichtigen Thematik abzulenken.

Regressionsformen: Keine tiefe Regression. Die Analyse verblieb ganz überwiegend auf der Ebene des ödipalen Konfliktes.

Zum Behandlungsverlauf:

Wie oben schon angegeben, hat der Patient insgesamt 100 Behandlungsstunden gehabt, die sich über 1½ Jahre verteilten. Er fühlte sich dann gesund
und meldete sich nur gelegentlich in Abständen von zwei bis drei Jahren
wieder, um über sein Wohlergehen zu berichten. Das Ulcus ist nicht wieder
aufgetreten. Der Patient hatte die früher laufend agierte Starrolle deutlich
abgebaut und erzählte von sehr befriedigender Vertiefung aller Gefühlsbeziehungen zu neuen Freunden und auch einer neuen Partnerin. Die Erythrophobie war im Zusammenhang mit dieser neuen Bindung völlig zurückgetreten.

a) Die Eröffnungsphase der Behandlung

Ich bringe zunächst den Initialtraum des Patienten und danach zwei
spätere charakteristische Übertragungsträume.

Initialtraum: „Ich bin wie vor einem Laden und gehe Pasteten kaufen, aber ich weiß
nicht, was in dieser Pastetenfüllung enthalten ist. Dann bin ich auf einer Art Bühne, aber
die Bühne ist keine Schauspielbühne, sondern wie eine Art Gemeindehaus. Ich bin Vorfüh-
rer und mache Zauberkunststücke. Ich schlage einem Mann den Kopf ab, der wie eine rote
Glühbirne aussieht und am Boden entlangrollt. Während er rollt, bleibt die rote Farbe am
Boden hängen, so daß die Birne immer blasser wird. Ich mache noch weitere Kunststücke
und habe einen Zaubermantel an, der dafür sorgt, daß ich die Zuschauer sehen kann, ich
selbst aber nicht gesehen werde. Ich kann mit dem Zaubermantel auch fliegen. Ich frage
mich, ob es den Zuschauern wohl möglich sein wird, mich zu durchschauen.“

Der Patient hat an diesem Traum selbst großes Vergnügen, und es kommen ihm Einfälle über seine Starrolle in der Gesellschaft, seine Verschleierungstendenzen (Zaubermantel, der ihn unsichtbar macht) und vor allem die eigene Erythrophobie (rote Birne). Das orale Thema (Pasteten kaufen, weiß nicht, was drin ist) und das aggressive Thema (Kopf abhauen) bleiben zunächst ebenso unberührt wie die sexuelle Thematik. Wie zu erwarten, führten die Einfälle des Patienten ihn rasch in seine Kinderzeit und vor allem zur Auseinandersetzung mit der Mutter, die er im bewußten Erleben immer sehr verehrt und respektiert hatte, ohne sich je bewußt zuzugeben, wie sehr ihn ihr beschränkter Horizont und ihr „Hühnerverstand" irritierten und belasteten.

Zwei Übertragungsträume geben Hinweise auf diese innere Auseinandersetzung, die sich im Verlauf der Analyse an meiner Person manifestierte:

Traum aus der 10. Behandlungsstunde: „Es spielte sich mit meiner Sekretärin ab, und zwar ist das ganze nichts als ein ausbrechendes Gewitter. Es war in meinem Büro. Es wurde mit einer Schnelligkeit, wie im Theater, kohlschwarz. Sie (die Therapeutin) waren meine Sekretärin und in meinem Zimmer. Ich sagte: ,Machen Sie mal Licht', aber Sie hatten Angst, Licht zu machen. Angst, es schlägt ein, wenn man Licht macht. Draußen waren Blitze von starker Leuchtkraft, und ich sah Sie als meine Sekretärin dastehen, erstarrt wie eine Salzsäure. Ich sagte mehrfach: ,Machen Sie doch Licht' und dachte, ich muß mir merken: ,Gewitter ... Gewitterziege'."

Als der Patient diesen Traum erzählt hatte, mußten wir beide lachen, weil die Tendenz, mich mit einer Gewitterziege zu vergleichen, so deutlich auf der Hand lag. Dem Patienten kamen dann aber Einfälle zu vielen törichten Verhaltensweisen seiner Mutter, die sich vor Kleinigkeiten fürchtete, niemals den Überblick behielt und die außerdem gefühlsmäßig wirklich „erstarrt" war. Es tauchten wichtige Einfälle und Erinnerungen auf, die darauf hinwiesen, daß die Mutter für den Patienten deshalb wie Lots Weib zur Salzsäule erstarrt war, weil sie immer in der Vorstellung gelebt hatte, durch eine verbotene Handlung schuldig zu sein.

Traum aus der 20. Behandlungsstunde: „Es waren eine Menge Menschen und eine Gesellschaft in einem großen Bürohaus oder so etwas Ähnliches. Ich hatte irgendeine Apparatur installiert, so daß eine schöne Musik erklang. Ich weiß nicht genau, wie das war, ob ein Plattenspieler — jedenfalls war ich es, der diese Klänge rauschen hieß. Dann hörte ich plötzlich, daß das nicht recht war. Eine Gräfin sollte kommen aus einem Grund, den ich nicht weiß. Ich wußte nicht recht, wie ich sie anreden sollte. Sie war ganz allein, und ich murmelte etwas von ,Majestät'. Sie sah sich nach einer Sitzgelegenheit um. Es gab keine. Ich ging in ein Sitzungszimmer und schleppte einen Sessel heraus, einen Ledersessel, der hatte in der Rücklehne eingelegt eine Spiegelscheibe. Das spiegelte sehr schön, wenn man ihn trug. Dann fragte die hohe Dame, ob man immer auf dem Stuhl stehen müßte. Ich sagte nein, das ist nicht nötig! Dann hörte der Traum auf."

Die Einfälle zu diesem Traum brachten zunächst Berichte über Spiegel- und Doppelgänger-Erlebnisse (der Mann ohne Schatten, der Mann ohne Spiegelbild). Der Patient konnte über seine Isolierungsgefühle, seine Vereinsamung und seine Fremdheitserlebnisse berichten. Dann kam die Tendenz zur Sprache, daß er die innere Angst vor vermeintlich oder tatsächlich überlegenen Menschen durch Witzeleien und Kaspereien zu überdecken suchte („die hohe Dame") und die alte Gefühlshaltung der Mutter gegenüber, die verehrt wurde, ohne daß sie es eigentlich verdiente. Auch bei den Einfällen zu diesem Traum manifestierte sich die Tendenz des Patienten, sich an wortspielerischen Assoziationen zu erfreuen: Ledersessel, Stuhl, Stuhlgang... die hohe Dame steht auf ihrem eigenen Stuhlgang.

Wie schon erwähnt, hatte der Patient wenig Mühe mit der Traumproduktion und den zugehörigen Einfällen und die initialen Entlastungserlebnisse waren sehr deutlich. Er formulierte sehr früh die innere Vorstellung: „Ich bin eine Mischung aus einem Weinreisenden und einem Erzbischof", eine Beschreibung, die ihm selbst zum Bewußtsein brachte, wie stark er auf der einen Seite durch den Onkel der Mutter und dessen Wertwelt geprägt worden war, während gleichzeitig das väterliche Vorbild seinen Einfluß geltend machte.

Der Patient durchlebte bereits in den ersten 50 bis 70 Behandlungsstunden der Analyse Phasen eines intensiven schuldbeladenen Frauenhasses, der überwiegend in dem tiefen Protest gegen die Mutter, deren Kargheit, Härte und Selbstgerechtigkeit wurzelte. Außerdem meldeten sich Schuldgefühle wegen der eigenen, kompensatorischen Schmarotzertendenz, die den Patienten zu der Ehe mit der zehn Jahre älteren, wohlhabenden Frau geführt hatte. In bezug auf seine Erythrophobie erfaßte der Patient, daß sie ihn immer dann überfiel, wenn er weichere und anhängliche Gefühle Frauen gegenüber erlebte. Gefühle, mit denen er als kleiner Junge die Erfahrung gemacht hatte, daß sie nur kühl zurückgewiesen wurden, so daß er sich wegen seiner Anhänglichkeit schämte. Der Patient hatte dann die Gefühle von Weichheit und Anhänglichkeit auf die Sexualität verschoben (oder auch umgekehrt sexuelle Bedürfnisse von allen weicheren Gefühlen der Zuneigung entkleidet) und so fühlte er sich, wenn die Erythrophobie auftrat, in doppelter Weise beschämt und ertappt: Einmal wegen der verbotenen und verpönten sexuellen Impulse und zum anderen wegen der nicht erwiderten weicheren Gefühlsregungen.

Bei der inneren Beweglichkeit des Patienten, seinem klaren Verstand und seinem Einfallsreichtum gelang es verhältnismäßig rasch, die „erstarrte" Seite seiner Struktur aufzulockern und das kompensatorische Überich des väterlichen „Weinreisenden" so weit auf einen stabilen Gefühlskern zurückzuführen, daß ihm von seinen zwangsneurotischen Mechanismen nur noch die Beständigkeit, von der weinreisenden Mentalität aber die Lebenslust erhalten blieben. Natürlich war es für den Patienten wichtig, daß er mit einer Frau als Analytikerin seine sexuellen Bedürfnisse jungen Mädchen gegenüber und auch seine Inzestwünsche der Tochter gegenüber angstfrei und ohne Schuldgefühle besprechen konnte.

In der 70. Behandlungsstunde hatte der Patient folgenden *Traum:* „Ziemlich reichhaltige Gesellschaft. Da war eine Steinfigur(steinerner Gast), die aber lebte, und der ich den Bart abmeißelte. Dieser Bart war natürlich auch aus Stücken von Stein, aber die waren so dran, wie Kinobärte sind, die dann entfernt werden, dem Verbrecher oder dem Detektiv. Und zwischen dem Bart und dem Stein befand sich noch so ein Zwischenstück, das ich abarbeiten wollte. Als ich den Bart herunter hatte, sagte ich, da müsse man noch die Unregelmäßigkeiten oder den Staub mit der Rasierklinge abkratzen, dann sei der Bart endgültig ab."

Als der Patient diesen Traum erzählte, war der Prozeß des Durcharbeitens schon in vollem Gange. Eine gewisse allegorische Bedeutung des Traumgeschehens war nicht zu verkennen: Das „Abarbeiten des Zwischenstücks", bis der „Bart endgültig ab ist", waren Traumelemente, die der Patient selbst als halb-witzige Hinweise auf das noch vor ihm liegende Stück Analyse auffaßte. Auch das alte Thema der Affektisolierung meldete sich erneut in dem Bild des „steinernen Gastes", mit dem zugleich das ebenso bekannte Thema des Don Juan verbunden war. Auch die vielen „Kinorollen", die der Patient in seinem Leben schon probiert hatte, kamen mit diesem Traum noch einmal ins Gespräch: Vor allem aber das dauernd bereitliegende Schuldgefühl des Patienten Frauen gegenüber: Der Verbrecher und seine „Schattenfigur", der Detektiv, gaben dem Patienten erneut Gelegenheit, sich mit seinem alten Frauenhaß, den zugehörigen Mordimpulsen und den kompensatorischen Lösungsversuchen auseinanderzusetzen.

Zusammenfassend kann man die strukturelle Entwicklung des Patienten etwa so beschreiben, daß er es bei seiner großen inneren Umstellungsfähigkeit rasch lernte, die beiden sehr heterogenen Introjekte (den Erzbischof und den Weinreisenden) miteinander auszusöhnen, daß er seine Affektisolierung verlor und die sich im Sammelzwang durchsetzenden Verlustängste aufgab. Der tief verborgene Frauenhaß konnte durchlebt und aufgearbeitet werden, ebenso die Tendenz, ohne feste Objekte auszukommen und als Vertreter mit immer wechselnden Bindungen die alten Objekte wieder zu verlassen, während seine „Sicherheitszone" (das Zuhause) durch die Existenz einer Mutterfigur gekennzeichnet war. Einer Mutterfigur, die dem Patienten kompensatorisch all das bieten sollte, was er bei der eigenen Mutter immer vermißt hatte.

In bezug auf die anfängliche, äußere Lebenskonstellation des Patienten war zu sagen, daß sie für den Start einer psychoanalytischen Behandlung eher günstige Elemente enthielt: Der Scheidungswunsch war von der wirtschaftlich gesicherten Ehefrau ausgegangen, und die Tochter strebte ebenfalls in ein eigenes Leben hinein, so daß für den Patienten keine finanziellen Verantwortungen übrig blieben. Er kam durch die äußere Trennung in die Lage, die neurotischen Bedingungen, unter denen er seine Ehe geschlossen hatte, noch einmal in aller Ruhe nachzuerleben. Vor allem konnte sich der Patient jetzt mit seiner recht anspruchsvollen Freundin sehr viel klarer und nachdrücklicher auseinandersetzen. Die frühere „Lust am Verbotenen" fiel weg, und die potentielle Möglichkeit einer Ehe machte dem Patienten das Problematische dieser Beziehung deutlich.

An *äußeren Veränderungen* ergab sich im Verlauf der Analyse folgendes: Der Patient löste die Verbindung zu seiner Freundin verhältnismäßig bald auf und nahm zunächst einmal seine berufliche Situation in Angriff. Insbesondere setzte er sich mit seiner Tendenz auseinander, sich (wie der Vater) „durchzuschlängeln". Er merkte, daß er — selbst wenn er keine sehr gute Arbeitsmethode entwickelte — durch sein blendendes Gedächtnis und seinen Einfallsreichtum den übrigen Kollegen gegenüber doch immer sehr im Vorteil war. Er durchlebte Vorzüge, Befriedigungen und Nachteile des Vertreterpostens, den er im Endeffekt doch zu unbefriedigend fand. Er gab ihn auf und fand in der gleichen Firma eine Position mit sehr günstigen Aufstiegsbedingungen. Eine Phase wechselnder Frauenbeziehungen folgte, bis der Patient schließlich eine festere und dauerhafte Bindung zu einer 33jährigen Frau aufnahm, die er in seinem Betrieb kennengelernt hatte.

Die Ablösung des Patienten erfolgte in dieser Zeit. Eine Phase tiefer Regression machte er, wie oben schon angegeben, nicht durch. Er hielt aber mit mir über längere Jahre hinweg mit gelegentlichen einzelnen Behandlungsstunden noch Verbindung, weil er, wie er sagte, auch von solchen einzelnen Stunden für seine weitere innere Entwicklung und Stabilisierung viel profitierte.

Fall 2: Patient B. M., 32 Jahre (geb. 1920), unverheiratet, Briefträger (Abiturient), möbliertes Zimmer.

Symptomatik: Suicidversuch, Depressionen, Angstsymptomatik, Erröten, Pollutionen, Unfähigkeit, in Gegenwart anderer zu urinieren, perverse Onaniephantasien (die gesamte Symptomatik wurde erst in der fünften beziehungsweise zehnten Behandlungsstunde mitgeteilt). Überwiegend depressive Struktur.

Beginn und Dauer der Symptomatik: Akute Zuspitzung der Depression im Suicidversuch, sonst schleichender, chronischer Verlauf..

Auslösende Situation: Kaum zu bestimmen; Schwellensituation des Lebens?

Prognose: Fraglich.

Stundenzahl: 200.

Behandlungsdauer: 2¹/₂ Jahre.

Behandlungsergebnis: Günstige strukturelle Entwicklung mit Fortfall der Symptomatik.

Katamnese: Nach zwei, fünf und acht Jahren; kein Rückfall.

Zur Biographie: Der Patient stammte aus ausgesprochenem Proletarier-Milieu und wurde im dritten Hinterhof eines großen Mietshauses in Stube und Küche groß. Die wirtschaftlichen Verhältnisse der Familie waren immer äußerst bedrängt. Der Vater des Patienten war Maurerpolier, angeblich Trinker. Die Mutter eine verhärmte und versorgte Frau. Die Ehe der Eltern soll eine wüste Streitehe gewesen sein. Als die vier Jahre jüngere Schwester des Patienten geboren wurde, verließ der Vater die Familie und ließ sich auf einem Schiff anheuern. Die Mutter mußte sich und beide Kinder allein durchbringen. Sechs Jahre später (Patient zehn Jahre) kehrte der Vater wieder zur Familie zurück.

Der Patient soll ein besonders aufgewecktes, hübsches und intelligentes Kind gewesen sein. Die Mutter legte alle ihre Hoffnungen und ihren Stolz in den Jungen und setzte es auf den Rat der Lehrer des Patienten und gegen den späteren leidenschaftlichen Widerstand des Vaters durch, daß der Junge sein Abitur machte. Der Patient war schon während der Schulzeit (obgleich groß, kräftig und sogar sportlich gewandt) ein scheuer Einzelgänger. Als er kurz nach dem Abitur eingezogen wurde, manifestierte sich seine Angst, in Gegenwart anderer Männer zu urinieren, erstmalig und brachte ihm schwere Komplikationen. Er überlebte den Krieg, kam auch nicht in Gefangenschaft, fristete aber nach dem Kriegsende sein Leben nur mit Gelegenheitsarbeiten und gab den Versuch zum Studium auf, weil er eine besondere Angstsymptomatik entwickelte, die ihn daran hinderte, sich in bestimmte „wissenschaftliche" Gebäude zu wagen. Schließlich fand der Patient eine Tätigkeit als Briefträger bei der Post, die er auch bei Behandlungsübernahme noch ausübte. Seine einzige Liebhaberei war das Schachspiel. Der Patient war Mitglied eines Fernschachbundes.

Neurotische Reaktionsformen, Abwehrmechanismen, Haltungen usw.: „Gehemmtheitsstruktur", Verdrängen, Rückzug vom Menschen, Unterwerfungstendenzen, Masochismus; „Entwicklung der Intelligenz auf Vorgriff" mit starkem Bemühen, alle beschämenden oder belastenden Erlebnisse und Konflikte durch Beurteilen und Bewerten zu lösen.

Die Bedeutung der auslösenden Situation: Eine umschriebene äußere Konfliktsituation lag nicht vor. Nach den Angaben des Patienten führte die zunehmend bedrängende Symptomatik zu einer Verstärkung der Depressionen. Ebenso die immer deutlicher registrierte Diskrepanz zwischen den äußeren Lebensumständen und den inneren Möglichkeiten oder Plänen. Erkenntnisse, die dem Patienten offenbar mit dem Überschreiten der 30-Jahr-Schwelle mit besonderer Deutlichkeit ins Bewußtsein gerückt waren.

Konfliktthemen während der Behandlung: Anfänglich vor allem die belastende und beschämende *Symptomatik:* Die Pollutionen und die Unfähigkeit, in Gegenwart anderer Männer zu urinieren sowie die perversen Onaniephantasien, die den Inhalt hatten, daß der Patient mit einer herrischen und grausamen Frau zusammenlebte, deren Hauptattribut eine Reitgerte war und die ihn, als äußerster Form der Demütigung, regelmäßig dazu zwang, den Cunnilingus auszuüben. — Die Beziehung zur Mutter („ich habe meiner Mutter den Mann ersetzt"). Die Beziehung zu dem brutalen Vater, der dem Sohn das Abitur und die Studienpläne verübelte (Vaters ständige Rede: „Mein feiner Herr Sohn" und „der feine Pinkel"). Die gescheiterte Berufsentwicklung. Das Isolierleben des Patienten, der noch nie eine sexuelle Beziehung zu einer Frau gehabt hatte und keine Freunde kannte. Die Abneigung des Patienten gegen eine Ehe und der Plan, sich kastrieren zu lassen, um einen Ausweg aus dem sexuellen Dilemma zu finden. — Die Begeisterung des Patienten für das Schachspiel und die Mitgliedschaft im Fernschachbund, und schließlich (sehr spät in der Behandlung) die Beziehung zur vier Jahre jüngeren Schwester und den zugehörigen Inzestphantasien. Im späteren Verlauf der Behandlung die weitere Berufsausbildung mit dem neu aufgenommenen Studium und die erste sexuelle Partnerschaft.

Die inneren Formeln des Patienten:
Ich bin ein angekränkelter Intellektueller.
Ich bin sowieso zum Scheitern verurteilt.
Ich werde mich nie unter Menschen wagen.
Frauen sind höhere Wesen, ganz unerreichbar, man muß sie auf Händen tragen.
Meine Frau soll es mal besser haben als meine Mutter.
Mein Vater war ein brutaler Prolet! Ich will keinesfalls so werden wie er!
Später (scherzhaft und in bezug auf einen Traum): Ich bin der kranke Schwan.

Die Reaktion des Patienten auf die analytische Situation und die Abmachungen:
Kein Agieren, sondern eine „ergebene" Form gefügiger Unterwerfung. Relativ
gleichmäßige Produktion bilderreicher und bunter Träume. Gelegentliches Ver-
späten (als Widerstandsphänomen). Gelegentlich die Mitteilung, daß er zwar
geträumt habe, den Bericht der Träume aber zurückstellen möchte, um vorher etwas
anderes zu erörtern (mehr als ein Zeichen probierter Verselbständigung zu werten,
weniger ein Widerstandsphänomen).

Übertragungs- und Widerstandsreaktionen: Anfänglich ganz überwiegend eine
masochistisch-unterwürfige Mutterübertragung („die erdrückende Mutter") mit
zahlreichen Elefantenträumen, in denen die Elefantenkuh das Junge erdrückt oder
koitiert werden soll. Im Zug der allmählichen Korrektur des Eltern-, vor allem des
Vater-Bildes, kam eine Schwestern-Übertragung auf, die den abgewehrten Schwe-
sterninzest zum Inhalt hatte.

Eine „philobatische" Tendenz war deutlich und hatte sich sowohl in der Berufsentwicklung wie in der Liebhaberei des Patienten durchgesetzt (der auf den Stra-
ßen wandernde Briefträger und das Mitglied im Fernschachbund). Insofern auch
eine deutliche Neigung, die Übertragungsbindung locker zu halten, um sowohl den
erdrückenden wie den bindenden mütterlichen Tendenzen zu entgehen.

Aus diesen Reaktionen speisten sich auch die wesentlichsten *Widerstandsphänomene:* Die Angst vor einer eigenen produktiven Lebensgestaltung wurzelte bei
dem Patienten einerseits in der Angst vor dem Kampf mit dem Vater, andererseits
in der Vorstellung, daß seine Entwicklungsschritte im Grunde doch nur der Frau
zugute kommen würden. Vor allem in dieser Zeit brachte der Patient hartnäckig
den Plan vor, sich kastrieren zu lassen. Die ausgedehnten Überlegungen, die diesem Plan galten, waren nicht nur der Ausdruck alter Kastrationsängste, sondern
zugleich ein Widerstandsphänomen. Mit dem Plan der Selbstverstümmelung
wurde zugleich der alte Schutzbau festgehalten, mit dem der Patient seine tiefen
Ängste kompensiert hatte. In diesen Phasen neigte der Patient außerdem dazu,
Fragen zu stellen, statt Einfälle zu bringen, oder er versuchte, mich in theoretische
Diskussionen zu verwickeln.

Regressionsformen: Anfängliche Regression auf die anal-sadistische Stufe mit
zugehörigen Phantasien. Später kurze, aber sehr intensive Phasen tiefer, gutartiger
Regression mit anschließendem, rauschhaftem Befreiungsgefühl.

Zum Behandlungsverlauf:

Die Behandlung des Patienten wurde mit drei Wochenstunden begonnen.
Nach einem Jahr gingen wir auf zwei Wochenstunden über, um danach die
Behandlung mit einer Wochenstunde auslaufen zu lassen. Der Patient fühlte

sich wesentlich gefördert, hatte ein Chemiestudium aufgenommen und eine feste Freundin (kaufmännische Angestellte) gefunden. Sein Studium hat er nach Abschluß der Therapie ergebnisreich zu Ende geführt, die Freundin später geheiratet. Der Patient verzog nach Westdeutschland und berichtete mir bei gelegentlichen Besuchen in Berlin über seine weitere Lebensentwicklung. Abgesehen von zeitweilig auftauchenden depressiven Verstimmungen, ist die übrige Symptomatik nicht wieder aufgetaucht.

a) Die Eröffnungsphase der Behandlung

Nach dem vorbereitenden Gespräch kam der Patient zur ersten Behandlungsstunde einige Minuten zu spät und entschuldigte sich. Ich sagte nur, daß das ja passieren könnte, verzeichnete aber, daß der Patient offenbar große Ängste hatte und vielleicht auch nicht ganz damit einverstanden war, daß er zu einer Frau in Behandlung kam. Der Patient sagte dann: „Ich *sollte* ja einen Traum mitbringen" und berichtete:

Initialtraum: „Ich will verreisen und habe es sehr eilig. Es gibt einen Schnellzug und einen Bummelzug. Aus irgendeinem Grund ist mir der Schnellzug verboten. Ich nehme ihn aber doch. In dem Abteil gibt mir ein Herr (kann aber auch eine Dame sein) einen Brief, den ich einstecken soll. Am Ziel — es ist unklar, ob es das richtige Ziel ist — stecke ich den Brief in den Postkastenschlitz und bemerke, daß der Brief eigentlich ein Ei ist. Ich habe Angst, daß ich den Brief in den falschen Schlitz gesteckt habe."

Als der Patient den Traum erzählt hatte, meinte er: „Nun *soll* ich Ihnen diesen Traum also *erklären*", um mich dann anschließend zu fragen, ob die Bedeutung von Träumen denn wirklich „wissenschaftlich erwiesen" sei.

Die skeptisch angriffige Gefühlslage des Patienten war deutlich spürbar, ich sah aber keinen Anlaß, sie schon so früh ins Gespräch zu bringen, sondern schlug nur vor, daß der Patient einmal den Versuch machen möge, mit den Einfällen zu bestimmten Traumeinzelheiten zu beginnen. Eine „Erklärung" des Traumes sei nicht erforderlich, ja nicht einmal möglich. Der Patient reagierte hierauf etwas unvermutet mit der Feststellung, daß er sich der Analyse „völlig unterwerfen" würde, um dann fast verträumt zu sagen: „Es wird sicher weh tun".

Ich merkte mir hier an, daß sich bei dem Patienten offensichtlich masochistische Tendenzen ankündigten, die sein Leben wahrscheinlich stark beeinträchtigten und die vermutlich auch in der Übertragung eine Rolle spielen würden. Ich nahm mir vor, bei dem Patienten keine unnötigen Ängste und Widerstandsreaktionen zu provozieren und auf weitere Signale zu achten, die den vermuteten starken Masochismus noch deutlicher belegen würden. Der Patient hatte bis zu diesem Zeitpunkt weder von seinen masochistischen Onaniephantasien berichtet, noch von seiner Unfähigkeit, in Gegenwart anderer Männer zu urinieren. Der Patient brachte dann in der Behandlungsstunde Einfälle zu dem Traum und begann mit dem Postkastenschlitz, in den er den Brief (der eigentlich ein Ei ist) steckt. Dem Patienten fällt ein Postkasten an einer Straßenecke ein, in Berlin-Neukölln, dem Wohnviertel, in dem er groß geworden ist, und er erinnert sich, daß er als Junge einmal in großer Hetze losrannte, um einen Brief einzustecken, den er schon am Tag zuvor von der Mutter erhalten, aber vergessen hatte. Von diesem Einfall aus kam eine weitere Einfallskette, die die Beziehung des Patienten zu seiner Mutter betraf: Vor allem die viel zu enge Bindung an die Mutter und die ständige Kinderangst, die Mutter, die große Erwartungen in den Patienten setzte, zu enttäuschen. Dann seine allgemeine Ängstlichkeit und Schreckhaftigkeit und schließlich eine *frühe Kindheitserinnerung:* Der Patient wird als kleiner Junge von etwa zwei Jahren von der Mutter in einem Geschäft beim Einkauf auf dem Arm gehalten. Eine Nachbarin kommt dazu, um das besonders niedliche Kind zu bewundern. Der Patient schreit angstvoll auf und versteckt sich in den Armen der Mutter. In der Stunde sagte er zu dieser Erinnerung: „Das ist symbolisch für mein ganzes Leben".

Ich hatte den Eindruck, daß der Patient von dieser ersten Behandlungsstunde doch sehr bewegt und beeindruckt war, daß aber gerade deswegen Ängste und Vorbehalte in ihm auftauchten. So verwunderte es mich nicht, daß er in der zweiten Stunde, die zwei Tage später lag, ohne Traum kam und das in leicht gereizter Verteidigungsstimmung ankündigte: „Ich kann Ihnen nicht helfen, ich habe keinen Traum". Ich wartete eine Weile ab, um dem Patienten dann vorzuschlagen, daß er einfach erzählte, was er erzählen möchte, oder daß er vielleicht — falls er das wünschen sollte — noch einmal auf den ersten Traum zurückkommt. Der Patient wollte es mit diesem Traum versuchen: Über das Thema „Brief einstecken" ergab sich zunächst ein Bericht über die bedrückende Berufssituation als Briefträger. Anschließend kamen sehr rasch wieder Erinnerungen an alte Kindheitserlebnisse auf, die in dieser Stunde vor allem den ständigen Streit zwischen den Eltern betrafen und den vermeintlichen Haß des Vaters auf den talentierten Sohn, dem von der Mutter eine akademische Laufbahn bereitet werden sollte.

Gerade bei diesen Berichten des Patienten fiel sein Bemühen um eine *rationale Beurteilung* von Konfliktsituationen auf und vor allem seine Versuche, die innere Erregung über solche Konflikte durch Verständnis, Beurteilen und Bewerten wieder zum Abklingen zu bringen. Der Patient rang darum, sowohl die Mutter richtig zu verstehen, wie auch den Vater, und er gebrauchte häufiger die Formulierung: „Man muß sie (ihn) ja auch verstehen". Intellektuelles Agieren durch Übertreiben und Dramatisieren oder Verschieben der Akzente traten nicht auf. Gerade diese innere Haltung des Patienten war (obgleich sie natürlich ihre neurotischen Elemente enthielt und phasenweise in den Dienst eines Widerstandes trat) für die Entwicklung der Therapie sehr hilfreich. Dies vor allem später, als sich bei dem Patienten allmählich die Erwartung aufgelöst hatte, daß er in der Analyse nur Befehle auszuführen, Aufträge zu erfüllen und Aufgaben zu leisten habe.

Ich wertete es als den Ausdruck einer einigermaßen tragfähigen Vertrauensbeziehung des Patienten zu mir, daß er in der *fünften Behandlungsstunde* über die sehr quälende Symptomatik berichtete, die er bei der Anamnese (bei einem männlichen Therapeuten) noch nicht erzählen konnte. Nämlich, daß er unfähig sei, in Gegenwart anderer Männer zu urinieren. In der *zehnten Behandlungsstunde* fand er es dann möglich, im Zusammenhang mit einem masochistischen Traum auch über seine Onaniephantasien zu berichten, die, wie oben geschildert, den Inhalt hatten, daß er von einer herrischen, grausamen Frau, mit der er zusammen lebte, nach vielen anderen Demütigungen dazu gezwungen wurde, den Cunnilingus auszuüben. Als der Patient den Weg gefunden hatte, mir vollständig über seine quälende und bedrängende Symptomatik zu berichten, trat für ihn ein erster Entlastungseffekt ein und das „therapeutische Bündnis" erhielt eine zuverlässige Basis. Ich hatte von dieser Zeit an den Eindruck, daß bei dem Patienten die anfängliche masochistische Unterwerfung unter die analytischen Regeln einer aktiven Bereitschaft wichen, selbständig in der Behandlung mitzumachen.

Der Patient hatte sehr viele Tierträume und fand einen gewissen Spaß daran, Menschen und ihre Eigenschaften durch Tiervergleiche zu charakterisieren. In der 30. Behandlungsstunde träumte er:

„Ein kranker, wilder Schwan liegt an einem mit Schilf bestandenen See und macht mit dem Kopf und Hals eigentümlich drehende Bewegungen. Der rechte Flügel des Schwans ist verletzt, und es kriechen schon Maden darin herum."

Der Patient identifizierte sich selbst mit dem kranken Schwan. Er hatte eine Reihe von Einfällen über die innere Wildheit, die in ihm lebte, seinen narzißtischen „Schwanenstolz", den seine Mutter, deren Liebling er war, in ihn hineingelegt hatte. Und schließlich gab es eine Einfallskette zu dem Thema: „Maden im Speck", die seine Ängste zum Vorschein brachte, von Frauen und Kindern kastrierend aufgefressen zu werden.

Wie bei fast allen psychoanalytischen Behandlungen kristallisierten sich auch bei diesem Patienten in den ersten 70 Behandlungsstunden jene charakteristischen inneren Einstellungen heraus, die er im Verlauf seiner Kindheitsentwicklung erworben hatte: Er empfand sich (in Identifikation mit der Meinung des Vaters) als der „angekränkelte Intellektuelle", der sich im Lebenskampf nicht behaupten könnte, der sich nie unter Menschen wagen würde, und der in jedem Fall zum Scheitern verurteilt sei. Das bewußte Erleben des Patienten war außerdem von der Vorstellung beherrscht, daß Frauen höhere Wesen seien, denen man zu dienen hatte, und daß es ihm niemals gelingen würde, ein solches Wesen zu befriedigen.

Von diesen festgelegten inneren Stereotypien aus ergaben sich bei dem Patienten dann aber auch die wichtigsten Wandlungsprozesse: Er erlebte allmählich, daß seine Ängste und seine Menschenscheu (insbesondere auch seine Unfähigkeit, die angestrebten Studienpläne zu verwirklichen) sehr verschiedene Quellen hatten: Einmal lauerte in ihm die Angst, daß ihn die verfolgende väterliche Strafe treffen würde, wenn er sich an ihm vorbei entwickelte. Es wurde dem Patienten aber außerdem deutlich, daß die tieferen Ängste eigentlich aus der Vorstellung stammten, daß er bei einem erfolgreichen beruflichen Entwicklungsgang auf ewig dazu verdammt sein würde, den Frauen zu dienen und ihre unersättlichen Wünsche zu erfüllen. In dieser Zeit dämmerte in dem Patienten die Erkenntnis auf, daß er sich sehr viel mehr mit dem Vater identifiziert hatte, als er früher jemals bewußt registrieren konnte: Der Vater hatte immerhin die Familie verlassen und war mehrere Jahre zur See gefahren. Der Patient fand heraus, daß seine eigene Briefträger-Tätigkeit (ähnlich wie seine Mitgliedschaft im Fernschachbund) nicht nur die Folge eines ängstlichen Rückzugs vom Menschen waren: Der Patient erzählte, daß er die Wanderungen als Briefträger in gewisser Weise doch genoß, und daß er das Klingeln an fremden Haustüren, das Abgeben von Briefen mit dem Anknüpfen von flüchtigen Kontakten als angenehm empfand. Ähnlich angenehm waren dem Patienten seine Kontakte mit den Spielpartnern im Fernschachbund, die er häufig persönlich gar nicht kannte, und mit denen er über lange Strecken hinweg im Briefkontakt stand. Ein Briefkontakt, der ihm in sehr verdünnter Form die Möglichkeit zu einem Kampfspiel vermittelte und der zugleich Gelegenheit bot, ausgedehnte Phantasien über diese fernen Partner auszuspinnen. Für den Patienten wurde deutlich, daß er als kleiner Junge die Flucht des Vaters vor der grämlichen Mutter in mancher Hinsicht verstanden, ja bewundert hatte, und daß diese geheime Bewunderung nur von dem übernommenen Vaterbild verdeckt worden war: „Der brutale Prolet, der uns im Stich gelassen hat". Für den Patienten wurde vor allem im Zusammenhang mit seinem Schwanentraum die innere Verbindung lebendig, die zwischen seinen eigenen schweifenden Phantasien und dem seefahrenden Leben des Vaters bestand.

Heute würden wir die Haltung des Patienten mit BALINT als „philobatisch" bezeichnen, ein Begriff, der allerdings in der Zeit, in der ich diesen Patienten behandelt habe, noch nicht geschaffen war.

Im *Mittelabschnitt* der Behandlung lagen bei dem Patienten dann die sehr expansiven Phantasien im Widerstreit mit den heftigen, erworbenen, bewußten und unbewußten Ängsten: Der Patient, der unter seinen Pollutionen ebenso stark litt, wie unter den masochistischen Onaniephantasien, brachte in der Analyse immer wieder den Plan ins Gespräch, daß er sich selbst kastrieren lassen wolle, damit er nicht mehr von den andrängenden sexuellen Impulsen belästigt würde. Diese Pläne des Patienten waren in ihrer inneren Motivation sicherlich überdeterminiert: Einmal setzten sich die alten Kastrationsängste durch, die der Patient am Vater erworben hatte. Gleichzeitig aber auch die unbewußte (in Selbstbeschädigung ausmündende) Feindseligkeit der Mutter gegenüber, deren erdrückende Forderungen auf eine großartige Entwicklung von dem Patienten mit wenigstens ebenso viel

Haß beantwortet worden waren, wie die Angriffe des Vaters. Es war aber offenkundig, daß die Tendenz des Patienten, ausgedehnt über diese Kastrationspläne zu sprechen, auch als Widerstandsphänomene verstanden werden mußten, weil er sich mit der Kastrationsabsicht immerhin die doch auch sehr gefürchtete expansive, sexuelle und aggressive Entwicklung ersparen konnte.

Etwa in der 80. Behandlungsstunde kamen dann bei dem Patienten neben den masochistischen Onaniephantasien schließlich auch die korrespondierenden anal-sadistischen Tendenzen ins Spiel und äußerten sich in einem entsprechenden *Übertragungstraum*:

> „Ich bin der Anführer eines Panzergeschwaders, weiß aber nicht, ob es amerikanische oder russische Panzer sind. Alle Panzer haben in ihren Panzerketten Kohlen oder Briketts. Neben meinem Panzergeschwader wird eine Schweineherde vorbeigetrieben, die für die Verpflegung der Soldaten bestimmt sind. Die *Schweine* haben alle Gesichter von *Frauen*. Das anführende Schwein trägt eine Brille. Ich denke, daß sie jetzt alle *abgestochen* werden. Dann kommt ein amerikanischer Soldat, nimmt eines der Schweine, und sticht es in den Speck. Das Anführerschwein mit der Brille blickt nur interessiert und unbeteiligt. Dann sticht der amerikanische Soldat auch das Anführerschwein in den Speck. Es äußert keinen Schmerz, nur sein Kopf färbt sich ganz rot, dann fällt das Schwein um und ist tot."

Der Patient hatte nach diesem Traum in der Behandlungsstunde einen tiefen emotionalen Block. Er schwieg minutenlang und sagte auf eine einhelfende Frage nur, daß er nicht weiter wüßte, daß nichts in ihm vorginge, daß er sich aber sehr unruhig und erregt fühlte. Ich riskierte es, den Patienten mit einem entsprechenden Vorschlag direkt an die Übertragungsthematik heranzuführen und meinte auf seine Angaben von innerer Erregung, Beunruhigung und Leere: „Vielleicht kommen Sie weiter, wenn Sie an das Anführerschwein mit der Brille denken". Der Patient konnte diese sehr direkte Anregung leidlich angstfrei aufnehmen und kam mit seinen Einfällen zu dem Thema „Anführerschwein" auch zu den entsprechenden Übertragungsphantasien, in denen sich jetzt allmählich die Wendung von der Unterwerfung unter die herrische Frau (die sexuell durch den Cunnilingus befriedigt werden mußte) zur aggressiv-sadistischen Haltung vollzog (Frauen als abzustechende Schweine, für die Verpflegung der Männer bestimmt).

In diesem Behandlungsabschnitt lief eine kurze Phase ab, in der die anal-sadistischen Übertragungsphantasien eine große Rolle spielten (die Therapeutin als reiches Schwein, abgeschlachtetes Schwein; später Bemängelungen meiner therapeutischen Technik) und dann — in Verbindung mit der Traumphantasie als Anführer eines Panzergeschwaders, dessen Panzerketten Kohlen beherbergen — die eigenen Anführer- und Besitzwünsche (Einfälle zu Kohlen: Geld, Kohlen auf den Tisch legen usw.). Im Anschluß an diese Phase der Behandlung gab der Patient schließlich auch seine *Absicherungstendenzen* auf, die auf das Verstehen, Beurteilen und Bewerten von

Konfliktsituationen ausgerichtet waren. Es kamen jetzt Phasen *tieferer Regression*. Der Patient blieb dann still oder griff nur nachdenklich einige frühere Themen auf, schien beruhigt in dem Bewußtsein, daß ich ihn verstand und schilderte gelegentlich eigenartige Zustände von „Schweben in einer Wolke", „Getragensein in einem abwärts fließenden, aber nicht reißenden Strom" und erlebte in oder kurz nach diesen Stunden ein rauschhaftes Befreiungsgefühl, das ihn noch längere Zeit nach der Behandlungsstunde nicht verließ.

Diese Form der Regression meldete sich auf unterschiedliche Weise: Es gab Zeiten, in denen der Patient ein bis zwei Wochen hintereinander fast in jeder Stunde in diesen inneren Zustand hineinglitt. Es gab andere Stunden, die nur kurzfristig von diesem Erleben erfüllt waren und in denen sich noch innerhalb der einzelnen Behandlungsstunde das affektive Klima stark änderte. Der Patient wechselte dann von der stillen, fast rauschhaften inneren Versenkung wieder über in eine realere Kommunikation mit mir und fühlte sich imstande, die vorliegenden Konflikte zu verbalisieren. Gerade in solchen Stunden tauchten dann die alten Inzestphantasien der Schwester gegenüber auf und die zugehörigen starken Ängste, die der Patient hier erlebt hatte, weil er in der Beziehung zur Schwester nun nicht nur den Angriff (die Kastration) durch den Vater, sondern auch die Eifersucht, den Neid und die Feindseligkeit der Mutter fürchten mußte.

Als die alten Inzestwünsche der Schwester gegenüber nacherlebt und durchgearbeitet worden waren, fielen bei dem Patienten zu seiner eigenen großen Überraschung die Ängste weg, in Gegenwart anderer Männer zu urinieren, und die masochistischen Onaniephantasien verblaßten.

An *äußeren Veränderungen* und *inneren Entwicklungsschritten* hatte sich für den Patienten bis zu diesem Abschnitt der Behandlung folgendes ergeben: Er hatte die alten Pläne zum Studium wieder ins Auge gefaßt und nahm sich zunächst vor, Lehrer zu werden, weil er sich in seinem bewußten Erleben vor Kindern am wenigsten fürchtete. Der Patient phantasierte anfänglich einen Lebensweg, der gänzlich auf berufliche Interessen ausgerichtet war und blieb auch bei der oben geschilderten Vorstellung, daß die Kastration für ihn die beste Lösung wäre, um unbehelligt von sexuellen Impulsen und verpflichtenden Bindungen an Frauen sein Leben gestalten zu können. Schließlich verwarf der Patient den Plan, Lehrer zu werden, als neurotisch und entschloß sich zu einem Chemiestudium. Er beantragte und erhielt ein Stipendium und verlor in dieser Zeit seine Ängste, in wissenschaftliche Gebäude hineinzugehen. In der Anfangszeit seines Studiums zog der Patient zu einer zehn Jahre älteren Frau, mit der er eine sexuelle Verbindung aufnahm, verliebte sich aber gleichzeitig in eine drei Jahre jüngere kaufmännische Angestellte. In dieser äußeren „Wiederholungssituation", die der Patient sich arrangiert hatte, konnte viel von den vergangenen Kindheitserlebnissen in der Auseinandersetzung mit Mutter und Schwester durchgearbeitet werden, bis der Patient sich schließlich einer dritten Frau zuwandte, die er dann später auch geheiratet hat.

Nach der ersten gelungenen sexuellen Beziehung war bei dem Patienten von der geplanten Kastration keine Rede mehr. Seine Übertragungsbeziehung, die von der anfänglichen masochistischen Unterwerfung zu aggressiv-sadistischen Haltungen übergewechselt war, um dann eine Phase der averbalen Zweierbeziehung zu durchlaufen, löste sich schließlich in eine Haltung freundschaftlicher Dankbarkeit auf.

In der auslaufenden Phase der Behandlung kam der Patient dann nur noch in sehr großen Abständen, um über seine weitere Entwicklung und seinen Lebensweg zu berichten. Als er sein Studium beendete und heiratete, war die Therapie bereits längere Zeit abgeschlossen. Wie schon erwähnt, siedelte der Patient nach Westdeutschland über und kam bei gelegentlichen Besuchen in Berlin zu einem Gespräch, in dem er das eine oder andere Problem unter analytischen Gesichtspunkten durchsprechen wollte.

Fall 3: Patientin R. M., 31 Jahre (geb. 1920), Medizinisch-Technische Assistentin (nach abgebrochener Ausbildung als Sängerin), mit Arzt verheiratet, wohnt im Krankenhaus, keine Kinder.

Symptomatik: Vaginismus, Depressionen.

Beginn und Dauer der Symptomatik: Vaginismus ein Jahr; wurde nach der Ehe manifest, Depressionen reichen bis in die Schulzeit. (Depressiv-hysterische Struktur)

Auslösende Situation: Heirat.

Prognose: Unklar.

Stundenzahl: 150.

Behandlungsdauer: 1½ Jahre.

Behandlungsergebnis: Fortfall der Symptomatik; hinsichtlich der Persönlichkeitsstruktur nur Teilerfolg.

Katamnese: Nach drei und sechs Jahren, kein symptomatischer Rückfall, aber neurotisch eingeengter Lebensgang.

Zur Biographie: Die Patientin war das zweite Kind eines Lebensmittelgroßhändlers und einer Sängerin. Die Eltern wünschten sich dringend ein „kleines Pärchen", und so wurde die Patientin nach dem zwei Jahre älteren Bruder von beiden Eltern sehr begrüßt. Insbesondere die Mutter soll das sehr niedliche kleine Mädchen zunächst sehr vergöttert und wohl auch als eine starke narzißtische Selbstbestätigung erlebt haben. Als die Patientin zwei Jahre alt war, bekam ihr damals vierjähriger Bruder eine spinale Kinderlähmung und blieb — obwohl psychisch ungeschädigt — körperlich ein Krüppel. Die Eltern entschlossen sich zu einer weiteren Schwangerschaft, um den Familienbetrieb zu sichern. Als die Patientin drei Jahre alt war, wurde ihr jüngerer Bruder geboren und sie selbst (mindestens in der eigenen Erinnerung) von beiden Eltern drastisch fallen gelassen. Sie wuchs in einer sehr schwierigen Mittelstellung zwischen den beiden Brüdern heran. In den Schuljahren entwickelte sie, in feindlicher Ablehnung des jüngeren Bruders, der zum Star der Familie aufstieg, eine intensive Bindung an den ältern, an den sie sich in einer Mischung von Mitleid und Bewunderung anschloß. Der ältere Bruder — ein talentierter Junge — kompensierte seine körperliche Behinderung durch geistige Vertiefung (wurde später Bibliothekar) und war für die Patientin das leuchtende Vorbild, dessen geistige Leistungen unerreichbar blieben.

Die Patientin hatte eine schöne Stimme und war musikalisch. In der Rivalität zum glanzvollen jüngeren Bruder und wohl auch in der Identifikation mit der Mutter entwickelte sie den Wunsch, Sängerin zu werden. Die stimmliche Ausdruckskraft der Patientin reichte jedoch für den Sologesang nicht aus, und da die Patientin nicht „nur" Chorsängerin bleiben wollte, gab sie den ursprünglichen Berufsplan auf. Dies allerdings wohl nicht in klarer Erkenntnis ihrer Begabungsgrenze, sondern mit dem rationalisierenden Hinweis auf Kriegs- und Nachkriegsverhältnisse, die die Bühnen- und Gesangskarriere verhinderten. Die Patientin durchlief dann eine Ausbildung als medizinisch-technische Assistentin, hatte eine Reihe von Liebesbeziehungen, in denen sie zwar frigide blieb, aber keinen Vaginismus erlebte. Sie heiratete schließlich einen drei Jahre jüngeren körperbehinderten (!) Arzt und übertrug auf ihren Ehemann offenbar sowohl die mitleidsgetönte Bewunderungshaltung, die sie dem älteren Bruder entgegenbrachte, wie das starke Rivalitätsgefühl, das dem jüngeren Bruder galt.

Neurotische Reaktionsformen, Abwehrmechanismen, Haltungen usw.: Verdrängen, Verleugnen, Verkehren ins Gegenteil, altruistische Abtretung von Triebansprüchen. Zwanghafte Pflichterfüllung bei starkem Leistungsprotest. Scheinbar schüchtern, bei dauernder Vorwurfshaltung. Geheime Starphantasien. Starke (oknophile) Klammerhaltung.

Die Bedeutung der auslösenden Situation: Der Vaginismus der Patientin war erst mit der Ehe manifestiert geworden und wurzelte sowohl in der, auf den Ehemann übertragenen, ambivalenten Bruderbeziehung, wie in einer intensiven Schwangerschaftsfurcht. Für die Patientin war der Gedanke, schwanger zu werden, gleichbedeutend mit „Zerstört-werden", Schönheit und Anziehungskraft verlieren und aufgefressen werden.

Konfliktthemen während der Behandlung: Der ältere und der jüngere Bruder. Die narzißtische schöne Mutter, die die Familie mit Selbstmorddrohungen in Atem hielt. Der Vater, der diesem Agieren keinen Einhalt bieten konnte. Die erstrebte Glanzrolle als Sängerin. Das eigene Äußere. Die konflikt- und intrigenreiche berufliche Realität. Der körperbehinderte Ehemann. Die Angst vor Schwangerschaft und Kindern.

Die inneren Formeln der Patientin:

Ich war immer zurückgesetzt.
Man hat mich nie gewollt.
Ich bin vom Leben schwer geschädigt und zu bemitleiden.
Ich will geführt und geleitet werden.
Ich habe Gold in der Kehle.

Eines Tages komme ich ganz groß heraus.
Von Männern kann man nichts Gutes erwarten.
Ich muß mir die Zuneigung anderer immer verdienen.
„Wir" sind etwas Besseres.
„Die" sind nur Plebs.

Die Reaktion der Patientin auf die analytische Situation und die Abmachungen:
In den ersten 50 Behandlungsstunden kam von der Patientin zur Einleitung immer
wieder ein klagend-anklagender Bericht über die Ängste, die sie in bezug auf das
Beibringen der Träume habe. Der Druck, den sie erlebte, weil sie Träume erinnern
sollte und die Angst, daß die Träume zu kärglich sein könnten, ungenügend oder
uninteressant, und daß sie den Vergleich mit den Träumen anderer Patienten nicht
aushalten.

Immer sehr pünktlich, aber mit stummem Vorwurf, daß diese „Leistung" überhaupt gefordert würde. Trotziges und pflichtschuldiges Abhaspeln von Einfällen,
das mit einer Tendenz zum Agieren abwechselte.

Übertragungs- und Widerstandsreaktionen: Mischung von dienstfertiger und
fordernder Übertragungshaltung, bei der die Forderungen und Angriffe allerdings
lange Zeit hinter der scheinbar schüchternen, angstgetönten Anklammerungstendenz verborgen blieben. Zwischenzeitlich libidinös homosexuelle Übertragungsreaktionen als oberflächlichster Ausdruck einer tiefen, ungelösten Mutterbindung.

Die dienstfertige Pflichterfüllung in bezug auf Traum- und Einfallsarbeit wurde
zum *Widerstand.* Ebenso die Tendenz, mit Hilfe von Selbstanschuldigungen jeglichen positiven Entwicklungsschritt (oder eine Aufforderung dazu) zu unterlaufen. (Etwa: „Ich habe Angst, Sie könnten jetzt sagen, warum haben Sie denn das
gemacht. Ich habe nämlich leider wieder meine Kolleginnen beim Chef an-
geschwärzt. Das hätte ich nicht machen sollen, das ist nicht nett von mir".) — Auch
eine Tendenz zu schüchtern vorgebrachten Fragen mit der Bitte um einen Fingerzeig, eine Deutung oder eine Interpretation dafür, warum sie sich denn so schlimm
und so unmöglich benehmen müßte, wurde zum Widerstand.

Regressionsformen: Starkes, anfänglich libidinös gefärbtes Agieren, das sich
zunächst mit Geschenken oder Angeboten von Geschenken ankündigte, um dann
in rezidivierende Perioden tiefer „maligner" Regression überzugehen. In diesen
Perioden meldeten sich Wünsche und Forderungen der Patientin nach aktiven, hel-
fenden Eingriffen in ihr Leben und nach privaten Kontakten mit mir. Schließlich
auch die Erwartung, daß es ihr mit meiner Hilfe eines Tages mühelos gelingen
müßte, eine große Sängerin zu werden, und daß es meine Aufgabe wäre, das „Gold
in ihrer Kehle" zu befreien.

Zum Behandlungsverlauf:

Die Behandlung der Patientin lief mit drei Wochenstunden über 1½ Jahre
und wurde mit einem symptomatischen Teilerfolg beendet. Die Patientin
selbst wünschte keine Fortführung der Therapie, obgleich ihre Schwangerschaftsfurcht noch in alter Stärke aktiv war. Die Übersiedlung nach Westdeutschland gab den äußeren Vorwand für den Abbruch der Behandlung.

a) Die Eröffnungsphase der Behandlung

Wie ich schon bei meiner stichwortartigen Zusammenstellung über die Verhaltensweisen der Patientin mitgeteilt habe, reagierte sie auf die Abmachungen in bezug auf Träume und Einfälle mit einer Mischung aus beflissenem Eifer und stummem Vorwurf. Obgleich die Patientin eigentlich zu jeder Stunde einen Traum mitbrachte, gelang es ihr die ersten 50 Stunden hindurch nicht, den Traum sofort zu erzählen. Sie quälte sich (der latenten Tendenz nach wohl mich) mit langatmigen Schilderungen ihrer Ängste darüber, daß der Traum wieder zu dürftig und zu ungenügend sei. Wie schwer es ihr gefallen wäre, den Traum überhaupt in der Erinnerung zu behalten, und daß andere Patienten sicherlich immer sehr viel interessantere Träume hätten und in meinen Augen wertvollere Patienten seien.

Ich bringe zunächst die beiden Initialträume der Patientin.

Der Initialtraum: „Ich war beim Arzt. Mir wurden sämtliche Fingerkuppen aufgeschnitten mit einem senkrechten Schnitt, der die Fingerkuppe spaltete. Ich hatte sehr starke Schmerzen dabei, und bei jedem neuen Schnitt krampfte sich innerlich alles zusammen vor Schmerz. Ich sagte aber nichts."

Traum aus der gleichen Nacht: „Ich bin wieder in der Gesangsausbildung und soll die Rolle der Butterfly singen. Es ist kurz vor dem Auftritt. Ich stelle voller Entsetzen fest, daß mein Kleid viel zu kurz ist und nur bis zum Knie reicht, während ein sehr langer, orangeroter und auffälliger Unterrock bis zum Knöchel sichtbar ist. Ich denke: Nein — so kannst du nicht auftreten — und ziehe mich ins Dunkel zurück. Dann erfahre ich, daß mir sowieso eine andere diese Rolle weggenommen hat."

Nachdem die Patientin diese Träume erzählt hatte, bat sie zunächst schüchtern um einen Fingerzeig, wie sie es „am besten" machen könne und nahm meine Einhilfen dankbar auf. Erst sehr spät wurde mir klar, daß es sich hier bereits um Vorläufer einer bestimmten neurotischen Reaktionsweise gehandelt hatte, die schließlich in heftiges Agieren ausmünden sollte.

Der erste Traum der Patientin hatte ganz unmißverständlich mit ihrer Symptomatik — dem Vaginismus — zu tun. Der zweite Traum mit ihren exhibitionistischen Tendenzen und der Star- und Glanzrolle als Sängerin, die von der Patientin erstrebt und erträumt worden war. Außerdem kündigte sich jenes Thema an, das später die Analyse sehr belasten sollte: Das Erleben der Patientin, daß sie das benachteiligte Kind sei, dem man die Glanzrolle streitig macht („man hat mir die Rolle weggenommen").

In der vierten Behandlungsstunde brachte die Patientin folgenden Traum:

„Ich dachte über die spinale Kinderlähmung nach. Da fiel mir plötzlich ein, ob man diese Krankheit nicht auch durch Fieberkuren bekämpfen könnte. Ich sprach mit einem Arzt darüber, und der erzählte mir, daß mit einem Mittel ein starkes Fieber erzeugt würde, das eine Weile toben müsse, dann werde ein Gegengift eingegeben, mit dem man aber sehr sparsam umgehen müsse, weil es stark herzschädigend sei. Er erlaubte mir, bei einer solchen Behandlung zugegen zu sein. Einem jungen Mädchen wurde das übererregende Mittel eingegeben, und der Arzt stellte es gegen das Fenster, damit man besser die Bewegungen und Erregung des Körpers sehen könnte. Als das Mädchen anfing, sich unter Fieberschauern zu schütteln, erklärte er mir, daß nun der Zeitpunkt gekommen sei, einzugreifen und das neutralisierende Mittel einzugeben. Während der ganzen Behandlung standen wir beide an die Türpfosten gelehnt, so daß wir das Mädchen schräg vor uns hatten."

Die Einfälle der Patientin führten begreiflicherweise zunächst zum Bruder, der spinale Kinderlähmung gehabt hatte. Dann zu einer jungen Kollegin (das Mädchen, das sich in Fieberschauern schüttelte), mit der die Patientin im Laboratorium einen heftigen Rivalitätskonflikt ausagierte. Nach Angaben der Patientin handelte es sich um ein sexuell sehr bereitwilliges Mädchen, eine Eigenschaft, die die Patientin ebenso verurteilte, wie ersehnte.

Natürlich konnte die vielschichtige Thematik, die sich in diesen Träumen ankündigte, zunächst noch nicht bearbeitet werden. Dies unter anderem auch deshalb nicht, weil die Patientin mit ihren initialen Klagen über die Dürftigkeit der eigenen Träume viel Zeit verbrauchte, und auch die Einfallsketten nur sehr stockend kamen. Die Patientin unterbrach sich immer wieder angstvoll. Meinte dann, daß sie doch alles falsch machte und beteuerte die Unwichtigkeit ihrer Einfälle. In ihren Erinnerungen kehrte die Patientin anfänglich sehr häufig zu dem Konflikt zwischen den beiden Brüdern zurück und zu ihrer Beziehung zu der schönen Mutter, die die Familie mit heftigen Szenen und Selbstmorddrohungen drangsaliert hatte und die nicht müde geworden war, immer wieder darauf hinzuweisen, daß sie ihren Mann und den Kindern zuliebe ihre Gesangskarriere geopfert hatte. In der prüfenden Rückerinnerung wurde der Patientin allerdings deutlich, daß die Mutter ihre Ehe ganz offenkundig als Ausflucht gesucht hatte, um sich die Grenzen ihrer eigenen künstlerischen Begabung nicht eingestehen zu müssen. Noch deutlicher wurde der Patientin aber, daß ihre Mutter mit der Großmutter (die mit im Haushalt lebte) eine symbiotische, sehr infantil getönte Einheit gelebt hatte, die bei Zwistigkeiten in der Familie zu einer regelmäßigen Frontstellung der beiden Frauen gegen den Vater der Patientin führte.

Wichtig war in diesem Zusammenhang wohl auch, daß sich Mutter und Großmutter dem Vater gegenüber vor allem sozial überlegen fühlten (Künstlertum kontra Lebensmittelgroßhandel), und daß die Angehörigen der Mutter immer eine herablassende, um nicht zu sagen verächtliche Haltung gegen die väterliche Familie eingenommen hatten. Die Patientin hatte die Hochmutshaltung ihrer Mutter und Großmutter im bewußten Erleben immer sehr bekämpft. Im Verlauf der Analyse wurde es für sie zu einer großen Schwierigkeit, als sie entdeckte, wieviel sie von diesen hochmütigen Überlegenheitsphantasien mit in sich aufgenommen hatte, und wie stark sie mit den oben schon erwähnten inneren Vorstellungen lebte: „Wir" (Mutters Familie) sind was besseres und „die" (Vaters Familie) sind nur Plebs.

Obgleich sich bei der Patientin schon recht früh eine Tendenz zum Agieren gemeldet hatte, und ihre Neid- und Rivalitätshaltungen auch im Über-

tragungserleben spürbar waren, fühlte sie sich anfänglich von mir noch ausreichend geschützt und konnte sich bis zu einem gewissen Grad damit auseinandersetzen, daß die unglückliche Stellung zwischen den beiden Brüdern
ihr ihre scheue und geduckte Angsthaltung eingetragen hatte, während die
Identifikation mit der narzißtischen Mutter zu geheimen Star- und Glanzphantasien führte, die zugleich das Leid beschwichtigen sollten, das aus dem
Dauergefühl der Zurücksetzung resultierte.

Etwa um die 60. Stunde herum verlor die Patientin die Symptomatik
(den Vaginismus), die sie anfänglich zu mir geführt hatte. Dieser symptomatische Erfolg ging sicher auf eine Reihe von Entlastungserlebnissen der
Patientin zurück, hatte aber im Gesamtverlauf der Behandlung einen eher
ungünstigen Stellenwert: Der Ehemann der Patientin litt an den Folgen
einer angeborenen Hüftluxation und lahmte. Er war klein von Statur und
nach den Angaben der Patientin äußerlich unansehnlich. Er hatte sehr um
die Patientin geworben, und die Patientin hatte ihn in der Erwartung geheiratet, daß sie für diesen behinderten und wenig eindrucksvollen Mann immer
eine begehrenswerte und sehr bewunderte Frau bleiben würde. Als sich bei
der Patientin schließlich der Vaginismus einstellte, nahm sie zwar den Rat
zu einer psychotherapeutischen Behandlung auf. In der Therapie wurde aber
doch bald deutlich, daß sie ihr eigenes Symptom insgeheim als einen Fehler
und *ein Versagen des Mannes* erlebt hatte. Mit dem Verlust des Symptoms
hatte sich für die Patientin zwar auf einer bestimmten Ebene des Erlebens
eine Entängstigung eingestellt. Der Preis dafür war aber hoch: Sie glitt in
jene Schicht des Fühlens und Erlebens zurück, die wir heute mit BALINT die
Ebene der „Grundstörung" nennen würden. Es kam in ihrem realen Leben
zu einem eigentümlichen *Symptomverhalten*, indem sie ihren Mann mit
unbegründeten Eifersuchtsszenen plagte und fast unersättlich war in dem
Wunsch, immer wieder von ihm die Versicherung zu erhalten, daß sie für
jetzt und alle Zeiten in seinem Erleben die einzig begehrenswerte Frau sei.

Das Verhalten der Patientin dem Ehemann gegenüber war sicherlich überdeterminiert: Zunächst erweckte es den Eindruck, als handle es sich vor allem
um heftige und erregte Abwehrmaßnahmen gegen die eigenen Ausbruchstendenzen und die sich meldenden homosexuellen Übertragungsgefühle. Zu
einem Teil war eine solche Interpretation des psychodynamischen Geschehens bei der Patientin wohl auch richtig. Ihr heftiges Agieren, in das sie
dann schließlich auch in der Analyse geriet, verdeckte aber (wenigstens für
mein damaliges Verständnis) das Ausmaß der zugrunde liegenden tiefen
Vertrauenslosigkeit, das die Patientin zu den erregten, infantil-agierenden
Verhaltensweisen führte.

Im Beginn des Behandlungsabschnittes, in dem die Patientin schließlich so
tief regredierte, brachte sie in einer Stunde *zwei Träume* mit, die ihr Fühlen
und Erleben recht deutlich zum Ausdruck brachten:

Erster Traum: „Ich sitze im Unterrichtszimmer unserer Schule (für medizinisch-technische Assistentinnen), und Sie halten eine Unterrichtsstunde ab für alle, die sich dafür interessierten. Und zwar machten Sie eine Analyse des Speichels in bezug auf seelische Störungen. Der Speichel wurde mit allen möglichen Reagenzien zusammengebracht. Bei den Zuhörern waren viele Kinder, die sich alle munter um Sie scharten, während ich mich gegen meinen eigenen Willen zurückhielt und eifersüchtig war auf die Unbekümmertheit, mit der diese Kinder Ihnen ihre Zuneigung zeigten und die Herzlichkeit, mit der Sie ihnen begegneten. Ich wagte es nicht, in gleicher Weise meine Empfindungen zu zeigen, obgleich ich gerade in diesem Augenblick sehr stark das Bedürfnis hatte, Sie umzufassen und mich anzulehnen. Ich litt darunter, daß ich es nicht wagte. Ich hatte, während Sie die Versuche machten, sehr starke Speichelabsonderung und mußte dauernd mit Übelkeit kämpfen. Es standen viele Fläschchen herum mit Speichel von den anderen Kindern. Sie gossen von dem Speichel etwas auf einen Wattebausch, der sich dann blau verfärbte. Obgleich ich starke Speichelabsonderung hatte, machten Sie mit meinem Speichel nichts, sondern nur mit den verfärbten Wattebäuschchen der anderen Kinder ornamentale Figuren auf weißes Papier.

Es gab dann Frühstück, und ich stellte fest, daß Sie genau die gleiche dicke Blutwurst aßen wie ich. Die anderen Kinder waren nacheinander still aus dem Zimmer gegangen, weil sie die Lust verloren hatten, und ich blieb mit Ihnen allein zurück."

Aus der gleichen Nacht stammte ein anderer *Traum:* „Ich bin eine *Ratte,* die auf den Hinterbeinen geht und an einem Halsband von Ihnen, an einer *Kläranlage* vorbei, wie ein Hund spazieren geführt wird. Ich habe das Gefühl äußerster Demütigung und empfinde es zugleich als angenehm, von Ihnen so geführt zu werden. Ich weiß dabei genau, daß ich eigentlich keine Ratte, sondern ein Mensch bin und denke, daß es gemein von Ihnen ist, mich so als Ratte der Öffentlichkeit zu zeigen. Noch im Traum fällt mir ein, daß ich einmal einen Königspudel so auf den Hinterbeinen habe gehen sehen, wie ich jetzt als Ratte spazieren geführt werde."

In dem ersten Traum der Patientin hatte sich nicht nur das alte „Schülerinnenthema" gemeldet, mit dem Bedürfnis unterrichtet, gelenkt und geführt zu werden. Es wagten sich auch die Wünsche hervor, sich still und vertrauend an mich anlehnen zu dürfen und gewiß zu sein, daß „die anderen Kinder" (alle Rivalen also) verschwinden würden, damit die Patientin in ungestörter Zweierbeziehung mit mir zurückbleiben könnte. Daß diese Zweierbeziehung ein Element von gemeinsamem „Kannibalismus" enthielt („Sie essen die gleiche Blutwurst wie ich"), war sicherlich als ein Signal dafür zu werten, daß in der Patientin noch immer sehr archaische Ängste in bezug auf Fressen und Gefressenwerden aktiv waren. In dem Traum der gleichen Nacht, in dem die Patientin als Ratte von mir an einer Kläranlage vorbeigeführt wird, gesellte sich das anal-sadistische Element zu den oral-kannibalistischen Impulsen hinzu, wieder im Bild einer ausschließlichen Zweierbeziehung, die aber — neben der Hoffnung auf „Klärung" — deutliche Elemente von Verfolgung, Demütigung und Destruktion enthielt.

Im Verhalten der Patientin meldeten sich die ersten — für mich kaum erkennbaren — Vorläufer der späteren tiefen „malignen" Regression: Die Patientin verfiel in längere Schweigepausen und wartete sichtlich auf gelegentliche Einhilfen von mir. Ich sah zunächst keinen Anlaß, ihr diese Einhilfen nicht mit einem gelegentlich aufmunternden Wort oder einer Lautäußerung zu geben. Die Patientin schien auch anfänglich entlastet und dankbar, benötigte aber einige Zeit später „stärkere" Bekundungen meiner Hilfsbereitschaft: Sie wandte auf ein einhelfendes Wort von mir den Kopf zur Wand und schwieg noch längere Zeit. Wenn ich dann meinerseits schwieg, brachte sie schließlich mit einer anlehnungsbedürftigen Kopfwendung in meine Richtung zum Ausdruck, daß nun die Trotzphase überwunden wäre, und ich doch noch einmal etwas Freundliches sagen möge. Auch auf diese stummen — nur in einer Geste ausgedrückten — Bitten bin ich zunächst eingegangen, um dann aber nach einer Weile doch einen Versuch zu unternehmen, diese stummen Bitten um Hilfeleistung ins Gespräch zu bringen. Die Patientin reagierte jetzt heftig und empört, fühlte sich von mir verraten und angegriffen. Nach einer Stunde, in der sie mir eine heftige Szene gemacht hatte, brachte sie das nächste Mal einen Blumenstrauß mit, mit der nachdrücklichen Bitte, ich möchte dieses Geschenk zum Zeichen meiner Verzeihung doch annehmen. Auch hier habe ich eine Deutung dieses Geschenkes zunächst einmal zurückgestellt und die Patientin schien zufrieden. Einige Stunden später brachte sie einen Konfektkasten, um sich für die erreichte „Besserung" zu bedanken. Meine Versuche, dieses Geschenk in seiner Bedeutung zu interpretieren, blieben vergeblich und lösten wiederum bei der Patientin heftige Attacken aus, die dann in ein verzweifeltes Weinen übergingen, weil ich sie zurückstieße und verachtete. Bei der Patientin hatte sich offensichtlich der Wunsch, Geschenke oder Hilfeleistungen zu erhalten, in sein Gegnteil verkehrt und nahm (in bezug auf die Tendenz zu schenken) gelegentlich recht bizarre Formen an: So ging es schließlich im Verlauf der Therapie einige Stunden um den Wunsch der Patientin, mir eine Daunendecke (!) zu schenken, weil sie annahm, daß mir ein solcher Gegenstand für mein Schlafzimmer fehlte, und weil sie selbst Beziehungen zu einer bestimmten Firma hatte, bei der sie Daunendecken billig bekommen konnte.

Ganz sicher war in diesem drängend angebotenen Geschenk der Wunsch der Patientin aktiv, eine wärmende intime Gemeinsamkeit mit mir herzustellen. Ich muß dabei hier vielleicht einfügen, daß es in der ersten Nachkriegsperiode nach Ausbombung und Plünderung der Stadt unter Freunden üblich gewesen ist, sich wechselseitig bei der Beschaffung wichtiger Gebrauchsgüter zu helfen. Aber selbst wenn man diese Situation berücksichtigt, war das Angebot der Patientin auch damals nicht nur inadäquat in bezug auf die therapeutische Situation, sondern auch überdimensioniert in seinem Wert. Als ich der Patientin vorschlug, das Motiv für ein solches Angebot einmal gemeinsam zu überdenken, erlebte sie diese Reaktion als eine schwere Kränkung und Zurückweisung und kam in deutlich paranoid getönter Haltung immer wieder darauf zurück, daß ich offenbar nichts mit ihr zu tun haben wollte.

Die tiefe Verzweiflung der Patientin und ihre Stimmung von Angst und Verlorenheit berührten und beeindruckten mich sehr. Trotzdem schien sich

kein Weg zu ergeben, der die heftigen Forderungen der Patientin und ihr
Agieren einer lösenden Befriedigung zuführte. Bei der Patientin kamen jetzt
entweder paranoid getönte Ängste und Befürchtungen auf, die mein eigenes
vermutetes Eingreifen in ihr Leben betrafen: Sie hatte die Vorstellung, daß
ich heimlich mit ihrem Mann über sie sprechen würde, obgleich mir der Ehemann persönlich nicht bekannt war. Sie nahm auch an, daß ich mich mit dem
ärztlichen Leiter ihres Laboratoriums in Verbindung gesetzt hätte, obgleich
ich diesen ebenso wenig kannte wie den Ehemann. Diese Ängste oder Befürchtungen verkehrten sich dann unvermutet in heftige Wünsche und Forderungen, die die Patientin nicht als Einfälle mitteilen konnte, sondern die
sie so vorbrachte, als sei es meine unmittelbare Pflicht, sofort ihre Wünsche
und ihre Ansprüche zu erfüllen. So sollte ich zum Beispiel den Ehemann
anrufen, um ihn vom Wert der Patientin zu überzeugen. Oder ich sollte
mich darum bemühen, ihr einen besseren Arbeitsplatz zu verschaffen. Auch
wurden jetzt mit großer Heftigkeit jene Wünsche und Phantasien aktiv, die
den geheimen Star- und Glanzphantasien der Patientin galten. Die Patientin wollte von mir Ratschläge, bei wem sie ihre Stimme noch einmal prüfen
lassen sollte, und wer wohl als Lehrer und Gesangspädagoge für sie in Frage
käme. Sie rückte auch mit heftigen Anklagen heraus, daß ich nicht imstande
war, ihr verschüttetes Künstlertum zu befreien, und daß ich eine solche Baga-
tellsymptomatik wie den Vaginismus ernst genug genommen hätte, um eine
Therapie bei ihr zu versuchen, daß ich aber blind dafür gewesen wäre, welche wichtige Problematik es in Wirklichkeit zu bearbeiten gab.

Im Rückblick würde ich heute sagen, daß die Patientin mit diesen Attak-
ken und Anklagen in gewisser Weise recht hatte, wenn sich bei ihren Vorwürfen auch das Thema inhaltlich verschob: Die Schwere ihrer Störung, die
ich heute mit BALINT die „Grundstörung" nennen würde, ist mir sicherlich
nicht voll zum Bewußtsein gekommen, und ich habe Fühlen, Verhalten und
Reagieren der Patientin ganz überwiegend als den Ausdruck einer ziemlich
schweren Hysterie eingeordnet.

Wenn die Patientin in der analytischen Situation gelegentlich wieder aus
ihrer tiefen Regression auftauchte, hatte sie ganz überwiegend von den vielen selbst arrangierten Schwierigkeiten in Ehe und Beruf zu erzählen: Sie
bedrängte nicht nur ihren Ehemann in der oben schon geschilderten Weise.
Es kam auch ein intriganter Zug bei ihr zum Vorschein mit der Tendenz,
die Menschen in ihrem Berufskreis gegeneinander auszuspielen. Die Patientin hielt in gleicher Weise, wie früher die Mutter, ihre Umwelt mit Szenen,
Vorwürfen und gelegentlich auch mit Selbstmorddrohungen in Atem.

Anfänglich habe ich versucht, mit der Patientin die Herkunft und unbewußte Dynamik ihrer selbstanklägerisch vorgebrachten Verhaltensweisen
zu besprechen. Ganz offenkundig konstellierte sie mit ihren ungereimten
Attacken gegen Ehemann oder Rivalinnen auf dem Arbeitsplatz eine alte
Kindersituation: Die Patientin war ja von der Mutter früher oft wegen ihres

unleidlichen Charakters gescholten worden, vor allem, wenn sie sich dem
jüngeren Bruder gegenüber patzig und eifersüchtig benahm. In der Analyse
schilderte die Patientin ihre häuslichen und beruflichen Szenen immer in
stark selbstanklägerischer Weise, erzählte, wie unleidlich sie sich wieder
benommen hätte und bat dann um Ratschläge oder Deutungen, die ihr helfen könnten, sich zu ändern, damit ihr Ehemann sie nicht verließe, und die
Kolleginnen sie nicht von ihrem Arbeitsplatz wegdrängten. Jedes Mal, wenn
ich den Fehler machte, auf die Bitten der Patientin nach einer entsprechenden Deutung einzugehen, oder auch nur zum Ausdruck brachte, daß ich ihr
gern bei der Überwindung ihrer Schwierigkeiten helfen wollte, ordnete die
Patientin mein Verhalten unmittelbar so ein, wie es ihrer eigenen Kindersituation entsprach: Sie fühlte sich von mir (wie früher von der Mutter)
gescholten. Und das immer dann, wenn ich nichts anderes tat, als mich mit
ihren Selbstanklagen zu beschäftigen, anstatt ihre geheimen und unbewußten Erwartungen zu erfüllen, nämlich aktiv ihre Partei zu nehmen und alle
Verfehlungen dem Ehemann, dem Vorgesetzten oder den Rivalinnen der
Patienten anzukreiden.

Alles in allem blieben jegliche Versuche, die Erlebnisweisen der Patientin
mit Hilfe von Deutungen zu bearbeiten, ergebnislos. Die erregte Verfassung der Patientin erzwang es schließlich von ganz allein, daß ich alle Interpretationen über Bruder- und Geschwisterrivalität, über die Beziehung zu
Vater und Mutter oder zu mir völlig zurückstellte. Dies um so mehr, als ich
allmählich immer deutlicher verstand, wie sehr die periodisch angemeldeten
Forderungen der Patientin nach neuen, hilfreichen Interpretationen im Dienste ihres Wunsches standen, daß ich aktiv in ihr Leben eingreifen möge und
eine handelnde Rolle in der Analyse übernehmen. Ich habe damals — in dieser Periode der Behandlung — meine Hoffnung darauf gesetzt, daß stilles
Zuwarten vielleicht doch helfen könnte, bis die Patientin aus ihrer tiefen,
vertrauenslosen Verzweiflung und ihren agierenden Attacken wieder auftauchen würde, um eine tragfähige Beziehung zu mir herzustellen. Ich kann
aber nicht sagen, daß die Behandlung wirklich zu einem voll befriedigenden Erfolg geführt hätte. Der Vaginismus der Patientin ist zwar nicht wieder
aufgetreten. Ihr Lebensgefühl blieb aber weiter von der Vorstellung durchsetzt, daß sie das benachteiligte und schwer geschädigte Kind sei, an dem
ein Unrecht wieder gutgemacht werden müßte. Zugehörig blieb natürlich
auch die heftige Angst der Patientin vor Schwangerschaft und eigenen Kindern erhalten, und als Erfolg der Therapie konnte ich vielleicht nur noch verbuchen, daß die Patientin sich auf einen verträglichen Alltag mit ihrem Ehemann einpendelte und (anstelle der Star- und Glanzphantasien als Sängerin) in ihrem Berufsleben eine gewisse Ehrgeiz- und Tüchtigkeitslinie ein-
schlug, die immerhin einige, wenn auch spärliche, Befriedigungserlebnisse
einbrachten.

Wie schon erwähnt, war die Übersiedlung der Patientin nach Westdeutschland der äußere formale Anlaß, um die Behandlung zu beenden. Es fällt mir schwer, heute im Rückblick zu sagen, ob ein früheres und tieferes Verständnis der Prozesse, die sich in der Patientin abspielten, nicht doch auch zu einem tieferen und durchgreifenderen Behandlungserfolg geführt hätten. Vieles spricht gerade bei dieser Patientin dafür. Was allerdings nicht heißt, daß wir es nicht immer wieder, auch bei bestem Bemühen, in unserer analytischen Tätigkeit mit Krankheitsbildern zu tun haben werden, bei denen sich die pathologischen seelischen Prozesse als irreversibel und unbehandelbar erweisen.

Fall 4: Patientin U. S., 28 Jahre (geb. 1922), verheiratet; Ehemann noch in Kriegsgefangenschaft; keine Kinder. Ursprünglich Zahntechnikerin von Beruf. Führt nach dem Tod der Mutter gemeinsam mit dem Vater dessen Drogerie; lebt mit dem Vater in zwei Zimmern, die an die Geschäftsräume anschließen.

Symptomatik: Psychische Ausnahmezustände (hysterische Dämmerzustände), Alkoholabusus. (Depressiv-hysterische Struktur mit eingestreuten Zwangsmechanismen.)
Beginn und Dauer der Symptomatik: Allmählicher Beginn seit drei Jahren.
Auslösende Situation: Krankheit und Tod der Mutter, Ehe der Schwestern, Nachricht, daß der vermißte Ehemann noch lebt.
Prognose: Sehr zweifelhaft; eher ungünstig.
Stundenzahl: 420 (davon 220 privat).
Behandlungsdauer: 4 Jahre.
Behandlungsergebnis: Langsame, aber durchgreifende strukturelle Veränderung mit Fortfall der Symptomatik.
Katamnese: Nach fünf und acht Jahren, kein Rückfall.

Zur Biographie: Die Patientin war *Drilling.* Ihre beiden Schwestern galten für eineiig, waren aber zarter als die Patientin, die als Kind sehr kräftig gewesen sein soll. Die Eltern stammten aus Oberschlesien, wo die Patientin auch aufgewachsen ist. Der Vater hatte als Drogist die Drogerie seiner Eltern übernommen. Beide Eltern waren bei Geburt der Drillinge 26 Jahre alt. Die Geburt der drei Kinder bedeutete für beide eine schwere Belastung ("Mutter hat beim Stillen nur geweint; wenn die letzte fertig war, kam die erste schon wieder dran.") Die Patientin wurde nach ihrer eigenen und vom Vater bestätigten Aussage *immer zuerst* gestillt, angeblich weil sie am kräftigsten schrie. Dann soll man sie sofort in ein Nebenzimmer oder in den Garten abgestellt haben, während die beiden eineiigen Schwestern beisammen und auch mehr bei der Mutter blieben.

Die Patientin war nicht nur vitaler und kräftiger als beide Schwestern, sondern sie kam auch in der Schule besser mit und absolvierte die mittlere Reife, während die Zwillinge einmal gemeinsam sitzenblieben und sich mit der Volksschulausbildung begnügten. Die Eltern zogen nach Berlin, als die Patientin 13 Jahre alt war (1935) und kauften hier eine Drogerie, die ein sehr florierendes Geschäft wurde, und die der Vater auch in der Kriegs- und Nachkriegszeit gut zu führen verstand. Das vorhandene Warenlager brachte der Familie durch Tausch- und Schwarzmarktgeschäfte manche Erleichterung. Die Wohnverhältnisse waren allerdings immer sehr beengt, da die fünf Personen nur die beiden kleinen, dunklen, zur Drogerie gehörigen Zimmer zur Verfügung hatten.

Die Patientin erlebte in ihrer Familie eine Mischung von *Außenseiter-* und *Vorzugsstellung.* Sie machte eine Lehre als Zahntechnikerin durch, arbeitete bei einem Zahnarzt und ging dann eine frühe Kriegsehe ein mit einem Ehemann, den sie kaum kannte. Trotz der Ehe behielt die Patientin ihre Wohngemeinschaft mit Eltern und Schwestern bei. Der Ehemann wurde bald als vermißt gemeldet. Als die Mutter 1947 nach kurzem, aber schwerem Krankenlager an einem Krebs verstarb, gab die Patientin ihre Stellung bei dem Zahnarzt auf, um dem Vater im Geschäft zu helfen. In der gleichen Zeit hatten sich die Zwillingsschwestern verlobt und feierten eine Doppelhochzeit, um anschließend nach Westdeutschland zu verziehen. Die Patientin erhielt die erste Nachricht von ihrem Ehemann aus einem russischen Kriegsgefangenenlager.

Neurotische Reaktionsformen, Abwehrmechanismen, Haltungen usw.: Verdrängen. Verkehrung ins Gegenteil. Regression in passiv-orale, süchtige Zustände. Zwangsmechanismen (Pedanterien, Rückversicherungszwänge) eingestreut in die Matrix einer hysterischen Struktur. Ausgesprochene Haltung von Bereitwilligkeit und Entgegenkommen. Sehr tief verwurzelte Mischung von Außenseiter-Erleben und Überlegenheitsgefühl.

Die Bedeutung der auslösenden Situation: Auch bei dieser Patientin war die auslösende Situation überdeterminiert: Bis zum Tod der Mutter hatte sie sich eine leidlich ausbalancierte Lebenssituation aufgebaut, in der sich die verschiedenen Gefühlselemente von Überlegenheit einerseits und Außenseiter-Position andererseits in etwa die Waage hielten. Die Patientin lebte zwar noch bei Eltern und Schwestern, war aber als erste verheiratet (ohne daß die Bindung an den Mann wirklich zum Tragen kam) und hatte als Zahntechnikerin einen, im Erleben der Familie, interessanten und angesehenen Beruf, der sie gleichzeitig in eine — ebenfalls nur halbverbindliche — Beziehung zu einem älteren Mann, dem Zahnarzt, führte. Bei diesem Lebensarrangement konnte die Patientin die latente libidinöse Bindung an die Zwillingsschwestern zwar aufrecht erhalten, bewahrte sich aber gleichzeitig so viel Distanz und Ausweichsmöglichkeiten, daß keine akuten Konflikte aufbrachen. Als die Schwestern heirateten und die Mutter starb, schien es der Patientin im bewußten Erleben problemlos, daß sie ihre Stellung bei dem Zahnarzt aufgab und ihrem Vater half. Dies um so mehr, als sie die Nachricht erhielt, daß ihr Ehemann in der Kriegsgefangenschaft noch lebte und begründete Hoffnung bestand, daß er bald nach Hause zurückkehren würde.

Die Patientin hatte immer sehr um den Vater werben müssen. Der Vater ging bevorzugt mit den beiden anderen Schwestern spazieren und ließ die Patientin beiseite. Im Erleben der Patientin sprach er nur auf ihre Tüchtigkeit und Hilfsbereitschaft an. Als die Patientin ihren Beruf aufgab, um dem Vater zu helfen, blieb sie auf dieser Linie der Tüchtigkeit und Hilfsbereitschaft, verkannte aber, wieviel Feindseligkeit und Proteste in ihr gerade in bezug auf diese „Tüchtigkeitshaltung", die der Vater erwartete, aufgespeichert waren. Da der Vater die Patientin bei weitem weniger lobte und anerkannte als der frühere Chef, und die Patientin nicht einmal ein richtiges Gehalt bekam wie früher, geriet sie unter den Druck realer Versagungen, die sich zu den mobilisierten Ambivalenzhaltungen dem Vater gegenüber noch hinzugesellten. Die Nachricht, daß der Ehemann noch lebte, hatte für die Patientin natürlich eine vielschichtige und problembeladene Bedeutung: Die Umwelt erwartete von ihr, daß sie überglücklich sei, und sie selbst wagte nicht, sich einzugestehen, wie sehr sie sich von dem Gefühl, gebunden zu sein, belastet und bedrückt fühlte. Unbewußte und verdrängte Todeswünsche gegen den Ehemann haben beim Auftauchen der Symptomatik sicher eine sehr beträchtliche Rolle gespielt.

Konfliktthemen während der Behandlung: Die auffällige und (im Erleben der Familie) ehrenrührige Symptomatik. Der plötzliche Verlust von Mutter und beiden Schwestern; die Bindung an den früheren Arbeitgeber (Zahnarzt) und der Verlust dieser vertrauten Tätigkeit, die der Patientin viel Anerkennung gebracht hatte. Die sexuellen Entbehrungen und die starken Impulse der Patientin, dem in Gefangenschaft lebenden Ehemann untreu zu werden. Die Bedeutung der Nachricht, daß der Ehemann noch lebte. Die Angst vor der Rückkehr des Ehemannes. Die Todeswünsche gegen den Ehemann und die gleichlaufende Tendenz, diesen als Person fast unbekannten Mann zu idealisieren. Die Bindung an den Vater und die deutlich inzestuösen Elemente dieser Bindung. Vor allem aber der Protest der Patientin, daß sie immer um die Gunst des Vaters hatte werben müssen, und daß sie jetzt für ihre Hilfeleistung so gut wie keine Anerkennung erhielt. Die Versuchungen in der Drogerie in bezug auf Alkohol und Alkoholabusus.

Die inneren Formeln der Patientin:
Ich bin die Schwarze, die immer zuerst gekriegt hat (auf Stillen bezogen), weil ich am lautesten brüllte.
Ich habe Kraft, ich kann helfen.
Ich möchte frei sein.
Ich möchte am liebsten von allem weg.
Ich habe immer das Gefühl, mich will keiner.
Ich habe oft das Gefühl, ich existiere gar nicht.
Die Liebe der Männer muß man sich doch immer nur erkaufen.
Wenn man nichts leistet, gilt man nichts.
Wenn „der Zustand" kommt, bin ich „selig", dann ist alles schön.
Ich möchte große Wanderungen machen, ganz einsam, und keiner soll mich kennen.

Die Reaktionen der Patientin auf die analytische Situation und die Abmachungen: Die Patientin brachte in die erste Stunde keinen, später aber eine Vielzahl von Träumen, die sie alle aufschrieb und mir hinterließ. Sie hatte aber keine besondere Neigung, die Einfallstätigkeit mit ihren Träumen und den Traumeinzelheiten zu verknüpfen, sondern glitt mehr in ein allgemeines Assoziieren ab. Sie hatte innerhalb der ersten 70 Behandlungsstunden mehrere Male ihren psychischen Ausnahmezustand, den sie den „seligen" oder den „geliebten" Zustand nannte. Längere, aber nicht gequälte Schweigepausen waren häufig und für die Patientin offenbar wichtig. Allerdings enthielten diese Schweigepausen die Gefahr, daß die Patientin in den „geliebten Zustand" abglitt.

Übertragungs- und Widerstandsreaktionen: Anfänglich eine Phase libidinös getönter Schwesternübertragung mit mehrfachen Angeboten von Hilfeleistungen und Geschenken („wenn Ihnen das und das fehlt, könnte ich es Ihnen vielleicht besorgen"). Danach eine leicht ängstliche, paranoide Mutterübertragung („ich bin Ihnen sicher zuviel, Sie haben andere Patienten, die besser sind") und schließlich eine werbende Vaterübertragung, in der sich wieder die Angebote zu Tüchtigkeit und Hilfestellung meldeten. Gleichzeitig eine deutlich „philobatische" Tendenz mit dem Wunsch, die Beziehung zu mir und die Analyse zwar als Sicherheitszone zu behalten, aber doch in unbekannte, spannende, ferne Weiten entgleiten zu dürfen.

Widerstandsreaktionen kamen meist in Form der Symptomatik (also im Abgleiten in den „geliebten Zustand") auf und in langen Schweigepausen, die aber nur selten einen aggressiv-trotzigen Charakter hatten.

Regressionsformen: Länger anhaltende und immer neu benötigte Phasen „tiefer", gutartiger Regression, die zu einer langsamen Aufgabe der basalen Mißtrauenshaltung („man will mich nicht") und des Isolierungsgefühls führte.

Zum Behandlungsverlauf:

Die Behandlung der Patientin zog sich über fast vier Jahre hin mit insgesamt 420 Behandlungsstunden. 200 Behandlungsstunden wurden von der Krankenkasse finanziert. Die Patientin hat dann — obgleich inzwischen weitgehend symptomfrei — um private Weiterbehandlung gebeten, die ich ihr ermöglichen konnte. Stundenhonorar anfänglich DM 3,—, später DM 5,— pro Stunde.

a) Die Eröffnungsphase der Behandlung

Nach der Vorbesprechung kam die Patientin zur ersten Behandlungsstunde und legte sich auf die Seite, um mich anzusehen. Sie meinte, sie wolle sich lieber mit mir unterhalten und vor allem von mir hören, daß sie weder hysterisch sei, noch eine Epilepsie habe, und daß ihre Schwiegermutter im Unrecht wäre, wenn sie ihr ihre psychischen Ausnahmezustände zum Vorwurf machte.

Ich habe mit der Patientin daraufhin noch einmal die Gründe für das analytische Arrangement erörtert und bei ihr angefragt, ob sie sich sehr unbehaglich fühlte, wenn sie keine Gelegenheit habe, mir in die Augen zu sehen. Die Patientin konnte daraufhin erzählen, daß sie immer versuchte, den Menschen, die sie umgeben, oder denen sie neu begegnet (auch den Kunden im Laden), besonders freundlich in die Augen zu sehen. Sie wußte, daß ihr gewinnendes Lächeln beliebt war und konnte nach einiger Selbstbesinnung sogar angeben, daß hinter diesem werbenden und gewinnenden Verhalten Ängste lauerten, daß man mit ihr unzufrieden sein könnte, oder daß man sie ablehnte. Die Patientin erzählte dann auch von ihrem „Glaskasten-Gefühl", das ihr niemand anmerkte. Ihr zugewandtes Wesen habe immer verdeckt, wie isoliert sie sich eigentlich fühlte.

In die zweite Stunde kam die Patientin dann mit folgendem Traum:

„Ich liege in einem Garten und sehe in den Himmel. Über mir ist ein Gestirn, das wie Sonne, Mond und Wolke zugleich aussieht. Um mich herum viel Gewürm, sehr ekliges Gewürm. Aber wenn ich das Gestirn anblicke, hat das Gewürm keine Macht über mich und kann nicht an mich heran."

Die Patientin hatte zu dem Gestirn Einfälle aus ihrer Kinderzeit: Sie erinnert sich, daß sie als kleines Mädchen allein mit hohem Fieber in einem Zimmer lag (die beiden anderen Schwestern bei der Mutter), und daß sie das Gefühl hatte, daß große, weiche, graue Bälle auf sie zugerollt kommen, in sie eindringen und sie umfangen. Dieses große, weiche, verschmelzende Gefühl erinnerte die Patientin an ihre jetzigen Dämmerzustände, die sehr häufig mit einem ähnlichen Erleben des Umfangen- und Durchdrungenseins begannen. Die Patientin erzählte dann weiter, daß sie in diesem Zustand des wolkenhaften Schwebens und Durchdrungenseins häufig auch verströmende musikalische Erlebnisse hatte; daß sie früher selbst Orgel spielte und beim Orgelspiel in ähnliche rauschhafte Zustände geriet.

In der dritten Behandlungsstunde kam die Patientin ebenfalls mit einem Traum:

„Auf einer Landstraße liegt ein Riese. Er lacht mit Zähnen wie aus Zucker, die sich beständig auflösen. Ich will an ihm vorbei und habe viele große Hunde bei mir, die aussehen wie nicht ganz echte Neufundländer. Ich habe eine Menge Milchflaschen im Arm. Hinter dem Riesen mit den Zähnen aus Zucker ist ein großes Gitter. Da hat sich ein Mann drin verfangen wie eine Spinne. Ich will hin und helfen, aber die Neufundländer verhindern das."

Nach dem Bericht dieses Traumes fiel die Patientin zunächst in Schweigen. Ich sprach sie nach einer Weile an. Sie meinte, sie höre Musik; Musik aus der Walküre (!) und schließlich das Lied: „Warte, warte nur ein Weilchen...", das sie selbst mit dem damals sehr bekannten Text ergänzte: „... bald kommt Harmann auch zu dir". Eine etwas makabre Textabwandlung des bekannten Operettenliedes, das dem Massenmörder Harmann galt, der seine getöteten Opfer zu Wurst verarbeitete und verkaufte.

Das „kannibalistische" Thema klang bei diesem Liedeinfall sehr deutlich an. Da sich aber in dieser Stunde offenbar ein psychischer Ausnahmezustand anmeldete, wagte ich es nicht, der Patientin einen entsprechenden Hinweis zu geben. Es war immerhin möglich, sie zu weiterer verbaler Kommunikation zu gewinnen: Zu den großen Hunden, die aussahen wie nicht ganz echte Neufundländer, fiel der Patientin ein, daß sie einmal als junges Mädel, während einer Reise, lange, einsame Nachtwanderungen gemacht hatte. Bei diesen Nachtwanderungen wollte sie weidende Kühe getroffen haben, die sie am frühen Morgen molk, um den Hunger und den Durst zugleich zu stillen. Nach dieser Erzählung verfiel die Patientin zunächst wieder in Schweigen, hing den Erinnerungen an ihre einsame Nachtwanderung nach, um sich dann plötzlich erneut zusammenzuraffen, spontan aufzustehen und in betont forscher Haltung zu sagen: „Na, dann wollen wir mal!".

Wie schon in dieser kurz skizzierten Behandlungsstunde, pendelte die
Patientin auch später im weiteren Verlauf der Analyse in eigentümlicher
Weise zwischen zwei sehr extremen Zuständen hin und her: Entweder zeigte
sie eine sehr aktive, forsch überspielende und zum Teil auch pedantisch
genaue Grundhaltung, die ein vitales Kraft- und Überlegenheitsgefühl zum
Ausdruck brachte, das aber vor allem benötigt wurde, um das immer bereitliegende Einsamkeits- und Verlassenheitsgefühl der Patientin zu beschwichtigen. (Regelmäßig wiederkehrende Formulierungen: „Ich bin die Schwarze,
die am meisten gebrüllt hat und deswegen immer zuerst bekam". Und: „Ich
bin rasend gern zur Schule gegangen". Und: „Ich war immer die Beste".
Und: „Ich helfe gern, auf mich kann man sich verlassen".) Der andere Zustand war der „selige" oder der „geliebte" Zustand. Der Patientin erschien
dann alles leicht, gut und klar. Sie erlebte ein Gefühl weicher Verschmolzen-
heit mit der Umwelt, in dem keine Unruhe und keine Störung an sie heran
konnten. Wie sich bald herausarbeiten ließ, stand der Alkoholabusus der
Patientin nach eigener Schilderung vor allem im Dienste dieses „seligen Zustandes", der sich nicht immer als psychogener Dämmerzustand von allein
einstellte und den sie dann mit Hilfe von Alkohol zu provozieren suchte.

Die Behandlung verlief entsprechend dieser Situation recht wechselvoll:
Eine Weile blieb die Patientin mit ihren Berichten, Einfällen und Erlebnissen
im Bereich des ödipalen Konfliktes, der bei ihr durch die ständige aktive Wer-
bung um den Vater gekennzeichnet war. Die Patientin kam immer wieder
auf Erinnerungen zurück, wie der Vater mit den beiden niedlichen eineiigen
Schwestern der Patientin, jede an einer Hand, spazieren ging, während sie
selbst zu Hause blieb oder sich allein in die Kirche setzte und dort der Orgel-
musik lauschte. Oder — später — der Mutter aktiv im Geschäft half. Das
Kraftgefühl, das die Patientin erlebte, wenn sie anderen helfen konnte, war
spontan und kompensatorisch zugleich. Die Patientin war nach ihrer eigenen Schilderung nicht nur vitaler als die beiden Schwestern gewesen, sondern offenkundig auch stabiler als die Mutter, die sich immer kränklich
fühlte und die vor jeder Schwierigkeit kapitulierte („es gibt keine Hoffnung"). In ihrem bewußten Erleben hat die Patientin diese Haltung der Mutter innerlich häufig kritisiert und stark abgelehnt. Sie machte es sich zum
Wahlspruch, niemals aufzugeben und wollte beruflich unbedingt weiter, vor
allem aber von dem Geschäftshaushalt der Eltern freikommen.

Alles in allem konnte man sagen, daß die konflikthafte Ausgangsproble-
matik im Leben der Patientin von ihr so gelöst worden war, daß sie um
ältere Männer mit Tüchtigkeit warb, jüngere Frauen (Schwestern) unbewußt
beneidete, bewußt aber als unterlegen empfand, und daß sie Mutterfiguren
zu beschützen suchte in der Vorstellung, daß diese Frauen doch hilf- und
ratlos wären. In der Symptomatik „kapitulierte" die Patientin dann allerdings — ähnlich wie die Mutter — vor den realen Lebensanforderungen,
wenn auch nicht — ohne sich ein Stück „Seligkeit" zu verschaffen.

Im Verlauf der Analyse verstand die Patientin allmählich, wie sehr das Doppelgefühl von Kraft- und Isolierungserleben bei ihr innerlich verschmolzen war, und daß sie — unbeschadet ihrer vitalen Kräfte — niemals zu einer wirklichen Verbundenheit mit anderen Menschen kommen konnte, weil der kompensatorische Charakter ihrer Hilfsbereitschaft (die eigentlich als Brücke zu den Menschen dienen sollte) eine nicht zu durchbrechende Trennscheibe aufbaute. Im Zusammenhang mit den Sehnsuchtsphantasien nach einer schützenden Mutter tauchte dann in der Erinnerung der Patientin die *Tante Lisa* auf (eine Schwester der Mutter), die möglicherweise die Patientin als den ältesten Drilling doch mehr versorgt hatte, als **die** Patientin wußte. Tante Lisa „mit den Mouson-Händen" war weich, warmherzig und liebevoll und hatte immer duftende Hände. Sie war das große Ideal der Patientin, aber durch den Umzug der Eltern nach Berlin aus ihrem Leben verschwunden. Von Tante Lisa wurde die Patientin, wie sie meinte, nicht nur geliebt, sondern auch verstanden.

Erinnerungen an anheimelnde Gerüche und vertraute Sofagespräche im Haus der Tante Lisa leiteten bei der Patientin dann eine Phase *tiefer Regression* ein. Auch diese Patientin war ja, wie schon anfänglich erwähnt, mit den Angeboten kleiner Geschenke in die Analyse gekommen. Sie gab sich aber — anders als die Patientin R. M. — mit einem freundlich ausweichenden Dank von meiner Seite zufrieden und fühlte wohl auch, daß es nicht notwendig war, meine Zuneigung mit Hilfe von Geschenken zu verdienen. Sie schwieg jetzt öfter, zum Teil lange und brachte Erinnerungen und Erlebnisse aus der frühen Kindheit, die alle sehr viel mit Hautgefühlen, Wärme, Behaglichkeit und Wohlgerüchen zu tun hatten.

Es ist nicht möglich, das wechselvolle Auf und Ab dieser langfristigen Behandlung hier in allen Einzelheiten zu schildern. Die Überwindung des Isoliergefühls („man will mich nicht") nahm bei der Patientin sehr viel Zeit in Anspruch. Durch den oberflächlichen Pseudokontakt in der Drogerie hatte sie immer neue wechselnde Anregungen und konnte nur schwer zu tieferen, festen und verbindlichen Beziehungen durchdringen. Sie entwickelte ein solches Gefühl zunächst wirklich nur in der Auseinandersetzung mit mir und in dem Bewußtsein, daß ich in großer Zuverlässigkeit und Beständigkeit für sie da war, daß ich an ihrem Erleben Anteil nahm und von ihr weder Tüchtigkeit noch Leistung verlangte, sie aber gern begleitete, wenn sie neue Pläne für ihr Leben machte und andere Möglichkeiten der Gefühlsbeziehung als bisher ausprobierte.

Thematisch war die Behandlung der Patientin vorwiegend auf ihre konflikthaften Beziehungen zu anderen Menschen zentriert, vor allem aber um die Frage des *Vertrauens*, der Zuverlässigkeit und Verbindlichkeit von Freundschafts- und Liebesbindungen. Objektiv war die Patientin insofern stark belastet, als ihr Ehemann noch in Kriegsgefangenschaft lebte, und sie nur sporadisch Nachrichten von ihm erhielt, außerdem in langen Zwischenräumen nicht sicher sein konnte, ob er überhaupt noch lebte. Diese Konstellation machte es schwer, die Beziehung der Patientin zu ihrem Ehemann analytisch wirklich aufzuarbeiten. Ich glaubte, viele Anzeichen dafür zu haben, daß dem Ehemann im unbewußten Erleben der Patientin eine Schutzfunktion gegen ihre eigenen libidinösen Tendenzen Frauen gegenüber zuteil worden war. Das Bangen um das Leben des Mannes, die Ungewißheit, in der die Patientin sich befand, machten es anfänglich aber fast unmöglich, hier klärend weiter vorzudringen. Darüber hinaus verdeckte der starke Frauenüberschuß der damaligen Jahre sehr viel von all jenen Problemen, die unter „normaleren" geschichtlichen oder gesellschaftlichen Bedingungen sicher zum Tragen gekommen wären.

Als die Patientin etwa in der 200. Stunde der Behandlung von einem heimkehrenden Kameraden ihres Mannes die Nachricht erhielt, daß der Ehemann in der Kriegsgefangenschaft verstorben war, machte sie eine schwere Krise durch, allerdings ohne erneut in ihre Dämmerzustände zu verfallen oder verstärkt zum Alkohol zu greifen.

Ich konnte der Patientin im weiteren Verlauf der Analyse helfen, mit den sie schwer erschütternden Schuldgefühlen fertig zu werden, die nur allzu verständlich waren, wenn man die intensiven, latenten und zum Teil manifesten Todeswünsche der Patientin dem Ehemann gegenüber bedachte. Es kam — glücklicherweise — auch jetzt noch mehrfach zu Phasen tiefer Regression, in denen die Patientin wenig sprach, das frühere „Wolkengefühl" erlebte und sich darauf verließ, daß ich existierte und sie verstand. Es war klar, daß für die Patientin die Endgültigkeit des Todes als unabänderlicher Schicksalsschlag im Grunde doch sehr viel erträglicher war, als die zermürbende Ungewißheit und die chronische Dauerbelastung einer nicht gelebten und auch nicht gelösten Partnerbeziehung. Jedenfalls war die Patientin nun — nachdem sie den Tod des Ehemannes erfahren hatte — allmählich in der Lage, sich vom Vater zu lösen. Ihre Neuorientierung, ihr „Neubeginn", wenn man so will, galt dem Wunsch, ihre Kräfte und ihre Hilfsbereitschaft nicht mehr so neurotisch wie bisher dem Vater und den beiden Schwestern zu widmen, sondern in einer eigenen Familie unterzubringen.

Den geschichtlichen Umständen entsprechend, waren für die damals 30-jährige Frau die Möglichkeiten zu einer voll befriedigenden Partnerbeziehung mit einem altersentsprechenden Mann relativ begrenzt. Immerhin hatte sie in ihrer vitalen und einsatzwilligen Art doch sehr viel zu bieten. Man darf sagen, daß in ihrer späteren Entscheidung, einen Witwer mit einer kleinen 13jährigen Tochter zu heiraten, einiges von den alten Liebesbindungen und Liebesbedingungen aus der Kinderzeit mit eingegangen war. Sowohl die Vaterbeziehung wie auch die Bindung an die Schwestern haben als begleitende Motivation bei dieser Entscheidung wohl mitgespielt. Die Patientin wußte das auch selbst, aber wir waren darüber einig, daß solche

Gefühlselemente, die sich qualitativ in neuen Bindungen melden, nicht unbedingt eine pathogene Dynamik entfalten müssen und zu neuer neurotischer Symptomatik führen.

Tatsächlich hat die Patientin keinen Rückfall in ihre frühere Symptomatik erlebt, litt aber in vorgerücktem Alter, wie sie mir später gelegentlich erzählte, an Magen- und Gallenbeschwerden, deren Psychogenese nicht zu verkennen war und die einsetzten, als die Stieftochter herangewachsen war und heiratete. Eine neuerliche Behandlung hat die Patientin beim Auftreten dieser Symptomatik allerdings nicht gewünscht. Sie ist nur zu gelegentlichen klärenden Gesprächen zu mir gekommen und war von den Beschwerden auch nicht allzu sehr beeinträchtigt.

D. ERGEBNISSE

I. Theoretische und praktische Probleme bei der Bewertung psychoanalytischer Behandlungen

Zum Abschluß dieses Buches komme ich nun zu einem Erfahrungsbericht, der über die Wirksamkeit psychoanalytischer Behandlungen Auskunft geben soll. Es wird sich um zwei sehr eng miteinander verknüpfte Materialsammlungen handeln, bei denen die beteiligten Kollegen bemüht waren, die Patienten nicht nur nach Abschluß ihrer Therapie zu untersuchen, sondern darüber hinaus auch noch den späteren Verlauf mit Hilfe von Katamnesen zu verfolgen. Allerdings werden sich diese Mitteilungen ausschließlich auf die Nachuntersuchung von psychoanalytisch behandelten Patienten beziehen. Es wird mir nicht möglich sein, ein ähnlich umfangreiches Material über die Arbeitsergebnisse der Dynamischen Psychotherapie beizubringen. Das hat eine ganze Reihe von theoretischen und praktischen Gründen. Wir werden sogleich verstehen, wie viele Hindernisse überwunden sein müssen, bis wir in unserem Fach für eine bestimmte therapeutische Methode eine einigermaßen umfangreiche und brauchbare Untersuchungsserie erarbeiten können.

Tatsächlich ist im Verlauf der vergangenen Jahre um die Beurteilung psychoanalytischer Behandlungsergebnisse stark gerungen worden. Bald nachdem die ersten poliklinischen Institutionen gegründet waren, in denen psychoanalytisch ausgebildete Kollegen ihre Patienten behandeln konnten, erschienen auch die zugehörigen Übersichtsreferate. Die frühen Publikationen von FENICHEL, ALEXANDER, JONES, KNIGHT und BOEHM gehören hierher. FENICHEL berichtete über 604 abgeschlossene und abgebrochene Behandlungen (davon abgeschlossen: 363 Fälle). ALEXANDER hatte 157 Fälle zur Verfügung (davon abgeschlossen: 114). JONES berichtete über 73 Patienten und KNIGHT über 101 (davon abgeschlossen: 84). 1942 legte BOEHM die therapeutischen Resultate nach 419 abgeschlossenen psychoanalytischen Behandlungen vor.

Leider spielten sich alle Versuche, die Wirksamkeit der psychoanalytischen Behandlungsmethode festzustellen, jahrzehntelang in einem Feld von Vorurteilen und vorgefaßten Meinungen ab. Ich berichtete ja schon in dem Kapitel über mögliche prognostische Einschätzungen, daß in jener Zeit, in der FREUD die Psychoanalyse als neue Behandlungsmethode in die Psychiatrie einführen wollte, unter den beteiligten Wissenschaftlern einigermaßen festgelegte Vorstellungen über die Behandelbarkeit von psychischen

Krankheitserscheinungen herrschten: Der desolate Verlauf einer schizophrenen Psychose wurde geradezu als diagnostisches Kriterium verwendet. In bezug auf die Neurosen nahm man an, daß es sie entweder gar nicht gäbe, oder daß sie ohne therapeutische Einflußnahme spontan ausheilen würden.

Diese wissenschaftliche Situation mag dafür verantwortlich gewesen sein, daß wir bei der Durchsicht unserer Fachliteratur immer wieder feststellen müssen, daß eine sehr große Anzahl von Autoren über die Möglichkeit oder Unmöglichkeit verläßlicher Erfolgskontrollen bei psychoanalytischen Behandlungen publizierten, ohne daß die betreffenden Kollegen selbst eigene Erfahrungen bei der Durchführung solcher Behandlungen gesammelt hätten. Mit Hinblick auf die kleine Zahl der ausgebildeten Psychoanalytiker und die relativ lange Dauer der Behandlungen, wuchs der Umfang des verfügbaren Beobachtungsmaterials auch nur langsam.

Im geschichtlichen Rückblick darf man dabei nicht vergessen, daß die Entwicklung und Ausarbeitung der psychoanalytischen Behandlungsmethode allein der privaten und opfervollen Initiative von Einzelpersönlichkeiten zu danken ist. Dieser Forschungszweig hat niemals die millionenschwere staatliche Unterstützung erhalten, die anderen Arbeitszweigen der Medizin zuteil geworden ist. Aber auch unabhängig von diesen Versäumnissen der universitären Forschungspolitik ist ganz offenkundig, daß die theoretischen und praktischen Schwierigkeiten, die sich bei der Erarbeitung von einigermaßen zuverlässigem Beobachtungsmaterial aufbauen, im Bereich der Psychoanalyse sehr viel größer sind als in anderen Gebieten der Psychiatrie sonst. Allein in theoretisch-wissenschaftlicher Hinsicht hatten sich die Forscher über zwei hoch komplexe Probleme zu einigen: Einmal war die *Behandlungsmethode*, die sie überprüfen wollten, ausreichend klar zu beschreiben oder zu definieren. Zum anderen mußten sie sich über jene *Kriterien* verständigen, nach denen sie ihre *Behandlungsergebnisse* beurteilen wollten.

Eine solche Forderung mag dem uninformierten Laien einigermaßen selbstverständlich erscheinen und zudem auch leicht erfüllbar. Die abgelaufene wissenschaftliche Entwicklung hat uns hingegen eines Besseren belehrt! Mit Hinblick auf einige Besonderheiten unserer einschlägigen Literatur will ich die hier verborgen liegenden Schwierigkeiten etwas genauer erörtern. Zunächst zum Problem der Behandlungsmethode:

Im Verlauf der Zeit tauchten in unserem Schrifttum eine ganze Reihe von Sammelreferaten auf, die entweder von Verfechtern oder von Gegnern der Psychoanalyse angefertigt wurden. Gerade diese Sammelreferate ließen aber häufig die notwendigen Angaben über die Merkmale der angewandten Behandlungsmethode und die Eigenarten der behandelten Krankheitszustände vermissen. Die Verwirrung, die durch Publikationen dieser Art gestiftet wurde, war groß. Sie veranlaßte schließlich Stokvis dazu, im „Handbuch der klinischen Psychologie" mahnend darauf hinzuweisen, daß man bei der Nachuntersuchung von neurotischen Patienten nicht die variabelsten Mög-

lichkeiten psychotherapeutischer Einflußnahme gedankenlos nebeneinander
stellen dürfe, um dann die erzielten therapeutischen Resultate einfach zu
addieren. Außerdem dürfe man auch nur solche Patienten zu einer katamnestischen Beurteilung heranziehen, bei denen man sicher sei, daß diese
Behandlung sachgemäß durchgeführt worden ist. In keinem Fall wäre es
erlaubt, die Behandlungsstatistiken von Kliniken, Polikliniken, psychoanalytischen Stationen und privaten Psychotherapeuten einfach nebeneinander
zu stellen. Diese Mahnung stand nicht im luftleeren Raum! Sie bezog sich,
wie ich schon sagte, auf die publizistische Aktivität einiger Kollegen, die mit
dem von ihnen bearbeiteten Material nicht sehr sachkundig umgegangen
waren und die gelegentlich — wie etwa EYSENCK — nicht einmal das Aus-
gangsmaterial, das sie beurteilen und bewerten wollten, richtig referierten
(s. Literaturverzeichnis: Dührssen und Jorswieck: Zur Korrektur von
Eysencks Berichterstattung über psychoanalytische Behandlungsergebnisse.)

Gleichzeitig spielten sich allerdings auch unter den Psychoanalytikern
selbst sehr langwierige Diskussionen ab, in denen man nach einer einheitlichen Definition für die psychoanalytische Behandlungsmethode suchte. Die
fachlichen Probleme, die hier zu lösen waren, sind von mir bereits in dem
Kapitel „Zur Theorie der Technik" dargelegt worden (s. S. 105 ff.). Zusätzlich
hatte man aber auch noch *Gruppenkämpfe* zu bestehen. Gruppenkämpfe, die
den wissenschaftlichen Entwicklungsgang der Psychoanalyse ganz überflüssig aufgehalten haben. Vor allem aber wurde das Problem, wie man die
„wahre" oder die „richtige" Psychoanalyse beschreiben oder definieren solle,
von solchen Streitigkeiten stark berührt. Die Folge war, daß es zum Beispiel
im anglo-amerikanischen Raum nicht gelungen ist, ausreichende Einigkeit
darüber zu gewinnen, wie Psychoanalyse zu definieren sei und außerdem
noch ein genügend umfangreiches Material über die psychoanalytischen
Behandlungsergebnisse zusammenzutragen. Jedenfalls erhielten wir die
Nachricht, daß in den USA das sogenannte Central Fact Gathering Committee der Amerikanischen Psychoanalytischen Gesellschaft seine Arbeit im
Jahr 1957 einstellen mußte, ebenso wie schon zuvor 1956 das „Committee
on the Evaluation of Psychoanalytic Theory". Abgesehen von den Auswir-
kungen unterschiedlicher Gruppenmeinungen dürften allerdings in diesem
kulturellen Raum auch bestimmte sozio-ökonomische Gegebenheiten eine
Rolle gespielt haben: Immerhin empfahl kein anderer als KARL MENNINGER,
daß man eine Psychoanalyse nach Möglichkeit nicht vom Arbeitseinkommen
eines Patienten finanzieren solle, sondern bevorzugt von den Zinsen seines
Vermögens, damit die beständige Weiterführung der Analyse nicht durch
berufliche Krisen gefährdet sei. Die Bedeutung solcher Auswahlkriterien für
die psychoanalytisch behandelten Patientengruppen, ihre Krankheitszeichen und die Möglichkeit, katamnestische Befunde zu erheben, liegt auf der
Hand.

Glücklicherweise hat sich die entsprechende Situation in der Bundesrepublik Deutschland sehr viel günstiger entwickelt: Wir sind hier in die Lage gekommen, Patienten aus allen — bevorzugt aus den berufstätigen — Bevölkerungsschichten zu behandeln und brauchten uns nicht auf jene Kranke zu beschränken, die ihre Therapie von den Zinsen ihres Vermögens bezahlen konnten. Außerdem arbeitete eine Gruppe von Psychoanalytikern zusammen, die sich über die Merkmale einig war, nach denen sie die psychoanalytische Behandlungsmethode beschreiben und definieren wollte.

Immerhin bereitete aber auch bei uns das zweite fachliche Problem, von dem ich sprach, sehr ernstliche Schwierigkeiten: Die Definition jener Kriterien, nach denen sich das Ergebnis einer psychoanalytischen oder psychotherapeutischen Behandlung beurteilen ließ, wollte nur schwer gelingen. Noch 1964 stellte L. Kaufmann in seiner Arbeit „Zum Problem der Katamnese nach psychotherapeutischen Behandlungen" fest, daß allgemein anwendbare Kriterien für die Beurteilung von psychotherapeutischen Behandlungsresultaten im Grunde fehlten. Nach seiner Ansicht war auch die Forderung nach „objektiven" Kriterien für die Nachprüfung der Behandlungsergebnisse verfrüht. Er empfahl, daß man eher „brauchbare" oder „nützliche" Kriterien erarbeiten solle, die zunächst auf die am Einzelfall geleistete Arbeit anwendbar seien. Kaufmann stand mit dieser Meinung nicht allein. So hatte zum Beispiel W. Winkler darauf hingewiesen, daß sich jene Kriterien, mit deren Hilfe man versuchte, einen psychotherapeutischen Behandlungserfolg zu beurteilen, meist als *unvergleichbar* herausstellten. Alle klinischen Erfahrungen lehrten uns, daß man den erreichten Behandlungserfolg jeweils mit dem therapeutischen Ziel in Beziehung setzen müsse, das der Behandler zu Beginn der Therapie angestrebt habe. Es sei immerhin ein Unterschied, ob man zu Beginn der Behandlung nur darauf hoffen durfte, seinen Patienten vor dem Abgleiten in chronisches Siechtum zu behüten, oder ob man begründete Aussichten gehabt habe, eine dauerhafte Stabilisierung des Gesundheitszustandes zu erzielen. Winkler empfahl übrigens in diesem Zusammenhang, daß man den Begriff „dauerhafte Stabilisierung" eines Patienten so charakterisieren möge, daß die Verfassung des betreffenden Menschen durch subjektives Wohlbefinden und objektive Leistungsfähigkeit bei ausreichender Tiefe und Differenziertheit der zwischenmenschlichen Beziehungen gekennzeichnet sei.

Viele Autoren haben sich dieser Ansicht von W. Winkler angeschlossen. So etwa auch Stokvis, der allerdings meinte, daß die von Felix Boehm zusammen mit Rittmeister und I. H. Schultz im Jahre 1942 erarbeiteten Richtlinien ebenfalls für die Beurteilung des Heilungserfolges nach psychoanalytischen Behandlungen brauchbar wären. Ich werde auf diese Richtlinien sogleich noch zu sprechen kommen, da unsere Arbeitsgruppe in enger traditioneller Verbindung mit diesen theoretischen Konzepten geblieben war.

Zunächst noch folgendes: Eine der Hauptschwierigkeiten für die Beurteilung psychoanalytischer Behandlungsergebnisse liegt darin, daß man sich bei der Psychoanalyse nicht allein mit dem Verschwinden, der Minderung oder dem Persistieren der krankhaften Symptomatik befassen kann. Allzu oft hat ein sogenannter „symptomatischer Heilerfolg" oder auch ein „Symptomwandel" darüber hinweggetäuscht, daß die zugrundeliegende neurotische Persönlichkeitsstruktur unverändert geblieben war. Die Beantwortung der Frage, ob bei den behandelten Patienten tatsächlich auch der erhoffte Strukturwandel eingetreten sei, war immer eine sehr heikle Aufgabe. Die Psychoanalytiker haben sich schon sehr früh dadurch zu helfen gesucht, daß sie ihre Beurteilungen aufdifferenzierten: Jones sprach von „klinischen Heilungen", die er von den „sozialen Heilungen" und den „strukturellen Veränderungen" abtrennte. Allerdings sind nicht alle Psychoanalytiker seinem Beispiel gefolgt. Manche fanden es günstiger, diese unterschiedlichen Aspekte in der gesundheitlichen Entwicklung eines Kranken zwar zu berücksichtigen, die gesammelten Befunde dann aber doch zu einem Abschlußurteil zu vereinigen. Gerade in diesem Zusammenhang erhielten die soeben erwähnten Richtlinien von Boehm, Rittmeister und I. H. Schultz eine breitere Zustimmung. Die beteiligten Autoren hatten seinerzeit bei der Beschreibung der wichtigsten Merkmale für die Beurteilung eines psychotherapeutischen Behandlungserfolges folgendermaßen formuliert:

„1. Von *Heilung* nach psychotherapeutischer Behandlung darf nur gesprochen werden, wenn der Kranke nicht nur selbstverständlich jederlei eigentliche neurotische Bildung völlig verloren hat, sondern wenn er allen inneren und äußeren Anforderungen des Lebens gegenüber sich völlig frei, natürlich, lebendig und entsprechend verhält und auch bei außergewöhnlichen Lebensbelastungen die Reaktionen eines Gesunden, nicht irgendwelche neurotischen Erscheinungen darbietet.

2. Von *wesentlicher Besserung* kann gesprochen werden, wenn der Kranke mit den allgemeinen Anforderungen des Lebens ohne Schwierigkeiten zurechtkommt, aber noch deutliche Eigenheiten darbietet, die dem Sachkenner das Vorliegen neurotischer Reste verraten.

3. Als *gebessert* sind Kranke zu bezeichnen, die wohl den gröbsten äußeren Anforderungen des Daseins genügen, aber bei sozialer Bewährung noch mit erheblichen Innenschwierigkeiten und Symptomresten zu kämpfen haben.

4. Als *etwas gebessert* sind Kranke zu bezeichnen, die nach der Behandlung gewisse Fortschritte auf einigen Gebieten zeigen, ohne aber damit die Breite halber Gesundheit erreicht zu haben."

Wie man sieht, ist bei der Aufstellung dieser verschiedenen Kategorien sowohl die Entwicklung der klinischen Symptomatik, wie auch die Befähigung zur allgemeinen Lebensbewältigung berücksichtigt worden. Auf genauere Einzelheiten werde ich im nächsten Kapitel erneut zu sprechen kommen. Im Augenblick will ich noch einmal zusammenfassend die methodischen und praktischen Probleme herausarbeiten, die man bewältigt haben muß, wenn man genügend zuverlässige und brauchbare Befunde erarbeiten will, die über die Wirksamkeit der psychoanalytischen Behandlungsmethode Auskunft geben. Ich greife hier auf die bereits mehrfach zitierte Arbeit von STOKVIS zurück: Abgesehen davon, daß man bei der Beurteilung einer Behandlungsmethode nur von einer bestimmten Form der Therapie ausgehen darf und zugleich sicher sein sollte, daß die Behandlung sachgemäß durchgeführt worden ist, benötigt man für eine aussagekräftige Untersuchungsserie unbedingt auch eine genügend große Anzahl von behandelten Patienten, weil die Untersuchungen sonst in der einfachen Beschreibung von Einzelkasuistik hängen bleiben. Außerdem ist wichtig, daß über alle Patienten schriftlich fixierte Befunde vorliegen, in denen schon vor Beginn der Analyse die Indikation zur Behandlung begründet wurde. Und schließlich müssen die Krankengeschichten auch noch einen Abschlußbericht enthalten, in dem über den Gesundheitszustand des Patienten nach Beendigung der Therapie Auskunft gegeben wird.

Es liegt auf der Hand, daß die Forderung nach schriftlich fixierten Befunden vor Beginn und nach Abschluß der Behandlung unerläßlich ist. Leider fallen damit aber auch fast alle jene Erfahrungen für unsere Forschung aus, die aus der psychoanalytischen Privatpraxis stammen. Der privat praktizierende Psychoanalytiker wird zwar in der Regel über die von ihm behandelten Patienten einige Aufzeichnungen haben. Er wird aber kaum so umfangreiche Krankengeschichten anlegen, wie sie für ausreichend zuverlässige wissenschaftliche Auswertungen notwendig sind. Schon aus dieser Tatsache ergeben sich sehr einschneidende Beschränkungen hinsichtlich des konkret verfügbaren Beobachtungsmaterials. Schließlich sind psychoanalytisch arbeitende Polikliniken selten, und im allgemeinen wechseln die dort tätigen Mitarbeiter aus rein äußeren Gründen relativ häufig.

Aber damit noch nicht genug: Man ist ja in der Regel mit der Untersuchung der Patienten nach Abschluß einer Behandlung nicht zufrieden. Man will diesen Befunden in jedem Fall noch eine *katamnestische Überprüfung* an die Seite stellen. Bei der Durchführung von katamnestischen Untersuchungen im größeren Stil ergibt sich dann aber immer das Problem, auf welchen Wegen man über die behandelten Patienten Auskunft erhält und vor allem, ob es gelingt, eine ausreichend große Anzahl der Kranken zur Nachuntersuchung zu gewinnen. Wenn die erhobenen Befunde eine einigermaßen repräsentative Gültigkeit erbringen sollen, muß ein genügend hoher Anteil der behandelten Kranken zur Katamnese erschienen sein, und dieses rein technische Problem bereitet in jedem Arbeitszweig der Medizin beträchtliche praktische Schwierigkeiten.

Aber selbst für den Fall, daß sich all diese mehr technischen Probleme lösen lassen, bleiben doch noch weitere Wünsche in bezug auf das verfügbare Beobachtungsmaterial offen: Ähnlich wie in allen übrigen Gebieten der Medizin sonst, möchte man auch in der Psychoanalyse eine sogenannte „Kontrollgruppe" von unbehandelten Patienten zum Vergleich mit den behandelten Kranken heranziehen. Das heißt, man möchte neben die Gruppe der behandelten und nachuntersuchten Patienten eine *gleichartig zusammengesetzte* Gruppe von Kranken stellen, die nicht behandelt worden sind, und die ebenfalls nachuntersucht werden konnten. Nur mit einer solchen Kontrollgruppe läßt sich einigermaßen zuverlässig nachweisen, ob man bei den „erfolgreich" behandelten Kranken wirklich das Ergebnis der Behandlung verzeichnet, oder ob man in Wahrheit nur die Merkmale einer Spontanheilung registriert, die auch dann eingetreten wäre, wenn man die Patienten einfach ihrem Schicksal überlassen hätte.

Wer auch nur einige klinische Erfahrung in der Behandlung von neurotischen Patienten besitzt, der wird wissen, wie schwer es ist, für die Zusammenstellung einer solchen Kontrollgruppe jene Kriterien zu finden, mit deren Hilfe man die *Gleichartigkeit* der *Krankheitsbilder* vor allem im Hinblick auf die möglichen *Spontanheilungen* sicherstellen kann. Man hat in der täglichen Praxis zur Genüge erfahren, daß die klinische Symptomatik allein hier ebenso wenig einen Indikator abgibt, wie das Alter der Patienten, die Dauer ihrer Erkrankung oder gar der Bildungsstand und die Zugehörigkeit zu einer bestimmten sozialen Schicht oder ähnliches.

Es leuchtet nach den bisherigen Ausführungen also sicherlich ein, daß eine besonders große Vielzahl von günstigen historischen Gegebenheiten zusammenkommen mußte, damit alle soeben beschriebenen Bedingungen einigermaßen gewährleistet waren und ein genügend zuverlässiger Überblick über die Wirksamkeit der psychoanalytischen Behandlungsmethode erarbeitet werden konnte. Es leuchtet aber wohl außerdem ein, daß ähnliche Untersuchungen für die Dynamische Psychotherapie noch ausstehen. Ich habe ja erstmalig in diesem Buch versucht, die Merkmale dieser Behandlungsform in etwas allgemeinerer Form zu beschreiben. Und obgleich ich selbst nach meinen eigenen klinischen Erfahrungen über die Wirksamkeit dieser Methode keine Zweifel habe, fehlt doch noch eine größere Arbeitsgruppe, die im gleichen Sinn behandelt und die ähnliche Untersuchungen durchführen könnte, wie sie für die psychoanalytische Therapieform inzwischen vorliegen. Untersuchungen, über die ich im nächsten Abschnitt Genaueres berichten will.

II. Die Untersuchungen und ihre Ergebnisse

a) Die theoretischen Voraussetzungen

Nach meinen bisherigen Ausführungen ist also klar, daß die Überprüfung psychoanalytischer Behandlungsergebnisse nur gelingen kann, wenn unter den beteiligten Forschern in theoretischer Hinsicht über folgende Probleme genügend Einigkeit besteht:

Die charakteristischen Merkmale der Therapie
Die Kriterien für das Behandlungsergebnis
Die Zusammensetzung der Kontrollgruppe

In bezug auf die Merkmale, die die psychoanalytische Behandlungsmethode charakterisieren sollen, kann ich mich hier kurz fassen und auf meine früheren Ausführungen verweisen. Insbesondere auf jenen Teil dieses Buches, in dem ich die Dynamische Psychotherapie mit der Psychoanalyse verglichen habe (S. 120). Ich sollte aber an dieser Stelle doch bereits erwähnen, daß von den beteiligten Kollegen, deren Arbeitsergebnisse schließlich zur Verfügung standen, ursprünglich einige zu unterschiedlichen psychoanalytischen „Schulen" gehört haben. Zum Glück hatte sich im Verlauf der regelmäßigen Fallbesprechungen dieser Arbeitsgruppe doch gezeigt, daß die Ähnlichkeiten und Gemeinsamkeiten hinsichtlich der konkreten therapeutischen Praxis bei den Beteiligten überwogen. Diese Ähnlichkeiten waren jedenfalls groß genug, um die Behandlungen der verschiedenen Therapeuten gemeinsam in die Untersuchungsserie einzubeziehen.

Auch die Definition jener Kriterien, nach denen man das therapeutische Ergebnis beurteilen wollte, bereitete im Endeffekt keine unüberwindlichen Hindernisse: Aus traditionellen Gründen war unsere Arbeitsgruppe sehr an den soeben zitierten Ausführungen von BOEHM, RITTMEISTER und I. H. SCHULTZ orientiert, wobei wir allerdings zunächst einmal unserem Interesse an dem *klinischen Ergebnis*, das mit Hilfe einer psychoanalytischen Behandlung zu gewinnen ist, einen gewissen Vorrang einräumten. Darüber hinaus wollten wir natürlich auch all jene Möglichkeiten ausschöpfen, die uns ein Urteil über die erzielten (oder nicht erzielten) strukturellen Veränderungen bei dem Patienten erlauben würden. Insgesamt kamen wir bei unseren Untersuchungen zu der Feststellung, daß die vier von BOEHM angegebenen Kategorien für differenzierte Aussagen nicht ganz ausreichen, und wir haben uns daher schließlich dazu entschlossen, unsere Urteile über die katamnestischen Befunde in sechs Untergruppen zu unterteilen:

1. Sehr gut gebessert
2. Gut gebessert
3. Befriedigend gebessert
4. Genügend gebessert
5. Kaum gebessert
6. Ungebessert

Der Inhalt dieser unterteilenden Beschreibung war dabei folgender: Als „sehr gut" und als „gut" gebessert bezeichneten wir solche Kranke, die ihre Krankheitssymptomatik voll verloren hatten und eine breite Persönlichkeitsentwicklung nehmen konnten. Die Unterschiede zwischen „sehr gut" oder „gut gebessert" beziehen sich auf das Maß der Strukturentwicklung.

Als „befriedigend gebessert" bezeichneten wir Patienten, deren Symptomatik bis auf geringe Reste geschwunden war und der erzielte Strukturwandel noch eine Nachreifung erhoffen ließ.

Unter „genügend gebessert" wurden solche Patienten aufgeführt, bei denen die Symptomatik zwar fühlbar gemindert war und die Berufsfähigkeit auch nicht mehr behindert, die aber doch noch eine Restsymptomatik boten, und bei denen man außerdem im Fall stärkerer Belastungen mit Rückfällen rechnen mußte.

„Kaum gebessert" waren solche Patienten, die zwar einige Erleichterung im subjektiven Wohlbefinden erzielen konnten und die auch den gröbsten Anforderungen des Lebens genügten, die aber dennoch kaum als gesund angesprochen werden konnten.

Bei dieser Einteilung haben wir also die gelegentlich empfohlene Trennung in klinische, soziale und strukturelle Besserung beziehungsweise Heilung nicht aufgegriffen, sondern uns zu einem einheitlichen, zusammenfassenden Urteil entschlossen. Wir haben aber in den niedergelegten Befunden über das Ergebnis der Nachuntersuchung jeweils Hinweise zusammengetragen, die diese getrennten Fragestellungen beantworten konnten.

Sehr viel schwieriger war dann aber das Problem einer einigermaßen richtig zusammengesetzten *Kontrollgruppe* zu lösen. Ich hatte ja schon mehrfach erörtert, daß wir weder die Art und Heftigkeit der Symptomatik noch die Dauer der Erkrankung oder das Alter der Patienten allein als Merkmale verwenden können, wenn wir eine Kontrollgruppe von unbehandelten Neurotikern zusammenstellen wollen, die sich wirklich brauchbar mit einer Gruppe von behandelten Patienten vergleichen läßt. Keiner der genannten Faktoren gibt für sich allein einen ausreichenden Indikator dafür ab, ob das vorliegende Krankheitsbild gute Spontanheilungstendenzen bietet, oder ob wir es vermutlich mit einem irreversiblen Prozeß zu tun haben. Mit Hinblick auf diese klinischen Gegebenheiten konnte man also nicht einfach versuchen, die behandelten Patienten einer psychoanalytischen Poliklinik mit jener Gruppe von Kranken zu vergleichen, die zwar auch zur Therapie vorgemerkt waren, die aber mit Hinblick auf die immer existierenden Wartelisten solcher Abteilungen vertröstet werden mußten. Man durfte aus einer Reihe von Gründen sicher sein, daß die so zusammengestellten Patientengruppen doch sehr verschiedene Krankheitsbilder enthalten würden und daher kaum ein genügend zuverlässiges Beobachtungsmaterial abgeben könnten.

Andererseits war aber auch das Problem der prognostischen Einschätzung psychogener Krankheitsbilder lange Zeit hindurch noch sehr umstritten.

FREUD selbst hatte ja in den Anfängen seiner Forschertätigkeit gemeint, daß man eine Probebehandlung benötige, um zu klären, ob ein Patient analysierbar sei oder nicht. Tatsächlich ist es nur den Untersuchungsbefunden unserer ersten, groß angelegten Materialsammlung zu danken, daß wir uns schließlich berechtigt fühlten, bei einer zweiten, etwas andersartigen Untersuchung die vorher bei der Anamnese *eingeschätzte Prognose* als zusätzliches Merkmal für die Zusammenstellung einer Kontrollgruppe von unbehandelten Patienten zu verwerten. Darüber sogleich noch Genaueres.

b) Die konkreten Arbeitsumstände: Die Therapeutengruppe, die Patientengruppe, der Kostenträger („Situationsvariablen")

Zunächst halte ich es aber für zweckmäßig, daß ich vor dem Bericht über die klinischen Befunde noch einige Einzelheiten über die Therapeutengruppe, die behandelten Patienten und die Institution, in der die Kranken versorgt wurden — die Situationsvariablen also — einfüge. Hatten wir doch von KARL MENNINGER gehört, daß es ratsam sei, eine psychoanalytische Behandlung nach Möglichkeit von den Zinsen eines Vermögens, aber nicht durch das Arbeitseinkommen des betreffenden Patienten zu finanzieren, und wir hatten zugleich verstanden, daß mit einer solchen Auswahl der Patienten ganz besondere Selektionsfaktoren wirksam werden. Insofern möchte ich hier eine kurze Skizze über die Arbeitsumstände der beteiligten Kollegen und über den zugehörigen historischen Hintergrund voranstellen:

Es ist oft behauptet worden, daß in den zwölf Jahren der nationalsozialistischen Regierung die Psychoanalyse in Deutschland völlig erstickt und vernichtet wurde. Diesen Irrtum hat BAUMEYER in seinem Artikel „Zur Geschichte der Deutschen Psychoanalytischen Gesellschaft" inzwischen korrigiert. Die in Deutschland verbliebenen Mitglieder der im Jahre 1910 gegründeten Deutschen Psychoanalytischen Gesellschaft hatten ihren engen wissenschaftlichen Gedankenaustausch als sogenannte „Gruppe A" in der Poliklinik des Reichsinstitutes für Psychologische Forschung und Psychotherapie immer gewahrt und gepflegt. Nach Kriegsende gründeten W. KEMPER und H. SCHULTZ-HENCKE mit Hilfe dieser Arbeitsgruppe das „Zentralinstitut für psychogene Erkrankungen", und die damals neu entstandene „Versicherungsanstalt Berlin" (VAB) übernahm als Kostenträger dieses Institut.

Alle Mitarbeiter der Poliklinik waren psychoanalytisch ausgebildete Kollegen, wenngleich nach dem Wunsch von W. KEMPER auch Mitarbeiter anderer „Schulen" herangezogen wurden. Diese Gruppe wuchs in gemeinsamen Diskussionen und jahrelangem fachlichen Gedankenaustausch allmählich so weit zusammen, daß — bei wohl bewahrter Eigenständigkeit jedes einzelnen — doch für alle Beteiligten ein klares Wissen um die Gemeinsamkeiten der theoretischen und praktischen Grundlagen entstand. Trotz mancher Differenzen in bezug auf die individuelle Arbeitsweise und einige zugehörige theoretische Positionen bildete sich allmählich ein deutlich umschriebener Grundbestand an gemeinsamer Empirie heraus, der die selbstverständliche Voraussetzung für alle therapeutische Tätigkeit abgab.

Als SCHULTZ-HENCKE im Jahre 1949 die Leitung dieser Institution übernahm, führte er jenes Verfahren in bezug auf die Führung der Krankengeschichten ein, daß ich schon in dem Kapitel „Prognose, Indikation und therapeutische Planung" (S. 130) beschrieben habe: SCHULTZ-HENCKE regte seine Mitarbeiter an, beim Erheben der biographischen Anamnese regelmäßig auch jene Merkmale und Kriterien zusammenzustellen, die Hinweise auf die Besserungsaussichten des Patienten ergeben können und damit das mutmaßliche prognostische Urteil schriftlich zu fixieren. Mit dieser Neuerung wurden in unserem Institut zwei wesentliche Voraussetzungen geschaffen, die wir für die Durchführung brauchbarer Katamnesen benötigten: Eine größere Anzahl von Psychoanalytikern arbeitete zusammen und behandelte ihre Patienten nach einem Verfahren, dessen Merkmale definitorisch festgelegt waren. In den Krankengeschichten wurden vor Beginn der Therapie die Indikation zur Behandlung und die eingeschätzte Prognose begründet. Außerdem enthielten unsere Unterlagen Angaben über den Behandlungsverlauf und den Gesundheitszustand der Patienten nach Abschluß der Therapie.

In bezug auf die an uns überwiesenen Patienten war in der damaligen Zeit noch ein weiterer günstiger Umstand im Spiel: Die Versicherungsanstalt Berlin erfaßte nach der seinerzeit gültigen gesetzlichen Regelung die gesamte Bevölkerung Berlins. Es gab also keine klassen- oder berufsspezifischen Auswahlfaktoren, die allein durch die Zugehörigkeit zu einer bestimmten Krankenkasse zustande gekommen wären. Diese günstige Situation hat zwar nicht für immer angehalten: Gegen Ende der fünfziger Jahre wurden auch in Berlin die Ersatzkassen neben der gesetzlichen Krankenversicherung wieder eingeführt. Damit entstanden dann schließlich doch berufsspezifische Auswahlfaktoren, die in gewissem Umfang auch die Patientengruppe unseres Institutes beeinflußten. Seinerzeit hatte es sich jedoch erübrigt, die Patienten nach beruflicher Ausbildung und finanzieller Lagerung besonders zu klassifizieren.

Hinsichtlich der Krankheitserscheinungen, der Geschlechtsverteilung, der Altersgruppen und der Dauer der Symptomatik fanden sich bei unseren Patienten folgende Konstellationen:

An *Krankheitssymptomen*, über die unsere Patienten klagten, lagen in der Regel Mischbilder vor. Die *Polisymptomatik* war (und ist) die Regel. Eine Monosymptomatik tritt nur in Ausnahmefällen auf. Eine gekürzte Aufzählung der Krankheitszeichen, die wir als psychogen diagnostizieren konnten, ergibt in loser (zahlenmäßig nicht festgelegter) Reihenfolge etwa folgendes Bild:

Angstsymptomatik

Depressive Verstimmungen

Depersonalisations- und Entfremdungsgefühle

Zwangssymptomatik

Herzsymptomatik

Vasomotorische Störungen (Ohnmachten, Schwindel)

Schlafstörungen

Kopfschmerzen

Eßstörungen (Anorexia nervosa, Erbrechen, psychogene Magersucht)

Magen-Darm-Symptomatik einschließlich Ulcus, Obstipation, Colitis ulcerosa usw.

Störungen des motorischen Apparates (motorische Unruhe, ticartige Erscheinungen, Schreibkrampf, Astasie-Abasie usw.)

Enuresis, Encopresis usw.

Störungen der Sexualfunktion

Perversionen

Süchte

Neurotische Verwahrlosung

Etwas global zusammengefaßt können wir allerdings sagen, daß der überwiegende Teil unserer Patienten an einem Angstsyndrom mit oder ohne Herz-Kreislauf-Beschwerden leidet. An zweiter Stelle stehen dann depressive Verstimmungen, häufig kombiniert mit Magen-Darm-Beschwerden. Ebenso global kann gesagt werden, daß neben der geklagten psychischen Symptomatik (Depressionen, Ängste, Zwangserscheinungen, Kontaktschwierigkeiten, Depersonalisationserlebnisse usw.) etwa 90 Prozent der Patienten gleichzeitig variable Organfunktionsstörungen aufweisen. Außerdem machen sogenannte Charakterschwierigkeiten, Lern- und Leistungsstörungen einen beträchtlichen Anteil unter den Klagen der Patienten aus.

In den mehr als 25 Jahren, die das Institut für psychogene Erkrankungen der AOK Berlin besteht, hat Zusammensetzung und Eigentümlichkeit der Krankheitsbilder unserer Patienten kaum geschwankt. Auch die Krankheitsdauer, die die Patienten angeben, ist mehr oder weniger gleich geblieben:

Krankheitsdauer

Bis 1½ Jahre	6 %
bis 2 Jahre	14 %
bis 5 Jahre	13 %
bis 10 Jahre	14 %
über 10 Jahre und unklar	53 %

Über die Alters- und Geschlechtsverteilung unserer Patienten geben folgende beiden Tabellen Auskunft:

Altersverteilung der Patienten in %

18 — unter 21 Jahre	10%
21 — unter 26 Jahre	23%
26 — unter 31 Jahre	21%
31 — unter 36 Jahre	14%
36 — unter 41 Jahre	13%
41 — unter 46 Jahre	7%
46 — unter 51 Jahre	5%
über 51 Jahre	7%

Bezogen auf die Gruppen der Gleichaltrigen waren

	Männer	Frauen
18 — 21 Jahre	63%	37%
21 — 26 Jahre	60%	40%
26 — 31 Jahre	49%	51%
31 — 36 Jahre	45%	55%
36 — 41 Jahre	40%	60%
41 — 46 Jahre	34%	66%
46 — 51 Jahre	41%	59%
über 51 Jahre	33%	67%

Ich habe die zweite Tabelle absichtlich so zusammengestellt, daß sich die eigentümliche Verschiebung offenbart, die wir in den verschiedenen Altersstufen hinsichtlich der Geschlechtsverteilung finden. In bezug auf *alle* Patienten, die zu uns überwiesen werden, verzeichnen wir in der Regel ein leichtes Überwiegen der Frauen um etwa 2 Prozent. Untersuchen wir hingegen die einzelnen Altersstufen, dann differenziert sich das Bild in besonderer Weise auf: Wir finden ein starkes Überwiegen männlicher Patienten in den jungen Altersstufen. Bei diesem Befund scheint sich in gewisser Weise das immer vorhandene Überwiegen der Knaben in unserer Abteilung für Kinder und Jugendliche fortzusetzen und nach den vorgefundenen Werten bis etwa zum 25. Lebensjahr der Patienten anzuhalten. Danach tritt dann ein gewisses Gleichgewicht in der Geschlechterverteilung ein, um vom 30. Lebensjahr an (nun umgekehrt) einer deutlichen Verschiebung zugunsten der Frauen Platz zu machen. Die Häufung weiblicher Patienten in den höheren Altersstufen ist so deutlich, daß ihr Ausmaß nicht mehr allein mit dem allgemeinen Frauenüberschuß dieser Jahrgänge erklärt werden kann.

Über die Gründe für diese eigentümliche Verteilung kann man viel spekulieren. Manches spricht dafür, daß der Knabe und junge Mann gefährdeter ist, bis er sich im beruflichen Leben und in der Partnerwahl zurechtgefunden hat, während umgekehrt für die Frauen in den vorgerückteren Jahrgängen die emotionalen Krisen heftiger werden, wenn sich in der Familie ein Strukturwandel einstellt und der zugehörige Gefühls- und Funktionsverlust von den betroffenen Frauen nicht mehr ausgeglichen werden kann. Alles in allem sind von den zu uns überwiesenen Frauen etwa 30 Prozent als Hausfrauen nicht berufstätig. Die übrigen weiblichen Patienten sind entweder voll- oder teilbeschäftigt.

Davon verheiratet: 66 %

In den letzten Jahren konnten wir feststellen, daß die Patienten zu einem Teil bei der Überweisung zu uns arbeitsunfähig krank geschrieben waren:

Männer a. u.   23 %
Frauen a. u.   30 %

Dieser Befund entspricht den allgemeinen Werten bei den Versicherungsnehmern überhaupt. Der durchschnittliche Krankenstand der Frauen liegt immer etwas höher als der der Männer.

Der Kostenträger für die übernommenen psychoanalytischen Behandlungen war die Versicherungsanstalt Berlin (später Allgemeine Ortskrankenkasse Berlin), die ihren Mitgliedern im Rahmen des abgeschlossenen Versicherungsvertrages für die gezahlten Beiträge auch eine ambulante psychoanalytische Behandlung zur Verfügung stellte. Die Zahl der Behandlungsstunden war in jenen Jahren auf 150 beziehungsweise 200 Stunden begrenzt, und es wurde erwartet, daß jene Patienten, die über diesen Zeitraum hinaus noch eine weitere Behandlung benötigten oder wünschten, diese selbst finanzieren würden.

Abschließend noch ein kurzes Wort über die geschichtliche Epoche, in der die Behandlungen, über die hier referiert wird, liegen (Anfang der fünfziger Jahre also): Es herrschten sehr andere Bedingungen als heute! Nur wenige Menschen waren motorisiert. Der Weg zur Behandlungsstunde kostete in der damals noch nicht geteilten, sehr ausgedehnten Stadt viel Zeit. Stundenlohn und Gehälter waren niedrig. Das Fahrgeld bedeutete für viele Patienten bereits eine empfindliche Belastung. Die Honorare für die freiberuflichen Mitarbeiter des Institutes lagen zwischen 3 und 5 Mark pro Stunde. An Vollbeschäftigung war nicht zu denken, und die Wohnverhältnisse waren in der zertrümmerten Stadt in einer Weise ungünstig, wie sie heute nicht mehr vorstellbar ist. Ich weise auf diese Einzelheiten der konkreten Arbeitssituation vor allem deshalb hin, weil sich ja auch die *Übertragungs-* und *Gegenübertragungskonstellationen* abwandeln, wenn die sozio-ökonomischen Verhältnisse und die finanziellen Regelungen unterschiedlich sind: Die beiden Hauptrisiken einer sogenannten „Wohlstandsanalyse" lagen bei den Patienten, über die hier berichtet wird, *nicht* vor: Es bestand keine Gefahr, daß sich zwischen dem Patienten und dem Analytiker eine Art von symbiotischer Einheit auf Kosten des „Haß-Objektes" aufbaute, das die Therapie bezahlte (Vater oder Ehemann). Noch weniger bestand das Risiko, daß ein finanziell völlig gesicherter Patient den Therapeuten zum langjährigen *Ersatzobjekt* in seinem Gefühlsleben machte, ohne zu einer wirklichen Klärung seiner Probleme vorzudringen.

Es ist auch wichtig, daß sich unter den gegebenen Umständen selten Situationen ausbildeten, in denen zwischen dem Patienten und dem Behandler ein besonders starkes ökonomisches Gefälle in der einen oder anderen Richtung bestand. Bei der Beurteilung von Übertragungs- und Gegenübertragungskonstellationen dürfen wir ja auch diesen Aspekt nicht vergessen: Wenn ein sehr wohlhabender Patient seine Analyse von den Zinsen des vorhandenen Vermögens bezahlt, während der Therapeut in sehr viel bescheideneren Verhältnissen lebt, dann ergeben sich für beide Beteiligte ganz andere Konstellationen, als wenn der Patient durch die Kosten seiner Analyse sehr einschneidenden Beschränkungen unterliegt, während der Therapeut zur wohlhabenden und privilegierten Gruppe gehört.

Bei der vorliegenden Untersuchungsserie hat sich die Patienten-Therapeutenkonstellation in der Regel so dargestellt, daß zwar soziale Unterschiede bestanden, aber kein sehr extremes Gefälle in bezug auf die Lebensumstände, die Einkünfte und vor allem auch in bezug auf die Entbehrungen, die in den Nachkriegsjahren gemeinsam getragen werden mußten.

c) Die Materialsammlung und die Befunde

Bei der Durchführung unserer Untersuchungen sind wir methodisch folgendermaßen vorgegangen: Wir haben die Krankengeschichten der gemeldeten Behandlungsabschlüsse aus einem bestimmten Zeitraum herausgesucht und zunächst einmal die als positiv bezeichneten Abschlüsse von den ergebnislosen abgetrennt. Danach sonderten wir die Einzelbehandlungen von den Gruppentherapien und den Behandlungen mit Hilfe von Autogenem Training und Hypnose ab.

Insgesamt standen 1427 Krankengeschichten zur Verfügung, die sich folgendermaßen aufgliederten:

Positives Abschlußergebnis:	1 221
Ergebnislos abgeschlossen:	206
	1 427

Davon waren:

Einzelbehandlungen

Positives Abschlußergebnis:	1 004
Ergebnislos:	152

Gruppenbehandlungen

Positives Abschlußergebnis:	195
Ergebnislos:	39

Autogenes Training und Hypnose

Positives Behandlungsergebnis:	22
Ergebnislos:	15

Die Nachuntersuchung fand etwa fünf Jahre nach Abschluß der Behandlung statt. Zu Beginn unserer Unternehmung hatten wir noch das Ziel, auch jene Patienten einzubestellen, bei denen nach dem Abschlußbericht die Behandlung ergebnislos verlaufen war. Als sich jedoch bei den ersten 100 Untersuchungen dieser Art herausstellte, daß der Gesundheitszustand der Kranken mehr oder weniger unverändert geblieben war (jedenfalls keine spontanen Besserungen gefunden werden konnten), haben wir weitere Einbestellungen mit Hinblick auf den damit verbundenen beträchtlichen Zeitaufwand aufgegeben. BAUMEYER hat übrigens in einer übersichtlichen Arbeit dargelegt, welche psychodynamischen Konstellationen bei erfolglos behandelten Patienten zu finden sind. Hier sei nur festgehalten, daß wir keinen Anlaß hatten, eine spätere Spontanheilung bei diesen ergebnislos behandelten Patienten zu vermuten.

Die 1004 Patienten, die eine erfolgreich beendete Einzelanalyse gehabt hatten, wurden von uns dann zunächst mit einem Brief unter der uns bekannten Adresse zu einer Rücksprache eingeladen. Die Nachuntersuchung sollte durch einen psychoanalytisch ausgebildeten Arzt erfolgen, jedoch nicht von dem Behandler, den der Patient gehabt hatte.

Die technischen Hindernisse, die wir bei unseren Plänen zu überwinden hatten, waren groß. Es ist ganz sicherlich nur der einsatzfreudigen Bereitschaft aller beteiligten Kollegen zu danken, daß unsere Nachuntersuchungen schließlich doch noch zu einem ergebnisreichen Ende geführt werden konnten. Insofern ist es mir auch ein Bedürfnis, an dieser Stelle noch einmal das Verdienst der Kollegen BAUMEYER, HAGSPIHL, FUCHS-KAMP, KÖHLER, KRICHHAUFF, LAGODZINSKI, v. RODENBERG, ROGGEMANN, SCHEPANK, THEOPOLD und ZIMMERT hervorzuheben, die sich immer erneut bereit gefunden hatten, für alle einbestellten Patienten späte abendliche Untersuchungstermine einzuräumen, damit die Betreffenden nach ihrer Arbeitszeit kommen konnten. Die Kollegen mußten dabei immer mit einkalkulieren, daß diese zeitaufwendigen Termine in den späten Abendstunden unvermutet abgesagt oder nicht wahrgenommen wurden. Und es sei in diesem Zusammenhang auch mitgeteilt, daß dieser hohe persönliche Einsatz außerhalb der vertraglichen Arbeitszeit erbracht wurde, und daß uns *keinerlei Forschungsmittel* für die Durchführung unserer Arbeit zur Verfügung gestanden haben.

Von den einbestellten Kranken meldeten sich nach der ersten Aufforderung etwa 65 Prozent und waren bereit, einen Termin für die Nachuntersuchung zu verabreden. Bei einem Teil der Kranken kam die Post zurück. Bei einem anderen Teil blieben wir zunächst ohne Antwort. Für die Kontakte gerade mit dieser Patientengruppe haben wir dann von den Mitarbeiterinnen des Fürsorgerischen Dienstes der AOK Berlin, vor allem von Frau VOGTMANN und Frau BEHRENDT, die dankenswerteste Unterstützung und Hilfe erhalten: Ganz allgemein weiß man ja in der Medizinsoziologie, wie schwer es ist, bei einer katamnestischen Untersuchung einen ausreichend hohen Prozentsatz von Patienten aufzufinden und zu erreichen. Nach PFLANZ erscheinen bei solchen Untersuchungen im besten Fall 60 bis 80 Prozent der einbestellten Personen. Tatsächlich ist es nicht nur dem unermüdlichen Arbeitseinsatz unserer Kollegen, sondern vor allem auch der tatkräftigen Hilfestellung der Mitarbeiterinnen im Sozialen Dienst der AOK zu verdanken, daß wir schließlich auf einen günstigeren Prozentsatz der nachuntersuchten Patienten kommen konnten.

Sorgfältige Nachforschungen beim Einwohnermeldeamt ergaben, daß ein recht hoher Anteil unserer Anschreiben an die Patienten zwar nicht zurückgekommen war, die Patienten die Briefe aber dennoch wegen eines Wohnungswechsels nicht erhalten hatten. In mühseliger Kleinarbeit gelang es, die neuen Anschriften zu erfahren, und im Endeffekt blieben von den 1004 Patienten nur noch 101 Personen übrig, deren Anschrift tatsächlich nicht ausfindig gemacht werden konnte. Bei Durchsicht der Akten stellte es sich dann heraus, daß es sich bei dieser Gruppe bevorzugt um Kranke der jüngeren Altersstufen handelte, die günstige Behandlungsabschlüsse boten. Vom Einwohnermeldeamt erhielten wir entweder die Nachricht „ausgewandert", oder wir hörten aus der Nachbarschaft „in die Bundesrepublik verzogen" oder ähnliches. Es bestand jedenfalls kein Anlaß zu der Annahme, daß diese Gruppe von nicht erreichbaren Patienten ein ungünstigeres Bild gezeigt hätte als die anderen Kranken, bei denen wir Gelegenheit hatten, die weitere Entwicklung und den Gesundheitszustand nachzuprüfen.

An die nach Westdeutschland verzogenen Patienten, deren Adressen wir in Erfahrung bringen konnten, haben wir dann entsprechend ausgearbeitete Fragebögen verschickt. Bei einem Teil der Patienten, die in Berlin verblieben waren, haben wir unsere Fürsorgerinnen gebeten, Hausbesuche vorzunehmen und soviel wie möglich über den Gesundheitszustand und die Lebensumstände der Patienten in Erfahrung zu bringen.

Im Endeffekt sah das Ergebnis unserer Bemühungen folgendermaßen aus:

845 Patienten beurteilt	84 %
101 Patienten „Aufenthalt unbekannt"	10 %
13 Patienten verstorben	1 %
45 Patienten nicht erschienen	5 %
1 004	100 %

In bezug auf die 13 verstorbenen Patienten konnten wir in Erfahrung bringen, daß es sich in zwölf Fällen um Todesursachen wie Carcinom, Unfall, Leukämie usw. gehandelt hatte. Nur ein Patient war durch Selbstmord ums Leben gekommen.

Bezieht man die Gruppe der nicht erschienenen Patienten auf die Gesamtzahl jener Kranken, die *erreichbar* waren, dann ergibt sich folgendes Bild:

890 Patienten erreichbar. Davon:	
845 Patienten beurteilt	95 %
45 Patienten nicht erschienen	5 %

Insgesamt setzten sich die Befunde, die wir schließlich zur Verfügung hatten, folgendermaßen zusammen:

647 Arztuntersuchungen
104 Briefe beziehungsweise Fragebogen
 94 Urteile der Sozialarbeiterinnen
―――
845

Prinzipiell orientierte sich die Nachuntersuchung dieser Patienten natürlich an psychoanalytischen Konzepten und wurde im Stil einer tiefenpsychologisch orientierten biographischen Anamnese durchgeführt. Da aber die hierher gehörigen Merkmale ganz überwiegend zu den sogenannten „weichen" Daten einer Befundsammlung gehören, haben wir uns bemüht, auch einige wenigstens in Grenzen objektivierbare Tatbestände festzuhalten. Wir fragten daher nach

Arztbesuchen
Krankenhausaufenthalten
Perioden der Arbeitsunfähigkeit
Verschickungen.

Ebenso waren wir an dem persönlichen Urteil der Patienten über den Wert der Behandlung interessiert und haben entsprechende Angaben gesondert erfragt und verzeichnet. Die Kategorien, nach denen dann die zusammenfassenden Beurteilungen festgelegt wurden, habe ich bereits im vorigen Kapitel beschrieben. Außerdem waren wir mit WINKLER einig, daß man nach dem subjektiven Wohlbefinden des Patienten forschen solle, seiner objektiven Leistungsfähigkeit und der Tiefe oder Differenziertheit seiner zwischenmenschlichen Beziehungen.

Ich gebe nun zunächst einmal eine Tabelle über die Behandlungsergebnisse, wie sie von den Therapeuten nach Abschluß der Behandlung angegeben worden waren, und erinnere daran, daß es sich hier nur um jene Patienten handelt, die nach eigener Ansicht und auch nach der Meinung ihres Behandlers in irgend einem Umfang von der Therapie profitiert hatten. Die 152 ergebnislos abgeschlossenen Einzelbehandlungen tauchen in dieser Übersicht nicht auf.

Ergebnis bei Ende der Behandlung

		in %
Sehr gut gebessert	367	43
Gut gebessert	74	9
Befriedigend gebessert	20	3
Genügend gebessert	347	41
Kaum gebessert	19	2
Ungebessert	0	0
Ohne Abschlußurteil	18	2
Unklar	0	0
Fehldiagnose	0	0
	845	100

Fünf Jahre nach Abschluß der Behandlung stellte sich das Ergebnis bei den Nachuntersuchungen dann folgendermaßen dar:

Bei Katamnese

		in %
Sehr gut gebessert	238	28,5
Gut gebessert	143	17
Befriedigend gebessert	113	13
Genügend gebessert	218	26
Kaum gebessert	38 ⎫ 111	4 ⎫ 13
Ungebessert	73 ⎭	9 ⎭
Ohne Abschlußurteil	0	0
Unklar	19	2
Fehldiagnose	3	0,5
	845	100

Aus den hier aufgeführten Tabellen können wir zunächst einmal entnehmen, daß nur 13 Prozent der nachuntersuchten Patienten ernsthaft rückfällig geworden sind und als kaum gebessert oder als ungebessert bezeichnet werden mußten. Mit einem solchen Ergebnis kann man in jedem Fall sehr zufrieden sein. Dies vor allem, wenn man bedenkt, daß es sich bei unseren Patienten ganz überwiegend um langfristig Kranke gehandelt hat, und daß die Behandlungsergebnisse in anderen Bereichen der Medizin, die sich mit chronischen Erkrankungen befassen, kaum günstiger liegen dürften. Insgesamt spiegelten sich diese positiven Befunde auch in den Angaben der Patienten über ihre eigene Einstellung zur Therapie, über Arzt-Konsultationen, Krankenhausaufenthalte und Arbeitsunfähigkeit wider.

Über die Einstellung der Patienten zu ihrer Behandlung hörten wir folgendes:

Positiv bis außerordentlich dankbar	81 %
Zweifelhaft über die Beziehung von Behandlungsergebnis und Therapie	5 %
Nicht deutlich geäußert	5 %
In negativer Übertragung abgebrochen, aber privat weiter behandelt	2 %
Eindeutig kritisch	7 %

Tatsächlich haben nicht einmal alle ungebesserten Patienten ein negatives Urteil über die Behandlung geäußert. Einige von ihnen meinten, daß sie trotz der unverändert schlechten gesundheitlichen Verfassung doch für ihr gesamtes Leben von der Therapie profitiert hätten.

Über die noch weiterhin benötigte ambulante ärztliche Versorgung wegen der neurotischen Symptomatik ließen sich folgende Angaben ermitteln:

Arztbesuche wegen neurotischer Symptomatik
Selten oder gar nicht   62 %
Gelegentlich   24 %
Regelmäßig beziehungsweise oft   14 %

Es ist klar, daß jene Patienten, die regelmäßige Arztkonsultationen angaben, aus der Gruppe der ungebesserten Kranken stammten.

In bezug auf die Krankenhausaufenthalte erhielten wir folgende Angaben: Von den 845 nachuntersuchten Patienten wurden insgesamt 117 Krankenhausaufenthalte mitgeteilt, die in die Fünf-Jahres-Periode zwischen Behandlungsabschluß und katamnestischer Untersuchung fielen. Da wir einen großen Unsicherheitsfaktor in unseren Untersuchungen fürchteten, wenn wir bei diesen Krankenhausaufenthalten allein nach den Angaben der Patienten eine Unterscheidung in organische und psychogene Symptomatik vorgenommen hätten, haben wir grundsätzlich *alle* Krankenhausaufenthalte in die Berechnung mit einbezogen, aus welchen Gründen auch immer sie erfolgten: Tonsillektomien, Unfallfolgen, Uterus-Operationen usw. wurden genauso mitgezählt wie etwa die Krankenhausaufnahme wegen Herzbeschwerden oder depressiver Verstimmungen. Auch die Angaben über die *Dauer* der Krankenhausaufenthalte waren bei den Patienten recht ungenau, und wir haben uns daher für eine vorläufige Berechnung dazu entschlossen, die damals durchschnittliche Krankenhausverweildauer von vier Wochen anzunehmen. Das bedeutete dann umgerechnet:

Ein Patient hat 0,78 Krankenhaustage in einem Jahr erhalten.

Diese Zahl war — als wir sie ermittelt hatten — für uns insofern besonders eindrucksvoll, als in der Zeit, in der diese Untersuchung lief, im Durchschnitt und auf alle Versicherten umgerechnet 2,5 Krankenhaustage pro Jahr auf den einzelnen Versicherten entfielen. Da wir aus unseren Krankengeschichten wußten, daß die Patienten, die zu uns überwiesen wurden, zuvor einen beträchtlich höheren Durchschnitt an Krankenhausaufenthalten haben als die übrigen Versicherten, nahmen wir uns vor, diese Befunde in einer gesonderten Untersuchung zu objektivieren.

Hinsichtlich der *Arbeitsfähigkeit* konnten wir die von uns ermittelten Befunde freilich nur mit einer gewissen Vorsicht bewerten. Da sich unter unseren Patienten eine Reihe von verheirateten, nicht berufstätigen Frauen befanden, ließ sich bei diesen Kranken die Frage nach der Arbeitsunfähigkeit eigentlich überhaupt nicht objektivieren. Genauer gesagt, man konnte sie nicht prozentual auf alle behandelten Patienten umrechnen, und man konnte leider auch nicht einfach die Berufstätigen von den Nichtberufstätigen abtrennen, da eine gewisse Gruppe von Patienten Teilbeschäftigungen übernommen hatte oder nur befristet und periodenweise berufstätig wurde. Immerhin sind die Mitteilungen, die wir erhalten haben, doch wissenswert: Von den insgesamt 845 Patienten gaben 28 Kranke 33 Perioden der Arbeitsunfähigkeit an, die nach ihrer Meinung durch neurotische Beschwerden hervorgerufen worden waren. Diese 28 Patienten stammten aus der Gruppe der 111 ungebesserten Kranken.

Auch die Zahl der *Verschickungen* ist nur schwer zu bewerten: Insgesamt wurden von 85 Patienten 90 Verschickungen mitgeteilt (einige Patienten wurden mehrfach verschickt). Die Anlässe zur Verschickung waren unterschiedlich und die zugehörigen Angaben recht ungenau. Kuraufenthalte, die die Arbeitgeber ihren Mitarbeitern zur Verfügung stellten, standen neben Heilverfahren wegen Kriegsverletzungen, Verschickungen wegen Unterleibsbeschwerden usw. Nur bei 9 Patienten hatten wir ernsthafte Gründe, die Verschickung für eine Maßnahme zu halten, die wegen der vorliegenden neurotischen Beschwerden durchgeführt wurde.

Für eine genauere Bewertung der hier mitgeteilten Befunde fehlen jetzt noch die Angaben über die *Zahl der Behandlungsstunden*, die im Durchschnitt für die durchgeführten Therapien benötigt wurden. Außerdem kann ich mitteilen, wie häufig ich in den Krankengeschichten Hinweise dafür gefunden habe, daß die Behandlung entweder *vorzeitig* beendet wurde, oder daß eine *längere Behandlung* gewünscht beziehungsweise wirklich privat weitergeführt worden ist: Die durchschnittliche Stundenzahl für die hier durchgeführten Behandlungen liegt bei 100. Diese Zahl ist jedoch das arithmetische Mittel, und 10 bis 15 Prozent der Patienten hatten bis zu 200 Behandlungsstunden, während ein korrespondierender Prozentsatz die Therapien bei 50 oder 60 Stunden beendete.

Hinsichtlich vorfristiger Beendigung und privater Fortführung der Therapie (beziehungsweise dem Wunsch danach) ergab sich folgendes Bild: Insgesamt wurden 13 Prozent aller Behandlungen nach Mitteilungen des Therapeuten vorzeitig beendet. Tabellarisch ausgedrückt und auf die Ausgangszahl der 845 Patienten in Prozenten bezogen, sah das folgendermaßen aus:

Vorzeitig beendet	13 %
Davon im Widerstand	4 %
Bei Besserung	4 %
Aus äußeren Gründen	4 %
Vom Arzt abgeraten	1 %

Die Patienten, die bei Besserung die Behandlung aufgaben, gehörten zu den jüngeren Altersstufen und hofften offenbar in einem nicht ganz zuverlässigen Optimismus auf bleibende Besserung. Bei den äußeren Gründen handelte es sich in der Regel um Ortswechsel der Patienten selber oder des Ehemannes.

Rund ein Viertel der Patienten hätte die Behandlung gern weitergeführt, beziehungsweise war in der Lage, die Fortsetzung der Therapie zu finanzieren.

Therapie privat weitergeführt	12 %
Den Wunsch nach weiterer Therapie spontan geäußert	10 %

Da wir uns bei dieser Art der Untersuchung davor hüten wollten, etwas in die Patienten hineinzufragen, haben wir hier allerdings nur die spontanen Äußerungen verzeichnet. Es wäre denkbar, daß bei einer aktiveren Fragestellung ein höherer Prozentsatz ermittelt worden wäre.

Natürlich waren wir über die allgemein klinischen Feststellungen hinaus sehr lebhaft daran interessiert, wie sich das Abschlußergebnis und der katamnestische Befund zur ursprünglichen prognostischen Einschätzung verhielten. Waren doch gerade in diesem Bereich unseres Arbeitsfeldes noch sehr viele Fragen ungeklärt und auch umstritten.

Wir hatten für unsere Krankengeschichten drei Prognoseklassen eingeführt: Günstig, zweifelhaft und ungünstig. Nach Abschluß der katamnestischen Materialsammlung habe ich die verfügbaren Krankengeschichten nach Prognosegruppen geordnet und erhielt folgendes Ergebnis:

Günstige Prognose	484
Zweifelhafte Prognose	308
Ungünstige Prognose	36
Prognose vergessen	17

Um einen einigermaßen brauchbaren Überblick über die Beziehung zwischen Prognose, Abschlußergebnis und katamnestischem Befund zu erhalten, habe ich zunächst einmal Tabellen zusammengestellt, in denen ich die Behandlungsergebnisse sowohl beim Abschluß der Therapie wie auch bei der Katamnese in absoluten Zahlen eingetragen habe.

Diese Tabellen finden sich im Interesse einer günstigen optischen Übersicht auf den beiden nachfolgenden Seiten:

Wenn man sich in die Einzelheiten dieser Tabellen vertieft, dann springen zunächst einmal die groben Zahlen ins Auge: Während wir bei den 484 Patienten mit günstiger Prognose nur 56 Patienten (knapp 9 Prozent) haben, deren Gesundheitszustand bei der katamnestischen Untersuchung als kaum gebessert oder ungebessert bezeichnet werden mußte, verzeichnen wir bei der Gruppe der 36 Patienten mit ungünstiger Prognose 18 Kranke (also genau 50 Prozent), die bei der Nachuntersuchung in schlechtem Gesundheitszustand vorgefunden wurden. Allerdings muß ich darauf aufmerksam machen, daß man aus den hier aufgeführten Tabellen nicht ohne weiteres jene Fluktuation erkennen kann, die sich bei den nachuntersuchten Patienten sowohl in Richtung auf Besserung wie in Richtung auf Verschlechterung gezeigt hatte: Die aufgeführten Befunde dürfen nicht einfach so verstanden

Tabelle 1: Günstige Prognose: 484 Patienten

Katamnese	Abschluß							
	sehr gut	gut	befriedigend	genügend	kaum gebessert	ohne Abschlußurteil		
sehr gut	138	8	2	16	0	3	167	} 250
gut	27	24	4	26	1	1	83	
befriedigend	19	4	5	23	1	0	52	
genügend	30	2	2	72	3	2	111	
kaum gebessert	6	0	0	14	1	0	21	} 56
ungebessert	7	1	0	24	1	2	35	
unklar	5	1	0	4	0	3	13	
Fehldiagnose	1	0	0	1	0	0	2	
	233	40	13	180	7	11	484	

273

Tabelle 2: Zweifelhafte Prognose: 308 Patienten

Katamnese	Abschluß							
	sehr gut	gut	befriedigend	genügend	kaum gebessert	ohne Abschlußurteil		
sehr gut	54	4	0	8	0	1	67	} 120
gut	22	15	2	14	0	0	53	
befriedigend	12	4	2	24	2	3	47	
genügend	18	3	1	70	3	2	97	
kaum gebessert	2	1	0	7	1	0	11	} 37
ungebessert	4	2	2	14	3	1	26	
unklar	4	0	0	2	0	0	6	
Fehldiagnose	1	0	0	0	0	0	1	
	117	29	7	139	9	7	308	

146

Tabelle 3: Ungünstige Prognose: 36 Patienten

Katamnese	Abschluß				
	sehr gut	gut	genügend	kaum gebessert	
sehr gut	0	0	0	0	0
gut	0	2	0	0	2
befriedigend	6	1	3	0	10
genügend	3	0	3	0	6
kaum gebessert	0	0	6	0	6
ungebessert	0	0	9	3	12
unklar	0	0	0	0	0
Fehldiagnose	0	0	0	0	0
	9	3	21	3	36

12 (9 + 3) } 18 (6 + 12)

Tabelle 4: Prognose vergessen: 17 Patienten

Katamnese	Abschluß			
	sehr gut	gut	genügend	
sehr gut	4	0	0	4
gut	2	2	1	5
befriedigend	2	0	2	4
genügend	0	0	4	4
kaum gebessert	0	0	0	0
ungebessert	0	0	0	0
unklar	0	0	0	0
Fehldiagnose	0	0	0	0
	8	2	7	17

10 (8 + 2)

werden, daß wir etwa bei den Patienten mit günstiger Prognose 273mal ein gutes bis sehr gutes Abschlußurteil in den Krankengeschichten verzeichneten, und daß sich dann dieses Urteil nur bei 250 Patienten in der Katamnese bestätigen ließ. Es gab durchaus eine Patientengruppe, die bei der Katamnese die erhoffte Nachreifung bot und demzufolge günstiger eingestuft werden konnte als beim Abschlußurteil. Außerdem gab es Patienten, die bei der Katamnese nicht einfach nur ein oder zwei Klassifikationsgruppen tiefer sanken, sondern wir fanden sogar auch unter den sehr gut bis gut gebesserten Patienten recht *eklatante Rückfälle*, die so gravierend waren, daß diese Patienten zu den „ungebesserten" Kranken gezählt werden mußten.

Aus naheliegenden Gründen habe ich mich vor allem für jene Patienten interessiert, bei denen die Behandlung mit genügendem, gutem oder sehr gutem Ergebnis abgeschlossen wurde und die in der Katamnese als ungebessert bezeichnet wurden. (In der Gruppe der befriedigend gebesserten Kranken gab es keinen solchen eindeutigen Rückfall).

Zunächst einmal waren die Patienten aus jener Mittelgruppe interessant, die im Abschlußergebnis als „genügend gebessert" gekennzeichnet worden waren. Ich fand bei der Durchsicht der Krankengeschichten folgende Zahlen:

	Günstige Prognose	Zweifelhafte Prognose
Genügend gebessert:	180	139
Rückfall:	38	21

Auf den ersten Blick erscheinen diese Zahlenangaben so gut wie identisch, und erst die genaueren Fallstudien enthüllen die Unterschiede, die zwischen den Patienten der beiden Prognosegruppen bestanden haben. Ich fand zunächst einmal andere Zahlen für die benötigten Behandlungsstunden: Die 38 Patienten aus der Gruppe mit der günstigen Prognose haben für ihre Behandlungen einen Stundendurchschnitt von 49 geboten. Für die 21 Patienten mit zweifelhafter Prognose wurden hingegen durchschnittlich 160 Behandlungsstunden aufgewandt. Diese Zahl ließ vermuten, daß es sich bei beiden Patientengruppen doch um sehr *unterschiedliche Krankheitsstrukturen* und auch um *andere Verläufe* gehandelt haben muß.

Für den geringen Stundendurchschnitt bei den Patienten mit der günstigen Prognose ließ sich ermitteln, daß hier eine recht beträchtliche Zahl vorzeitiger Beendigungen der Behandlung vorlag. Bei den 38 Patienten wurde 30mal vom Therapeuten angegeben, daß die Therapie verfrüht zu Ende gegangen sei:

10 Patienten aus äußeren Gründen
 9 Patienten wegen Symptomminderung
10 Patienten im Widerstand oder in negativer Übertragung
 1 Patient nicht genauer begründet.

All diese Patienten fragten übrigens bei der Katamnese nach Möglichkeiten zur Wiederaufnahme der Behandlung.

Bei den 21 Patienten mit zweifelhafter Prognose war die Situation eher umgekehrt: Ich fand nur zwei vorzeitige Beendigungen, hingegen wurden dreimal *Behandlungsverlängerungen* beantragt. Bei 15 Patienten war im Krankenbericht eine ganz besonders ungünstige Vorgeschichte in bezug auf die Berufssituation festgehalten worden. Sie waren (zum Teil jahrelang) früher berufsunfähig gewesen. Ein Patient hatte zum Beispiel vor Behandlungsaufnahme sechs Jahre nicht gearbeitet, sondern von Sozialunterstützung, Hilfe der Angehörigen oder ähnlichem gelebt. Die Überweisung zu uns erfolgte allerdings wegen eines chronischen Ekzems. Der Patient wurde im Verlauf der Therapie berufsfähig, zog nach Westdeutschland und beantwortete uns unseren Fragebogen mit der Mitteilung, daß er sich ungebessert fühle, da das Ekzem noch bestünde. Seine berufliche Wiedereingliederung führte er auf äußere Umstände und nicht auf die Behandlung zurück.

Ich habe mich bei diesem Patienten (genau wie bei zehn anderen Kranken auch) dazu entschließen müssen, die katamnestische Bewertung mit „ungebessert" einzuordnen. Es erschien mir nicht erlaubt, bei der Einstufung dieser Kranken jene Kriterien zu verlassen, die wir in allen übrigen Fällen angewandt hatten. Für diese Fälle wäre es sicherlich eine Hilfe gewesen, wenn wir (wie Jones es vorschlug) gesonderte Kategorien für klinische und soziale Heilungen eingeführt, oder (nach Winklers Empfehlung) prinzipiell für jeden Kranken zwei getrennte Urteile festgehalten hätten: Eines für die objektive Gesundheitssituation und ein zweites, das die Beziehung zur Ausgangslage bezeichnet.

Die Zahlenwerte und Untersuchungsbefunde bei den rückfälligen Patienten mit der ursprünglichen Beurteilung „gut und sehr gut gebessert" sahen etwas anders aus. Zunächst die absoluten Werte:

	Günstige Prognose	Zweifelhafte Prognose
Gut und sehr gut gebessert:	273	146
Rückfall:	14	9

Bei diesen beiden Patientengruppen habe ich *keinen Unterschied* in bezug auf die benötigten Behandlungsstunden finden können. Für beide Gruppen errechnete sich der Stundendurchschnitt auf 140 Behandlungsstunden. Die individuellen Fallstudien brachten allerdings einige Hinweise, die in psychodynamischer Hinsicht Interesse verdienen:

Zunächst einmal mußten wir bei 3 Patienten einen Irrtum des Behandlers feststellen. Die Patienten behaupteten wohl zu recht, daß sie niemals wirklich gebessert gewesen seien. Bei 3 weiteren Patienten wurde ein vorzeitiger Abbruch aus äußeren Gründen angegeben, und es blieb nur die Feststellung übrig, daß hier die Symptombesserung der Kranken in ihrer Dauerhaftigkeit vom Behandler überschätzt worden war. Bei 2 Patienten ließ sich aus der Katamnese erschließen, daß sie von besonders schweren äußeren Schicksalsbelastungen getroffen worden waren. Belastungen, die ihre Tragfähigkeit überschritten, und die man nicht unbedingt hatte vorher sehen können. In 4 Fällen notierte der Nachuntersucher bei der Katamnese, daß der *schizoide Anteil* in der Struktur der noch verhältnismäßig jugendlichen Patienten in seiner Bedeutung unterschätzt worden war, so daß sich sowohl bei der Prognose wie beim Behandlungsergebnis unzulängliche Befunde ergeben hatten. Die Fehlbewertung schizoider Persönlichkeitsveränderung ist ja vielfältig bekannt, und wurde von mir schon früher als eine der Fehlerquellen beschrieben, die uns beim Einschätzen der Prognose gefährlich werden können.

Für 8 weitere Patienten ergaben sich dann noch einige individuelle psychodynamische Probleme, deren Existenz vielleicht eine Erklärung für die ungünstige Weiterentwicklung der Patienten abgeben konnten: Bei allen Patienten wurde sowohl im Abschlußbericht wie bei der katamnestischen Untersuchung die *Ehesituation* des betreffenden Kranken als sehr problematisch geschildert. Es zeigte sich bei einem Vergleich der Krankengeschichten, daß die neurotische Partnerkonstellation für alle 8 Patienten einen spezifischen, gemeinsamen Charakter hatte: Es wurde verzeichnet, daß die Patienten mit „infantilen Erwartungen", „vagen Anspruchshaltungen" oder mit einer Neigung zu „passiver Bequemlichkeit" lebten und daß die Partnerwahl dieser Persönlichkeiten mit den eben genannten neurotischen Strukturelementen korrespondierte. Alle Patienten hatten ihren Ehepartner jeweils in Vater- oder Mutter-Übertragung gesucht und gefunden. Partner, die den Patienten eine Mischung von Fürsorglichkeit und Dominanzhaltung entgegenbrachten. Es war offenkundig, daß die Ehekonstellation der behandelten Kranken ihre *regressiven Tendenzen* stark begünstigte und daß die Bereitschaft des Ehepartners, zu schützen und zu verwöhnen um den Preis der Unterwerfung geboten wurde und die Patienten damit an einer vollständigen Nachreifung gehindert waren.

Eine sehr ähnliche Konstellation fand ich dann schließlich noch bei 2 Patienten im *beruflichen Bereich*. Diese Patienten hatten sich offenbar im Verlauf ihrer Behandlung mit den vorliegenden Berufsproblemen nur oberflächlich auseinandergesetzt. Sie arbeiteten in Berufen, die sie an sich ablehnten, hätten aber bei einer Abänderung ihrer Berufssituation auch gewisse Vergünstigungen aufgeben müssen (etwa die Weiterarbeit in einem Familienbetrieb). Auch hier schien die Angst vor dem Verlust solcher Vergünstigungen die fortschreitende Entwicklung der Patienten mehr behindert zu haben, als der Behandler es beim Abschluß der Therapie vermutet hatte.

Noch ein letztes Wort über die Patienten aus der Gruppe mit der ungünstigen Prognose: Hier verwundert uns ja die hohe Zahl der Rückfälle an sich nicht. Verwunderlich ist vielmehr die Tatsache, daß wir bei diesen Patienten doch immerhin in einem Drittel der Fälle die Angabe vorfanden, daß ein gutes bis sehr gutes Behandlungsergebnis erzielt worden sei. Nur 3 dieser Patienten sind als kaum gebessert aus der Behandlung entlassen worden. Das Studium dieser Krankengeschichte lehrte uns dann, daß hier zweifellos jene Faktoren im Spiel gewesen waren, die WINKLER im Sinn hatte, als er davon sprach, daß man den erzielten Behandlungserfolg mit der Ausgangslage zu Beginn der Therapie in Verbindung bringen müsse. Es war sehr deutlich, daß sich die Therapeuten bei ihren Beurteilungen im Grunde nicht an dem sogenannten „objektiven" Ergebnis orientiert hatten, sondern — mit einem gewissen Recht — an der Ausgangslage, die sie bei Beginn der Behandlung vorgefunden hatten. Daß diese Behandlungen nur einen befristeten therapeutischen Erfolg zeitigen konnten, wurde dann aber bei der katamnestischen Untersuchung deutlich.

Trotz der sehr augenfälligen Unterschiede im Behandlungsergebnis bei den Patienten mit günstiger und ungünstiger Prognose, müssen die vorgefundenen Zahlenwerte natürlich doch noch einer *statistischen Analyse* unterzogen werden. Der allgemeine Eindruck kann sehr in die Irre führen, und ein Zusammenhang zwischen der ursprünglichen prognostischen Einschätzung und dem schließlich erzielten Behandlungsergebnis kann ohne eine solche statistische Verrechnung nicht festgestellt werden. Leider waren nicht alle Krankengeschichten für diesen Zweck brauchbar: Die 17 Krankengeschichten, bei denen man die Prognose vergessen hatte, fielen weg. Ebensowenig konnten wir jene Krankengeschichten verwerten, bei denen die abschließenden Befunde unklar waren oder bei denen sich eine Fehldiagnose herausgestellt hatte.

Die statistische Analyse des Materials hat E. JORSWIECK vorgenommen, und er hatte im Endeffekt folgendes Zahlenmaterial zur Verfügung:

Patienten mit guter Prognose:	458
Patienten mit zweifelhafter Prognose:	294
Patienten mit ungünstiger Prognose:	36

Für einen ersten Überblick läßt sich die Zuordnung von Prognose und Abschlußergebnis ebenso wie die Zuordnung von Prognose und Katamnesenergebnis in Prozenten errechnen und tabellarisch aufzeichnen. Es empfiehlt sich dabei, die Kategorien des Urteils zusammenzuziehen und sowohl die Gruppe der sehr guten und guten Behandlungsergebnisse, wie auch die Gruppe der kaum gebesserten und ungebesserten miteinander zu vereinigen.

Ein solcher Vergleich, der anstelle der absoluten Zahlen die Prozentsätze bringt, ergibt folgendes Bild:

Vergleich der Prognosen in %
(abgerundet)
Prognosen
günstig +++ zweifelhaft ++ ungünstig + —
Ergebnisse
gut und sehr gut +++ befriedigend ++
genügend + kaum gebessert und ungeb. —

Behandlungsabschluß

Ergebnis	Prognose		
	+++	++	+—
+++	58	48	33
++	3	2	0
+	38	46	58
—	2	3	8

Katamnesenergebnis

Ergebnis	Prognose		
	+++	++	+—
+++	53	40	6
++	11	15	28
+	24	32	17
—	12	12	50

Für den in solchen statistischen Analysen bewanderten Kollegen will ich hier soeben noch einmal darauf hinweisen, daß wir für unsere Untersuchungen nur solche Patienten einbestellt haben, die in irgendeiner Form als „gebessert" aus der Therapie entlassen worden sind, und daß wir die Gruppe der „ungeheilten" Patienten nicht systematisch in die Nachuntersuchung einbezogen hatten. Aus dieser Tatsache erklärt es sich, daß wir bei den im Abschlußbericht als „kaum gebesserten" Patienten bezeichneten Kranken nur eine sehr geringe Differenz zwischen den beiden Patientengruppen mit jeweils günstiger oder zweifelhafter Prognose finden. Da die ergebnislosen Abschlüsse bereits vor der Untersuchungsserie eliminiert waren, nivellierte sich natürlich auch der Unterschied zwischen diesen beiden Gruppen.

Bei dem soeben angebotenen Zahlenmaterial kann die statistische Analyse an unterschiedlichen Punkten ansetzen: Einmal kann man nach der sogenannten Treffermethode den Zusammenhang zwischen der Einschätzung der Prognose und dem mitgeteilten Behandlungsergebnis (bzw. Katamnesenergebnis) feststellen. Darüber hinaus kann man auch die Methode der quantitativen Merkmalskorrelation anwenden. Das heißt, die Korrelierung zweier Merkmalsreihen, die in diesem Fall das Behandlungsergebnis und das Katamnesenergebnis sind. Bei der Berechnung nach der Treffermethode (Prognoseneinschätzung in Beziehung zum Abschlußergebnis sowie Prognoseneinschätzung in Beziehung zur Katamnese) ergaben sich folgende Werte: Die Berechnung für die Prognoseeinschätzung in Beziehung zum Abschlußergebnis erbringt ein T von 3,4. Das bedeutet, daß die jeweiligen Einschätzungen zwar nicht gegenläufig sind, jedoch in ihrer Übereinstimmung nicht viel über der Wahrscheinlichkeit liegen. Für den Zusammenhang zwischen Prognose und Katamnesenergebnis liegt die Situation jedoch anders: Hier ergibt die Berechnung ein T von 5,7 und man nimmt an, daß bei einem T von 6 der fragliche Zusammenhang als gesichert gilt.

Bei der zweiten Methode — der quantitativen Merkmalskorrelation — wurde von E. Jorswieck für die Berechnung eine Einteilung der Abschlußergebnisse und Katamnesenergebnisse nach Prognoseklassen vorgenommen. Bei einer Zusammenziehung der guten und sehr guten Ergebnisse (wie es schon für die obige Tabelle vorgenommen wurde) ergaben sich 12 Prognoseklassen. Der Korrelationskoeffizient errechnete sich dabei zu 0,77. Ein Korrelationskoeffizient von 0,50 gilt als ausreichend, um einen positiven Zusammenhang zwischen den ermittelten Merkmalsreihen anzusehen.

Wenn man bei diesen Befunden berücksichtigt, wie komplex die gesamte Situation ist, wieviele Fehlerquellen sowohl in der Person des Erstuntersuchers wie in der Person des Behandlers und des Katamnestikers liegen (Fehlerquellen, die in keinem Bereich der Psychologie und Psychiatrie jemals voll auszuschalten sind), dann darf man das hier erzielte Ergebnis jedenfalls als hinreichend befriedigend ansehen. Wir dürfen unsere anfänglich eingeschätzten Prognosen ernst nehmen und brauchen uns nicht allein auf das Hilfsmittel einer Probebehandlung zu verlassen. In jedem Fall können wir aus diesen Untersuchungsergebnissen die Möglichkeit ableiten, eine Gruppe von behandelten und unbehandelten Patienten miteinander zu vergleichen und sogenannte „harte" Daten für diesen Vergleich heranziehen. Das nächste Kapitel wird über diese zweite Materialsammlung Auskunft geben.

d) Behandelte und unbehandelte Patienten

Die Untersuchungsserie, über deren Ergebnisse ich soeben berichtet habe, wurde in einer geschichtlichen Epoche durchgeführt, in der die Psychoanalytiker noch in einem empfindlich anderen Klima arbeiteten als heute. Vorgefaßte Meinungen mit weltanschaulichem Hintergrund wirkten sich aus und schufen ein literarisches Feld, in dem von vielen Autoren die Vorstellung erweckt wurde, daß Psychologie und Psychiatrie in ihren Befunden und Materialsammlungen jenen Grad an objektiver Genauigkeit erreichten, den man bei der Psychoanalyse angeblich vermissen mußte. Glücklicherweise hat sich diese Situation günstig gewandelt: Man ist inzwischen doch sehr weitgehend bereit, die Schwierigkeiten im eigenen wie im nachbarlichen Arbeitsfeld zu sehen und anzuerkennen. Und man hat es bis zu einem gewissen Grad auch aufgegeben, fremde Arbeitsbereiche und Arbeitsergebnisse zu beurteilen, über die man selber keine eigenen Erfahrungen besitzt. In den früheren Jahren war es allerdings gebräuchlich, daß man die günstigen Behandlungsergebnisse der Psychoanalytiker entweder für die Folgen von Spontanheilungen hielt, oder aber den erreichten Erfolg in Abrede stellte und für eine optimistische Fehlbewertung der faktisch unveränderten Situation durch den behandelnden Therapeuten. Man verstand nicht, daß die Psychoanalytiker selbst ein lebhaftes Interesse daran haben mußten, die Wirksamkeit ihrer Behandlungsmethode nachzuprüfen. Der emotionale und intellektuelle Einsatz, den man bei der psychoanalytischen Behandlung eines Patenten erbringt, ist viel zu groß, als daß man seinen Arbeitsalltag damit füllen möchte, wenn er sich im Endeffekt doch als nutzlos erweisen sollte.

Ich habe also die willkommene Gelegenheit ergriffen, die Ergebnisse, die wir mit der soeben geschilderten Untersuchungsserie verzeichnen konnten, für eine zweite Materialsammlung zu verwenden. Hatten wir doch begründete Hoffnung, daß unsere Befunde durch objektivierbare Daten zu erhärten waren und daß sich außerdem die Überprüfung einer „Kontrollgruppe" mit Hilfe dieser objektiven Fakten durchführen ließ. Zwei Einzelbefunde aus dieser ersten Materialsammlung wurden von Wichtigkeit:

Einmal hatte es sich ergeben, daß wir die Einschätzung der Prognose mit überzufälliger Genauigkeit durchführen konnten. Zum anderen bestand eine Gelegenheit, die von uns registrierte Verminderung der Krankenhausaufenthalte unserer Patienten mit Hilfe objektiver Unterlagen nachzuprüfen: Die Versicherungsanstalt Berlin (später AOK Berlin) hatte 1951 eine Versichertenkartei eingeführt, in der unter anderem auch die Leistungen für Krankenhausaufenthalte genau festgehalten wurden. Bei einem günstig angelegten Stichtag (1958) mußte es möglich sein, die Krankenhauszeiten unserer Patienten in einem Zeitraum von fünf Jahren vor und fünf Jahren nach der Behandlung festzustellen und — analog dazu — bei einer Gruppe von unbehandelten Patienten das Jahrfünft vor der Anamnese und nach der Anamnese zu verwenden. Voraussetzung war dabei natürlich, daß die beiden Patientengruppen einigermaßen ähnlich zusammengesetzt waren und einen solchen Vergleich rechtfertigten.

Es lag dabei nahe, daß wir diese verfügbaren objektiven Unterlagen nicht nur bei behandelten und unbehandelten Patienten verwerteten, sondern daß wir für unsere statistische Analyse zusätzlich noch eine analoge Untersuchung an solchen Versicherungsnehmern durchführten, die überhaupt nicht mit der Poliklinik unseres Institutes in Berührung gekommen waren. Mitglieder der Allgemeinen Ortskrankenkasse also, die nicht primär als neurotisch krank gekennzeichnet waren.

Wir versprachen uns von dieser Untersuchung ein Zahlenmaterial, das man in mehrerer Hinsicht zur Grundlage einer statistischen Verrechnung machen konnte: Einmal erlaubte der Vergleich zwischen der Gruppe der behandelten Patienten und der unbehandelt wartenden Kranken gegebenenfalls einen Rückschluß auf die Wirksamkeit unserer Therapie. Zum zweiten erhofften wir uns Hinweise darauf, ob die wartenden Patienten tatsächlich auch ohne Therapie spontan gesundeten. Schließlich ließ ein Vergleich der Krankenhausaufenthalte unserer Patienten mit den allgemeinen Versicherungsnehmern der Krankenkasse auch Ermittlungen darüber zu, ob es sich bei der festgestellten Verminderung der Krankenhausaufenthalte um einen *statistisch signifikanten* Befund handelte.

Ich habe diese Untersuchung mit E. JORSWIECK gemeinsam durchgeführt, und wir sind methodisch folgendermaßen vorgegangen:

Wir haben zunächst nach dem Zufallsprinzip eine Stichprobe von 125 Patienten gezogen, die ihre psychoanalytische Behandlung im Jahre 1958 abgeschlossen hatten. Aus dem gleichen Jahrgang haben wir dann (ebenfalls nach dem Zufallsprinzip) 100 Patienten der Warteliste zusammengestellt. Allerdings verzeichneten wir bei dieser Zufallsstichprobe einen *Überhang an ungünstigen Fällen*, ein Befund, der uns nicht unerwartet kam. Man muß ja in jedem Fall damit rechnen, daß bevorzugt solche Patienten zur Behandlung vermittelt werden, bei denen die Psychoanalyse auch mit einiger Wahrscheinlichkeit eine wirksame Maßnahme darstellt. Da aber der angestrebte Vergleich zwischen der Gruppe der behandelten und der wartenden Patienten nur dann sinnvoll werden konnte, wenn sich in beiden Gruppen etwa die *gleiche Proportion* von günstigen, zweifelhaften und ungünstigen Prognosen fand, sahen wir uns veranlaßt, bei der Gruppe der wartenden Patienten eine Korrektur vorzunehmen: Wir sorgten dafür, daß das Verhältnis von günstigen, zweifelhaften und ungünstigen Fällen in beiden Gruppen identisch war.

Nach der Auswahl dieser beiden Patientengruppen haben wir dann schließlich aus der Population der Krankenkassenversicherten, die nicht mit unserer Poliklinik in Berührung gekommen waren, ebenfalls nach dem Zufallsprinzip, eine weitere Gruppe von N = 100 ausgewählt.

Bei diesen drei Gruppen verfolgten wir das gleiche Ziel: Wir wollten anhand der verfügbaren Leistungskartei genaue Unterlagen über die Krankenhausaufenthalte der betreffenden Personen gewinnen.

Bei Gruppe I (analytisch behandelte Patienten) stellten wir die Krankenhausaufenthalte im Jahrfünft vor der Therapie und im Jahrfünft nach der Therapie fest. Die Krankenhaustage während der Behandlung wurden nicht mitgezählt.

Bei Gruppe II (unbehandelte Patienten der Warteliste) berechneten wir sinngemäß die Krankenhaustage während der fünf Jahre vor der Anamnese im Jahr 1958 und die Krankenhausaufenthalte fünf Jahre nach diesem Zeitpunkt.

Für die Gruppe III (allgemeine Versicherungsnehmer der Allgemeinen Ortskrankenkasse Berlin) galt die gleiche Unterscheidung: Wir ermittelten die Krankenhausaufenthalte pro Person und Jahr fünf Jahre vor dem 1. Januar 1958 und fünf Jahre danach.

Bei der Verrechnung des so ermittelten Zahlenmaterials waren wir um die Beantwortung verschiedenartiger Fragestellungen bemüht: Wir wollten als erstes überprüfen, ob die *Krankenhausaufenthalte* bei der *behandelten Gruppe* und bei der *wartenden Gruppe* vor der Therapie (beziehungsweise vor der Anamnese) doch *Unterschiede* aufwiesen. Es war ja immerhin möglich, daß sich bei den wartenden Patienten trotz der bereits vorgenommenen Korrektur hinsichtlich der Prognosen eine Verschiebung nach der ungünstigen Seite hin eingeschlichen hatte. Als zweites gingen wir der Frage nach, ob die in unserer Poliklinik zur Behandlung anstehenden Patienten tatsächlich mehr Krankenhausaufenthalte hinter sich hatten, als der *Durchschnitt der Krankenversicherten* sonst. Die Hinweise, die wir bislang aus unseren Krankengeschichten entnommen hatten, sollten mit Hilfe des Materials aus der durchgesehenen Leistungskartei objektiviert werden. Der dritte Untersuchungsschritt galt dem Problem, ob wir das von uns beobachtete *Absinken der Krankenhaustage* nach der Behandlung bei unseren Patienten auch anhand der Unterlagen der Leistungskartei feststellen konnten.

Die analoge Untersuchung haben wir dann natürlich bei der Kontrollgruppe der wartenden Patienten durchgeführt. Es war die Frage, ob diese unbehandelt wartenden Patienten nicht vielleicht das gleiche Absinken ihrer Krankenhausaufenthalte boten. Ein solcher Befund hätte dann die Theorie erhärtet, daß Neurotiker auch spontan gesunden, wenn man nur genügend Zeit nach der ersten Erkrankung verstreichen läßt.

Der letzte Untersuchungsschritt befaßte sich schließlich mit einem Vergleich der Krankenhausaufenthalte pro Kopf und Jahr bei den behandelten Patienten *nach* der Therapie und den allgemeinen Versicherungsnehmern der Allgemeinen Ortskrankenkasse Berlin: Ich hatte ja mitgeteilt, daß wir bei unseren katamnestischen Untersuchungen einen Durchschnittswert von 0,78 Tagen pro Kopf und Jahr bei den behandelten Patienten ermitteln konnten. Es lag uns daran, bei dieser zweiten Untersuchungsserie festzustellen, ob wir zu *statistisch signifikanten* Ergebnissen kämen, oder ob wir zuvor reine Zufallsbefunde erfaßt hatten. Vielleicht sollte ich in bezug auf diese Untersuchungsserie noch einmal sagen, daß wir auch bei den hier durchgeführten Ermittlungen *alle* Krankenhaustage mitgezählt haben, ohne uns darum zu kümmern, ob die verzeichnete Diagnose auf ein organisches oder auf ein psychisch bedingtes Krankheitsbild hinwies. Die Unsicherheit der vorgefundenen diagnostischen Kategorien erschien uns zu groß, und wir wollten nicht Gefahr laufen, durch eine künstliche Aussonderung von Diagnosen die ermittelten Resultate zu verzerren. Der Aussagewert unserer Untersuchung würde bei einem solchen Vorgehen nur wachsen, sofern sich überhaupt statistische Signifikanzen ergeben sollten.

In bezug auf die Befunde, die wir bei der in dieser Form angelegten Untersuchungsserie ermitteln konnten, ist methodisch noch folgendes zu erläutern: Wir sind nach der üblichen statistischen Hypothesenprüfung von Durchschnitten unabhängiger Samples vorgegangen und haben jeweils an der t-Verteilung auf dem 1%-Niveau verglichen. Alle folgenden Aussagen über die Unterschiede der durchschnittlichen Krankenhausaufenthalte beziehen sich also auf dieses Niveau:

Zunächst fanden wir, daß sich bei der behandelten wie bei der wartenden Patientengruppe *keine signifikanten Unterschiede* hinsichtlich der Krankenhaustage pro Kopf und Jahr *vor Beginn* der Behandlung (beziehungsweise vor der Anamnese) ermitteln ließen. Die Gleichartigkeit der beiden Patientengruppen in bezug auf ihren Krankheitszustand spiegelte sich in diesem Befund wider. Im Gegensatz dazu waren die Krankenhaustage bei beiden Patientengruppen mit *statistischer Signifikanz* zahlreicher als bei der Gruppe der allgemeinen Versicherungsnehmer der AOK Berlin.

Aus diesem Befund entnahmen wir zweierlei: Einmal fanden wir unsere früheren Feststellungen über die *häufigen Krankenhausaufenthalte* unserer neurotischen Patienten *bestätigt*. Zum anderen schien aber auch jene gängige Hypothese entkräftet, nach der es sich bei den erfolgreich behandelten Neurotikern doch nur um jene Patienten handele, deren Zustandsbild man von Anfang an zur Gruppe der „Bagatellfälle" rechnen müsse.

Nach diesen Ermittlungen über die Krankenhausaufenthalte der Patienten vor der Überweisung zu uns blieb nun noch zu klären, wie es sich mit den Krankenhausaufenthalten *nach der Therapie* beziehungsweise in dem entsprechenden Zeitraum nach der Anamnese verhielt: Tatsächlich fanden wir bei unserer Untersuchung, daß die Gruppe der behandelten Patienten eine *Verminderung* ihrer Krankenhausaufenthalte pro Kopf und Jahr aufwies, und daß es sich bei dieser Verminderung um einen *statistisch signifikanten* Befund handelte. Die Gruppe der unbehandelt wartenden Patienten zeigte hingegen *kein* Absinken der Krankenhaustage, und es ergab sich bei der Verrechnung der ermittelten Zahlenwerte außerdem, daß es sich um überzufällige Befunde handelte. Genauer: Es ergab sich mit statistischer Signifikanz, daß die behandelten Patienten nach der Therapie seltener ins Krankenhaus eingewiesen wurden als die unbehandelten Kranken.

Mit Hinblick auf diesen speziellen Befund kann man kaum länger an der Vorstellung festhalten, daß unbehandelte Neurotiker in der Regel eine spontane Besserung ihres Krankheitszustandes erleben. Ganz abgesehen davon, daß diese Patienten ja kaum völlig ohne Behandlung bleiben, sondern daß sie andere „symptomatische" Therapieformen erhalten. Sei es nun ein medikamentöses oder ein irgendwie geartetes pragmatisches, psychotherapeutisches Verfahren.

Zum Abschluß dieser Untersuchungsserie waren dann die Vergleiche zwischen den Gruppen der behandelten Patienten nach ihrer Therapie (Gruppe Ib) mit den allgemeinen Mitgliedern der AOK Berlin (Gruppe IIIb) besonders interessant: Hier zeigte es sich, daß die behandelte Patientengruppe nach Abschluß der Therapie mit statistischer Signifikanz *seltener* ins Krankenhaus eingewiesen wurde als der Durchschnitt aller Krankenkassenmitglieder. Die *unbehandelten* Neurotiker hingegen boten auch für die fünf Jahre, die nach der Erhebung der Anamnese verstrichen waren, bei dem analogen Vergleich mit den Versicherungsnehmern der AOK Berlin einen *statistisch signifikant höheren Durchschnittswert* für die Krankenhausaufenthalte pro Kopf und Jahr.

Ich gebe im folgenden eine Tabelle über die statistischen Ausgangswerte aller sechs Gruppen und die zugehörigen Signifikanzen:

Statistische Ausgangswerte aller 6 Gruppen

Gruppe	Statistische Daten		
	Anzahl der Patienten	Mittelwerte der Krankenhausaufenthalte	Streuung
Neurotiker im Jahrfünft von der PSA (Ia)	125	26,09	26,87
Neurotiker im Jahrfünft nach der PSA (1b)	125	5,9	14,16
Neurotiker vor der Anamnese im Jahrfünft vor 1958 (IIa)	100	25,55	30,40
Neurotiker auf der Warteliste im Jahrfünft nach 1958 (IIb)	100	23,91	28,65
AOK-Versicherte im Jahrfünft vor 1958 (IIIa)	100	10,04	18,20
AOK-Versicherte in Jahrfünft nach 1958 (IIIb)	100	11,7	19,45

Signifikanzen

I a : II a	keine	I b : II b	P < 1%	II b : III b	P < 1%
I a : III a	P < 1%	I b : III b	P < 1%	II a : II b	keine
I a : I b	P < 1%				

Es liegt auf der Hand, daß wir mit den so ermittelten Befunden eine sehr wichtige Abrundung unserer früheren Untersuchungen gewonnen hatten. An allen psychologischen und psychiatrischen Befundsammlungen haftet ja das Odium der Subjektivität, das sich auch mit Hilfe von Testbatterien nicht (oder nur scheinbar) vermindern läßt. Immerhin zeigen die hier vorgelegten Ergebnisse, daß bei Untersuchungen, die von genügend erfahrenen und genügend zuverlässigen Psychoanalytikern durchgeführt werden, Befunde gesammelt werden können, die ausreichend beweiskräftig sind und die uns zeigen, daß für eine bestimmte Gruppe von Kranken die psychoanalytische Methode nicht ohne weiteres durch andere pragmatische Verfahren ersetzt werden kann.

Ich will dieses Buch aber nicht schließen, ohne noch einmal dem umgekehrten Irrtum vorzubeugen: Es bleibt eine unbestrittene Feststellung, daß es auch im psychischen Bereich irreversible Prozesse gibt, und daß die Psychoanalyse für manche Patienten eine unwirksame Behandlungsmethode bleiben muß. Die Psychoanalytiker selber sollten nichts Unmögliches versprechen, aber man sollte auch umgekehrt nichts Unmögliches von der Psychoanalyse erwarten. Nur bei sorgfältig geprüfter Indikation wird man jener Gruppe von Patienten helfen können, für die die Psychoanalyse wirklich die Methode der Wahl und das einzig durchgreifende therapeutische Hilfsmittel ist.

Literaturverzeichnis

ABRAHAM, K.: Versuch einer Entwicklungsgeschichte der Libido auf Grund der Psychoanalyse seelischer Störungen. Leipzig/Wien/Zürich: Internat. Psychoanal. Verlag, 1924.

— Psychoanalytische Studien zur Charakterbildung. Leipzig/Wien/Zürich: Internat. Psychoanal. Verlag, 1925.

— Psychoanalytische Studien zur Charakterbildung und andere Schriften. Frankfurt/M: Fischer, 1969.

ADAM, R. und F. CURTIUS: Über psychogene und funktionelle Erkrankungen in der inneren Medizin. Deutsches Archiv für klinische Medizin 196 (1949): 70-101.

ADAM, R.: Beitrag zur Häufigkeit und Prognose psychogener Organkrankheiten. Psychoth. u. Erziehungshilfe, Kongreßbericht. Berlin 1951: 74-75.

ALEXANDER, F. und H. STAUB: Der Verbrecher und seine Richter. Ein psychoanalytischer Einblick in die Welt der Paragraphen. Wien: Internat. Psychoanal. Verlag, 1929.

ALEXANDER, F.: Five years report, 1932—37. Chicago: Institute for Psychoanalysis, 1937.

ALEXANDER, F. und TH. M. FRENCH: Psychoanalytic Therapy. Principles and Application. New York: The Ronald Press Company, 1946.

ALEXANDER, F.: Psychosomatische Medizin. Grundlagen und Anwendungsgebiete. Berlin: De Gruyter & Co., 1951.

— Psychoanalysis and Psychotherapy. George Allen and Unwin LTD., 1957.

ARGELANDER, H.: Das Erstinterview in der Psychotherapie. Psyche 21 (1967): 429, 455 und 473.

— Das Erstinterview in der Psychotherapie. Darmstadt: Wissenschaftliche Buchgesellschaft, 1970.

ARNDS, H. G. und H. H. STUDT: Psychodiagnostische Beiträge zur Persönlichkeitsstruktur von Asthmatikern. Zschr. Psychosom. Med. 15 (1969): 113-119.

BACH, H.: Herzkreislaufstörungen unter psychosomatischen Gesichtspunkten. Eine Literaturübersicht. Zschr. Psychosom. Med. 1 (1954/55): 89-95.

— Das sogenannte praegenitale Erleben und seine Bedeutung bei der Behandlung einer Angstkranken. Zschr. Psychosom. Med. 6 (1959/60): 254-261.

BAERWOLFF, H.: Katamnestische Ergebnisse stationärer analytischer Psychotherapie. Zschr. Psychosom. Med. 5 (1958): 80-91.

BALINT, M.: Die drei seelischen Bereiche. Psyche XI (1957): 321-344.

— Der Arzt, sein Patient und die Krankheit. Stuttgart: Ernst Klett, 1957.

— Angstlust und Regression. Ein Beitrag zur psychologischen Typenlehre. Stuttgart: Ernst Klett, 1959.

— Der regredierte Patient und sein Analytiker. Psyche 18 (1961): 253-273.

— Die Urformen der Liebe und die Technik der Psychoanalyse. Bern/Stuttgart: Hans Huber und Ernst Klett, 1966.

— Charakteranalyse und Neubeginn (1932). In: Die Urformen der Liebe und die Technik der Psychoanalyse. Bern/Stuttgart: Hans Huber und Ernst Klett, 1966.

— Das Endziel der psychoanalytischen Behandlung (1934). In: Die Urformen der Liebe und die Technik der Psychoanalyse. Bern/Stuttgart: Hans Huber und Ernst Klett, 1966.

— Zur Kritik der Lehre von den prägenitalen Libido-Organisationen (1935). In: Die Urformen der Liebe und die Technik der Psychoanalyse. Bern/Stuttgart: Hans Huber und Ernst Klett, 1966.

— Frühe Entwicklungsstadien des Ichs. Primäre Objektliebe (1937): In: Die Urformen der Liebe und die Technik der Psychoanalyse. Bern/Stuttgart: Hans Huber und Ernst Klett, 1966.

— Über die Beendigung der Psychoanalyse (1949). In: Die Urformen der Liebe und die Technik der Psychoanalyse. Bern/Stuttgart: Hans Huber und Ernst Klett, 1966.

— Wandlungen der therapeutischen Ziele und Techniken in der Psychoanalyse (1949). In: Die Urformen der Liebe und die Technik der Psychoanalyse. Bern/Stuttgart: Hans Huber und Ernst Klett, 1966.

— Der Neubeginn, das paranoide und das depressive Syndrom (1952). In: Die Urformen der Liebe und die Technik der Psychoanalyse. Bern/Stuttgart: Hans Huber und Ernst Klett, 1966.

— Therapeutische Aspekte der Regression. Die Theorie der Grundstörung. Stuttgart: Ernst Klett, 1970.

BANDLER, B.: The American Psychoanalytic Association 1960. Journal of the American Psychoanalytic Association 8 (1960): 389-406.

BASH, K. W.: Psychotherapeutische Erfolgsstatistik. Eine literaturkritische Studie. Dtsch. Med. Wschr. 91 (1966): 2089-2094.

BAUMEYER, F.: Entwicklung und Reifung als Voraussetzung der Heilung. Zschr. Psychosom. Med. 3 (1956): 23-28.

— Spezifische und unspezifische Faktoren bei der Organwahl. Zschr. Psychosom. Med. 7 (1957): 93-98.

— Zur Geschichte der Psychoanalyse in Deutschland. Zschr. Psychosom. Med. 17 (1971): 203-240.

BECK, D.: Die Indikation zur psychoanalytischen Kurztherapie. Zschr. Psychosom. Med. 13 (1967): 257-265.

— Zur Behandlungstechnik der psychoanalytischen Kurztherapie. Zschr. Psychosom. Med. 14 (1968): 125-136.

— Das Gallensteinleiden unter psychosomatischem Aspekt. Beiheft zur Zschr. Psychosom. Med. Göttingen: Verlag f. Medizinische Psychologie, 1970.

BERGLER, E.: Zur Theorie der therapeutischen Resultate der Psychoanalyse. In: Symposion über die Theorie der therapeutischen Resultate. Internat. Zschr. Psychoanalyse 23 (1937): 6-17.

BIEBER, I.: Homosexuality: A Psychoanalytic Study of Male Homosexuals. New York: Basic Books Inc., 1962.

BIBRING, E.: Versuch einer allgemeinen Theorie der Heilung. Internat. Zschr. Psychoanalyse 23 (1937): 18-37.

— Psychoanalysis and the Dynamic Psychotherapies. J. Amer. Psa. Assoc. 2 (1954): 745-770.

BLEULER, E.: Lehrbuch der Psychiatrie. Berlin: Springer, 1918, 2. Aufl.

— Lehrbuch der Psychiatrie, umgearbeitet von M. Bleuler. Berlin/Heidelberg/New York: Springer, 1966.

BOEHM, F.: Erhebung und Bearbeitung von Katamnesen. Zbl. Psychother. 14 (1942): 17-24.

BOOR, C. DE und E. KÜNZLER: Die Psychosomatische Klinik und ihre Patienten. Erfahrungsbericht der Psychosomatischen Universitätsklinik Heidelberg. Bern/Stuttgart: Hans Huber und Ernst Klett, 1963.

BOOR, C. DE: Zur Psychosomatik der Allergie, insbesondere des Asthmas bronchiale. Bern/Stuttgart: Hans Huber und Ernst Klett, 1965.

BRÄUTIGAM, W.: Psychotherapie in anthropologischer Sicht. Stuttgart: Enke, 1961.

— „Organwahl" — „Organsprache" — „Organspezifität". Praxis Psychoth. 7 (1962): 229-252.

— Typus, Psychodynamik und Psychotherapie herzphobischer Zustände. Zschr. Psychosom. Med. 10 (1964): 276-285.

— Begriff, Erlebnisweise und Genese der Neurose. Nervenarzt 36 (1965): 56-65.

— „Reaktionen" — „Neurosen" — „Psychopathien". Stuttgart: Thieme, 1968.

BREUER, J. und S. FREUD: Studien über Hysterie. Leipzig/Wien: Deuticke, 1895.

BRILL, N.: A comparative study of the effectiveness of psychotherapy. 6th Int. Congr. Psychother., London, 1964.

CARUSO, J. A. und H. J. URBAN: 1. Jahresbericht über die psychotherapeutische Ambulanz an der Nervenklinik Innsbruck. Wien. Zschr. Inn. Med. 29 (1948): 81-93.

CHRISTIAN, P., K. FINK-EITEL und W. HUBER: Verlaufsbeobachtungen über 10 Jahre bei 100 Patienten mit vegetativen Herz- und Kreislaufstörungen. Zschr. Kreisl. Forsch. 55 (1966): 343-357.

CHRISTIAN, P. und U. SPOHR: Fortlaufende simultane Kreislaufmessungen während biographischer Interviews mit telemetrischen Methoden. Zschr. Psychosom. Med. 16 (1970): 1-18.

CHRISTIAN, P., H. DINKELAKER und H. MAYER: Charakteristische Einstellungen des Kreislaufs während Erstinterviews. Zschr. Psychosom. Med. 17 (1971): 102-112.

COOPER, A., A. KARUSH, R. EASSER und B. SWERDLOFF: The Adaptive Balance Profile and Prediction of Early Treatment Behaviour. Developments in Psychoanalysis at Columbia University, 1965: 183-214.

CREMERIUS, J., S. ELHARDT, W. HOSE, M. OELZE und W. SEITZ: Psychosomatik im Rahmen einer Medizinischen Poliklinik. Münch. Med. Wschr. 8 (1954): 185-187.

CREMERIUS, J.: Freuds Konzept über die Entstehung psychogener Körpersymptome. Psyche XI (1957): 125.

— Die Beurteilung des Behandlungserfolges in der Psychotherapie. Berlin: Springer, 1962.

CURTIUS, F. und R. ADAM: Über psychogene und funktionelle Erkrankungen in der inneren Medizin (Häufigkeit, Entstehungsbedingungen, Beurteilung und Behandlung). Deutsches Archiv für klinische Medizin 196 (1949): 70-101.

CURTIUS, F.: Über Häufigkeit und Behandlungsmöglichkeiten von Neurosen und funktionellen Störungen im Bereich der Inneren Medizin. Verh. Dtsch. Ges. Inn. Med. 55 (1949): 89-90.

DENKER, P. G.: The prognosis of insured neurotics. New York State J. Med. 39 (1939): 238-247.

— Results of treatment of psychoneuroses by the general practitioner. A follow-up study of 500 cases. New York State J. Med. 46 (1946): 2164-2166.

DÜHRSSEN, ANNEMARIE: Psychopathie und Neurose. Psyche 2 (1948/49): 380.

— Die Überprüfung prognostischer Urteile bei psychogenen Erkrankungen. Zschr. Psychother· Med. Psychol. 2 (1952): 174-186.

— Katamnestische Untersuchungen bei Patienten nach analytischer Psychotherapie. Zschr. Psychother. Med. Psychol. 3 (1953): 167-170.

— Die Beurteilung des Behandlungserfolges in der Psychotherapie. Zschr. Psychosom. Med. 3 (1957): 201-210.

— Psychiatrische Aspekte zur Familiensoziologie. Kölner Zschr. Soziolog. Sozialpsychol. Sonderheft 3. Köln/Opladen: Westdeutscher Verlag, 1958·

— Katamnestische Ergebnisse bei 1004 Patienten nach analytischer Psychotherapie. Zschr. Psychosom. Med· 8 (1962): 94-114.

DÜHRSSEN, ANNEMARIE und E. JORSWIECK: Zur Korrektur von Eysencks Berichterstattung über psychoanalytische Behandlungsergebnisse. Acta Psychother. 10 (1962): 329-342.

DÜHRSSEN, ANNEMARIE: Katamnestische Untersuchungen zur Gruppentherapie. Ergebnisse bei 270 behandelten Patienten fünf Jahre nach Abschluß der Therapie. Zschr. Psychosom. Med. 10 (1964): 120—126.

DÜHRSSEN, ANNEMARIE, A. JORES und W. SCHWIDDER: Zum Stressbegriff in der psycho-somatischen Medizin. Begriffskritik und Arbeitshypothese. Ergebnis einer Umfrage· Zschr. Psychosom. Med. 11 (1965): 234-263·

DÜHRSSEN, ANNEMARIE und E. JORSWIECK: Eine empirisch-statistische Untersuchung zur Leistungsfähigkeit psychoanalytischer Behandlung. Nervenarzt 36 (1965): 166-169.

DÜHRSSEN, ANNEMARIE: Die Prognose in der Psychoanalyse. Zschr. Psychosom. Med. 12 (1966): 97-105.

— Möglichkeiten und Probleme der Kurztherapie. Zschr. Psychosom. Med. 15 (1969): 229-238.

— Psychogene Erkrankungen bei Kindern und Jugendlichen. Eine Einführung in die allgemeine und spezielle Neurosenlehre. Göttingen: Vandenhoeck & Ruprecht, 1971, 8. Aufl.

— Psychotherapie bei Kindern und Jugendlichen· Ein Lehrbuch für Familien- und Kindertherapie. Göttingen: Vandenhoeck & Ruprecht, 1971, 4. Aufl.

— Zum 25jährigen Bestehen des Institutes für psychogene Erkrankungen der Allgemeinen Ortskrankenkasse Berlin· Zschr. Psychosom. Med. 17 (1971): 21-41.

DUNBAR, FLANDERS: Synopsis of psychosomatic diagnosis and treatment London: Kinopton, 1949.

— Mind and Body. Psychosomatic Medicine. New York: Random House, 1947. Deutsche Übersetzung: Deine Seele — Dein Körper. Meisenheim Westkulturverlag, 1951.

— Emotions and Bodily Changes. New York, 1954, 4. Aufl.

— Unfälle, ihre Verursachung und psychodynamische Bedeutung. Zschr. Psychosom. Med. 6 (1959/60): 1-10.

ELHARDT, S. (Gemeinsam mit J. CREMERIUS und A. HOSE): Psychosomatische Konzepte des Diabetes mellitus. Psyche X (1956/57): 4-8.

ELHARDT, S. (Gemeinsam mit J. Cremerius, A. Hose, R. Klüwer und W. Seitz): Zum Problem der Spezifität der Persönlichkeitstypen und der Konflikte in der psychosomatischen Medizin. Zschr. Psychosom. Med. 3 (1958): 170-175.

— Angst und psycho-somatisches Geschehen. Zschr. Psychosom. Med. 6 (1959/60): 16-22.

— Über gesunde und neurotische „Aggression". Zschr. Psychosom. Med. 14 (1968): 175-187.

— Aggression als pathogenetischer Faktor bei psychosomatischen Krankheiten (Habilitationsschrift). München, 1969. Kommt in Druck.

— Tiefenpsychologie — eine Einführung. Stuttgart: Kohlhammer (Urban-Taschenbuch), 1970.

ENKE, H., R. BLEICHER und K. ÜBERLA: Psychotherapie und Intelligenz. IV. Katamnesenzusammenfassung. Prax. Psychoth. 7 (1962): 33-37.

ENKE, H.: Der Verlauf in der klinischen Psychotherapie. Berlin: Springer, 1965.

ENKE, H. und S. MICHLER: Über einige Kriterien der Mutter-Kind-Beziehung bei männlichen Patienten mit den Symptomen: Asthma bronchiale, Colitis gravis, Herzbeschwerden und Magenbeschwerden. Zschr. Psychosom. Med. 13 (1967): 108-115.

ENKE, H. und C. SCHNORRENBERGER: Psychometrische Untersuchungen zur Diagnostik in der Psychosomatischen Klinik. Zschr. Psychosom. Med. 14 (1968): 120-125.

ERIKSON, E. H.: Childhood and Society. New York: Norton, 1950. Deutsche Übersetzung: Kindheit und Gesellschaft. Stuttgart: Ernst Klett, 1961.

ERNST, K.: Die Prognose der Neurosen. Monographien aus dem Gesamtgebiet der Neurologie und Psychiatrie, Heft 85. Berlin/Göttingen/Heidelberg: Springer 1959.

— Verlaufsforschung bei Neurosen und Indikationen zur Psychotherapie. Zschr. Psychosom. Med. 12 (1966): 89-97.

— Ergebnisse der Verlaufsforschung bei Neurosen. Eine vergleichende Literaturübersicht. Monographie aus dem Gesamtgebiet der Neurologie und Psychiatrie, Heft 125. Berlin/Heidelberg/New York: Springer, 1968.

EYSENCK, H. J.: The effects of psychotherapy: An evaluation. J. Consult. Psychol. 16 (1952): 319-324.

FENICHEL, O.: Statistischer Bericht über die therapeutische Tätigkeit 1920—1930. In: 10 Jahre Berliner Psychoanalytisches Institut. Wien: Internat. Psychoanal. Verlag, 1930.

— Hysterien und Zwangsneurosen (Psychoanalytische Spezielle Neurosenlehre). Wien: Internat. Psychoanal. Verlag, 1931.

— Die Wirksamkeit der psychoanalytischen Therapie. Internat. Zschr. Psychoanalyse 23 (1937): 37-42.

— Problems of Psychoanalytic-Technique. The Psychoanalytic Quarterly, Inc. 57 West 57th Street, New York 19, N.Y., 1941.

— The Psychoanalytic Theory of Neurosis. New York: Norton, 1945.

FERENCZI, S.: Die Introjektion in der Neurose. Wien. Klin. Rdschau (1908) Nr. 48-51.

— Introjektion und Übertragung. Jahrbuch für Psychoanalytische und Psychopathologische Forschung. Leipzig und Wien: Franz Deuticke, 1909. Auch in: Bausteine zur Psychoanalyse, Bd. I. Bern: Hans Huber, 1964.

— Populäre Vorträge über Psychoanalyse. Leipzig/Wien/Zürich: Internat. Psychoanal. Verlag, 1922.

— Versuch einer Genitaltheorie. Leipzig/Wien/Zürich: Internat. Psychoanal. Verlag, 1924.

FERENCZI, S. und O. RANK: Entwicklungsziele der Psychoanalyse. Zur Wechselbeziehung von Theorie und Praxis. Leipzig/Wien/Zürich: Internat. Psychoanal. Verlag, 1924.

FERENCZI, S.: Entwicklungsstufen des Realitätssinns. In: Bausteine zur Psychoanalyse, Bd. I. Bern: Hans Huber, 1939.

FERENCZI, S., J. RICKMANN und JANE SUTTIE: Further contributions to the theory and technique of psycho-analysis. The Hogarth Press Ltd., 1960.

FERENCZI, S.: Zur Begriffsbestimmung der Introjektion (1912). In: Bausteine zur Psychoanalyse, Bd. I. Bern: Hans Huber, 1964.

— Zur Psychoanalyse von Sexualgewohnheiten (mit Beiträgen zur therapeutischen Technik) (1925). In: Bausteine zur Psychoanalyse, Bd. III. Bern: Hans Huber, 1964.

— Das Problem der Beendigung der Analysen (1926). In: Bausteine zur Psychoanalyse. Bd. III. Bern: Hans Huber, 1964.

— Die Elastizität der psychoanalytischen Technik (1927). In: Bausteine zur Psychoanalyse, Bd. III. Bern: Hans Huber, 1964.

— Das unwillkommene Kind und sein Todestrieb (1929). In: Bausteine zur Psychoanalyse, Bd. III. Bern: Hans Huber, 1964.

— Die Sprachverwirrung zwischen den Erwachsenen und dem Kind (die Sprache der Zärtlichkeit und der Leidenschaft) (1932). In: Bausteine zur Psychoanalyse. Bd. III. Bern: Hans Huber, 1964.

FRANK, J.: Indications and contraindications for the Application of the „Standard Techniques". Journal of the American Psychoanalytic Association IV (1956): 266-284.

FREUD, ANNA: Das Ich und die Abwehrmechanismen. Imago Publishing Co. Ltd., London.

FREUD, S.: Zur Technik der Psychoanalyse und zur Metapsychologie. Leipzig/Wien/Zürich: Internat. Psychoanal. Verlag, 1924.

— Studien über Hysterie. Gesammelte Werke, Bd. 1. Imago Publishing Co. Ltd., London.

— Die Sexualität in der Ätiologie der Neurosen. Gesammelte Werke, Bd. 1. Imago Publishing Co. Ltd., London.

— Die Traumdeutung. Gesammelte Werke, Bd. 2 und 3. Imago Publishing Co. Ltd., London.

— Zur Psychopathologie des Alltagslebens. Gesammelte Werke, Bd. 4. Imago Publishing Co. Ltd., London.

— Die Freudsche Psychoanalytische Methode. Gesammelte Werke, Bd. 5. Imago Publishing Co. Ltd., London.

— Über Psychotherapie. Gesammelte Werke, Bd. 5. Imago Publishing Co. Ltd., London.

— Drei Abhandlungen zur Sexualtheorie. Gesammelte Werke, Bd. 5. Imago Publishing Co. Ltd., London.

— Charakter und Analerotik. Gesammelte Werke, Bd. 7. Imago Publishing Co. Ltd., London.

— Der Familienroman der Neurotiker. Gesammelte Werke, Bd. 7. Imago Publishing Co. Ltd., London.

— Analyse der Phobie eines fünfjährigen Knaben. Gesammelte Werke, Bd. 7. Imago Publishing Co. Ltd., London.

— Die zukünftigen Chancen der psychoanalytischen Therapie. Gesammelte Werke, Bd. 8. Imago Publishing Co. Ltd., London.

— Über „wilde" Psychoanalyse. Gesammelte Werke, Bd. 8. Imago Publishing Co. Ltd., London.

— Über neurotische Erkrankungstypen. Gesammelte Werke, Bd. 8. Imago Publishing Co. Ltd., London.

— Die Handhabung der Traumdeutung in der Psychoanalyse. Gesammelte Werke, Bd. 8. Imago Publishing Co. Ltd., London.

— Zur Dynamik der Übertragung. Gesammelte Werke, Bd. 8. Imago Publishing Co. Ltd., London.

— Ratschläge für den Arzt bei der psychoanalytischen Behandlung. Gesammelte Werke, Bd. 8. Imago Publishing Co. Ltd., London.

— Einige Bemerkungen über den Begriff des Unbewußten in der Psychoanalyse. Gesammelte Werke, Bd. 8. Imago Publishing Co. Ltd., London.

— Zur Einleitung der Behandlung. Gesammelte Werke, Bd. 8. Imago Publishing Co. Ltd., London.

— Erinnern, Wiederholen und Durcharbeiten. Gesammelte Werke, Bd. 10. Imago Publishing Co. Ltd., London.

— Triebe und Triebschicksale. Gesammelte Werke, Bd. 10. Imago Publishing Co. Ltd., London.

— Die Verdrängung. Gesammelte Werke, Bd. 10. Imago Publishing Co. Ltd., London.

— Das Unbewußte. Gesammelte Werke, Bd. 10. Imago Publishing Co. Ltd., London.

— Bemerkungen über die Übertragungsliebe. Gesammelte Werke, Bd. 10. Imago Publishing Co. Ltd., London.

— Metapsychologische Ergänzungen zur Traumlehre. Gesammelte Werke, Bd. 10. Imago Publishing Co. Ltd., London.

— Trauer und Melancholie. Gesammelte Werke, Bd. 10. Imago Publishing Co. Ltd., London.

— Wege der psychoanalytischen Psychotherapie. Gesammelte Werke, Bd. 12. Imago Publishing Co. Ltd., London.

— Zur Vorgeschichte der analytischen Technik. Gesammelte Werke, Bd. 12. Imago Publishing Co. Ltd., London.

— Psychoanalyse und Libidotheorie. Gesammelte Werke, Bd. 13. Imago Publishing Co. Ltd., London.

— Das Ich und das Es. Gesammelte Werke, Bd. 13. Imago Publishing Co. Ltd., London.

— Hemmung, Symptom und Angst. Gesammelte Werke, Bd. 14. Imago Publishing Co. Ltd., London.

— Über libidinöse Typen. Gesammelte Werke, Bd. 14. Imago Publishing Co. Ltd., London.

— Über die weibliche Sexualität. Gesammelte Werke, Bd. 14. Imago Publishing Co. Ltd., London.

— Die endliche und die unendliche Analyse. Gesammelte Werke, Bd. 16. Imago Publishing Co. Ltd., London.

FROMM, E.: Über Methode und Aufgabe einer analytischen Sozialpsychologie. Zschr. f. Sozialforschung (1932): 28-54.

— Furcht vor der Freiheit. Zürich: Diana-Verlag, 1952.

— Psychoanalyse und Ethik. Zürich: Diana-Verlag, 1954.

— Der moderne Mensch und seine Zukunft. Eine sozialpsychologische Untersuchung. Frankfurt/M.: Europäische Verlagsanstalt, 1955.

— Märchen, Mythen, Träume. Zürich: Diana-Verlag, 1957.

FROMM-REICHMANN, FRIEDA: Principles of Intensive Psychotherapy. The University of Chicago Press, 1950.

GEHLEN, A.: Der Mensch. Seine Natur und seine Stellung in der Welt. Frankfurt/Bonn: Atheneum-Verlag, 1962, 7. Aufl.

GLOVER, E.: Die Grundlagen der therapeutischen Resultate. Internat. Zschr. Psychoanalyse 23 (1937): 42-50.

— The Technique of Psycho-Analysis. New York: Internat. Universities Press, Inc., 1955, 1958.

GÖLLNER, R. und D. SALVINI: Untersuchungen mit dem Freiburger Persönlichkeitsinventar bei stationären Psychotherapie-Patienten. Zschr. Psychosom. Med. 17 (1971): 179—186.

GREENSON, R.: The Technique and Practice of Psycho-Analysis. Vol. 1. London: The Hogarth Press and the Institute of Psycho-Analysis, 1967.

GRODDECK, G.: Das Buch vom Es. Leipzig/Wien/Zürich: Internat. Psychoanal. Verlag, 1926.

HAAK, N.: Comments on the Analytical Situation. Internat. J. Psycho-Anal. 38 (1957): 183-195.

HÄFNER, H. und H. FREYBERGER: Psycho-somatische Zusammenhänge bei Hautallergosen (Urticaria und Quincke-Ödem). Zschr. Psychosom. Med. 2 (1955/56): 177-184.

HAGEDORN, E., K. MESSNER, H. H. STUDT und H. G. ARNDS: Zur Symptomverteilung bei psychosomatisch Kranken — Orientierende Untersuchungen. Zschr. Psychosom. Med. 17 (1971): 144-160.

HAGSPIHL, K.: Das Besitzproblem im auslösenden Konflikt bei Magen-Darmerkrankungen. Zschr. Psychosom. Med. 1 (1954/55): 21-28.

HAHN, P.: Zur Analyse der auslösenden Situation bei der sog. „Herzphobie". Kasuistischer Beitrag. Zschr. Psychosom. Med. 11 (1965): 264-280.

— Der Herzinfarkt in psychosomatischer Sicht. Göttingen: Vandenhoeck & Ruprecht, 1971.

HARTLEY, E. und RUTH HARTLEY: Die Grundlagen der Sozialpsychologie. Berlin: Rembrandt-Verlag, 1955.

HARTMANN, H.: Ich-Psychologie und Anpassungsproblem. Internat. Zschr. f. Psychoanalyse XXV (1939). Auch: Stuttgart: Ernst Klett, 1960.

HARTMANN, H. und E. KRIS: The Genetic Approach in Psychoanalysis. In: The Psychoanalytic Study of the Child. Vol. I. New York: International Universities Press, 1945. 11-29.

HARTMANN, H., E. KRIS und R. M. LOEWENSTEIN: Comments on the Formation of Psychic Structure. In: The Psychoanalytic Study of the Child. Vol. II. New York: International Universities Press, 1946: 11-38.

— Notes on the Theory of Aggression. In: The Psychoanalytic Study of the Child. Vol. III/IV. New York: International Universities Press, 1949: 9-36.

HASELOFF, O. W. und E. JORSWIECK: Psychologie des Lernens. Berlin: Walter de Gruyter und Co., 1970.

HAU, TH. F.: Entwicklung und Weiterentwicklung der analytischen Ich-Psychologie. Zschr. Psychosom. Med. 8 (1962): 54-63.

— Indikation und Prognose in der Psychotherapie. Psychol. Rdsch. 15 (1964): 220-224.

— Ich-Organisation und die Struktur des Erlebens. Zschr. Psychosom. Med. 11 (1965): 119-128.

— Frühkindliches Schicksal und Neurose. Beiheft zur Praxis der Kinderpsychologie und Kinderpsychiatrie Nr. 10. Göttingen: Verlag für Medizinische Psychologie im Verlag Vandenhoeck und Ruprecht, 1968.

— Strukturierung des psychoanalytischen Prozesses — Zur heutigen Lage der psychoanalytischen Therapie. Zschr. Psychosom. Med. 16 (1970): 41-52.

HEIGL, F.: Vergleichende Betrachtung der prognostischen Faktoren bei Schultz-Hencke und Alexander. Zschr. Psychosom. Med. 4 (1957/58): 108-114.

— Die Gegenübertragungsangst und ihre Bedeutung. Zschr. Psychosom. Med. 6 (1959/60): 29-35.

— Über Bedeutung und Handhabung der Gegenübertragung. Lit.übersicht und grundsätzliche Gesichtspunkte. Zschr. Psychosom. Med. 6 (1959/60): 110-123.

— Persönlichkeitsstruktur und Prognose. Zschr. Psychosom. Med. 10 (1964): 102-114.

— Indikation und Prognose in Psychoanalyse und Psychotherapie, Göttingen: Verlag für Medizinische Psychologie im Verlag Vandenhoeck & Ruprecht, 1972.

HEIGL-EVERS, ANNELISE: Trauminterpretation in der analytischen Behandlung. Zschr. Psychosom. Med. 7 (1960/61): 193—204.

— Die Übertragungsinterpretation des Traumes. Die Frage der Indikation, überprüft an kasuistischem Material. Zschr. Psychosom. Med. 8 (1962): 195-205.

— Aggressivität als Abwehrmechanismus: Die Identifizierung mit dem Angreifer. Zschr. Psychosom. Med. 11 (1965): 91-104.

HORNEY, KAREN: Der Kampf in der Kultur. Aus: Das Problem der Kultur und die ärztliche Psychologie. Vorträge des Instituts für Geschichte der Medizin an der Universität Leipzig, Bd. 4. Leipzig: Georg Thieme, 1931.

— Conceptions and Misconceptions of the Analytical Method. Journal of Nervous and Mental Disease 81 (1935): 399-410.

— Culture and Neurosis. American Sociological Review 1 (1936): 221-235.

— New Ways in Psychoanalysis. New York: Norton, 1939. Deutsche Übersetzung: Neue Wege in der Psychoanalyse. Stuttgart: Gustav Kilpper, 1951.

— Der neurotische Mensch unserer Zeit. Stuttgart: Gustav Kilpper, 1952.

— Unsere inneren Konflikte. Stuttgart: Gustav Kilpper, 1954.

JONES, E.: Therapie der Neurosen. Leipzig/Wien/Zürich: Internat. Psychoanal. Verlag, 1921.

— Report of the clinic work 1926—1936. In: The London Clinic of Psycho-Analysis. Decennial Report. May 1926 — May 1936. London W 1 96, Gloucester Place.

— Papers on Psycho-Analysis. London: Baillière, Tindall and Cox, 1938.

JORES, A.: Psychotherapie als Behandlungsmethode in der Internen Klinik. Klin. Wschr. 35 (1957): 786-791.

— Der Mensch und seine Krankheit. Stuttgart: Ernst Klett, 1959, 2. Aufl.

— Vom kranken Menschen. Stuttgart: Thieme, 1961, 2. Aufl.

JORSWIECK, E.: Ein Beitrag zur statistischen Contentanalyse manifesten Traummaterials. Zschr. Psychosom. Med. 12 (1966): 254-264.

JORSWIECK, E. und J. KATWAN: Neurotische Symptome — eine Statistik über Art und Auftreten in den Jahren 1947, 1956 und 1965. Zschr. Psychosom. Med. 13 (1967): 12-24.

JORSWIECK, E.: Zur Problematik psychoanalytisch orientierter Langstreckenbehandlung; dargestellt an acht kasuistischen Beispielen. Zschr. Psychosom. Med. 15 (1969): 77-90.

JUNG, C. G.: Jahrbuch für Psychoanalytische und Psycho-Pathologische Forschungen. I. Bd. Leipzig/Wien: Franz Deuticke, 1909.

KARUSH, A.: Criteria for analyzability (Panel Report). J. Amer. Psychoanalyt. Ass. 8 (1960): 141-146.

v. KERKJARTO, MARGRIT, A. E. MEYER und D. v. ZERSSEN: Die HHM Beschwerdeliste bei Patienten einer internistischen Ambulanz. Zschr. Psychosom. Med. 18 (1972): 1-16.

KAUFMANN, L.: Zum Problem der Katamnesen nach psychotherapeutischen Behandlungen. Nervenarzt 35 (1964): 436-443.

KLEIN, MELANIE: On the Criteria for the Termination of a Psycho-Analysis. Int. Journal Psychoanal. 31 (1950): 38-80.

KNAPP, P. H. u. a.: Suitability for Psychoanalysis. A review of one hundred supervised analytic cases. Psychoanalytic Quarterly 23 (1960): 459-477.

KNIGHT, R. P.: An evaluation of the results of psychoanalytic therapy. Amer. J. Psychiat. 98 (1941): 434-446.

— An evaluation of psychotherapeutic techniques. Bull. Menninger Clin. 16 (1952): 113-124.

KNOEPFEL, H. K.: Hausärztliche Psychotherapie und Arzt-Patienten-Beziehung. Schweiz. Rdschau f. Med. 59 (1970), Nr. 9:314-319.

KÖHLER, A.: Statistische Untersuchungen einiger prognostischer Merkmale. Zschr. Psychosom. Med. 11 (1965): 137-146.

— Homosexualität und Strafrecht. Zschr. Psychosom. Med. 11 (1965): 200-206.

KRIS, E.: On Preconscious Mental Processes. Psychoanalytic Quarterly 19 (1950): 540-560.

— Psychoanalytic Explorations in Art. New York: International Universities Press, 1952.

Krumbacher, K. und J. E. Meyer: Das Appetitverhalten des Gesunden unter emotionalem Stress. Zschr. Psychosom. Med. 9 (1963): 89-94.

Laforgue, R.: Der Heilungsfaktor der analytischen Behandlung. Internat. Zschr. Psychoanalyse 23 (1937): 50-59.

— Psychosomatik und Familienneurose. Vorträge des Kongresses der Allgemeinen Ärztlichen Gesellschaft für Psychotherapie in Freudenstadt im April 1956. Stuttgart: Georg Thieme, 1956.

— Die Rolle von Auge und Ohr in der Psychotherapie. Zschr. Psychosom. Med. 5 (1958/59): 167-171.

— Über Psyche und Konstitution in analytischer Sicht. Zschr. Psychosom. Med. 5 (1958/59): 230-238.

— Über den Beginn einer psychoanalytischen Behandlung. Zschr. Psychosom. Med. 6 (1959/60): 265-275.

— Familienneurosen in psychoanalytischer Sicht. Zschr. Psychosom. Med. 7 (1960/61): 2-9.

— Über Persönlichkeitsstruktur und Krankheitssymptome. Zschr. Psychosom. Med. 13 (1967): 2-12.

Langen, D. und H. Veit: Katamnesen nach stationärer Psychotherapie. Zschr. Psychother. 4 (1954): 281-296.

Langen, D.: Faktoren der Spontanheilung bei psychoreaktiven Störungen. Acta psychiat. Scand. 41 (1965): 428-435.

— Indikation und Prognose in der klinischen Psychotherapie. Zschr. Psychosom. Med. 12 (1966): 128-131.

Leibniz, J. W.: Philosophische Werke. III. Bd.: Neue Abhandlungen über den menschlichen Verstand. Leipzig: Felix Meiner, 1915.

Leuner, H.: Über einige Grundprinzipien der Kurztherapie. Zschr. Psychosom. Med. 15 (1969): 199-202.

Loch, W.: Die Krankheitslehre der Psychoanalyse. (Zusammen mit P. Kutter, H. Roskamp und W. Wesiack.) Stuttgart: Hirzel, 1967.

Luff, M. C. und M. Garrod: The after-results of psychotherapy in 500 adult cases. Brit. Med. J. 54 (1935) Nr. 3888: 54-59.

Malan, D. H.: Psychoanalytische Kurztherapie. Bern: Huber, 1963.

Masserman, J. H. und H. T. Carmichael: Diagnosis and prognosis in Psychiatry. With a follow-up study of the results of short term general hospital therapy of psychiatric cases. J. ment. Sci. 84 (1938): 893-946.

Masserman, J. H.: Behaviour and Neurosis: An Experimental Psychoanalytic Approach to Psychobiologic Principles. Chicago: University of Chicago Press, 1943.

Menninger, K.: Theory of psychoanalytic technique. Imago Publishing Co. Ltd., London, 1958.

— The Vital Balance. The Life Process in Mental Health and Illness. New York: The Viking Press, 1963.

Merian, P.: Brentano and Freud. J. Hist. Ideas 6 (1945): 375-377.

Meyer, J. E. und H. Dittmar: Katamnestische Untersuchungen an jugendlichen Fortläufern. Zschr. Psychother. Med. Psychol. 12 (1962): 49-58.

Mitscherlich, A.: Rationale Therapie und Psychotherapie. Psyche 12 (1950): 721-731.

— Über die Vielschichtigkeit sozialer Einflüsse auf die Entstehung und Behandlung von Psychosen und Neurosen. Medizinische Klinik 52 (1957): 125-129 und 161-164.

— Neuere pathogenetische Fragestellungen in der psychosomatischen Klinik. Medizinische Klinik 53 (1958): 165-171.

— Der Beitrag der Psychoanalyse zur psychosomatischen Medizin. Fortschr. Psychosom. Med. 1 (1960): 31-38.

— Anmerkung über die Chronifizierung psychosomatischen Geschehens. Psyche XV (1961): 1-25.

— Krankheit als Konflikt. Studien zur psychosomatischen Medizin I und II. Frankfurt/M.: Suhrkamp, 1966 und 1967.

Mowrer, O. H.: Learning Theory and Personality Dynamics. New York: Ronald Press, 1950.

Müller, Ch.: Entwicklungen und Ergebnisse der Psychotherapie. Ein Rückblick auf das vergangene Jahr. Praxis Psychother. 5 (1960): 149-163.

Nunberg, H.: Beiträge zur Theorie der Therapie. Int. Zschr. Psychoanalyse 23 (1937): 60-67.

Oberndorf, C. P.: Results of Psycho-Analytic Therapy. Int. Z. Psychoanalysis London 24 (1943): 107-114.

Pawlow, I. P.: Gesammelte Werke. Akademie Verlag: Berlin, 1953.

Payne, Sylvia: Short Communication on Criteria for Terminating Analysis. Int. J. of Psychoanalysis XXX (1949).

Pflanz, M.: Pharmako-Psychologie und Psychosomatische Medizin. Zschr. Psychosom. Med. 4 (1957/58): 35-41.

— Die epidemiologische Methode in der medizinischen Soziologie. In: Probleme der Medizin-Soziologie. Kölner Z. f. Soziologie und Sozialpsychologie, Sonderheft 3. Köln/Opladen: Westdeutscher Verlag, 1958.

— Psychopharmakologie in der Grundlagenforschung der Psycho-somatischen Medizin. Zschr. Psychosom. Med. 6 (1959/60): 23-29.

— Soziokulturelle Faktoren und psychische Störungen. Fortschr. Neurol. Psychiat. 9 (1960): 471-508.

Pflanz, M. und B. Stokvis: Suggestion. Basel: Karger, 1960.

Pierloot, R., L. Gelissen und M. Reynders: Psychosoziale Faktoren bei chronischem Arbeitsausfall wegen Krankheit in der Industrie. Zschr. Psychosom. Med. 8 (1962): 205-213.

Pohl, M.: Zum Problem der Arbeitsunfähigkeit im Anschluß an Heilverfahren durch Rentenversicherungsträger. Zschr. Psychosom. Med. 14 (1968): 62—74.

Portmann, A.: Das Tier als soziales Wesen. Zürich: Rhein-Verlag, 1953.

— Biologie und Geist. Zürich: Rhein-Verlag, 1956.

Quint, H.: Über die Zwangsneurose. Göttingen: Vandenhoeck & Ruprecht, 1971.

Rapaport, David: Die Struktur der psychoanalytischen Theorie. Versuch einer Systematik. Stuttgart: Ernst Klett 1970, 2. Aufl.

Reich, Annie: On the Termination of Psychoanalysis. Internat. J. Psycho. Anal. 31 (1950): 179-183.

REICH, W.: Der triebhafte Charakter. Eine psychoanalytische Studie zur Pathologie des Ich. Leipzig/Wien: Internat. Psychoanal. Verlag, 1925.

— Charakteranalyse. Technik und Grundlagen für Studierende und praktizierende Analytiker. Wien: Selbstverlag des Verf., 1933.

RICHTER, H. E.: Zur Psychodynamik der Herzneurose. Zschr. Psychosom. Med. 10 (1964): 253-267.

RICHTER, H. E. und D. BECKMANN: Herzneurosen. Stuttgart: Georg Thieme, 1969.

RIEMANN, F.: Die Struktur des Therapeuten und ihre Auswirkung in der Praxis. Psyche 13 (1959): 150-159.

— Grundformen der Angst und die Antinomien des Lebens. München/Basel: Ernst Reinhardt, 1961.

— Erfahrungen aus der Analyse schizoider und depressiver Persönlichkeiten. Zschr. Psychosom. Med. 8 (1962): 114-128.

— Psychoanalyse der Perversionen. Zschr. Psychosom. Med. 14 (1968): 3-15.

— Über den Vorteil des Konzeptes einer präoralen Phase. Zschr. Psychosom. Med. 16 (1970): 27-40.

RODENBERG VON, LUISE: Psychische Faktoren bei einigen motorischen Störungen (Tic, Torticollis, Schreikrampf, Tremor, allgemeine motorische Unruhe, Gangstörungen), Teil I und II. Zschr. Psychosom. Med. 8 (1962): 77-94.

ROGERS, C. R.: Counseling and Psychotherapy. Newer Concepts in Practice. Houghton Mifflin Comp., 1942.

ROGERS, C. R. und R. F. DYMOND: Psychotherapy and personality change. Chicago: Univ. of Chicago Press, 1954.

ROTACH-FUCHS, MARGRIT: Hundert zehnjährige Katamnesen von stationär behandelten Neurosekranken. In: Monographien aus dem Gesamtgebiet der Neurologie und Psychiatrie, Heft 25. Berlin/Heidelberg/New York: Springer, 1968.

RUDOLF, G.: Psychodynamische und psychopathologische Aspekte des Diabetes mellitus. Zschr. Psychosom. Med. 16 (1970): 246-263.

— Die Rolle des Psychotherapeuten im Erleben psychotisch Kranker — Motive für die Beschäftigung mit Psychoanalyse. Zschr. Psychosom. Med. 17 (1971): 113-124.

RUPPEL, A.: Untersuchungen zum Strukturbegriff in der Psychoanalyse. Zschr. Psychosom. Med. 17 (1971): 241-251.

SARGENT, HELEN D.: Methodological problems of follow-up studies in psychotherapy research. Amer. J. Orthopsychiat. 30 (1960): 495-506.

SCHELLACK, D.: Neurosenpsychologische Faktoren in der Ätiologie und Pathogenese der afebrilen Colitis ulcerose chronica. Zschr. Psychosom. Med. 1 (1954/55): 28-38.

— Psychische Faktoren bei Muskel- und Gelenkerkrankungen. Zschr. Psychosom. Med. 1 (1954/55): 161-172.

SCHEPANK, H.: Erb- und Umwelteinflüsse bei 50 neurotischen Zwillingspaaren. Zschr. Psychother. Med. Psychol. 21 (1971): 41-50.

— Untersuchung über den Einfluß von Erb- und Umweltfaktoren bei Neurosen. Ergebnisse einer tiefenpsychologischen Diagnostik bei 50 Zwillingspaaren aus einer psychoanalytischen Poliklinik. Heidelberg: Habilitationsschrift, 1971, 3. Bd.

SCHINDLER, W.: Analytische Kurztherapie. Zschr. Psychosom. Med. 15 (1969): 202-204.

SCHULTE, W. und A. PLOEGER: Psychotherapeut und psychotherapeutische Institution im Spiegel ihrer Kranken. Praxis Psychother. 7 (1962): 144-157.

SCHULTE, W.: Psychotherapeutisch-psychiatrisches Seminar. Stuttgart: Georg Thieme, 1967.

SCHULTZ-HENCKE, H.: Einführung in die Psychoanalyse. Jena: Gustav Fischer, 1927. Unveränderter Nachdruck. Göttingen: Verlag f. Medizinische Psychologie, 1972.

— Schicksal und Neurose. Versuch einer Neurosenlehre vom Bewußtsein her. Jena: Gustav Fischer, 1931.

— Der gehemmte Mensch. Stuttgart: Georg Thieme, 1947, 2. Aufl.

— Lehrbuch der Traumanalyse. Stuttgart: Georg Thieme, 1949.

— Lehrbuch der analytischen Psychotherapie. Stuttgart: Georg Thieme, 1951.

— Das Problem der Schizophrenie. Stuttgart: Georg Thieme, 1952.

SCHUNK, J.: Psyche und Elektrokardiogramm. Zschr. Psychosom. Med. 1 (1954/55): 96-98.

— Psyche und Nierenfunktion. Zschr. Psychosom. Med. 2 (1955/56): 255-260.

SCHWIDDER, W.: Depression, Zwangsneurose und Hysterie als Grundform seelischer Erkrankungen. Berlin: Psycho-Verlag, 1951.

— Die technischen Schriften Freuds und die Weiterentwicklung der psychoanalytischen Behandlungstechnik. Zschr. Psychosom. Med. 2 (1956): 280-288.

— Zur sogenannten positiven und negativen Übertragung in der analytischen Psychotherapie. Acta psychotherapeutica, psychosomatica et orthopaed. 5 (1957): 54-62.

— Klinische Psychotherapie psychosomatischer Störungen. Zschr. Psychother. Med. Psychol., Sonderheft. Stuttgart: Georg Thieme, 1957.

— Neuere Ergebnisse und Fragen aus dem Gebiet der Psychosomatik. Fortschr. d. Med. 76 (1958): 3-6.

— Grundsätzliches zur Entstehung psychosomatischer Krankheitssymptome. Zschr. Psychosom. Med. 5 (1959): 238-245.

— Neopsychoanalyse, Handbuchbeitrag in: Handbuch der Neurosenlehre und Psychotherapie. Bd. III. München/Berlin: Urban und Schwarzenberg, 1959.

— Einleitung der psychoanalytischen Behandlung. Zschr. Psychosom. Med. 6 (1960): 201-210.

— Spezifisch-neurotische Persönlichkeitsstruktur von chronischen Ulcus-Kranken. Zschr. Psychosom. Med. 7 (1961): 146-148.

— Hemmung, Haltung und Symptom. Fortschritte der Psychoanalyse. Internation. Jahrbuch 1 (1964): 115-128.

— Bedeutung der Traumbearbeitung in der psychoanalytischen Behandlungstechnik. Fortschritte der Psychoanalyse IV. Göttingen: Verlag f. Psychologie Dr. C. G. Hogrefe, 1970.

SIMMEL, G.: Der Konflikt der modernen Kultur. München/Leipzig: Dunker und Humblot, 1921, 2. Aufl.

— Philosophie des Geldes. München/Leipzig: Dunker und Humblot, 1922.

SKINNER, B. F.: The Behaviour of Organism. New York: Appleton-Century-Crofts, Inc. 1938.

— Science and Human Behaviour. New York: The Macmillan Company, 1953. 10. Aufl. 1963.

Sperling, E.: Alters- und Bezugsgruppen — spezifische Therapieprobleme; dargestellt an Beispielen der Studenten und Familienbehandlung. Zschr. Psychosom. Med. 15 (1969): 119-126.

Sperling, E. und J. Schaltenbrand: Gruppierungen an der Universität und ihre Beziehungen zu Behandlungsproblemen bei Studenten. Zschr. Psychosom. Med. 15 (1969): 251-260.

Spitz, R.: Die Entstehung der ersten Objektbeziehungen. Stuttgart: Ernst Klett, 1957.

— Nein und Ja. Die Ursprünge der menschlichen Kommunikation. Stuttgart: Ernst Klett, 1957.

Sterba, R.: Handwörterbuch der Psychoanalyse. Erste Lieferung. Abasie — Angst. Wien: Internat. Psychoanal. Verlag, 1936.

— Handwörterbuch der Psychoanalyse. Zweite Lieferung. Angst — Buße. Wien: Internat. Psychoanal. Verlag, 1936.

— Handwörterbuch der Psychoanalyse. Dritte Lieferung. Bw. — Energie, seelische. Wien: Internat. Psychoanal. Verlag, 1936.

— Handwörterbuch der Psychoanalyse. Vierte Lieferung. Engramm — Fortpflanzung. Wien: Internat. Psychoanal. Verlag, 1937.

— Handwörterbuch der Psychoanalyse. Fünfte Lieferung. Freie Assoziation — Größenwahn. Wien: Internat. Psychoanal. Verlag, 1937.

Stokvis, B.: Ergebnisse der Psychotherapie. In: Handbuch der klinischen Psychologie. (Die Psychotherapie der Gegenwart)

— Psychotherapeutische Ergebnisse. Zschr. Psychother. Med. Psychol. 2 (1952): 262-263.

— Psycho-somatische Erkrankung als leib-seelisches Problem. Zschr. Psychosom. Med. 5 (1958/59): 77-80.

— Psychosomatik. In: Handbuch der Neurosenlehre und Psychotherapie, Bd. III. München/Berlin: Urban und Schwarzenberg, 1959.

— Erfolge der Psychotherapie. In: E. Stern (Hrsg.): Die Psychotherapie in der Gegenwart. Zürich: Rascher, 386-409.

Strachey, J.: Zur Theorie der therapeutischen Resultate der Psychoanalyse. Internat. Zschr. Psychoanalyse 23 (1937): 68-74.

Strotzka, H.: Psychotherapeutische Erfahrungen in der Sozialversicherung. Wien. Med. Wschr. (1952): 859-861.

— Erfahrungen eines Kassenambulatoriums für Psychotherapie. Zschr. Psychosom. Med. 3 (1956/57): 304-306.

— Sozialpsychiatrische Untersuchungen. Wien: Springer, 1958.

— Beobachtungen zur Frage des Psychotherapieerfolges. Acta Psychother. 12 (1964): 341-353.

— Einführung in die Sozialpsychiatrie. rowohlts deutsche enzyklopädie. Reinbek: Rowohlt, 1965.

Thomä, H.: Anorexia nervosa. Bern/Stuttgart: Huber und Klett, 1961.

Tinbergen, H.: The Study of Instinct. Oxford: Clarendon Press, 1951. Deutsche Übersetzung: Instinktlehre. Vergleichende Erforschung angeborenen Verhaltens. Berlin/Hamburg: Paray, 1952.

ÜBERLA, K. und H. ENKE: Erfahrungsbericht: Drei Jahre klinische Psychotherapie innerer Krankheiten. Münch. Med. Wschr. 104 (1962): 504-510.

VÖLKEL, H.: Psychische Faktoren bei Erkrankungen der Atmungsorgane. Zschr. Psychosom. Med. 2 (1955/56): 81-97.

— Neurotische Depression. Ein Beitrag zur Psychopathologie und Klinik. Sammlung psychiat. und neurolog. Einzeldarstellungen, Bd. VIII. Stuttgart: Georg Thieme, 1959.

WALDHORN, H. F.: Assessement of analyzability: Technical and theoretical Abservations. Psychoanalytic Quarterly 23 (1960): 478-506.

WALLERSTEIN, R. S., L. ROBBINS, HELEN D. SARGENT und L. LUBORSKY: The psychotherapy research project of the Menninger Foundation. Bull. of the Menninger Clinic. 20 (1956): 221-280; 22 (1958): 115-166; 24 (1960): 157-216.

WALLERSTEIN, R. S.: Report of the psychotherapy research project of the Menninger Foundation. Int. ment. Hlth. Res. News letter 3 (1961): 12-15.

— The problem of the assessement of change in psychotherapy. Int. J. Psychoanal. 44 (1963): 31-41.

WEBER J., J. ELINSON und L. M. MOSS: The Application of Ego Strength Scales to Psychoanalytic Clinic Records. Developments in Psychoanalysis at Columbia University, 1965: 215-273.

— The Application of Electronic machine techniques to Psychoanalytic Clinic Records. Experta Medica. Internat. Compress Series Nr. 150, 1966.

— Psychoanalysis and Change. A Study of Psychoanalytic Clinic Records, Utilizing Electronic Data-Processing Techniques. Archives of General Psychiatry 17 (1967): 687-709.

WEITBRECHT, H. J.: Kritik der Psychosomatik. Stuttgart: Georg Thieme, 1955.

WIEGMANN, H.: Arbeitsweise einer Klinik für psychogene Störungen. Med. Wschr. 9 (1955): 14-18, 91-96.

— Der Neurotiker in der Klinik. Einführung in die Theorie und Praxis stationärer Psychotherapie. Göttingen: Vandenhoeck & Ruprecht, 1968.

WINKLER, W.: Psychotherapeutische Zielsetzungen. In: E. Speer: Vortr. 5. Lindauer Psychotherapiewoche, 1954, Stuttgart: Georg Thieme, 1955: 63-64.

— Erfolgsstatistik in der psychotherapeutischen Arbeit. In: E. Speer: Vortr. 5. Lindauer Psychotherapiewoche, 1954. Stuttgart: Georg Thieme, 1955.

WINTER, ESTHER: Über die Häufigkeit neurotischer Symptome bei „Gesunden". Zschr. Psychosom. Med. 5 (1958/59): 153-167.

WITTKOWER, E. D.: Der Einfluß der Gemütsbewegung auf den Körper. Wien: Deutike, 1937, 2. Aufl.

— Predictive psychophysiological studies. Acta Psychother. 6 (1958): 11-22.

WOLBERG, L. R. (Hrsg.): Short-term Psychotherapy. New York: Grune & Stratton, 1965.

— (Hrsg.): The technique of psychotherapy, Bd. 1, 2. New York: Grune & Stratton, 1967, 2. Aufl.

WUNDT, W : Grundzüge der psychologischen Psychologie, Bd. I—III. Wilhelm Engelmann, 1908, 6. umgearbeitete Aufl.

ZANDER, W.: Psychoanalytische Psychiatrie und Psychologie. Bericht über amerikanische Arbeiten. Zschr. Psychosom. Med. 11 (1965): 66-71.

432   Literaturverzeichnis

— Arbeitsstörungen und Neurosenstruktur. Zschr. Psychosom. Med. 13 (1967): 236-246.

— Individuation und Kommunikation bei den verschiedenen Neurosestrukturen. Praxis der Kinderpsychologie und Kinderpsychiatrie 21 (1972): 115-123.

ZAUNER, J.: Über die diagnostischen Möglichkeiten bei psychosomatischen Krankheitsbildern. Zschr. Psychosom. Med. 9 (1963): 168-175.

— Über die Rolle psychischer Faktoren bei Herzrhythmusstörungen. Zschr. Psychosom. Med. 10 (1964): 267-276.

— Studie über Todesursachen ehemaliger Patienten einer psychotherapeutischen Klinik anhand einer katamnestischen Untersuchung. Zschr. Psychosom. Med. 16 (1970): 223-230.

ZIOLKO, H. U.: Psychische Störungen bei Studenten, Stuttgart: Thieme 1969.

v. ZERSSEN, D. und H. HÄFNER: Das Zusammenwirken von Soziotherapie, individueller Psychotherapie und somatischer Therapie auf einer psychiatrischen Rehabilitationsstation. 3. Int. Symposion über die Psychotherapie Schizophrener. Basel/New York: Karger, 1965: 61-92.

AUTORENVERZEICHNIS

SACHREGISTER

Annemarie Dührssen

Psychogene Erkrankungen bei Kindern und Jugendlichen

Eine Einführung in die allgemeine und spezielle Neurosenlehre
9. Aufl. 1972. 323 Seiten, Leinen

„Kaum ein anderes Buch wird dem Lernenden in so ausgezeichneter Weise die einzelnen Fragestellungen nahebringen und deren Schwierigkeiten klären. Auch der Kenner der Verhältnisse wird das Buch mit Gewinn studieren und als Ratgeber in zweifelhaften Fällen heranziehen."
Zentralblatt für die gesamte Kinderheilkunde

Aus dem Inhalt: I. Einführung in die Entwicklungspsychologie des Kleinkindes / A. Vorbemerkung / B. Die biologische Reifung von Einzelfunktionen / C. Entfaltungsstufen der wahrnehmenden und urteilenden Welterfassung / D. Die Entwicklung der kindlichen Antriebe, Bedürfnisse und Interessen / II. Allgemeine Neurosenlehre / A. Das zentrale Krankheitsgeschehen / B. Verdrängungsvorgänge in den verschiedenen Antriebsbereichen / C. Anlage und Umwelt / D. Grundformen neurotischer Entwicklungsstörungen / Die Manifestation neurotischer Krankheitszeichen und typische Krisensituation in einem Kinderleben / III. Spezielle Neurosenlehre / A. Zur Einführung / B. Manifestation im charakterologischen Bereich / Spezielle neurotische Verhaltensweisen / Psychische und psycho-somatische Krankheitserscheinungen / E. Indikationsstellung, Prognose und Therapie.

Annemarie Dührssen

Psychotherapie bei Kindern und Jugendlichen

Ein Lehrbuch für Familien- und Kindertherapie
4. Auflage 1971. 426 Seiten, Leinen

Gliederung: Lebensprobleme erwachsener Menschen (Beruf — Besitz — Partnerwahl — Familienleben — Umwelt — Idealbildung, Ideologie)/ Anamnese, Prognose, Therapeutische Planung/Therapeutische Verfahren (Gesprächsführung — Therapieansatz — Spielen und Lernen)

„... Die Verfasserin hat durch systematisches Durchdenken ihrer reichen Erfahrung, ihre fundierten Kenntnisse, ihren kritisch lebensnahen Verstand und temperamentvoll-eingängigen Stil ein wirklich ausgezeichnetes und lesbares Buch geschaffen." *Der Nervenarzt*

VERLAG FÜR MEDIZINISCHE PSYCHOLOGIE IM VERLAG
VANDENHOECK & RUPRECHT IN GÖTTINGEN UND ZÜRICH

Vandenhoeck & Ruprecht in Göttingen und Zürich